WISC-IV 임상 해석

WISC-IV ADVANCED CLINICAL INTERPRETATION

WISC-IV
임상 해석

Lawrence G. Weiss, Donald H. Saklofske, Aurelio Prifitera, James A. Holdnack 지음
신민섭, 도례미, 최지윤, 안현선 옮김

ACADEMIC
PRESS

Σ 시그마프레스

WISC-IV 임상 해석

발행일 | 2012년 4월 10일 1쇄 발행
2016년 12월 1일 2쇄 발행
2022년 3월 10일 3쇄 발행

저 자 | Lawrence G. Weiss, Donald H. Saklofske,
Aurelio Prifitera, James A. Holdnack
역 자 | 신민섭, 도례미, 최지윤, 안현선
발행인 | 강학경
발행처 | (주)시그마프레스
디자인 | 이미수
편 집 | 박미라

등록번호 | 제10-2642호
주소 | 서울특별시 영등포구 양평로 22길 21 선유도코오롱디지털타워 A401~402호
전자우편 | sigma@spress.co.kr
홈페이지 | http://www.sigmapress.co.kr
전화 | (02)323-4845, (02)2062-5184~8
팩스 | (02)323-4197

ISBN | 978-89-5832-897-1

WISC-IV ADVANCED CLINICAL INTERPRETATION

* 책값은 뒤표지에 있습니다.

아동과 청소년을 임상 장면에서 만나면서 아동을 정확하게 이해하고 판단하는 것이 얼마나 중요한지에 대해 매번 겸허한 마음으로 절실하게 경험하게 됩니다. 하루하루가 다르게 발달하고 자라는 아동과 청소년을 이해하는 데 있어서 인지능력을 정확히 평가하는 것은 아동을 도와주는 첫 발걸음이 되는 경우가 많습니다. 그 과정에서 웩슬러 지능검사는 아동의 인지능력 발달뿐만 아니라 정신병리의 유형 및 정서적인 상태에 대해 풍부한 정보를 제공해 줍니다. 역자가 웩슬러 지능검사를 접한 이후 20여 년 동안 한국판 웩슬러 지능검사는 여러 차례 개정되었으며, 2011년도에 곽금주, 오상우, 김청택 선생님에 의해 WISC-IV가 표준화되어 소개되었습니다. WISC-IV는 기존의 웩슬러 검사들과는 큰 차이가 있는데, 척도 해석의 중점이 전체지능 지수, 즉 일반지능(g)으로부터 언어이해, 지각추론, 작업기억, 처리속도라는 지표점수로 이루어진 인지 영역 점수로 변화된 점입니다. WISC-IV에는 작업기억과 처리속도 지표가 추가되면서 주의력결핍 과잉행동장애나 학습장애 아동들이 보이는 신경심리학적 문제를 더욱 민감하게 평가할 수 있도록 구성되어 있습니다.

이 책은 두 가지 점에서 임상, 상담, 발달심리 전문가 및 전문가 수련과정에 있거나 대학원 과정의 학생들에게 도움이 되겠다는 확신을 역자에게 주었습니다. WISC-IV 결과를 어떻게 해석할 수 있는지 쉽게 단계별로 설명하고 있을 뿐만 아니라 이러한 결과 해석이 '아동 중심'의 평가라는 관점과 어떻게 유기적으로 통합될 수 있는지를 보여 주고 있습니다.

지능검사는 정확히 실시하고 채점하는 것이 중요하기에 이를 숙지하고 익히는 것은 검사 실시와 진단에서 기본이 됩니다. 그러나 아동을 이해하고 실제적으로 도와주기 위해서는 '정확한 점수' 뿐만 아니라 '정확하고 깊이 있는 해석'이 필요합니다. 검사 결과 해석을 기반으로 정확한 임상적 판단을 내릴 수 있기 때문입니다. 그런 점에서 이 책에서는 검사 지표들이 무엇을 말하는지, 지표 간의 차이를 어떻게 이해할 수 있는지, 그리고 점수와 진단이 어떻게 연관될 수 있는지를, 다양한 연구 결과와 통계적인 근거에 입각해서 설명해 주고 있습니다. 특히 이 책에서 일관되게 주장하고 있는 '점수가 중심이 되지 않고 아동이 중심이 되는 평가와 개입'이라는 관점은 매우 중요합니다. 아동이 발달과정의 한 시점에 놓여 있을 뿐만 아니라, 가정, 학교, 또래관계라는 다양한 맥락 안에 놓여져 있는 존재라는 입체적인 시각을 가지고 아동에 대한 통합적인 평가와 이해가 이루어져야 함을 당부하고 싶습니다. 마지막 8장에서는 WISC-IV 검사 결과를 통해 이러한 통합적 관점을 어떻게 실현시킬 수 있는지 검사 실시부터 제언까지 일련의 과정을 친절하게 기술해 주고 있습니다.

이 책의 5, 6장에서는 미국판 WISC-IV 통합본에서 담고 있는 '처리접근'을 다루고 있습니다. 통합본에서는 국내에서 발표된 K-WISC-IV에는 포함되어 있지 않은 다양한 처리 소검사가 제시되어 있습니다. 문항이 객관식으로 제시되기도 하고, '숫자'가 아니라 '문자'를 외우기도 하는 등 기존 소검사와는 조금씩 다른 처리 소검사를 포함하고 있습니다. 처리 소검사를 통해 특정한 가설을 어떻게 검증할 수 있는지를 보여 주고 있지만, 국내에서는 아직 표준화 연구가 이루어지지 않아서, 이 책의 제5, 6장에서 설명하고 있는 '처리접근'을 그대로 적용하기는 어려울 것입니다. 하지만 실제 평가 장면에서 한계 검증 및 가설 검증을 하는 데 활용할 수 있으며, 점수 해석 시에도 참고가 될 만한 중요한 내용이기에 함께 소개하게 되었습니다. 이 책의 내용 가운데 미국의 상황에 특수하게 국한된 내용들, 예를 들어 미국, 캐나다, 멕시코 아동들을 비교한 내용 가운데 불필요하다고 판단한 부분은 일부 제외되거나 수정하였습니다.

이 책이 WISC-IV를 이해하는 데 길잡이가 되어 줄 수 있기를 바라며, 나아가 좀 더 정확하고 깊이 있게 아동을 이해하고 도와줄 수 있는 징검다리가 되기를 기대해 봅니다. '아동 중심의 평가를 통한 치료'라는 관점, 그 견고한 기반 위에서 우리가 아동을 만나고, 평가 결과가 도움이 필요한 아동·청소년들에게 최적의 개입을 제공하는 데 유용하게 사용될 수 있기를 기대합니다. 이 책은 많은 분들의 도움으로 세상에 나오게 되었습니다. 우선 초벌 번역과 더불어 정확한 이해와 해석 그리고 편역을 하는 과정에서 심도 있게 논의를 같이해 준 서울대학교 병원 소아청소년 정신과 임상심리전문가 도례미 선생님, 임상심리전문가 수련과정 최지윤, 안현선 선생님께 고마운 마음을 전합니다. 다소 까다로운 내용을 꼼꼼히 교정해 주신 편집부 직원들과 이 책의 출판을 허락해 주신 강학경 사장님께 감사드립니다.

2012년 2월
역자 대표 신민섭

이 책의 여덟 장은 우리가 이전에 출간했던 『WISC-IV 임상적 사용 및 해석 : 과학자-임상가 관점』(Prifitera, Saklofske, & Weiss, 2005)의 내용을 확장하고 보완한 것이다. WISC-IV를 시행하고 채점하는 데 능숙한 임상가는 아동에게 초점을 맞춰 평가하기 위해서는 증거 기반 해석정보를 가지고 있어야 한다. 우리의 이전 저서를 통해 임상가에게 WISC-IV를 소개하고, 여러 의뢰 사유로 내원한 아동을 평가할 때 도움을 줄 수 있는 임상적 사용과 해석을 제공했었다. 이 책에서는 WISC-IV에 대해 다시 소개하면서, WISC-IV 통합본을 통해 아동의 삶, 학습, 발달적 측면을 모두 고려하여 훨씬 자세하고 깊이 있게 검사점수, 특히 네 가지 지표점수에 대해 다루고 독자가 WISC-IV를 잘 이해할 수 있도록 하였다.

이 책은 경험 있는 임상가와 대학원 학생들 모두를 위한 것이며, WISC-IV 해석의 필수요소들과 WISC-IV로 평가할 수 있는 주요 인지 영역에 대한 통찰력 있는 분석을 중심으로 기술하였다. 또한 '검사-분류-배치'의 관리 모델로부터 '이해와 개입을 위한 평가'의 기능적 임상 모델로의 전환이 학교나 응용심리학자들의 표준적인 검사 시행에 필요함을 이야기하고자 하였다.

첫 번째 장에서는 아동의 인지적 능력발달과 궁극적으로는 지능검사 점수에 영향을 미치는 사회 및 가정환경 요소들을 다양하게 제시하였다. 제2, 3장에서는 신경심리학과 인지적 정보처리 관점에서 본 작업기억과 처리속도의 임상적 관련성에 중점을 두고, "일반지능(g)"를 구성하는 인지능력의 평가와 관련된 문제를 제시하였다. 제4장에서는 이전 장에서 제시된 내용을 기반으로 하여, 독자가 WISC-IV와 인지평가를 깊게 이해할 수 있도록 책을 구성하였다. 제5, 6장에서는 WISC-IV 통합본의 기초가 되는 '처리접근'에 대해 설명하였다. 제7장에서는 다른 심리평가 결과들을 고려하여 WISC-IV 결과의 해석을 종합해 본다. 마지막 제8장에서는 교사와 부모가 아동을 도와줄 수 있도록 점수 중심이 아닌 아동 중심적인 관점에서 어떻게 심리평가 보고서를 작성할 것인지 사례를 통해 보여 주고 있다.

이 책에 참여한 모두는 이 책이 임상 현장에서 WISC-IV를 사용하는 모든 임상가들에게 고급 해석방법을 제공하는 교과서, 참고자료가 될 것이라고 자부한다.

이 책의 다양한 장에 공저자로 참여해 준 전문가 여러분들께 깊이 감사드린다. 이 책에서 제공하는 지식과 통찰은 WISC-IV의 임상적 사용을 발전시키는 데 있어서 매우 중요하다. Diane Coalson, Troy Courville, Josette Harris, Tom Oakland, Susan Raiford, Eric Rolfhus, Vicki Schwean, David Schwartz에게 감사의 말을 전한다. 또한 참고문헌을 검토해 준 Kelly Malchow와 많은 표가 정확하게 삽입될 수 있도록 도와준 J. J. Zhu에게도 감사를 전한다. 이 책을 출판할 수 있도록 핵심적인 역할을 해 준 Academic Press/Elsevier의 전 직원의 노고에도 감사드린다. 웩슬러 검사의 임상평가에 대한 지침과 증거 기반 접근을 발전시키기 위한 우리의 노력을 지속적으로 지지해 준 Nikki Levy에게도 감사한다. Barbara Makinster는 WISC-IV에 대한 이전 저서와 본 저서의 질을 향상시키기 위해 중요한 역할을 해 주었으며, Phil Korn은 편집 과정과 출판에 협력해 주었다.

Lawrence G. Weiss

Donald H. Saklofske

Aurelio Prifitera

James A. Holdnack

제3장 WISC-IV 전체지능 지수와 일반능력 지표 해석 _ 105

*DONALD H. SAKLOFSKE, LAWRENCE G. WEISS, SUSAN E. RAIFORD,
AND AURELIO PRIFITERA*

제4장 WISC-IV 지표점수에 대한 임상적 해석 _ 149

*LAWRENCE G. WEISS, DONALD H. SAKLOFSKE, DAVID M. SCHWARTZ,
AURELIO PRIFITERA, AND TROY COURVILLE*

제5장 WISC-IV 통합본 해석의 본질 _ 193

JAMES A. HOLDNACK AND LAWRENCE G. WEISS

제 1 장
사회적 맥락에서의 WISC-IV 해석

LAWRENCE G. WEISS, JOSETTE G. HARRIS,
AURELIO PRIFITERA, TROY COURVILLE, ERIC ROLFHUS,
DONALD H. SAKLOFSKE, AND JAMES A. HOLDNACK

개관

아동의 인지발달, 학습, 그리고 모든 지적 행동에 영향을 주는 환경적 맥락에서 WISC-IV 해석과 연관된 문제들을 탐색하여 이 책을 저술하였다. 경험이 많은 심리학자들은 같은 검사점수라도 각각의 아동이 가진 독특한 배경에 따라 다른 방식으로 해석한다. 또한 경험 있는 임상심리학자들은 더 폭넓고 풍부한 해석을 위해서 지능검사 점수를 성취도, 성격, 기억, 실행기능 검사 결과를 함께 고려하여 통합적으로 살펴본다. 가장 유용한 심리학적 보고서는 검사점수보다 아동 자체에 대해 총체적으로 기술한 것이다. 첫 번째 장에서는 검사점수의 해석에 영향을 끼치는 포괄적인 사회문화적 문제들에 대해, 제2~6장에서는 구체적인 WISC-IV 해석 전략들에 대해 알아보았다. 제7장에서는 다른 척도를 포함한 심리학적 평가의 다양한 맥락에서 WISC-IV 점수의 해석에 대해서 논의하였고, 제8장에서는 검사점수가 아닌 아동에 초점을 맞춘 심리학적 평가 보고서 작성에 대해서 기술하였다.

서론

아동의 지능은 전통적으로 각 나라에서 모집단을 대표하는 동일 연령대의 아동 표본과 비교하여 산출된다. 지능검사를 받는 아동의 점수는 결국 그 아동이 경쟁해야 할 그 나라의 아동들의 점수와 비교된다는 것이다. 지능이 삶의 여러 중요한 결과들을 예측해 준다는 것이 반복해서 입증되어 왔다는 점에서 이것은 매우 중요하다(Gottfredson, 1998). 어떠한 아동도 혼자서 살아갈 수는 없다. 아동은 공동체를 구성하는 이웃들 사이에서 살아가며, 공동체는 새로운 방식으로 인지능력 및 지적 행동발달에 영향을 주게 된다. 또한 평가자들은 아동이 같은 공동체나 문화권 내의 다른 아동과 비교해서 어떠한 지를 알고 싶어 한다. 이것이 **맥락적 해석**의 핵심이다. 이는 모집단에 근거한 인지능력 점수를 인구통계학적·환경적 변인의 맥락에서 살펴보는 것이다.

지능검사 해석에 대한 대부분의 보고서에서는 "평가자는 검사점수뿐만 아니라 아동의 교육, 의학, 문화, 가족력 요인을 고려해야만 한다."라는 문장으로 결론 내리고 있다. 이런 충고는 자주 반복되어 왔기 때문에 너무 당연하게 받아들여지고 있는데, 대부분의 심리학자들이 그것을 알고는 있지만 실제로 이행하지는 않는다. 그러나 많은 심리학자들은 경험적으로 각각의 검사점수 프로파일이 아동의 과거력과 평가 맥락에 의해 결정되는 의미를 지니고 있다는 것을 알고 있다. 사실 심리검사 전문가라는 말의 정의에는 검사 프로파일을 환경적, 의학적, 그 외 맥락적인 문제들을 기반으로 하여 표준적으로 자세히 해석하는 능력을 가지고 있다는 사실이 포함된다.

이 장에서는 인구통계학적 변인과 가정환경 변인의 맥락 내에서 WISC-IV 검사점수를 임상적으로 해석하는 것에 대해 살펴보려 한다. 이 주제 자체만으로도 가치 있는 것이겠지만, 우리의 또 다른 조심스러운 목표는 인지발달과 능력 발휘에 영향을 미치는 환경과 경험의 영향력에 관한 문제들을 탐색하는 것이다. 이러한 논의는 실제 WISC-IV를 임상 장면에 적용할 때 문화적·가정환경적인 고려점들을 통합하는 데 필요한 정보를 제공할 수 있을 것이다. 이를 통해 우리는 지능이 환경적 기회와 경험에 의해 영향 받지 않는 고정된 특징이라는 잘못된 생각을 변화시키려 한다.

측정 편향과 공정성에 대한 이슈

인지능력 검사점수의 맥락적 해석에 대한 논의를 시작하기에 앞서, 지능검사 점수의 문화 인구통계학적 차이가 검사 내의 편향 때문이라는 오해에 대해 다루고자 한다. 그 다음에는 인지기능 수행과 기술 획득의 매개요인 탐색에 초점을 맞추고자 한다. 주요 쟁점으로는 문항과 연구방법의 편향, 중요한 사회적 논쟁, 특수교육을 받는 소수 아동의 검사 결과와 관련된 중요한 사회적 논쟁, 대표성의 불균형이 교육에만 국한된 것이 아니라는 점 등이 있다.

지능검사에서의 문항 및 방법 편향

문항 편향은 광범위하게 연구되어 왔으며, 특히 모든 검사 개발자들은 이를 피하기 위해 주의한다. 검사 개발 시 가장 좋은 방법은 문화 전문가의 자문을 통해 모든 문항의 잠재적인 편향을 체계적으로 검토하는 것이다. 검사 개발자들은 인종에 따라 다른 수행을 보이는 문항을 찾아 이를 대체하기 위해서, 규준연구 조사에서 원래 목표로 하는 표집수보다 더 여분의 검사 사례를 소수인종 피검자들로부터 수집한다. 이 기법은 평가되는 특정 구성개념 영역에서의 능력은 같음에도 불구하고, 인구통계학적 차이로 인해 피검자 간에 점수가 다르게 나타나는 문항이 있는지 확인하려는 것이다. 그러나 점수 차이 여부는 이런 분석 기법 하나만 가지고 판단할 수 없다. 어떤 집단은 그 문항 내용에 대한 직접적인 체험이 거의 없기 때문에 그 문항에 편향이 발생할 것이라는 점을 전문가들은 쉽게 예측할 수 있지만, 통계적 과정은 그 문항을 변별하지 못할 수 있다. 동시에, 통계적 기법은 전문가들이 아무런 맥락적인 이유를 발견할 수 없을 때에도 가끔씩 특정 문항이 통계적으로 문제가 있다는 결론을 도출하기도 한다. 이는 아마도 문화 자문위원들이 증거에 기반한 이론을 제공하지 않았기 때문일 수 있다. 게다가, 연구자들이 문화 자문위원들과 동일한 기준을 사용하는지도 확실하지 않다. 이처럼 집단에 따라 다른 수행을 보이는 문항의 기저 원인이 항상 확인되는 것이 아니기 때문에, 이 분석 기법을 더 이상 '문항 편향 연구'라고 부르지 않고 대신 '판별문항 기능분석(Analysis of Differential Item Functioning, DIF)'이라고 부른다. 그러나 현대 지능검사 문항 개발에 있어 문항 편향이 인구통계학적 차이 변산의 대부분을 설명할 것 같지는 않다. 왜냐하면 대부분의 DIF 연구는 전체 검사점수를 능력이나 지능의 지표로 삼아 서로 다른 인종/민족 집단의 피검자들을 비교하고 있어, 판별문항 방법론은 전체 검사에 영향을 미치는 요소를 찾는 데에는 적합하지 않을 수 있기 때문이다 (van de Vijver & Bleichrodt, 2001). 만약 검사에 주류 문화가 내재되어 있다고 가정한다면, 검사점수를 비교함으로써 연구자들은 주류 문화를 기준으로 피검자를 비교하게 되는 것이다.

방법 편향은 문항 편향에 비해 더 일반적으로 나타나며 경험적으로 연구하기가 더 어렵다. 이 관점에 따르면 대다수 지능검사의 형식이나 구조는 식자 및 중산층 위주이다. 게다가 검사 패러다임 자체가 서구 유럽 문화에 한정된 사회적 상호작용 스타일이다(Kayser, 1989). 검사 패러다임은 피검자가 자신의 최고 능력을 발휘할 것이고, 적절한 답변을 할 것이고, 과제가 잘 이해가 되지 않더라도 대답을 하고, 낯선 어른으로부터 질문을 받아도 편안함을 느낄 것이라고 가정한다. 하지만 어떤 문화에서는 친숙하지 않은 상황에서 침묵하거나 어른이 계실 때 조용히 하는 게 일반적이다. 또 어떤 문화에서는 어림짐작해서 대답하는 것을 좋게 보지 않으며, 설명보다는 실습을 통해 학습이 이루어진다. 불행하게도 이런 요인들에 의해 설명될 수 있는 변산을 확인하는 것은 방법론적으로 어렵다. 서구의 패러다임이 확산됨에 따라 미국 교육 체계를 아동이 경험하게 됨으로써, 각 나라의 고유한 문화의 영향이 얼마나 줄어들었는지에 대한 연구는 아직 없다. 성인 연구에서는 실제로 교육적 경험이 수행 변산을 설명할 수 있다는 증거가 있다(Harris, Tulsky, & Schultheis, 2003). WISC-III는 한국, 일본, 대만 등과 같은 비서구화된 나라를 포함한 16개 국가를 거쳐 동일한 구성개념을 다루며, 서로 다른 나라의 전체지능 점수는 각 국가의 풍요 및 교육지표에 따라 체계적으로 달라진다는 증거가 있다(Georgas, Weiss, van de Vivjer, & Saklofske, 2003). 그럼에도 불구하고 전통적인 전문가들은 지능검사의 공정성에 대해 계속 걱정하고 있다.

집단에 따른 평균 차이를 조사하는 것은 비교적 간단한 방법이지만 방법 혹은 검사 편향을 평가하는 데에는 결점이 있다. 좀 더 복잡한 접근법은 집단에 따라 지능검사 점수와 중요한 준거변인의 관계가 어떻게 다른가를 조사하는 것이다. 그러나 여러 집단에 걸쳐 준거변인-검사 관계를 비교하는 절차는 여전히 개념적 문제가 있는데, 이는 집단에 따른 수행 차이에 기초가 되는 요소나 기제가 무엇인지를 확인할 수 없기 때문이다. 그럼에도 불구하고 지능으로부터의 성취수준을 예측하는 것은 광범위하게 연구되었다. WISC-R 지능점수로부터 성취검사 점수를 예측하는 데에는 인종/민족 간 차이가 나타나지 않았으며(Poteat & Wuensch, 1988; Reschly & Reschly, 1979; Reschly & Sabers, 1979; Reynolds & Gutkin, 1980; Reynolds & Hartlage, 1979), 이러한 결과는 해당 국가에서 표준화된 읽기, 쓰기, 산수 검사점수와 WISC-III 검사 결과에서도 반복적으로 관찰되었다(Weiss, Prifitera, & Roid, 1993; Weiss & Prifitera, 1995). 전형적으로 회기분석에 기반한 연구들은 절편에서의 차이를 보였지만 기울기에서는 차이를 보이지 않았으며, 이는 인종/민족과 상관없이 지능점수가 비슷한 방식으로 성취도를 예견한다는 증거로 볼 수 있다. 다시 말하면, 지능점수는 대부분의 인구통계학적 집단에서 표준화된 성취도 검사점수를 잘 예측하였다는 것이다. 그러나 이러한 결과는 예언변인(표준화된 지능검사)과 종속변인(표준화된 성취도 검사) 모두에 존재하는 편향에 기인할 가능성이 있다. Weiss, Prifitera, Roid(1993)는 이 가능성에 대해 연구하였다. 이들은 표준화된 성취도 검사점수 대신 교사가 부여한 학업성취 점수를 사용하였는데 여전히 인종/민족 간에서 차이가 예측되지 않았다.

특수교육 검사 결과 및 검사 공정성

몇몇 학자들은 검사 사용에 대한 논의가 검사 편향에 관한 논의에서 중요하다고 주장해 왔는데, 이는 검사 결과에 기반한 특수교육 여부 결정과도 관련되어 있다(Valencia & Suzuki, 2001b). 이러한 관점은 교육심리 검사규준(American Education Research Association, American Psychological Association, & National Council on Measurement in Education, 1999)에서 지지되었다. 이러한 규준에도 내재된 위험은 존재하며, 검사 사용 결과에 대해 알아보는 것은 중요한 연구 영역이다. 그러나 검사 편향이 있는 상황에서 검사 결과를 고려하는 것은, 집단에 따른 심리교육 서비스에 관한 요구에서의 차이가 검사 편향과 뒤섞일 위험이 있다. 이는 연구들이 낮은 사회경제적 지위를 가진 소수집단 아동이 학습 실패의 위험이 더욱 크다는 것을 일반적으로 확인했기 때문이다(Hall & Barnett, 1991; Reid & Patterson, 1991; Schaefer, 2005; Walker, Greenwood, Hart, & Carta, 1994). 만약 두 집단이 특정한 문제에 대해 서로 다른 위험을 갖고 있다면, 특수교육 서비스 이용에 높은 비율을 차지하는 고위험 집단 피험자들의 결과는 편향이 있다기보다는 타당하다고 볼 수 있다. 이는 매우 중요하지만 자주 무시되는 문제이며, 대부분의 교육 당국은 고위험 집단에 대한 고려 없이 비례 대표 기준을 만들고 있다. 잘못 의뢰되어 치료 서비스를 받지 않아야 할 사람들로부터 서비스가 필요한 사람들을 구분해 내기 위해서는 기준이 공정하게 사용되어야 한다. 따라서 공정한 사용은 집단수준의 개념이 아닌 개인수준의 개념으로 보아야 한다. 또한 개인 평가의 공정성을 높이기 위해서는 맥락변인을 고려하여 검사점수를 해석해야 한다.

학습장애와 정신지체 등록 비율은 상호 관계를 고려해야 한다. 왜냐하면 경도 정신지체는 때때로 심도 혹은 일반화된 학습장애와 구분하기 어렵기 때문이다. 역사적으로 학습장애 대 경도(혹은 교육 가능한) 정신지체로 확인되는 학생들의 비율 사이의 역관계가 존재해 왔는데, 이는 아마도 시간이 흐름에 따라 서비스 비용을 제공하는 영역이 달라지고, 학습장애 진단의 사회적 적합성이 달라지는 것과 관련이 있는 듯하다. 정신지체를 진단할 때 적당한 행동 측정도구의 사용이 부족하다는 것에 대한 논란 역시 있어 왔으며, 경도 정신지체 학생들의 약 1/3이 적절한 행동 측정 기록 없이 진단되기도 했다(Reschly & Ward, 1991). 적당한 행동 측정도구가 부족하기 때문에 많은 경도 정신지체 진단의 경우 타당성에 대해 의문을 제기할 수 있다. 학습장애와 경도 정신지체 비율의 관계가 시간에 따라 어떻게 변동될 것이며, 지역에 따라 다양해질 것인지에 대해 미래 학자들은 주의를 기울인다.

학습장애와 정신지체 비율의 관계를 이해하기 위해서는 특수교육 서비스 수혜 자격에 대한 기준과 각 인구통계학적 집단의 평균 점수를 고려하는 것이 도움이 된다. 많은 지역 교육기관에서 능력과 성취수준 사이의 차이 기준은 지난 10년 동안 학습장애 서비스 수혜 자격을 결정하는 데 엄격히 적용되어 왔다. 전형적으로, 학생들은 지능과 성취수준 간의 큰 차이(보통 15점 혹은 그 이상)를 보여야 하며, 지능보다 성취수준이 더 낮을 경우 학습장애 프로그램에 들어올 수 있는 자격이 생긴다. 지능과 성취수준 사이의 차이가 유의미하기 위해서는 지능점수가 최소한 80점 이상이어야 한다. 능력과 성취수준 사이의 차이를 엄격하게 적용하는 것은, 능력검사 점수가 역치를 넘지 않거나 능력과 성취검사 점수가 둘 다 낮아서 둘 간에 차이가 나지 않는 낮은 사회경제적 지위를 가진 아프리카계 미국인 학생들이 학습장애 서비스에 접근하기 어렵게 만든다. 최근 제정된 IDEA(International Debate Education Association)의 입법조치가 학습장애 서비스의 자격을 결정하는 데 더 이상 능력과 성취수준 간의 차이 점수를 요구하지 않으므로, 학습장애 서비스의 자격을 판단하는 기준은 향후 몇 년 안에 변화되기 시작할 것이다. 새로운 입법조치는 학습에 실패한 학생들에게 연구에 기반한 개입 서비스를 제공하도록 지역 교육기관들을 장려하고 있다. 이런 방법은 능력과 성취수준 사이의 차이가 없으면서 학습에 어려움을 겪고 있는 학생들에게 특수교육 수혜 자격을 부여할 수 있다. 하지만 인지적 결함이 있는 일부 아동은 학습을 위한 다양한 개입 시도에 실패할 때까지 적절하게 치료를 받지 못하게 되는 부정적인 상황이 발생할 수 있다. 초기 읽기 기술의 습득에 관해서는 경험적으로 지지되는 개입법이 많이 알려져 있지만, 고학년 아동의 읽기장애 진단이나 다른 형태의 학습장애(산수, 쓰기장애, 언어표현 장애) 진단과 치료 절차를 확인하기 위해서는 연구해야 할 부분이 많다. 그러므로 능력－성취 차이(ADD) 모델에서 벗어나려는 움직임은 최소한 초기 읽기장애 이외의 학습장애에 대한 개입방법과 대상을 결정하는 새로운 방법이 마련될 때까지는 다소 속도가 느리게 진행될 것이다.

학습장애 비율 차이를 이해하기 위해서는 특수교육 수혜 자격을 결정하기 위한 모든 과정을 조사하는 것이 중요하며, 지능검사 점수는 그 가운데 하나이다. 학교마다 과정의 형태는 다양하지만, 학업을 따라가기 위해 도움이 필요한 학생을 처음 확인하는 것은 거의 항상 교사이다. 이때 교사는 하나 혹은 그 이상의 교육 방식을 수정해서 학생들에게 시도한 적이 있으며, 이것들이 효과가 없었다는 것을 증명해야 한다. 동시에 방과 후 수업, 공동체 자원자들과 함께하는 멘토링 프로그램, 학년 유급, 검사를 의뢰한 것과 같은 다른 선택사항들도 고려해야 한다.

관찰자의 시각에 따라 특수교육 프로그램이 우호적 혹은 비우호적으로 인식될 수 있다는 것을 언급하는 것 역시 중요하다. 한 학생이 특수교육을 받게 될 때, 그 학생이 필요한 도움을 받고 있다고 주장할 수도 있고 혹은 불공정하게 낙인찍히고 차별대우를 받는다고 주장할 수도 있다. 특수교육에 적합하지 않은 것으로 결정된 학생 중 일부는 낙인찍히는 것을 피했다고 생각할 수 있으며 혹은 필요한 서비스를 불공정한 방식 때문에 받지 못했다고 주장할 수도 있다.

특수교육 대상자 선정의 불균형적인 문제는 광범위하고 복잡하다. 현재 몇몇 영역에서는 일부 집단의 선정 비율이 너무 높은데, 그것은 인종/민족 집단 간에 인지 및 학습 문제의 위험요인들로 다 설명되지 못한다. 서로 다른 위험요인에 의해 과도하게 선정된 대상에 대해 더 잘 이해해야 할 필요가 있다. 다양한 언어를 사용하며 낮은 사회경제적 지위에 속하는 소수민족 학생들에게 인지, 학습 문제의 위험이 더 크다면, 엄격한 비율에 근거한 학생 선정은 결국 이들로 하여금 서비스를 받지 못하도록 만드는 불공정한 결과를 가져오게 된다. 연방정부의 지침은 적절한 비율의 학생 선정에 관해 새로운 IDEA 규정들을 시행하려는 주(state) 교육부를 돕기 위해 마련되었다. 이러한 지침들이 지방 교육기관이 특수교육을 받을 소수민족의 허용 가능한 비율을 산정할 때 인종/민족 집단에서 서로 다른 위험 집단의 비율을 고려하도록 해야 할 것이다. 두 가지 관점의 균형을 맞추기 위해서 이런 요인에 주의를 기울이는 것이 중요하며, 어떤 아이들도 부적절하게 교육을 받거나, 교육받을 권리를 부당하게 박탈당해서는 안 된다.

영재 프로그램(GT program)에서는 국가적인 수준에서 인종/민족 집단에 의한 불균형적인 학생 선정이 명백하다. 백인과 아시아계/태평양 섬에서 온 학생들은 아프리카계 미국 아동에 비해 영재 프로그램에 과도하게 선발되었다. 이들은 전체 학생의 3.7%에 불과한 데 비해 영재 프로그램에는 약 5.9%가 들어가 있다.

국가 평균보다 낮은 평균 점수를 가진 집단은 낮은 점수가 필요한 특수교육 프로그램에 과도하게 선정될 것이며, 높은 시험점수가 요구되는 프로그램에는 덜 선정될 것이다. 그러나 정신지체나 영재를 오직 IQ 검사점수만을 기준으로 해서 결정해서는 안 된다. 이전에 언급했던 것과 같이, 정신지체 진단을 위해서는 지능검사 점수와 적응적인 기능 점수(adaptive function)가 둘 다 평균보다 유의미하게 낮아야 한다(2 표준편차 이상). 그러나 많은 정신지체 진단이 어떠한 적응행동의 평가도 없이 이루어진다. 이와 유사하게 IQ는 영재 프로그램에 들어가는 것에 있어 유일한 요구조건이 되어서는 안 된다. Terman(1925)이 먼저 시작한 이후로, 영재성을 오직 높은 IQ와 같다고 생각하는 경향이 수십 년 동안 고수되어 왔고, 지속적으로 일상의 활동에도 영향을 끼쳐 왔다. 현대 학자들은 영재성의 세 가지 일반적 특징을 다음과 같이 주장한다(Renzulli, 1986; Winner, 1996). 첫째, 일반적인 능력이나 수학, 기타, 발레와 같은 특정 영역에서 조숙하게 발달된 능력이 있다는 증거가 있어야 한다. 둘째, 그 활동에 대하여 강하게 헌신하려는 모습이 명백하거나, 그 기술을 완전히 습득하고자 갈망해야 한다. 셋째, 창조성이나 독창성이 명백해야 하며, 재능이 있는 기술에 관하여 '자기 스스로 정진해야' 한다. 이 세 가지 특징의 교차점에 진정한 영재성이 존재한다. 인지적인 능력검사가 영재를 결정하는 데 중요한 역할을 하지만 유일한 역할을 해서는 안 되며, 영재 평가는 영재성의 개념에 대한 우리의 이해의 폭과 함께 넓어져야 한다.

많은 사람들은 서로 다른 여러 지능이 실제적으로 영재성과 관련되어 있다고 믿는다(Sternberg & Davidson, 1986a; Sternberg, 1997b). 또한 영재성은 개인의 안정적인 특성이 아니라 문화적으로 정의된 행동의 기회들과 개인적인 능력의 상호작용이라고 볼 수 있다(Csikszentmihalyi & Robinson, 1986). 이러한 영재성의 구성개념에 대한 확장은 영재 프로그램의 엘리트적인 특성에 대한 지속적인 비판에 해답을 제공할 수 있을 것이다(Margolin, 1994).

학습장애와 정신지체 프로그램과 마찬가지로 영재 프로그램의 불균형적인 학생 선발을 이해하는 것은 더 광범위한 절차에 대한 확인을 필요로 한다. 부모의 압력이나 사회의 기대치에 강하게 영향을 받을 수 있음에도 불구하고 대부분의 경우에 교사는 영재성 평가를 위한 학생을 지명하게 된다. 교사는 주로 학생의 학업성취도에 의존할 수밖에 없지만, 다른 고유한 기준들을 포함시킬 수도 있다. 영재성과 관련된 새로운 이론을 기반으로 하는 관찰 가능한 교실 행동에 대한 구조화된 교사용 평정 척도는 이전까지 사용되었던 교사 지명 절차의 비신뢰성을 줄일 수 있고, 재능 있고 능력 있는 학생들을 확인하는 데 타당성을 증가시킬 수 있을 것이다(The Gifted Rating Scales, Pfieffer & Jawarsowik, 2003).

편향과 공정성 이슈에 관한 요약

비록 검사 편향에 관한 연구들이 지능검사 점수에 영향을 미치는 사회경제적 지위(Socio Economic Status, SES)의 역할을 일깨워 주기는 하였지만, 학습장애, 정신지체, 영재 프로그램의 불균형적인 학생 선발은 학습과 인지발달에 빈곤이 미치는 영향력을 크게 무시해 왔다. 인종/민족 집단에 따라 빈곤이 불균형적으로 나타난다. Brosman(1983)은 캘리포니아의 낮은 SES에 속한 학군은 높은 SES에 속한 학군에 비해 학습장애 교실에 두 배 더 많은 학생들을 배정하며, 소수민족 학생들이 낮은 SES에 속한 학군에 더 많이 속해 있다는 것을 발견하였다. 하지만 이러한 견지에서 연구를 지속하는 연구자는 거의 없는 실정이다.

삶의 다양한 영역에서의 인구통계학적 차이

소수민족의 선발에 대한 불균형은 특수교육 영역에서만 나타나는 것이 아니라 건강 상태, 빈곤 비율 등과 같은 다양한 영역에 걸쳐 존재하는 것이다. 다음 단락에서는 삶의 몇몇 주요 영역에서의 인종/민족 간의 차이에 대하여 살펴볼 것이다. 우리는 이 논의를 이론적 · 개념적으로 관련되어 있는 인지능력 발달, 수행능력 발달, 기술습득 발달 영역에만 국한시킬 것이다. 그러나 이 단락을 시작하기 전에 이 논의가 단지 인종이나 민족성에 대한 것이 아니라는 것을 확실하게 해 두고 싶다. 오히려 이는 아동이나 가족이 성취할 수 있는 것을 제한하는 간접적인 요인들에 관한 것이라고 할 수 있다. 이러한 관점에는 혼란이 있어 왔는데, 그 이유는 인종/민족 집단이 다양한 SES 범주에 속하여 사람들이 SES와 관련된 차이점들을 살펴봄에도 불구하고 인종에 따른 차이를 보고 있다고 잘못 믿기 때문이다.

미국 내의 인종/민족 집단의 격차는 신체적 · 정신건강적 상태, 교육수준, 고등학교 중퇴율, 편부모 혹은 양부모 가족 비율, 실업률, 가정 소득의 중앙값, 학교 자금, 주에서 실시한 고등학교 졸업 시험 평균 점수, 학교수준의 동등성 등에 의해서 설명되어 왔다. 이 단락에서 보고된 자료는 대부분 미국 공중위생국장(U.S. Department of Health and

Human Services, 2001)의 추가 보고서를 참고한 것이다.

정신건강 상태에서 인종/민족 집단의 격차

우리는 집단 간 차이가 특수교육 서비스에만 국한된 것이 아님을 보여 주기 위해서 아동과 성인을 위한 정신건강 상태와 정신건강 서비스 영역에서의 집단 간 격차에 대하여 논의할 것이다. 이에 더해, 우리는 심각한 정신건강 문제가 있는 부모는 자녀의 인지, 학업 발전에 적절하게 참여할 수 있는 사용 가능한 자원이 거의 없을 것이라고 가정한다.

연구자들이 쉽게 접촉하기 힘든 고위험군 아프리카계 미국인들이 있기 때문에 확실한 것은 아니지만(예 : 노숙자, 감옥에 있는 사람 등), 아프리카계 미국인과 백인 사이의 심리 장애 비율은 SES의 차이를 통제한 후에는 거의 비슷해진다. 마찬가지로 아프리카계 미국인 아동의 정신장애 비율에 대한 근거 또한 희박하며, 이 아동들은 백인 아동에 비해 치료를 받는 비율이 낮다. 정신장애가 있는 개인의 비율은 노숙자나 투옥된 사람, 혹은 위탁 양육 아동에게서 훨씬 높으며, 아프리카계 미국인은 이러한 환경에 많은 비율이 속한다. 아프리카계 미국인 가운데 노숙자 비율은 최소한 40%는 되며, 아마도 그 이상일 것이다. 위탁 양육 아동의 45% 정도가 아프리카계 미국인이며, 이들 중 많은 아이들이 학대와 방치의 희생자이다. 비록 백인이 아프리카계 미국인보다 두 배 많은 자살 시행률을 보이지만, 이는 백인 남성 노인의 높은 자살률 때문이다. 젊은 아프리카계 미국인 남성의 자살 위험성은 젊은 백인 남성의 비율과 동일하다. 그러나 백인 청년의 경우 1980~1995년 사이에 자살률이 120% 증가한 데 반해, 아프리카계 미국인 청년은 233%가 증가하였다.

정신건강 서비스를 받을 수 있는지 없는지 여부는 그 사람이 사는 지역과 건강보험의 존재 여부에 달려 있다. 아프리카계 미국인의 대다수가 신체적 · 정신건강적 서비스에 접근이 어려운 지역에 살고 있으며, 백인 가운데 건강보험이 없는 비율이 대략 10%인 데 반해, 아프리카계 미국인의 약 25%가 건강보험이 없다. 낙인이라 지각하기 때문에 정신건강 서비스에 접근하지 못하는 아프리카계 미국인의 비율은 백인보다 2.5배 더 많다. 그러므로 아프리카계 미국인들이 가진 정신장애에 대한 이와 같은 부정적 지각은 정신건강 서비스 활용률을 감소시킬 것이다.

대부분의 연구에서 라틴계와 백인들을 비교했을 때 정신장애 비율의 차이가 거의 없었다. 그러나 표본의 크기가 작기 때문에 이러한 결과를 멕시코계 미국인을 넘어선 대상으로 일반화하는 것에는 제한이 있다. 이에 더해, 이러한 요약적 진술은 미국에서 태어난 멕시코계 미국인과 외국에서 태어난 멕시코계 미국인들 사이의 중요한 차이를 감추게 된다. 미국 내의 멕시코계 이민자들이 보이는 정신장애 평생 유병률은 25%인 데 반해, 미국에서 태어난 멕시코계 미국인들의 평생 유병률은 48%이다. 또한 미국에 머무르고 있는 기간은 이민자들의 정신질환 비율 증가와 정적 상관이 있다. 미국에서 13년 미만 거주한 멕시코계 이주민들은 미국에서 태어난 멕시코 이민자들이나 전체 미국인 표본과 비교했을 때 정신건강 상태가 더 좋다. 그러나 이 상황은 아동에서는 다르다. 대부분의 연구에서 라틴계 아동의 불안 및 우울의 비율이 백인 아동이나 청소년보다 높다고 보고된다. 그러나 대부분의 연구 결과가 제한적인데, 그 이유는 연구에서 자기보고식 질문지를 사용했기 때문이다. 비록 라틴계의 전체 자살률(6%)은 백인(13%)보다 낮지만, 고등학교에 다니는 라틴계 청소년은 백인이나 아프리카계 미국인보다 자살 사고나 구체적인 시도를 하는 비율이 높았다. 이와 유사하게, 라틴계와 백인들 사이의 전체 음주율은 비슷하지만 멕시코계 미국인 남성(31%)과 비라틴계 백인 남성(21%) 사이의 알코올 남용 비율은 차이가 있다. 물질남용의 비율도 멕시코계 이민자들보다 미국에서 태어난 멕시코계 미국인들에게서 훨씬 더 높았다(여성의 경우 7 : 1, 남성의 경우 2 : 1). 노숙인이거나 위탁 양육을 받고 있는 라틴계 사람들은 상대적으로 적은 편이다. 라틴계 청년들은 청소년 법률 위반자를 위한 거주시설에 과도하게 많이 선정되어 있다(18%).

일반적으로 라틴계는 백인에 비해 정신건강 서비스를 충분히 이용하지도 못하고, 많은 경우에는 불충분하게 서비스를 받고 있다. 정신질환이 있는 멕시코계 미국인 가운데 약 11%가 서비스를 받는데, 백인의 경우에는 22%가 서비스를 받는다. 그 비율은 미국에서 태어난 사람들(12%)에 비해 멕시코에서 태어난 사람들(5%)이 더 낮다.

비록 전체 그림은 복잡하지만, 일반적인 추세는 다음과 같다. 미국에 이민온 지 몇 년 안된 멕시코계 이민자들이 비교적 좋은 정신건강을 보이며, 최소한 10년 동안은 이와 같은 상태를 유지하고 있는 것으로 보인다. 그러나 미국에 더 오래 있었거나, 미국에서 태어난 멕시코계 아동 · 청소년에게서는 정신건강 문제가 더 많이 나타난다. 따라서 다른 국가에서 온 라틴계에 대한 연구가 더 필요하다. 예를 들어, 중앙아메리카의 많은 라틴계 사람들이 니카라과, 엘살바도르, 과테말라의 내전을 피해 이주하였다. 정신적 외상을 경험한 피난민들은 우울증과 외상 후 스트레스 장애의 위험이 높다. 그러나 멕시코계 이주민에게서 관찰되는 강점은 주목할 만하다. 한 가지 요인은 새로운 이민자들이 미국에서의 자신의 삶을 멕시코에 있는 가족의 삶과 비교하는 경향일 수 있다(전형적으로 긍정적인 비교임). 반면 미국에서 오래 거주하거나 태어난 멕시코계 이주민들은 그들의 상황을 미국 기준(좀 더 자주 부정적으로 비교하게 됨)과 비교하게 된다. 강점의 다른 측면은 정신장애에 대한 문화적 태도를 포함한다. 최소한 멕시코인들은 정신장애 환자가 질책 당해야만 한다고 보지 않으며, 사전에 가족에게 정신장애가 있는 친척에게 지지적으로 반응하라고 조언한다. 신체적 장애이든 정신적 장애이든 상관없이 한 사람의 질환을 가족 모두가 돌보아야 한다는 문화적인 규범이 있는 것처럼 보인다.

신체적 건강 상태에서 인종/민족 집단의 격차

우리는 다음과 같은 가정하에 아동과 성인의 신체적 건강 상태에서의 집단 간 격차에 대해 논의할 것이다. **가정 1** : 가족의 신체적 건강과 아동의 신경인지적인 상태 사이에는 간접적인 관계가 존재할 것이다. **가정 2** : 가족은 다양한 기제를 통해 작용하게 되는데, 여기에는 부모의 보살핌, 유아의 발달과정에 대한 관심 등이 포함된다. 또한 우리는 집단 간 격차가 이 특수교육 프로그램이나 정신건강 서비스에 대한 접근에만 국한된 것이 아니라는 것을 지적하고 싶다.

아프리카계 미국인은 다른 집단에 비해 실질적으로 더 많은 신체적 건강 문제를 갖고 있다. 건강 상태에 매우 민감한 지표 중 하나가 영유아 사망률인데, 아프리카계 미국인의 영유아 사망률은 백인의 두 배이다. 대부분의 모집단 연구에서 영유아 사망률은 어머니의 교육 정도에 따라 감소하는 경향이 있지만, 고등교육을 받은 아프리카계 미국인 여성의 영유아 사망률이 교육수준이 낮은 백인 여성의 영유아 사망률보다 높다. 백인과 비교하여 아프리카계 미국인 성인의 당뇨병 비율이 세 배나 더 높으며, 심장병은 40% 정도 더 높고, 전립선암도 두 배 이상이며, HIV/AIDS는 일곱 배 이상 높다. HIV/AIDS는 이제 아프리카계 미국인의 사망원인 5위 안에 든다.

HIV/AIDS의 높은 비율은 인지기능에 대한 논의에 있어 특별한 관심 영역이다. 왜냐하면 HIV 감염이 갑작스런 기분장애나 정신증뿐만 아니라, 경미한 인지적 손상에서부터 임상적 수준의 치매까지 다양한 정신적 증후군을 일으킬 수 있기 때문이다. HIV 양성인 사람들은 기회감염, 약물남용, 치료의 부정적인 영향의 조합으로 인해 전반적인 정신기능이 심각하게 손상될 수 있다(McDaniel, Purcell, & Farber, 1997). 이차적으로 HIV와 관련된 인지적 손상이 있는 부모가 자녀의 인지적 발달에 미치는 환경적인 영향은 알려져 있지 않으나, 이는 HIV의 생존율이 증가하게 되면서 점점 더 중요해지고 있다.

아프리카계 미국인의 또 다른 신체건강에서의 위협 요인은 겸상적혈구병(sickle cell disease)이다. Steen 등(2005)의 연구에서는 겸상적혈구병 중의 가장 심각한 유형인 헤모글로빈 SS를 가진 아동들이 MRI 상 뇌의 구조적인 이상에 대한 근거가 없음에도 실질적인 인지적 결함의 증거를 보인다는 것을 보여 주었다. 연령, 인종, 성별을 일치시킨 통제집단과 비교했을 때 WISC-III에서 전체 지능 12점 정도의 차이가 발견되었다. 비록 환자집단의 SES에 대한 정보는 수집하지 못했지만, 환자군을 부모님의 학력이 중졸인 통제군과 비교한 결과, 그 효과는 절반 정도로 감소하였으나 여전히 유의미하였다. 두 경우 모두에서 언어성 및 동작성 점수에서 비슷한 효과가 관찰되었으며, 연령 효과가 유의미하였는데, 인지적인 결함은 시간의 흐름에 따라 더욱 악화되었다. 또한 흥미로운 것은 MRI 상에서 이상을 보인 환자군의 일부와 통제군 사이에서는 더 큰 차이들이 발견되었다는 점이다. 이러한 결과를 해석함에 있어서는 다음과 같은 점을 명심해야 한다. 활성 질병이 있는 아동은 학교 결석일수가 높은 경향이 있고, 감소된 교육시간이 인지발달에 영향을 미쳐 시험점수를 저하시킬 수 있다. 겸상적혈구병이 있는 아동의 인지적 결함의 원인이 되는 신경학적 메커니즘이 논의되고 있으며, 그 효과에 대한 증거는 늘어나고 있다. 비록 아프리카인 혹은 아프리카계 미국인에게 국한된 유전적 질환이라고 생각하겠지만, 겸상적혈구병은 역사적으로 말라리아가 많이 발생하는 환경에서 살았던 지중해 혈통의 백인에게서도 관찰되고 있어, 실제로는 문화와 관련된 것이라 할 수 있다. 이에 더해, 유카탄(Yucatan) 반도와 같은 멕시코 지역들도 말라리아가 발생할 확률이 높은 지역으로 여겨지고 있어서 미국 내의 많은 병원은 몇 년 내에 그 지역을 방문한 사람들에게서는 혈액 기증을 받고 있지 않다. 앞서 인용한 연구를 고려할 때, 인지 혹은 학습지연이 있는 아프리카계 미국인 아동을 평가할 때나, 말라리아 발생 확률이 높은 지역에서 온 사람의 자녀들을 평가할 때에는 겸상적혈구병 가족력에 대해 질문할 필요가 있을 것이다.

부모 교육수준에서 인종/민족 집단의 격차

아동의 IQ 지수는 부모의 교육수준에 따라 매우 뚜렷하고 체계적인 차이를 보인다고 알려져 있으므로, 부모의 교육수준에 있어서의 집단 간 격차에 대해 살펴보려 한다. 전반적으로 볼 때, 부모 교육수준과 아동의 IQ 지수의 상관은 .43 정도이다. 표 1.1은 각각 다른 수준의 교육을 받은 부모를 가진 아동의 전체지능 점수의 평균값을 보여 준다. 고졸 미만의 두 집단 간에는 차이가 별로 없지만, 전반적으로 부모가 받은 교육의 단계가 높아짐에 따라 아동의 전체지능 평균 점수는 상당히 높아진다. 고등학교를 자퇴한 편부모를 가진 아동의 전체지능 점수 평균값은 대졸 부모의 아이들과 20점 이상 차이가 난다. 하지만 이 차이가 고등학교를 마치지 않은 집단에서만 나타나는 것은 아니다. 고졸 부모를 가진 아동의 전체지능 점수는 대졸 부모를 가진 아동에 비해 1 표준편차(14.2점) 가까이 낮다.

표 1.2는 2001년 미국 통계조사 데이터를 바탕으로, 6~16세 사이 자녀를 둔 부모의 교육수준을 각 인종/민족 집단별로 보여 주고 있다. 인종/민족 집단에 따라 교육수준의 차이

표 1.1 부모 교육수준에 따른 전체지능 평균 점수	
부모 교육수준	아동의 전체지능 평균 점수(표준편차)
8학년 이하($n = 47$)	88.2(14.5)
9~11학년($n = 113$)	87.1(15.7)
고등학교 졸업(교육연수 12년 : $n = 292$)	94.5(15.9)
대학 중퇴(교육연수 13~15년 : $n = 445$)	102.4(14.4)
대학 졸업(교육연수 16년 이상 : $n = 305$)	108.7(15.0)

아동용 웩슬러 지능검사-4판(WISC-IV) © 2003 Harcourt assessment, Inc. 인가하에 인용됨.

표 1.2	부모 교육수준에 따른 6~16세 아동의 비율(인종/민족 집단별)	
	고등학교 중퇴율(%)	대학 입학률(%)
백인	5.9	67.0
아프리카계 미국인	19.3	46.7
라틴계	47.0	26.0
아시아계	15.5	73.3

🆃 아동용 웩슬러 지능검사-4판(WISC-IV) © 2003 Harcourt assessment, Inc. 인가하에 인용됨.

가 분명하게 나타난다. 대학교육을 받았거나 학사학위가 있는 부모의 비율은 아시아계에서 73%, 백인에서 67%, 아프리카계 미국인에서 47%, 라틴계에서 26%로 나타난다. 반대로 고등학교 중퇴율은 라틴계에서 47%, 아프리카계 미국인에서 19%, 아시아계에서 15%, 백인에서 6%이다. 아프리카계 미국인의 반 정도가 대학에 진학하며, 라틴계의 반 정도가 고등학교를 중퇴한다. 여전히 대학에 진학한 아프리카계 미국인의 비율은 백인의 경우보다 20% 정도 적다.

라틴계의 고등학교 중퇴율에 있어서도, 미국 태생의 라틴계와 다른 나라에서 출생한 라틴계 사이에 큰 차이가 있다. 사실, 외국 태생의 라틴계 중퇴율은 미국 태생의 라틴계 중퇴율보다 같은 연령대에서 두 배 이상 많다(Kaufman, Kwon, Klein, & Chapman, 1999). 이것은 부분적으로 언어습득에 큰 어려움을 경험할 가능성이 있는 외국 태생 라틴계들의 언어능력 문제를 반영하는 것일 수 있다. 게다가 좀 더 나이가 많은 아동의 경우에는 사회 경제적 요인들로 인해 어린 나이부터 일을 시작하게 될 수 있는데, 일찍이 언어와 학습에 문제를 겪었을 경우 특히 그럴 가능성이 크다.

소득에서 인종/민족 집단의 격차

부모 소득은 가족의 사회경제적 상황에 직접적으로 영향을 미치며, 이는 여러 심리사회적 메커니즘을 통해 아동의 IQ 점수와 연관된다. 소득에서의 집단간 차이는 특별히 민감한 주제이다. 그것은 아프리카계 미국인과 유색 라틴계들이 고용에 있어서 차별을 당하며 이에 따라 백인에 비해 평균 수입이 낮을 수밖에 없다는 상당한 증거가 있기 때문이다. 앞서 살펴보았듯이, 이 쟁점은 인종/민족 집단 격차에 대한 대부분의 연구에 해당되는 문제이다. 급여가 많은 직업은 저소득층 가정에게는 접근이 어려운 높은 교육수준을 요구하는 경우가 많다. 따라서 인종/민속 간에는 특정 산업이나 국가 내 지역에서의 불공정한 급여 관례, 또한 학력과 영어능력에 의해 매개되는 취업 기회의 차이에 따른 큰 소득 차가 존재한다. 이전에 언급한 바와 같이, 인종/민족간에는 자원에 대한 접근성과 가용성에서 비롯된 상당한 학력 차이가 존재한다. 이러한 점들을 참고하여, 여기에서는 미국 공중위생국의 2001년 보고서를 바탕으로 한 소득 차에 대한 정보를 재검토하였다.

1999년 전 미국 가정의 10%가 빈곤선(poverty line) 미만의 소득을 얻을 때, 아프리카계 미국 가정의 경우 22%가 빈곤수준 미만의 수입을 보였다. 미국 아동의 20%가 빈곤한 삶을 살았던 것과 비교할 때, 아프리카계 미국인 아동은 약 37%ile가 빈곤한 삶을 영위했다. 또한 그 차이는 극심한 빈곤의 경우 더 크게 나타나는데, 극심한 빈곤은 빈곤수준 50% 미만의 소득을 보이는 가정으로 정의된다. 이 극심한 빈곤층에서 아프리카계 미국인 아동의 비율은 백인 아동 비율의 세 배 이상이다.

그러나 아프리카계 미국인의 가구 소득이 1967년과 1997년 사이에 31% 상승하였는데, 이는 같은 기간 18%의 성장을 보인 백인 가구에 비해 훨씬 빠른 성장이다. 게다가 아프리카계 미국인의 약 1/4이 현재 5만 달러 이상의 높은 연간 가구 소득을 보이고 있다. 따라서 아프리카계 미국인 공동체가 지난 세대 동안 SES로 볼 때 더 다양해졌다고 할 수 있겠다. 하지만 여전히 5만 달러 이상 소득 가구에서 백인이 차지하는 비율은 압도적으로 높으며, 대부분의 백만장자는 백인이다.

라틴계의 경우, 가구 소득과 학력의 중앙값은 출생국가에 따라 매우 다양하다. 가구 소득 중앙값은 높게는 쿠바인의 경우 39,530달러부터 낮게는 멕시코인 27,883달러까지의 범위로, 푸에르토리코인의 경우는 28,953달러이다. 이러한 차이는 다양한 스페인어 사용 국가들로부터 미국으로 이민 온 이유가 각각 다른 점을 반영한다. 예를 들어, 교육수준이 낮고 직업기술이 별로 없는 멕시코인들은 취업 기회를 얻기 위해 미국으로 이민 오고자 하지만, 경제적으로 성공하고 보다 교육수준이 높은 많은 쿠바인들이 자국을 떠나게 된 것은 정치적·사회적 문제 때문인 경우가 많다. 그러므로 미국에 살고 있는 라틴계의 SES는 출신국가의 서로 다른 이민 역사 패턴에 따라 다양성을 보인다.

빈곤하게 사는 라틴계 아동의 비율은 국가 평균보다 높다. 미국 전체 아동의 17%가 빈곤수준 미만의 저소득인 데 비해 미국에 사는 라틴계 아동은 30.4%가 빈곤수준 미만의 저소득 가정에 속한다(U.S. Census Bureau, 2003).

삶의 다양한 영역에서의 인구학적 차이가 가진 함의점

우리가 왜 이렇게 많은 시간을 이 주제에 쏟고 있는지, 그리고 어떻게 이런 문제들이 지능 평가와 어떻게 연관되는지 궁금해할 것이다. 이 논의를 이 장에 포함시킨 의도는 두 가지 이유 때문이다. 첫째, 인종/민족 집단 간 차이가 삶의 많은 중요한 영역에서 관찰되어 왔으며 IQ 점수나 특수 교육률에만 한정되어 있지 않다는 점을 말하기 위해서이다. 인종/민족 집단간 격차가 IQ 검사에만 특수하게 나타나는 것은 아니라는 점이다.

둘째, 부모의 교육, 소득, 정신 · 신체적 건강, 그리고 그들이 사는 지역사회 내에서 가용한 자원의 수준에 따라 아이들에게 인지적인 성장과 발달에 필요한 기회가 서로 다르게 제공된다. 미국인들은 모든 시민이 동등한 기회를 가지며 어떤 아이나 미국의 대통령이 될 수 있다고 말하기를 좋아한다. 법률적 시각에서 봤을 때 이것은 사실이다. 서로 다른 투옥률에서 볼 수 있듯 인종/민족 집단에 대한 재판에서 법의 이행이 때때로 달라지기도 하지만, 법 아래서 기회는 동일하다. 그러나 이는 우리가 말하는 종류의 기회는 아니다. 우리는 인지능력 발달에 있어서의 기회, 즉 아동의 정신기능이 성장하여 최대 잠재능력을 발휘할 수 있는 기회에 대해 이야기하는 것이다. IQ는 불변의 특성이 아니라, 발달과정에서 긍정적 혹은 부정적인 영향을 받을 수 있는 기본적인 능력이다. 아동의 인지발달은 환경에 의해 다중적 · 쌍방적 · 상호적 방식으로 영향을 받을 수 있다. 예를 들어, 부모 교육 수준이 아동의 IQ 점수와 상관이 있다. 이것이 부분적으로는 부모에게서 아이로 유전된 인지능력 때문일 수 있으나, 부모가 받은 교육수준 또한 부모의 직업과 가구 소득과도 높은 상관이 있다. 또한 부모에게 사용 가능한 이웃의 학교와 도서관의 질, 동네에서 보게 되는 역할모델, 기대되는 교육수준, 가족과 지역사회에서 기대하는 아동의 직업적 미래, 또한 학습과 발달을 방해하는 기본적 생존에 대한 걱정이나 안전에 대한 위협에서 자유롭

게 청소년들이 학업적 혹은 다른 인지적 풍요를 돕는 활동을 추구할 수 있는 범위와 관련
되어 있다.

부모의 교육수준은 다양한 방식을 통해, 부모가 자녀에게 제공할 수 있는 인지적 풍요에
영향을 미치는 변인이 될 수 있다. 그러나 예외는 있다. 분명히 교육은 별로 받지 못했어도
사업이나 사회에서 꽤 성공한 많은 사람들이 있다. 그리고 그 성공은 그들의 교육수준을
통해 기대되는 정도와는 다른 기회들을 그 자녀들에게 제공할 수 있게 한다. 이와 흡사하
게 뛰어난 학력이 경제, 결혼, 개인적 성공과 늘 동등하지는 않음을 독자들도 알고 있을 것
이다. 하지만 놀라운 것은 이와 같이 완전하지는 않은 하나의 변인이 아동 인지발달에서
굉장히 많은 부분을 설명한다는 점이다. 다음에서는 가정환경을 부모 교육수준이나 소득
과 같은 고정적인 인구학적 특성으로가 아니라, 수행을 촉진하는 세부적인 가정 내에서의
행동이라는 맥락에서 살펴보고자 한다.

아동 인지발달에 영향을 미치는 가정환경

이론적 고려사항

가정환경은 아동의 초기 학습에 가장 큰 영향을 미치는 요인이다(Bronfenbrenner, 1992).
발달심리학에서 가정환경에 대한 연구는 1920년대 피아제로 거슬러 올라가는 오랜 역사
를 가지고 있다. 시카고 가정환경 연구학파를 창설한 Bloom(1964)은 미취학 시기가 아동
의 지적발달에 있어 가장 중요한 때이며, 따라서 가정환경이 인지발달에 미치는 영향을 연
구해야 한다고 주장했다. 이 견해는 그의 몇몇 제자들에 의해 더 구체화되었는데, 그중
Wolf(1964)는 아동의 지능과 성취동기에 대한 부모의 압력, 언어발달, 전반적 학습이라는
가정환경의 세 가지 하위 측정치 사이의 다중 상관이 .69라고 보고한 바 있다. 1970년대에
시카고학파의 접근을 기반으로 한 국제적 연구에서, 가정환경 변인과 아동의 지능ㆍ성취
사이의 관계를 알아보는 데 있어서 인종이 반드시 고려되어야 할 중요한 변인이며, 따라서
특정 집단을 대상으로 한 인과관계를 다른 시대, 다른 사회적 계층, 인종집단 혹은 다른 국

가에 적용해서는 안 된다는 견해를 제시하였다(Marjoribanks, 1979; Walberg & Marjoribanks, 1976). 1980년대에는 Caldwell과 공동 연구자가 현재 연구에서 가장 널리 쓰이고 있는 가정환경 측정 척도인 '환경 측정을 위한 가정 관찰법(Home Observation for Measurement of the Environment, HOME : Caldwell & Bradley, 1984)'을 개발하였다. Bradley와 Caldwell(1978)이 요약한 바에 따르면, 생후 첫해에 얻어진 HOME 점수는 6개월, 12개월에 측정한 베일리 영아발달 척도(Bayley Scales of Infant Development)의 정신발달 지표(Mental Development Index)와 작지만 유의미한 상관을 보였으며, 24개월의 HOME 점수는 36개월, 54개월에 측정한 스탠포드-비네(Stanford Binet) IQ 점수와 중등도에서 높은 정도의 상관을 보였다.

심리학적 혹은 심리교육학적 결함을 가진 아동은 부모에게 추가적인 스트레스를 준다. 이러한 아이들은 다른 아이들보다 체계적인 양육을 더 필요로 한다는 것이 일반적으로 알려져 있기는 하지만, 연구자들은 이것이 가정환경의 측면에서 무엇을 의미하는지를 알아보고자 하였다. '일상생활을 유지할 수 있는 가정의 능력'은 발달지연 아동의 향후 발달과 예후에 중요한 요인임이 알려져 왔다(Weisner, Matheson, Coots, & Bernheimer, 2005). 의미 있는 일상생활을 유지하는 것은 장기적 목표를 지향하면서 계속해서 발생하는 요구사항을 처리해 내는 능력을 필요로 한다. 편부모 가정이나 확대 가족, 빈곤 가정, 여러 문제를 지닌 가정에서는 일상을 유지하는 데 어려움을 겪기가 더 쉽다. 가정 내 문제가 심하고 예측할 수 없을 때 일상은 유지하기 더 어려워진다. 많은 가정 내 자원은 높은 일상 유지능력과 관련되어 있기는 하지만, 저소득 가정에서도 한정된 자원과 고군분투하면서 일상을 유지해 나간다. 저소득 가정은 발달지연 아동을 돌보는 것과 같은 어떤 추가적인 문제 하나만으로도 어려움에 빠지게 된다.

만약 가정환경이 인지발달에 있어 그렇게 강력한 예측지표라면, 때때로 어떻게 한 가정에 속한 두 아동이 인지능력에서 차이가 날 수 있는지에 대한 질문이 생길 수 있다. 행동유전학과 관련된 또 다른 방향의 연구에서 Plomin과 Petrill(1997)은 가족 구성원 간의 차이를 설명하기 위해서 '공유된 환경 대 공유되지 않은 환경'이라는 개념을 제안하였다. 그들은 아동기의 인지발달은 형제자매끼리 공유되는 가정환경에 큰 영향을 받는 반면, 청소년

후기의 IQ는 공유되지 않는 환경에 크게 영향을 받는다고 주장하였다. 그러나 이 연구에서는 방법론을 비롯한 여러 문제들이 제기된 바 있어(Stoolmiller, 1999), 이 문제에 대한 답을 얻기 위해서는 추가적인 연구가 필요하다.

분명히 청소년은 아동에 비해 또래의 영향을 더 많이 받는다. 따라서 같은 부모를 가진 아동이라도 몇 년 후 청소년기에 들어 다른 부류의 친구들 영향 아래 있으면서 서로 다른 환경을 경험하게 된다. 아니면 한 가정에 속한 아동들이, 그들의 형제자매보다 몇 년 후 유치원에 가거나 혹은 전 청소년기에 들어서면서, 그 사이에 있을 수 있는 부모의 업무 스트레스, 경제적 안정성, 결혼 만족도 등의 여러 일반적 변화 때문에 서로 다른 가정환경을 경험하게 될 수도 있다. 마지막으로, 가정 내의 환경 변화가 없더라도 아이들 각각이 다른 성격을 가지고 있기 때문에 부모가 각 아이를 다른 방식으로 대하게 되는 면이 있다. 순전히 부모의 입장으로 이야기하자면, 아이마다 부모가 가진 서로 다른 측면을 경험하게 되므로 두 아이가 완전히 똑같은 발달 환경을 공유한다고 볼 수 없다. 부모의 행동이 달라지는 이유가 부모 자신의 성격적 결함 때문이라기보다는 아이들이 가진 특유의 기질 때문이라고 믿고 싶어 한다. 이 글에서 논의될 대부분의 내용은 부모의 행동이 어떻게 아동발달에 영향을 미치는가에 대한 일방향적인 것이지만, 문제를 겪고 있는 가정의 아동을 평가할 때 임상가는 아동이 주변 세상에 접근하는 방식은 매우 다양하며, 아동 또한 부모의 반응에 큰 영향을 끼친다는 점을 명심해야 한다. 쉽게 말해서, 어떤 아이들은 다른 아이들보다 기르기가 쉽다.

임상 전문가들은 아동이 가진 고유 특성이 어떤 방식으로 가정환경 내의 가족 시스템과 상호작용하는지, 그리고 이러한 역동이 어떻게 아동발달을 촉진하거나 방해하는지를 평가하는 데 많은 시간을 투자한다. 심리교육적 장애, 혹은 문제가 많은 가정환경을 가진 아동이 성공적인 적응을 한 예들이 많이 존재한다. 이러한 긍정적인 결과는 부분적으로 아이가 가진 탄력성(resiliency)과 연결될 수 있다. 탄력성은 아동이 지각된 환경의 위협에 얼마나 민감한지, 그리고 당황하거나 화가 났을 때 얼마나 빨리 회복할 수 있는지를 포함한다. 이러한 특성은 아동의 낙천성과 자기효능감, 적응력에서 매우 중요하다. 주의집중력, 자신의 감정이나 행동을 조절하는 능력은 기본 기질과 연관되어 있지만, 집이나 학교에서 아동에게 탄력성을 가르칠 수 있는 효과적인 전략들도 존재한다(Goldstein & Brooks, 2005). 더구나 탄력성은 아동의 타인과의 유대감이 증가함에 따라 향상되는데, 이 유대감은 기본적 신뢰, 지지와 도움에의 접근성, 사회적 소속감, 차이에 대한 관용에 뿌리를 두고 있으며, 그 동력은 가족의 영역 내에 있다. 아동과 청소년의 탄력성을 재는 척도는 임상적인 용도로 사용되어 왔다(Prince-Embury, 2006).

가정환경과 아프리카계 미국인 아동

연구자들은 특정 집단을 대상으로 가정환경의 역할을 조사해 왔다. 이러한 방식으로 특정 요인이 서로 다른 문화의 개인들에게 다르게 나타나고 있다는 가설을 검증할 수 있었다. 몇몇 연구에서는 가정환경과 SES를 아동의 지능이나 학업성취와 연관시켰다(Brooks-Gunn, Klebanov, & Duncan, 1996; Bradley & Caldwell, 1981, 1982; Bradley, Caldwell, & Elardo, 1977; Bradley, Caldwell, Rock, Barnard, Gray, Hammond, Mitchell, Siegel, Ramey, Gottfried, & Johnson, 1989; Johnson, Swank, Howie, Baldwin, Owen, & Luttman, 1993; Ramey, Farran, & Campbell, 1979; Trottman, 1977).

연구마다 SES가 다르게 정의되기는 하였으나, 전반적으로 아프리카계 미국인 아동들에서는 SES와 IQ 간의 관계보다 가정환경과 IQ 간의 관계가 더 강력하였다. 백인 아동들에게서 나타나는 SES와 IQ의 관계보다도 강력하지 않음을 보여 주고 있는데, 이것은 아마 부모의 교육수준, 소득, 직업 등 어떤 방식으로 측정하더라도 아프리카계 미국인 집단의 SES의 범위가 한정되어 있기 때문일 수도 있다. 몇몇 저자들은 교육이나 취업 기회에 있어서의 역사적 한계로 인해, SES가 낮은 아프리카계 미국인 부모의 행동이 SES가 낮은 백인 부모 행동에 비해 더 큰 다양성을 갖게 되었다고 추측해 왔다. 앞서 인용한 연구들에서, 아프리카계 미국인 아동의 SES로부터 IQ를 예측하는 데 있어 가정환경 수준이 상당한 추가적 정보를 제공했으며, 이러한 설명량의 증가 정도는 백인 아동의 경우보다 컸다.

이것은 아프리카계 미국인 아동에게 있어서는, 백인 아동에게서 보다 SES가 그리 강력한 IQ 예측지표가 아닐 수 있음을 의미한다. 이는 또한 가정환경이 백인 아동보다 아프리카계 미국인 아동의 IQ 점수를 예측하는 데 더 강력한 역할을 한다는 것을 의미한다.

멕시코계 미국 아동의 가정환경과 인지능력 간의 관계

몇몇 연구는 멕시코계 미국인 아동의 가정환경과 인지능력 간의 관계를 조사했다(Bradley, Caldwell, Rock, Barnard, Gray, Hammond, Mitchell, Siegel, Ramey, Gottfried, & Johnson, 1989; Henderson, 1972; Henderson, Bergan, & Hurt, 1972; Henderson & Merritt, 1968; Johnson, Breckenridge, & McGowan, 1984; Valencia, Henderson, & Rankin, 1985).

연구 결과는 전반적으로 부모의 가정 내 행동이 아동의 인지발달과 학업 수행에 중요하다는 견해를 지지한다. 낮은 잠재력을 가진 멕시코계 미국인 아동들은 높은 잠재력을 가진 아이들에 비해 더 제한적인 발달 경험을 한다고 알려져 왔다(Henderson & Merritt, 1968). 아동에게 책을 읽어 주는 것과 같이 언어를 가치 있게 여기는 태도를 보이거나, 잘한 점을 칭찬하는 등 학교 관련 행동을 존중하는 표현을 많이 하고, 학교에 들어가기 전에 아이에게 글씨를 가르치는 등 학교 학습에 지지적인 환경을 제공하는 멕시코계 미국인 부모의 아이들은 시험에서 더 높은 점수를 받고 일찍부터 더 높은 성취를 보이는 경향이 있다(Henderson, Bergan, & Hurt, 1972). 그리고 SES나 가족 규모는 인지능력을 예측하는 데 있어 가정환경의 설명량 이상의 추가적 기여가 별로 없었다(Valencia, Henderson, & Rankin, 1985).

이러한 연구 결과를 일반화하는 데 있어 주의할 점이 있다. 첫째로, 이 연구들은 부모의 언어가 아동의 시험성적에 미칠 수 있는 영향에 대해 언급하지 않고 있다. 아마도 영어를 사용하는 멕시코계 미국인 부모들이 자녀들을 미국 학교에서, 그리고 영어를 기반으로 하는 IQ 검사에서 더 나은 수행을 보이도록 키울 것이다. 또한 멕시코계 가정들만이 주로 연구되었으므로, 그 결과를 푸에르토리코인, 쿠바인, 또는 다른 스페인어 사용집단에게 일반화하는 것은 적합하지 않을 수 있다. 앞서 논의했듯이, 출신국가에 따라 이민에 영향을 끼치는 역사적 패턴이 다르기 때문에 SES에서도 체계적인 차이를 보인다. 부모 교육수준과 가정환경, 인지발달 사이의 상호작용에서 부모의 언어적 능력수준이나 지위나 출신국가의 영향에 대해서는 충분히 연구되지 않았다. 그러나 가정환경은 어떠한 문화권에서나 중요한 인지적 발달의 예측지표라는 증거가 점차 늘어나고 있다.

가정환경과 학업성취

가정환경과 학업성취 간의 연관성 역시 연구되어 왔다. 자녀 교육에 부모들이 많이 관여하면 할수록 읽기와 쓰기에서 아동은 높은 성취를 보였다(Epstein, 1991; Griffith, 1996; Sui-Chu & Williams, 1996; Keith, Keith, Quirk, Sperduto, Santillo, & Killings, 1998). 또한 연구는 자녀 학습에 대한 부모의 믿음과 기대가 아동이 스스로 능력에 대해 갖는 믿음, 그리고 그들의 성취수준과 매우 관련되어 있음을 보여 주고 있다(Galper, Wigfield, & Seefeldt, 1997). 가정의 학습 환경을 개선하는 것이 아동의 동기와 자기효능감을 향상시키는 것으로 나타나기도 했다(Dickinson & DeTemple, 1998; Mantzicopoulos, 1997; Parker, Boak, Griffin, Ripple, & Peay, 1999).

Fantuzzo와 McWayne, Perry, Childs(2005)는 앞서 언급한 연구 결과를, 도시의 헤드스타트 프로그램(urban Head Start program)에 참여하는 매우 낮은 SES를 가진 아프리카계 미국인 아동을 대상으로 한 장기 종단연구로 확장하였다. 부모가 가정 내에서 보이는 행동이 학교를 마칠 때 아동의 수용 어휘능력(receptive vocabulary skill)과 동기, 주의력/지속성, 그리고 낮은 수준의 문제행동을 유의미하게 예측하였다. 부모가 가정에서 자녀의 교육에 깊이 관여하면, 학습활동을 위한 공간 조성, 지역사회 내의 학습 기회 제공, 숙제 검토, 학교에 대한 일상적 대화, 어린 아동들에게 책 읽어 주기 등 학습 환경을 적극적으로 조성할 수 있었다.

가정환경은 아동의 학습행동에 영향을 미치게 되고, 성취동기, 주의력, 그리고 지속성과 같은 학습행동은 학업 성공을 예측해 준다. 특정 학습행동이 나타날 가능성은 성별과 연령, 인종, 도시거주 여부, 부모 교육수준, 특수교육 여부에 따라 달라지는 것으로 나타났다(Schaefer, 2005). 교실 내에서의 부주의한 행동은 백인이나 라틴계 학생들에 비해 아프리카계 미국인 학생들에게서 유의미하게 많이 나타났다(DuPaul & Eckert, 1997). 인종/민족 간에 부주의에서 인종/민족 간의 차이가 아프리카계 미국인과 백인 학생들의 성취도 평가점수 차이의 50%를 설명하였다(Rabiner, Murray, Schmid, & Malone, 2005).

지적 발달에 미치는 인지적 자극의 역할

이 시점에서 우리의 중심 주제를 말하고자 하는데, 그것은 인지적으로 자극이 되는 풍요로운 환경은 아동의 지적 발달과 기술습득을 향상시키지만, 결핍된 환경은 지적 발달을 저해한다는 것이다. 또한 인지적으로 결핍된 환경의 영향은 아동이 발달하는 과정 가운데 누적되어 나이가 들수록 그 영향력이 더 크게 나타난다. 앞서 지적하였듯이, 아프리카계 미국인 아동과 백인 아동의 IQ 차이는 아동기보다 10대 때 더 크게 나타나며, 이러한 결과는 WISC-III (Prifitera, Weiss, & Saklofske, 1998)와 WISC-IV(Prifitera, Weiss, Saklofske, & Rolfhus, 2005)를 사용하여 연구했을 때 12개월 동안 안정적으로 나타났다. 여기에서 사용하고 있는 '풍요로움'과 '결핍됨'이라는 표현은 경제적인 풍요나 가난의 동의어가 아니다. 이 표현들은 성장과 탐색, 학습, 창조, 자기존중감을 지지하는 환경과 같은 **인지적으로 풍요롭거나 결핍된** 환경을 말한다. 가족이 사용할 수 있는 경제적 자원이 아동의 인지발달에 중요한 영향을 미치기는 하지만, 그것들은 가정에서 주어지는 인지적 자극에 비해서는 예측력이 낮다.

Ceci(1996)는 지적 발달의 생태학적 모델을 제시했는데, 이것은 ① 서로 독립적으로 발달하는 다중적 인지능력의 존재, ② 유전자와 환경의 상호작용과 시너지 효과, ③ 특정 유전자형이 어떤 유형의 환경에서 얼마나 발현되는지에 영향을 미치는 환경자원의 역할(예 : 행동 측면에서의 근접과정과 가정환경이라는 원격자원), ④ 환경자원이 잠재력 발휘에 미치는 수준을 결정하는 동기의 역할을 포함한다. 이 모델에 따르면, 발달과정 가운데 중요한 사건이 일어나는 결정적인 시기는 아동의 특유 성향이 환경과 상호작용하여 특정한 인지능력을 만들어 내는 민감한 시기라고 할 수 있다. 그러나 모든 인지능력의 발달이 자연적 발달과정하에 이루어지는 것은 아니다. 새로운 신경세포 연결망(시냅스) 구조는 학습 경험에 대한 반응으로 형성되는데, 사람마다 경험하는 내용과 시기가 다르기 때문이다. 하지만 여러 종류의 능력발달과 관련된 민감한 시기가 신경학적으로 결정되어 있는 것처럼 보이는 것은 사실이다. 이에 결정적 발달기간에는 특정 유형의 환경적 자극이 꼭 있어야 하며, 같은 자극이라도 다른 시기에 주어지면 동일한 수준의 영향을 미치지 못하게 되는 것이다. 이 모델에 따르면 환경과 유전적 측면이 지적 발달에 미치는 상대적 영향력이 아동의 발달 단계에 따라 달라진다. 예를 들어, 7세 때의 일반적 지능은 1~2세 때의 가정 환경과 밀접한 관련이 있지만, 3~4세 때의 가정환경과는 큰 관련성이 없다는 것이다 (Rice, Fulker, Defries, & Plomin, 1988). 이것은 아동에게 추후 풍요로운 자극을 제공한 다고 해도 인생 초기의 결핍된 환경을 완전히 보상해 줄 수는 없음을 시사한다. 결정적 발 달시기에 관해서는 추가적인 연구가 필요하다.

흥미롭게도 이 모델은 지능을 성취로부터 분리시켜 보지 않는데, 이는 학교교육이 인간 내면의 바탕에 깔린 인지적 잠재력을 이끌어 낸다고 추정하기 때문이다. 게다가 대부분의 지능검사에서 실시되는 문제해결은 과거의 지식과 새로운 통찰력의 결합에 바탕을 둔 것이 다. 학습은 새로운 문제해결에 대한 축적된 지식의 간접적 영향 이외에도, 새로운 시냅 스 구조를 증대시킴에 따라서 인지능력을 직접적으로 높이기도 한다. 이에 학교교육과 교 육의 질은 지적 성장에 매우 중요한 역할을 한다. 이것이 성취와 결정적 지능이 지능검사 에서 살펴보는 추론능력과 상당히 일치하는 이유 중 하나이다. 비록 이론적으로는 구분되 어 있는 구성개념일지라도, 이 둘은 실제 생활상에서 상호작용하여 나타난다.

이 장에서 말하고자 하는 중심내용은 근접과정(proximal process)과 원격자원(distal resource)이 어떻게 상호작용하여 아동의 지적 능력을 발달시키는지에 대한 Ceci의 설명 이라고 할 수 있다. Ceci는 근접과정을 발달과정 중에 있는 아동과 아동 주변의 주요 인물 간 상호작용이라고 정의하였다. 혜택의 극대화를 위해서는 이 과정이 지속적이어야 하며 점차 더 복잡한 형태의 행동을 이끌어 내야 한다. 부모의 모니터링은 근접과정의 중요한 예이다. 이는 부모가 자녀가 어떻게 지내는지 살피면서, 숙제를 했는지, 방과 후 누구와 함 께 시간을 보내는지, 친구와 어디에서 노는지 등을 챙기는 것을 말한다. 이런 식의 모니터 링을 하는 부모의 자녀는 학교에서 더 높은 점수를 받는 경향이 있다(Bronfenbrenner & Ceci, 1994). 생태학적 모델에서 근접과정은 지적 발달의 원동력으로서, 더 높은 수준의 근접과정이 더 우수한 지적 능력과 연관되는 것으로 설명된다. 임상가들은 면담 시에 부 모–자녀 간의 근접과정에 대한 평가를 포함할 필요가 있을 것이다.

원격자원은 근접과정보다 큰 맥락을 말한다. 아마도 가장 중요한 원격자원은 SES일 것이다. 그 이유는 SES가 이웃의 안전성, 학교의 수준, 도서관 접근성뿐 아니라 부모의 교육, 지식, 경험 등 근접과정으로 이어지는 여러 다른 원격자원과 연관되어 있기 때문이다. 예를 들어, 아이들의 숙제를 도와주는 것은 그 과제의 내용을 아는 어른을 필요로 하는 근접과정이며, 이와 같은 어른의 배경지식이 원격자원인 것이다.

Ceci는 원격자원이 근접과정의 효율성을 제한한다고 주장하는데, 이는 원격자원이 근접과정에 필요한 자원을 포함하고 있으며, 적절한 원격자원은 아동이 근접과정에서 받는 혜택을 극대화하는 데 필요한 안정성을 제공하기 때문이다. 교육을 받은 부모는 자녀의 수학 숙제를 직접적으로 도와줄 수 있지만 교육을 받지 못한 부모는 그럴 수 없다. 하지만 교육수준이 낮은 부모도 숙제를 위한 조용한 공간과 규칙적인 시간을 마련해 주고 숙제를 다 끝냈는지를 체크해 줄 수 있으며, 이와 같은 모니터링과 지지 또한 효과적일 수 있다.

한편, 모든 아이들의 수행을 증진시키는 보편적 환경은 존재하지 않으며, 이는 같은 문화권 내에서도 마찬가지다. 환경과의 상호작용에 따른 결과의 차이를 보면, 성취에 이르는 성장과정은 다양하다는 것을 알 수 있다. 학교와 가정환경은 다양한 측면에서 살펴보면 긍정적 영향을 줄 수도, 부정적으로 작용할 수도, 혹은 아무 상관이 없을 수도 있다. 평가를 실시하는 임상가들은 가정과 지역사회의 원격자원과, 부모가 자녀에게 가지는 희망, 꿈, 기대에 그것들이 어떤 방식으로 영향을 미치는지 알아보아야 할 것이다.

인지발달에서 아동의 역할

아동의 인지발달에 미치는 부모와 교사의 영향에 주의를 기울이는 동시에, 아동이 학습 환경에 다가가는 접근방식의 차이 또한 연구되어야 한다. 적당한 시기에 적당한 인지적 자극이 있다고 추정할 때, 인지적 잠재력의 발휘를 매개하는 아동의 비인지적 특성들이 있다. 고려해 볼 수 있는 가능한 비인지적 요인의 목록은 길지만 가장 기본적인 것이 기질이다. 어떠한 아동은 다른 사람들로부터 영감과 에너지를 이끌어 내고, 환경으로부터 적극적으로 긍정적 강화를 찾는 등 주위의 세상에 적극적으로 참여한다. 이러한 자세는 인지발달을 촉진한다. 다른 아동은 에너지와 통찰력을 얻기 위해 자신의 내면으로 파고들고, 주위 세상에 수동적으로 적응해 나가며, 환경의 부정적 자극을 피하는 방법만을 찾는다. 이러한 자세는 현재의 상태를 보존, 유지하게 하고, 극단적인 경우 인지적 성장을 방해한다. 이와 같은 **촉진적**(enhancing) 또는 **보존적**(preserving) 기질은 Millon의 성격이론의 세 가지 기본 측면 가운데 하나이다(Weiss, 1997, 2002). 외부를 탐색하는 아동과 자극을 차단하는 아동은 같은 환경 안에서도 다른 경험을 하게 될 것이고, 인지적 성장을 위한 기회 또한 달라질 것이다. 어떤 아동은 새로운 정보에 수용적이고, 주위 세계와 열린 상호작용을 기반으로 계속해서 개념을 교정하고 정교화해 나간다. 이러한 호기심 가득한 개방적인 자세는 인지발달을 도울 것이다. 어떤 아이들은 새로운 정보를 이미 알고 있던 범주 내에 가능한 빨리 체계화시키기를 좋아하고, 이미 분류가 이루어졌을 때 더 이상의 정보는 차단하고자 한다. 강력한 구조 체계는 인지발달에 긍정적 영향을 줄 수 있으나, 배타적이고 판단하는 자세는 극단적인 경우 지적 성장을 방해할 수 있다.

그 외 인지발달과 관련되어 있는 지적 행동의 학습과 표현은 일반적으로 집중, 동기, 의지력과 같은 태생적이고 비인지적인 특성이다. 집중은 목적 지향성을 말한다. 의지력은 목적을 향한 강도 혹은 의지를 말한다. 동기는 가깝거나 멀 수 있다. 가까운 동기는 가까운 시기에 대한 구체적인 것이다. 먼 동기는 바라는 목표(예 : 또래들로부터 인정받기)나 가장 중심이 되는 특성(예 : 성취욕구)일 수 있다. 인지발달에 긍정적인 영향을 미치는 특성 목록은 길며, 자기효능감과 자기개념을 포함한다. 자기효능감은 긍정적 자기개념과 학습을 통해 얻은 능력 및 기술로부터 비롯된다. 자기효능감은 과제 특정적인 반면, 자기개념은 전반적이다. 지적 과제에 대해 높은 자기효능감을 가진 아동은 비슷한 과제에서 초반에 성공을 경험할 수 있다. 그들은 또한 비슷한 지능을 가진 다른 아이들보다 새로운 지적 활동을 통해 더 많은 것을 배울 가능성이 높으며, 특히 지적 자극에 개입하려는 태도와 습득하고자 하는 마음을 갖는다면 더욱 그러할 것이다. 지적 개입과 습득동기는 목적을 위해 자신의 행동을 조절하는 능력과 함께 인지발달에서 결정적인 요소이다. 이러한 성격 특성을 가지고 있으면 인지발달에 도움이 되며 삶의 많은 시도에서 성공할 가능성이 높아진다. 그러나 지적 노력을 통한 시도의 성공과 실패에는 또 다른 요인들이 관련되어 있다. 지능수준을 통제하고 나면, 성공과 관련된 긍정적 요소뿐 아니라 실패와 관련된 부정적인 요소도 사라진다. 부정적 예언지표로는 극심한 꾸물거림, 극단적인 완벽주의, 과다한 반추, 목적으로부터 주의분산, 완고하고 단호한 사고, 사회적·정서적 장애로 인한 인지적 간섭, 혹은 정신병리가 있을 수 있다. 심리학자가 사용하는 도구에서 부족한 것은 바로 이러한 아동의 능동적 특성을 측정할 실용적이고 신뢰로운 방법이다. 심리학적·교육적 평가를 실시하는 임상가들은 이러한 비인지적 특성들 또한 지적 능력이나 교육적 성장, 그리고 아동의 성공적인 미래에 대한 잠재적 조절변인으로 숙고해 보아야 할 것이다.

IQ 패턴과 인종/민족 집단 간 지표점수 차이

표 1.3에 WISC-IV의 IQ 평균과 지표점수를 인종/민족별로 제시하였다. 우리가 아무리 이 데이터들을 해석하는 데 고려해야 할 가정환경과 그 외 다른 요인들에 대해 설명했다고 하더라도, 누군가는 맥락에 대한 고려 없이 이 정보를 유전적으로 결정된 인종 간 차이의 증거 혹은 검사 편향의 증거로 해석할 우려가 있다. 그러한 해석들은 과학적으로 불합리하며, 사회에 불화를 가져오고, 아동에게 해가 될 수 있다.

앞서 살펴보았듯이, 교육수준은 인종/민족 집단별로 상당하고도 체계적인 차이를 보인

표 1.3	인종/민족 집단별 WISC-IV 합산점수의 평균(표준편차)				
	백인 (*n* = 1402)	아프리카계 미국인 (*n* = 343)	라틴계 (*n* = 335)	아시아계 (*n* = 92)	기타 (*n* = 28)
언어이해	102.9(13.8)	91.9(15.4)	91.5(13.4)	102.3(15.7)	101.1(15.9)
지각추론	102.8(14.4)	91.4(15.1)	95.7(13.0)	107.3(12.8)	101.0(11.8)
작업기억	101.3(14.5)	96.1(15.4)	94.2(13.7)	102.7(12.2)	101.4(10.6)
처리속도	101.4(14.7)	95.0(15.7)	97.7(13.4)	107.6(15.7)	97.7(14.2)
전체지능	103.2(14.5)	91.7(15.7)	93.1(12.6)	106.5(14.2)	101.0(12.7)

✝ 아동용 웩슬러 지능검사-4판(WISC-IV) ⓒ 2003 Harcourt assessment, Inc. 인가하에 인용됨.

다. 이 사실은 지능, 성취, 그리고 다른 인지적 검사를 개발할 때 규준집단을 선택하는 데 있어 중요한 함의점을 갖는다. 적합한 규준집단을 정의하는 첫 번째 단계는 관심이 되는 구성개념의 상당한 변량을 설명하는 변인을 찾고, 규준집단이 그 변인의 모집단을 대표할 수 있도록 계층화하는 것이다. 지능검사의 경우 전통적으로 고려된 변인들은 SES, 인종/민족, 연령, 성별, 그리고 국가의 지역이었다. 이 변인들은 단독으로 작용할 수도 있고 혹은 인종/민족이 그 아래 여러 다른 변인들을 가릴 수 있는 것처럼 복잡한 상호작용 관계 내에서 작용할 수도 있다. 대부분의 검사 출판자들은 아동을 위한 검사를 개발할 때 SES의 단일지표로써 부모의 교육수준을 선택하는데, 이는 교육수준이 SES의 직접적 지표인 가정 소득이나 부모의 직업과 높은 상관관계를 보이며, 또한 소득보다 신뢰롭게 보고되기 때문이다. 그러나 서로 다른 학교 중퇴율이나 앞서 언급된 다른 요인들로 인해 백인이 아닌 집단과 라틴계 집단의 교육수준 범위가 작다는 사실을 고려해 보면, 부모 교육수준은 다른 인종집단의 아동들보다 백인 아동 검사점수의 SES 지표로 더 잘 활용될 수 있을 것으로 보인다.

검사 개발의 현행 관례는 모든 계층화 변인들을 서로 교차시키는 것이고, 가장 많이 사용되는 지능검사의 출판자들은 이 관례를 따르고 있다. 따라서 예를 들어, 표준화 연구집단 내에 대학교육을 받은 부모를 가진 라틴계나 아프리카계 미국인 아동의 비율은 대학교육을 받은 부모를 가진 백인 아동보다 훨씬 적을 것이다. 이 표본 표집방법이 사회 내 각 집단을 정확히 반영하기는 하지만, 이 방법은 집단 간 IQ 평균 점수 간 차이를 과장하여 보여 주는데, 그것은 여러 인종/민족 집단의 SES 수준이 같지 않기 때문이다. 이 장의 후반부에 기술되어 있듯이, 만약 검사 출판자가 모든 인종/민족 집단에 대해 같은 국가적 SES 비율(SES 백분위 집단)을 사용한다면, 집단 간 IQ 점수의 차이는 모든 집단에서는 아니더라도 감소하게 될 것이다. 하지만 그와 동시에, 이 대안적 표본 표집과정은 인종/민족 집단 간 발달적 환경의 사회적 차이를 모호하게 만들 수 있다.

표 1.3에서 볼 수 있듯이, 아시아계 집단(106.5)에서 전체지능 평균 점수가 가장 높았으며, 그 다음으로 백인(103.2), 라틴계(93.1), 그리고 아프리카계 미국인(91.7) 집단 순이었다. 아시아계와 아프리카계 사이에서 가장 큰 차이가 확인되었는데, 이는 거의 1 표준편차

에 가까웠다(14.8점). 백인과 아프리카계 미국인의 차이는 전체지능 점수 11.5점이었고, 라틴계와 백인의 차이는 10.1점이었다. 이 수치가 미국 인구조사의 인종/민족 집단 내 부모 교육수준과 국가의 지역과 대등하도록 표집된 집단을 기반으로 산출되었음을 기억해야 한다. 따라서 이 인종/민족 집단은 일반집단 내에 존재하는 모든 교육적 · 사회적 불공정을 반영한다고 볼 수 있다. 또한 주목할 만한 것은 다른 집단 — 아메리카 인디언, 알래스카 원주민, 태평양 섬의 주민들 — 이 모집단 평균인 100에 가까운 WISC-IV 평균 점수를 받았다는 것이다.

집단에 따른 지표점수 평균의 프로파일 차이를 고려할 때 주목해야 할 여러 추가 요인들이 있다. 사용언어가 가장 다양하다고 알려져 있는 아시아인과 라틴계는 지각추론 지표 점수보다 언어이해 지표점수가 4~5점 낮은 반면, 아프리카계 미국인과 백인 집단은 언어이해 지표/지각추론 지표 간에 차이를 보이지 않는다. 이것은 문화를 고려하여 언어이해 지표/지각추론 지표 차이를 해석할 때 중요한 점이다. 아프리카계 미국인 집단이 의미 있는 언어이해 지표/지각추론 지표점수 차이를 보이지 않는 것은 특히 흥미로운데, 그것은 아프리카계 미국인 집단이 지배 문화로부터 멀리 떨어져 있고 방언을 사용하므로, 임상 민속학(clinical folklore)에서는 언어성 소검사 점수가 아프리카계 미국인 아동들에게 가장 편향되어 나타날 것으로 추정했기 때문이다. 그러나 실제 데이터는 이러한 의견을 지지하지 않는다. 이와 관련한 추가적 증거로, 아프리카계 미국인 아동 가운데 지각추론 지표가 언어이해 지표점수보다 높은 경우는 45.8%인 데 반해, 언어이해 지표가 지각추론 지표점수보다 높은 비율은 52.5%이다. 하지만 어떤 연구도 다양한 국가와 문화권에서 온 흑인 이민자들을 포함하는 아프리카계 미국인 집단의 언어적 다양성을 조사하지 않았다. 아프리카계 미국인은 전통적으로 하나의 언어를 사용하는 것으로 생각되었으나, 이러한 추정은 맞지 않을 수도 있다. 연구자들은 아프리카계 미국인의 언어적 다양성에 대한 논의를 방언으로 제한시키는 경향이 있다. 그러나 아프리카계 미국인의 언어로 분류되는 것 가운데에는, 토종 아프리카계 미국인 언어인 걸러(Gullah) 이외에도 프랑스어, 스페인어, 포르투갈어, 많은 아프리카 대륙어[예 : 암하라어(Amharic)], 카리브어(예 : 아이티 크레올) 등이 있다. 연구자들이 전통적으로 아프리카계 미국인을 단일어 집단으로 보았기 때문에, 문화적응이나 인지검사 혹은 성취검사 수행에 있어서의 언어의 영향을 제대로 연구하지 못했다.

　백인 집단은 네 지표점수에 걸쳐 상당히 일관된 평균 점수를 보이고 있는 반면, 아시아인 집단은 지각추론 지표와 처리속도 지표에 비해 언어이해 지표와 작업기억 지표에서 낮은 점수를 보인다. 이는 언어이해 지표 소검사들에서의 언어적 부담이나, 작업기억 지표를 구성하고 있는 숫자 소검사와 순차연결 소검사에서의 이차적 언어부담 때문일 수 있다. 만약 다른 언어를 사용하는 아동이 영어로 제시되는 글자와 숫자를 그들의 모국어로 해석해야 한다면, 이 검사는 영어가 모국어인 아동이나 영어에 능숙한 아동에 비해 더 많은 작업기억 기능을 요구하게 된다. 라틴계 집단도 다소 덜 두드러지기는 하지만 같은 패턴을 보이고 있다.

　라틴계 집단에서는 처리속도 지표에서 가장 높은 평균 점수를 보였다. 아프리카계 미국인 집단에서는 작업기억 지표와 처리속도 지표점수에서 언어이해 지표와 지각추론 지표보다 확연히 높은 점수 패턴을 보인다. 이러한 결과는 여러 가지 이유로 흥미롭다. 첫째로, 임상 민속학은 어떤 소수민족 문화는 빠른 속도로 수행하는 것에 잘 적응되어 있지 않아 시간제한이나 시간보너스가 있는 과제에는 불리할 수 있다고 추측하지만, 처리속도 지표점수는 라틴계와 아프리카계 미국인 집단에서 네 개의 지표점수 가운데 가장 높게 나타났다. 이에 대해 더 알아보기 위해, 우리는 시간보너스가 있는 토막짜기(Block Design with Time Bonuses, BD) 소검사와 시간보너스가 없는 토막짜기(Block Design with No Time Bonuses, BDN) 소검사 점수를 비교해 보았다. 그 결과, 시간보너스가 있는 토막짜기와 시간보너스가 없는 토막짜기 사이의 평균 차이는 모든 집단에서 0.5점 이하로 나타났다. 시간보너스가 있는 토막짜기보다 시간보너스가 없는 토막짜기에서 더 높은 점수를 받은 아프리카계 미국인 아동의 비율은 20.0%였고, 라틴계 아동은 21.1%, 백인 아동은 26.9%였다. 따라서 시간보너스가 없는 토막짜기에서 더 높은 점수를 받은 아동의 비율은 백인 아동보다 아프리카계와 라틴계 아동에서 더 적었다고 할 수 있다. 이 데이터는 아프리카계와 라틴계 미국인 아동의 수행속도와 시간 측정 과제 수행에 미치는 문화의 영향에 대한 일반적 추측이 지지되지 않을 수 있음을 보여 준다.

　아프리카계 미국인과 백인 사이의 전체지능 점수 차이가 WISC-III에서보다 WISC-IV에서 더 적게 나타난다는 사실 또한 눈여겨볼 만하다. 아프리카계 미국인 집단의 전체지능

점수 평균은 WISC-III에서 88.6이었으나 WISC-IV에서는 91.7로 3.1점가량 올랐다. 그와 동시에, 백인 집단의 평균은 약 103으로 상대적으로 일정하게 유지되고 있다. 따라서 아프리카계 미국인과 백인 사이는 WISC-III에서 1 표준편차(14.9점) 가까이 되었던 것에서, WISC-IV에서는 11.5점으로 줄어들었다. 이는 긍정적인 변화이지만 여전히 그 차이는 크다(효과크기＝.78). 라틴계들의 전체지능 평균 점수는 94.1에서 93.1로 1점 감소하였기 때문에, 라틴계 미국인과 백인 차이는 WISC-III와 WISC-IV 간에 0.7점 증가하여 약 10.1점이 되었다.

지난 세기 초반에 Spearman(1927; Vroon, 1980에 인용)은 지능검사 점수에서 집단 간 차이는 인종 간 타고난 일반지능(g)의 차이로 설명될 수 있을 것이라고 가정하였다(Jensen, 1998; Murray, 2005). 누군가는 오래된 Spearman의 추론을 따라 WISC-IV에서 아프리카계 미국인의 전체지능 점수가 증가한 것은 일반지능의 영향을 덜 받는 소검사들(예 : 숫자 소검사와 동형찾기)의 비중이 높아졌기 때문이라고 주장할 수도 있으며, 지금까지의 심리 측정학에서 연구된 "일반지능(g)"을 고려할 때 그들의 주장이 맞을 수도 있다. 하지만 "일반지능(g)"에 대한 강력한 측정치로 알려진 어휘와 같은 소검사들도 역시 환경적 기회에 의해 쉽게 영향을 받는다. 더구나 지각 척도에 포함되어 있는 보다 추상적이고 유동적인 추론 과제조차도 시간에 따른 환경 변화의 영향에 민감하다는 사실이 알려져 왔다(Flynn, 1984, 1987; Neisser, 1998). 사실, 아프리카계 미국인에서의 가장 큰 변화는 WISC-III의 지각조직 지표(87.5)와 WISC-IV의 지각추론 지표(91.4) 사이에서 발견되었는데 이는 약 4점 차이였다. 검사 버전 간 지표의 개념적 변화는 지각조직화 소검사의 감소와 유동적 추론 소검사의 증가이다. 또한 작업기억 소검사와 처리속도 소검사는 근본적으로 신경심리학적인 기본 능력을 평가한다.

이 시점에서 분명히 말할 것이 있다. 지능지수의 집단 간 차이를 보여 주는 연구들은 그 차이가 어디에서 왔는지를 말해 주지 않는다는 것이다. Sternberg(2005)가 결론을 내렸듯이, 지능이나 학업성취에서의 인종 간 차이가 유전적 원인에 있다는 말은 "상상적 비약이다." 우리는 인종/민족이 명확히 밝혀지지 않은 메커니즘의 대리(proxy)변인임을 반복적으로 확인하였다. 사실, 집단 간 차이가 존재하는 것으로 나타나는 이유는 그것들이 대신하는 변인들이 분명히 확인되지 않았기 때문일 수 있다. 따라서 우리는 지능지수에서의 인종/민족 집단 간 차이가 유전자형의 능력 차이를 반영한다는 Spearman의 가설에 동의하지 않는다. 우리는 인지능력 발달의 기회 차이에서 그 문제를 재구성하고자 한다. 혹은 인지적으로 풍요로운 환경이란 문화적응 경험과 동의어일 수 있다. 따라서 인종/민족 집단 간 지능지수 차이에 대한 Spearman의 가설은 인지발달의 기회 혹은 서로 다른 문화적응 경험의 측면에서 재구성될 수 있을 것이다.

인종/민족 집단 간 전체지능 점수 차이의 매개요인으로서 사회경제적 지위

이번 단락에서는 SES가 어떻게 인종/민족 집단 간 지능검사 점수 차이를 매개하는지를, WISC-IV 과표본을 이용하여 살펴보고자 한다. 이 논의는 IQ의 선천성/후천성에 대한 것도, 인종과 IQ에 대한 것도 아니다. 이것은 검사점수가 어떻게 맥락에 따라 달라질 수 있는지를 이해하도록 돕고, 그 정보를 아동을 이해하는 데 사용하기 위한 것이다.

우리는 Helms(2005)가 권장한 회귀분석 방법을 적용하여 인종/민족 요인에 의해 설명되는 검사점수의 변량이 관련 매개변인을 투입했을 때 얼마나 감소하는지를 살펴보고자 했다. 표 1.4는 아프리카계 미국인과 백인 간의 비교를 위한 분석 결과를 보여 준다. 모델 1에서 우리는 인종을 통해 전체지능 점수를 추정하였다. 표 1.4에서 볼 수 있듯이, 인종은 전체지능 점수의 4.7% 혹은 10.4점을 설명해 준다. 모델 2에서 우리는 부모 교육수준(고졸 미만, 고졸, 대학교육 경험, 대졸 이상의 네 수준)을 매개요인으로 넣고, 부모 교육수준을 통제한 후 인종집단의 설명량이 감소하는지를 살펴보았다. 표 1.4에서 볼 수 있듯이, 부모 교육수준은 단독으로 아프리카계 미국인과 백인 집단 간의 전체지능 점수 차이의 18.8%를 설명해 주는데, 이는 인종 단독 설명량(4.7%)보다 훨씬 큰 것이다. 부모 교육수준 통제는 인종으로 설명되는 전체지능 점수 변량의 44.5%를 감소시킨다. 매개 효과 제거 후 남아 있는 아프리카계 미국인과 백인 집단 간 평균 차이는 7.8점이다. 앞서 말했듯이, 부

표 1.4	백인/아프리카계 미국인의 전체지능 점수 차이에서 부모 교육수준과 부모 소득의 매개 효과 (*n*=1032)			
	R^2	R^2 변화량	백인/아프리카 미국인계 차이의 매개율	매개 후 백인/아프리카 미국인의 평균차
모델 1				
인종	0.047	–	–	10.447
모델 2				
부모 교육	0.188	–	–	–
부모 교육, 인종	0.214	0.026	44.5%	7.852
모델 3				
부모 교육	0.188	–	–	–
부모 교육, 소득	0.223	0.035	–	–
부모 교육, 소득, 인종	0.239	0.016	65.4%	6.320

ⓐ 아동용 웩슬러 지능검사-4판(WISC-Ⅳ) ⓒ 2003 Harcourt assessment, Inc. 인가하에 인용됨.

모 교육수준은 단지 SES의 대략적인 지표일 뿐이다. 따라서 모델 3에서 우리는 가정 소득을 부모 교육수준과 함께 추가적인 매개요인으로 투입하였다. 부모 소득은 부모 교육수준을 통제한 후 추가적으로 집단 간 전체지능 점수 차이의 3.5%를 설명해 준다. 모두 합치면, 이 두 SES 지표는 전체지능 점수의 22.3%를 설명한다. 부모 교육수준과 소득을 둘 다 통제하면 IQ 차이에 대한 인종 단독 설명량의 65.4%가 감소된다. 여전히 남아 있는 인종이 설명하는 변량은 1.6%로, 이는 부모 교육수준과 소득의 영향을 배제한 후 아프리카계 미국인과 백인 집단의 전체지능 점수 평균 차이 6.3점과 같은 것이다. 추후 연구자들은 보다 정교한 SES 측정치(예 : 우편번호 혹은 거주지)를 사용하고, 학교의 질, 이웃 동네의 안전성, 겸상적혈구병 등의 변인들이 가진 추가적 영향을 연구해야 할 것이다.

표 1.5는 같은 방법론을 라틴계와 백인, 비라틴계 집단에게 적용시킨 것이다. 모델 1은 민족요인이 집단 간 전체지능 점수의 1.4%인 6.3점을 설명함을 보여 준다. 모델 2는 부모 교육수준이 단독으로 변량의 17.5%를 설명하고, 부모 교육수준을 통제한 후에는 민족집단의 설명량이 99% 줄어들어 라틴계, 백인, 비라틴계 표본 간 전체지능 점수 평균의 차이가 사실상 0점에 가까움을 보여 준다. 모델 3에서는 부모 소득이 전체지능 점수 변량에 추가적으로 3.5% 기여하였으나, 집단 간 평균 차이에는 관찰될 만한 영향을 주지 않았다. 라틴

표 1.5	백인/라틴계의 전체지능 점수 차이에서의 부모 교육수준과 부모 소득의 매개 효과($n=1046$)			
	R^2	R^2 변화량	백인/라틴계 차이의 매개율	매개 후 백인/라틴계의 평균차
모델 1				
민족	0.014	–	–	6.340
모델 2				
부모 교육	0.175	–	–	–
부모 교육, 민족	0.175	0.000	99.0%	0.553
모델 3				
부모 교육	0.175	–	–	–
부모 교육, 소득	0.205	0.035	–	–
부모 교육, 소득, 민족	0.205	0.000	99.0%	0.562

☎ 아동용 웩슬러 지능검사-4판(WISC-IV) ⓒ 2003 Harcourt assessment, Inc. 인가하에 인용됨.

계 아동에게 부모 교육수준은 사실상 전체지능 점수에 기여하는 민족집단 변량의 전부를 설명하였다.

다음으로, 집에 사는 부모의 수가 아동의 지능검사 점수에 미치는 영향을 알아보았다. WISC-III를 사용한 이전 연구는 편부모 대 두 부모 가정의 아동 간에 유의미한 전체지능 점수 차이가 있음을 보여 주고 있다(Granier & O'Donnell, 1991). 표 1.6은 각 인종/민족 집단의 편부모 대 두 부모 가정 아동의 WISC-IV 평균 점수를 보여 주고 있다. 예상되는 바와 같이, 두 부모 가정의 아프리카계 미국인과 백인 아동은 각 인종의 편부모 가정 아동에 비해 5~6점 높은 WISC-IV 전체지능 점수를 보였다. 이와 같은 패턴은 언어이해 지표와 지각추론 지표에 대해서도 같다. 편부모는 단순히 그들의 아이와 함께 언어적·인지적으로 자극을 주는 활동을 함께할 수 있는 시간이 더 적을 수 있다. 일찍이 언급했듯이, 편부모 가정은 일상생활을 유지하는 데 더 큰 어려움을 겪는다. 게다가 한정된 가정 소득은 질 높은 학교와 다른 긍정적 환경에의 접근을 한정시킬 수 있다. 혹은 최근의 부모 이혼으로 검사시기에 정서적 스트레스를 겪고 있는 아동들은 인지기능이 단기적으로 저하되어 나타났을 수 있다. 표준화 연구집단 가운데 아프리카계 미국인 아동의 약 64%가 검사 당시 편부모 가정에서 살고 있었던 데 반해, 라틴계 아동은 약 33%, 백인 아동은 약 27%

표 1.6	편부모 대 두 부모 가정 아동의 WISC-IV 전체지능 평균 점수(인종/민족 집단별)	
	편부모 가정	두 부모 가정
아프리카계 미국인	89.4	95.9
라틴계	92.7	93.3
백인	99.3	104.7

☎ 아동용 웩슬러 지능검사-4판(WISC-IV) ⓒ 2003 Harcourt assessment, Inc. 인가하에 인용됨.

가 그러한 상황이었다. 따라서 WISC-IV 표준화 연구집단 중 아프리카계 미국인 아동은 라틴계나 백인계보다 두 부모 가정에서 살 확률이 적었던 것이다. 편부모/두 부모 상황은 WISC-IV 표준화 연구에서 통제변인이 아니었으나, 무선화 원칙은 이 표본집단이 일반집 단을 대표할 수 있어야 함을 말한다. 따라서 편부모 대 두 부모 가족 상황은 인종/민족 집 단 간 검사점수 차이에 기여하는 또 다른 변인일 수 있다.

또한 흥미로운 것은 이와 같은 효과가 라틴계 아동에게서는 관찰되지 않는다는 것이다. 집에 편부모가 있든지 두 부모가 있든지 라틴계 아동의 지능검사 점수에는 차이가 나타나 지 않았다. 이러한 결과를 설명하기 위해서는 추가 연구가 필요하다. 집단 간 서로 다르게 나타나는 확대 가족의 역할은 이 결과를 설명하기 위해 알아보아야 할 주제이다.

다음으로 가정에 사는 부모의 수, 부모의 교육수준, 국가 내 지리적 영역, 성별, 연령변 인을 모두 일치시킨 후, 집단 WISC-IV 점수를 비교해 보았다. 이 분석에서 아프리카계 미 국인/백인 간 차이는 11.5점에서 8.8점으로, 라틴계/백인 차이는 10.1점에서 4.8점으로 감 소하였다. 그러나 부모(편/두 부모)의 영향이 가정 소득 변화에 의해 매개될 것이라는 가설 은 여전히 존재한다. 이 가설을 검증하기 위해서 우리는 매개요인 분석을 적용하였다. 집 에 사는 부모의 수가 아프리카계와 백인 간 전체지능 점수 변량의 2%를 설명하여, 아프리 카계 미국인/백인 전체지능 점수 차이를 30% 감소시켰다. 그러나 부모 교육수준과 소득이 첫 번째 모델에 들어가면, 부모 상황의 증가 효과는 전혀 없었다. 따라서 부모(편/두 부모) 상황이 아프리카계 미국인/백인의 전체지능 점수 차이에 미치는 영향은 가정 소득에 의해 모두 설명이 되는 것이다.

이론적으로, 인지적 풍요를 위한 서로 다른 기회가 집단 간 IQ 검사점수 차이를 완전히 설명한다면, 인지적 풍요를 통제하는 것은 관찰된 점수 차를 제거시킬 수 있어야 한다. 따라서 부모 교육수준이 라틴계와 백인 표본 사이의 전체지능 점수 차이를 완전히 설명하지만, 아프리카계 미국인과 백인 표본 사이의 차이는 설명하지 못한다는 것은 매우 흥미로운 일이다. 부모 소득을 매개변인으로 포함시키는 것은 아프리카계 미국인/백인 차이에 대해 설명을 더해 주지만, 여전히 모두를 설명해 주지는 못한다. 이는 부모 교육수준과 소득이 아프리카계 미국인과 라틴계 미국인에게 있어 서로 다른 방식으로 인지능력 점수와 연관될 수 있음을 시사한다.

왜 여전히 어떤 연구들에서는 부모 교육수준, 소득, 집에 사는 부모의 수와 같은 결정적 변인을 일치시킨 후에도 아프리카계 미국인과 백인의 집단 간 IQ 검사점수 차이가 나타나는 걸까? 부분적 답은 이러한 변인들이 간접적인 방식으로 그 효과를 나타내며, 따라서 근접과정이라기보다는 원격자원이라고 불리기 때문일 것이다. 아니면 사회 내부의 측정되지 않은 불공정성이 아프리카계 미국인의 교육수준과 소득의 긍정적 효과를 반감시키는 것일 수도 있다.

일찍이 논의한 바와 같이, 효과의 간접성은 그 관계가 완벽하지 않음을 의미한다. 이러한 것들이 "대리"변인이다. 그것들은 직접적으로 측정하기 어려운 다른 변인들의 편리한 지표 역할을 한다. 부모 교육수준은 인지능력 점수에 영향을 미치는 강력한 인구학적 변인이다. 가정의 경제 상황과 완벽한 상관을 보이지는 않지만, 이 변인은 전반적 SES에 대한 대리변인으로 적합하다. 부모 교육수준은 또한 부모의 취업 기회, 소득수준, 거주, 이웃, 태아기 자녀에 대한 보살핌, 영유아기 자녀의 영양과 초기 발달 적절성, 자녀에게 제공 가능한 교육의 수준 등 많은 주요 변인들과 관련된다. 이는 많은 부분 풍부한 초기 자극과 안전한 환경에서 배우고 자랄 수 있는 기회와 관련이 있다. 연구자들은 교육수준이 높은 부모의 경우 소아과 진료, 질 높은 학교, 안전한 이웃에 대한 접근 기회가 더 많다고 추정하지만, 늘 그러한 것은 아니다. 지금까지 인지발달의 변량을 설명하는 것으로 알려진 의학적 · 사회적 · 법적 · 환경적 · 경제적 · 교육적 요인을 직접적으로 통제한 연구는 없었다. 대리변인을 사용한다는 한계가 있을 뿐 아니라, 실제 접근 가능한 연구들은 종단연구보다는 횡단연구가 전형적이다.

학문적인 연구 결과는 대개 심리학자, 사회학자, 정치학자 등에게 집단의 특성에 대한 매우 귀중한 정보를 제공한다. 그러나 심리학자는 개인의 차이를 이해하는 일에서 고유하면서 특별한 역할을 한다. 연구 논문은 인지적 발달을 촉진하거나 저하시키는 속성과 같은 요인들을 이해하는데 도움이 되는 통찰력을 제공하지만, 심리학자들은 집단의 데이터가 평가받는 모든 개인들을 특징지을 수 있다고 추정해서는 안 된다. 우리가 집단으로 이루어진 연구 결과를 임상현장에 적용한다면, 도움을 위해 의뢰된 아동에 대해 부주의한 고정관념을 갖게 될 수 있다.

이러한 이유들 때문에 우리는 지능검사 점수에서의 인종/민족 간 차이에 대한 연구는 뒤로 남겨두고, 가정에서 부모와 자녀 간에 어떤 일이 일어나는지와 같은 아동 인지발달의 근접 매개요인에 관심을 두고자 한다. 우리의 방침은 심리학 연구에서 인종을 독립변인으로 사용하는 일을 멈추어야 한다는 Helms(2005)의 주장에 영향을 받았다. 이러한 방침은 또한 다양한 학문 분야의 연구자들에게 인종은 사회적으로 구성되며 생물학적으로는 의미 없는 개념이라는 주장을 하도록 이끄는 인간 게놈(humane genome) 연구의 최근 진보와 일치하는 것이다(Cavalli-Sforza, 2001; Marks, 2002; Schwartz, 2001). 다른 연구들은 인종/민족 집단 간 구분은 매우 유동적이며 따라서 대부분의 유전적 다양성은 유전집단 간에 있는 것이 아니라, 유전집단 내에 존재하는 것임을 시사한다(Foster & Sharp, 2002). 빛과 같이 빠른 유전학에서의 최근의 진보와는 다르게, 지능 유전자를 확인하려는 시도들은 약한 효과를 보여 주거나, 결론에 이르지 못하거나, 반복 검증에 실패해 오고 있다(Chorney, Chorney, Seese, Owen, Daniels, & McGuffin, 1998; Hill, Chorney, & Plomin, 2002; Hill, Craig, Asherson, Bill, Eley, & Ninomiya, 1999; Plomin, McLearn, Smith, Skuder, Vignetti, & Chorney, 1995).

인종 경계의 유동성과 인종/민족 집단 내 문화와 언어의 다양성 때문에, 미래의 어떤 시점에 연구자들은 인종/민족 집단화를 멈추게 될 것이다. 미래의 연구자들은 어쩌면 특정 인지능력 발달을 문화가 어떻게 매개하는지를 연구하고자 할 수 있을 것이다.

이 시점에서 우리는 지능에서의 인종/민족 간 차이에 대한 연구는 뒤로 남겨두고자 한다. 이제 문화집단 내 혹은 여러 문화집단에 걸쳐 아동의 인지발달을 촉진하는 가정환경 변인에 대한 논의를 시작하려 한다. 이 장의 나머지 부분에서는 가정환경과 언어변인, 그리고 그 변인들이 인지발달과 인지능력 검사점수에 미치는 영향에 대한 정보를 제공할 것이다.

WISC-IV 점수에 미치는 가정환경의 영향

지능에 대하여 전형적으로 연구된 많은 SES와 관련된 변인들은 아동발달에 두 가지 측면에서 작용하는 것으로 추정된다. 첫째로, 학교의 질, 이웃의 안전성, 의료적인 면에서의 환경이 갖는 원격 효과가 있다. 이 중 많은 부분은 부모 교육과 소득수준에 의해 간접적으로 표현된다. 두 번째로, 언어적·지적·학업적으로 자극이 되는 환경을 제공한다는 측면에서 부모가 아동과 상호작용하는 방법이 갖는 근접 효과가 있다. 부모-자녀 상호작용은 부모의 교육 그리고 소득수준과 연관되어 있다. 우리는 이 변인들을 별개로 취급할 것인데, 그것은 SES와는 다르게 부모의 행동과 태도는 보다 부모 자신의 직접적인 통제하에 있기 때문이다.

높은 교육을 받은 어머니들은 교육수준이 낮은 어머니들과는 다른 방식으로 아이들과 상호작용한다는 가정이 은연중에 존재한다. 교육을 더 받은 어머니들은 자녀의 영유아기 시절 더 많은 언어적 자극을 제공하며, 미취학 시기에 책을 더 많이 읽어 주고, 초등교육 시기에 숙제를 많이 도와주고, 전반적으로 아동기와 청소년기에 걸쳐 더 많은 지적 자극활동을 제공하는 것으로 추정된다. 이는 세부적으로 더 조사되어야 할 추정이다. 같은 SES 집단 내에서도 양육 방식에 있어서 격차가 존재하고, 그러한 차이가 아동의 인지발달에 영향을 미칠 가능성이 있다.

최근의 WPPSI-III 관련 연구는 몇 가지 가정환경 변인이 어린 아동의 언어능력 발달에 중요한 영향을 끼친다는 사실을 시사한다. 일주일에 부모가 아동에게 책을 읽어 주는 시간과 아동이 텔레비전을 보는 시간과 관련하여 WPPSI-III의 언어성 지능은 독서시간 증가에 따라 높아졌고, 텔레비전 시청시간 증가에 따라 감소하였다. 이 변인들과 부모 교육수준 사이에도 분명한 상관관계가 존재한다. 부모 교육수준에 따라 독서시간은 증가했고, 텔레비전 시청시간은 감소하였다. 따라서 공교육을 더 적게 받은 부모들보다 교육수준이 높은 부모들이 아이들에게 더 자주 책을 읽어 주고, 텔레비전 시청은 제지한다고 할 수 있다. 더 나아가 책을 더 많이 읽고, 텔레비전을 더 적게 보는 2.5~7세 사이 아동의 평균 언어성 지능이 더 높게 나타났다(Sichi, 2003). 아마도 편부모 대 맞벌이 부모가 아동과 인지 자극적 방식으로 상호작용할 수 있는 기회에 SES가 영향을 미치는 것일 수 있다. 그러나 이와 동시에, 같은 교육수준을 지닌 부모들 사이에서도 이러한 행동의 빈도에는 상당한 편차가 있다. 따라서 같은 교육수준을 지닌 부모를 가진 아동일지라도 더 많은 시간 동안 책을 읽고, 더 적은 시간 동안 텔레비전을 보는 것이 더 높은 언어성 지능과 관련되어 있다.

다음으로, 우리는 학령기 아동에게 영향을 미치는 부모 태도의 근접 효과에 대해 살펴보려 한다. 우리는 탐색적 분석을 통해, WISC-Ⅳ 표준화 연구집단($n = 624$) 아동의 부모에 의해 작성된 많은 질문지 중에 네 개의 항목을 선택했다. 선택된 네 항목은 표 1.7에 제시되어 있다. 이 네 질문들은 아동의 학업적 성공에 대한 부모의 태도 및 기대와 분명하게 관련되는 것이다. 우리는 부모들이 아동의 발달기간 동안 이와 같은 기대를 직간접적인 다양한 방식으로 표현할 것이라고 추정한다.

부모의 기대가 아동의 지능검사 점수에 미치는 영향을 분석하기 위하여 매개분석을 실시하였다. 종속변인은 더 이상 집단 간 전체지능 점수 차이가 아니라, 모든 인종과 민족 집단이 결합된 전체 집단의 전체지능 점수이다. 즉, 우리는 인종/민족 집단 간 전체지능 점수 차이를 설명하고자 하는 것이 아니라, 모든 집단에서 나타나는 부모 기대의 효과를 이해하고자 하였다. 표 1.8에서 볼 수 있는 것과 같이, 부모 교육수준과 소득의 결합은 전체지능 점수 변량의 약 21%를 설명한다. 부모의 기대는 단독으로 모든 아동에 걸친 전체지능 점수 변량의 약 31%를 설명한다. 이렇게 부모의 기대는 단독으로도, 부모의 교육과 소득수준의 결합보다 더 많은 설명량을 가진다. 이전 연구자들이 부모 교육수준이 아동의 지능검사 점수에 가장 강력한 영향을 미칠 것이라고 추정하였던 것을 볼 때, 이 사실은 매우 흥미로운 것이다. 이 세 변인들(부모 교육수준, 소득, 기대)을 모두 고려한 모델은 아동의 전체지능 점수 변량 가운데 약 37%를 설명해 준다.

표 1.7	Harcourt 아동 학업 성과에 대한 부모 기대 질문지

당신의 자녀가 다음에 제시한 것들을 얼마나 성취할 수 있을 것 같습니까?

1. 학교에서 좋은 성적을 받을 것 같습니까?
   (0) 별로 그럴 것 같지 않다.
   (1) 약간 그럴 것 같다.
   (2) 그럴 것 같다.
   (3) 매우 그럴 것 같다.

2. 고등학교를 졸업할 것 같습니까?
   (0) 별로 그럴 것 같지 않다.
   (1) 약간 그럴 것 같다.
   (2) 그럴 것 같다.
   (3) 매우 그럴 것 같다.

3. 대학에 진학할 것 같습니까?
   (0) 별로 그럴 것 같지 않다.
   (1) 약간 그럴 것 같다.
   (2) 그럴 것 같다.
   (3) 매우 그럴 것 같다.

4. 대학을 졸업할 것 같습니까?
   (0) 별로 그럴 것 같지 않다.
   (1) 약간 그럴 것 같다.
   (2) 그럴 것 같다.
   (3) 매우 그럴 것 같다.

🈯 아동용 웩슬러 지능검사-4판(WISC-IV) © 2003 Harcourt assessment, Inc. 인가하에 인용됨.

부모의 기대는 단순히 부모 교육수준과 소득의 기능인 것인가? 우리는 이 가설을 표 1.8의 모델 2와 3에서 검증하였다. 이 분석에서 우리는 부모의 기대 효과가 통제된 이후, 부모 교육수준과 소득이 아동 전체지능 점수의 6.5%만을 설명함을 발견하였다. 이는 부모교육수준의 설명력에서 69.5% 감소된 것이며, 소득의 설명력은 21.3%에서 6.5%로 감소한 것이다.

다음으로 우리는 그와 반대 질문을 검증해 보았다 — 부모 교육수준과 소득의 효과가통제된 후에는 부모의 기대가 얼마나 큰 영향을 미칠까? 여기에서 이야기는 달라진다. 모델 3에서 볼 수 있듯이 부모 기대는 부모 교육수준과 소득을 통제한 후에도 아동의 전체지능 점수 변량의 약 16%를 설명해 준다. 부모 교육수준과 소득의 효과를 통제한 후 부모의 기대

표 1.8	부모 교육수준, 부모 소득과 전체지능 점수의 관계에서 부모 기대수준의 매개 효과		
	R^2	R^2 변화량	매개율
모델 1			
부모 교육, 소득	.213		
모델 2			
부모 기대	.307		
부모 기대, 부모 교육, 소득	.372	.065	69.5%
모델 3			
부모 교육, 소득	.213		
부모 교육, 소득, 부모 기대	.372	.159	48.2%

☎ 아동용 웩슬러 지능검사-4판(WISC-IV) ⓒ 2003 Harcourt assessment, Inc. 인가하에 인용됨.

의 설명력이 반으로 줄어들기는 했지만, 그 효과의 크기는 여전히 유의미하였다.

교육수준에 따라 부모 기대가 어떻게 달라지는지 살펴보았다. 이 데이터는 표 1.9에 나타나 있다. 우리는 부모 기대가 부모 교육수준에 따라 체계적으로 증가함을 발견하였다. 표 1.10은 부모 기대수준별 전체지능 점수의 평균을 보여 준다. 학업적 성과에 대해 낮은 기대와 높은 기대를 보이는 부모를 가진 아동의 전체지능 평균은 각각 78.5와 107.4이다. 고등학교를 졸업하지 않은 부모를 가진 아동의 평균 전체지능 점수가 87.4, 대졸 부모를 가진 아동들은 108.7이라는 사실을 보여 준 표 1.1을 상기해 보라. 이처럼 더 교육받은 부모들, 그리고 자신의 자녀에게 더 높은 기대를 가지는 부모의 자녀는 더 높은 전체지능 점수를 보였다. 부모 기대수준에 따라 전체지능이 거의 2 표준편차(28.9점)의 차이를 보였으며, 부모 교육수준에 따라 21.3점 이상 차이가 났다.

표 1.9	부모 교육수준에 따른 아동 학업 성과에 대한 부모 기대 질문지 평균 점수
부모 교육수준	부모기대 점수
고등학교 미만	9.6
고등학교	11.6
약간의 대학교육	13.2
대학졸업 이상	13.3

☎ 아동용 웩슬러 지능검사-4판(WISC-IV) ⓒ 2003 Harcourt assessment, Inc. 인가하에 인용됨.

표 1.10	부모 기대수준에 따른 아동의 전체지능 평균 점수
	전체지능 점수
낮은 기대수준 집단	78.5
중간 기대수준 집단	96.5
높은 기대수준 집단	107.4

⚑ 아동용 웩슬러 지능검사-4판(WISC-IV) © 2003 Harcourt assessment, Inc. 인가하에 인용됨.

다음으로, 우리는 전체지능 점수를 교육수준별 부모의 기대수준으로 회귀분석해 보았다. 우리는 부모의 기대가 모든 교육수준에서 전체지능 점수와 상관을 보이지만, 특히 고등교육을 받은 부모들에게서 더 크게 나타나며($R^2 = .28$), 고등학교를 졸업하지 않은 부모들에게서 가장 낮게 나타남을 발견하였다($R^2 = .19$). 우리는 이 결과를 원격자원인 환경자원이 근접과정인 부모의 태도와 행동에 미치는 영향과 관련시켜 해석하였다. 실제 사회적·경제적 요인 때문에 SES가 낮은 가정의 부모 기대수준의 영향이 제한되었을 수 있다. 여전히 부모의 기대는 모든 SES 집단에서 강력한 힘을 보여 주었지만, 고등학교를 졸업하지 않은 부모 가운데에서는 그렇게 강력하지 않았다. 부모의 기대는, 부모가 고등학교는 졸업하였지만 대학에 들어가지 않은 중류 SES 가정에서 가장 영향력이 있는 것으로 나타났다. 이 결과를 설명할 수 있는 데이터는 존재하지 않지만, 이러한 가정의 아동이 개인적인 노력 여하에 따라 성인기에 이르러 SES 연속선에서 위로도 아래로도 이동할 수 있는 경계선에 있으며, 그렇기에 부모의 기대가 특히 영향력이 있지 않을까 생각한다.

우리는 또한 부모의 교육수준과 소득의 효과를 통제한 후 인종/민족 집단 간 전체지능 점수의 차이에 미치는 부모 기대수준의 영향을 살펴봄으로써, 부모 기대가 문화에 걸쳐 서로 다르게 작용한다는 가설을 검증해 보았다. 아프리카계 미국인/백인의 전체지능 점수 차이 분석에 있어, 부모 기대에 기인하는 것으로 설명되는 남은 변량은 약 15%, 라틴계 백인 전체지능 점수 차이 분석에서는 18%로, 전체 표본을 대상으로 보고된 16%와 매우 흡사한 수준이다.

표 1.11은 부모의 기대수준에 따른 세 집단과 전체 집단 내 전체지능 점수와 결합된 백분위(percentile : %ile)를 보여 준다. 6 이하의 낮은 점수는 오직 10.7%의 부모에서만 얻

표 1.11	부모의 기대수준별 집단과 전체 집단 내의 특정 전체지능 점수 해당 백분위			
		부모 기대수준		
전체지능 점수	전체	낮음	중간	높음
70	2	28	4	0.5
80	9	51	13	3
90	25	77	32	12
100	50	91	54	28
110	75	99	83	57
120	91	>99.9	99	83
130	98	>99.9	>99.9	97
140	99.6	>99.9	>99.9	>99.9

아동용 웩슬러 지능검사-4판(WISC-IV) ⓒ 2003 Harcourt assessment, Inc. 인가하에 인용됨.

어졌다. 7~11 사이는 중간 점수로 간주되었으며, 36.1%의 부모들에게서 얻어졌다. 12 이상의 높은 점수는 53.2%의 부모들에게서 얻어졌다. 표 1.11에서 볼 수 있듯이, 같은 전체지능 점수라도 백분위는 부모 기대가 낮은 아동 가운데에서는 증가하였고, 부모 기대가 높은 아동 사이에서는 감소하였다. 게다가 부모의 기대수준에 따른 백분위의 차이가 꽤 크다. 전체지능 점수 100이 일반집단의 중앙값(백분위 50%ile)인 데 반해, 기대수준이 낮은 부모를 가진 아동 가운데에서는 백분위 91%ile, 학업에 대한 기대수준이 높은 부모를 가진 아동은 백분위 28%ile이었다. 기대수준이 낮은 부모와 높은 부모의 아동의 전체지능 점수 중앙값은 각각 80, 108이다. 이 기저율 표에 따르면, 전체지능 점수 90인 아동은 같은 연령대의 25%보다 높은 점수를 얻은 것이라 할 수 있다. 동일 점수가 낮은 학업기대를 가진 부모 밑에서 자라는 아동 중에서는 77%보다 높은 것이고, 높은 기대수준을 가진 부모들 아래 자란 아동 가운데에서는 겨우 12%보다 높은 것이다.

　정리하여 말하자면, 부모 기대가 단독으로 아동 전체지능 점수 변량의 약 31%를 설명하는 데 반해, 부모 교육수준과 소득의 결합은 약 21%를 설명한다. 이 세 변인들은 모두 함께 아동의 인지능력 측정 변량의 약 37%를 설명해 준다. 나아가 부모 기대수준은 부모 교육수준과 소득에 의해 부분적으로밖에 설명되지 않으며, 부모 기대에 기인하는 잔존 변량이 유의미하게 나타난다. 더구나 부모 기대는 아프리카계 미국인/백인과 라틴계/백인 비교에서 아동의 전체지능 점수 변량에 있어 비슷한 양을 설명하는 것으로 나타났다. 접근 가능한 데이터에 따르면 부모 교육수준에 따라 부모의 기대수준에 체계적 차이가 있는 것처럼 보이지만, 부모 기대는 부모 교육 각 수준에서 아동의 인지능력 측정치 변량의 상당량을 예측해 준다.

이 간단한 부모 기대변인의 설명량은 놀랍고도 고무적이다. 부모의 기대와 태도, 행동이 모든 인구학적 배경을 가진 아동의 인지능력 발달과 그 측정치에 영향을 줄 수 있다는 가능성은 다소 순진하기는 하지만 매우 흥분되는 일이다. SES에 따라 부모들이 이러한 기대를 다르게 표현할까? 부모 기대에 문화적 차이가 있어 그것이 단순히 표준화된 점수 차이로 반영되는 것일까? 이러한 질문들에 대해서는 아직 데이터에 근거해서 분명한 답을 얻지 못했다. 하지만 앞서 제시한 분석은 이 가설이 맞지 않을 것임을 시사한다. 부모의 기대는 SES의 두 가지 지표인 부모 교육수준과 소득, 그리고 문화의 지표라고 할 수 있는 인종/민족 집단을 통제한 후에도 전체지능 점수 변량의 상당량을 설명하였다. 그러나 인종/민족 집단은 문화와 동의어가 아니며, 문화 혹은 가족의 믿음과 가치에 대한 보다 정교한 측정치가 부모 기대에서 체계적인 차이를 초래했을 수도 있다. 그러나 현재로서는 인종/민족 집단에 포함되어 있는 어떠한 문화적 차이도 아동의 학업적 수행에 대한 부모의 기대 차이의 상당 부분을 설명해 주지 못한다.

부모 기대가 가정 내에서 특정한 행동으로 표현되도록 만드는 심리사회적 메커니즘과 그러한 행동들이 무엇인지, 그것이 문화에 따라서는 어떻게 달라지는지, 그것이 어떻게 지능검사 점수를 높이는지에 대한 질문은 맥락에 따른 해석에 있어 풍부한 결실을 가져올 중요한 질문이다. Ceci(1996)가 제안한 바와 같이, 이러한 행동들은 인지발달의 결정적 단계에 따라 달라질 수 있다. 분명히 미취학 아동에게 책을 읽어 주는 것은 청소년 전기 아동에게 책을 읽어 주는 것보다 더 효과적일 것이다. 또한 초등학교 저학년 아동과 음운 게임을 하는 것은 초기 읽기 기술 발달에 중요한 음성학적 인지습득을 촉진시킬 수 있지만, 독해에 어려움을 겪는 그보다 나이 많은 아동과 음운게임을 하는 것은 덜 효과적일 것이다. 적절한 시기와 가정 내 행동의 주요 요인, 그리고 이것들이 문화에 따라 어떻게 달라지는지에 대해 더 많은 것을 알게 된다면, 임상가들은 인지발달 지연이나 학습장애가 있는 아동의 가정에 대해 더 효과적으로 개입할 수 있을 것이다.

　여전히 부모들이 그들의 자녀가 가진 능력에 대해 누구보다 잘 알고, 학교에서의 피드백이나 그 외 관찰을 기반으로 부모 기대수준 질문지에 응답할 때 현실적 추정치를 제공할 수 있다. 지능 혹은 성취 연구에서 부모 기대수준을 독립변인 혹은 분류변인으로 사용하는 것은 심각한 문제이다. 우리는 자녀의 인지능력에 대한 부모 기대수준의 영향이 일방향적이 아니라 쌍방향적 상호작용임을 알고 있다. 즉, 타고나기를 총명한 아동은 부모로 하여금 높은 기대를 갖도록 자극하고, 이는 다시 아동에게 지적·학업적으로 풍부한 수행을 하도록 동기를 부여함으로써 인지발달을 촉진할 수 있다. 이와 동시에 타고난 인지적 재능이 제한된 아동은 부모에게 낮은 기대를 갖도록 만들고, 이는 그 아동을 지적·학업적 성장활동으로부터 멀어지게 만들 수 있다. 많은 요인들이 부모 교육수준, 소득, 그리고 자녀에 대한 부모의 기대수준과 전체지능 점수의 공변량을 설명할 것이다. 예를 들어, 상위계층으로 올라가려는 부모의 동기 혹은 하위계층으로 내려가는 것에 대한 두려움은 연구되어야 할 영역이다. 부모의 기대도 연구할 가치가 있는 것이지만, 개인적 수준에서는 그 기대수준을 가지게 되는 이유가 임상적으로 더 가치 있을 수 있다.

가정환경과 인지발달에 대한 결론

부모 기대가 어떻게 특정한 행동으로 나타나는지, 그리고 그 행동들이 어떻게 아동의 인지발달에 영향을 미치게 되는지 그 메커니즘은 추후 연구가 필요한 부분이다. 그러나 연령, 발달적 수준, 그리고 가정 혹은 문화적 맥락에 따라 달라지는 일반적 요인(예 : 부모의 모니터링)과 구체적 요인(예 : 모니터링의 방법)이 있을 것이라는 가설은 타당하다.

　지능검사와 소수민족 학생들에 대한 개론에서 Valencia와 Suzuki(2001a)는 가정환경에 대한 문헌들로부터 몇 가지 중요한 결론과 주의할 점을 제시하였다. 첫째, 가장 중요한 점은 지적으로 자극이 되고 지지적인 가정환경은 명석한 아동을 만들어 내는 데 이바지한다는 것이다. 그 효과의 방향이 부모로부터 아동에게로 나타나는 것으로 추측하기 쉬우나, Valencia와 Suzuki(2001a)는 명석한 아이가 부모의 주의를 끌고, 그것이 아동의 인지적 성장을 더욱 촉진시키는 점을 깨닫게 해 준다. 둘째로, 가정환경 측정치가 SES보다 아동의 지능을 더욱 정확하게 예측해 준다는 것이다. SES는 훌륭한 총체적 예측지표이기는 하지만, 같은 SES 계층 내에서도 가정 내 지적 분위기나 제공하는 자극의 양에 있어 상당한 차이가 있을 수 있다. 셋째, 소수민족 가정에 대한 대부분의 연구들이 가정환경과 아동의 지적 수행 간에 유의미한 정적 상관이 있음을 보여 주고 있다. 무엇이 인지적으로 풍요로운 환경을 구성하는지에 대해서는 공유되는 부분이 있을 테지만, 그것의 구체적 표현양식은 문화마다 다를 수 있다. 넷째, 이 연구들은 모두 낮은 SES 가정에서는 똑똑한 아동을 길러낼 수 없다고 보는 시각을 뒤엎어 주고 있다.

분명히 가정 내의 구체적 행동은 부모의 소득, 직업, 교육수준보다 혹은 적어도 그만큼 중요하다. 간단히 말해서, 부모들이 어떤 사람인지보다 그들이 어떤 행동을 하는지가 더 중요하다. 이는 매우 중요한 이야기인데, 가정의 SES는 바꾸기 어려울 수 있기 때문이다. 그러나 25년 이전에 이루어진 현지조사 결과들을 보면, 낮은 SES를 가진 소수민족 부모도 자녀에게 특정한 지적 기술을 가르치고 학업활동에 대한 동기를 끌어내도록 훈련받을 수 있다(Henderson & Garcia, 1973; Henderson & Swanson, 1974; Swanson & Henderson, 1976). 그러나 그러한 중재 프로그램은 인지적으로 자극이 되는 행동 표현과 이것들을 가르치고 강화하는 방법에 있어 존재하는 문화 간 차이를 고려하여 민감하게 이루어져야 한다. 같은 가정환경 요인도 미국 외 다른 곳에서나 혹은 다른 방법으로 측정되었을 때에는 학교 시스템과 다른 방식으로 상호작용할 수 있다. 우리는 또한 원격환경 자원은 근접요인의 효과성을 제한할 수 있다는 Ceci(1996)의 주장에 대해서도 인식하고 있어야 한다. 다시 말해서, 극심하게 가난한 환경은 부모의 기대가 가진 영향력을 제한할 수 있으나 없애지는 못한다.

이 장에서 제시된 WISC-IV의 연구 결과들은 중요한 함의점을 지니고 있다. 부모의 교육과 소득으로 추정된 SES가 집단수준에서는 IQ 검사점수의 상당한 변량을 설명한다. 하지만 연구 결과들에 따르면, 낮은 SES 가정에서 태어난 아동도 낮은 인지능력을 갖도록 미리 정해져 있는 것이 아니며, 부모가 자녀의 인지발달을 촉진시킴으로써 그들이 초기 성인기에 더 나은 교육과 직업 기회를 가질 수 있도록 하는 데에 중요한 역할을 한다는 것이다. 인지발달을 촉진시키고 풍요롭게 하는 부모의 행동과 지적 성장을 방해하고 억누르는 행동이 무엇인지를 이해하는 것이 학자와 임상가 모두에게 매우 중요하다. 그러나 이러한 행농을 찾아내는 것은 첫 번째 단계일 뿐이다. 이러한 행동이 결정적 발달기간의 어떤 시기에 나타나야 하는지도 이해할 필요가 있다. 더 나아가 이러한 결과를 서로 다른 배경과 문화를 가진 부모들에게 전달하고, 이러한 아이디어를 가정 내에서 효과적으로 적용하도록 돕기 위해서는 문화적 차이를 세심하게 고려한 모델을 개발하는 것이 필요하다.

이는 새로운 아이디어가 아니다. 대부분의 초등학교 교사들은 집에서 부모가 공부를 도와주는 학생과 그렇지 않은 학생을 쉽게 구분할 수 있다. 또한 교사는 아동의 학업 모니터링과 관련된 부모 행동이 바뀌기 힘들다는 것을 강조할 것이다. 하지만 이러한 결과는 아동에게 돌아가는 이익이 부모가 계속 노력해 볼 만큼 충분히 크다는 것을 보여 준다. 우리는 심리학자들과 교사들이 부모에게 부모의 가정 내 행동과 그것이 아이들에게 제공하는 혜택에 대해 직접적으로 이야기하기를 권고한다. 그것도 가능한 한 아동이 어릴 때 말해 주기를, 그리고 아동의 활동을 정기적으로 점검해 주기를 강력히 권고한다. 연구 결과에 따르면, 부모로 하여금 자녀의 숙제를 봐주게 하기 위해 집에서 무엇을 하는지에 대해 이야기하고, 아이들과 함께 혹은 따로 독서하는 시간을 갖고, 텔레비전 보는 시간을 제한하고, 학업적 성공에 대한 기대를 긍정적으로 전달할 필요가 있음을 알려 주는 것이 효과적이다.

전반적으로 이것은 Seligman(1998)이 주창한 긍정심리학을 향한 추세와 일치하며, 심리학계와 교육학계에 매우 긍정적인 메시지이다. 처음에 우리는 부모의 교육 혹은 소득수준과 같은 인구학적 특성에 따라 나누어진 아동집단의 IQ 차이를 제시하는 것이 특정 집단의 아동에 대한 기대수준을 낮추어 결국에는 그 아동의 잠재력을 저해시키지 않을까 걱정하였다. 그러나 같은 집단 내에서도 편차가 크다는 사실과, 아동과 상호작용하는 부모 태도가 낮은 SES나 그 외 상대적으로 고정적인 인구학적 특성들의 영향을 개선시킬 수 있다는 점은 희망을 준다. 만약 여러분이 이 장에서 단 하나의 문장만을 기억하게 된다면, 우리는 그것이 이 문장이길 바란다 — 인구학적 변인들은 운명이 아니다(Demographics are not destiny).

우리는 인지능력 점수를 가정환경 변인의 맥락에서 해석하기 위한 시도를 했지만, 또한 이러한 해석은 지나칠 수도 있다. Mercer(1978)는 소득수준, 도시 또는 교외 거주, 가족 규모, 부모 교육수준과 같은 무수한 변인들을 바탕으로 WISC-R의 조정된 IQ 지수를 개발하였다. 이에 따라 서로 다른 소득과 다른 형제 수를 가진 아동들은 같은 수의 문제를 맞히고도 다른 'IQ' 지수를 얻게 되었다. 그 의도는 훌륭했으나, 이로 인해 IQ 지수를 해석하는데 혼란이 생기게 되어 연구자들은 WISC-III에서는 이러한 조정점수를 제시하지 않았다. WISC-IV에서 우리의 접근법은 IQ와 지표점수에 있어서는 인구기반 규준을 유지하면서, 각 가정환경 특유의 맥락적 요인들 내에서 IQ 지수를 해석할 수 있도록 기저율을 제공하는 것이다.

이민 아동 검사

지구촌 인구 이동이 점차 늘어나고 있다. 전 세계적으로 심리학자들은 서로 다른 지역에서 나타나는 이민 패턴 변화를 알아내기 위해 새로운 문화에 대해 배우려 노력하고 있다. 그들은 어떻게 하면 최근에 이주하여 새로운 학교, 나라, 언어에 적응하느라 고군분투하고 있는 아동에 대해서도 공정하게 검사할 수 있을까 고민한다. 우리의 국제적 연구는 토론토에 사는 자메이카 아동과 아시아 아동, 파리에 사는 이란 아동, 네덜란드에 사는 터키 아동, 벨기에에 사는 모로코 아동, 오스트레일리아에 사는 동남아 아동, 리투아니아에 사는 러시아 아동을 적절히 검사하는 데 대한 논쟁이 있음을 보여 준다. 미국 대부분의 도시 지역 학교에는 여러 다른 언어를 사용하는 아동이 다니고 있다. 스페인어가 미국 내에서 두 번째로 널리 쓰이는 언어임은 분명하지만, 미국 공립학교에서 사용되고 있는 언어의 수와 그 다양성은 압도적이다. 뉴욕에서 공립학교에 다니는 43%의 아동이 영어가 모국어가 아닌 가정에서 살고 있으며, 최근의 설문연구에서는 뉴욕 공립학교 아동들이 24개의 서로 다른 언어를 사용하고 있음을 보여 주었다(Advocates for Children of New York, May 2003). 이것은 빙산의 일각일 뿐이다. 중간 혹은 소규모 학교의 심리학자들과 교육 진단가들도 국제적으로 큰 도시의 학교와 같은 문제를 겪고 있다. 예를 들어, 주민이 10만 2,000명인 오리곤의 North Clackamas 학교 지역에서도 아동들이 20개의 서로 다른 언어를 사용한다는 사실이 보고되었다.

이민 아동의 경우, 적절한 반 배정이나 교육 프로그램 제공을 위하여 학습장애나 발달지연 진단이 언어습득이나 문화적응 문제와 분명히 구별될 수 있어야 한다는 점이 강력히 요구되고 있다. 이민 아동 검사가 세계적으로 떠오르는 연구 분야임에도 불구하고 아직 이민 집단을 바탕으로 표준화된 검사를 찾아볼 수 없다.

이에 대한 가능한 방안은 비언어성 인지검사를 실시하는 것이다. 잘 개발된 비언어성 검사들이 상당수 존재하며(Bracken, 1998; Naglieri, 2003; Raven, 1998; Roid, 1997), 웩슬러 비언어성 능력 척도 신판(the new Wechsler Nonverbal Scales of Ability, WNV : Naglieri, 2006)도 있다. 적절한 도구를 고를 때 검사자들은 이 검사들의 지시 형식이 다르다는 것을 기억해 두어야 한다(언어, 팬터마임, 그림 사용). 이 모든 평가들은 심리 측정적 일반지능(g)에 대한 좋은 척도이며, 비언어적인 방법으로 전반적 인지능력에 대한 타당한 평가치를 제공한다. 웩슬러 비언어성 능력 척도 신판에 차례맞추기와 같이 언어적으로 매개되는 비언어성 과제를 포함시키면 비언어적으로 측정되는 다양한 지능영역을 포괄하여 알아볼 수 있다.

많은 미국의 검사자들은 WISC-Ⅲ가 24개 이상의 언어로, 규준이 16개 언어와 국가별로 제공되고 있다는 사실을 알지 못한다. 검사자들은 최근 이민 온 아동의 평가를 위한 검사 데이터와 규준표를 사용할 수 있다. WISC-Ⅳ가 미국에서 2003년에 발매되었음에도 전 세계적으로 표준화된 가장 최근의 검사는 여전히 WISC-Ⅲ이다. WISC-Ⅳ의 표준화 적용은 영국, 캐나다, 오스트레일리아, 프랑스에서 이루어져 있고, 독일에서 진행 중에 있으며, 한국에서도 거의 완료되었다.

검사의 국제판(international edition)을 가장 잘 사용하기 위해서는 아동의 모국어와 그 문화에 익숙한 숙련된 이중언어구사 검사자가 필요하지만, 이것은 불가능한 경우가 많다. 두 번째 방법은 해당 지역사회의 믿을 만한 평가자에게 표준화된 버전 시행을 훈련시키는 것이다. 이 "대리" 검사자는 이중언어를 구사하며 아동의 친척이 아닌, 교사나 간호사와 같은 전문가여야 한다. 대리 검사자는 심리학자의 감독하에 영어 버전과 해당 국가 언어 버전 검사를 모두 완벽히 실시할 수 있어야 한다. 검사 중 아동의 부모에게 질문을 통역하도록 하거나, 검사자가 고등학교에서 배운 외국어 실력으로 평가하는 것은 윤리적인 검사 실시방법이다.

국제적으로 번안된 검사점수를 해석할 때에는 규준집단이 피검자 국가 출신 아동으로 이루어져야 하며 미국 아동과의 비교에 대한 정보는 제공하지 않도록 해야 한다. 현재로서는 국제적 버전에서 얻어진 IQ 점수를 미국 집단과 대응시킬 방법이 없다. 지능검사 보고서에 규준이 피검자와 같은 국가 출신 아동들임을 명시해야 한다. 이와 같은 방식의 평가는 정신지체와 학습장애 진단에 있어 언어적 문제를 배제하는 데 꼭 필요하다. 하지만 언어적 문제가 아니더라도 이민 아동이 적응하는 동안 겪는 심리적 스트레스가 아동의 인지기능을 다소 저하시킬 수 있음을 기억해야 한다. 특히 이민의 원인이 굶주림이나 전쟁, 자연재해 등 외상 후 스트레스 장애(PTSD)를 일으킬 수 있는 경우 주의해야 한다. 불행하게도, 이와 같은 끔찍한 상황에 있는 아동의 인지기능을 평가하기 위한 좋은 방안은 아직 없다. 그러나 한 가지는 분명하다. 얼마나 신뢰롭고 타당한지와 상관없이 검사점수는 세심한 임상 면담과 관찰을 대신할 수 없다는 것이다.

어떤 상황에서는 아동이 가진 문화가 검사 문화와 너무 동떨어져 있어 타당한 결과를 얻기 위해서는 우선 아동이 어른과 일대일 '질문-답변' 패러다임에 익숙해져야 할 경우가 있다. 예를 들어, 비산업화된 오스트레일리아 서부 원주민 아동의 경우, 검사자는 먼저 아동이 검사 상황에서 요구되는 것들을 수행할 수 있도록 '질문-답변 게임' 등을 통해 몇 차례에 걸친 문화적응 시간을 가지는 역동적 평가를 실시해야 한다. 이러한 접근법은 기대를 걸어볼 만한 것이지만, 추가 연구 또한 필요하다.

요약

이 장은 맥락적 해석 모델의 기반을 제공한다. 우리는 사회-문화-경제적 맥락에 대한 평가가 일반적 임상평가 시행의 일부분으로 이루어져야 한다고 믿는다. 임상가들은 의뢰된 환아의 인지능력에 대한 가설을 검증해 보기 위해 그리고 각 사례에 적절한 개입 전략을 결정하기 위해 아동을 둘러싼 가족이나 지역사회와 같은 백락에 주의를 기울여야 한다.

우리는 인지능력 검사에서의 인종/민족 차이가 검사나 검사 내 항목에 의한 편향이 아니며, 삶의 다른 다양한 영역에서도 나타난다는 것을 보았다. 나아가 인종/민족 차이는 다른 많은 변인들의 대리변인이 될 수 있다. 이러한 차이는 교육적 도움을 필요로 하는 학생에 대해 중요한 함의점을 가지며, 특수교육 프로그램 참여자의 불균형에 기여하고 있다. 특수교육의 불균형은 낮은 SES를 가진 소수민족 아동이 경험하는 불균형적인 위험요인 수준을 반영하는 것으로도 볼 수 있다. 지능검사는 순수한 지능을 재는 것이 아니라, 선천적 능력과 환경과의 상호작용을 바탕으로 한 학습을 종합적으로 측정하는 것이며, 환경의 각 측면은 인지발달을 촉진, 혹은 저해한다. 인지발달을 위한 환경적 기회에 따라 인지적 성장이 어떤 한계 내에서 유연하게 나타날 수 있다는 것이다. 우리는 부모 교육수준이나 소득으로 추정된 SES가 인종/민족 집단 간 아동 지능지수 격차의 큰 부분을 설명해 준다는 것을 보았다. 더 중요하게는 지능검사 점수의 상당한 변량이 부모 기대와 같은 가정환경과 가정 내 행동에 의해 설명되며, 이것은 부모 교육수준과 소득을 통제한 후에도 여전히 나타난다. 낮은 SES 환경이 아동을 인지적 발달지연이나 다른 건강상의 위험에 처하게 하지만, 이러한 부정적인 영향은 부모가 아동에게 가지는 기대수준, 그리고 부모가 아동에게 언어 등의 인지적 자극을 제공하고, 책을 읽어 주고, 학교 과제를 봐주는 등의 상호작용을 통해 완화된다. 이것이 우리가 희망적이라고 말하는 이유이며, 또한 인지적 지연이나 학습장애의 위험에 처한 아동들을 치료하는 데 있어 임상가들이 가족을 참여하게 하도록 권유하는 이유이다. 또한 우리는 연구자들이 특정 종류의 인지적 자극이 가장 효과적으로 작용하는 결정적인 발달시기, 그러한 개입들이 문화에 따라 어떻게 조정될 수 있는지를 체계적으로 연구하기를 제안한다.

| 참고문헌 |

Advocates for Children of New York (May, 2004). *From translation to participation: A survey of parent coordinators in New York City and their ability to assist non-English speaking parents.* New York: New York Immigration Coalition.

American Education Research Association, American Psychological Association, & National Council on Measurement in Education (1999). *The standards for educational and psychological testing.* Washington, DC: American Psychological Association.

American Psychological Corporation (2003). Guidelines on multicultural education, training, research, practice, and organizational change for psychologists. *American Psychologist, 58,* 377–402.

Bloom, B. S. (1964). *Stability and change in human characteristics.* New York: John Wiley.

Bonham, V., Warshauer-Baker, E., & Collins, F. (2005). Genes, race, and psychology in the genome era. *American Psychologist, 60,* 5–8.

Bracken, B. A., & McCallum, R. S. (1998). *Universal nonverbal intelligence test.* Itasca, IL: Riverside.

Bradley, R. H., & Caldwell, B. M. (1978). Screening the environment. *American Journal of Orthopsychiatry, 48,* 114–130.

Bradley, R. H., & Caldwell, B. M. (1981). The HOME inventory: A validation of the preschool for Black children. *Child Development, 53,* 708–710.

Bradley, R. H., & Caldwell, B. M. (1982). The consistency of the home environment and its relation to child development. *International Journal of Behavioral Development, 5,* 445–465.

Bradley, R. H., Caldwell, B. M., & Elardo, R. (1977). Home environment, social status, and mental test performance. *Journal of Educational Psychology, 69,* 697–701.

Bradley, R. H., Caldwell, B. M., Rock, S., Barnard, K., Gray, C., Hammond, M., Mitchell, S., Siegel, L., Ramey, C., Gottfried, A. W., & Johnson, D. L. (1989). Home environment and cognitive development in the first three years of life: A collaborative study involving six sites and three ethnic groups in North America. *Developmental Psychology, 28,* 217–235.

Bronfenbrenner, U. (1992). Ecological systems theory. In R. Vasta (Ed.), *Six theories of child development: Revised formulations and current issues* (pp. 187–249). Ithaca, NY: Cornell University Department of Human Development and Family Studies.

Bronfenbrenner, U., & Ceci, S. J. (1994). Nature–nurture reconceptualized in developmental perspective: A bio-ecological model. *Psychological Review, 101,* 568–586.

Brooks-Gunn, J., Klebanov, P. K., & Duncan, G. J. (1996). Ethnic differences in children's intelligence test scores: Role of economic deprivation, home environment, and maternal characteristics. *Child Development, 67,* 396–408.

Brosman, F. L. (1983). Overrepresentation of low-socioeconomic minority students in special education programs in California. *Learning Disability Quarterly, 6,* 517–525.

Caldwell, B. M., & Bradley, R. (1984). *Home Observation for the Measurement of the Environment.* Little Rock, AR: Authors.

Cavalli-Sforza, L. L. (2001). *Genes, peoples, and languages.* Berkeley: University of California Press.

Ceci, S. J. (1996). *On Intelligence: A bioecological treatise on intellectual development* (expanded Ed.). Cambridge, MA: Harvard University Press.

Chorney, M. J., Chorney, K., Seese, N., Owen, M. J., Daniels, J., McGuffin, P., et al. (1998).

A quantitative trait locus associated with cognitive ability in children. *Psychological Science, 9,* 159–166.

Csikszentmihalyi, M., & Robinson, R. E. (1986). Culture, time, and the development of talent. In R.J. Sternberg & J.E. Davidson (Eds.), *Conceptions of giftedness* (pp. 264–284). New York: Cambridge University Press.

Dickinson, D. K., & DeTemple, J. (1998). Putting parents in the picture: Maternal reports of preschoolers' literacy as a predictor of early reading. *Early Childhood Research Quarterly, 13,* 241–261.

DuPaul, G. J., & Eckert, T. L. (1997). The effects of school-based interventions for Attention Deficit Hyperactivity Disorder: A meta-analysis. *School Psychology Review, 26,* 5–27.

Ellis, A. P. J., & Ryan, A. M. (2003). Race and cognitive–ability test performance: The mediating effects of tests preparation, test-taking strategy use and self-efficacy. *Journal of Applied Social Psychology, 33,* 2607–2629.

Epstein, J. L. (1991). Effects on student achievement of teachers' practices of parent involvement. In S.B. Silvern (Ed.) *Advances in reading/language research: Vol. 5. Literacy through family, community, and school interaction* (pp. 61–276). Greenwich, CT: JAI Press.

Fantuzzo, J., McWayne, C., Perry, M. A., & Childs, S. (2004). Multiple dimensions of family involvement and their relations to behavioral and learning competencies for urban, low-income children. *School Psychology Review, 33,* 467–480.

Flynn, J. R. (1984). The mean IQ of Americans: Massive gains 1932 to 1978. *Psychological Bulletin, 95,* 29–51.

Flynn, J. R. (1987). Massive IQ gains in 14 nations. *Psychological Bulletin, 101,* 171–191.

Foster, M. W., & Sharp, R. R. (2002). Race, ethnicity, and genomics: Social classifications as proxies of biological heterogeneity. *Genome Research, 12,* 844–850.

Galper, A., Wigfield, A., & Seefeldt, C. (1997). Head Start parents' beliefs about their children's abilities, task values, and performances on different activities. *Child Development, 68,* 897–907.

Georgas, J., Weiss, L. G., Van de Vijver, F. J. R., & Saklofske, D. H. (Eds.) (2003). *Culture and children's intelligence: Cross cultural analysis of the WISC–III.* San Diego, CA: Academic Press.

Goldstein, S., & Brooks, R. B. (2005). *Handbook of resilience in children.* New York: Kluwer Academic / Plenum Publishers.

Gottfredson, L. S. (1998).The general intelligence factor. Scientific American, November, 1–10. Retrieved February 5, 2002 from http://www.scientificamerican.com/specialissues/1198 intelligence/1198gottfred.html

Granier, M., & O'Donnell, L. (1991). Children's WISI-III Scores: Impact of Parent Education and Home Environment. Paper presented at the annual meeting of the American Psychological Association; San Francisco.

Griffith, J. (1996). Relation of parental involvement, empowerment, and school traits to student academic performance. *Journal of Educational Research, 90,* 33–41.

Hall, J. D., & Barnett, D. W. (1991). Classification of risk status in preschool screening: A comparison of alternative measures. *Journal of Psychoeducational Assessment, 9,* 152–159.

Harris, J.G., Tulsky, D.S., & Schultheis, M.T. (2003). Assessment of the non-native English speaker: Assimilating history and research findings to guide practice. In D.S. Tulsky, D.H. Saklofske, G.J. Chelune, R.K. Keaton, R.J. Ivnik, R. Ornstein, A. Prifitera, & D. Ledbetter (Eds.), *Clinical interpretation of the WAIS-III and WMS-III.* San Diego: Elsevier Science.

Helms, J. E., Jernigan, M., & Mascher, J. (2005). The meaning of race in psychology and how to change it: A methodological perspective. *American Psychologist, 60*, 27–36.

Hill, L., Chorney, M. C., & Plomin, R. (2002). A quantitative trait locus (not) associated with cognitive ability? *Psychological Science, 13*, 561–562.

Hill, L., Craig, I. W., Asherson, P., Ball, D., Eley, T., Ninomiya, T., et al. (1999). DNA pooling and dense marker maps: A systematic search for genes for cognitive ability. *NeuroReport, 10*, 843–848.

Henderson, R. W. (1972). Environmental predictors of academic performance of disadvantaged Mexican-American children. *Journal of Consulting and Clinical Psychology, 38*, 297.

Henderson, R. W., Bergan, J. R., & Hurt, M. Jr. (1972). Development and validation of the Henderson Environmental Learning Process Scale. *Journal of Social Psychology, 88*, 185–196.

Henderson, R. W., & Garcia, A. B. (1973). The effects of a parent training program on the question-asking behavior of Mexican-American children. *American Educational Research Journal, 10*, 193–201.

Henderson, R. W., & Merritt, C. B. (1968). Environmental background of Mexican-American children with different potentials for school success. *Journal of Social Psychology, 75*, 101–106.

Henderson, R. W., & Swanson, R. A. (1974). Application of social learning principles in a field study. *Exceptional Children, 40*, 53–55.

Individuals with Disabilities Education Improvement Act of 2004, Pub. L. No. 108–446, 118 Stat. 2647 (2004).

Jensen, A.R. (1998). *The g factor: The science of mental ability.* Westport, CT: Praeger.

Johnson, D. L., Breckenridge, J., & McGowan, R. (1984). Home environment and early cognitive development in Mexican-American children. In A.W. Gottfried (Ed.), *Home environment and early cognitive development: Longitudinal research* (pp. 151–195). Orlando, FL: Academic Press.

Johnson, D. L., Swank, P., Howie, V. M., Baldwin, C. D., Owen, M., & Luttman, D. (1993). Does HOME add to the prediction of child intelligence over and above SES? *Journal of Genetic Psychology, 154*, 33–40.

Kaufman, P., Kwon, J. Y., Klein, S., & Chapman, C. D. (1999). Dropout rates in the United States: 1998. Statistical Analysis Report (NCES Report No. 2000–022). Retrieved July 25, 2001, from http://nces.ed.gov/pubs2000/2000022.pdf.

Kayser, H. (1989). Speech and language assessment of Spanish–English speaking children. *Language, Speech, & Hearing Services in Schools, 20*, 226–244.

Keith,T. Z., Keith, P. B.,Quirk, K. J., Sperduto, J., Santillo, S., & Killings, S. (1998). Longitudinal effects of parent involvement on high school grades: Similarities and differences across gender and ethnic groups. *Journal of School Psychology, 36*, 335–363.

Mantzicopoulos, P. Y. (1997). The relationship of family variables to Head Start's children's preacademic competence. *Early Education & Development, 8*, 357–375.

Margolin, L. (1994). *Goodness Personified: The emergence of gifted children.* New York: Aldine de Gruyter.

Marjoribanks, K. (1979). *Families and their learning environments: An empirical analysis.* London: Routledge & Kegan Paul.

Marks, J. (2002). *Folk heredity*. In J. M. Fish (Ed.) *Race and Intelligence: Separating science from myth*. (pp. 95–112). Mahwah, NJ: Erlbaum.

McDaniel, J. S., Purcell, D. W., & Farber, E.W. (1997). Severe mental illness and HIV-related medical and neuropsychiatric sequelae. *Clinical Psychology Review, 17*, 311 325.

Mercer, J. R., & Lewis, J. F. (1978). *System of multicultural pluralistic assessment: Technical Manual*. San Antonio, TX: The Psychological Corporation.

Murray, C. (2005). "The inequality taboo." Commentary, September, pp. 13–22.

Naglieri, J. A. (2003). *Naglieri nonverbal ability test–Individual administration*. San Antonio, TX: The Psychological Corporation.

Naglieri, J. A. (2006). *Wechsler nonverbal scales of ability*. San Antonio, TX: Harcourt Assessment, Inc.

Neisser, U. (1998). Introduction: Rising test scores and what they mean. In U. Neisser (Ed.), *The rising curve: Long term gains in IQ and related measures* (pp. 3–22). Washington, DC: American Psychological Association.

Oakland, T., Glutting, J., & Horton, C. (1996). *Student styles questionnaire*. San Antonio, TX: The Psychological Corporation

Osborne, J. W. (2001). Testing stereotype threat: Does anxiety explain race and sex differences in achievement? *Contemporary Educational Psychology, 26*, 291–310.

Parker, F. L., Boak, A. Y., Griffin, K. W., Ripple, C., & Peay, L. (1999). Parent–child relationship, home learning environment, and school readiness. *School Psychology Review, 28*, 413–425.

Pfeiffer, S., & Jarosewich, T. (2003). *Gifted rating scale*. San Antonio, TX: Harcourt Assessment, Inc.

Plomin, R., Mclearn, G. E., Smith, D. L., Skuder, P., Vignetti, S., Chorney, M. J., et al. (1995). Allelic associations between 100 DNA markers and high versus low IQ. *Intelligence, 21*, 31–48.

Plomin, R., & Petrill, S. A. (1997). Genetics and intelligence: What's new? *Intelligence, 24*, 53–77.

Poteat, G. M., Wuensch, K. L., & Gregg, N. B. (1988). An investigation of differential prediction with the WISC–R. *Journal of School Psychology, 26*, 59–68.8.

Prifitera, A., Saklofske, D. H., & Weiss, L. (2005). *WISC–IV clinical use and interpretation: Scientist–practitioner perspectives*. San Diego, CA: Elsevier Science.

Prifitera, A., & Saklofske, D. H. (1998). *WISC–III clinical use and interpretation: Scientist–practitioner perspectives*. San Diego, CA: Academic Press.

Prince-Embury, S. (2006). *Resiliency scales for children and adolescents*. San Antonio, TX: Harcourt Assessment, Inc.

Rabiner, D. L., Murray, D., Schmid, L., & Malone, P. (2004). An exploration of the relationship between ethnicity, attention problems and academic achievement. *School Psychology Review, 33*, 498–600.

Ramey, C., Farran, D. C., & Campbell, F. A. (1979). Predicting IQ from mother–child interactions. *Child Development, 50*, 804–814.

Raven, J., Raven, J. C., & Court, J. H. (1998). *Manual for Raven's progressive matrices and vocabulary scales*. Oxford, United Kingdom: Oxford Psychologists Press.

Reid, J. B., & Patterson, G. R. (1991). Early prevention and intervention with conduct problems: A social interactional model for the integration of research and practice. In G. Stoner, M. R. Shinn, & H. M. Walker (Eds.), *Interventions for achievement and behavior problems* (pp. 715–739). Bethesda, MD: National Association of School Psychologists.

Renzulli, J. S. (1986). The three-ring conception of giftedness: A developmental model for creative productivity. In R. J. Sternberg & J. E. Davidson (Eds.) *Conceptions of giftedness* (pp. 53–92). New York: Cambridge University Press.

Reschly, D. J., & Reschly, J. E. (1979). Validity of WISC–R factor scores in predicting achievement and attention for four sociocultural groups. *Journal of School Psychology, 17,* 355–361.

Reschly, D. J., & Saber, D. L. (1979). Analysis of test bias in four groups with the regression definition. *Journal of Educational Measurement, 16,* 1–9.

Reschly, D. J., & Ward, S. M. (1991). Uses of adaptive behavior measures and overrepresentation of Black students in programs for students with mild mental retardation. *American Journal on Mental Retardation, 96,* 257–268.

Reynolds, C. R., & Gutkin, T. B. (1980). Stability of the WISC–R factor structure across sex at two age levels. *Journal of Clinical Psychology, 36,* 775–777.

Reynolds, C. R., & Hartlage, L. C. (1979). Comparison of WISC and WISC–R regression lines for academic prediction with black and white referred children. *Journal of Consulting and Clinical Psychology, 47,* 589–591.

Rice, T., Fulker, D.W., Defries, J. C., & Plomin, R. (1988). Path analysis of IQ during infancy and early childhood and the index of the home environment in the Colorado adoption project. *Behavior Genetics, 16,* 107–125.

Roid, G. H., & Miller, L. J. (1997). *Leiter International Performance Scale–Revised.* Wood Dale, IL: Stoelting.

Schaefer, B. (2004). A demographic survey of learning behaviors among American students. *School Psychology Review, 33,* 481–497.

Schwartz, R. S. (2001). Racial profiling in medical research. *New England Journal of Medicine, 344,* 1392–1393.

Seligman, M. E. (1998). *Learned optimism.* New York: A.A. Knopf, Inc.

Sichi, M. (2003, Nov.). *Influence of free–time activities on children's verbal IQ: A look at how the hours a child spends reading, using the computer, and watching TV may affect verbal skills.* Poster session presented at the Texas Psychological Association conference, San Antonio, TX.

Spearman, C. (1927). *The abilities of man.* New York: Macmillan.

Steele, C. M. (1992). Race and the schooling of black Americans. *The Atlantic, 269,* 68–72.

Steele, C. M. (1997). A threat in the air: How stereotypes shape intellectual identity and performance. *American Psychologist, 52,* 613–629.

Steen, R. G., Fineberg-Buchner, C., Hankins, G., Weiss, L., Prifitera, A., & Mulhern, R. K. (2005). Cognitive deficits in children with sickle cell disease. *Journal of Child Neurology, 20*(2), 102–107.

Sternberg, R. J. (1997b). A triarchic view of giftedness: Theory and practice. In N. Colangelo & G. A. Davis (Eds.), *Handbook of gifted education* (2nd ed., pp. 43–53). Boston: Allyn & Bacon.

Sternberg, R. J., & Davidson, J. E. (Eds.) (1986a). *Conceptions of giftedness.* New York:

Cambridge University Press.

Sternberg, R. J., Grigorenko, E. L., & Kidd, K. (2005). Intelligence, race, and genetics. *American Psychologist, 60*, 46–57.

Stoiber, K. (2004). *Functional assessment and intervention system.* San Antonio, TX: Harcourt Assessment, Inc.

Stoolmiller, M. (1999). Implications of the restricted range of family environments for estimates of heritability and nonshared environment in behavioral genetic adoption studies. *Psychological Bulletin, 125*, 392–409.

Swanson, R. A., & Henderson, R. W. (1976). Achieving home–school continuities in the socialization of an academic motive. *Journal of Experimental Education, 44*, 38–44.

Sui–Chu, E., & Williams, J. D. (1996). Effects of parental involvement on eighth-grade achievement. *Sociology of Education, 69*, 126–141.

Terman, L. M. (1925). *Genetic Studies of genius: Vol. 1. Mental and physical traits of a thousand gifted children.* Stanford, CA: Stanford University Press.

Trotman, F. K. (1977). Race, IQ, and the middle class. *Journal of Educational Psychology, 69*, 266–273.

U.S. Department of Education, Office for Civil Rights (1997). *Fall 1994 elementary and secondary school civil rights compliance report.* Washington, DC: Author.

U.S. Department of Health and Human Services (2001). *Head Start FACES: Longitudinal findings on program performance. Third progress report.* Washington, DC: Author.

Valencia, R. R., & Suzuki, L. A. (2001a). *Intelligence testing and minority students: Foundations, performance factors, and assessment issues* (pp. 108–110). Thousand Oaks: Sage Publications, Inc.

Valencia, R. R., & Suzuki, L. A. (2001b). *Intelligence testing and minority students: Foundations, performance factors, and assessment issues* (p. 145).Thousand Oaks: Sage Publications, Inc.

Valencia, R. R., Henderson, R. W., & Rankin, R. J. (1985). Family status, family constellation, and home environmental variables as predictors of cognitive performance of Mexican-American children. *Journal of Educational Psychology, 77*, 323–331.

van de Vijver, F. J. R., & Bleichrodt, N. (2001). Conclusions. In N. Bleichrodt & F. J. R. van de Vijver (Eds.), *Diagnosing immigrants: Possibilities and limitations of psychological tests* (pp. 237–243). Lisse, The Netherlands: Swets.

Vroon, P. A. (1980). *Intelligence on myths and measurement.* In G.E. Stelmach (Ed.), *Advances in psychology 3* (pp. 27–44). New York: North-Holland.

Walberg, H. J., & Marjoribanks, K. (1976). Family environment and cognitive models. *Review of Educational Research, 76*, 527–551.

Walker, D., Greenwood, C., Hart, B., & Carta, J. (1994). Prediction of school outcomes based on early language production and socioeconomic factors. *Child Development, 65*, 606–621.

Wechsler, D. (2005). *Wechsler Intelligence Scale for Children–Fourth Edition–Spanish.* San Antonio, TX: Harcourt Assessment, Inc.

Weisner, T. S., Matheson, C., Coots, J., & Bernheimer, L. P. (2005). Sustainability of daily routines as a family outcome. In A. E. Maynard & M. I. Martini (Eds.), *Learning in cultural context: Family, peers, and school.* New York: Kluwer Academic/Plenum.

Weiss, L. G. (2002). Essentials of MIPS Assessment. In S. Strack (Ed.), *Essentials of Millon Inventories Assessment* (2nd Ed.). New York: John Wiley & Sons, Inc.

Weiss, L.G. (1997). The MIPS: Gauging the dimensions of normality. In T. Millon (Ed.), The

Millon Inventories: Clinical and personality assessment. New York: The Guilford Press.

Weiss, L.G., & Prifitera, A. (1995). An evaluation of differential prediction of WIAT achievement scores from WISC-III FSIQ across ethnic and gender groups. *Journal of School Psychology, 33,* 297–304.

Weiss, L. G., Prifitera, A., & Roid, G. (1993). The WISC–III and the fairness of predicting achievement across ethnic and gender groups. *Journal of Psychoeducational Assessment* (monograph series, Advances in Psychological Assessment, Wechsler Intelligence Scale for Children–Third Edition), pp. 35–42.

Winner, E. (1996). *Gifted children: Myths and realities.* New York: Basic Books.

Wolf, R. M. (1964). *The identification and measurement of environmental variables related to intelligence.* Unpublished doctoral dissertation, University of Chicago.

제 2 장
WISC-IV 실시와 해석

LAWRENCE G. WEISS, AURELIO PRIFITERA, JAMES A. HOLDNACK,
DONALD H. SAKLOFSKE, ERIC ROLFHUS, AND DIANE COALSON

개관

이 장에서는 표준화된 검사 시행의 원리를 간단하게 살펴보고, WISC-IV의 해석 전략을 소개하고자 한다. 비록 기본적인 WISC-IV 해석을 다루고 있지만, 기본적인 해석과정에서의 중요한 원리를 이해하기 위해서는 실제 검사 경험이 있어야만 한다. '기본 프로파일 분석과정' 이라는 제목의 단락에서 지표점수(index score)를 임상 해석의 기초적인 단계에서 고려해야 함을 말하고 있으며, 이후에 지표점수 간의 편차를 분석하는 방법을 제시할 것이다. 이론에 근거한 요인점수들과 이에 대한 해석을 살펴보고, 여러 편차분석을 어떻게 통합하는지를 보여 줄 것이다. 마지막으로 프로파일 편차가 심하면 전체지능 지수는 무의미할 수 있기에 전체지능 지수를 어떻게 해석해야 하는지에 대해 설명할 것이다.

표준화된 검사 실시

원리

심리검사가 타당하고 임상적으로 유용하기 위해서는 검사 환경이 적절하고, 라포를 형성하고 유지하며, 개개인의 차이점을 배려하면서 표준화된 검사 실시를 준수하는 것이 중요하다. 표준적인 검사 실시에 필요한 검사 환경을 조성하기 위해서는 두 가지를 염두에 두어야 한다. 표준적인 검사 실시란 첫째, 통제된 심리 실험이며 둘째, 최고의 수행을 이끌어 낼 수 있는 환경을 제공하는 것이다.

WISC-IV의 표준적 실시란 표준화된 검사 지시를 사용한 통제된 심리 실험이라고 할 수 있다. 검사자가 소검사 지시를 잘못 이해하거나, 지시문을 바꾸어 말하거나, 점수를 과소평가하여 채점하지 않도록 해야 한다. 그기 위해서는 검사 개발단계에서부터 검사의 지시와 촉진[1]이 구체적으로 정해져야 한다. 표준화된 지시와 촉진은 검사자나 검사 환경의 차이에서 유발될 수 있는 수행수준의 편차를 최소화하게 도와준다.

대부분의 다른 표준화된 검사와 마찬가지로 WISC-IV는 수행에 대한 피드백[2]을 제공하지 않는 선에서 피검자의 수행을 최대한으로 이끌어 낼 수 있도록 실시되어야 한다. 아동을 지지해 주면서 검사를 촉진하고, 아동의 주의를 산만하게 할 수 있는 요인들이 최소화된 환경에서 검사를 실시한다. 이런 점은 인지적인 수행을 전형적으로 측정하는 학교 성적이나 일상적인 환경에서 나타나는 행동에 대한 부모의 평가와는 다르다.

그렇기에 표준화된 실시는 아동의 지적인 수행을 최대화하려는 것과 표준화된 조건에서 비교 가능하게 하려는 것 사이의 절충안이라고 할 수 있다. 몇몇 아동은 부모가 옆에서 지지해 줄 경우에 더욱 잘 수행하기도 한다. 그러나 이런 점은 통제하기 힘든 아동들 간 차이를 초래하기 때문에 규준집단(normative population) 내에서의 비교가 힘들어진다.

---

1) 역자 주 : 촉진이란 피검사자가 지시를 수행하지 않을 경우에 지시를 다시 제시해 주면서 수행을 지지하는 것을 말한다.
2) 역자 주 : 피드백이란 피검사자가 말한 답이 틀렸는지 맞았는지 알려 주는 것을 말한다.

1. 표준화된 실시란 통제된 심리 실험이다.
   - 검사 실시 조건은 표준화되어야 한다.
   - 모든 지시, 촉진, 질문은 정해져 있어야 한다.
2. 검사 환경은 아동의 수행을 최대화해야 한다.
   - 최대화된 수행 대 표준적인 수행 간의 차이
   - 지시, 질문은 수행을 최대화하기 위해 만들어진 것이다.

검사 환경

권고되는 검사 환경은 표준화된 검사처럼 여러 가지 표준화된 요소를 가진다. 검사는 조용하고 눈부시지 않으나 밝으며, 주의를 산만하게 하는 것들이 없는 방에서 실시되어야 한다. 창밖 풍경이나 시계, 검사도구들도 주의를 산만하게 하는 요소이다. 검사자는 아동의 맞은편이나 오른편에 있는 것이 좋다. 적절한 책상 높이에서 편안하게 앉을 수 있는 의자가 있어야 한다. 검사 기록용지는 절대 아동에게 보여서는 안 된다. 검사도구는 검사가방을 열어둔 상태에서 검사자 가까이에 두어야 한다. 검사도구는 충동적이거나 어린 아동을 주의산만하게 할 수 있다. 사용하는 검사도구는 쉽게 검사자가 볼 수 있으며 언제나 손에 닿는 곳에 있어야 한다. 또한 아동이 사용할 검사도구는 아동에게 편안할 정도로 가깝게 놓여야 한다. 만약 책상 표면이 평평하지 않다면 딱딱한 책받침을 검사지 밑에 두어야 한다.

실질적으로 적절한 검사실이 없을 경우에 때때로 창문이 없고, 환기도 되지 않으며 어두운 창고 같은 좋지 않은 장소에서 검사를 실시해야 할 경우도 있다. 이러한 장소는 어떻게든 피해야 한다. 만약 검사 환경이 아동이 수행을 최대로 발휘하는 데 방해가 되었다면, 보고서에 이 사실을 꼭 기록해야 한다.

라포 형성과 유지

표준적인 검사 실시를 침해하지 않는 한 아동이 최대한으로 노력을 기울일 수 있도록 좋은 라포를 형성하는 것은 매우 중요하다. 정돈되어 있으면서도 스트레스를 주지 않는 환경을 만들기 위해서는 검사자가 검사도구와 절차에 대해 숙지하고 있는 것이 중요하다. 그럼으로써 아동이 검사자에게 편안함과 신뢰를 느낄 뿐만 아니라 검사 시간이 절약된다. 아동이 피곤하다면 또한 좋은 수행을 발휘할 수가 없다. 권위자와의 관계에 문제가 있는 십대 청소년이 제대로 검사를 수행하려면 검사자가 확신을 가지고 능숙하게 보여야 한다.

검사자는 언어성 지능 소검사의 채점과 추가질문의 규칙을 잘 알고 있어야 하며, 초시계 사용에 익숙하고, 대답을 듣자마자 기록해야 한다. 아동의 대답을 대강 기록하는 것을 효율적인 검사 실시라고 여겨서는 절대 안 된다. 언어성 지능 소검사에서는 말 한마디로 채점이 바뀔 수 있다. 완성시간을 잘못 기록하는 단순한 실수로 인해 토막짜기 과제에서 문항의 점수가 달라지게 된다. 검사자가 질문을 했으면 'Q' 라고 기록하고 아동이 한 말 그대로를 조심스럽게 전부 받아 적어야 한다.

아동이 한 수행에 대해 정답을 알려 줄 수 있는 피드백을 주지 않으면서 아동이 최대한 검사에 참여할 수 있도록 지지해 주어야 한다. '열심히 해서 고마워, 어떤 것은 어렵고 어떤 것은 쉬울 거야.' 또한 '할 수 있는 만큼 하면 돼.' 처럼 중립적으로 말해 주는 것이 괜찮다. 그러나 '맞아.' 또는 '거의 맞췄어.' 와 같은 피드백을 주는 것은 안 된다. 검사지침에는 나와 있지 않으나, 수행에 대한 피드백을 주지 않는 선에서 아동이 검사에 잘 참여하도록 하기 위해 얼마만큼의 언어적인 지지를 해 주어야 하는지에 대해서는 검사자 자신의 임상적인 경험과 판단을 활용하면 된다. 이 점은 기록용지나 자극판(Stimulus Book)에도 적용된다. 종이판으로 아동의 시선이 닿지 않게 기록용지를 가려야 하며, 아동이 어떤 문항은 실시되지 않는다는 것을 보지 않도록 해야 한다.

예외적인 경우를 제외하고는 부모나 보호자가 검사 시에 참석해서는 안 된다. 만약 아동이 검사에 편안하게 임하게 하기 위해서라면, 예외적인 경우에 부모나 보호자가 참석할 수 있으나 부모가 말하거나 질문을 다시 말해 주거나, 아동을 지지해 주거나, 어떤 방식으로든 검사 수행 중에 끼어들어서는 안 된다. 아동이 부모의 표현이나 태도를 볼 수 없도록 아동 뒤에 앉아 있어야 한다. 보호자가 검사 시에 함께 있었다면 왜 그렇게 해야만 했는지에 대해 보고서에 기록해야 한다. 부모, 보호자나 다른 관찰자가 검사 시 소리를 낼 경우에 이는 표준적인 검사 실시가 아니므로 보고서에 기술되어야 한다.

다른 소검사로 넘어갈 때 어떤 지시를 주어야 하는지에 대해 지침에 제시되어 있는데, 라포 형성을 목적으로 이 지시가 생략될 수도 있고 변경될 수도 있다. 그러나 각 소검사 내에서의 지시는 변경되어서는 안 된다.

WISC-IV 실시는 중단하지 않고 한 번에 이루어지는 것이 권고된다. 피로감을 최소화하기 위해서 짧은 휴식이 주어질 수 있으나 최소화해야 하며, 소검사 사이에 휴식시간을 주도록 하고 절대로 소검사 중간에 주어서는 안 된다. 만약에 검사를 두 차례에 나누어서 실시해야 하는 것이 불가피하다면, 일주일 이내에 실시되어야 한다.

개인차

검사에 참여하는 아동은 고유한 개인적 경험과 배경을 가지고 있다. 검사자는 동기와 태도에 영향을 미칠 수 있는 개인차에 주의를 기울여야 한다. 여러 가지 이유로 아동의 능력이 최대로 발휘되지 않을 수 있다. 아동이 검사를 받아야 하는 이유에 동의하지 않거나, 다른 권위자와의 좋지 않은 관계가 검사자에게 전이되거나, 어른과 관계를 맺는 방식과 관련된 문화적인 영향이 있을 수 있고, 검사 상황에 아동이 친숙하지 않을 수 있으며, 수행 불안이 있거나 우울할 수 있다. 이럴 경우에 추가적인 시간과 노력을 기울여서 아동이 최대한으로 수행할 수 있도록 협조적인 환경을 조성하는 것이 필요하다. 이런 경우에 검사자가 어떻게 대처했는지를 보고서에 기록해야 한다. 예를 들어, 경험이 많은 임상가가 매우 저항적인 초등학교 고학년 남자 아이와 면담을 했는데 임상가의 질문에 아동이 부적절하게 대답을 하자, "말도 안 되는 대답은 하지 말고, 평범한 질문을 했으니까, 그냥 평범하게 대답하는 게 어떻겠니?"라고 했다고 한다. 그리고 나서 10분 정도 스포츠에 대한 이야기를 한 후에야 임상 면담이 가능한 적이 있었다고 한다. 라포의 정도나 성격은 항상 보고서에 기술되어야 하며, 라포를 형성하기 위한 추가적인 노력은 자세히 기록되어야만 한다.

임상적 증상을 가진 아동의 검사

WISC-IV는 효율적이고 신뢰롭게 인지능력을 측정하기 위해 아동의 피로와 좌절을 줄일 목적으로 문항수를 최소화할 수 있도록 시작과 중지 규칙이 고안되었다. 각 소검사의 실시 규칙은 실시지침에 자세히 기록되어 있어 여기 기술하지는 않겠다. 그러나 어떤 아동은 표준화된 검사 실시가 어려울 수 있다. Prifitera, Saklofske와 Weiss(2005)는 WISC-IV 지침에서 청각 문제, 주의력결핍 과잉행동장애(이하 ADHD), 학습장애와 같은 문제로 인해 특수한 도움이 필요한 아동 평가에 대해 제시하고 있다. 인지와 학습 문제를 가진 아동의 인지능력과 그 잠재력을 평가할 때 그들이 가지고 있는 임상 증상이 검사 태도나 점수 및 해석에 영향을 미친다는 것을 염두에 두어야만 한다. 어떤 심리학자는 ADHD 아동이 선택 소검사와 같은 과제를 잘 수행하지 못하기에 소검사가 편파적이라고 불평하였다. 그러나 바로 그것이 평가의 핵심이라 할 수 있다. 어떤 장애에서는 특정한 인지능력이 손상되어 있으며 이러한 인지적 손상이 평가 결과에 반영되어야 한다.

특별한 도움이 필요한 아동의 검사

신체, 언어, 감각에 제한이 있는 아동의 심리평가가 종종 의뢰된다. 이런 아동의 경우 지능검사의 낮은 수행이 신체, 언어, 감각의 어려움에 기인할 수 있기에 낮은 수행을 지능이 낮은 것으로 해석해서는 안 된다. 이러한 어려움과 검사의 특성상 표준화된 방식으로 검사가 실시된다면 아동의 인지능력은 과소평가될 수 있다. 예를 들어, 소근육 운동의 손상이 있는 아동은 토막짜기나 기호쓰기와 같이 제한된 시간에 소근육을 활용해야 하는 소검사에서 낮은 점수를 받을 수 있다. 마찬가지로 청각, 언어 및 말하는 능력이 손상된 아동은 언어이해의 수행에서 불리하다.

이러한 아동을 검사하기 전에, 아동의 제한점과 선호하는 의사소통 방식에 친숙해져야 하고, 표준적인 검사 실시를 변경할 필요가 있을 수 있다. 아동의 요구와 표준적인 과정을 준수하는 것 사이에 균형을 이루기 위해서는 어느 정도 유연성이 필요하다. 예를 들어, 신체발달이 지연된 아동의 경우 비록 단순한 운동능력을 요구하지만 이런 능력이 요구되는 공통그림찾기, 행렬추리, 기호쓰기와 같은 과제에서 불리하다. 기호쓰기에 비해서 선택 소검사는 소근육 운동이 덜 요구되기에 처리속도 지표를 산출하는 데 기호쓰기 대신 포함시킬 수 있다. 심각한 신체적인 손상이 있는 아동의 경우 언어이해 지표가 아동의 인지능력을 추정하는 데 쓰일 수 있다. 이러한 아동을 위하여 웩슬러 비언어성 능력 척노(Wechsler Nonverbal Scales of Ability, WNV : Naglieri, 2006), 나그리에리 개별 비언어 검사 (Naglieri Nonverbal Ability Test-Individual Administration, NNAT-I : Naglieri, 2003), 레이브스 전진 행렬(Ravens Progressive Matrixes : Ravens, 1998), 광범위 비언어성 지능검사(Universal Nonverbal Intelligence Test, UNIT : Bracken & McCallum, 1998)와 라이터 비언어성 지능검사(Leiter International Performance Scale-Revised : Roid & Miller, 1997)와 같은 검사를 보충해서 사용할 수 있다.

표준화된 검사 실시나 채점 방식에서 벗어난 실시나 채점을 했을 경우 모두 WISC-Ⅳ 검사 기록용지에 우선 기록해야 하며, 보고서에 기술할 필요가 있고, 검사 결과를 해석할 때 이를 고려해야만 한다. 아동의 기능을 평가하는 전문가는 임상적인 판단에 비추어서 이러한 변경된 절차가 검사 결과에 미치는 영향을 평가해야 한다. 평가방법을 변경했을 때 이는 비록 규준에서 벗어나기는 하지만, 한계 검증은 아동 인지능력의 장점과 약점에 대한 양적인 정보뿐만 아니라 질적으로도 소중한 정보를 제공해 준다.

청각장애가 있거나 청각에 어려움이 있는 아동의 평가

실시지침에도 제시되어 있으나, WISC-Ⅳ는 청각장애가 있는 아동을 포함하여 특수한 어려움을 가진 아동의 인지적인 능력을 평가하기 위한 소검사들을 포함한다(Braden, 2005; Braden & Hannah, 1998). 신뢰롭고 타당하면서 임상적으로 유용한 결과를 얻기 위해서 표준적인 절차의 수정을 최소화하면서 검사자는 아동에게 눈높이를 맞추어야 한다.

청각장애 아동 또는 청각에 어려움이나 손상이 있는 상당수의 아동이 추가적인 결함이 있다는 사실을 WISC-Ⅳ를 실시할 때 염두에 두어야만 한다. 청각적인 어려움이 있는 아동 중 32%는 행동, 정서, 인지, 학습이나 신체적인 결함을 가지고 있다는 것이 연간 인구 통계 결과에서 드러났다(Gallaudet Research Institute, 1998). 또한 복합적인 장애나 손상을 가진 아동은 청각 손상 또한 가지고 있을 수 있다.

WISC-IV의 표준화된 실시에서는 손가락으로 가리키기나 몸짓을 허용하고 있으나, WISC-III에서 청각장애 아동이 하는 이러한 대답은 모호할 수 있으며(Blennerhassett & Traxler, 1999) 채점과 해석에서 오류를 낳기도 한다고 보고되었다. 청각 문제가 있을 경우 지능평가에서 특정 문항을 적절하게 취합하고 사용하는 것과 관련된 상반된 연구 결과가 보고되기도 하였다(Maller, 2003). 청각 문제가 있는 아동의 경우 특수한 표준화 연구 집단의 사용, 표준화된 해석의 부재, 언어성 지능의 적합성 여부, 프로파일 분석의 한계와 같은 다양한 문제와 특수학급에서의 배치 문제 등을 함께 고려해야 한다. 이러한 지침은 청각 문제를 가진 아동에게 좀 더 표준화된 WISC-IV 실시를 하기 위한 기초작업이라고 볼 수 있다.

의사소통 양식

청각에 어려움이 있는 아동에게 적합한 평가도구나 소검사가 구체적으로 어떻게 평가를 도와줄 수 있는지를 계획할 때 청각 문제의 양상보다는 아동의 주 언어가 무엇이며 아동이 선호하는 의사소통 양식이 무엇인지를 가장 우선적으로 고려해야 한다. 언어 양식에 따라 WISC-IV가 실시되는 의사소통 방법은 달라진다(예 : 수화 혹은 구어). WISC-IV의 문항은 어떤 몸짓과 수화를 쓰느냐에 따라 다른 방식으로 전달될 수 있다. 아동은 다음의 네 개 범주 중에서 하나 혹은 여러 개를 혼합해서 쓸 수 있다.

미국 수화

미국 수화(American Sign Language, ASL)는 고유의 문법, 관용구, 의미론, 구문론, 활용론을 가지는 완전한 시각−공간 언어이다. 수화는 다양한 손의 모양과 움직임, 몸에서의 위치와 얼굴 표정을 통합하였다. 두 손이 사용되기도 하고 한 손만 사용되기도 한다. 청각과 시각 문제가 동시에 있을 경우 촉감형태로 쓰여지기도 하나, 시각적으로 제공되는 언어로 변경해서 전달될 필요가 있다. 검사자는 지역마다 수화가 날라질 수 있음을 또한 인식해야 한다.

동시 소통

동시 소통(Simultaneous Communication, Sim-Com)은 Manually Coded English(MCE)를 포함하며 영어 단어 순서대로 기호로 제시된다. 동시 소통은 수화에서 없는 현재 쓰이고 있는 구어를 포함한다.

신호화된 화법

신호화된 화법(cued speech)은 구어의 모든 음소를 가지고 소리에 기반한 시각화된 의사소통 시스템이다. 자연스런 입모양에 따라 여덟 개의 다른 손 모양을 네 개의 다른 얼굴 근처에 위치하고 이를 조합하여 표현한다.

청각/구두

청각/구두(aural/oral)는 청각 보조기, 인공 와우 이식(cochlear implant)과 같은 보조 청취도구나 청각 증폭기와 같은 형태의 도움을 받아서 듣는 것을 말한다. 이런 아동은 발음하는 입모양을 보면서 증폭된 청각 입력에 의존할 수도 있고 입모양과 같은 시각적 단서에 의존하지 않을 수도 있다.

의사소통 양식에 따른 WISC-IV 소검사 실시

표 2.1은 WISC-IV 소검사와 지표가 네 가지 일반적인 의사소통 양식에 적합한지에 대해 보여 준다. 이는 청각적 어려움을 가진 아동 평가 전문가인 Steven Hardy-Braz에 의해

표 2.1	청각 문제 아동의 의사소통 양식에 따른 소검사의 적합성			
	수화	동시 소통	신호화된 화법	청각/구두
소검사				
토막짜기	6T	6T	6T	6T
공통성	2	2	5	5
숫자 따라하기	3M	3M	5M	5
공통그림찾기	6	6	6	6
기호쓰기	6T	6T	6T	6T
어휘	2	2	5	5
순차연결	1M	2M	5M	5
행렬추리	6	6	6	6
이해	2	2	5	5
동형찾기	6T	6T	6T	6T
빠진곳찾기	4P	4P	6P	6P
선택	6T	6T	6T	6T
상식	2A	2A	5	5
산수	3B	4B	5	5
단어추리	2	4	5	5
지표점수				
언어이해	2	2	5	5
지각추론	6	6	6	6
작업기억	1	2	3	3
처리속도	3T	3T	3T	3T
전체 검사점수	1	2	3	3

1. 실시하지 말 것
2. 실시 가능하나, 문제가 될 수 있음
3. 실시는 가능하나, 해석하기가 어려움
4. 실시는 가능하나, 몇몇 문항은 언어적인 문제 때문에 유의해야 함
5. 실시는 가능하나, 아동의 발음상의 문제 때문에 유의해야 함
6. 특별한 조정 없이 실시 가능함
A. 쉬운 문항에서 추가적인 조정이 요구됨
B. 어려운 문항에서 추가적인 조정이 요구됨
M. 양식에 따른 조정이 수행과 해석에 영향을 미칠 수 있음
T. 수행시간이 수행과 해석에 영향을 미칠 수 있음
P. 손가락으로 지적하여 대답하는 것은 애매모호할 수 있음

☗ 백분위는 정상분포에서 나온 이론적인 값이다. 아동용 웩슬러 지능검사-4판(WISC-IV) © 2003 Harcourt assessment, Inc. 인가하에 인용됨.

개발되었다. 표 2.1은 아동이 연령과 발달수준에 적절하게 각각의 네 가지 의사소통 양식을 능숙하게 사용할 수 있다는 가정을 기반으로 하고 있다. 1번에서 6번까지 구분되어 있는데 1번은 해낭하는 소검사와 척노가 해당 집난에 권고되지 않는다는 것을 의미하고, 6번은 변경 없이 그대로 실시가 가능하다는 것을 의미한다.

대개 문항이 난이도 순서대로 제시되기 때문에, 소검사의 문항 난이도에 따라 실시가 적절한지 결정되기도 한다. 예를 들어, 수화를 사용할 경우 쉬운 산수 문제에서는 실시가 용이하나, 어려운 문항에서는 숫자나 기호로 제시해야만 한다. 문항에 따라 소검사 실시의 적합성이 달라지므로 A는 쉬운 문항에서 조정이 필요하다는 것이며 B는 어려운 문항에서 추가적인 조정이 요구된다는 것이다.

소검사 실시는 의사소통 양식에 따라 가능하나, 양식에 따라 인지 과제의 요구가 달라질 수 있으며 규준집단에서의 표준적인 실시에서 벗어날 수 있다. 예를 들어, 시간제한이 있는 문항의 경우 검사자는 아동이 메시지를 해석하거나 검사자의 말을 입모양을 통해 이해하는 데 추가적인 시간이 필요하다는 것을 염두에 두어야만 한다. 소검사를 실시할 때 인지 과제의 요구가 변화될 수 있는 경우 M은 양식에 따라 수정할 경우 수행이나 해석에 영향을 줄 수 있다는 것이고, T는 시간제한이 수행과 해석에 영향을 미칠 수 있다는 의미이고, P는 손가락으로 가리키는 것이 애매모호할 수 있다는 것을 뜻한다.

대체로 보청기를 사용하는 아동은 모든 소검사를 표준적인 절차로 실시할 수 있다. 수화로 지시가 이루어졌을 때 메시지의 언어적인 내용은 바뀌지 않으나, 그 시스템에 친숙한 아동에게는 특별한 수정 없이 실시될 수 있다. 그러나 각 양식의 실시는 아동이 얼마나 분명하고 유창하게 반응하거나 말하느냐에 따라 영향을 받을 수 있다. 청각능력에 따라 표현능력을 예측할 수 없으며, 표현능력에 따라 청각능력을 예측할 수 없다.

검사자는 아동이 분명하게 들을 수 없다는 것이 의사소통 양식과는 무관하게 일상적인 학습을 방해하는 환경을 유발한다는 사실을 인지하고 있어야만 한다. 예를 들어, 정상아동과 다르게 청각장애 아동은 구술적으로 제시되는 일상생활에서의 정보에 노출될 학습 기회가 적다. 그렇기에 인지능력과 관련된 수행 결과와 청각 문제가 있는 아동이 부딪히게 되는 특유한 환경을 반영하는 수행 결과를 구별하는 것이 중요하다.

표 2.2	청각적 어려움이 있는 아동의 소검사 실시 유의점
소검사	유의점
토막짜기	양식에 따라 실시가 달라지지는 않으나, 검사자는 시간에 따라 추가점수를 받는다는 점에 주의해야 한다. 왜냐하면 지시를 하면서 동시에 문제가 제시되므로, 검사자가 하는 수화나 신호, 입술을 봐야 하는 아동에게는 불리할 수 있기 때문이다.
공통성	어휘를 알아야 하고 기호나 수화로 바꿀 경우에 검사가 측정하고자 하는 것과 무관한 것을 측정할 수 있다는 점에 유의해야만 한다.
숫자 따라하기	시각적으로 숫자를 제시할 경우에 본 소검사의 인지적 요구가 청각적인 기억에서 시각적인 기억으로 변경된다. 시각적으로 제시할 경우 본 검사의 인지적 요구가 매우 달라진다는 점을 고려해야만 한다.
공통그림찾기	양식 간의 차이가 실시에서의 많은 차이를 낳지는 않는다. 원래 소검사의 인지적 요구에 충실하기 위해 아동에게 맞춘 적절한 변경이 요구된다.
기호쓰기	양식에 따라 실시가 달라지지는 않으나, 검사자는 시간에 따라 추가점수를 받는다는 점에 주의해야 한다. 왜냐하면 지시를 하면서 동시에 문제가 제시되므로, 검사자가 하는 수화나 신호, 입술을 봐야 하는 아동에게는 시간 측정이 불리할 수 있기 때문이다.
어휘	검사자는 어휘를 알아야 하고 기호나 수화로 바꿀 경우에 검사가 측정하고자 하는 것과 무관한 것을 측정할 수 있다는 점에 유의해야만 한다. 어떤 신호는 의도치 않게 힌트를 줄 수도 있다.
순차연결	숫자 따라하기와 마찬가지로 시각적으로 과제를 제시해 주면 청각적 기억에서 시각 기억으로 본 소검사의 인지적 요구가 변경될 수 있다. 몇몇 문자와 숫자를 전달할 때 손의 모양이 비슷할 수 있기 때문에 혼돈을 줄 수도 있다. 시각적으로 제시할 경우 본 검사의 인지적 요구가 매우 달라진다는 점을 고려해야만 한다.
행렬추리	양식 간의 차이가 실시에서 많은 차이를 낳지는 않으므로 원래 소검사의 인지적 요구에 충실하기 위해 적절한 변경이 요구된다.
이해	검사자는 어휘를 알아야 하고 기호나 수화로 바꿀 경우에 검사가 측정하고자 하는 것과 무관한 것을 측정할 수 있다는 점에 유의해야만 한다.
동형찾기	양식에 따라 실시가 달라지지는 않으나, 검사자는 시간에 따라 추가점수를 받는다는 점에 주의해야 한다. 왜냐하면 지시를 하면서 동시에 문제가 제시되므로, 검사자가 하는 수화나 신호, 입술을 봐야 하는 아동에게는 불리할 수 있기 때문이다.
빠진곳찾기	WISC-III에서 손가락으로 가리키는 것은 애매모호할 수 있다는 보고가 있었다. 검사자는 빠진 부분을 표현하는 비슷한 여러 신호와 그림에서 빠진 부분에 대해 알아둘 필요가 있다.
선택	양식에 따라 실시가 달라지지는 않으나, 검사자는 시간에 따라 추가점수를 받는다는 점에 주의해야 한다. 왜냐하면 지시를 하면서 동시에 문제가 제시되므로, 검사자가 하는 수화나 신호, 입술을 봐야 하는 아동에게는 불리할 수 있기 때문이다.

(계속)

표 2.2	청각적 어려움이 있는 아동의 소검사 실시 유의점(계속)
소검사	**유의점**
상식	검사자는 어휘를 알아야 하고 기호나 수화로 바꿀 경우에 검사가 측정하고자 하는 것과 무관한 것을 측정할 수 있다는 점에 유의해야만 한다. 쉬운 문항에서 검사자의 지시를 흉내 내거나 반복하는 신호나 몸짓을 답으로 혼돈할 수 있다.
산수	쉬운 문항에서는 양식에 따라 실시가 달라지지는 않으나, 검사자는 어려운 문항에서는 숫자가 기호로 전달되면 난이도가 달라질 수 있다는 것을 유념할 필요가 있다.
단어추리	검사자는 어휘를 알아야 하고 기호나 수화로 바꿀 경우에 검사가 측정하고자 하는 것과 무관한 것을 측정할 수 있다는 점에 유의해야만 한다.

⚑ 백분위는 정상분포에서 나온 이론적인 값이다. 아동용 웩슬러 지능검사-4판(WISC-IV) ⓒ 2003 Harcourt assessment, Inc. 인가하에 인용됨.

청각에 어려움이 있는 아동의 검사를 실시할 때 실시방법을 조정하는 것은 문항이나 소검사의 기능을 변경할 수 있다. 표 2.2는 각각의 소검사를 청각적 문제가 있는 아동에게 실시할 때 유의할 점들을 정리한 것이다. Braden(2005)이 쓴 장을 참조해 볼 수도 있다. 그러나 결과의 신뢰도와 타당도에 대한 판단뿐만 아니라 어떤 소검사를 실시할지에 대한 결정, 실시방법, 조정, 결과에 대한 해석은 전적으로 검사자의 책임이다. 청각장애가 있는 아동의 양상이 다양하기 때문에 여기서 제안한 것은 하나의 기초적인 지침으로 볼 수 있다.

윤리적인 문제

만약 평가받는 아동이 검사 정답을 미리 알고 검사에 임하면 어떻게 반응할 수 있는지에 대해 검사자는 유념해야 한다. 심리학자가 지능검사나 다른 검사에서 어떻게 대답을 해야 하는지 아동에게 알려 주는 것은 비윤리적인 것이며 이런 일이 부모나 변호사에 의해 자행되는 것을 막기 위해서는 검사의 문제와 대답의 보안을 통제해야만 한다. 따라서 자격을 갖춘 전문가에게만 지능검사나 다른 심리검사 도구의 판매를 허락해야 하며 사진을 찍거나 기록하거나, 동영상을 찍는 것을 금지한다.

사생활 보호에 대한 법규정은 자기 자신의 건강과 관련된 정보를 볼 권리를 명시하고 있다. 그러나 검사 기록용지가 유출되면 검사문항이나 정답이 알려지게 되고, 검사 자체가 심리학자뿐만 아니라 결국 모든 사람에게 쓸모없게 될 수 있다. 이런 이유들 때문에 검사의 문항과 정답은 비밀 교역품으로 분류되었다. 따라서 검사 기록용지나 프로토콜의 유포에 대한 제한이 이루어질 수 있다.

미국의 경우, 학교 장면에서도 검사문항이나 지시문이 어떤 형태로든 유출되는 것이 법으로 금지되어 있다. 관련 미국 법령에서 부모는 아동의 교육적 기록을 점검하고 살펴볼 권리를 가진다. 이에 학교에서는 부모의 요청이 있을 경우 아동의 기록을 부모가 볼 수 있도록 해야 한다.

이 규정은 '교육적 기록을 검토하고 살펴볼 권리'이며 다음을 포함한다 ─ ① 학교로부터 기록의 설명과 해석에 대한 정당한 요구에 대해 응답받을 권리, ② 기록의 복사본을 학교로부터 얻지 못하여 부모나 학생이 교육적 기록을 검토하고 살펴볼 수 있는 권리가 위반된 경우에는 기록에 대한 복사본을 얻을 권리.

이 부분에서 중요한 점은 복사본을 제공하지 못하는 것이 이러한 권리를 저해하는 경우에만 학교가 복사본을 제공해야 할 의무가 있다는 대목이다. 다른 모든 경우에는 기록물을 열람하는 것만으로 충분하다. 부모가 아동의 기록을 살펴보기를 요구할 때 학교가 검사 기록을 부모와 함께 살펴보기로 한다면, 법원에서는 교육적 기록을 살펴볼 권리가 준수된 것으로 본다.

만약 전문가가 문항의 대답을 적절하게 살펴본다면 부모와 함께 검사 결과를 보는 것은 권고된다. 검사 실시방법과 실시지침에 있는 대답을 부모에게 보여 줄 수도 있다. 그러나 검사 실시방법에 대한 복사물이 양도되는 것에는 앞서 말한 이유로 인하여 반대한다. 검사는 전 세계적으로 쓰이는 매우 귀중한 도구이다. 보안이 침해되는 것은 검사의 타당도를 해치며, 측정도구로서의 가치를 저해한다. 검사가 공개되는 것은 검사 결과의 타당도를 해치며 검사의 임상적 가치가 없어지게 된다.

어떤 경우에는 부모가 아동의 검사점수에 대해 다른 전문가와 상담하기를 원할 수 있다. 이럴 경우 검사 기록용지를 다른 전문가에게 보낼 수 있는데, 이때 검사 기록용지는 전문가에게서 전문가로 직접 전달되어야지 부모나 변호사를 통해 전달되어서는 안 된다.

소송과 관련되어 법원에서 심리학자에게 검사 기록물을 변호인단과 같은 비전문가에게 공개할 것을 명령할 경우에 심리학자는 검사 기록물을 복사하지 않을 깃과 같은 보호조치를 법원에 요청하고 소송절차가 끝나면 기록물을 전문가에게 다시 돌려주고, 법원사건관련 기록으로 검사 기록물을 일반인에게 공개하지 않을 것을 요구할 수 있다.

또한 문항 내용이 포함되어 있는 증언은 밀봉하고 법원 기록물에 포함해서는 안 된다. 탄원서나 다른 서류에서는 절대적으로 필요한 경우가 아니라면 문항의 내용이나 대답에 대한 어떤 언급도 포함되지 않아야 한다. 또한 이런 내용이 들어 있는 어떤 문서이든지 밀봉되어야만 한다. 마지막으로 사실적 진술이든 판결문이든지 판사의 견해에 문항이나 문항의 대답을 묘사하거나 인용하는 내용이 들어가지 않도록 요구해야 한다.

WISC-IV나 웩슬러 지능검사가 사용되는 나라에서는 심리학자가 검사의 실시, 채점, 해석, 보고서 작성뿐만 아니라 법적·윤리적인 문제를 충분히 인식하기를 권한다.

검사 해석에서의 기본적인 문제

여기서는 환산점수의 의미, 분류의 범위, 검사-연령 해당값 사용과 관련된 문제를 포함하여 검사 해석상의 기본적인 문제들에 대해 알아보려 한다.

검사 수행보고 및 기술

어떤 검사이든지 맞게 대답한 문항수만으로 아동이 다른 아동에 비해 어떤 수준인지 알 수는 없다. 검사의 평균 점수와 점수의 분포를 알면 아동 점수의 의미를 알 수 있게 된다. 원점수를 환산점수로 변환함으로써 WISC-IV 검사 내에서 점수들 간의 비교나 WISC-IV와 다른 검사를 비교하는 것이 가능해진다. 연령으로 조정된 환산점수를 통해 아동의 인지기능을 비슷한 나이의 다른 아동과 비교해 볼 수 있다. 환산점수가 검사 자료의 가장 정확한 기술이다. 그러나 검사 해석에 친숙하지 않은 이들은 환산점수를 이해하기가 힘들다. 백분위, 신뢰구간, 기술적 분류, 검사−연령 해당값이 환산점수와 함께 아동의 수행에 대해 기술해 준다.

환산점수

두 가지 종류의 연령 조정 환산점수(standard score)가 제공된다. 하나는 소검사 환산점수이고, 또 다른 하나는 합산점수(composite score)이다. 소검사 환산점수는 같은 나이의 아동과 비교해 볼 때 아동의 수행을 나타내 준다. 이는 15개 소검사의 원점수를 평균이 10이고 표준편차가 3인 점수로 전환한 것이다. 10점은 같은 연령에서 평균적인 수행을 뜻한다. 7점과 13점은 평균에서 1 표준편차 이하와 이상이다. 4점과 16점은 평균에서 2 표준편차 떨어진 값이다. 다섯 가지 처리점수(BDN, DSF, DSB, CAR, CAS)는 소검사 환산점수와 같은 방식으로 도출된다. 표 2.3은 WISC-IV에서 소검사 환산점수와 평균에서의 표준편차 및 백분위 순위값 간의 관계를 보여 준다.

WISC-IV의 합산점수(예 : VCI, PRI, WMI, PSI, FSIQ)는 여러 개의 소검사 환산점수들의 합에 기반한 환산점수이다. 합산점수는 평균 100에 표준편차 15를 기반으로 한다. 100점은 또래 나이와 비교해서 평균적인 수행을 의미하고 85점과 115점은 각각 평균에서 1 표준편차 이하와 이상을 뜻한다. 70점과 130점은 평균에서 2 표준편차 이하와 이상에 해당한다. 68%의 아동은 85~115점 사이의 합산점수를 받고, 96%는 70~130점을, 대부분의 아이들(99.8%)은 55~145점 범위에 해당된다(평균에서 양측으로 3 표준편차임). WISC-IV의 합산점수와 평균에서의 표준편차 및 백분위 간의 관계는 표 2.4에 제시되어 있다.

백분위

WISC-IV에서는 같은 연령에서 아동의 수준을 보여 주는 소검사 환산점수와 합산점수의 백분위가 제공된다. 백분위란 표준화 연구집단에서 산출된 백분위만큼이 아래에 있다는 것을 보여 주는 점수라고 할 수 있다. 보통 백분위는 1부터 99가 있으며 50이 평균이자 중앙값이다. 예를 들어, 아동이 백분위 15라고 한다면 같은 나이 아동의 15%보다 잘 수행했

표 2.3	소검사 점수와 평균에서의 표준편차 및 백분위와의 관계	
소검사 환산점수	평균으로부터의 표준편차	백분위
19	+3	99.9
18	+2 2/3	99.6
17	+2 1/3	99
16	+2	98
15	+1 2/3	95
14	+1 1/3	91
13	+1	84
12	+2/3	75
11	+1/3	63
10	0	50
9	−1/3	37
8	−2/3	25
7	−1	16
6	−1 1/3	9
5	−1 2/3	5
4	−2	2
3	−2 1/3	1
2	−2 2/3	0.4
1	−3	0.1

주 백분위는 정상분포에서 나온 이론적인 값이다. 아동용 웩슬러 지능검사-4판(WISC-IV) ⓒ 2003 Harcourt assessment, Inc. 인가하에 인용됨.

다는 것이다(또는 같은 나이대의 85% 아동보다 부진하게 수행했다는 것이다).

백분위는 아동의 상대적인 수행에 대해 이해하기 쉽다는 점에서 유용함에도 불구하고 여러 가지 한계가 있다. 백분위는 동일한 간격을 가지지 않으며, 정상분포에서 백분위 50%ile에 해당하는 중앙값에 몰려 있다. 그러므로 보통 수준에 해당하는 점수를 가진 아동이 원점수의 총합이 1, 2점만 바뀌어도 백분위는 크게 바뀌게 된다. 그러나 좀 더 극단적인 점수를 가지는 아동은 원점수에 1, 2점이 바뀌어도 백분위에 큰 차이가 없다.

표 2.4	합산점수와 평균에서의 표준편차 및 백분위 간의 관계	
합산점수	평균으로부터의 표준편차	백분위
145	+3	99.9
140	+2 2/3	99.6
135	+2 1/3	99
130	+2	98
125	+1 2/3	95
120	+1 1/3	91
115	+1	84
110	+2/3	75
105	+1/3	63
100	0	50
95	−1/3	37
90	−2/3	25
85	−1	16
80	−1 1/3	9
75	−1 2/3	5
70	−2	2
65	−2 1/3	1
60	−2 2/3	0.4
55	−3	0.1

☎ 백분위는 정상분포에서 나온 이론적인 값이다. 아동용 웩슬러 지능검사-4판(WISC-IV) ⓒ 2003 Harcourt assessment, Inc. 인가하에 인용됨.

측정 표준오차와 신뢰구간

인지능력 점수는 관찰 자료에 기반하며 아동의 점수에 대한 **어림값**이다. 점수는 아동의 진점수와 어느 정도의 측정오류의 합을 반영한 것이다. 아동의 진점수는 신뢰구간에 의해 좀 더 정확하게 나타나며 일정한 간격 안에 있게 된다(K-ABC 참조). 신뢰구간은 점수를 좀 더 정확히 표현하고 모든 검사에서 측정오류가 있을 수 있음을 일깨워 준다. 점수가 덜 신뢰로울 경우 간격은 넓어지고, 좀 더 신뢰롭다면 간격은 좁아진다. 검사자는 합산점수의 신뢰구간을 밝히고 검사점수를 해석할 때 좀 더 정확성을 높이기 위해 이 점수를 활용해야 한다.

WISC-IV 전문가 지침서에서 표준오차와 추정되는 진점수를 사용하여 합산섬수의 신뢰구간을 제공한다. 표준오차를 통해 계산된 신뢰구간은 관찰된 점수를 중심으로 하며, 회귀분석을 통해 추정되는 진점수를 중심으로 표시된다.

기술적 분류

합산점수는 아동의 수행수준에 따라 좀 더 질적인 용어로 기술된다. 표 2.5에서는 WISC-IV 합산점수(예 : VCI, PRI, WMI, PSI, FSIQ)의 기술적 분류를 보여 준다. WISC-III에서 사용하던 '지적 결함(intellectually deficient)' 이라는 용어 대신에 WISC-IV에서는 '매우 낮음(extremely low)' 이라는 말을 썼다. 매우 낮은 지능지수 점수가 "정신지체" 진단의 충분한 증거가 아니라는 의미로 용어가 바뀌게 되었다. 그러나 WISC-IV 점수가 평균보다 많이 낮다는 것은 인지기능의 결함을 의미한다. 검사 결과는 다음과 같은 예로 기술될 수 있다.

> 또래 아동과 비교해 볼 때, 피검아동의 인지능력은 표준적인 측정에서 [아동에게 해당하는 분류 수준을 삽입(예 : 보통하)] 수준에 속한다.

표 2.5	합산점수의 질적인 기술	
합산점수	분류	정규분포곡선
130 이상	최우수	2.2
120~129	우수	6.7
110~119	보통상	16.1
90~109	보통	50
80~89	보통하	16.1
70~79	경계선	6.7
69 이하	매우 낮음/지체	2.2

검사 – 연령 해당값

검사–연령 해당값은 원점수 총합에 해당하는 년과 월로 평균 연령을 보여 준다. 예를 들어, 이해 소검사에서의 총점 21점은 9세 10개월의 검사–연령 해당값으로 볼 수 있다.

비록 검사–연령 해당값이 다양한 연령의 아동의 평균적인 기능과 비교하여 아동의 인지기능을 기술하는 데 효과적이지만 한계점이 있다. 첫째, 검사–연령 해당값은 같은 연령의 아동들에서 아동의 상대적인 위치에 대해서는 정보를 제공해 주지 않는다. 낮은 검사–연령 해당값을 가지나 같은 연령의 아동과 비교해 봤을 때 보통 수준일 수 있다. 예를 들어, 12세 10개월의 아동이 어휘 소검사에서 10세 10개월에 해당하는 검사–연령 해당값을 받았다고 해 보자. 비록 아동이 소검사에서 부진한 수행을 보인 것은 사실이지만, 원점수 35점은 같은 연령 아동에 비해서는 보통 수준에 해당할 수 있다.

둘째, 원점수에서의 작은 변화가 검사–연령 해당값의 큰 변화를 낳을 수 있다. 검사–연령 해당값과 아동의 실제 연령 간에 큰 차이가 나지만, 아동의 인지기능이 또래에 비해 매우 많이 뒤처지거나 매우 우수하지 않을 수 있다. 왜냐하면 비슷한 연령에서는 평균 점수의 범위가 겹치기 때문이다. 예를 들어, M과 K는 둘 다 7세 2개월이고 공통그림찾기 소검사를 수행하였다. M은 총 10점으로 6세 6개월에 해당하는 검사–연령 해당값을 받았다. K는 총 13점으로 7세 6개월에 해당하는 검사–연령 해당값을 받았다. 그러나 K가 M보다 유의미하게 더 우수한 수행을 보였다고 할 수는 없다. K가 환산점수로 11점을 받고 M이 9점을 받았기에 또래 연령과 비교해서 둘 다 보통 수준에 해당하기 때문이다.

세 번째로 검사–연령 해당값으로는 소검사 간 비교가 불가능하다. 예를 들어, 같은 검사–연령 해당값을 받았지만 백분위는 다를 수 있다. 즉, 12세 9개월의 아동이 숫자 따라하기와 기호쓰기 과제 둘 다에서 15세 10개월의 검사–연령 해당값을 받았지만 백분위는 각각 63%ile과 91%ile로 다를 수 있다.

마지막으로 극단적인 검사–연령 해당값을 받는다고 아동의 인지기능이 극단적인 연령 집단의 수행과 비슷하다는 것을 의미하지는 않는다. 게다가 극단적인 검사–연령 해당값은 해석하기가 어려운데, 왜냐하면 '6세 2개월 이하'나 '16세 10개월 이상'으로만 표기할 수 있기 때문이다. 기호쓰기와 동형찾기의 경우에는 '8세 2개월 이하' 또는 '7세 10개월 이상'으로 표기된다.

이러한 제한점 때문에 검사-연령 해당값은 일차적인 점수로는 추천되지 않으며 조심스럽게 해석해야만 한다. 같은 연령의 아동과 해당 아동의 수행을 비교하기 위해서는 환산점수나 백분위가 사용되어야만 한다. 임상적인 해석은 아동의 환산점수나 다른 배경지식, 질적인 정보를 기반으로 이루어져야 한다. 아동의 특수학급 배정과 관련된 결정이나 진단은 검사-연령 해당값이나 오직 한 점수에만 기반해서는 안 된다.

해석 전략

이제부터는 기본적인 해석 절차에 초점을 두려고 한다. 이러한 정보는 WISC-IV 기술적 해석지침(Wechsler, 2003)에 있지만, 지표점수 차이를 해석하기 위한 좀 더 나은 방법과 관련된 새로운 정보를 제시하려고 한다(Prifitera, Saklofske, & Weiss, 2005). 전체지능 지수의 중요성을 경시하려는 것은 아니며 이에 대해서는 다음 장에서 논의할 예정이다. 전체지능 지수는 가장 신뢰로우며 WISC-IV에서 심리 측정적으로 가장 견고한 점수이다. 또한 전체지능 지수는 학업성취에서부터 직업 장면까지 실제 삶의 다양한 영역을 가장 잘 예측해 준다(Gottfredson, 1998). 그러나 전체지능 지수는 연관되어 있지만 서로 다른 여러 영역으로 구성되어 있기에 이 영역들을 각각 구별할 때 임상적 해석이 더욱 의미 있게 된다. 우리는 인지평가에서 가장 중요하다기보다는 개괄적인 점수로서 전체지능 지수를 기술하고자 한다. 여기에서는 이론에 기반한 여섯 지표점수와 해석을 다룰 것이다. 또한 특정한 프로파일 편차의 기저율에 초점을 둔 간결한 프로파일 분석과정을 소개할 것이다.

기본 프로파일 분석과정

합산점수와 소검사 환산점수의 패턴을 살펴봄으로써 WISC-IV에서의 아동 수행을 평가한다. 프로파일 분석은 개인 내적인 관점과 개인 간의 관점 모두에서 이루어진다. 아동의 수행 패턴은 소검사 환산점수 내에서의 점수 패턴을 비교하거나 표준화 연구집단과 비교하여 점수 패턴을 비교하게 된다. 이렇듯 능력을 비교함으로써 강점과 약점의 의미 있는 패턴을 알수 있게 되고, 이를 기반으로 기능적인 손상을 기술하고 교육 계획을 조직하고 준비할 수 있게 된다.

소검사 프로파일 분석에 대한 비판이 제기되기도 했지만(McDermott, Fantuzzo, & Glutting, 1990), 프로파일 분석이 제대로 이루어지기 위해서는 점수 패턴, 다른 평가 결과, 배경정보 그리고 직접적인 행동관찰 정보를 통해 가설을 하나씩 확인하고 논박해 봄으로써 의뢰 사유에 기반하여 가설을 일반화하고 검증해 보는 것이 필요하다(Kamphaus, 2001). WISC-IV 기록용지는 프로파일 분석을 용이하게 하기 위해 고안되었지만, 검사 결과 해석은 다른 정보도 고려해서 이루어져야만 한다. 전문가는 아동의 출생, 발달, 병력, 가족 문화적 배경, 사회·교육적 경험과 이전 검사를 포함하여 최대한 포괄적인 정보를 얻으려고 노력해야 한다. 이러한 추가적인 정보가 WISC-IV 검사 결과와 비교되거나 통합되어야만 한다.

기본적인 프로파일 분석 기술에 대한 접근은 다음에 간단히 소개하고자 하는데, 해석이 의미 있게 이루어지기 위해서는 경험이 풍부한 전문가가 검사 결과를 전체적인 임상적 정보와 통합할 필요가 있다. 이것이 이후 여러 장에서 다루고자 하는 핵심이라 할 수 있다.

프로파일 분석과정

1단계. 네 가지 지표점수 기술하기

네 가지 WISC-IV 지표점수는 임상 해석의 기초적인 단계에서 고려해야 한다. 언어이해 지표(Verbal Conceptualization Index, VCI), 지각추론 지표(Perceptual Reasoning Index, PRI), 작업기억 지표(Working Memory Index, WMI), 그리고 처리속도 지표(Processing Speed Index, PSI)로 측정되는 구성개념들이 일반지능을 구성한다. 표 2.6은 각 지표를 구성하는 소검사와 소검사로 측정되는 지능의 영역을 기술하고 있다.

'언어이해 지표'는 언어적인 개념 형성 및 추론능력뿐만 아니라 환경을 통해 획득되는 지식을 측정한다. 언어이해 지표는 어휘, 공통성과 이해 소검사로 구성된다. 단어추리와 상식은 언어이해 지표의 보충 소검사로 추가적인 정보를 제공하며 핵심 소검사가 제대로 실시

| 표 2.6 | WISC-IV 지표점수, 영역 정의 및 해당 소검사 |

언어이해 지표
  기본적인 영역 : 언어 자극에 대한 추론, 언어적 개념 형성
  관련된 이차적인 요소 : 몇몇 문항과 소검사는 언어적인 요소에 대한 지식이 필요하다.
  핵심 소검사 : 어휘, 공통성, 이해
  보충 소검사 : 상식, 단어추리

지각추론 지표
  기본적인 영역 : 시각적 자극에 대한 추론
  관련된 이차적인 요소 : 몇몇 문항과 소검사는 시각적 추론과 시각-운동 통합능력이 요구된다.
  핵심 소검사 : 토막짜기, 행렬추리, 공통그림찾기
  보충 소검사 : 빠진곳찾기

작업기억 지표
  기본적인 영역 : 정보를 단기적으로 기억하면서 동시에 이 정보를 조작하거나 처리하는 능력
  관련된 이차적인 요소 : 주의력, 집중력, 정신적 통제, 추론능력
  핵심 소검사 : 숫자 따라하기, 순차연결
  보충 소검사 : 산수

처리속도 지표
  기본적인 영역 : 시각적 정보를 빠르고 정확하게 처리하는 능력
  관련된 이차적인 요소 : 주의력, 시각적인 단기기억력, 시각 판별력, 시각-운동 협응능력
  핵심 소검사 : 기호쓰기, 동형찾기
  보충 소검사 : 선택

☏ 아동용 웩슬러 지능검사-4판(WISC-IV) ⓒ 2003 Harcourt assessment, Inc. 인가하에 인용됨.

되지 못했을 경우에 보충할 수 있다.

'지각추론 지표'는 시각 자극 추론과 공간적 처리, 시각-운동 통합 요소를 포함한다. 시각적 자극에 대한 추론은 지각적 추론을 지칭하며 때때로 유동적인 추론도 의미한다. 토막짜기, 행렬추리, 공통그림찾기가 지각추론 지표의 핵심 소검사이다. 보충 소검사는 빠진곳찾기이다.

'작업기억 지표'는 아동의 작업기억 능력을 측정하는 것이다. 작업기억을 요하는 과제는 정보를 일시적으로 기억하면서 동시에 이 정보를 조작하거나 처리하고 결과를 산출해 내는 능력이다. 작업기억력은 주의력, 집중력, 정신적인 통제능력, 추론능력을 포함한다. 최신 연구에 따르면 작업기억력은 성취 및 학습과 밀접하게 관련되어 있을 뿐만 아니라 고차적인

인지처리에서 핵심적인 요소이다(4장 참조). 순차연결과 숫자 따라하기는 작업기억 지표의 핵심이며 산수 소검사는 보충적이다.

'처리속도 지표'는 단순한 시각적 정보를 빠르고 정확하게 차례대로 검색하고, 구별하는 능력을 측정한다. 정보를 빠르게 처리하기 위해서는 작업기억력이 필요하다. 시각적 단기기억력, 주의력, 시각-운동 협응능력을 포함한다. 연구에 따르면 처리속도와 일반 인지능력 간에 유의미한 상관이 있으며, 처리속도 지표는 ADHD, 학습장애, 뇌 손상과 같은 임상적인 증상에 매우 민감하다(3, 4장 참조). 기호쓰기와 동형찾기는 핵심적인 처리속도 소검사이며 선택 소검사는 추가적인 소검사이다.

네 가지 지표점수는 오차범위 또는 신뢰구간과 백분위로 기술되어야 하고 보통, 보통상과 같이 수행수준에 따라 분류되어야 한다. 이와 같이 아동의 수행을 또래들의 평균적인 수행과 비교하는 것이 해석의 보편적 법칙이다.

2단계. 지표수준의 차이 비교

다음 단계는 개인 내 지표점수 간의 비교이다. 강점과 약점의 패턴을 확인하기 위해서 네 가지 지표점수가 비교된다. 1단계에서의 규준분석과는 대조적으로 2단계는 개인 내 분석으로, 강점과 약점에 대한 개인분석이라고도 한다.

이러한 내용은 검사지침에 나와 있지 않으며 이전 저작(Prifitera, Saklofske, & Weiss, 2005)에서 소개했듯이 네 지표점수에서의 강점과 약점을 평가하는 좀 더 나은 방법을 제시하는 것이다. 가장 좋은 방법은 네 지표점수의 평균을 계산하여 평균 점수를 각각의 지표점수와 비교하는 것이다. 이러한 방법은 6개에서 4개로 비교해야 하는 수를 줄임으로써 지표점수 간의 비교방법으로 선호된다. 평균 지표점수를 구하기 위해서 네 가지 지표점수를 더하고 4로 나누면 된다.

차이분석은 보통 두 가지 단계로 이루어진다. 차이가 통계적으로 유의미한지(a)와 차이가 비임상 아동에서 드물게 일어나는 것인지(b)를 결정하는 것이다. 첫 번째는 차이가 수학적으로 유의미한 것인지 보는 것이고 두 번째는 임상적으로 유의미한 것인지를 보는 것이다. 따라서 두 번째 과정이 더 중요하다. 임상적인 해석이 통계적인 유의성에만 기반하여 이루어지던 때 이 두 단계 접근법이 제시되었다. 연구자들은 통계적으로 차이가 유의미하지만, 비임상 일반집단에서는 흔할 수 있다는 것을 지적하였다. 사실 WISC-R, WISC-Ⅲ, WISC-Ⅳ의 프로파일 분석에서 통계적으로 유의미한 차이가 있기 위해서는 표준화 연구집단의 1/4이나 1/3에서 확인되어야 한다. 그렇기에 임상적으로 의미가 있는지 알기 위해서는 기저율에 비해 통계적으로 유의미한지 확인하는 것이 중요하다. 두 가지 이유에서 이러한 차이는 통계적으로 유의미하지만, 동시에 흔하게 일어날 수 있다. 첫째, 통계적 유의성은 표본크기와 일면 관계가 있다. 소검사 간의 작은 차이가 유의미한지를 알기 위해서는 통계적 검증력이 있을 정도로 표준화 연구집단의 크기가 커야만 한다. 둘째로 소검사 환산점수 간의 혹은 합산점수 간의 차이가 별로 없는 평면적인 프로파일은 과거에는 흔한 것으로 여겨졌으나, 성장하는 보통 아이들에게서 드물다. 인지영역 간의 차이는 정상아동의 경우 매우 크다. 이러한 이유들 때문에 전통적인 방식을 깨고 첫 번째 단계를 생략할 필요가 있다. 차이가 얼마나 자주 발생하는지 알아보기 이전에 차이가 통계적으로 유의미한지를 우선 살펴보지 않아도 된다. 대부분의 차이분석에서 점수 차에 대한 해석적인 분석을 간소화하고 기저율 표를 곧바로 참조하면 된다.

표 2.7은 통계적으로 유의미하기 위해 필요한 각 지표점수와 피검아동의 평균 지표점수 간의 최소한의 차이를 보여 준다. 예를 들어, p<.05 수준에서 지각추론 지표와 평균 지표점수 간의 차이가 9.2 이상인 경우 통계적으로 유의미하다. 25%의 표본에서 9.5 이상의 차이가 지각추론 지표와 평균 지표점수 간에 나타난다. 표 2.7을 더 살펴보면 유사한 내용

표 2.7	통계적으로 유의미하기 위해서 필요한 각 지표점수와 피검아동의 평균 지표점수 간의 최소한의 차이(Bonferroni 수정)와 기저율						
	P<.05	P<.01	1%	2%	5%	10%	25%
언어이해	8.6	10.4	22.3	20.7	16.7	14.0	9.7
지각추론	9.2	11.1	21.1	19.2	16.2	13.5	9.5
작업기억	9.3	11.3	25.0	22.5	18.7	15.0	10.2
처리속도	10.7	13.0	25.6	23.2	20.0	17.0	11.7

▣ 아동용 웩슬러 지능검사-4판(WISC-IV) ⓒ 2003 Harcourt assessment, Inc. 인가하에 인용됨.

이 다른 지표점수에서 보인다. Prifitera 등의 연구(2005, p. 68)에서 세 연령집단(6~7세, 8~13세, 14~16세)별로 지표점수와 평균 지표점수 간의 비교에 대한 표를 제공하고 있다. 전체 표준화 연구집단과 세 연령집단별로 통계적으로 유의미하기 위해서 필요한 점수 차 간에는 작은 차이가 있지만, 가장 중요한 것은 기저율이다.

그러므로 차이가 통계적으로 유의미한지 살펴보는 단계는 생략하고 지표점수와 평균 지표점수를 비교할 때 표 2.8에서와 같이 전체 기저율을 곧바로 비교하면 된다. 검사자가 프로파일을 해석할 때 표 2.8이 없다면 지표점수와 평균 지표점수 간의 대부분의 비교에서 11점이나 12점 차이를 쓸 수 있다. 그러나 처리속도 비교에서는 좀 더 높은 14점으로 하면 된다.

평균에서 차이가 나는 방향에 따라서 상대적인 강점과 약점으로 해석될 수 있다. 그러나 지표점수에 대한 해석은 과학적인 법칙에 근거해서 이루어져야 한다. 인지적으로 손상된 아동이 처리속도에서 강점을 보일 수 있는데 이를 무조건 강점이라고 기술해서는 안 된다. 예를 들어, "아동의 교육적인 개입을 계획할 때 담당교사는 아동이 다른 인지능력에 비해 처리속도에서 상대적인 강점을 보이지만 그것이 또래 아동에 비해서는 느리다는 것을 유념해 두어야만 한다."라고 기술할 수 있다.

몇몇 경우에는 의뢰 문제, 병력, 교실에서의 관찰에 기반하여 두 가지 지표점수 간의 특정한 관계에 대한 가설을 미리 설정할 수 있다. 이럴 경우에 네 지표점수 간의 일반적인 비교를 생략하고 곧바로 계획된 쌍분석을 하면 된다. 즉, 점수 간의 통계적인 비교를 생략하고 기저율 분석을 한다. 표 2.8에서는 WISC-IV의 표준화 연구집단(기저율)에서의 여러 지표점수 간의 차이에 대한 누적 빈도를 보여 준다. 표준화 연구집단에서의 빈도는 일반집단과 비교해 봤을 때 아동의 점수 차가 얼마나 희소하거나 자주 일어나는지를 평가하는 기반이 된다. 표 2.8은 표준화 연구집단과 능력수준에 따른 기저율 자료를 제공한다. 자료분석에 따르면 WISC-IV 지표점수 차이 빈도는 일반지능 수준에 따라 상당히 다르다. 예를 들어, 전체지능 지수가 120점 이상인 아동의 경우 13.7% 정도가 처리속도 점수보다 언어이해 점수가 15점 이상 높았다. 79점 이하인 아동의 경우 10.2%만이 이런 차이를 보였다. 표 2.8은 두 방향에서 모두(예 : 언어이해 < 지각추론, 언어이해 > 지각추론) 차이에

| 표 2.8 | 방향에 따른 각 지표점수와 평균 지표점수 간의 비교에 의한 누적 백분율 |

| | 전반적인 표본 | | | | | | | | |
| | 언어이해 지표-평균 지표점수 | | 지각추론 지표-평균 지표점수 | | 작업기억 지표-평균 지표점수 | | 처리속도 지표-평균 지표점수 | | |
차이값	언어이해<평균지표(−)	언어이해>평균지표(+)	지각추론<평균지표(−)	지각추론>평균지표(+)	작업기억<평균지표(−)	작업기억>평균지표(+)	처리속도<평균지표(−)	처리속도>평균지표(+)	차이값
40	0.0	0.0	0.0	0.0	0.0	0.0	0.0	0.0	40
39	0.0	0.0	0.0	0.0	0.0	0.0	0.0	0.0	39
38	0.0	0.0	0.0	0.0	0.0	0.0	0.0	0.0	38
37	0.0	0.0	0.0	0.0	0.0	0.0	0.0	0.0	37
36	0.0	0.0	0.0	0.0	0.0	0.0	0.0	0.0	36
35	0.0	0.0	0.0	0.0	0.0	0.0	0.1	0.0	35
34	0.0	0.0	0.0	0.0	0.0	0.0	0.1	0.0	34
33	0.0	0.0	0.0	0.0	0.0	0.0	0.1	0.0	33
32	0.0	0.0	0.0	0.0	0.1	0.0	0.1	0.0	32
31	0.0	0.0	0.0	0.0	0.2	0.1	0.1	0.0	31
30	0.0	0.1	0.0	0.0	0.2	0.2	0.2	0.0	30
29	0.0	0.1	0.0	0.0	0.2	0.2	0.3	0.2	29
28	0.1	0.1	0.0	0.0	0.3	0.3	0.4	0.3	28
27	0.2	0.1	0.1	0.0	0.4	0.4	0.4	0.4	27
26	0.3	0.1	0.1	0.0	0.5	0.4	0.6	0.5	26
25	0.3	0.2	0.1	0.1	0.6	0.5	0.7	0.6	25
24	0.4	0.2	0.1	0.3	0.7	0.7	0.9	0.9	24
23	0.6	0.3	0.2	0.4	1.0	1.0	1.1	1.3	23
22	0.9	0.5	0.3	0.5	1.5	1.3	1.5	1.6	22
21	1.2	0.9	0.4	0.8	2.0	1.6	2.1	2.0	21
20	1.5	1.2	0.7	1.0	2.4	2.0	2.7	2.7	20
19	1.9	1.6	1.2	1.4	2.8	2.5	3.1	3.6	19
18	2.2	2.1	1.5	2.0	3.6	3.1	4.0	4.5	18
17	2.8	2.8	2.2	2.5	4.3	3.5	5.2	5.8	17

(계속)

| 표 2.8 | 방향에 따른 각 지표점수와 평균 지표점수 간의 비교에 의한 누적 백분율(계속) |

	전반적인 표본								
	언어이해 지표- 평균 지표점수		지각추론 지표- 평균 지표점수		작업기억 지표- 평균 지표점수		처리속도 지표- 평균 지표점수		
차이값	언어이해< 평균지표 (−)	언어이해> 평균지표 (+)	지각추론< 평균지표 (−)	지각추론> 평균지표 (+)	작업기억< 평균지표 (−)	작업기억> 평균지표 (+)	처리속도< 평균지표 (−)	처리속도> 평균지표 (+)	차이값
16	3.8	3.5	2.9	3.1	5.0	4.4	6.1	7.0	16
15	5.2	4.1	3.5	4.2	6.0	5.0	7.7	8.0	15
14	6.3	4.9	4.6	5.4	7.7	6.1	9.1	9.2	14
13	7.7	6.0	5.7	6.8	8.8	7.4	10.7	11.3	13
12	9.3	8.0	7.5	8.4	10.8	9.5	12.5	13.4	12
11	11.7	9.7	9.1	10.3	12.5	11.0	14.6	16.3	11
10	14.6	12.3	11.5	13.0	15.4	13.4	17.2	19.0	10
9	17.2	15.0	13.9	15.2	18.0	15.8	19.6	21.8	9
8	20.0	18.0	17.0	18.3	21.0	18.5	22.1	24.0	8
7	23.6	21.1	20.5	21.8	25.5	21.9	25.4	27.0	7
6	27.7	24.9	24.7	26.4	29.3	25.6	28.4	30.1	6
5	31.7	28.1	29.4	30.2	33.2	29.2	31.0	33.5	5
4	36.0	31.1	33.2	34.5	37.0	33.6	35.2	37.0	4
3	40.2	35.0	37.5	39.0	40.7	37.6	39.6	40.0	3
2	44.7	39.5	42.0	44.0	45.3	41.5	44.1	43.7	2
1	50.5	44.0	46.8	48.4	49.7	46.1	47.9	47.5	1
평균	7.2	7.2	6.8	7.0	7.8	7.5	8.3	8.7	평균
표준편차	5.2	5.1	4.7	4.9	5.7	5.6	6.1	6.0	표준편차
중앙값	6.0	6.0	6.0	6.0	7.0	6.0	7.0	8.0	중앙값

대한 기저율을 보여 준다. 왜냐하면 점수 차이의 방향성이 해석에 영향을 미치고 절대적인 가치를 가지면서 방향에 따라 기저율이 상당히 달라지기 때문이다(Sattler & Dumont, 2004). 예를 들어, 전체지능 지수가 79점 이하인 아동에서 언어이해가 지각추론보다 15점

이상 높은 경우는 10.2% 정도이나, 지각추론이 언어이해 지표보다 15점 이상 높은 경우는 16.7% 정도이다.

　　몇 %가 희소한 것인지는 임상가들이 자주 물어보는 질문 중 하나이다. 아동의 문화적인 배경, 의학적·신체적 조건에 대한 임상적인 판단과 정보는 차이의 희소성을 판단하는 데 고려되어야 한다. Sattler 등(2004)은 표준화 연구집단에서 10~15% 정도 발생한 점수 차이는 희귀한 것으로 판단된다고 보았다.

　　임상가는 합산점수가 특정한 인지 영역이나 내용에서의 전반적인 기능에 대한 수치임을 유념해야 한다. 합산점수를 구성하는 소검사의 맥락 안에서 합산점수를 평가해야 한다. 합산점수 안에서 소검사 간에 차이가 크다면 합산점수는 서로 매우 다른 능력에 대한 평균값이라 할 수 있다. 임상가는 합산점수를 해석할 때 소검사에서 아동의 상대적인 수행을 면밀히 살펴보아야 한다.

3단계. CHC 이론을 활용하여 소검사 군집 비교하기

Flanagan과 Kaufman(2004)은 CHC 지능이론(Carroll, 1993)[3]에 기반하여 WISC-IV 소검사의 군집을 개념적으로 기술하고 있다. 이는 WISC-IV 소검사를 군집으로 묶는 여러 모델 중 하나이다. WISC-IV 소검사의 군집 간에 공유되는 능력이 있다는 사실은 오랫동안 제기되었다(Kaufman, 1979, 1994).

표 2.9	WISC-IV 소검사의 이론적 군집
시공간 추론 :	토막짜기 + 빠진곳찾기
지각적 유동추론 :	행렬추리 + 공통그림찾기
언어적 유동추론 :	공통성 + 단어추리
어휘지식 :	단어추리 + 어휘
일반지식 :	이해 + 상식
장기기억 :	어휘 + 상식

🖰 아동용 웩슬러 지능검사-4판(WISC-IV) ⓒ 2003 Harcourt assessment, Inc. 인가하에 인용됨.

---

3) 역자 주 : CHC는 Cattell-Horn-Carrol 지능이론을 말한다.

표 2.10	군집 규준 : 소검사 환산점수의 합계와 6개 군집으로 소검사를 나누었을 경우의 군집 환산점수						
소검사 환산 점수의 합계	시공간 추론	유동적 추론	언어적 유동추론	어휘지식	일반지식	장기기억	소검사 환산 점수의 합계
2	50	50	50	50	50	50	2
3	53	53	52	53	53	54	3
4	56	55	55	56	56	57	4
5	59	58	58	59	59	60	5
6	62	61	61	62	62	63	6
7	65	64	63	65	65	66	7
8	67	67	66	68	68	69	8
9	70	69	69	71	71	72	9
10	72	71	72	74	73	74	10
11	75	74	75	76	76	77	11
12	78	77	78	79	78	79	12
13	80	79	81	81	81	81	13
14	83	82	84	84	83	84	14
15	86	85	86	86	85	87	15
16	88	88	89	89	88	89	16
17	91	91	92	91	91	91	17
18	94	94	94	94	94	94	18
19	97	97	97	96	97	97	19
20	100	100	100	99	99	99	20
21	103	103	102	102	102	102	21
22	106	106	105	105	105	105	22
23	108	109	108	108	108	108	23
24	111	112	111	110	111	111	24
25	114	115	113	113	114	113	25
26	117	118	116	116	117	116	26
27	120	121	120	120	120	119	27
28	123	124	123	123	123	122	28

(계속)

표 2.10	군집 규준 : 소검사 환산점수의 합계와 6개 군집으로 소검사를 나누었을 경우의 군집 환산점수(계속)						
소검사 환산 점수의 합계	시공간 추론	유동적 추론	언어적 유동추론	어휘지식	일반지식	장기기억	소검사 환산 점수의 합계
29	126	127	126	126	126	125	29
30	130	130	129	129	129	127	30
31	133	133	132	132	131	130	31
32	135	135	135	135	133	133	32
33	138	138	137	137	136	136	33
34	140	140	140	140	139	138	34
35	143	143	142	142	142	141	35
36	145	145	145	145	145	144	36
37	148	148	147	147	148	147	37
38	150	150	150	150	150	150	38

🔝 아동용 웩슬러 지능검사-4판(WISC-IV) ⓒ 2003 Harcourt assessment, Inc. 인가하에 인용됨.

3단계는 선택적으로 추가되는 단계이기에 모든 아동의 군집을 계산해야 하는 것은 아니다. 검사 실시과정에서 보인 행동과 배경정보, 의뢰 사유를 고려하여 특정 능력에 대한 가설을 기반으로 검사자가 어떤 비교를 할 것인지 계획을 세우면 된다.

각 군집을 구성하는 소검사는 표 2.9와 같으며 각 군집의 규준은 표 2.10과 같다. 차이의 기저율과 관련하여 군집점수의 각 쌍 사이의 유의미한 통계적인 차이에 필요한 최소값에 대해 검토하고, 통계적인 비교를 생략하고 기저율 분석을 곧바로 실시하면 된다는 점을 앞서 확인하였다. 표 2.11은 표준화 연구집단에서 방향에 따른 군집점수 차의 누적 백분율을 보여 준다. 15점을 점수 차이의 기준으로 삼을 수 있다. 그러나 임상가가 표를 참조하여 방향에 따른 각각의 비교에서의 기저율을 확인하기를 제안한다.

우선 시공간능력과 유동적 추론 군집에 대해 언급하면 행렬추리, 공통그림찾기, 토막짜기, 빠진곳찾기는 WISC-IV 소검사의 요인분석에서 지각적 추론요인에 속한다. 그러나 두 개념은 미세한 차이가 있다. 시공간 조직화 능력이나 추론능력이 둘 다 필요하나, 토막짜기나 빠진곳찾기는 추론보다는 시공간능력이 더 필요하며 행렬추리와 공통그림찾기는 추

표 2.11 방향에 따른 군집점수 차이의 누적 백분율

차이	Gv<Gf	Gv>Gf	Gv<Gf2	Gv>Gf2	Gfv<Gf	Gfv>Gf	VL<KO	VL>KO	ILTM<WM	ILTM>WM	ILTM<WM2	ILTM>WM2	ILTM<Gfv	ILTM>Gfv	Gf<VCWM	Gf>VCWM
40	0.1	0.2	0.1	0.1	0.3	0.2	0.0	0.0	0.3	0.3	0.3	0.5	0.0	0.0	0.5	0.2
39	0.2	0.2	0.1	0.1	0.4	0.3	0.0	0.0	0.4	0.5	0.4	0.5	0.0	0.0	0.7	0.4
38	0.2	0.2	0.1	0.1	0.4	0.5	0.0	0.0	0.4	0.5	0.5	0.5	0.0	0.0	0.8	0.4
37	0.2	0.3	0.1	0.1	0.5	0.5	0.0	0.0	0.4	0.6	0.7	0.8	0.0	0.0	0.8	0.4
36	0.3	0.3	0.1	0.1	0.6	0.5	0.0	0.0	0.6	0.8	0.9	0.9	0.0	0.0	0.9	0.4
35	0.4	0.4	0.3	0.1	0.6	0.6	0.0	0.0	0.7	0.8	0.9	1.0	0.0	0.0	1.0	0.5
34	0.5	0.6	0.4	0.1	0.9	0.8	0.0	0.0	0.8	1.1	1.0	1.5	0.0	0.0	1.0	0.5
33	0.7	0.6	0.6	0.3	1.0	0.8	0.0	0.0	1.0	1.4	1.2	1.5	0.0	0.1	1.2	0.9
32	1.1	1.1	0.7	0.6	1.2	1.2	0.0	0.0	1.2	1.4	1.4	1.9	0.0	0.1	1.4	1.0
31	1.2	1.2	0.9	0.7	1.7	1.6	0.0	0.0	1.3	2.0	1.6	2.1	0.0	0.1	1.4	1.2
30	1.5	1.3	0.9	0.9	1.9	1.6	0.0	0.1	1.5	2.3	2.0	2.3	0.0	0.1	1.8	1.7
29	1.8	2.3	1.0	1.1	2.0	2.5	0.1	0.3	2.0	2.4	2.2	2.7	0.0	0.2	1.8	2.1
28	2.1	2.3	1.3	1.4	2.6	2.8	0.1	0.3	2.1	3.2	3.0	3.2	0.0	0.3	1.9	2.3
27	2.7	2.4	1.6	1.5	3.0	2.8	0.1	0.4	2.4	3.4	3.4	3.5	0.1	0.3	2.8	2.8
26	3.0	3.6	2.4	1.8	3.5	3.7	0.3	0.5	3.1	3.9	3.6	4.1	0.2	0.3	2.9	3.1
25	3.5	3.7	2.7	1.8	4.3	4.2	0.3	0.8	3.5	5.1	4.4	5.0	0.3	0.6	3.0	3.5
24	4.7	4.2	3.1	2.5	4.8	4.2	0.5	1.2	4.0	5.1	4.7	5.2	0.4	0.7	4.3	4.3
23	5.1	5.5	3.9	3.1	5.3	5.9	0.7	1.3	5.2	6.0	5.3	6.9	0.5	0.9	4.4	4.8
22	5.7	5.5	4.6	3.7	6.4	6.3	0.8	1.7	5.9	7.2	6.4	7.0	0.7	1.1	4.5	5.4
21	7.0	6.0	5.1	4.1	7.0	6.5	1.5	2.0	6.8	7.4	7.5	7.9	1.4	1.6	7.2	7.0
20	7.9	7.8	6.0	5.0	7.7	8.5	2.0	2.3	7.7	8.8	8.5	10.1	1.6	2.1	7.4	7.5
19	8.2	7.9	6.9	5.7	9.4	9.1	2.4	2.9	8.6	9.8	9.7	10.4	2.1	3.0	7.5	8.5

(계속)

표 2.11 방향에 따른 군집점수 차이의 누적 백분율(계속)

차이	Gv < Gf	Gv > Gf	Gv < Gf2	Gv > Gf2	Gfv < Gf	Gfv > Gf	VL < KO	VL > KO	ILTM < WM	ILTM > WM	ILTM < WM2	ILTM > WM2	ILTM < Gfv	ILTM > Gfv	Gf < VCWM	Gf VCWM > VCWM
18	10.0	9.0	8.4	6.5	10.4	9.7	3.5	3.6	9.9	10.6	11.9	11.6	3.1	3.4	10.4	10.5
17	10.9	11.0	9.2	7.7	11.5	12.0	4.0	4.3	10.8	12.9	13.0	13.7	3.9	4.3	11.3	11.3
16	11.7	11.0	10.9	9.0	13.5	12.6	5.1	5.2	12.7	13.6	14.2	14.3	5.2	5.0	11.3	12.5
15	14.9	13.3	12.7	10.2	14.6	14.0	6.7	6.4	14.4	14.4	16.6	16.4	6.3	5.3	14.3	16.0
14	16.0	16.0	14.7	12.3	15.7	16.7	7.5	8.2	15.7	18.2	17.7	17.9	7.7	7.4	15.5	16.8
13	17.2	16.1	16.1	13.8	18.5	17.6	9.4	8.9	18.6	18.9	19.5	19.2	9.5	9.2	15.6	18.5
12	20.9	18.9	18.6	15.7	20.0	18.8	11.4	10.2	19.6	21.2	21.8	22.3	10.6	9.7	20.1	22.2
11	22.0	22.1	20.0	18.3	22.1	22.2	13.3	13.7	21.5	23.9	22.9	23.5	12.9	13.3	22.0	22.9
10	23.5	22.1	21.8	20.3	25.4	23.9	16.0	14.2	23.9	24.5	25.3	25.0	14.8	15.3	22.0	24.0
9	27.6	26.5	24.6	23.0	27.4	25.6	19.6	16.7	24.9	28.2	27.8	28.9	17.2	17.2	27.7	28.1
8	28.7	29.7	27.7	26.0	29.5	28.7	21.9	22.9	28.3	30.4	29.5	29.4	21.3	22.0	29.1	28.7
7	31.3	30.0	30.2	28.3	32.6	31.0	24.6	23.0	30.8	31.7	33.1	32.1	23.6	23.5	29.1	30.5
6	35.8	34.7	33.8	31.5	34.8	32.8	29.5	27.9	31.5	35.6	34.7	35.0	27.6	26.8	35.2	36.0
5	37.2	37.4	36.8	34.3	37.5	36.1	32.1	32.8	36.1	38.0	38.1	36.4	32.1	32.7	36.9	36.9
4	39.9	38.2	39.5	36.9	41.0	39.3	34.9	33.3	37.7	40.4	41.5	39.4	33.2	33.5	37.3	38.8
3	44.9	42.5	42.7	39.7	43.0	41.7	41.6	40.0	40.3	45.8	43.4	41.6	41.8	40.2	42.9	44.9
2	46.3	44.7	46.1	43.5	45.7	45.9	43.6	44.5	44.5	47.0	46.3	45.1	44.0	44.1	44.5	45.8
1	49.2	46.0	49.3	46.4	50.0	48.3	47.0	46.4	45.3	50.6	49.6	48.4	47.1	45.1	45.3	47.3
평균	11.1	11.5	10.3	9.9	11.2	11.2	8.1	8.1	11.6	11.5	11.6	12.0	7.8	8.2	11.7	11.7
편차	8.0	8.0	7.5	7.2	8.5	8.5	5.5	5.8	8.3	8.8	8.6	9.1	5.4	5.6	8.3	8.0
중앙값	9.0	9.0	8.0	8.0	10.0	9.0	7.0	6.0	10.0	9.0	10.0	10.0	7.0	7.0	9.3	10.0

역자 주 : Gv = 시공간 추론, Gf = 유동적 추론, Gfv = 유동적 유동추론, VL = 언어적 추론, Gfv = 언어적 유동추론, VL = 어휘지식, KO = 일반지식, ILTM = 장기기억, WM = 작업기억, VCWM = 언어적 이해와 작업기억력.

론능력이 좀 더 필요하다. 이에 토막짜기와 빠진곳찾기는 일차적으로 '시공간 추론' 군집에 속하고 행렬추리와 공통그림찾기 군집은 일차적으로 '지각적 유동추론'으로 볼 수 있다. 지각적 또는 시각적 자극과 같은 맥락의 영향을 제외하고 순수한 유동적 추론능력을 측정하는 것은 불가능하다는 점을 유념해야만 한다. 그러나 시공간 추론과 지각적 유동추론을 비교하는 것은 유용하며 특히 검사자가 지각추론 지표를 수행하는 데 시공간적 약점이 방해한다고 가정한 경우에 특히 그러하다. 이러한 비교를 위해서는 보충적인 빠진곳찾기 소검사를 수행하는 것이 필요하다. 시공간 추론이 지각적 유동추론에 비해 상대적으로 낮다면 지각적 과제에 대한 추론능력이 시공간 조직화 능력의 결함으로 인해 손상되고 있음을 시사한다. 이럴 경우에 추가적인 신경심리평가가 필요하다.

시공간 추론과 지각적 유동추론은 둘 다 시공간 조직화 능력을 어느 정도 포함한다. 그러나 지각적 유동추론은 운동능력이 많이 필요하지 않은 시각-개념 군집이라고 볼 수 있는 반면, 시공간 추론, 특히 토막짜기는 운동능력이 필요하다. 시공간능력과 운동능력이 동시에 필요한 또 다른 소검사는 동형찾기 소검사이다. 지각적 유동추론은 운동능력이 필요 없는 언어이해와 비교함으로써 운동능력이 시공간 추론능력의 발현을 얼마나 손상시키는지 알 수 있다. 운동 문제가 지각추론 지표의 수행에 영향을 준다고 가정할 경우에 이러한 비교가 필요하다. 만약 운동능력이 필요 없는 언어이해가 운동능력을 필요로 하는 지각적 유동추론에 비해 높다면, 미세 소근육 운동능력이 검사에서 아동의 인지능력을 충분히 발휘하는 데 방해요인이 될 것이라고 생각해 볼 수 있다. 이럴 경우에 작업치료나 신경심리학자에게 의뢰할 필요가 있다.

유동적 추론은 지각적 영역이나 언어적 영역에 적용될 수 있으나, 일정 영역 안에서만 평가되어야 한다. 지각적 유동추론은 언어적 유동추론 능력을 측정하는 공통성과 단어추리 소검사 점수의 합과 비교해 볼 수 있다. 이러한 비교를 위해서는 보충적인 단어추리 소검사가 실시될 필요가 있다. 검사자가 청각적인 추론이나 다른 언어적인 능력을 고려하고자 한다면 더욱 유용하다. 언어적 유동추론 능력이 지각적 유동추론 능력에 비해 매우 낮다면, 언어 자극을 처리하는 것이 언어영역에서 추론능력이 발휘되는 것을 방해한다고 볼 수 있다. 그러나 이러한 해석을 하기 이전에 상식수준뿐만 아니라 언어적으로 얼마나 숙달되었는지를 조심스럽게 평가해야만 한다.

어휘지식은 단어추리와 어휘 군집으로 구성되고 일반적인 지식은 상식과 이해 소검사로 구성된다. 이런 군집을 비교하기 위해서는 보충적인 단어추리와 상식 소검사를 실시해야 한다. 검사자가 낮은 언어이해 지표점수의 원인을 언어적인 추론능력 때문이 아니라 환경에 의해 결정화된 지식이 결핍되었기 때문이라고 본다면 이러한 비교는 유용하다.

어휘와 상식 소검사에서는 피검자가 장기적으로 저장된 정보에 접근하는 것이 필요하다. 그러므로 이 군집은 '장기기억'이라고 불린다. 순차연결과 숫자 따라하기 소검사는 어휘나 상식과는 다른 기억구조인 단기기억과 작업기억을 포함한다. 단기기억과 작업기억의 차이점은 4장에서 논의될 것이다. 순차연결과 숫자 따라하기 소검사는 작업기억 지표이다. 이러한 비교를 위해서는 보충적인 상식 소검사 실시가 필요하다. 교사나 부모가 아동이 오래된 정보는 정확하게 기억할 수 있으나 어디다 숙제를 두었는지와 같은 것은 잘 기억하지 못한다고 보고할 때 이러한 비교가 필요하다.

어휘와 상식을 장기기억으로 해석하기 위해서는 아동이 이전에 그 정보에 노출이 되고 정보를 장기기억으로 성공적으로 입력했다는 것을 가정한다. 이러한 가정은 4, 5장에서 좀 더 논의될 예정이며 이 가정을 임상적으로 평가하기 위한 방법이 기술될 것이다.

'장기기억' 군집은 추론이 필요 없는 일반적인 지식이라고 볼 수 있다. 반면에 언어적 유동지능(공통성과 단어추리)은 추론이 필요한 일반지식이라고 볼 수 있다. 언어적 유동추론이 장기기억보다 낮다면 아동이 자신이 기억하는 지식에 의존하고 기존의 정보를 새롭게 활용하는 능력은 부족하다는 것을 의미한다. 만약 장기기억이 언어적 유동추론에 비해 매우 낮다면 아동이 그 지식에 노출된 적이 없거나 노출되었다면 지식을 입력하지 못했다고 할 수 있다. 혹은 장기기억에 저장되어 있는 정보에 접근하는 데 어려움이 있을 수 있다. 이러한 가정을 평가하는 방법은 4, 5장에서 논의할 것이다.

4단계. 소검사에서 강점과 약점을 평가하기

대부분의 아동은 상대적인 인지적 강점과 약점을 가지고 있다. 개인 내 모든 능력이 같은 수준으로 발휘되는 것은 일반적으로 매우 드문 일이다. 임상가는 점수 차이를 계산하는 명백한 근거를 가지고 있어야 하며 그 근거는 아동의 발달력, 의뢰 사유, 행동관찰이나 다른 검사 결과에 기반해야만 한다. 한 아동에게 임상적으로 의미 있는 점수 차이가 다른 아동에게는 아닐 수 있음을 기억해야만 한다. 가장 좋은 방법은 의뢰 사유에 기반하여 가설을 세우고 점수 차이와 관련된 임상정보를 평가함으로써 가설을 검증해 보는 것이다 (Kamphaus, 2001).

　WISC-Ⅳ 검사 기록용지에는 소검사 수준에서 아동의 강점과 약점을 기술하는 부분이 있다. 임상가는 우선 전체지능에 포함되는 10개 소검사 환산점수의 평균 점수를 쓸 것인지 아니면 언어이해와 지각추론의 각 평균값을 쓸 것인지를 결정해야 한다. 후자의 방법을 쓴 다면 언어이해의 세 가지 소검사의 평균값이 언어이해 소검사를 비교하는 기준이 되며, 지 각적 추론 소검사들의 평균값이 지각추론의 각 소검사를 비교하는 기준이 된다. 일반적으 로 지표점수 간의 차이가 심하게 있지 않는 한, 10개 핵심 소검사의 평균값이 강점과 약점을 분석 하는 데 쓰인다. 만약 언어이해와 지각추론 평균 점수가 비교를 위한 기반으로 쓰인다면, 처 리속도와 작업기억 지표 내 소검사를 강점이나 약점으로 평가하는 것은 불가능하다.

5단계. 두 소검사 비교하기

대부분의 경우에 검사자들은 이 단계를 생략하고 소검사 내에서 문항 답변의 패턴 평가에 해당하는 6단계를 실시한다. 그러나 때때로 특정한 가설을 확증하거나 논박하기 위해서 두 소검사 간의 환산점수를 비교할 필요가 있다. 검사 기록용지는 임상가가 주목하는 특정 한 두 소검사의 비교를 표시하는 칸이 있다. 예를 들어, 공통그림찾기와 공통성을 비교하 면 아동의 유목 추론능력에 언어표현력이 미치는 영향에 대한 정보를 제공한다.

6단계. 소검사 내에서 점수 패턴 평가하기

아동의 프로파일을 좀 더 분석하기 위해서 임상가는 소검사 내 환산점수 패턴을 고려해야 만 한다. 예를 들어, 연속해서 20문항을 맞힌 후 중지규칙에 따라 중지하여 10점을 받은 아동과 같은 10점이지만 쉬운 문항에서 틀리고 어려운 문항에서 맞아 점수가 여러 문항에 걸쳐 산재해 있는 아동은 다르다. 아동이 여러 소검사에서 불규칙한 패턴을 보일 경우에는 주의력 문제나 언어 문제와 관련된 문제에 대한 좀 더 추가적인 평가가 필요하거나, 아동이 영리하지만 검사가 지루했던 것 때문일 수 있다. 특이하거나 유별난 대답과 아동의 전반적인 응답 패턴에 주목해야 한다. 유별난 대답은 아동의 인지기능에 영향을 줄 수 있는 임상적인 특성에 대한 정보를 제공해 준다.

7단계. 처리분석 실시하기

전체적인 수행을 요약하기 전에 프로파일 분석의 마지막 단계는 아동이 문제를 풀고 대답하는 과정을 검토해 보는 것이다. 아동이 어떻게 정답을 말하게 되었는지 혹은 오답을 말하게 되었는지 검토해 보는 것은 유용하다. Kaplan(1988)이 주장한 과정에 초점을 둔 접근적인 해석방법은 표준화된 검사에서 오답의 성격을 파악하는 데 도움을 준다. 비록 지능검사의 각 소검사는 특정한 인지과정을 측정하고자 고안되었으나, 다른 인지과정이 과제 수행과정에서 유발될 수도 있다. 문항에서 여러 가지 이유로 0점을 받을 수 있다. 예를 들어, 토막짜기에서 아동이 도안을 정확하게 지각하지 못했을 수도 있고, 도안의 구성을 분석하지 못했을 수도 있으며 시간이 부족했을 수도 있다.

WISC-IV는 아동의 소검사 수행에 영향을 미치는 인지능력에 관해 좀 더 세밀한 정보를 제공하는 처리점수(process score)를 포함한다. 처리분석은 개인 간 관점에서 아동의 처리점수를 표준화 연구집단과 비교해 보기 위해 실시될 수도 있고, 개인 내 관점으로 한 아동 내에서 다른 소검사와 비교하면서 소검사의 처리점수를 평가해 볼 수도 있다. 처리분석은 아동의 인지적인 강점과 약점을 기술하는 데 혹은 진단을 내리는 데 있어서 중요한 아동의 정보처리 방식을 평가하는 데 도움을 준다.

토막짜기

'시간보너스가 없는 토막짜기' 처리점수는 빨리 수행하더라도 추가점수가 주어지지 않는다. 아동의 신체적인 제약, 문제해결 전략, 성격특성이 아동의 수행시간에 영향을 미친다고 판단될 경우에는 수행시간이 덜 강조되는 이 점수가 도움이 된다.

다른 점수와 마찬가지로 '시간보너스가 없는 토막짜기' 점수는 평균이 10점, 1 표준편

차가 3점인 것을 기준으로 한다. 7점과 13점은 평균에서 1 표준편차 이하, 이상되는 값이
며 4점과 16점은 2 표준편차 떨어진 값이다. 약 68%의 아동이 7~13점 사이 점수를 받으
며 96%의 아동이 4~16점 사이에 있다. 개인 내 처리분석으로 아동의 토막짜기 점수와 시
간보너스가 없는 토막짜기 점수 간의 차이를 통해 토막짜기 소검사에 수행속도나 정확도
가 미치는 상대적인 영향에 대해 알 수 있다.

숫자 따라하기

숫자 바로 따라하기와 숫자 거꾸로 따라하기 처리점수도 총 원점수를 기반으로 한다. 두
과제 모두 청각적인 기억을 통해 정보를 저장하고 기억해 내는 것이 필요하나, 숫자 거꾸
로 따라하기는 주의력과 작업기억력이 추가적으로 요구된다. 두 점수 간의 차이는 단순한
기억과 좀 더 복잡한 기억 과제 간의 수행 차이를 보여 준다.

숫자 따라하기 소검사 내에서 일정하지 않은 수행을 보이는 아동도 바로 따라하기와 거
꾸로 따라하기 점수는 같을 수 있기에, 아동의 차별적인 수행을 평가하기 위해서 가장 긴
숫자 바로 따라하기와 같은 추가적인 두 가지 처리점수가 포함되었다. 이는 마지막 시행에
서 도달한 자릿수를 원점수로 계산하는 것이다.

선택

선택(무선배열), 선택(일렬배열)의 처리점수는 무작위와 구조화된 다른 시각적 제시 양식
에서의 선택적 주의력과 처리속도에 대해 알려 준다. 선택 과제는 시각적 무시, 반응억제
와 보속운동을 측정하고자 신경심리학에서 광범위하게 쓰이고 있다.

선택(무선배열)과 선택(일렬배열)의 처리점수는 각각 선택 소검사의 문항 1과 문항 2 원
점수 값으로부터 나온 환산점수이다. 두 점수 간의 비교를 통해서 시각적 자극이 무선적으
로 제시되는 경우와 비슷한 과제가 구조화되어 제시되는 경우에 아동이 수행에서 어떤 차
이를 보이는지에 대한 정보를 제공해 준다.

8단계. 전반적인 지능을 요약하기

전체지능 지수(Full-Scale IQ, FSIQ)는 전반적인 인지기능을 가장 잘 대표하는 점수이다.

임상적인 평가에서 전체지능 지수의 중요성에 대해서는 다음 장에서 상세히 기술될 예정이지만, 여기서 꼭 언급해야 할 몇 가지 핵심적인 사항들이 있다. 전체지능 지수는 WISC-IV에서 가장 신뢰할 수 있는 점수이며 전통적으로 프로파일 해석에서 가장 우선시되었던 점수이다. 이 장에서는 이러한 전통을 깨고 전체지능 지수를 심리 보고서 마지막 부분에 제시하였는데, 전체지능 지수가 전반적인 수행을 가장 잘 요약해 주는 단일한 점수이기 때문이다. 전체지능 지수는 백분위(percentile rank), 신뢰구간(confidence interval) 및 능력 범위와 함께 제시해야 한다.

전체지능 지수는 아동의 현재 인지기능에 대한 중요한 요약적 정보를 제공해 준다. 여기서 '현재'라는 단어에 주목해야 한다. 많은 부모와 교사들은 지능이 고정된 값이고 정확하게 측정되며 시간에 따라 변화하지 않는다고 믿는다. 일정한 한계 내에서 지능은 개인수준에서 변화할 수 있다(아동의 인지발달에 영향을 줄 수 있는 요인에 대해서는 1장에서 논의하였다). 검사자는 표준화된 지능검사에서 아동의 수행을 극대화시키려고 노력하겠으나 개인차와 환경의 영향은 아동의 수행능력에 영향을 주고, 정서적인 어려움을 가진 아동이나 환경이 열악한 아동의 경우 특히 그러하다. 예를 들어, 정서적인 어려움이 있는 아동은 잠재력을 충분히 발휘하기 힘들며, 치료 후에 인지능력 점수가 향상된다. 또한 이민 온 아동은 새로운 환경에 적응하는 스트레스가 감소함에 따라 인지기능이 향상된다. 따라서 전체지능 지수는 임상적·환경적·사회적인 맥락에서 해석되어야 하며 항상 현재 기능의 추정치로 기술되어야 한다.

전체지능 지수의 해석은 네 가지 지표점수의 차이 정도에 따라 이루어진다. '언어이해 지표'와 '지각추론 지표' 간에 혹은 다른 지표점수 쌍 간에 유의미한 차이를 보일 때 전체지능 지수가 **무효**하다고 심리학자들은 종종 기술한다. 이것은 과장된 진술이다. 표준화 연구집단의 정상아동에서도 유의미한 차이는 자주 보인다. 게다가 소위 무효한 프로파일을 보이는 많은 아동이 포함되어 있을지라도 전체지능 지수는 표준화 연구집단에서 성취와 매우 높은 상관을 보였다. 심리학 연구 내에서 이 상관은 높은 상관을 보이는 변인 쌍 중에 하나이다. 이를 증명하기 위해 우리는 언어이해 지표와 지각추론 지표의 차이가 15점 이상인 집단과 이하인 집단에서 전체지능 지수와 WIAT-II 전체성취 지수의 상

표 2.12	언어이해 지표와 지각추론 지표 간 차이에 따른 집단별 WISC-IV 전체지능 지수와 WIAT-II 합산점수 간의 상관			
	수학	구술 언어	읽기	쓰기
언어이해 지표가 지각추론 지표보다 15점 이상인 집단	.83($N = 54$)	.77($N = 53$)	.86($N = 53$)	.79($N = 50$)
지각추론 지표가 언어이해 지표보다 15점 이상인 집단	.82($N = 61$)	.89($N = 59$)	.80($N = 58$)	.79($N = 51$)
언어지표와 지각추론 지표 간의 차이가 15점 이하인 집단	.78($N = 548$)	.75($N = 544$)	.78($N = 547$)	.77($N = 531$)

📖 아동용 웩슬러 지능검사-4판(WISC-IV) © 2003 Harcourt assessment, Inc. 인가하에 인용됨.

관을 비교하였다. 언어이해 지표가 지각추론 지표보다 15점 이상인 집단, 언어이해 지표가 지각추론 지표보다 15점 이하인 집단, 언어이해 지표와 지각추론 지표 간 차이가 15점 미만인 집단, 전체 집단 모두에서 전체지능 지수와 WIAT-II의 상관은 .87~.89 사이에 있었다.

우리는 이 자료를 학습영역에서도 좀 더 살펴보았다. 표 2.12는 각 집단별로 전체지능 지수와 WIAT-II의 수학, 구술 언어, 읽기, 쓰기 합산점수의 상관을 보여 준다. 표 2.12와 같이 언어이해 지표와 지각추론 지표 간 차이가 큰 집단(15점 이상)이 작은 집단에 비해 전체지능 지수와 성취 간의 상관이 높게 나오며 이는 모든 학업영역에서 나타난다. 이런 자료는 언어-지각의 차이가 큰 집단에서도 전체지능 지수는 학업성취를 예측하는 데 유효함을 보여 준다.

인지능력이란 여러 차원으로 구성되어 있으며 모든 아동이 여러 인지능력을 균등하게 발달시키는 것은 아니다. 많은 경우에 하나의 요약점수만으로 가려지는 여러 지능영역 안에서 강점과 약점이 있다. 다양한 인지 차원의 발달 차이는 임상적으로 유용한 정보로서 아동의 프로파일을 풍부하게 해 준다. 이것이 해석 시 지표점수를 초점에 두어야 한다고 주장하는 이유이다. 때문에 지표점수는 WSIC-IV에 의해 측정되는 인지능력의 주요 영역이며 보고서에서 제일 먼저 기술된다.

유의미한 차이가 있을 때 좀 더 추가적인 설명이 요구되지만 전체지능 지수는 꼭 기술되어야 한다. 예를 들어, 요약 부분은 다음과 같이 시작될 수 있다.

> D의 현재 인지기능은 보통 수준이다. 전체지능 지수는 100(90% 신뢰구간 95~105)으로 또래와 비교해 볼 때 백분위 50%ile에 해당한다. 그러나 D의 인지능력은 한 점수로 기술하기 어려운데 왜냐하면 비언어적인 추론능력이 언어적인 추론능력에 비해 더 발달되어 있기 때문이다. D를 충분히 이해하기 위해서는 언어와 비언어적인 능력을 분리해서 살펴봐야 한다. 비언어적인 자극을 바탕으로 추론하는 능력은 보통상 수준이지만 언어적인 추론은 보통하 수준이다. 이러한 결과는 수학이나 예술과목에서는 우수하나, 읽기능력은 저조하다는 교사의 보고와도 일치한다.

어떤 경우에는 전체지능 지수가 무효하다고 보아서, 특수교육에 적합한지를 결정하는 '능력－성취 차이' 분석에서 전체지능 지수 대신 언어이해 지표나 지각추론 지표를 쓰기도 한다. 학습장애로 의뢰된 아동의 경우 언어이해 지표보다 지각추론 지표가 높은 경우가 자주 있으며 두 점수 중에서 높은 점수를 사용하면 능력과 낮은 성취 간의 유의미한 차이를 발견할 확률을 높여 주므로 아동이 특수교육에 적합하다는 결과를 낳게 된다. '능력－성취 차이' 분석에서의 일반적인 문제점에 대해서는 이후의 장에서 논의할 예정이나, 전체지능 지수를 기술하는 것은 능력－성취 차이 분석에서 언어이해 지표와 지각추론 지표를 사용하는 것과는 독립적이어야 한다. 이러한 결정을 내리는 데 합산점수 간에 15점 차이라는 일반적인 규칙을 사용할 수 있다.

임상가는 전체지능 지수가 네 지표점수의 수학적인 평균값이 아니라 10개 소검사의 점수의 합을 기반으로 따로 규준화된 점수임을 알아야 한다. 평균값으로의 회귀라는 통계적인 현상으로 인해서 네 지표점수는 전체지능 지수보다도 100이라는 평균값에 더 가깝다. 예를 들어, 네 지표점수에서 모두 60점을 받은 아동은 60점보다 낮은 전체지능 지수를 가진다. 네 지표점수에서 모두 120점을 받은 아동은 120점보다 높은 전체지능 지수를 보인다. 아동의 점수가 평균값으로부터 멀수록 이런 현상은 더욱 심해진다. 각각의 지표점수는 전반적인 능력의 분리된 평가값이며 같은 현상을 반복해서 측정하면 이론적으로 좀 더 모집단의 평균값에 가까워지기 때문이다. 이런 현상이 없다면 전체지능 지수는 더욱 평균값과 멀어지게 된다. 이런 개념은 부모나 교사에게 설명하기 힘든 것이다. 높은 점수는 좋게 여기기 때문에 우수한 학생에 대해서는 이런 질문이 제기되지 않는다. 부진한 아동의 부모에게 설명하는 간단한 방법은 아동이 보통 하나나 둘의 지표점수에서 높은 점수를 받아서 요약점수는 낮게 된다는 것이다. 그러나 해석의 초점은 지표점수를 기반으로 해야 한다.

일반능력 지표(General Ability Index, GAI)는 수행을 요약해 주는 대안적인 방법으로 여섯 개의 핵심 소검사, 즉 언어이해 지표(어휘, 공통성, 이해)나 지각추론 지표(토막짜기, 행렬추리와 공통그림찾기)로 이루어지며 작업기억 지표와 처리속도 지표는 제외된다. 몇몇 임상가들은 일반지능과 좀 더 관련된 소검사(g-loaded subtests)를 단일한 요약점수로 조직화하며 일반지능과 덜 관련된 소검사를 분리해서 평가할 수 있기 때문에 일반능력 지표가 유용하다고 한다. 전체지능 지수와 일반능력 지표의 상대적인 장점에 대해서는 이후의 장에서 논의될 예정이다.

요약과 다른 장에 대한 소개

이 장에서는 표준적인 실시에서의 기본적인 원리와 기본적인 해석 과정에 대해 기술하였다. 지침에 나와 있지 않은 지표점수 간의 차이를 평가하는 방법과 이론에 기반한 소검사 군집 간의 비교에 대해 제시하고 있다. 이 장에서 가장 특징적인 것은 대부분의 경우에 임상가가 점수 차이에 대한 통계적인 분석을 생략하고 임상적으로 유의미한지를 결정하기 위해서 곧바로 기저율 비교를 하면 된다는 점을 제시한 것이다. 또한 심리 보고서 작성 시 해석의 기초 부분으로서 먼저 지표점수를 인지기능으로 설명하면서 시작하고 이후 보고서 요약부분에서 전체지능 지수에 대해 언급하면 된다고 지적하였다.

3장에서는 전체지능의 전반적인 지표로 전체지능 지수의 강력한 역할에 대해 논의하고, 전체지능 지수와 비교하여 일반능력 지표의 상대적인 장점에 대해 기술할 것이다. 4장에서는 지표점수의 해석과 관련하여 임상적·이론적·연구적인 논쟁점에 대해서 좀 더 살펴볼 예정이다. 5, 6장에서는 7단계에서 제안된 처리분석에 대해 기초(5장)와 고급(6장) 해석 전략에 대해 살펴볼 것이다. 7장에서는 신경심리평가와 같은 다른 평가와 함께 WISC-IV와 WISC-IV 통합본[4]의 해석에 대해 다룰 것이다. 마지막으로 8장에서는 왜 좋은 심리보고서가 평가점수를 널 상소하는시, 그리고 점수가 중심이 되지 않고 아동이 준신이 되는 보고서는 어떻게 쓸 수 있을지 예를 들고자 한다.

| 참고문헌 |

Blennerhassett. L., & Traxler, C. (1999). *WISC-III utilization with deaf and hard of hearing students (99–1)*. Washington, DC: Gallaudet Research Institute.

Bracken, B. A., & McCallum, R. S. (1998). *Universal nonverbal intelligence test*. Itasca, IL: Riverside.

Braden, J. P., & Hannah, J. M. (1998). Assessment of hearing-impaired and deaf children with the WISC-III. In A. Prifitera & D. Saklofske (Eds.), *WISC-III clinical use and interpretation: Scientist-practitioner perspectives* (pp. 175–201). San Diego, CA: Academic Press.

Carroll, J. B. (1993). *Human cognitive abilities: A survey of factor-analytic studies*. Cambridge, England: Cambridge University Press.

Flanagan, D. P., & Kaufman, A. S. (2004). *Essentials of WISC–IV assessment*. Hoboken, NJ: Wiley.

Gallaudet Research Institute (1998, November). Results of the 1996–1997 Annual Survey of Deaf and Hard of Hearing Students. Unpublished raw data. Washington, DC: Author.

Gottfredson, L. S. (1998). The general intelligence factor. Scientific American, November, 1–10.

Kamphaus, R. W. (2001). *Clinical assessment of child and adolescent intelligence* (2nd ed.). Needham Heights, MA: Allyn & Bacon.

Kaplan, E. (1988). A process approach to neuropsychological assessment. In T.J. Boll & B.K. Bryant (Eds.), *Clinical neuropsychology and brain function: Research, measurement, and practice* (pp. 129–167). Washington, DC: American Psychological Association.

Kaufman, A. S. (1994). *Intelligent testing with the WISC-R*. New York: Wiley.

Kaufman, A. S. (1979). *Intelligent testing with the WISC-III*. New York: Wiley.

Maller, S. (2003). Intellectual assessment of deaf people: A critical review of core concepts and issues. In M. Marschark & P. E. Spencer (Eds.), *Oxford handbook of deaf studies, language, and education*. New York: Oxford University Press.

McDermott, P. A., Fantuzzo, J. W., & Glutting, J. J. (1990). Just say no to subtest analysis: A critique on Wechsler theory and practice. *Journal of Psychoeducational Assessment 8*(3), 290–302.

---

4) 역자 주 : 'WISC-IV 통합본'은 WISC-IV에 '문자 따라하기' 등과 같은 처리검사를 포함한 통합본으로 한국에서는 표준화가 이루어지지 않았다.

Naglieri, J. A. (2003). *Naglieri nonverbal ability test: Individual administration.* San Antonio, TX: The Psychological Corporation.

Naglieri, J. A. (2006). *Wechsler nonverbal scales of ability.* San Antonio, TX: Harcourt Assessment, Inc.

Prifitera, A., Saklofske, D. H., & Weiss, L. (2005). *WISC-IV clinical use and interpretation: Scientist–practitioner perspectives.* San Diego, CA: Elsevier Science.

Raven, J., Raven, J. C. & Court, J. H. (1998). *Manual for Raven's progressive matrices and vocabulary scales.* Oxford, United Kingdom: Oxford Psychologists Press.

Roid, G. H., & Miller, L. J. (1997). *Leiter international performance scale–Revised.* Wood Dale, IL: Stoelting.

Sattler, J. M., & Dumont, R. (2004). *Assessment of children: WISC–IV and WPPSI–III Supplement.* San Diego, CA: Author.

Wechsler, D. (2003). *Wechsler intelligence scale for children–Fourth Edition Administration and Scoring Manual.* San Antonio, TX: The Psychological Corporation.

제 3 장
WISC-IV 전체지능 지수와 일반능력 지표 해석

DONALD H. SAKLOFSKE, LAWRENCE G. WEISS,
SUSAN E. RAIFORD, AND AURELIO PRIFITERA

개관

- L의 WISC-IV 전체지능 지수(FSIQ) 71은 그가 복잡한 비행 및 범죄행위를 계획하고 수행할 인지능력이 없음을 강력하게 시사한다. 오히려 L은 갱단과 연관된 비행행위에서 "졸병" 역할을 했을 가능성이 더 많아 보인다.

- B의 지능과 학업성취도의 불일치는 작업기억의 어려움과 관련되어 있는 것으로 보인다. B의 전체지능 지수 105는 보통 수준이다. 그러나 숫자 바로 따라하기에서 측정된 B의 청각적 단기기억력 점수는 보통 수준인 데 반해, 숫자를 거꾸로 따라하는 것과 같이 정보를 정신적으로 조작해야 할 때 훨씬 큰 어려움을 경험했다. 이는 순차연결 소검사에서 짧은 배열의 순서를 기억하고 내용을 재배열하는 것에 심각한 어려움을 보였던 점에서도 확인되었다.

- A의 WISC-IV 전체지능 지수인 128은 현재 지적 능력의 신뢰롭고 타당한 지표인 것으로 보인다. 비언어적 공간추론 및 작업기억 능력은 단어추리 능력이 최우수 수준으로 발휘되는 데 도움을 준다. 정신처리 속도 점수는 다른 점수들보다 상대적으로 낮기는 하지만 보통 수준에 속

하며, 따라서 여타의 능력이나 학업성취 수준에 어떠한 제한도 주지 않을 것으로 보인다. 부분적으로 낮은 점수들은 낮은 동기수준을 반영하는 것으로 보인다. 왜냐하면 '두드리기 처리속도'(tapping processing speed) 과제는 상대적으로 단순하기 때문이다. 처리속도 및 주의력에 대한 소검사 수행에서 기복이 큰 것으로 나타났는데 A는 이 과제들이 재미있지는 않다고 말했다. WISC-IV 전체지능 지수는 높은 학업성취와 일치한다.

WISC-IV(Wechsler, 2003c) 해석의 초점은 네 가지 요인분석에 기반을 둔 지표점수에 맞추어져 있다(Weiss, Saklofske, & Prifitera, 2003, 2005와 이 책의 2, 4장 참조). 몇몇 심리학자들은 WISC-IV에서 언어성 지능 및 동작성 지능점수가 삭제된 것을 안타까워하지만, 지능과 척도점수의 이원 체계는 웩슬러 아동용 지능검사 제3판(WISC-III : Wechsler, 1991)에서 임상적 유용성을 더해 주지 못했으며, 심지어 심리학적 보고서를 읽는 교사나 부모에게 혼란을 일으키기도 했다. 이전 장에서 기술했듯이 언어이해 지표와 지각추론 지표를 구성하는 모든 문항들과 소검사에서 변화가 있었다. 새롭게 추가된 두 개의 지각적 추론 소검사(예 : 공통그림찾기와 행렬추리)는 요인구조의 통합을 증진시키며 측정되는 인지능력을 명확하게 하였고, 지각조직화 능력에서 '지각추론'으로 지표 명칭의 변화를 가져왔다. 작업기억과 처리속도 지표 또한 중요성이 증가했다. 이전 버전에서는 크게 중요하지 않았던 이 요인들은 WISC-IV 전체지능 지수의 40%를 구성한다. 임상 장면 및 심리교육적 평가영역에서 이 지표들이 가진 잠재적 유용성은 더욱 중요하며, 인지평가와 치료를 더 가깝게 연결할 수 있게 되었다. 이 요소들은 명칭 또한 달라졌는데, 이전에 '주의집중 지표'(freedom from distractibility)로 명명되었던 요소가 이제는 '작업기억'으로 바뀌었다. 순차연결이 청각적 작업기억을 측정하는 숫자 따라하기를 보완하게 되었고, 산수 소검사가 특정 임상적 질문을 설명하는 보충 소검사가 되었다.

- R의 WISC-IV 전체지능 지수 108점은 R이 전반적으로 보통 수준의 능력을 가지고 있음을 시사한다. 그러나 이 요약점수는 여러 지표점수에 의해 측정된 R의 능력들의 편차를 반영해 주지는 못한다. R은 보통하 수준의 언어지식 및 추론능력을 가지고 있는 것과는 달리, 비언어적 공간추론 능력은 보통상 수준으로 잘 발달된 것으로 나타났다. 이러한 차이는 아동에게서 자

주 관찰되는 것은 아니다(5% 이하의 아동이 이러한 점수 편차를 보인다). 이것은 아마도 R의 학업 수행의 불일치를 설명할 수 있을 것이다.

임상신경심리학과 같은 특정 전문 분야에서 논쟁이 되는 것은 전체지능 지수의 적절성과 유지에 대한 것이다. 스탠포드-비네 제5판(Stanford Binet-Fifth Edition : Roid, 2003), 우드콕 존슨 인지능력 검사(Woodcock Johnson-III : Woodcock, McGrew, & Mather, 2001), 인지평가 시스템(Cognitive Assessment System : Naglieri & Das, 1997)과 같은 여러 인지검사들을 실시했을 때, 일반적인 정신능력 요인을 발견할 수 있다는 점은 의심의 여지가 없다. 순수 심리 측정학적 관점에서 볼 때 가장 설득력 있는 연구는 400명 이상의 지능 데이터를 요인분석한 Carroll(1993)의 결과이다. 그러나 문제는 전체지능 지수에 반영된 요약적인 지능평가치가 실제로 임상 유용성이 있는가 하는 점이다.

이 장의 초점은 WISC-IV 전체지능 지수와 이를 보완하는 일반능력 지표(GAI)이다. 다음 장에서는 WISC-IV의 요인구조와 평가과정과 관련되어 있는 네 가지 지표점수의 적합성에 대하여 논의할 것이다. 앞으로 두 개의 장에서는 WISC-IV 해석에 접근하는 절차에 초점을 맞추어 설명할 것이다. 좀 더 자세히 얘기하자면, 이 장에서는

- 평가에서 지능의 역할을 요약하고
- 임상평가 장면에서 WISC-IV 전체지능 지수의 적합성에 대해 재논의하며
- WISC-III에 처음 제시되었던 일반능력 지표의 계산방법과 계산에 필요한 표를 제시하고
- 일반능력 지표와 웩슬러 개인성취 검사 제2판(Wechsler Individual Achievement Test-Second Edition, WIAT-II : Harcourt Assessment, Inc., 2002)을 연결하는 표를 제시할 것이다.

지능과 평가

- 나는 내 아이가 지능점수로 평가받고 낙인찍히는 것을 원치 않아요. 내 아이는 특별하고, 독특한 개인으로 존중받아야 할 필요가 있어요.

지능평가에 대한 몇 가지 일반적인 의견들로 이 단락을 시작하겠다. 심리학 분야에서는 인간 행동과 개인 차이를 기술하는 지능의 중요성이 널리 인식되어 왔다(Deary, 2001; Neisser, Boodoo, Bouchard, Boykin, Brody, Ceci, Halpern, Loehlin, Perloff, Sternberg, & Urbina, 1996). 그러나 이론상으로나 현장에서(예 : 지능을 측정하고 보고할 때), 다른 어떤 구성개념도 현재까지 그만한 논쟁을 불러일으킨 적은 없었다. 비록 WISC-IV와 다른 최근의 지능검사들이 최고의 심리 측정적 규준을 만족시키고, 확장된 이론, 연구, 임상적 기반을 일구어냈지만(Georgas, Weiss, van de Vivjer, & Saklofske, 2003; Prifitera, Saklofske, & Weiss, 2005), 지능검사의 일반적인 사용, 특히 학교 장면에서의 사용에 대해 비판하는 사람들이 많다. 최근의 관심은 언어나 문화 배경이 다른 소수집단 아동 간에 특수교육이 필요하다는 판단이 불균형적으로 나타나는 문제이다. 학습장애 평가영역에서 단순히 '능력-성취 차이'만을 유일한 진단 기준으로 사용하는 것은 의문을 불러왔다(Fletcher & Reschly, 2005; Siegel, 2003). 비평가들 또한 평가, 진단, 치료 사이의 직접적인 연결의 부재를 지적한다.

검사와 검사 사용에 대한 몇몇 비판은 오늘날에도 적용되고 있으나, 많은 부분은 과거에 행해졌던 것들이 반영된 것이다. 최근 평가 장면에서의 지능검사와 검사 실시 '양상'은 초기의 지능검사 실시와는 매우 다르다(Tulsky, Saklofske, & Richer, 2003; Harris, Tulsky, & Schultheis, 2003). 지능검사를 둘러싼 계속되는 논쟁의 기반은 "믿음의 충돌"이다. 헤겔 철학의 변증법적인 인류평등주의 대 엘리트주의 관점은 지능의 구성개념과 평가 모두에 영향을 주었다. 그러나 지능검사가 중요한 정보를 제공할 수 있는 철학적이고 사회적인 맥락은 단순히 지능을 측정하거나 학교를 배정하는 것으로부터, 장애인 교육 조례(Individuals with Disabilities Education ACT, IDEA)나 "No Child Left Behind[1]"와 같은 공식적인 교육 및 사회 정책을 결정하는 것으로 변화해 왔다. 의사결정을 하고, 아동에게 낙인을 찍고, 아이들의 학습 환경을 제한하는 것이 지능검사가 아니라는 이야기를 우리는 또한 얼마나 자주 들어왔는가? "지능검사는 의사결정을 하지 않는다. 의사결정은 우

---

1) 역자 주 : "어떤 아이도 뒤처져 있게 하지 않겠다."는 의지를 표방한 미국의 교육정책을 말한다.

리가 한다." 지능검사의 결과를 어떻게 사용할 것인가에 대한 결정을 하는 "우리"는 심리
학자, 교사, 평가자, 정치인, 로비스트 집단, 일반적인 국민 전체를 포함한다.

현행 평가 시행

심리학은 과학이론과 임상 시행의 두 측면 모두에서 발전해 왔으며, 심리학자들은 과학
자-임상가 모델을 표방해 왔다. 게다가 심리학자들의 임상활동은 개인의 권리와 존엄성
에 대한 사회적 시각, 그리고 심리학적 서비스 제공자가 가지는 치료의 질에 대한 기대를
반영한다. 최고의 치료적 관점에서 Meyer와 동료들(2001, p. 155)은 "공식적인 평가는 심
리학의 전문가적인 유산과 오늘날 전문적인 임상업무의 핵심 요소이다."라고 결론 내리고
있다.

> 지능검사를 포함한 심리평가에 대한 학교 및 임상심리학자들의 종합적인 훈련과, 조심
> 스럽게 개발되고 명확하게 구성된 시행규준 및 윤리규정은 인간 지능과 평가도구에 대
> 한 연구의 중요한 발전과 더불어 지능검사에 대한 논쟁을 종식시켜 왔다(Saklofske,
> Prifitera, Weiss, Rolfhus, & Zhu, 2005, p. 36).

현행 평가는 과거 단일 검사 위주의 시행으로부터 개인을 종합적으로 이해하기 위해 여
러 학문 분야에 걸쳐 이루어지는 다각적 평가로 발전해 왔다. 특히 지능검사는 독립적으로
실시되는 검사로 알려지기보다는 통합 모델 내에 자리를 잡았다. Berninger와 Dunn,
Alper(2005)는 최근의 평가방법론과 평가의 실제에 대한 훌륭한 예시를 정리하였다. 이는
통합적인 다수준 모델로서, 여기에는 프로파일 분석이 포함되어 있다. 종합적 심리평가는
① 부모, 교사, 아동 등 다양한 정보원으로부터 정보를 수집하고 ② 검사, 관찰, 면담의 여
러 방식을 사용하여 ③ 아동의 지능, 성격, 동기 등의 특징과 ④ 가정이나 학교 등의 환경
적 영향을 반영한다. 공식적 · 비공식적인 평가와 면담, 관찰이라는 평가의 네 개 기둥은
(Sattler, 2001) 심리학자로 하여금 진단적 의사결정과 예방 및 개입 전략과 관련된 가치

있는 정보들을 제공할 수 있는 다양한 방법들을 사용하도록 격려한다. 이 책의 7장에서는 다른 검사도구들로부터 얻은 정보 맥락에서 WISC-IV 결과를 사용하는 것에 대해 논의할 것이며, 1장에서는 이미 환경적인 맥락에서 WISC-IV 결과를 해석하는 것에 대해 논의한 바 있다.

- 풍부하면서도 빠르게 진행되는 프로그램은 분명 J에게 적절해 보인다. J의 WISC-IV 지표점수는 모두 상위 1~5%에 속하며 아동기억 척도(CMS)에서는 매우 잘 발달된 기억력을 보여 주고 있다. 광범위한 영역의 읽기와 산수능력에 대한 WIAT-II 점수는 J의 현재와 과거 학업성취 수준과 일치한다. 지난 2년 동안 J의 담임교사는 J가 이 프로그램에 참여할 수 있도록 도와주었다. 현재 담임교사에 의해 보고된 영재성 평정 척도(Gifted Rating Scale) 결과는 이 권고사항을 부가적으로 지지해 주었다.

심리 측정적으로 성취나 자기개념 측정도구와 "연결되어 있지 않았던" 과거의 지능검사와는 달리, WISC-IV는 지능검사(WPPSI-III : Wechsler, 2002; WAIS-III : Wechsler, 1997; WAIS : Wechsler, 1999), 인지처리 검사(WISC-IV 통합본 : Wechsler et al., 2004), 성취검사(WIAT-II), 기억검사(Children's Memory Scale, CMS : Cohen, 1997), 영재성 평정 척도(Gifted Rating Scale, GRS : Pfeiffer & Jarosewich, 2003), 적응행동 평가(Adaptive Behavior Assessment System-Second Edition, ABAS-II : Harrison & Oakland, 2003), 그리고 정서 지능검사(BarOn Emotional Quotient-Inventory, Bar-On EQ : Bar-On, 1997)와 연결되어 있다. 이들과 연관된 연구는 단일 검사로는 얻을 수 없는 중요한 데이터를 제공하고, 수렴 타당도를 지지하거나 이에 공헌하는 부가적인 정보를 제공할 뿐만 아니라 두 개 이상의 도구의 타당도를 제공한다(Hunsley, 2003). WISC-IV와 WISC-IV 통합본을 동시에 사용함으로써 어휘와 같은 소검사에서 어떻게, 그리고 왜 아동이 특정한 점수를 얻었는지를 더 잘 이해할 수 있다는 것이 그 적절한 예이다 (McCloskey & Maerlender, 2005와 이 책의 5, 6장을 참조). 학습장애를 평가하는 유일한 도구라는 점에 대해서는 비록 도전을 받고 있지만, 능력-성취 차이(AAD) 분석은 사전, 사후 가설 검증 모두와 관련이 있다. 이 장의 후반부에서 논할 것이지만, WISC-IV는 학습장애를 평가하는 데 매우 중요하다(Berninger & O'Donnell, 2005).

지능에 대해서는 여전히 좀 더 배워야 할 필요가 많지만, 아동을 기술하고 이해하는 것과 관련하여 우리가 알고 사용할 수 있는 부분 또한 많다(Deary, 2001; Neisser et al., 1996; Saklofske, 1996). 복잡한 조건들을 진단하고 치료법을 지시해야 하는 내과의사나 정신과의사와 같이 임상 장면에 있는 심리학자들은 WISC-IV를 "지능적으로" 사용하기 위해서 최근의 연구들에 대한 지식에서 뒤처지지 않아야 한다(Prifitera, Saklofske, & Weiss, 2005).

일반지능(FSIQ)과 WISC-IV

- 현재 B의 전체지능 지수 66은 지난 5년 동안 학교에서 보인 보통 수준의 수행과 보통 – 보통 상 수준으로 나타난 집단 능력검사 결과와는 반대되는 것이다. 작년에 발생한 자동차 사고와 당시 시행한 두개골 수술로 인한 광범위한 두부 손상은 일반적이고 특정한 인지능력의 손실을 초래하였다.

- 지능점수가 어떻게 유용하게 사용될 수 있을까? 이것은 여러 서로 다른 능력들의 단순한 평균치인가? 내가 맡은 학급의 아이들은 모두 보통 수준의 능력을 갖고 있지만, 성취에서부터 기술, 재능, 흥미에 이르기까지 광범위한 차이가 있다. 전체지능 지수가 동일한 세 명의 소년들이 있지만, 학업 성적에서 차이는 매우 크다.

Wechsler는 지능을 "개인이 목적을 가지고 행동하며, 이성적으로 사고하고, 주변 환경을 효과적으로 다룰 수 있는 총체적이고 일반적인 능력"이라고 정의하였다(Wechsler, 1944, p. 3). 언어성 지능(VIQ)과 동작성 지능(PIQ)의 개념이 초기 웩슬러 검사의 성공에 핵심이었지만, 유아, 아동, 그리고 성인 버전의 검사들은 항상 일반지능(g)의 전통적인 개념에 굳게 기반을 두어 왔다. 그러나 오랜 역사나 전통이 항상 과학적으로 정확한 것은 아니며, 오래 지속되어 온 것은 과학적 기초 데이터를 모으는 데 기여하거나, 이와 반대로 비경험적으로 타당화해 온 사상이나 신념을 강화시킬 수도 있다.

임상적 평가와 진단에 있어서 전체지능 지수의 적절성에 대한 두 가지 중요한 관점이 존재한다. 학교 심리학자들은 전체지능 지수가 분류의 목적으로 오랫동안 사용돼 왔으며, 능력-성취 차이(AAD) 분석과 관련이 있기 때문에 유용하다고 말한다. 그러나 신경심리학자들은 여러 가지 요소를 포함하는 지능점수는 감별진단, 치료 계획, 예후에 대한 민감도 및 특이도가 부족하기 때문에 유의미하지 않다고 주장한다.

전체지능 지수는 WISC-IV에 남게 되었는데, 그 이유는 일반적인 정신능력 요인의 존재에 대한 증거들과 연구와 평가에 있어서 광범위하게 사용되기 때문이다. 순수 심리 측정적 관점에서 볼 때 지능 연구에서 일반 요인이 나타나는 경향을 보인다(Carroll, 1993). WISC-IV 기술 및 해석지침(Wechsler, 2003b)은 전체지능 지수라는 이름으로 남아 있는 일반 요인에 대한 통계적인 정보를 제공한다(예 : 소검사와 지표점수의 상관, 요인분석). 이처럼 심리 측정적으로 전체지능 지수가 지지되고는 있으나, 임상적 유용성은 여전히 설명되어야만 한다.

연구 논문들은 중요한 개인차 변인과 인간 행동의 다양한 예측변인으로서 일반적인 정신능력의 중요성을 분명하게 증명해 왔다. 그러나 또다시 심리학자들이 직면한 문제점들은 실제 평가 장면에서 전체지능 지수의 적절성과 의미에 관한 것이다. 다른 곳에서 기술했듯이(Prifitera, Saklofske, & Weiss, 2005), 일반지능을 측정하는 것에 대한 상당한 양의 생태학적이고 규준적인 타당성이 존재한다(Gottfredson, 1997, 1998; Kuncel & Hezlett, 2004). 전체지능 지수는 정신지체, 영재성, 낮은 성취, 학습장애 아동들을 조작적으로 정의하고 확인하는 데 매우 중요하다. 또한 이는 소검사나 지표점수들 사이의 변산이 적을 경우 유용한 요약점수이며, 이질적인 초등학생 집단의 학업성취도에 대한 가장 좋은 예측변인 중 하나이다. WISC-IV와 연관된 다른 검사들과의 관계에서도 전체지능 지수는 성취와 기억력에 관한 소검사들과 가장 높은 상관을 보인다. 또한 전체지능 지수는 다른 어떤 지표점수들보다 영재성 평정 척도(Gifted Rating Scale-School-Age Form, GRS-S : Pfeiffer & Jarosewich, 2003)와 상관이 높다. 분석의 마지막에 심리학자들은 전체지능 지수가 평가된 아동의 지능을 기술하는 데 적절한지 여부를 결정해야 하며, 그 후에야 전체지능 지수가 아동에 대한 이해를 높이는 데 사용할 수 있다.

우리가 심리 측정적·임상적 맥락에서 전체지능 지수를 활용해 왔던 방법은 이 점수를 사용하지 말아야 한다는 일부의 주장을 불러일으켰다. 지능 및 지능검사의 역사(Boake,

2002; Tulsky, Saklofske, & Ricker, 2003)와 일반적인 심리평가와 관련된 문헌들은 개인차 변인에 대한 지식을 넓혀 주고 측정을 정교화하였으며, 지난 100년 동안, 특히 과거 10년 동안 발전해 온 "최고의 시행" 체계를 기반으로 한 정보 활용의 점진적인 성장을 증명해 주었다. 그러나 전체지능 지수의 적절성에 대한 논란이 또다시 부각되고 있는데, 이는 아동의 학습장애 평가를 둘러싼 이견들 때문이다. 이러한 쟁점을 WISC-IV 전체지능 지수의 맥락에서 간단히 논의하였으며, 이 장의 후반부와 4장에서 다시 살펴볼 것이다.

최근의 논쟁점 : 학습장애 평가 장면에서 능력(전체지능 지수)과 성취의 차이 분석

● 만약 아이가 자신이 가진 능력보다 낮은 성취수준을 보인다면 그것은 학습장애가 있다는 것을 의미하나요? 우리 학교에서는 IQ와 학업성취 시험으로 학생이 학습장애가 있는지를 확인하고 있습니다.

학교 심리학자가 낮은 학업성취를 보이는 아동을 돕기 위해 사용하는 가장 일반적인 방법은 WISC-III나 IV와 같은 지능검사에서 얻은 전체지능 지수(FSIQ)와 WIAT-II와 같은 읽기와 수학 등 핵심 분야의 학업성취에 대한 표준화된 검사점수 사이의 유의미한 차이를 확인하는 것이다. '능력-성취 차이' 활용은 미국 연방정부 장애인 관련 조례(Individuals with Disabilities Act, IDEA)에 의해 제정되었고 실제로 대부분의 학교에서 시행되었다. 그러나 이 두 검사점수의 차이를 학습장애를 확인하기 위해 사용하는 데 대한 비판이 늘어나고 있다(Francis, Fletcher, Stuebing, Lyon, Shaywitz, & Shaywitz, 2005; Siegel, 2003). 우선 능력-성취 차이에는 여러 가지 이유가 있을 수 있으므로, 그 차이가 학습장애가 아닌 다른 것을 반영할 수 있다는 주장은 꽤 논리적이라고 볼 수 있다. 더구나 학습장애는 지능검사나 학업성취 검사 같은 심리 측정적 척도로 완전하게 평가할 수 없는 복잡한 상태이다. 셋째로, 심각한 차이를 확인하는 데에 단순비교 혹은 회귀분석 같은 동의된 방법이 없다. 더 문제가 되는 것은 서로 다른 능력 척도[WISC-IV, 우드콕 존슨 인지능력 검사 제3판(Woodcock, McGrew, & Mather, 2001), 스탠포드-비네 제5판(Roid, 2003), 인지평가 시스템(Naglieri & Das, 1997), 차이능력 척도(Elliot, 1990)]와 성취 척도[WIAT-II, 우드콕 존슨 인지능력 검사 제3판, 다영역 성취 검사-III(Wilkinson, 1993), 코프만 교육성취 검사 제2판(Kaufman & Kaufman, 1998)]가 혼합되어 사용됨으로써 하나의 차이 규준을 충족하는 것이 거의 불가능하지만, 학습장애의 진단은 차이 점수의 절단점으로 결정된다는 것이다.

또한 단순히 학급의 하위 25%를 학습장애라고 보는 것 역시 납득하기 어렵다. 낮은 학업성취에는 수많은 원인이 있을 수 있다. Francis와 동료들(2005)은 두 진단법 모두 정당한 근거가 없다고 보았다. 그러나 흔하게 발생하지 않는 유의미한 '능력-성취 차이'는 우선적으로 검증해야 할 가설이 될 수는 있다. 검증 결과, 만약 그러하다면 학습장애 진단을 지지하는 추가적 결과를 찾아야 할 것이다. 또한 그러한 결과가 평가과정 초기에 나타난다면 그것은 전문가로 하여금 학습장애 진단을 위한 증거를 찾도록 하게 될 것이다.

WISC-IV 또한 그 자체로만은 아니지만, 아동의 인지능력에 대한 상당 부분의 정보를 제공하는 하나의 검사로서 학습장애 평가에 기여할 수 있음을 지지하는 강력한 결과가 있다. 학습장애는 언어적 · 비언어적 정보의 습득, 보존, 이해, 조직, 사용에 영향을 미친다. 장애는 시각-공간적, 지각-운동적 처리, 기억과 주의, 실행기능, 음운론, 언어처리 등 하나 이상의 심리적 과정에서 나타난다. 학습장애는 전반적인 장애라기보다는 특수한 영역의 장애, 그리고 평균 지능과 연관된다. WISC-IV의 전체지능 지수, 지표점수, 소검사 점수에 대한 조사 결과는 이 검사와 학습장애 평가와의 관련성을 명확히 보여 준다. 능력-성취 차이 분석은 한편으로는 인지와 지능 사이의 관계를 자세히 알려 주고, 또 한편으로는 특정한 교육 기술과 과제 사이의 관계에 대해 보여 준다. 확실히 학습장애를 가진 아동을 확인하는 데 "검사규준"에 전적으로 의존하는 것은 너무 단순할 뿐만 아니라, 진단 혹은 개입에 충분하지 못한 방법이다. 이러한 비판을 고려할 때, 능력-성취 차이 분석은 특수교육 서비스의 적격성을 판정하기 위한 여러 방법 가운데 하나로 보는 것이 적절할 것이다.

전체지능 지수의 사용

- L은 매우 명석한 아동이다. L의 WISC-IV 전체지능 지수는 138~147 정도로, 같은 또래 아이들 가운데 상위 1%에 드는 수준이다.

- 교사의 보고에 따르면 초등학교 4학년인 K는 1학년 때부터 학습에 어려움을 겪어 왔는데, 이는 낮은 인지능력과 관련된 것으로 보인다. K의 전체지능 지수는 경계선 수준이다. 이를 볼 때, K는 학업성취에서 계속적으로 어려움을 겪을 것으로 예상되며, 따라서 조정된 교육 프로그램이 필요해 보인다.

전체지능 지수는 여러 가지 요소로 이루어진 합산점수이며, 이 때문에 가장 신뢰롭고 타당한 점수임에도 불구하고, 검사의 "부분들"이 전달해 주는 세부적인 정보를 제공하지는 못한다. 모든 소검사와 지표점수가 일관되게 높거나 낮다면, 전체지능 지수는 아동에게 지적 재능이 있다거나 정신지체가 있음을 확인하는 데 도움을 줄 수 있을 것이다. 하위 검사들의 점수 편차가 크지 않을 때 합산점수를 확인하는 것은, 대부분의 과목에서 비슷한 점수를 받았을 때 그 점수들을 바탕으로 학점을 계산하는 것과 비슷하다.

아동의 지적 기능에 대한 보고서는 흔히 가장 일반적인 점수에서 시작하여 보다 세부적인 점수에 대한 설명으로 이어진다(Kaufman, 1994). WISC-IV 기술 및 해석지침(Wechsler, 2003b)의 기본적 프로파일 분석지침은 전체지능 지수에 대한 설명에서 시작하도록 권유하고 있으며, 이는 WISC-III에서도 마찬가지였다(Kaufman, 1994; Sattler & Saklofske, 2001).

WISC-IV의 구조는 점수 해석을 전체지능에서부터 시작하는 하향식 접근(top-down approach)을 제안하지만, 이것이 언제나 엄격하게 지켜지는 것은 아니다. 사실 어떤 심리학자들은 지표점수를 먼저 살펴보고 다양한 프로파일 분석을 거쳐 전체지능 지수로 해석을 마무리하곤 한다. 전체지능 지수는 지표점수 간 혹은 지표점수 내의 분산이 작을 때 전반적 능력에 대해 알려 주는 매우 유용한 점수이다. 하지만 그것을 구성하는 부분들의 점수 간에 차이가 예상되는 관계에서 크게 벗어났을 때 그 요인은 "분열(fracture)"되었다고 볼 수 있다. 지표점수 간에 차이가 클 때에는 요약점수로서 전체지능 지수의 가치가 제한된다. 지표점수와 전체지능 지수를 산출하고자 소검사들을 결합할 때에는 그 적절성을 확인하기 위해 K-WISC-IV 전문가 지침서[2]에 포함되어 있는 차이 대조를 위한 기저율 표를 참고한다. 이 표들은 전체지능 지수가 전반적 검사 수행에 대해 말해 줄 수 있는지 여부를 결정하는 길잡이 역할을 한다. 상당한 수준의 점수 변산은 다음과 같은 기술을 이끌어 낸다.

- L의 능력을 하나의 점수로 요약하여 말하기는 어렵다. L의 비언어적 추론능력은 언어이해 및 추론능력에 비해 월등한 수준으로 발달되어 있으며, 이는 학급 내 수행이 과제에 따라 달라지는 점에서 눈에 띄는 결과이다.
- W의 WISC-IV 검사 결과를 보면, 언어이해 지표와 작업기억 지표 내 소검사들 간에 큰 점수 차가 있고 네 개의 지표점수 간에도 큰 편차가 있다. 이 결과는 전체지능 지수 계산이 임상적으로 반드시 필요하지 않음을 나타내며, W의 독특한 인지능력 패턴을 반영한다.

중요한 문제는, 가장 의미 있는 요약지표로서의 전체지능 지수의 가치를 낮추는 편차의 크기에 관한 것이다. 경험적으로 봤을 때, 언어이해 지표-지각추론 지표 간 20점의 편차는 "적신호"라 할 수 있다.

그렇다고 해서 전체지능 지수의 적절성이 저하되는 것은 아니다. 2장에서 언급하였듯이 전체지능 지수는 언어-지각 편차 크기에 상관없이 수행을 예측해 준다. 만약 그러한 편차가 이전 진단을 통해 예측되었다면, 심리학자의 과제는 이 정보를 확증하는 것이 된다. 편차가 예측되지 않았던 결과라면, 심리학자들은 왜 그런 점수 차이가 발생했고 그것이 무엇을 의미하는지를 추가적으로 탐색해야 한다.

학교에서는 계속해서 비슷한 성취수준을 보이면서도 전체지능 지수에서는 어느 정도의 변화를 보이는 아동을 쉽게 발견할 수 있다. 만약 우리가 특정 점수보다 점수 범위를 더 고려한다면 아동의 학업성취에 대한 우리의 예측은 보다 정확해질 수 있다. WISC-IV가 그러한 검사 종류 중에서 가장 신뢰로운 척도이기는 하지만, 타당성은 또 다른 문제이다. 전

---

2) 역자 주 : 곽금주, 오상우, 김청택(2011), K-WISC-IV 전문가 지침서. 서울 : 학지사.

체지능 지수 104인 아동과 전체지능 지수 107인 아동 사이의 인지적 차이는 분간하기 어려우며, 이 점수 차는 성취에 있어 둘 간의 차이를 가져오는 역할은 하지 않을 것으로 보인다. 더 나아가, 전체지능이 100인 많은 아이들이 학급에서 혹은 다른 일상생활에서 상당히 다른 수준의 수행을 보인다는 것은 교사와 심리학자 사이에 널리 알려진 사실이다. 한 아이는 WISC-IV 소검사 간 점수 편차가 적은 보통 수준의 학생이다. 두 번째 아이도 지표점수에서는 비슷한 패턴을 보이지만 소검사 점수에서는 약간 더 큰 편차를 보이며 동기부여가 잘 되어 있지 않고, 학업 면에서 부정적인 자기개념을 가지고 있으며 시험불안이 있어 학급 내에서 낮은 성취를 보인다. 세 번째 아동은 지각추론 지표가 보통상 수준, 언어이해 지표와 처리속도 지표가 보통 수준인데, 작업기억 지표검사에서는 경계선 수준의 점수를 받았다. 이처럼 전체지능이 100인 세 아동들에서 비슷한 성취수준을 예측해 주는 전체지능 지수는 때때로 너무 전반적인 척도라고 할 수 있다.

이와 같은 이유 때문에, 우리는 전체지능 지수를 관행적으로 보고서의 첫 번째에 포함시키기보다는 요약 부분에만 기입하기를 검사자들에게 권유한다. 모든 지표점수가 비슷한 수준이어서 각각을 따로 보고하는 것이 중복적인 표현이 될 경우는 예외이다. 전체지능 지수를 얻는 것이 WISC-IV 실시의 유일한 목적이 되어서는 안 된다. 대신 검사자들이 지표점수를 임상적 해석의 일차적 수준으로 사용하는 것이 바람직하다. 전체지능 지수가 가장 신뢰로우며 심리 측정적 가치 또한 가장 높기는 하지만, 임상적 가치 면에서는 지표점수가 아동의 인지능력을 이해하는 데 가장 유용할 수 있다.

전체지능 지수의 추정 : 일반능력 지표

- L의 WISC-IV 전체 지능점수와 일반능력 지표(General Ability Index : GAI)를 비교해 봤을 때, 상당히 느린 처리속도 소검사 점수와 보통 수준의 작업기억 소검사 점수가 전반적 능력 평가에 영향을 끼친다는 것을 알 수 있다. L의 일반능력 지표는 101로 전체지능 지수 92와 대비된다.
- 너무 많은 의뢰가 있어 전체 WISC-IV 검사를 진행할 시간이 없을 때가 있다. 혹은 전체 WISC-IV를 실시한 결과보다는 아동의 전반적 지능 추정값이 필요할 때가 있다.

간단하고 정확한 전체지능 지수 추정값에 대한 요구는 여러 형태의 웩슬러 지능검사 출판으로 이어졌다. Sattler와 Saklofske(2001a)는 WISC-III의 다양한 단축형을 소개하고 있다. 보다 최근에 Sattler와 Dumont(2004)는 가장 많이 사용되는 WISC-IV 단축형의 목록을 제시하였다. 일반적으로 "최고의" 단축형은 매우 높은 타당도 계수를 가지고 있는데, 2개 소검사로 이루어진 단축형은 .80, 4~5개 소검사로 이루어진 것은 .90 이상의 타당도를 보인다. 하지만 단축형 지능검사에는 한계점들이 존재한다(Sattler & Saklofske, 2001).

WISC-III 사용 시절, Prifitera와 Weiss, Saklofske(1998)는 언어이해 지표와 지각조직 지표에 포함되는 소검사들로부터 산출되는 대안적 합산점수인 일반능력 지표를 제안하였다. 캐나다의 표준화 연구집단에서 일반능력 지표와 WISC-III 전체지능 지수의 상관은 .98로 나타났다(Weiss, Saklofske, Prifitera, Chen, & Hildebrand, 1999). 일반능력 지표는 WAIS-III와 함께 사용되도록 권유되어 왔다(Tulsky, Saklofske, Wilkins, & Weiss, 2001; Saklofske, Gorsuch, Weiss, Zhu, & Patterson, 2005). 전체지능 지수와 일반능력 지표는 .96의 높은 상관을 보이며, 두 척도 모두 일반적 능력에 대한 훌륭한 추정치를 제공한다.

작업기억과 처리속도 소검사들은 WISC-IV 전체지능 지수의 40%를 설명해 준다. 이 검사들이 가지고 있는 아동의 인지능력에 대한 설명력은, 그것이 지적 행동의 표현에 미치는 영향을 분석해 내고 그것을 제외하는 일이 상당한 임상적 유용성을 가질 수 있음을 시사하고 있다. 또한 WISC-IV가 지각추론 소검사에서 시간 측정을 덜 강조한다는 사실을 떠올려 보자. 일반능력 지표는 두 가지 역할을 할 가능성이 있다. 첫째, 일반능력 지표와 비교할 때 전체지능 지수는 저하된(혹은 상승한) 작업기억과 처리속도 소검사 점수의 영향에 대한 지표를 제공하게 된다. 둘째, 학교가 계속해서 능력-성취 차이를 특수교육 서비스 적합성의 주요한 기준으로 사용한다면, 낮은 작업기억과 처리속도 소검사 점수로 인해 저하된 전체지능 지수는 이 능력-성취 차이를 감소시키는 역할을 할 것이다.

다음으로는 미국 표준화 연구집단(Raiford, Weiss, Rolfhus, & Coalson, 2005)을 이용한 WISC-IV 일반능력 지표의 계산에 대한 설명을 표와 함께 제시하였다.

일반지능 요약의 대안적 방법 : 일반능력 지표

개관

일반능력 지표(General Ability Index)는 세 가지 언어이해 소검사와 세 가지 지각추론 소검사를 기반으로 한 합산점수이며, 전체지능 지수에 포함되는 작업기억과 처리속도 소검사는 포함되지 않는다. 일반능력 지표에 대한 보다 상세한 정보는 Prifitera, Saklofske와 Weiss(2005)에서 찾아볼 수 있다.

웩슬러 합산점수와 일반능력 지표의 배경과 역사

아동용 웩슬러 지능검사(WISC : Wechsler, 1949)와 아동용 웩슬러 지능검사-개정판(WISC-R : Wechsler, 1974), WISC-Ⅲ는 전체지능 지수와 언어성 지능, 동작성 지능을 포함하였다. WISC-Ⅲ는 보다 좁은 영역의 인지기능을 기술하기 위하여 언어이해, 지각조직, 주의집중, 처리속도의 네 개 지표점수를 소개하였다. 이 지표점수들과 함께, WISC-Ⅲ에서는 전체지능 지수, 언어성 지능, 동작성 지능, 언어이해 지표, 지각조직 지표, 주의집중 지표, 처리속도 지표의 7개 합산점수가 산출될 수 있다.

지표점수 제공은 검사자들로 하여금 평가 결과를 기반으로 언어와 지각능력을 설명해주는 합산점수를 선택하여 사용할 수 있도록 해 준다. 해석에 있어 도움이 필요하다면, 검사자는 언어성 지능 대신 언어이해 지표를 이용하여 언어능력을, 동작성 지능 대신 지각조직 지표를 이용하여 지각능력을 설명할 수 있다. 이와 같은 유연성은 특히 언어성 지능 혹은 동작성 지능에 기여하는 특정 소검사 점수가 유의미한 수준으로 변산을 보일 때 유용하다. 작업기억 영역의 산수 소검사 수행이 언어이해 소검사들과 유의미한 수준 차이를 보일 경우와 같이 지표점수가 언어성 지능보다 언어능력을 더 잘 보여 준다고 생각될 때 또는 처리속도 영역의 기호쓰기 소검사가 지각적 조직화 소검사들과 유의미한 차이를 보이는 때와 같이 동작성 지능이 지각조직 지표보다 설명력이 부족하다고 여겨질 때 지표점수가 유용하다.

'일반능력 지표(GAI)'는 WISC-Ⅲ에서 넓은 영역의 지적 능력을 기술하는 데 사용하기 위해 Prifitera, Weiss와 Saklofske(1998)에 의해 개발되었다. WISC-III의 일반능력 지표는 산수나 기호쓰기가 전체지능 지수에 미치는 영향을 배제한 일반적인 지적 능력에 대한 수치를 제공하였는데, 전통적인 10개 소검사 가운데 산수와 기호쓰기를 제외한 모든 소검사에서 측정된 점수의 합계에 기반한 것이었다. 그 여덟 개 소검사는 모두 언어이해와 지각적 조직화 영역에서 나온 것으로, 빠진곳찾기, 상식, 공통성, 차례맞추기, 토막짜기, 어휘, 모양맞추기, 그리고 이해 소검사가 이에 해당된다. WISC-III의 일반능력 지표는 낮은 산수와 기호쓰기 점수로 인해 언어성 지능과 동작성 지능 내에 큰 변산이 있을 경우 전반적 지능을 추정하는 데 유용한 합산점수로 권유되어 왔다(Prifitera et al., 1998). 일반능력 지표는 이후 캐나다 규준(Weiss et al., 1999), WAIS-III(Tulsky et al., 2001), 캐나다 규준을 이용한 WAIS-III(Saklofske et al., 2005) 등에 적용되어 왔다.

WISC-IV는 WISC-III와 비슷한 구조로, 전체지능 지수와 네 개의 지표점수를 제공한다. 이 구조는 이론에 근거하고 있으며 임상연구와 요인분석 결과에 의해 지지를 얻고 있다. 지각조직 지표(Perceptual Organization Index, POI)는 유동적 추론능력에 대한 강조를 반영하기 위해 지각추론 지표(Perceptual Reasoning Index, PRI)로 이름이 바뀌었고, 주의집중 지표(Freedom from Distractibility Index, FDI)는 작업기억 지표(Working Memory Index, WMI)로 이름이 바뀌었다. 또한 언어성 지능, 동작성 지능 체계는 더 이상 사용되지 않는다. 이 체계가 사라짐에 따라 언어이해와 지각추론 능력을 요약하는 데 있어 작업기억과 처리속도가 미치는 영향에 대한 걱정이 줄어들었다. 그러나 WISC-IV 전체지능 지수는 작업기억과 처리속도가 둘 다 전반적 인지기능에 기여하는 중요한 요인이라는 연구 결과를 반영하여 이 두 요인을 포함하고 있다(Engle, Laughlin, Tuholski, & Conway, 1999; Fry & Hale, 1996, 2000; Heinz-Martin, Oberauer, Wittmann, Wilhelm, & Schulze, 2002; Miller & Vernon, 1996; Vigil-Colet & Codorniu-Raga, 2002). 최근 연구들도 인지능력에서 작업기억과 처리속도가 얼마나 중요한지를 보여 주고 있다(Colom, Rebollo, Palacios, Juan-Espinosa, & Kyllonen, 2004; Mackintosh & Bennett, 2003; Schweizer & Moosbrugger, 2004).

전체지능 지수는 일반지능(g)을 기술하는 데 가장 흔하게 쓰인다. 전체지능 지수는 임상

현장에서 다양한 목적으로 사용되며, 여러 인지 영역에 걸친 수행의 요약본 역할을 한다. 클리닉이나 병원에서 진단적 평가의 일부로 사용되며, 학교에서 특수교육 서비스의 적절성 여부를 판정하기 위해 사용된다.

전체지능 지수는 다양한 인지능력을 하나의 총체적 점수로 나타낸 것이다. 전체지능 지수를 구성하는 소검사 내에 유의미한 편차가 발견되면, 임상적 해석은 부모, 교사, 그리고 다른 전문가들에게 유용하게 활용될 수 있도록 능력 편차에 대한 내용을 포함해야 한다.

WISC-IV 일반능력 지표 개관

WISC-III 일반능력 지표와 WAIS-III 일반능력 지표와 함께 WISC-IV 일반능력 지표 (GAI)는 작업기억과 처리속도의 영향을 덜 받는 요약점수를 검사자에게 제공한다. 학습장애나 ADHD, 혹은 다른 신경심리학적 문제를 가진 아동의 경우 작업기억과 처리속도 때문에 보다 낮은 전체지능 지수를 얻게 될 수 있다(Wechsler, 2003b). 신경심리학적 문제가 없는 아동의 경우에는 일반능력 지표가 전체지능 지수와 같이 전반적인 지적 능력에 대한 설명을 제공한다(Prifitera et al., 2005; Weiss et al., 1999).

일반능력 지표는 특수교육 적합성이나 학급 배치를 결정할 때 전체지능 지수 대신 사용할 수 있다. 일반능력 지표는 이러한 측면에서 더 유연한 점수인데, 그것은 작업기억 수행이 언어이해 수행과 차이가 나거나, 처리속도 수행이 지각추론 수행과 차이가 나는 경우에 민감하기 때문이다. 그것은 또한 작업기억과 처리속도가 인지능력의 발휘에 미치는 영향에 대해 평가하기 위해 전체지능 지수와 비교될 수도 있다.

일반능력 지표에 대한 정보를 제공하는 표는 여러 곳에서 찾아볼 수 있다. 산출방법에 따라 분류될 수 있는데, ① 이 책의 기술적 보고(technical report), ② Prifitera 등(2005), ③ Flanagan과 Kaufman(2004), ④ Dumont과 Willis(2004)의 네 가지 출처가 있다. 기술적 보고와 Prifitera 등(2005)에서 제공되는 일반능력 지표 표는 다른 출처의 표들과는 달리 실제 WISC-IV 표준화 연구집단($n=2200$)을 대상으로 하였다. Flanagan과 Kaufman (2004)이나 Dumont과 Willis(2004)의 계산은 Tellegen과 Briggs(1967, Formula 4)가 개발한 1차 방정식 통계기법을 기반으로 하였으며, 언어이해 지표와 지각추론 지표 간 상관값

을 통해 일반능력 지표를 계산하도록 되어 있다. 이와는 달리, 이 장에서 제공하는 기술적
보고에서 제공되는 표들은 표준화 연구집단의 환산점수 합을 기반으로 일반능력 지표를
산출한 것이다. Tellegen과 Briggs의 공식은 분포의 상위집단 점수를 과소평가하고, 하위
집단의 점수는 과대평가한다. 평균적으로 이 차이는 2~3점 정도이지만, 정신지체 아동이
나 영재의 경우 6점까지 차이가 날 수 있다. Tellegen과 Briggs의 공식은 실제 표준화 데
이터를 사용할 수 없었던 때 활용하기에 적합했다. 현재는 표준화 연구집단을 기반으로 한
표가 나와 있으므로 이전의 표들을 사용하기보다는 이 장에 나와 있는 혹은 Prifitera 등
(2005)이 제공하는 일반능력 지표 표를 사용할 것을 권한다.

학습장애를 가진 아동을 위한 특수교육 적합성 판단에서 '능력'의 역할

WISC-Ⅳ 통합본의 기술 및 해석 지침(Wechsler et al., 2004)에서는 학습장애를 판단할
때 능력-성취 차이만을 단독으로 사용하는 것에 대한 여러 가지 문제들을 제시하고 있다.
능력-성취 차이는 성취가 인지능력에 상응하는 수준에 이르지 못함을 보여 주는 것이다.
현재 관행상 능력-성취 차이는 세분화되지 않은 학습장애를 스크리닝하는 데 일반적으로
사용된다. 공식적 진단을 내리기 전에 그러한 차이에 대한 추가적인 평가가 뒤따라야 한다.
학습장애가 있다는 판단을 하기 위해서는 특정한 학업기술에서 핵심이 되는 인지과정에서
장애가 있어야 하지만, 흔히 능력-성취 차이만으로 공립학교에서는 특수교육 서비스가 결
정되고 있다. 학습장애를 평가하는 몇 가지 새로운 방법들이 개발되었지만(Berninger,
Dunn, & Alper, 2005; Berninger & O'Donnell, 2005) 진단적 준거는 아직 확립되지 않
았다. 그러나 약간의 진보는 있었는데, 예를 들어 무의미단어 해독과 자동화된 빠른 명명
하기 검사가 읽기장애를 일찍부터 예측할 수 있게 한다.

중재 반응 모델(response to intervention)[3]의 지지자들은 지능평가 결과와는 무관하

---

3) 역자 주 : 미국에서 사용되고 있는 학업 중재법의 하나로, 학업이 부진한 아동들을 위한 조기개입 전략이
다. 연구 결과를 기반으로 한 효과적이고 집중적인 학업적 훈련을 제공하여 학업수준을 높여 주고, 이에 반
응하지 않는 아동은 생물학적 요인을 기반으로 한 학습장애를 가지고 있다고 판단하여 특수교육을 제공토
록 한다.

게 오직 아동의 낮은 학업성취에 근거하여 특수교육을 제공해야 한다고 주장한다 (Fletcher & Reschly, 2005). 한편에서는 능력－성취 차이 평가가 유일한 판단기준은 아닐지라도, 생물학적 요인에 기반을 둔 학습장애를 가진 아동들을 평가하기 위해서는 지능평가가 중요하다고 주장하고 있다(Hale, Naglieri, Kaufman, & Kavale, 2004; Scruggs & Mastropieri, 2002).

일반능력 지표의 사용

미국에서 현재 대부분의 학교 정책상 특수교육 서비스를 받기 위해서는 능력－성취 차이의 증거가 여전히 요구되며, 이것이 일반능력 지표가 처음 개발되었던 가장 큰 이유였다. 학습장애, 주의력 문제, 혹은 다른 신경심리학적 문제를 가진 아동에게 동반되는 작업기억과 처리속도 저하는 전체지능 지수를 낮추는 역할을 한다. 이는 표 3.4에서 분명히 볼 수 있는데, WISC-Ⅳ 특수집단[읽기장애($N=56$), 읽기와 쓰기장애($N=35$), 읽기, 쓰기, 산술장애($N=42$), 학습장애와 ADHD($N=45$)]의 70% 이상의 아동에게서 '전체지능 지수 < 일반능력 지표' 형태의 프로파일이 확인되었다. 이러한 전체지능의 저하는 능력－성취 차이를 줄임으로써, 학습장애를 가진 일부 아동들이 특수교육을 받을 수 있는 기회를 얻지 못하게 할 수도 있다.

전체지능 지수와 일반능력 지표를 비교하는 것은 여러 다른 상황에서 임상적으로 의미가 있을 수 있다. 뇌 손상이나 다른 신경심리학적 문제로 인해 그 영역에 어려움을 겪고 있는 아동에게 작업기억과 처리속도의 영향이 덜 강조되는 평가를 실시함으로써 아동의 일반 인지능력을 추정할 수 있다. 이러한 비교는 재활 프로그램이나 교육 개입 계획을 위한 정보를 제공할 수 있다.

검사자들은 일반능력 지표가 전체지능 지수보다 더 타당한 추정치가 아닐 수도 있음을 기억할 필요가 있다. 왜냐하면 작업기억과 처리속도는 인지능력에 대한 종합적 평가에 매우 중요하며, 이러한 능력을 배제하는 것은 오해석을 불러올 수도 있기 때문이다. 같은 일반능력 지표점수를 가졌지만 매우 다른 작업기억 지표/처리속도 지표점수를 가진 두 아동의 학급 수행은 상당히 다를 것이다. 특수교육 서비스를 얻으려면 유의미한 능력－성취 차이가 요구되는 교육적 상황에서 일반능력 지표는 능력점수로 사용될 수도 있을 것이다. 그러나 작업기억 지표와 처리속도 지표는 여전히 중요하므로 보고되고 해석되어야 한다.

검사자는 여러 임상현장에서 일반능력 지표를 사용할 때, 다음을 고려해야 할 것이다.

1. 언어이해 지표와 작업기억 지표 간 유의미하고 통상적이지 않은 편차
2. 지각추론 지표와 처리속도 지표 간 유의미하고 통상적이지 않은 편차
3. 작업기억 지표와 처리속도 지표 간 유의미하고 통상적이지 않은 편차
4. 작업기억 지표나 처리속도 지표 내 소검사 간 유의미하고 통상적이지 않은 편차

지표점수 임계치를 확인하려면 K-WISC-IV 전문가 지침서(곽금주, 오상우, 김청택, 2011)의 부록 A를 참고할 수 있다.

하지만 지표점수 간에 통계적으로 유의미한 차이가 있다는 것이 임상적으로 의미 있는 차이를 말하는 것은 아닐 수 있다. 단지 유의도만이 아니라 표준화 연구집단에서 나타나는 빈도(기저율)를 살펴보아야 한다. K-WISC-IV 전문가 지침서의 부록 A에서 기저율을 확인할 수 있다. Sattler(2001)는 표준화 연구집단에서 10~15% 미만으로 나타난 점수 편차 수준은 비통상적이라고 판단할 수 있다고 보았다.

일반능력 지표 계산 및 사용법

다음 단계들은 아동의 인지능력에 대한 추가적 정보를 얻기 위해 일반능력 지표를 계산하고 그것을 전체지능 지수와 비교하는 법을 소개하고 있다.

일반능력 측정점수의 합을 계산하자. 만약 일반능력 지표가 해석에 중요하다고 판단했다면 일반능력 측정점수의 합을 계산한다. 일반능력 측정점수의 합은 세 개의 언어이해 소검사(어휘, 이해, 공통성)와 세 개의 지각추론 소검사(토막짜기, 행렬추리, 공통그림찾기) 환산점수를 합산한 값이다. 이를 계산하여 기록한다.

어떤 경우에는 일반능력 지표를 구성하는 핵심 소검사 대신 보충 소검사를 선택하여 사용할 수도 있다. 이때에는 K-WISC-IV 전문가 지침서의 동일 종류 소검사 대체 규칙에 따른다.

일반능력 지표 합산점수를 확인하자. 일반능력 환산점수의 합을 표 3.1의 맨 왼쪽에 넣는
다. 그리고 그 점수와 같은 줄을 탐색하여 일반능력 지표 합산점수를 확인한다. 계속해서
같은 줄을 읽어 나가면서 해당되는 백분위와 신뢰도 구산을 확인한다. 합산점수와 백분위,
그리고 신뢰도 구간(90 또는 95%)을 기록한다.

전체지능 지수와 일반능력 지표의 차이를 분석하자. 전체지능 지수 합산점수에서 일반능
력 지표 합산점수를 뺀 둘 간의 차이를 계산하여 이를 기록한다. 표 3.2에는 연령별로
.15와 .05 수준에서 통계적 유의성을 얻기 위해 요구되는 전체지능 지수와 일반능력 지
표의 차이값이 나와 있다. 원하는 통계 유의수준을 선택해 기록한다. 그리고 표 3.2를 참
고하여 아동의 연령집단과 원하는 통계적 유의수준을 찾고 임계치를 찾아 기록한다. 이
차이 점수의 절대값이 임계치와 같거나 그보다 커야 한다. 절대값이 이에 해당하는지 확
인한다.

표 3.3에는 WISC-Ⅳ 표준화 연구집단 내에서 전체지능 지수와 일반능력 지표 차이가
유의미할 확률이 나와 있다(기저율). 표 3.3에 기록된 값들은 능력수준에 따라, 그리고 차
이의 방향에 따라 "−"와 "+" 칸으로 나누어져 있다. 차이 점수의 절대값을 표 맨 왼쪽이
나 오른쪽에 넣고 그 줄의 값들을 읽어 나가면 된다.

때로는 유의미한 전체지능 지수와 일반능력 지표 차이가 특정 집단(예 : 영재아동, 지체
장애로 진단된 아동, 다양한 학습장애로 진단된 아동)에서 얼마나 비통상적으로 나타나는
지를 알고 싶을 수 있다. 표 3.4는 다양한 특수집단에서 유의미한 차이 점수를 보인 아동
의 비율을 보여 주고 있다(기저율).

표 3.4에 제시되어 있는 기저율을 자세히 살펴보면 진단집단마다 임상적으로 흥미로운
전체지능 지수/일반능력 지표 차이 패턴이 있음을 발견할 수 있다. 우수한 인지능력을 가
진 아동의 40%가 전체지능 지수에 비해 5점 이상 높은 일반능력 지표점수를 보였다. 비슷
한 결과가 모든 학습장애 집단과 ADHD 집단, 언어장애 집단, 두부손상 집단, 운동장애 집
단에서 발견되었는데, 각 집단의 1/3~1/2 정도가 전체지능 지수에 비해 일반능력 지표점
수가 5점 이상 높았다. 전체지능 지수는 처리속도 소검사 점수를 포함하므로 운동장애를
가진 아동들에게는 일반능력 지표가 특히 유용할 수 있는데, 이 가운데 55%가 전체지능

표 3.1			환산점수의 합에 상응하는 일반능력 지표(GAI)							

환산점수의 합	GAI	백분위	신뢰도 수준		환산점수의 합	GAI	백분위	신뢰도 수준	
			90%	95%				90%	95%
6	40	<0.1	38-47	37-48	34	71	3	67-77	67-78
7	40	<0.1	38-47	37-48	35	73	4	69-79	68-80
8	40	<0.1	38-47	37-48	36	74	4	70-80	69-81
9	40	<0.1	38-47	37-48	37	75	5	71-81	70-82
10	40	<0.1	38-47	37-48	38	77	6	73-83	72-84
11	40	<0.1	38-47	37-48	39	78	7	74-84	73-85
12	41	<0.1	39-48	38-49	40	79	8	75-85	74-85
13	42	<0.1	40-49	39-50	41	81	10	77-86	76-87
14	43	<0.1	41-50	40-51	42	82	12	78-87	77-88
15	44	<0.1	42-51	41-52	43	83	13	79-88	78-89
16	45	<0.1	42-52	42-53	44	84	14	80-89	79-90
17	46	<0.1	43-53	43-54	45	85	16	81-90	80-91
18	47	<0.1	44-54	43-55	46	86	18	82-91	81-92
19	49	<0.1	46-56	45-57	47	87	19	83-92	82-93
20	51	0.1	48-58	47-59	48	88	21	84-93	83-94
21	52	0.1	49-59	48-60	49	89	23	85-94	84-95
22	53	0.1	50-60	49-61	50	90	25	86-95	85-96
23	55	0.1	52-62	51-62	51	91	27	87-96	86-97
24	57	0.2	54-63	53-64	52	92	30	88-97	87-98
25	58	0.3	55-64	54-65	53	93	32	89-98	88-99
26	59	0.3	56-65	55-66	54	94	34	90-99	89-100
27	61	0.5	58-67	57-68	55	95	37	90-100	90-101
28	63	1	60-69	59-70	56	96	39	91-101	91-102
29	64	1	61-70	60-71	57	97	42	92-102	91-103
30	65	1	62-71	61-72	58	98	45	93-103	92-104
31	67	1	64-73	63-74	59	99	47	94-104	93-105
32	69	2	66-75	65-76	60	100	50	95-105	94-106
33	70	2	66-76	66-77	61	101	53	96-106	95-107

(계속)

| 표 3.1 | 환산점수의 합에 상응하는 일반능력 지표(GAI)(계속) | | | | | | | | |

환산점수의 합	GAI	백분위	신뢰도 수준		환산점수 이 합	GAI	백분위	신뢰도 수준	
			90%	95%				90%	95%
62	102	55	97-107	96-108	88	133	99	127-136	126-137
63	103	58	98-108	97-109	89	135	99	129-138	128-139
64	104	61	99-109	98-109	90	136	99	130-139	129-140
65	105	63	100-110	99-110	91	138	99	132-141	131-142
66	106	66	101-110	100-111	92	139	99.5	133-142	132-143
67	107	68	102-111	101-112	93	140	99.6	134-143	133-144
68	108	70	103-112	102-113	94	142	99.7	136-145	135-146
69	110	75	105-114	104-115	95	143	99.8	137-146	136-147
70	111	77	106-115	105-116	96	144	99.8	138-147	137-148
71	112	79	107-116	106-117	97	146	99.9	139-149	139-150
72	113	81	108-117	107-118	98	147	99.9	140-150	139-151
73	115	84	110-119	109-120	99	148	99.9	141-151	140-152
74	116	86	111-120	110-121	100	150	>99.9	143-153	142-154
75	117	87	112-121	111-122	101	151	>99.9	144-154	143-155
76	119	90	114-123	113-124	102	153	>99.9	146-156	145-157
77	120	91	114-124	114-125	103	154	>99.9	147-157	146-157
78	121	92	115-125	115-126	104	155	>99.9	148-158	147-158
79	122	93	116-126	115-127	105	156	>99.9	149-158	148-159
80	123	94	117-127	116-128	106	157	>99.9	150-159	149-160
81	124	95	118-128	117-129	107	158	>99.9	151-160	150-161
82	126	96	120-130	119-131	108	159	>99.9	152-161	151-162
83	127	96	121-131	120-132	109	160	>99.9	153-162	152-163
84	128	97	122-132	121-133	110	160	>99.9	153-162	152-163
85	129	97	123-133	122-133	111	160	>99.9	153-162	152-163
86	130	98	124-134	123-134	112	160	>99.9	153-162	152-163
87	132	98	126-135	125-136	113	160	>99.9	153-162	152-163
					114	160	>99.9	153-162	152-163

⊞ 아동용 웩슬러 지능검사-4판(WISC-IV) ⓒ 2003 Harcourt assessment, Inc. 인가하에 인용됨.

표 3.2	통계적으로 유의미한 전체지능 지수(FSIQ)와 일반능력 지표(GAI)의 차이 (연령별 집단과 전체 표준화 집단에서)	
연령집단	유의수준	전체지능 지수와 일반능력 지표 점수 차이
6세~11세 11개월	.15	6
	.05	8
12세~16세 11개월	.15	6
	.05	8
모든 연령	.15	6
	.05	8

참고 : 통계적으로 유의미한 차이는 각 점수의 연령별 측정치가 보이는 표준편차에 기반을 둔 것으로, 다음 공식에 따라 계산되었다 : $Z = \sqrt{SEM_a^2 + SEM_b^2}$ (Z는 양측검증한 정상분포곡선상의 값이며, SEM_a와 SEM_b는 각 점수의 표준오차임).

☎ 아동용 웩슬러 지능검사-4판(WISC-IV) ⓒ 2003 Harcourt assessment, Inc. 인가하에 인용됨.

지수에 비해서 일반능력 지표점수를 5점 이상 높게 받았다. 자폐장애와 아스퍼거 장애를 가진 아동 집단은 더욱 확고한 결과가 나왔다. 이 집단 아동의 약 50%가 전체지능 지수보다 8점 이상 높은 일반능력 지표점수를 보였다.

표 3.4에 보고된 값은 집단에 따라 그리고 차이의 방향성에 따라 "−"와 "+" 칸으로 나뉘어 있다. 차이 점수의 절대값을 표 맨 왼쪽이나 오른쪽에 넣고 원하는 특수집단 칸에서 해당되는 점수를 찾아 기록하면 된다.

일반능력 지표 보고와 기술의 단계

환산점수

일반능력 지표는 연령별 환산점수를 제공한다. 이것은 Wechsler(2003b)가 구조화해 놓은 것과 같이, 다른 합산점수들처럼 해석하면 된다.

백분위

일반능력 지표에 따라 연령을 기반으로 한 백분위가 제공되어 있으며, 이는 아동이 같은 연령대의 다른 아동들과 비교하여 어느 정도 위치에 있는지를 말해 준다. 백분위는 표준화 연

표 3.3 표준화 연구집단(전체집단)과 능력수준에 따른 집단별의 전체지능 지수(FSIQ)-일반능력 지표(GAI) 점수 차이 누적확률(기저율)

점수 차이	전체집단		GAI ≤ 79		80 ≤ GAI ≤ 89		90 ≤ GAI ≤ 109		110 ≤ GAI ≤ 119		GAI ≥ 120		점수 차이
	FSIQ< GAI(-)	FSIQ> GAI(+)	FSIQ< GAI(-)	FSIQ> GAI(+)	FSIQ< GAI(-)	FSIQ> GAI(+)	FSIQ< GAI(-)	FSIQ> GAI(+)	FSIQ< GAI(-)	FSIQ> GAI(+)	FSIQ< GAI(-)	FSIQ> GAI(+)	
18	0.0	0.0	0.0	0.0	0.0	0.0	0.0	0.0	0.3	0.0	0.0	0.0	18
17	0.0	0.0	0.0	0.0	0.0	0.0	0.0	0.0	0.3	0.0	0.0	0.0	17
16	0.1	0.0	0.0	0.0	0.0	0.0	0.0	0.0	0.3	0.0	0.4	0.0	16
15	0.2	0.0	0.0	0.0	0.0	0.0	0.2	0.0	0.3	0.3	0.9	0.0	15
14	0.5	0.3	0.0	1.2	0.7	0.3	0.4	0.2	0.3	0.5	2.2	0.0	14
13	0.9	0.5	0.0	1.2	1.4	0.3	0.4	0.4	0.3	0.5	4.5	0.4	13
12	1.4	0.8	0.0	2.9	2.1	0.3	0.8	0.7	0.5	0.5	6.3	0.4	12
11	2.3	1.2	0.0	4.1	2.8	0.3	1.6	1.4	1.8	0.5	7.6	0.4	11
10	3.4	2.2	0.6	5.8	4.5	1.4	2.6	2.2	2.9	2.4	9.4	0.4	10
9	5.4	3.7	0.6	8.2	6.6	2.1	4.7	3.9	5.0	3.9	12.1	0.9	9
8	7.9	5.4	2.3	9.4	8.7	3.1	6.8	6.3	8.1	4.7	16.1	1.8	8
7	11.0	8.2	5.3	16.4	12.2	4.9	9.2	9.3	13.6	6.8	18.8	3.1	7
6	14.5	11.6	8.8	24.0	16.0	8.7	12.1	13.0	17.0	8.1	25.1	4.9	6
5	19.8	16.9	13.5	31.0	21.2	13.2	17.3	19.5	23.6	11.8	29.6	6.7	5
4	25.6	22.7	16.4	36.3	26.0	18.1	23.0	26.1	30.6	18.1	36.8	9.0	4
3	32.6	28.3	20.5	45.6	30.6	23.6	29.5	31.1	39.3	25.1	49.3	12.1	3
2	39.9	35.5	28.1	50.9	39.2	30.9	36.1	38.7	47.1	32.7	57.0	18.4	2
1	48.7	43.3	33.3	58.5	51.0	38.2	44.7	46.9	54.2	41.1	68.2	23.8	1
평균	4.4	4.2	3.9	5.1	4.4	3.8	4.2	4.3	4.5	3.8	5.1	3.5	평균
표준편차	3.0	2.8	2.3	3.1	3.3	2.5	2.9	2.7	2.8	2.8	3.7	2.6	표준편차
중앙값	4.0	4.0	3.0	5.0	4.0	3.0	4.0	4.0	4.0	3.0	4.0	3.0	중앙값

주) 아동용 웩슬러 지능검사-4판(WISC-Ⅳ) © 2003 Harcourt assessment, Inc. 인가하에 인용됨.

표 3.4 다양한 특수집단 표본의 전체지능 지수(FSIQ) – 일반능력 지표(GAI) 점수 차이 누적확률(기저율)

임상집단

점수차이	영재 (N=63)		경도 지체 (N=63)		중등도 지체 (N=57)		읽기장애 (N=56)		읽기/쓰기 장애 (N=35)		산술장애 (N=33)		읽기/쓰기/산술 장애 (N=42)		학습장애/ADHD (N=45)		점수차이
	FSIQ<GAI(−)	FSIQ>GAI(+)	FSIQ<GAI(−)	FSIQ>GAI(+)	FSIQ<GAI(−)	FSIQ>GAI(+)	FSIQ<GAI(−)	FSIQ>GAI(+)	FSIQ<GAI(−)	FSIQ>GAI(+)	FSIQ<GAI(−)	FSIQ>GAI(+)	FSIQ<GAI(−)	FSIQ>GAI(+)	FSIQ<GAI(−)	FSIQ>GAI(+)	
18	0.0	0.0	0.0	0.0	0.0	0.0	0.0	0.0	0.0	0.0	0.0	0.0	0.0	0.0	0.0	0.0	18
17	1.7	0.0	0.0	0.0	0.0	0.0	0.0	0.0	0.0	0.0	0.0	0.0	0.0	0.0	0.0	0.0	17
16	3.3	0.0	0.0	0.0	0.0	0.0	0.0	0.0	0.0	0.0	0.0	0.0	0.0	0.0	0.0	0.0	16
15	3.3	0.0	0.0	0.0	0.0	0.0	0.0	0.0	0.0	0.0	0.0	0.0	0.0	0.0	0.0	0.0	15
14	3.3	0.0	0.0	0.0	0.0	0.0	3.8	0.0	0.0	0.0	0.0	0.0	0.0	0.0	4.9	0.0	14
13	3.3	0.0	0.0	0.0	0.0	0.0	3.8	1.9	0.0	0.0	0.0	0.0	0.0	0.0	7.3	0.0	13
12	5.0	0.0	0.0	0.0	2.1	0.0	3.8	1.9	9.4	0.0	0.0	0.0	0.0	2.6	17.1	0.0	12
11	8.3	0.0	0.0	0.0	2.1	0.0	5.7	1.9	9.4	0.0	0.0	0.0	0.0	2.6	22.0	0.0	11
10	13.3	0.0	1.8	0.0	2.1	0.0	7.5	1.9	9.4	0.0	3.3	0.0	2.6	2.6	24.4	0.0	10
9	15.0	0.0	3.6	0.0	2.1	2.1	9.4	1.9	18.8	0.0	3.3	0.0	10.5	2.6	24.4	2.4	9
8	20.0	0.0	7.1	3.6	2.1	4.2	22.6	3.8	21.9	0.0	13.3	0.0	15.8	2.6	31.7	2.4	8
7	25.0	0.0	10.7	7.1	2.1	6.3	37.7	5.7	28.1	0.0	20.0	0.0	18.4	2.6	34.1	4.9	7
6	31.7	0.0	14.3	17.9	2.1	8.3	47.2	5.7	43.8	0.0	26.7	3.3	26.3	2.6	41.5	7.3	6
5	40.0	0.0	16.1	25.0	2.1	14.6	50.9	7.5	53.1	3.1	33.3	6.7	39.5	5.3	43.9	9.8	5
4	43.3	6.7	17.9	33.9	2.1	22.9	56.6	9.4	65.6	6.3	36.7	10.0	44.7	10.5	46.3	9.8	4
3	53.3	13.3	25.0	50.0	4.2	25.0	64.2	13.2	68.8	6.3	46.7	16.7	55.3	15.8	61.0	14.6	3
2	65.0	20.0	33.9	51.8	4.2	29.2	66.0	15.1	71.9	9.4	53.3	23.3	65.8	15.8	68.3	17.1	2
1	68.3	25.0	37.5	57.1	6.3	39.6	75.5	17.0	84.4	12.5	56.7	30.0	71.1	26.3	73.2	22.0	1
평균	5.9	2.6	4.5	4.3	5.7	3.8	6.0	5.1	5.7	3.0	5.1	3.0	4.9	3.5	6.8	4.1	평균
표준편차	3.9	1.1	2.8	1.9	6.4	2.7	3.2	3.7	3.3	1.8	2.5	1.7	2.7	3.3	4.3	2.8	표준편차
중앙값	5.0	3.0	3.0	4.0	3.0	3.0	6.5	4.0	6.0	3.0	5.0	3.0	5.0	3.0	6.0	3.0	중앙값

(계속)

표 3.4 다양한 특수집단 표본의 전체지능 지수(FSIQ)-일반능력 지표(GAI) 점수 차이 누적확률(계속)

임상집단

경도지체 점수차이	ADHD (N=89)		표현언어장애 (N=27)		혼재성 수용-표현 언어장애(N=41)		개방성 뇌부 손상 (N=16)		폐쇄성 뇌부 손상 (N=27)		자폐장애 (N=19)		아스퍼거 장애 (N=27)		운동장애 (N=21)		점수차이
	FSIQ< GAI(-)	FSIQ> GAI(+)	FSIQ< GAI(-)	FSIQ> GAI(+)	FSIQ< GAI(-)	FSIQ> GAI(+)	FSIQ< GAI(-)	FSIQ> GAI(+)	FSIQ< GAI(-)	FSIQ> GAI(+)	FSIQ< GAI(-)	FSIQ> GAI(+)	FSIQ< GAI(-)	FSIQ> GAI(+)	FSIQ< GAI(-)	FSIQ> GAI(+)	
18	0.0	0.0	0.0	0.0	0.0	0.0	0.0	0.0	0.0	0.0	0.0	0.0	8.3	0.0	0.0	0.0	18
17	0.0	0.0	0.0	0.0	0.0	0.0	0.0	0.0	0.0	0.0	0.0	0.0	8.3	0.0	0.0	0.0	17
16	0.0	0.0	0.0	0.0	0.0	0.0	0.0	0.0	0.0	0.0	0.0	0.0	8.3	0.0	0.0	0.0	16
15	0.0	0.0	0.0	0.0	0.0	0.0	0.0	0.0	0.0	0.0	5.9	0.0	12.5	0.0	0.0	0.0	15
14	1.2	0.0	0.0	0.0	0.0	0.0	0.0	0.0	0.0	0.0	17.6	0.0	12.5	0.0	0.0	0.0	14
13	1.2	1.2	0.0	0.0	2.6	0.0	7.1	0.0	0.0	0.0	17.6	0.0	16.7	0.0	0.0	0.0	13
12	1.2	1.2	0.0	0.0	7.9	0.0	7.1	0.0	0.0	0.0	17.6	0.0	29.2	0.0	5.6	0.0	12
11	2.4	1.2	0.0	0.0	7.9	0.0	7.1	0.0	0.0	0.0	29.4	0.0	29.2	4.2	5.6	0.0	11
10	6.1	1.2	0.0	0.0	7.9	0.0	14.3	0.0	4.0	0.0	29.4	0.0	37.5	4.2	5.6	0.0	10
9	9.8	1.2	4.5	0.0	18.4	0.0	14.3	0.0	4.0	0.0	47.1	0.0	41.7	4.2	11.1	0.0	9
8	17.1	1.2	9.1	0.0	23.7	0.0	21.4	0.0	8.0	0.0	52.9	0.0	45.8	4.2	22.2	0.0	8
7	19.5	1.2	9.1	0.0	28.9	2.6	28.6	0.0	8.0	0.0	58.8	0.0	58.3	4.2	27.8	0.0	7
6	30.5	4.9	18.2	0.0	34.2	5.3	42.9	0.0	32.0	0.0	58.8	0.0	58.3	8.3	33.3	0.0	6
5	35.4	4.9	31.8	0.0	44.7	10.5	42.9	0.0	40.0	0.0	64.7	0.0	62.5	12.5	55.6	0.0	5
4	39.0	7.3	50.0	9.1	50.0	10.5	50.0	0.0	48.0	4.0	70.6	0.0	70.8	12.5	55.6	0.0	4
3	45.1	9.8	54.5	9.1	60.5	15.8	50.0	0.0	52.0	4.0	76.5	0.0	79.2	12.5	72.2	5.6	3
2	54.9	17.1	68.2	13.6	65.8	21.1	57.1	0.0	64.0	8.0	76.5	0.0	79.2	12.5	88.9	5.6	2
1	65.9	20.7	77.3	13.6	71.1	23.7	71.4	0.0	72.0	12.0	76.5	5.9	87.5	12.5	88.9	11.1	1
평균	5.0	3.5	4.2	3.3	6.0	3.8	5.8		4.6	2.3	9.2	1.0	8.5	7.3	5.3	2.0	평균
표준편차	3.2	3.0	2.3	1.2	3.4	2.0	3.9		2.5	1.5	3.8		5.1	3.2	2.9	1.4	표준편차
중앙값	5.0	2.0	4.0	4.0	5.0	3.0	6.0		5.0	2.0	9.0	1.0	8.0	6.0	5.0	2.0	중앙값

주. 아동용 웩슬러 지능검사-4판(WISC-IV) ⓒ 2003 Harcourt assessment, Inc. 인가하에 인용됨.

구집단에서 해당 점수보다 낮은 점수를 받은 아동의 비율을 말한다. Wechsler(2003b)는 일반능력 지표의 백분위는 다른 백분위와 같은 방식으로 해석한다.

측정 표준오차와 신뢰도 구간

인지능력 척도의 점수는 관찰을 바탕으로 하는 아동의 진점수 추정값이다. 이는 어느 정도의 측정오차와 아동의 실제 능력이 혼합된 값이다. 신뢰도 구간은 점수의 정확도를 표현하는 다른 방식으로, 모든 점수 안에 측정오류가 포함되어 있음을 상기시켜 준다.

　Fisher의 z 변환법을 이용하여 계산한 일반능력 지표의 평균 신뢰도는 6~11세에서 r = .95, 12~16세에서 r = .96으로 나타나고 있다. 그에 해당하는 측정오류는 각각 환산점수로 3.3점, 3.0점이다. 95% 신뢰구간은 각각 ±6.6점과 ±5.9점이다.

기술적 분류

일반능력 지표를 포함한 합산점수는 아동의 수행수준에 따라 질적으로 해석된다. WISC-IV 합산점수에 대한 기술적 분류에 대해서는 Wechsler(2003b)를 보면 된다.

일반능력 지표의 기본 해석과정

이 과정은 보충적인 것이며, Wechsler(2003b)의 10단계 과정을 대체하는 내용이 아님을 주의해야 한다.

전반적인 합산점수 평가

전체지능 지수와 일반능력 지표는 언제나 소검사 맥락에 따라 평가되어야 하는 합산점수이다. 전체지능 지수나 일반능력 지표를 구성하는 소검사 간에 극단적인 편차가 있다면, 이는 그 점수가 다양한 능력을 단순히 평균한 값이라고 볼 수 있다. 검사자들은 점수를 해석할 때, 합산점수를 구성하는 소검사의 상대적 수행을 눈여겨 살펴보아야 한다. 일반능력 지표를 사용할지에 대한 결정은 부분적으로 네 개 지표점수 간의 차이를 살펴보는 것을 포함한다.

전체지능 지수-일반능력 지표 차이 평가

쌍별 비교(pairwise comparisons)를 수행하는 첫 번째 과정은 점수 차이의 절대값이 유의미한지를 판단하는 것이다. 표 3.2에는 연령별로 .15와 .05 수준에서 통계적 유의성을 얻기 위해 요구되는 최소한의 전체지능 지수-일반능력 지표 차이값이 나와 있다. 이 차이점수의 절대값이 임계치와 같거나 그보다 커야 이 차이를 측정오차나 무작위적인 변동(random fluctuation)이 아닌 진짜 차이로 간주할 수 있다. 만약 전체지능 지수-일반능력 지표 간의 차이가 유의미하지 않다면, 이것은 작업기억과 처리속도의 영향을 축소시키는 것이 전반적 능력 추정에 큰 변화를 주지 않는다는 것을 의미한다.

만약 전체지능 지수와 일반능력 지표의 대조 시 유의미한 차이가 발견되었다면, 검사자는 그러한 차이가 일반집단에서 얼마나 드물게 나타나는지를 확인해야 한다. 표 3.3에는 WISC-IV 표준화 연구집단 내에서 전체지능 지수와 일반능력 지표 차이가 유의미하게 나타난 빈도가 제시되어 있다(기저율). 기저율을 통해, 아동이 얻은 점수 차이가 일반 인구에서 얼마나 드물게 혹은 흔하게 나타난 것인지를 추정할 수 있다. 표 3.4에서는 WISC-IV의 다양한 특수집단에서 나타난 유의미한 차이 점수의 빈도를 보여 주고 있다.

능력-성취 차이

능력-성취 차이(Ability-Achievement Discrepancy, AAD)를 학습장애 진단의 기준으로 사용할 때, 임상가들은 인지능력과 학업성취를 비교하기 위한 방법으로 예측-차이 방법과 단순-차이 방법 둘 중 하나를 선택해야 한다. 두 가지 방법이 모두 쓰이기는 하지만, 예측-차이 방법이 더 신뢰로우며 두 척도 간 상관을 설명해 주기 때문에 선호된다. 예측-차이 방법에서는 능력 척도와 성취 척도가 같은 규준을 사용한다. 이 방법은 능력점수를 사용해서 성취점수를 예측하고 그 후 예측된 점수와 실제 관찰된 성취검사 점수를 비교한다. 단순-차이 방법은 단순히 측정된 능력을 성취점수와 비교한다. WIAT-II 검사지침(Harcourt Assessment, Inc., 2002)은 이 두 방법을 선택하는 데 필요한 이론적 설명과 그 과정에 필요한 통계적 절차에 대한 추가적인 세부 사항들을 제공한다.

예측-차이 방법

표 3.5는 WISC-IV의 일반능력 지표로부터 예측된 WIAT-II의 소검사 점수와 합산점수를 보여 주고 있다. 일반능력 지표를 표의 맨 왼쪽이나 맨 오른쪽 열에 넣고 그 행을 읽어 나가면서 아동의 WIAT-II 소검사 점수와 합산점수 예측치를 확인하여 이를 기록한다. 그리고 실제 얻은 점수에서 각각의 예측치를 빼서 차이 점수를 구한다.

검사자는 차이 점수의 통계적 유의성과 기저율을 고려해야 한다. 표 3.6에는 통계적으로 유의미한 차이로 인정되기 위해 필요한 WIAT-II 실제점수와 예측치 간의 차이가 .05와 .01 수준별로 제시되어 있다(6세~11세 11개월 연령집단과 12세~16세 11개월 연령집단). 표 3.6을 이용하여 아동의 연령집단과 원하는 유의도 수준을 찾을 수 있다. 아동의 차이 점수가 통계적으로 유의미하려면, 그 절대값이 임계치 이상이어야 한다.

만약 WIAT-II 소검사 점수와 합산 점수의 예측값과 실제값 사이에 유의미한 차이가 있다면, 검사자는 그 차이가 일반집단에서 얼마나 자주 나타나는지를 확인해야 한다. 표 3.7은 WISC-IV 표준화 연구집단에서 나타난 WIAT-II 소검사 점수/합산점수의 예측값과 실제값 간 차이의 누적빈도(기저율)를 보여 준다. 소검사명/합산치의 명칭을 표 맨 왼쪽에 넣고 그 행을 읽어 나가면서 아동의 차이 점수를 찾는다. 해당 열의 맨 위에 있는 것은, WIAT-II 예측치보다 실제 WIAT-II 점수가 특정 값 이상 낮았던 표본의 이론적 정규분포 상에서의 비율을 말해 주는 수치이다.

단순-차이 방법

표 3.8에서는 .05 수준과 .01 수준에서 통계적으로 유의미하기 위해 요구되는 WISC-IV 일반능력 지표와 WIAT-II의 소검사 점수 간 차이값과, 일반능력 지표와 합산점수 간 차이값을 보여 주고 있다(6세~11세 11개월 연령집단과 12세~16세 11개월 연령집단). 표 3.8을 이용하여 아동의 연령집단과 원하는 유의도 수준을 찾을 수 있다. 아동의 차이 점수가 통계적으로 유의미하려면, 그 절대값이 임계치 이상이어야 한다.

표 3.5	WISC-IV 일반능력 지표(GAI)로부터 예측된 WIAT-II 소검사 점수와 합산점수														
	WIAT-II														
	소검사 점수									합산점수					
GAI	WR	NO	RC	SP	PD	MR	WE	LC	OE	RD	MA	WL	OL	TA	GAI
40	56	60	55	59	64	54	60	52	66	54	55	57	54	49	40
41	56	60	56	59	65	55	61	53	67	55	56	58	55	50	41
42	57	61	57	60	65	56	62	54	68	55	57	58	55	51	42
43	58	62	57	61	66	57	62	54	68	56	57	59	56	52	43
44	59	62	58	61	66	57	64	55	69	57	58	60	57	52	44
45	59	63	59	62	67	58	64	56	69	58	59	60	58	53	45
46	60	64	59	63	68	59	64	57	70	58	60	61	58	54	46
47	61	64	60	63	68	60	65	58	70	59	60	62	59	55	47
48	62	65	61	64	69	60	66	58	71	60	61	63	60	56	48
49	62	66	62	65	69	61	66	59	71	61	62	63	61	57	49
50	63	67	63	66	70	62	67	60	72	62	63	64	62	58	50
51	64	67	63	66	71	63	68	61	73	62	63	65	62	58	51
52	64	68	64	67	71	64	68	62	73	63	64	65	63	59	52
53	65	69	65	68	72	64	69	62	74	64	65	66	64	60	53
54	66	69	66	68	72	65	70	63	74	65	66	67	65	61	54
55	67	70	66	69	73	66	70	64	75	65	66	68	65	62	55
56	67	71	67	70	74	67	71	65	75	66	67	68	66	63	56
57	68	71	68	70	74	67	72	66	76	67	68	69	67	63	57
58	69	72	69	71	75	68	72	66	76	68	69	70	68	64	58
59	70	73	69	72	75	69	73	67	77	68	69	70	68	65	59
60	70	73	70	72	76	70	74	68	78	69	70	71	69	66	60
61	71	74	71	73	77	70	69	78	70	71	72	70	67		61
62	72	75	72	74	77	71	75	70	79	71	72	73	71	68	62
63	73	75	72	74	78	72	76	70	79	72	72	73	72	69	63
64	73	76	73	75	78	73	76	71	80	72	73	74	72	69	64
65	74	77	74	76	79	73	77	72	80	73	74	75	73	70	65
66	75	77	75	77	80	74	78	73	81	74	75	76	74	71	66
67	76	78	75	77	80	75	78	74	82	75	75	76	75	72	67

(계속)

| 표 3.5 | WISC-IV 일반능력 지표(GAI)로부터 예측된 WIAT-II 소검사 점수와 합산점수(계속) | | | | | | | | | | | | | |

WIAT-II														
	소검사 점수									합산점수				
GAI	WR	NO	RC	SP	PD	MR	WE	LC	OE	RD	MA	WL	OL	TA	GAI
68	76	79	76	78	81	76	79	74	82	75	76	77	75	73	68
69	77	79	77	79	81	76	80	75	83	76	77	78	76	74	69
70	78	80	78	79	82	77	80	76	83	77	78	78	77	75	70
71	79	81	78	80	83	78	81	77	84	78	78	79	78	75	71
72	79	81	79	81	83	79	82	78	84	78	79	80	78	76	72
73	80	82	80	81	84	79	82	78	85	79	80	81	79	77	73
74	81	83	81	82	84	80	83	79	85	80	81	81	80	78	74
75	82	83	81	83	85	81	84	80	86	81	81	82	81	79	75
76	82	84	82	83	86	82	84	81	87	82	82	83	82	80	76
77	83	85	83	84	86	83	85	82	87	82	83	83	82	80	77
78	84	85	84	85	87	83	85	82	88	83	84	84	83	81	78
79	84	86	84	86	87	84	86	83	88	84	84	85	84	82	79
80	85	87	85	86	88	85	87	84	89	85	85	86	85	83	80
81	86	87	86	87	89	86	87	85	89	85	86	86	85	84	81
82	87	88	87	88	89	86	88	86	90	86	87	87	86	85	82
83	87	89	87	88	90	87	89	86	90	87	87	88	87	86	83
84	88	89	88	89	90	88	89	87	91	88	88	88	88	86	84
85	89	90	89	90	91	89	90	88	92	88	89	89	88	87	85
86	90	91	90	90	92	89	91	89	92	89	90	90	89	88	86
87	90	91	90	91	92	90	91	90	93	90	90	91	90	89	87
88	91	92	91	92	93	91	92	90	93	91	91	91	91	90	88
89	92	93	92	92	93	92	93	91	94	92	92	92	92	91	89
90	93	93	93	93	94	92	93	92	94	92	93	93	92	92	90
91	93	94	93	94	95	93	94	93	95	93	93	94	93	92	91
92	94	95	94	94	95	94	95	94	96	94	94	94	94	93	92
93	95	95	95	95	96	95	95	94	96	95	95	95	95	94	93
94	96	96	96	96	96	95	96	95	97	95	96	96	95	95	94
95	96	97	96	97	97	96	97	96	97	96	96	96	96	96	95

(계속)

| 표 3.5 | WISC-Ⅳ 일반능력 지표(GAI)로부터 예측된 WIAT-Ⅱ 소검사 점수와 합산점수(계속) |

						WIAT-Ⅱ									
				소검사 점수								합산점수			
GAI	WR	NO	RC	SP	PD	MR	WE	LC	OE	RD	MA	WL	OL	TA	GAI
96	97	97	97	97	98	97	97	97	98	97	97	97	97	97	96
97	98	98	98	98	98	98	98	98	98	98	98	98	98	97	97
98	99	99	99	99	99	98	99	98	99	98	99	99	98	98	98
99	99	99	99	99	99	99	99	99	99	99	99	99	99	99	99
100	100	100	100	100	100	100	100	100	100	100	100	100	100	100	100
101	101	101	101	101	101	101	101	101	101	101	101	101	101	101	101
102	101	101	102	101	101	102	101	102	101	102	102	101	102	102	102
103	102	102	102	102	102	102	102	102	102	102	102	102	102	103	103
104	103	103	103	103	102	103	103	103	102	103	103	103	103	103	104
105	104	103	104	103	103	104	103	104	103	104	104	104	104	104	105
106	104	104	104	104	104	105	104	105	103	105	105	104	105	105	106
107	105	105	105	105	104	105	105	106	104	105	105	105	105	106	107
108	106	105	106	106	105	106	105	106	104	106	106	106	106	107	108
109	107	106	107	106	105	107	106	107	105	107	107	106	107	108	109
110	107	107	108	107	106	108	107	108	106	108	108	107	108	109	110
111	108	107	108	108	107	108	107	109	106	108	108	108	108	109	111
112	109	108	109	108	107	109	108	110	107	109	109	109	109	110	112
113	110	109	110	109	108	110	109	110	107	110	110	109	110	111	113
114	110	109	111	110	108	111	109	111	108	111	111	110	111	112	114
115	111	110	111	110	109	111	110	112	108	112	111	111	112	113	115
116	112	111	112	111	110	112	111	113	109	112	112	112	112	114	116
117	113	111	113	112	110	113	111	114	110	113	113	112	113	114	117
118	113	112	114	112	111	114	112	114	110	114	114	113	114	115	118
119	114	113	114	113	111	114	113	115	111	115	114	114	115	116	119
120	115	113	115	114	112	115	113	116	111	115	115	114	115	117	120
121	116	114	116	114	113	116	114	117	112	116	116	115	116	118	121
122	116	115	117	115	113	117	115	118	112	117	117	116	117	119	122
123	117	115	117	116	114	117	115	118	113	118	117	117	118	120	123

(계속)

표 3.5				WISC-IV 일반능력 지표(GAI)로부터 예측된 WIAT-II 소검사 점수와 합산점수(계속)										
						WIAT-II								
				소검사 점수								합산점수		
GAI	WR	NO	RC	SP	PD	MR	WE	LC	OE	RD	MA	WL	OL	TA	GAI
124	118	116	118	117	114	118	116	119	113	118	118	117	118	120	124
125	119	117	119	117	115	119	117	120	114	119	119	118	119	121	125
126	119	117	120	118	116	120	117	121	115	120	120	119	120	122	126
127	120	118	120	119	116	121	118	122	115	121	120	119	121	123	127
128	121	119	121	119	117	121	118	122	116	122	121	120	122	124	128
129	121	119	122	120	117	122	119	123	116	122	122	121	122	125	129
130	122	120	123	121	118	123	120	124	117	123	123	122	123	126	130
131	123	121	123	121	119	124	120	125	117	124	123	122	124	126	131
132	124	121	124	122	119	124	121	126	118	125	124	123	125	127	132
133	124	122	125	123	120	125	122	126	118	125	125	124	125	128	133
134	125	123	126	123	120	126	122	127	119	126	126	124	126	129	134
135	126	123	126	124	121	127	123	128	120	127	126	125	127	130	135
136	127	124	127	125	122	127	124	129	120	128	127	126	128	131	136
137	127	125	128	126	122	128	124	130	121	128	128	127	128	131	137
138	128	125	129	126	123	129	125	130	121	129	129	127	129	132	138
139	129	126	129	127	123	130	126	131	122	130	129	128	130	133	139
140	130	127	130	128	124	130	126	132	122	131	130	129	131	134	140
141	130	127	131	128	125	131	127	133	123	132	131	130	132	135	141
142	131	128	132	129	125	132	128	134	124	132	132	130	132	136	142
143	132	129	132	130	126	133	128	134	124	133	132	131	133	137	143
144	133	129	133	130	126	133	129	135	125	134	133	132	134	137	144
145	133	130	134	131	127	134	130	136	125	135	134	132	135	138	145
146	134	131	135	132	128	135	130	137	126	135	135	133	135	139	146
147	135	131	135	132	128	136	131	138	126	136	135	134	136	140	147
148	136	132	136	133	129	136	132	138	127	137	136	135	137	141	148
149	136	133	137	134	129	137	132	139	127	138	137	135	138	142	149
150	137	134	138	135	130	138	133	140	128	139	138	136	139	143	150
151	138	134	138	135	131	139	134	141	129	139	138	137	139	143	151

(계속)

| 표 3.5 | WISC-IV 일반능력 지표(GAI)로부터 예측된 WIAT-II 소검사 점수와 합산점수(계속) | | | | | | | | | | | | | |

	WIAT-II													
	소검사 점수									합산점수				
GAI	WR	NO	RC	SP	PD	MR	WE	LC	OE	RD	MA	WL	OL	TA	GAI
152	138	135	139	136	131	140	134	142	129	140	139	137	140	144	152
153	139	136	140	137	132	140	135	142	130	141	140	138	141	145	153
154	140	136	141	137	132	141	136	143	130	142	141	139	142	146	154
155	141	137	141	138	133	142	136	144	131	142	141	140	142	147	155
156	141	138	142	139	134	143	137	145	131	143	142	140	143	148	156
157	142	138	143	139	134	143	138	146	132	144	143	141	144	148	157
158	143	139	144	140	135	144	138	146	132	145	144	142	145	149	158
159	144	140	144	141	135	145	139	147	133	145	144	142	145	150	159
160	144	140	145	141	136	146	140	148	134	146	145	143	146	151	160

🔑 WR=단어읽기; NO=수조작; RC=독해; SP=철자; PD=무의미단어해독; MR=수리추론; WE=쓰기; LC=청해; OE=말하기; RD=읽기; MA=산술; WL=문어 ; OL=구어 ; TA=성취 총합. 아동용 웩슬러 지능검사-4판(WISC-IV) ⓒ 2003 Harcourt assessment, Inc. 인가하에 인용됨.

만약 WISC-IV 일반능력 지표와 WIAT-II 소검사 점수·합산점수 사이에 유의미한 차이가 있다면, 검사자는 그 차이가 일반집단에서 얼마나 자주 나타나는지를 확인해야 한다. 표 3.9는 WISC-IV 표준화 연구집단에서 나타난 WISC-IV 일반능력 지표와 WIAT-II 소검사 점수/합산점수 간 차이의 누적빈도(기저율)를 보여 준다. 소검사/합산점수의 명칭을 표 맨 왼쪽에 넣고 그 행을 읽어 나가면서 아동의 차이 점수를 찾는다. 해당 열의 맨 위에 자리하고 있는 것이 WISC-IV 점수보다 WIAT-II 점수가 특정값 이상 낮았던 표본의 이론적 정규분포상에서의 비율을 말해 주는 수치이다.

요약과 결론

이 장에서는 요인분석 연구와 학업 및 직업적 성취와 같은 결과들에 대한 예측력 연구 등을 통하여 지적 평가에서의 일반지능(g)이라는 개념이 확고하다는 것을 보여 주었다.

표 3.6	통계적 유의성을 위해 요구되는 WIAT-II 예측값과 WIAT-II 실제값의 차이(임계치) : WISC-IV GAI를 이용한 예측−차이 방법		
소검사/합산점수	유의도 수준	6세~11세 11개월	12세~16세 11개월
단어읽기	.05	5	7
	.01	6	9
수조작	.05	12	9
	.01	16	11
독해	.05	7	8
	.01	9	10
철자	.05	8	8
	.01	11	11
무의미단어해독	.05	5	6
	.01	7	8
수리추론	.05	9	9
	.01	12	12
쓰기	.05	11	12
	.01	15	15
청해	.05	13	13
	.01	17	18
말하기	.05	10	12
	.01	13	15
읽기	.05	5	6
	.01	7	7
산술	.05	9	7
	.01	12	9
문어	.05	8	11
	.01	11	14
구어	.05	10	9
	.01	13	11
합계	.05	6	6
	.01	8	8

🖥 아동용 웩슬러 지능검사-4판(WISC-IV) ⓒ 2003 Harcourt assessment, Inc. 인가하에 인용됨.

표 3.7	정상분포에서 WIAT-II 예측값과 실제값 간 차이가 나타나는 비율(기저율) : WISC-IV GAI를 이용한 예측－차이 방법								
	정상분포 내 비율(기저율)								
소검사/합산점수	25	20	15	10	5	4	3	2	l
단어읽기	7	9	11	13	17	18	19	21	24
수조작	8	10	12	15	19	20	21	23	26
독해	7	9	11	13	17	18	19	21	24
철자	8	10	12	14	18	20	21	23	26
무의미단어해독	9	11	13	16	20	22	23	25	28
수리추론	7	9	11	13	17	18	19	21	23
쓰기	8	10	12	15	19	20	22	24	27
청해	7	8	10	12	15	16	17	19	21
말하기	9	11	13	16	21	22	24	26	29
읽기	7	9	10	13	16	17	19	20	23
산술	7	9	11	13	17	18	19	21	24
문어	8	9	11	14	18	19	20	22	25
구어	7	9	10	13	16	17	19	20	23
합계	6	7	9	11	13	14	15	17	19

⚕ 실제 WIAT-II 점수가 WISC-IV GAI 점수를 통해 예측된 값보다 특정 수준 이상 낮은 경우의 이론적 정상분포상에서의 비율을 말해 주는 수치이다. 아동용 웩슬러 지능검사-4판(WISC-IV) ⓒ 2003 Harcourt assessment, Inc. 인가하에 인용됨.

WISC-IV에 작업기억과 처리속도 과제가 추가적으로 도입되면서, 교육심리와 신경심리학적 배경에서 전체지능 지수의 임상적 민감성이 상승하였다. 그러나 이처럼 심리진단의 효용이 증가하면서 학습장애를 가진 아동의 평가에서 능력과 성취 간의 차이가 감소하게 되었다. 이와 같은 이유로 일반능력 지표는 작업기억 소검사와 처리속도 소검사를 배제한 하나의 대안적 요약지표로 산출되었다. 이 장에서는 WISC-III와 WISC-IV에서의 일반능력 지표의 간단한 역사에 대해서도 기술하였다. 또한 우리는 일반능력 지표를 결정하는 규준표, 그리고 능력－성취 차이 분석을 위한 WISC-IV와 WIAT-II 비교표를 보여 주었다. 하지만 일반능력 지표는 효율적 인지기능의 필수적 요소인 작업기억과 처리속도를 포함하

표 3.8	통계적 유의성을 위해 요구되는 WISC-IV GAI 점수와 WIAT-II 점수의 차이(임계치) : 연령집단별 단순-차이 방법		
소검사/합산점수	유의도 수준	6세~11세 11개월	12~16세 11개월
단어읽기	.05	7	8
	.01	9	11
수조작	.05	13	10
	.01	17	13
독해	.05	8	9
	.01	11	12
철자	.05	10	10
	.01	13	13
무의미단어해독	.05	8	8
	.01	10	10
수리추론	.05	10	10
	.01	13	13
쓰기	.05	12	12
	.01	16	16
청해	.05	14	14
	.01	18	19
말하기	.05	12	13
	.01	15	17
읽기	.05	7	7
	.01	9	9
산술	.05	10	8
	.01	13	11
문어	.05	10	12
	.01	13	15
구어	.05	11	10
	.01	14	13
합계	.05	8	7
	.01	10	9

☒ 아동용 웩슬러 지능검사-4판(WISC-IV) ⓒ 2003 Harcourt assessment, Inc. 인가하에 인용됨.

| 표 3.9 | 정상분포에서 WISC-IV GAI 점수와 WIAT-II 점수의 차이를 보이는 비율(기저율) :
단순-차이 방법 | | | | | | | | |

	정상분포 내 비율(기저율)								
소검사/합산점수	25	20	15	10	5	4	3	2	1
단어읽기	8	10	12	14	18	19	21	23	26
수조작	9	11	13	16	21	22	23	26	29
독해	8	9	11	14	18	19	20	22	25
철자	8	10	13	16	20	21	23	25	28
무의미단어해독	10	12	14	18	23	24	26	28	32
수리추론	8	9	11	14	18	19	20	22	25
쓰기	9	11	13	16	21	22	24	26	29
청해	7	8	10	13	16	17	18	20	23
말하기	10	12	15	19	24	25	27	29	33
읽기	7	9	11	14	17	18	20	21	24
산술	8	9	11	14	18	19	20	22	25
문어	8	10	12	15	19	20	22	24	27
구어	7	9	11	14	17	18	20	21	24
합계	6	7	9	11	14	15	16	17	20

🔒 상기 비율은 WIAT-II 점수가 WISC-IV GAI 점수보다 특정 수준 이상 낮을 경우의 이론적 정상분포상에서의 비율을 말한다. 아동용 웩슬러 지능검사-4판(WISC-IV) ⓒ 2003 Harcourt assessment, Inc. 인가하에 인용됨.

고 있지 않으므로, 검사자들은 일반능력 지표를 WISC-IV의 단축형으로 간주해서는 안 될 것이다.

능력-성취 차이 모형의 경우, 유의미한 능력-성취 점수 차이는 더딘 학습, 부적절한 지시, 학습장애, 혹은 학업에 부정적 영향을 미치는 여타의 행동/정서적 문제가 있을 가능성을 시사한다. 능력-성취 차이만으로는 그러한 문제를 진단하는 것은 미흡하지만, 현재 미국의 거의 모든 학교에서 특수교육 적격 판정 기준으로서 이 차이 점수가 단독으로 활용되고 있다.

| 참고문헌 |

Bar–On, R. (1997). *BarOn Emotional Quotient–Inventory*. San Antonio, TX: Harcourt Assessment, Inc.

Berninger, V. W., & O'Donnell, L. (2005). Research-supported differential diagnosis of specific learning disabilities. In A. Prifitera, D. H. Saklofske, & L. G. Weiss (Eds.), *WISC-IV clinical use and interpretation: Scientist-practitioner perspectives* (pp. 189–233). San Diego, CA: Elsevier.

Berninger, V. W., Dunn, A., & Alper, T. (2005). Integrated multilevel model for branching assessment, instructional assessment, and profile assessment. In A. Prifitera, D. H. Saklofske, & L. G. Weiss (Eds.), *WISC-IV clinical use and interpretation: Scientist-practitioner perspectives* (pp. 151–185). San Diego, CA: Elsevier.

Boake, C. (2002). From the Binet-Simon to the Wechsler–Bellevue: Tracing the history of intelligence testing. *Journal of Clinical and Experimental Neuropsychology, 24,* 383–405.

Carroll, J. B. (1993). *Human cognitive abilities: A survey of factor-analytic studies.* New York: Cambridge University Press

Cohen, M. (1997). *Children's Memory Scale.* San Antonio, TX: Harcourt Assessment, Inc.

Colom, R., Rebollo, I., Palacios, A., Juan-Espinosa, M., & Kyllonen, P. C. (2004). Working memory is (almost) perfectly predicted by *g. Intelligence, 32,* 277–296.

Deary, I. J. (2001). *Intelligence: A very short introduction.* Oxford: Oxford University Press.

Dumont, R., & Willis, J. (2004). *Use of the Tellegen and Briggs formula to determine the Dumont-Willis Indexes for the WISC–IV.* Retrieved December 1, 2004 from http://alpha.fdu.edu/psychology/WISCIV_DWI.htm

Elliot, C. D. (1990). *Differential ability scales.* San Antonio, TX: Harcourt Assessment, Inc.

Engle, R. W., Laughlin, J. E., Tuholski, S. W., & Conway, A. R. A. (1999). Working memory, short-term memory, and general fluid intelligence: A latent-variable approach. *Journal of Experimental Psychology: General, 128,* 309–331.

Flanagan, D. P., & Kaufman, A. S. (2004). *Essentials of WISC–IV assessment.* Hoboken, NJ: Wiley.

Fletcher, J. M., & Reschly, D. J. (2005). Changing procedures for identifying learning disabilities: The danger of perpetuating old ideas. *The School Psychologist, 59,* 10–15.

Francis, D. J., Fletcher, J. M., Steubing, K. K., Lyon, G. R., Shaywitz, B. A., & Shaywitz, S. E. (2005). Psychometric approaches to the identification of LD. *Journal of Learning Disabilities, 38,* 98–108.

Fry, A. F., & Hale, S. (1996). Processing speed, working memory, and fluid intelligence: Evidence for a developmental cascade. *Psychological Science, 7,* 237–241.

Fry, A. F., & Hale, S. (2000). Relationships among processing speed, working memory, and fluid intelligence in children. *Biological Psychology, 54,* 1–34.

Georgas, J. Weiss, L. G., van de Vijver, F., & Saklofske, D. H. (2003). *Culture and children's intelligence: A cross-cultural analysis of the WISC–III.* Amsterdam: Elsevier Science.

Gottfredson, L. S. (1997). Why *g* matters: The complexity of everyday life. *Intelligence, 24,* 79–132.

Gottfredson, L. S. (1998). The general intelligence factor. *Scientific American Presents, 9,* 24–29.

Hale, J. B., Naglieri, J. A., Kaufman, A. S., & Kavale, K. A. (2004). Specific learning disability classification in the new Individuals with Disabilities Education Act: The danger of good ideas. *The School Psychologist, 58,* 6–13, 29.

Harcourt Assessment Inc. (2002). *Wechsler individual achievement test–Second edition.* San Antonio, TX: Author.

Harris, J. G., Tulsky, D. S., & Schultheis, M. T, (2003). Assessment of the non-native English speaker: Assimilating history and research findings to guide clinical practice. In D.S Tulsky et al. (Eds.), *Clinical interpretation of the WAIS-III and WMS-III.* (pp. 343–390). San Diego: Academic Press.

Harrison, P. L., & Oakland, T. (2003). *Adaptive behavior assessment system–Second edition.* San Antonio, TX: Harcourt Assessment, Inc.

Heinz-Martin, S., Oberauer, K., Wittmann, W. W., Wilhelm, O., & Schulze, R. (2002). Working-memory capacity explains reasoning ability—and a little bit more. *Intelligence, 30,* 261–288.

Hunsley (2003). Introduction to the special section on incremental validity and utility in clinical assessment. *Psychological Assessment, 15,* 443–445.

Individuals with Disabilities Education Act Amendments of 1991, Pub. L. No. 102–150, 105, Sta. 587 (1992).

Individuals with Disabilities Education Act Amendments of 1997, 20 U.S.C. 1400 *et seq.* (Fed. Reg. 64, 1999).

Individuals with Disabilities Education Improvement Act of 2004, Pub. L. No. 108–446, 118 Stat. 328 (2004).

Ives, B. (2003). Effect size use in studies of learning disabilities. *Journal of Learning Disabilities, 36,* 490–504.

Kaufman, A. S. (1994). *Intelligent testing with the WISC-III.* New York: Wiley.

Kaufman, A. S., & Kaufman, N. (1998). *Kaufman test of educational achievement– Second edition.* Circle Pines, MN: American Guidance Service, Inc.

Kuncel, N. R., & Hezlett, S. A. (2004). Academic performance, career potential, creativity, and job performance: Can one construct predict them all? *Journal of Personality and Social Psychology, 86,* 148–161.

Mackintosh, N. J., & Bennett, E. S. (2003). The fractionation of working memory maps onto different components of intelligence. *Intelligence, 31,* 519–531.

McCloskey, G., & Maerlender, A. (2005). The WISC-IV Integrated. In A. Prifitera, D. H. Saklofske, & L. G. Weiss (Eds.), *WISC-IV clinical use and interpretation: Scientist–practitioner perspectives* (pp. 102–150). San Diego, CA: Elsevier.

Meyer, G. J., Finn, S. E., Eyde, L. D., Kay, G. G. Moreland, K. L., Dies, R. R., Eisman, E. J., Kubiszyn, T. W., & Reed, G. M. (2001). Psychological testing and psychological assessment: A review of evidence and issues. *American Psychologist, 56,* 128–165.

Miller, L. T., & Vernon, P. A. (1996). Intelligence, reaction time, and working memory in 4- to 6-year-old children. *Intelligence, 22,* 155–190.

Naglieri , J. A., & Das, J. P. (1997). *Cognitive assessment system.* Itasca, IL: Riverside.

Neisser, U., Boodoo, G., Bouchard, T. J., Jr., Boykin, A. W., Brody, N., Ceci, S. J., Halpern, D. F., Loehlin, J.C. Perloff, R., Sternberg, R. J., & Urbina, S. (1996). Intelligence: Knowns and unknowns. *American Psychologist, 51,* 77–101.

Pfeiffer, S., & Jarosewich, T. (2003a). *Gifted rating scales.* San Antonio, TX: Harcourt Assessment, Inc.

Pfeiffer, S., & Jarosewich, T. (2003b). *Gifted rating scales: School-age form.* San Antonio, TX:

Harcourt Assessment, Inc.

Prifitera, A., Saklofske, D. H., & Weiss, L. G. (Eds.) (2005). *WISC-IV clinical use and inter-pretation: Scientist–practitioner perspectives.* San Diego, CA: Elsevier.

Prifitera, A., Weiss, L. G., & Saklofske, D. H. (1998). The WISC-III in context. In A. Prifitera & D. H. Saklofske (Eds.), *WISC-III clinical use and interpretation: Scientist–practitioner perspectives* (pp. 1–38). New York: Academic Press.

Raiford, S. E., Weiss, L. G., Rolfhus, E., & Coalson, D. (2005). *General ability index* (WISC–IV Technical Report No. 4). Retrieved July 5, 2005, from http://harcourtassessment.com/ hai/ Images/pdf/wisciv/ WISCIVTechReport4.pdf

Roid, G. H. (2003). *Stanford-Binet Intelligence Scales–Fifth edition.* Itasca, IL: Riverside.

Saklofske, D. H. (1996). Using WISC-III Canadian study results in academic research. In D. Wechsler (Ed.), *WISC–III manual Canadian supplement* (pp. 5–13). Toronto, ON: The Psychological Corporation.

Saklofske, D. H., Gorsuch, R. L., Weiss, L. G., Zhu, J. J., & Patterson, C. A. (2005). General ability index for the WAIS–III: Canadian norms. *Canadian Journal of Behavioural Science, 37,* 44–48.

Saklofske, D. H., Prifitera, A., Weiss, L. G., Rolfhus, E., & Zhu, J. (2005). Clinical interpret-ation of the WISC–IV FSIQ and GAI. In A. Prifitera, D. H. Saklofske, & L. G. Weiss (Eds.), *WISC-IV clinical use and interpretation: Scientist–practitioner perspectives* (pp. 33–65). San Diego, CA: Elsevier.

Saklofske, D. H., Zhu, J., Raiford, S. E., Weiss, L. G., Rolfhus, E., & Coalson, D. (2005). *General ability index: Canadian norms* (WISC–IV Technical Report No. 4.1). Retrieved July 5, 2005, from http://harcourtassessment.com/hai/Images/pdf/wisciv/ WISC-IV_4.1_Re1.pdf

Sattler J. M. (2001). *Assessment of children: Cognitive applications* (4th ed.). San Diego, CA: Author.

Sattler, J. M., & Dumont, R. (2004). *Assessment of children: WISC-IV and WPPSI-III Supple-ment.* San Diego, CA: Author.

Sattler, J. M., & Saklofske, D. H. (2001a). Wechsler intelligence scale for children–III (WISC-III): Description. In J. M. Sattler (Ed.), *Assessment of children: Cognitive applications* (4th ed.) (pp. 220–265). San Diego, CA: Author.

Sattler, J. M., & Saklofske, D. H. (2001b). Interpreting the WISC–III. In J. M. Sattler (Ed.), *Assessment of children: Cognitive applications* (4th ed.) (pp. 298–334). San Diego, CA: Author

Schweizer, K., & Moosbrugger, H. (2004). Attention and working memory as predictors of intelligence. *Intelligence, 32,* 329–347.

Scruggs, T. E., & Mastropieri, M. A. (2002). On babies and bathwater: Addressing the problems of identification of learning disabilities. *Learning Disability Quarterly, 25,* 155–168.

Siegel, L. S. (2003). IQ–discrepancy definitions and the diagnosis of LD: Introduction to the special issue. *Journal of Learning Disabilities, 31,* 2–3.

Tellegen, A., & Briggs, P. (1967). Old wine in new skins: Grouping Wechsler subtests into new scales. *Journal of Consulting Psychology, 31,* 499–506.

The Psychological Corporation. (2001) *Manual for the Wechsler individual achievement test–Second edition.* San Antonio, TX: Author.

Tulsky, D. S., Saklofske, D. H., Wilkins, C., & Weiss, L. G. (2001). Development of a general ability index for the Wechsler Adult Intelligence Scale–Third edition. *Psychological Assess-

ment, 13, 566–571.

Tulsky, D. S., Saklofske, D. H., & Ricker, J. H. (2003). Historical overview of intelligence and memory· Factors influencing the Wechsler scales. In D. S. Tulsky D. H. Saklofske et al. (Eds.), *Clinical interpretation of the WAIS III and WMS-III* (pp. 7–41). San Diego, CA: Elsevier.

Vigil-Colet, A., & Codorniu-Raga, M. J. (2002). How inspection time and paper and pencil measures of processing speed are related to intelligence. *Personality and Individual Differences, 33,* 1149–1161.

Wechsler, D. (1944). *The measurement of adult intelligence.* Baltimore: Williams & Wilkins.

Wechsler, D. (1949). *Wechsler intelligence scale for children.* New York: The Psychological Corporation.

Wechsler, D. (1974). *Wechsler intelligence scale for children–Revised.* San Antonio, TX: The Psychological Corporation.

Wechsler, D. (1991). *Wechsler intelligence scale for children–Third edition.* San Antonio, TX: The Psychological Corporation.

Wechsler, D. (1997). *Technical manual for the Wechsler adult intelligence scale–Third edition and the Wechsler memory scale–Third edition.* San Antonio, TX: Harcourt Assessment, Inc.

Wechsler, D. (1999). *Wechsler abbreviated scale of intelligence.* San Antonio, TX: Harcourt Assessment, Inc.

Wechsler, D. (2002). *Wechsler preschool and primary scale of intelligence–Third edition.* San Antonio, TX: Harcourt Assessment, Inc.

Wechsler, D. (2003a). *Administration and scoring manual for the Wechsler intelligence scale for children–Fourth edition.* San Antonio, TX: Harcourt Assessment, Inc.

Wechsler, D. (2003b). *Technical and interpretive manual for the Wechsler intelligence scale for children–Fourth edition.* San Antonio, TX: Harcourt Assessment, Inc.

Wechsler, D. (2003c). *Wechsler intelligence scale for children–Fourth edition.* San Antonio, TX: Harcourt Assessment, Inc.

Wechsler, D., Kaplan, E., Fein, D., Kramer, J., Delis, D., & Morris, R. (1999). *Manual for the Wechsler intelligence scale for children–Third edition as a process instrument.* San Antonio, TX: The Psychological Corporation.

Wechsler, D., Kaplan, E., Fein, D., Kramer, J., Morris, R., Delis, D., & Maerlender, A. (2004a). *Wechsler intelligence scale for children–Fourth edition integrated technical and interpretative manual.* San Antonio, TX: Harcourt Assessment, Inc.

Wechsler, D., Kaplan, E., Fein, D., Kramer, J., Morris, R., Delis, D., & Maerlender, A. (2004b). *Wechsler intelligence scale for children–Fourth edition–integrated.* San Antonio, TX: Harcourt Assessment, Inc.

Weiss, L. G., Prifitera, A., & Dersh, J. (1995). *Base rates of WISC-III verbal-performance discrepancies in Hispanic and African American children.* Unpublished manuscript.

Weiss, L. G., Saklofske, D. H., Prifitera, A., Chen, H. Y., & Hildebrand, D. K. (1999). The calculation of the WISC-III general ability index using Canadian norms. *The Canadian Journal of School Psychology, 14,* 1–9.

Weiss, L. G., Saklofske, D. H., & Prifitera, A. (2003). Clinical interpretation of the WISC-III factor scores. In C. R. Reynolds & R. W Kamphaus (Eds.), *Handbook of psychological and educational assessment of children: Intelligence and achievement (2nd ed.).* New York: Guilford Press.

Weiss, L. G., Saklofske, D. H., & Prifitera, A. (2005). Interpreting the WISC-IV index scores. In A. Prifitera, D. H. Saklofske, & L. G. Weiss (Eds.), *WISC-IV clinical use and interpretation: Scientist–practitioner perspectives* (pp. 72–100). San Diego, CA: Elsevier.

Wilkinson, G. S. (1993). *Wide range achievement test–Third edition.* Lutz, FL: Psychological Assessment Resources, Inc.

Williams, P. E., Weiss, L. G., & Rolfhus, E. (2003a). *Theoretical model and test blueprint* (WISC–IV Technical Report No. 1). Retrieved July 5, 2005, from http://harcourtassessment.com/hai/Images/pdf/wisciv/WISCIVTechReport1.pdf

Williams, P. E., Weiss, L. G., & Rolfhus, E. (2003b). *Psychometric properties* (WISC-IV Technical Report No. 2). Retrieved July 5, 2005, from http://harcourtassessment.com/hai/Images/pdf/wisciv/WISCIVTechReport2.pdf

Williams, P. E., Weiss, L. G., & Rolfhus, E. (2003c). *Clinical validity* (WISC–IV Technical Report No. 3). Retrieved July 5, 2005, from http://harcourtassessment.com/hai/Images/pdf/wisciv/WISCIVTechReport3.pdf

Woodcock, R. W., McGrew, K. S., & Mather, N. (2001). *The Woodcock-Johnson–Third edition.* Itasca, IL: Riverside.

제 4 장
WISC-IV 지표점수에 대한 임상적 해석

LAWRENCE G. WEISS, DONALD H. SAKLOFSKE, DAVID M. SCHWARTZ,
AURELIO PRIFITERA, AND TROY COURVILLE

개관

- P의 WISC-IV 프로파일은 매우 불균형적이다. 세 지표점수 간에 유의미한 차이가 존재하므로 전체지능 지수가 의미가 있는지 의문이 제기된다.

- 교사는 W가 학교 입학 후 3년 동안 과목에 따른 수행의 편차가 있음을 보고하였다. 이전 검사에서 W의 IQ가 정규교육을 받을 수 있는 전반적인 인지능력을 가지고 있음을 보여 주었으나, 최근의 평가 결과는 W의 학습과 관련된 어려움이 지표점수 간의 차이 때문인 것을 보여 주었다. 언어이해 지표는 보통상 수준이나, 지각추론 지표와 작업기억 지표는 보통하 수준이고 처리속도 지표는 경계선 수준이었다.

WISC-IV 프로파일의 해석과 기술에 대한 전통적인 절차는 전체지능을 기술하고 이후에 지표와 소검사 점수를 기술하는 것이었으나, 이것이 최선의 방법이 아닌 경우도 있었다. 2장에서 우리는 지표점수가 해석에서 가장 기본적으로 다뤄져야 한다고 주장하였다. 사실 의뢰된 상당수의 사례에서는 점수 간에 매우 큰 차이가 있으므로 전체지능 지수와 같은 상위의 해석이 덜 유용할 수 있다. 이러한 심리 측정적인 문제를 해결하기 위해서 소검사 환산점수, 지표점수, 전체지능 지수, 일반능력 지표 수준에서의 차이를 결정하는 데 있어 WISC-IV 지침서 내에 있는 여러 표가 사용된다. 전체지능 지수와 일반능력 지표가 일반적인 인지능력에 대한 좋은 요약이 되기 위해서는 소검사 점수와 지표점수 수준 모두를 탐색해야 하며, 이를 기반으로 전체적인 해석이 이루어져야 한다. 예를 들어, 2장에서 논의되었다시피 지표점수 차이가 20점 이상이면 전체지능 지수가 인지능력에 대한 전반적인 요약점수로는 의미가 적다. 이럴 경우에 전체지능 지수는 아동의 인지능력에 대한 전체적인 모습에 대해 의미 있게 기술해 주지는 못한다.

이 장에서는 WISC-IV의 네 가지 지표점수가 임상적 평가에 의뢰된 아동의 인지능력을 이해하는 데 어떤 역할을 하는지에 대해 초점을 맞추고자 한다. 또한 지표점수들 간의 상호작용에 대해 기술하고 지표를 구성하는 소검사를 통해 임상적으로 풍부하게 인지기능을 이해해 보고자 한다. 마지막으로 2장에서 제기되었던 학습장애 평가에서 지능의 중요성에 대한 쟁점에 대해 검토해 볼 것이다.

균일한 프로파일 대 불균형적인 WISC-IV 지표 프로파일

지표점수 간에 보기 드문 큰 차이는 임상적으로 흥미로우면서 유용한 정보를 제공해 준다. 인지적으로 우수한 경우나 중등 혹은 심도 정신지체의 경우에는 상대적으로 균일한 프로파일을 예상할 수 있으며 전체지능 지수는 항상 이러한 점을 기술하는 데 사용되었다. 전체지능 지수가 107인 아동은 유사하게 보통 수준의 능력을 가지고 있으며 보통 수준의 언어이해, 지각추론, 작업기억, 처리속도를 보일 것으로 추정해 볼 수 있다. 따라서 학교에서의 부진한 수행은 학습 기술, 성격, 동기, 학습 방식, 교실에서의 수업－학습－사회적 환경과 같은 인지능력 이외의 요인과 관련된다고 가정해 볼 수 있게 된다. 그러나 한쪽 반구의 뇌 손상이 있는 경우에는 언어이해 지표와 지각추론 지표 간의 큰 차이가 매우 중요하며 인지능력 해석이 초점이 되어야 한다.

지표점수 간의 큰 차이가 아동 인지기능의 해석을 더욱 어렵고 복잡하게 한다고 단순히 밀힐 수는 없다(Saklofske, Prifitera, Weiss, Rolfhus, & Zhu, 2005). 이런 경우에 해석은 지표점수 수준에서 이루어져야 하며, 임상적으로 중요힌 정보가 발견될 수 있다. 이것이 WISC-Ⅳ의 강점이라고 할 수 있다.

동형찾기에서 15점을 받고 기호쓰기에서 7점을 받는다면 두 점수를 기반으로 한 처리속도 지표점수는 통합된 점수라고 할 수가 없다. 작업기억 지표나 처리속도 지표의 경우 지표에 포함된 소검사가 두 개밖에 없어서 이러한 문제가 제기된다. 언어이해 지표나 지각추론 지표에서도 소검사 간에 유의미한 차이가 있으면 합산점수는 그 영역에 대한 아동 능력의 평균값을 제공해 준다고 할 수 없다. 큰 의미가 없는 요약점수에 초점을 두는 대신에 검사의 실시와 채점이 제대로 이루어지고 검사 환경이 적절하며, 검사받는 아동이 열의를 가지고 과제를 이해하면서 검사에 참여했다는 가정하에 2장에서 기술한 임상적 군집을 사용해서 소검사 결과에 대한 임상적 중요성을 살펴보고, 5, 6장에서는 살펴볼 처리분석에 초점을 두어야 한다. 행렬추리에 비해 토막짜기 점수가 낮은 것은 과제에서 요구되는 것이 다르기 때문일 수 있다. 행렬추리는 선다형 문제라고 할 수 있으나 토막짜기는 삼차원의 토막을 사용해서 간단한 수준에서부터 복잡한 수준에 이르는 이차원적 그림을 실제로 구성하는 것이 요구된다. 우선 세밀한 정보에서부터 일반적인 점수로 상향식 방법으로 살펴본 다음에, 보고서는 전체지능 지수 또는 지표점수에서 출발하는 것과 같이 좀 더 전통적인 방식인 하향식으로 기술되어야 한다.

- M은 토막짜기와 행렬추리를 빠르고 효율적으로 수행하였는데 이는 M이 새로운 과제에서 혼란스러워하고 비조직적으로 대응하며, 문제해결 전략을 만들어 내고 사용하는 능력이 부족하다는 교사의 보고와는 대조되는 것이었다.
- 생의 초기부터 심각한 청력손상이 있었기에 T의 언어점수가 비언어 점수보다 낮을 것이며 T의 인지능력을 기술하는 데 이 두 점수를 구별하는 것이 좋을 것이라고 가정하였다.

신뢰도, 타당도, 표준화된 검사규준과 같은 WISC-Ⅳ의 심리 측정적인 특성은 지능에 대해 수치화된 기술로서 점수를 신뢰할 수 있게 하지만, 심리학자가 이 점수들을 맥락에 따라 검토했을 때 비로소 점수가 임상적인 중요성을 가지게 된다. WISC-IV 점수는 모든 단계에서 생태학적 맥락을 고려하여 검토해야 한다. 점수 패턴에 대한 해석은 사회문화적인 배경(Georgas, Weiss, van de Vijver, & Saklofske, 2003; Harris & Llorente, 2005; Weiss et al., 1장)과 가족 내에서의 가치, 학업에서의 강점과 약점의 패턴, 동기, 병력, 검사 장면에서 관찰된 행동에 따라 달라진다(Sattler, 2001; Oakland, Glutting, & Watkins, 2005). 이러한 매개 효과를 무시하면서 WISC-IV 점수 패턴을 상투적으로 해석하는 것이 흔히 범하기 쉬운 실수이다(Kamphaus, 1998).

전체지능 지수 112는 보통상 수준의 능력을 의미하지만, 과잉행동과 충동성을 보이고 작업기억 지표가 보통하 수준이며 언어이해 지표가 우수한 ADHD 아동은 소검사와 지표 점수에서 균일한 프로파일을 보이는 전체지능 지수가 110인 아동과는 교실에서 보이는 모습이 분명히 다를 것이다. 또한 WISC-IV에서 기대되는 바와 다르게 행동하는 아동을 쉽게 볼 수 있다. 사실 이것은 능력-성취 차이 분석이 이루어지는 기반이 된다. 아동의 개인적인 맥락이나 발달력과는 다르게 해석이 이루어질 수 있으며, 의뢰 시 제공된 정보가 특정한 패턴이 발견될 가능성에 대한 검사자의 기대에 영향을 미칠 수 있다.

하향식(top-down) 혹은 상향식(bottom-up) 접근은 다양한 임상적 탐색을 위해서 상호작용 혹은 상호적인 방법으로 이루어져야 한다. 전체지능 지수는 아동의 전반적인 인지기능에 대한 임상적으로 의미 있는 요약값이지만, 평가의 부분들을 살펴보면 평가과정에 대한 의미와 통찰을 얻을 수 있다. 예를 들어, 산수는 작업기억 지표의 보충적인 검사이나 좀 더 기본적인 작업기억의 어려움이 미치는 영향에 대해 평가할 때 매우 유용하다. 숫자 거꾸로 따라하기와 순차연결은 청각적 작업기억력을 측정하는 뛰어난 과제이나, 상대적으로 인위적인 과제이다. 그러나 산수과제는 초등학교에서 중요하면서도 자주 이루어지는 학습 중에 하나이며 실제 일상생활에서 사용되기 때문에 생태학적 타당성(ecological validity)을 가지는 믿을 만한 평가이다. 작업기억과 관련된 세 가지 소검사 모두에서 낮은 점수를 받은 아동은 작업기억 때문에 학업에서 부진한 수행을 보일 수 있다. 만약 숫자 거꾸로 따라하기와 순차연결에서는 10~12점을 보이나 산수에서는 6점을 보이는 아동의 경우에는 특정한 산수, 수리능력의 어려움이 있을 수 있다. Kamphaus(2001)는 이와 같은 요소에 기반하여 검사 전에 미리 강점과 약점의 패턴을 예상하거나 가정한 뒤 실제 검사 결과에서 관찰하는 것이 모든 검사점수를 비교함으로써 같은 패턴을 확인하는 것보다 검사 해석을 좀 더 의미 있고 유효하게 한다고 주장하였다.

웩슬러 검사는 전체지능 지수 측정에서 주요 지표점수를 강조하는 것으로 초점이 바뀌었다. 이러한 변화는 기술, 진단, 개입에 도움을 줄 수 있는 검사도구가 필요한 심리학자의 욕구에 부합되는 것이다. 이제 Weiss, Saklofske와 Prifitera(2005)가 제안한 WISC-IV 지표점수에 대해 기술하고자 한다.

WISC-IV 지표점수

• P의 전체지능 지수는 경계선 수준에 속하나, 처리속도 지표와 지각추론 지표는 보통 수준이고 이 지표에 속하는 몇몇 소검사에서는 보통상 수준의 능력을 보여 주었다. P는 비언어적인 시공간과 지각적인 추론능력이 보통 수준으로 상대적 강점이라고 볼 수 있다. 대조적으로 언어이해와 작업기억력은 덜 발달하였다. 자동화된 언어 기술이 부족하고 언어적인 반응이나 결정화된 지식, 언어발달이 요구되는 소검사에서 관심과 노력을 덜 기울였다.

WISC-III와 WISC-IV 사이의 가장 큰 변화는 '지표점수'가 임상 해석에서 가장 기본이 되었다는 점이다. 또한 요인에 기반한 지표점수 간의 공통성과 차이점은 임상적으로 중요하고 연구할 만한 가치가 있다. 소검사 점수의 해석과 아동이 각 과제에서 사용한 독특한 반응 패턴에 대한 질적인 분석은 매우 중요하다. 따라서 이에 대해서는 WISC-IV 통합본에 초점을 맞추면서 이후 두 장에서 다루려고 한다(Wechsler, Kaplan, Fein, Kramer, Delis, Morris, & Maerlender, 2004).

2장에서 기술하였듯이 상대적인 강점과 약점을 알기 위해서 네 지표점수의 평균값에 각 지표점수를 비교함으로써 해석을 시작한다. 배경정보와 의뢰 사유에 입각해서 검사자는 특정한 지표 간의 관계에 대해 미리 가설을 세우고 WISC-IV 전문가 지침서의 부록에 있는 표를 사용해서 계획한 비교를 분석하면 된다.

그리고 나서 WISC-IV 지표점수의 해석에 초점을 맞추면서 기본적인 기술을 하면 된다. WISC-III와 WAIS-III 이후로 언어이해 지표와 지각추론 지표에 대한 설명은 많았기 때문에(Weiss, Saklofske, & Prifitera, 2003; Sattler & Dumont, 2004) 여기서는 작업기억 지표와 처리속도 지표를 좀 더 다루려고 한다. 지표점수와 소검사 점수를 통해 드러나는 능력을 이해하는 것은 검사에서 가장 근본적인 것이겠지만, 이 점수들이 각 아동과 그들의 '세계'라는 거대한 맥락 안에 놓여져 있다는 것을 심리학자들이 명심하기를 다시 한 번 당부하고 싶다.

WISC-IV 언어이해 지표 해석

• T는 어휘력이 상당하며 이미 배운 지식을 잘 이야기하지만, 언어를 사용해서 효율적으로 추론하지는 못한다. 이러한 점은 유추적인 사고나 교실에서 대화의 의미를 이해하는 것과 같은 일상적인 과제에서 분명히 나타난다. 이 점은 어휘(12), 상식(11)과는 대조적으로 공통성(6), 이해(9), 언어추론(8)에서 보인 저조한 WISC-IV 소검사 점수로 좀 더 확증된다.

"언어이해 지표는 추론, 이해, 개념화를 사용하는 언어능력을 측정하는 소검사로 이루어져 있다…"(Wechsler, 2003, p. 6). 언어이해 지표를 단일한 지표점수로 해석하기 위해서는 언어지표점수에 포함된 각 소검사 점수를 언어이해 지표 소검사 점수들의 평균값과 비교하고 이들 간에 존재하는 차이의 유의미성과 빈도를 WISC-IV 전문가 지침서를 사용하여 분석하는 것이 기본적인 전략이다. 언어이해 지표가 가지는 복잡성과 기본 요소들을 이해하기 위해서 이를 구성하는 소검사들을 간략하게 기술하고자 한다. Sattler와 Dumont(2004), 그리고 Flanagan과 Kaufman(2004)의 책을 참조해 볼 수 있다.

'상식' 소검사는 주로 결정화된 지식을 측정하는데 현재는 보충 소검사에 해당된다. '단어추리'라고 하는 새로운 보충 소검사는 언어추론 능력을 측정한다. 그러나 언어추론에는 항상 어느 정도의 결정화된 지식이 기초적으로 필요하다. '어휘' 소검사에서는 어휘의 뜻을 배우고 그것을 기억하여 분명하게 표현하는 것이 필요하다. 추론이 명백하게 요구

되는 것은 아니고 그 단어를 아는 것이 중요하다. 그러나 어휘는 일반지능을 대표하는 소
검사("g" loaded subtest)로 전체지능을 가장 잘 예측하는 값 중 하나이다. 어휘력이 뛰어
난 사람은 여러 개념들을 한 단어로 잘 묶고 인지적으로 풍부한 환경을 즐기며 지식을 좀
더 적절하게 적용할 수 있다. 대화 시 고급 어휘를 사용하기 위해서는 상황의 미묘한 뉘앙
스를 정확하게 이해해야 하는데 여기서 높은 수준의 추상적인 추론능력이 요구된다. 그러
나 관례적으로 우수한 어휘력은 단순히 높은 수준의 결정화된 지식을 의미하였다. 어휘와
상식에는 표현언어 기술뿐만 아니라 언어 재인, 언어 의미 이해, 기억, 인출이 포함되며 또
한 기본적으로 아동의 지식에 기반한다.

'공통성' 소검사에서는 단어가 개념적으로 어떻게 비슷한지에 대해 물어본다. 개념이
습득되어 장기기억에 저장되어야 하고 정보가 요구될 때 언어기억의 지식에 접근해야 한
다. 우선 이 단어들을 기억하고 나서 어떻게 비슷한지 추론하기 시작한다. 이러한 추론과
정은 일시적인 작업기억에서 이루어지며 추론능력은 작업기억 용량 및 정보가 사라지기
전에 작업기억에서 사고가 처리되는 효율성과 관련된다. 어휘와 이해에서도 비슷한 과정
이 일어난다.

'공통성', '이해', '단어추리' 소검사는 어휘나 상식 소검사보다 높은 수준의 추론을 요
구한다. 결정화된 지식 이전에 습득한 정보를 장기기억에서 인출하는 데 결함이 있는 아동
은 적절한 언어추론 능력 가지고 있을 경우 공통성, 이해, 단어추리 점수가 상식, 어휘점
수보다 높을 것이다. 반대로 연령에 적절한 지식을 습득하고 이 지식에 쉽게 접근 가능하
지만 추상적인 언어개념의 고차적인 조직화에 결함을 보이는 아동은 반대의 점수 패턴을
보이게 된다. 이럴 경우에 '공통성' 과 '공통그림찾기' 의 수행을 비교해 보는 것도 도움이
된다. 두 소검사는 모두 추상적인 언어개념의 조직화가 요구되나 공통그림찾기는 아동이
자신의 생각을 언어적으로 설명하는 것을 필요로 하지 않는다. 따라서 우수한 추상적 추
론 기술을 가지고 있지만 언어적 표현력은 부진할 경우 공통성보다 공통그림찾기에서 수
행이 우수하다.

WISC-Ⅳ와 같은 지능검사에서 낮은 점수는 낮은 능력, 특정 능력을 개발할 기회의 결
핍, 특정 능력의 습득이나 발현을 저해하는 여러 가지 종류의 "방해"(예 : 학습장애,

ADHD, 청각 · 시각 손상)를 반영하는 것일 수 있다. 언어능력이 낮다고 해석을 내리기 이전에 심리학자는 지식이 입력되었으나 여러 가지 이유로 회상이 안 되는 것인지, 아니면 처음부터 습득 자체가 되지 않았던 것인지 질문을 던져야 한다. 이러한 문제를 해결하는 방법론으로 "재인 패러다임(recognition paradigm)"이 있다. 모든 WISC-IV 언어이해 소검사는 자유회상(free recall) 방식이므로 보기가 있는 재인 과제보다 훨씬 더 어렵다. 5, 6장에서 기술된 WISC-IV 통합본은 WISC-IV 언어이해 주요 소검사를 객관식과 같은 재인 형식으로 제시한다. 장기기억 저장소에서 정보를 인출하지 못해 답을 틀린 아동의 경우에는 객관식으로 제시하면 정답을 좀 더 쉽게 찾을 수 있다. 이런 방법으로 검사자는 오답이 나타난 이유가 지식이 부족해서인지 아니면 이전에 언어로 저장되었으나 그 정보에 접근하지 못해서인지를 탐색해 볼 수 있다. 분명히 이는 해석에서 임상적으로 차이가 난다. 초기 평가(WISC-III에서 전체지능 지수가 50~60이었음)와 부진한 학업 수행에 입각해서 정신지체가 의심되는 소녀가 있었는데, 재평가에서는 어휘점수는 3점이었지만 통합본의 객관식 언어이해 점수는 8점이었고 그림 어휘 점수는 12점이었다. 이럴 경우 여러 다른 임상정보를 함께 고려했을 때 정신지체 때문에 학업성취가 부진한 것은 아니라는 점이 명백해진다.

WISC-IV 지각추론 지표 해석

• T는 불균형적인 학업성취를 보였다. 최근 실시된 WISC-IV에서 언어이해, 처리속도, 작업기억은 보통 수준이었으나, 지각추론 지표에서는 129점으로 우수한 점수를 보였다.

지각추론 지표의 구성요소를 살펴보면, WISC-III에서는 지각적 조직화를 측정하는 소검사에 일부 유동적 추론을 측정하는 소검사로 구성되었으나, WISC-IV에서는 대부분 유동적인 추론을 측정하고 일부 지각추론화 능력을 측정하는 소검사로 구성이 변화되었다(Wechsler, 2003). 새로운 유동적 추론 소검사가 들어가기 위해서 '차례맞추기'와 '모양맞추기'가 생략되었고, '빠진곳찾기'가 보충 소검사로 들어갔다. '토막짜기'와 함께 유동적 추론을 주로 평가하는 '행렬추리' 와 '공통그림찾기' 가 두 개의 새로운 소검사로 들어갔다. 토막짜기와 행렬추리는 지각적 조직화 요소를 포함하나, 공통그림찾기는 지각적 조직화 능력이 별로 요구되지 않는다. 공통그림찾기 소검사는 언어적인 매개가 필요하지만, 이전과 비교해 볼 때 지각추론 소검사들은 시공간능력이 덜 요구되고 비언어적인 유동적 추론능력은 더 필요해졌다.

WISC-IV 전문가 지침서를 통해 각 지각추론 지표 소검사 점수를 평균값과 비교해 볼 수 있다. 언어이해 지표 소검사나 지각추론 지표 소검사가 지표점수 프로파일에서 상당한 강점이나 약점이 아니라면, 언어이해 지표와 지각추론 지표 소검사들의 비교는 핵심적인 10개 소검사의 평균값과 대조해 보면 된다. 만약 언어이해 지표나 지각추론 지표가 네 지표점수의 평균값과 유의미하게 차이가 크게 난다면, 언어이해와 지각추론 소검사 점수 비교는 네 지표점수의 평균값이 아니라 언어이해와 지각추론 지표의 평균값을 가지고 하면 된다. 지각추론 소검사 각각에 대한 기본적인 해석은 다른 문헌을 참고해 볼 수 있으므로 (Sattler & Dumont, 2004; Flanagna & Kaufman, 2004) 여기서는 다시 언급하지 않을 것이다.

WISC-III나 WISC-R 사용자들은 아동의 동작성 지능에서 처리속도가 얼마나 중요한지 기억할 것이다. 처리속도가 지능의 중요한 요소임에는 틀림없지만, 검사에서 처리속도와 지각적 추론과 같은 요인을 혼합한다면 이것은 문제가 된다. 낮은 점수가 비언어적인 지각적 추론능력의 부족에 기인할 수도 있고, 아니면 토막짜기와 같은 과제에서 아동이 문제를 풀 수는 있으나 너무 여러 번 답을 지나치게 확인하기 때문에 낮은 점수를 받을 수 있다.

수행시간 보너스 점수가 지능이 우수한 아동이나 다양한 소수집단 아동의 수행에 부정적으로 영향을 준다는 비판이 과거에 제기되었다. WISC-IV에서는 이러한 우려가 줄어들었다. 수행시간에 따라 점수가 주어지던 '차례맞추기' 나 '모양맞추기' 와 같은 과제가 WISC-IV에서는 빠졌으며, '토막짜기' 는 추가점수를 포함한 상태와 뺀 상태 두 가지 방법으로 채점이 된다. 지각추론 지표나 전체지능 지수의 계산에서만 시간 추가점수를 포함한 점수가 사용된다. 아동의 수행에 시간이 미친 영향은 이러한 두 조건의 수행을 비교함으로써 알 수 있다. 일반적인 믿음과는 반대로 토막짜기에서 시간보너스 점수를 넣은 경우나 뺀 경우 사이에 큰 점수 차이는 없었다.

WISC-IV 통합본은 5, 6장에서 언급되는 바와 같이 비전형적인 지각추론 지표점수를 이해하는 데 매우 유용하다. 통합본은 토막짜기 소검사를 객관식으로 제시하기도 하여 낮은 토막짜기 점수가 운동능력 때문인지를 확인해 볼 수 있게 도와준다. 토막짜기 점수가 객관식 토막짜기보다 낮다면 토막짜기 수행이 지각적 통합 때문이 아니라 토막그림을 구성해 내는 능력 때문일 수 있다. 객관식 토막짜기에서보다 토막짜기 점수가 높다면 이는 여러 가지 이유 때문이다. 시각 변별에 문제가 있는 아동은 객관식으로 주어진 예시들 간의 미묘한 차이를 변별하여 인식하지 못할 것이다. 토막짜기 과제에서는 경합하는 시각 자극이 없다. 하지만 객관식 토막짜기에서 충동적인 아동은 제시된 모든 자극을 고려하거나 살펴보지 않고 답하여 낮은 점수를 받게 된다.

WISC-IV 점수와 다른 인지기능 간의 관계를 간단하게 언급하고 WISC-IV와 WISC-IV 통합본 간의 관계에 대해 다시 간단하게 언급하려고 한다. 조직화, 계획과 그 외 실행기능은 여러 WISC-IV 소검사 수행에 영향을 미친다. 실행기능은 고차적인 추론에 영향을 미치는 여러 가지 능력으로 구성된 인지 기술 영역이다. 'Elithorn 미로' 소검사는 즉각적인 계획, 자기-감찰, 충동적인 반응을 억제하는 능력에 초점을 맞추어 이러한 중요한 실행기능에 대한 기초적인 평가를 가능하게 한다. 행렬추리와 객관식 토막짜기의 수행은 Elithorn 미로와 비교해 볼 수 있다. 객관식 토막짜기와 Elithorn 미로검사의 비교를 통해 Elithorn 미로에 영향을 주는 시각적 확인과 판별력에서의 결함을 분리해 낼 수 있다. Elithorn 미로 점수가 객관식 토막짜기보다 낮은 경우에는 Elithorn 미로 수행이 부진한 것이 시지각적 과정 때문이 아니라 부진한 시공간적인 계획능력 때문이라는 것을 보여 준다. 시각적 정보에 대한 탐지와 처리속도는 수행에서의 차이를 설명해 주고 추가 평가가 필요하다는 것을 말해 준다. Elithorn 미로가 객관식 토막짜기보다 우수하다는 것은 시각적 판별과 통합에 어려움이 있음에도 불구하고 계획능력은 손상되지 않았음을 뜻한다.

WISC-IV 작업기억 지표 해석

- M은 수업에서 배운 내용을 기억하는 데 어려움이 있다. 지속적으로 주의를 기울이는 데는 어려움이 없으며 집단 지능검사에서 보통 정도의 점수를 받았으나, 정보를 인출할 때까지 기억해 두지 못하는 것처럼 보인다.
- B의 선생님은 복잡한 과제에서 B가 혼란스러워한다고 보고하였다. 예를 들어, 인쇄된 수학문제를 종이와 연필을 가지고는 풀 수 있으나 같은 문제를 듣고 풀도록 하면 지시를 잊어버리고 무엇을 해야 하는지 다시 물어보고, 쉽게 어쩔 줄 몰라 한다. 작업기억 지표점수가 WISC-IV의 다른 지표점수 평균보다 낮다는 점은 중요하다. 게다가 B는 특히 언어이해 소검사에서 지시문을 다시 읽어 달라고 요청하기도 하였다. 언어이해 소검사에서는 단기·장기 기억과 추론이 필요하다.

작업기억 지표는 주의력, 집중력과 작업기억력을 측정하는 소검사로 이루어져 있다(Wechsler, 2003, p. 6). '숫자 따라하기', '순차연결'과 보충 소검사인 '산수'로 구성되어 있다. 산수 문제를 보충 소검사로 수정하면서 작업기억 지표에 산수 문제가 포함되는 것에 대한 논쟁은 줄어들었는데, 지시문의 어휘에서의 미세한 변화가 과제의 청각적 처리 요소와 언어 요인의 영향을 감소시키기 때문이다. 작업기억은 암송과 같이 정보를 조작하는 과제나 방해 과제를 수행하면서 일시적으로 머릿속에 정보를 담아두고(저장 완충제) 정보를 정확하게 산출하고 반응하는 능력이다. 작업기억은 정신적인 통제(실행기능)능력으로 여겨지며 기계적인 과제라기보다 고차원적인 과제로 구성되고 주의집중력을 필요로 한다. 이에 작업기억 지표는 복잡한 능력 또는 주의를 유지하고 정신적인 통제를 발휘하는 잠재적인 특성을 측정한다. "작업기억은 단기간에 적은 양의 정보를 저장하고, 규칙과 책략에 따라 정보를 변형시키기 위해서 그 정보에 빠르게 접근하고 이용할 수 있도록 유지하는 것이며, 이런 과정을 계속적으로 새롭게 수행하는 것이다(Jonides, Lacey, & Nee, 2005, p. 2)."

Baddeley(2003)는 작업기억 영역에서 영향력 있는 모델을 발전시켰다. 그는 작업기억 모델에서 음운고리(phonological loop)와 시공간 잡기장(visual-spatial sketch pad)에 대해 제안했는데 언어와 시각적 자극이 여기에 각각 저장되고 재생되며 주의력을 통제하는 중앙의 실행기능이 음운고리와 시공간 잡기장에 작용하게 된다. 모델의 네 번째 요소로 "삽화적 완충제(episodic buffer)"도 포함되어 있다. 이 완충제는 중앙 실행기능에 의해 통제되고 의식적인 자각에 접근하게 된다. Baddeley(2003)는 삽화적 완충제를 작업기억 용량의 중요한 특징으로 보고 의식적인 자각이 닿을 수 있는 전반적인 작업장으로 작용한다고 여겼다. 작업기억이 장기기억 저장소에서 정보를 필요로 할 때, 장기기억 내에서 정보가 활성화되는 것이 아니라, 장기기억에서 정보를 삽화적 완충제로 내려받는다.

작업기억과 신경 기반 모델(Jonides, Lacey, & Nee, 2005)은 여전히 활발하게 연구되고 있으며 한동안 관련 용어가 계속 발달하였다. '입력(registration)'이라는 용어가 즉각적 기억에 자극이 들어오고 유지되는 과정을 나타내는 데 사용되었다. 즉시 기억에 정보를 입력하는 용량은 즉각적인 기억폭(immediate forward span)으로 측정될 수 있다. 정신조작(mental manipulation)은 즉시 기억에서 활성화된 정보를 변형시키는 것을 뜻하는데, 높은 수준의 인지적 자원을 포함한다. 작업기억 자원이 작동하는 과정에 대한 정확한 지점에 대해서는 논란의 여지가 있다. 자동차 번호에 주의를 기울이고 저장하고 반복하는 것은 단지 단기적인 시각(혹은 청각)기억이다. 반면에 작업기억의 역할은 방해물이 있으나 내용과 순서를 기억하는 데 기억책략을 사용하면서 그림을 떠올리는 것이다. 이는 차를 묘사하라고 관찰자에게 요구하면서 동시에 차가 가는 방향 등에 대해서도 요구하는 것이다.

'숫자 따라하기'와 '순차연결'은 WISC-IV에서 작업기억을 측정하는 두 가지 소검사이다. WISC-IV의 장점은 숫자 따라하기가 하나의 합산점수이면서 동시에 단기적인 청각기억과 청각적인 작업기억을 측정하는 독립된 두 점수라는 점이다. 숫자 바로 따라하기에서는 언어자극에 대한 초기 입력이 필요한데 이는 자극에 대한 정신적 조작에 있어 기본적인 선행요소이다. 몇몇 경우에는 숫자 바로 따라하기 수행에서도 숫자를 다 말하기까지 기억을 유지하기 위해 청각적인 암송이 필요하다. 숫자 폭이 길어질수록 암송이나 덩이짓기(chunking)와 같이 기억을 유지하는 방법을 적용해야 하기에 어느 정도의 정신 조작이 요구된다. 나이와 능력수준에 따라 숫자 바로 따라하기 점수가 달라진다. 숫자 거꾸로 따라하기는 단기기억에 일련의 숫자를 담아두면서 주어진 숫자의 순서를 거꾸로 하고 새로운 순서대로 정확하세 숫지를 산출해 내는 것이다. 이것은 정신 조작의 명확한 예이다. 그러나 발달수준과 일반적인 정신능력, 처리속도와 같은 다른 인지 요소에 따라 작업기억이 발휘된다. 아동이 숫자 거꾸로 따라하기에서 작업기억 자원을 산출해 내는 정도는 연령과 능력에 따라 달라진다.

작업기억 평가에의 산수 과제 포함

산수 과제는 숫자 거꾸로 따라하기 과제보다 좀 더 생태학적으로 타당한 작업기억 과제이다. 때때로 실제 생활 가운데 산수 문제 계산에 어려움을 보여 의뢰되는 경우가 있다. 운전시간을 계산하거나 케이크를 구울 때, 혹은 환전을 할 때 어려움을 보일 수 있다. 수리 계산과 관련된 기술을 제대로 습득하지 못하였거나 산술장애가 있는 아동의 경우 산수 소검사는 작업기억을 재는 정확한 지표는 아니다. 산수 과제는 복잡한 인지 기술과 능력을 평가하며, 낮은 점수는 임상 맥락에 따라 몇 가지 다른 해석이 내려질 수 있다. 예를 들어, 세 가지 소검사(숫자 따라하기, 순차연결, 산수 과제)에서 모두 낮은 점수를 보인 아동의 경우에는 숫자 따라하기나 순차연결에서 보통 수준이나 산수 과제에서 낮은 점수를 보인 아동에 비해서 작업기억에 문제가 있을 가능성이 크다. 산수 과제에서만 낮은 점수를 보이는 경우에는 수리 기술을 습득하지 못하였거나 수리나 산수와 관련된 학습에 특정한 어려움을 가진 것일 수 있다. 산수점수가 순차연결이나 숫자 따라하기 점수보다 높은 아동은 산수 과제가 좀 더 실생활에서 친숙할 수 있다(McCloskey & Maerlender, 2005). 이런 이유로 만약 작업기억이나 산수 기술에 의문이 있을 경우에 세 개의 작업기억 소검사를 모두 실시해 볼 것을 권하고 싶다. 다음 두 장에서는 WISC-IV 통합본을 통해 이들 소검사에서 낮은 점수를 보일 때 작업기억이 어떤 역할을 하는지에 대해 기술할 것이다. 심리학자는 산수나 순차연결에서 처리접근(process approach)과 같은 다양한 표현 형식을 통해 작업기억의 문제를 진단하는 데 도움을 얻을 수 있다.

작업지표 해석에서의 심리 측정적인 고려사항

여러 번 언급하였듯이 아동의 다양한 인지능력이 손상되지 않았고 프로파일이 비교적 균일할 때 전체지능 지수는 검사 결과의 의미 있는 요약이 된다. 그러나 많은 아이들은 WISC-IV에서 측정하는 인지능력의 여러 영역 간에 상당한 차이를 보인다. 지표점수에서 상당한 차이를 보일 경우에 의미 있는 해석이 가능해지면서 프로파일은 임상적으로 풍부해진다.

작업기억 지표를 해석할 때 다른 WISC-IV 지표점수와 마찬가지로 작업기억 지표가 평가받는 아동의 손상되지 않은 구성개념(intact construct)을 반영한다고 가정한다. 만약 숫자 따라하기 소검사와 순차연결 소검사 점수가 상당한 차이를 보일 때, 작업기억 지표점수는 단지 서로 다른 능력의 '산술적인 평균'만을 나타내며 이에 합산점수로 임상적인 의미나 가치가 적어진다. 두 소검사는 WISC-IV의 요인분석에서 같은 요인에 속하나, 단지 중간 정도의 상관을 보인다(전체 연령에서 $r = .49$). 이에 소검사 간 점수 차이가 날 수 있으며 차이는 소검사 수준에서 의미 있는 해석이 가능할 수 있음을 알려 준다. 숫자 따라하기와 순차연결이 각각 12점과 7점일 때 아동의 작업기억이 보통 수준이라고 말하는 것은 임상적으로 부적절하다. 숫자 따라하기와 순차연결의 차이가 5점 이상일 때는 이들 소검사를 각각 독립적으로 해석해야만 한다.

작업기억 지표와 진단

언어이해와 지각추론이 보통 수준이면서 작업기억이 부진할 때 아동이 학습장애나 ADHD가 있다고 할 수 있는가?

분명히 작업기억의 심각한 결함은 직업 장면에서뿐만 아니라 일상생활에서 어려움을 유발하고 학습에서 여러 방면으로 영향을 준다. 작업기억은 학습 및 주의력 장애와 관련이 있다. 학습장애와 ADHD로 진단받은 아동은 작업기억에서 낮은 점수를 받곤 한다. Schwean과 Saklofske(2005)는 ADHD 아동이 작업기억에서 가장 낮은 점수를 받는 경향이 있음을 시사하는 여러 연구 결과를 보여 주었다. 이러한 점은 WISC-III와 WISC-IV의 임상집단 연구(Wechsler, 1991, 2003)에서도 여러 번 드러났다. 비슷한 연구가 학습장애 아동에서도 보고되었으며, 캐나다판 WISC-IV에서도 학습장애와 통제집단 간에 작업기억 점수의 평균에서 매우 큰 차이가 있었다. 그러나 개인에 대해 추론하는 데 집단 자료를 사용하는 것은 조심스럽게 이루어져야 한다. WISC-IV는 ADHD나 학습장애를 진단하기 위한 목적으로 고안된 것이 아니다. WISC-IV의 점수는 학습장애 진단이나 다른 인지 관련 진단과 무관한 하나의 지표로 여겨져야 한다. WISC-IV나 다른 평가도구에서의 점수는 각 개인과 관련된 것이지 점수가 특정 진단의 모든 아동에게 다 적용될 수 있는 것은 아니며, 이를 무조건적으로 진단적인 '증거'로 이해해서는 안 된다(Kaufman, 1994).

작업기억에 심각한 결함을 가지고 있는 아동은 낮은 지능 때문이 아니더라도 많은 경우 학습에 어려움을 겪는다. 작업기억이 부진하면 복잡한 정보처리에 좀 더 시간이 걸리게 되고, 또래의 다른 아동보다 좀 더 빨리 정신적인 에너지를 소모하게 되므로 다양한 학습 과제에서 좀 더 많은 실수를 저지르게 된다. 계획과 조직화와 같은 실행기능 결함과 인지 틀(cognitive sets)을 변경하는 능력 또한 평가되어야 한다. 검사자는 이들 장애로부터 야기될 수 있는 정신적인 피로와 학업 실패로 인한 사회적·행동적인 결과에 대해 주의를 기울어야 하고 부모의 지원수준과 아동의 정서적인 탄력성(emotional resiliency)을 조심스럽게 평가해야 한다.

처리접근을 사용하여 작업기억 평가 확장하기

작업기억은 숫자 따라하기와 같은 수학적인 과제처럼 단순히 숫자만을 포함하는 것이 아니라 교사의 강의에 계속 주의를 기울이면서 강의의 핵심을 적는 것이나, 대화를 할 때 첫 번째 요지를 말하면서 다음에 말할 것이 무엇인지 생각하는 것과도 관련된다. 세 개의 작업기억 소검사가 모두 언어(청각)적인 작업기억이고 공간적이거나 시각적인 작업기억이 아님을 기억해야 한다. WISC-IV 통합본은 공간 따라하기 소검사(Spatial Span subtest) 또한 포함한다. 이것은 시각적인 영역에서의 작업기억 과제이다. 입력(바로 즉각적으로 외우기)과 정신 조작(거꾸로 외우기)을 포함한다. 공간 따라하기, 숫자 따라하기, 순차연결과 산수 소검사에서의 점수 차이는 시각 대 청각적인 작업기억 능력에서의 개인차를 반영하는 것이다. 공간 따라하기 소검사에 대해서는 이 책의 다른 곳에서 상세히 기술할 것이다.

WISC-IV 통합본에서는 작업기억 소검사에 '순차연결 처리접근 소검사(LNPA)'가 있다. 글자와 숫자 연결에 단어가 끼어들어가 있는 형태로, 순차연결 검사의 변형이라 할 수 있다. 실행기능의 통제과정과 철자법을 잘 습득한 아동은 끼어들어 간 단어를 인지하고 이 지식을 이용해서 숫자와 문자를 구별하고 순서를 바꾸는 추가적인 작업에 자원을 사용한다. 인지적으로 융통적이지 못한 아동은 단어로부터 문자를 분리시키는 과정에서 어려움을 겪는다. 낮은 순차연결 처리접근 소검사 점수는 청각 작업기억, 입력, 판별, 주의력, 연결, 철자능력의 어려움이나 청각적인 숫자 또는 철자 입력에서의 특정한 결점과 관련될 수 있다(Weiss, Saklofske, & Prifitera, 2005). WISC-IV 통합본의 처리접근은 산수 과제에서 체계적으로 작업기억의 요구를 감소시킴으로써 산수 소검사에서 보인 낮은 수행을 분석할 수 있게 한다. 어려운 단어가 있는 문항을 시각적으로 제시해 줄 수도 있고 연필과 종이를 사용하게 허락해 주는 변형도 가능하다. 마지막으로, 산술능력에서의 결함 정도를 확인하기 위해서 연필과 종이로 여러 산수 문제를 풀게 할 수도 있다. 이에 따라 검사자가 학업 수행을 촉진시킬 수 있는 교사의 수업 방식이나 시험 형식에 대해 의미 있는 제언을 해 줄 수 있다.

WISC-IV 처리속도 지표 해석

- B는 똑똑한 아이이나 환경 자극과 초기 학습 기회가 부족하여 학습이 부진하였다. 언어이해 수행이 가장 낮아 습득된 지식인 결정화된 능력에 제한이 있었고 처리속도나 작업기억은 보통 수준이었다. 단기적인 시각기억력, 시각-운동 협응이나 판별을 요구하는 처리속도 소검사 수행이 우수하였으므로, 정신 운동속도가 또래에 비해 우수하며 이는 B의 능력 중에서도 강점 영역이었다.

처리속도 지표는 정신과정과 글자쓰기 운동과정의 속도를 측정한다(Wechsler, 2003, p. 6). 세 가지 소검사들은 최근에 지능을 기술하는 것과 더욱 관련되어 연구되고 있는 요소이다. Horn(1998)의 지능 모델의 아홉 개 요인 중에서 두 요인이 결정속도와 처리속도라고 불렸다. Carroll의 지능에 대한 요인분석에서도 두 가지 요인을 전반적인 인지속도와 처리 혹은 결정속도라고 명명하였다. 정신속도는 인지와 노화 연구에서 중요한 역할을 하였다. Salthouse(1996a, b, 2000a, b)는 연령에 따른 전반적인 정신능력의 저하는 처리속도가 느려져서라고 주장하였다. 사실, 지능점수에서 정신속도의 영향을 제거하면 연령과 관련된 많은 효과가 사라진다. 이에 정신과정 속도는 단순히 과제를 빠르게 혹은 느리게 수행하는 것 이상을 의미하며, 인지능력과 개인차 측면에서 볼 때 그 자체로 중요한 요인이다.

반응속도를 측정하는 것과 대조적으로 WISC-IV의 처리속도 지표 소검사들은 상대적으로 단순한 시각적 탐색 과제(visual scanning task)이다. 그러나 처리속도 지표를 지능과 관련된 것이 아니라 단순 필기기능만으로 여기는 것은 잘못이다. 처리속도 지표가 웩슬러 요인구조에서 가장 나중에 나타났지만, 대부분의 요인분석에서 세 번째 요인이며 작업기억 요인보다 지능을 좀 더 많이 설명해 준다. 반응시간은 지능과 .20 혹은 조금 더 큰 상관관계를 보이나, 정보를 처리하는 속도라고 가정되는 탐지시간(inspection time)은 지능과 .40의 상관을 보인다(Deary, 2001; Deary & Stough, 1996).

WISC-IV에서 조작적으로 정의되었듯이 처리속도 지표는 누락 오류(omission)나 오경보 오류(commission) 없이 단순하고 일상적인 정보를 처리하는 속도에 대한 지표이다. 많은 학습 과제는 읽기와 같은 일상적 과정과 추론과 같이 복잡한 정보처리과정을 동시에 포함한다. 일상적인 정보를 처리하는 속도가 느리면 새로운 정보를 이해하는 데 더 많은 시간이 소모되고 이에 따라 이해하는 것이 더 어렵게 된다. 시각적인 정보를 탐색하고 따라가는 능력이 부진하면 새로운 정보를 이해하는 복잡한 과제에 쓸 수 있는 시간과 에너지가 더 적게 남을 수밖에 없게 된다. 이에 처리속도는 다른 고차적인 인지기능과 상호작용하고 일반 인지기능과 일상적인 학습과 수행에 영향을 미치게 된다(Weiss, Saklofske, & Prifitera, 2005).

'기호쓰기', '동형찾기', '선택' 소검사는 잠깐 봐서는 단순히 시각적 탐색 과제 이상으로 보이지는 않는다. 기호쓰기 소검사는 속도와 정확성에 대한 검사로 단순한 시각적 자극을 빠르고 정확하게 탐색하고 배열하는 능력을 평가한다. 또한 시각적인 단기기억력, 주의력 또는 시각-운동 협응능력에 의해 영향을 받는다. 점수가 낮으면 처리속도에 문제가 제기되나, 운동 문제의 영향일 수도 있다. 손이나 팔 근육에 경련 문제가 있거나 긴장해서 연필을 세게 쥘 경우에는 기호쓰기 과제에서 적은 문항을 완성할 수 있다. 그러나 완벽주의적이고 강박적인 아동은 처리속도 때문이 아니라 성격 때문에 기호쓰기에서 낮은 점수를 받을 수 있다.

동형찾기 소검사에서는 여러 도형을 보고 표적도형이 있는지를 표시하면 된다. 이 과제 또한 속도와 정확성을 측정하며 단순한 시각정보를 탐색하고 따라가는 속도를 평가한다. 시각적 판별과 시각－운동 협응능력에 의해 수행이 영향을 받는다. 여기서 심리학자에게 행동을 관찰하는 기술을 발휘하고 WISC－IV에서의 결과가 임상적으로 관련된 다른 검사 결과에 의해 확증되고 지지되는지 살펴볼 것을 다시금 강조하고 싶다. 예를 들어, ADHD 아동은 처리속도 때문이 아니라 충동성 때문에 실수를 많이 해서 동형찾기 점수가 낮아질 수 있다. 추가적인 '선택' 소검사에서도 이러한 기술이 요구되며, 결정능력이 어느 정도 필요하다. 아동은 각 자극이 동물과 같은 표적자극 집단에 속하는지를 결정해야 한다. 결정 내리는 것이 단순해 보이지만, 어린 아동, 특히 유치원에 다녀본 경험이 없거나 발달적으로 지체되어 있는 아동에게 줄 수 있는 인지적 부담은 클 수 있다.

학습에 어려움을 보이는 아동의 경우 추론능력보다 처리속도 능력이 더 낮은 경향이 관찰된다(Wechsler, 1991, 2003). Schwean과 Saklofske(2005)는 ADHD 아동이 처리속도 지표에서 가장 낮은 점수를 받는다는 WISC-III 연구를 기반으로 한 연구 결과를 보여 주었다. WISC-IV 임상 연구에서도 ADHD 아동과 학습장애를 동반한 ADHD 아동이 처리속도에서 언어이해나 지각추론보다 낮은 점수를 받는다는 결과를 보여 주었다. 처리속도에 결함이 있는 아동은 같은 시간에 적게 학습하며, 결함이 없는 아동에 비해 같은 양을 학습하는 데 더 많은 시간이 걸린다. 이 아동들은 기계적이고 단순한 일들을 처리하는 데 인지적인 노력이 더 들어가므로 정신적으로 더 쉽게 피곤해진다. 다시 말해 처리속도가 느리면 인지적으로 부담이 늘어나며 특히 45분 수업처럼 시간이 한정되어 있는 경우에 그러하다. 그래서 좀 더 많은 실수를 하게 되고 학습에 할애하는 시간이 적어지고 좌절 경험도 늘어나게 된다. 정보처리 속도가 적어도 보통 수준이거나 상대적인 강점인 경우에는 새로운 정보를 습득하는 것이 촉진된다.

처리속도 지표 해석의 심리 측정적인 문제

- J의 WISC-IV 프로파일에서는 처리속도 지표에 대한 의미 있는 해석이 어렵다. 동형찾기는 12점으로 보통보다 우수한 수준이었으나, 기호쓰기는 6점으로 보통보다 낮고 동형찾기보다도 유의미하게 낮았다.

처리속도와 작업기억 요인에서 심리학자가 부딪히게 되는 가장 큰 문제는 요인 내 소검사 간의 점수 편차가 큰 경우이다. 소검사가 단지 두 개뿐이고 둘 간에 유의미하게 차이가 난다면 지표점수 결과에 의미를 부여하기보다는 좀 더 깊게 살펴보아야 한다. 만약 기호쓰기와 동형찾기 점수가 서로 매우 차이가 난다면, 처리속도 지표는 고유한 의미를 가지지 못하므로 이를 처리속도를 반영하는 단일한 구성요인으로 해석해서는 안 된다. 사실 이럴 경우 요인점수를 기술하는 것이 유익하거나 정확하지 않다. Sattler와 Dumont(2005)의 표들은 여러 소검사가 공유하는 공통되고 고유한 면에 대해 보여 준다. 요인을 구성하는 각 소검사는 다른 소검사들과 다른 고유한 면을 가지고 있으며 이런 점 때문에 점수에서 차이가 나게 된다. 예를 들어, 동형찾기는 상대적으로 단순한 시각정보를 탐색하는 과제로, 기호쓰기에 비해서 글씨를 쓰는 운동은 덜 필요하다. 반면에 기호쓰기는 시각적 추적, 기억력, 모사가 필요하므로 이러한 요인들 때문에 점수 차이가 날 수 있다. 단지 두 과제로 구성된 작은 요인도 하나로 취급해서는 안 된다. 두 소검사의 차이점을 설명하는 비인지적 요인들이 여러 개이지만, 동형찾기와 기호쓰기는 중간 정도의 상관관계($r = .53$)를 보이며 처리속도라는 공통된 고유값을 가지고 있다. 두 소검사에서 5점 이상 차이가 나면 처리속도를 단일한 구성요소로 해석하는 것이 문제가 된다. 그러므로 만약 두 점수 차이가 5점 이상 나면 두 점수는 각각 해석해야 한다.

'선택' 소검사는 새로운 과제이며 보충적인 과제이기에, 처리속도에 대한 심층적인 해석이 아직 부족하다. 선택(무선배열)(Cancellation Randome, CAR)과 선택(일렬배열)(Cancellation Structured, CAS) 처리점수는 목표대상에 대한 시각적 과제에서 무작위 및 구조화된 배열을 탐색하는 능력을 보여 준다. 선택 과제는 시각 선택적 주의력, 시각적 무시(visual neglect), 반응억제와 운동보속성(motor perseveration)을 측정하기 위해 신경심리학적인 장면에서 광범위하게 사용되고 있다(Adair et al., 1998; Lezak, 1995; Na, Adair, Kang, Chung, Lee, & Heilman, 1999). WISC-IV 선택 소검사에서는 아동이 시각적 자극이 동물과 같은 표적범주에 속하는지를 결정해야 한다. 이에 표적 자극과 방해 자극을 구별하기 위해서 시각-어휘 관계를 염두에 두어야 한다.

선택(무선배열)과 선택(일렬배열)에서 높은 처리점수를 보인 아동은 시각적으로 탐색하는 능력이 빠르고, 반응억제가 효율적이며, 시각 탐색을 조직적으로 한다. 선택(무선배열)과 선택(일렬배열)에서 낮은 처리점수를 받은 아동은 시각적 정보 탐색이나 시각-운동 능력이 느리거나, 반응억제가 부진하고, 탐색이 비조직적이고 시각적 구별에 어려움을 보일수 있다. 게다가 대상을 정확하게 분류하는 것과 같은 시각-언어 연결능력이 느리거나 부정확할 수 있다. 무작위 혹은 구조화된 선택 과제에서 몇몇 아동은 자연스럽게 페이지에 제시된 시각적 정보를 조직적으로 살펴보는 탐색 전략을 쓴다. 예측할 수 있듯이 조직화된 전략은 표적대상을 좀 더 효율적으로 파악할 수 있게 해 준다. 무작위 조건보다 구조화된 조건에서는 조직화된 탐색 전략을 좀 더 쉽게 활용할 수 있게 된다. 많은 아동이 줄을 따라 표적 자극을 찾지만, 몇몇 아동은 그림들이 줄 맞추어서 배열되어 있는 데에도 불구하고 무작위적으로 찾는다.

선택(무선배열)과 선택(일렬배열) 처리점수는 아동의 탐색 전략을 설명하는 것을 도와준다. 심리학자는 점수에 따라 아동의 탐색 전략을 네 가지로 분류하기 위해서 A, B, C, D라는 기호를 부여한다. A 탐색 전략은 처음부터 끝까지 조직화된 탐색 패턴을 의미한다. B 전략은 조직화된 탐색으로 시작하였으나 시간이 지남에 따라 비조직화되는 것을 말한다. C는 비조직화된 패턴으로 시작하였으나, 이후에 조직화된 패턴을 보이는 경우이다. D는 처음부터 끝까지 비조직화된 패턴을 보이는 것이다. 대부부분의 아이들은 탐색 패턴에서 어느 정도 비조직성을 보인다. 표준화 연구집단에서 가장 많이 보이는 유형은 C전략이다. 선택(무선배열)과 선택(일렬배열) 처리점수 비교는 시각적 자극 배열에 따라 선택 과제에서 아동의 수행이 어떻게 달라지는지에 대해 알려 준다. 선택(무선배열)보다 선택(일렬배열) 점수가 높다면 구조화된 배열형태가 아동에게 유리하다는 것을 뜻한다. 선택 과제 수행에서 구조 영향에 대한 가설을 확증하거나 반증하기 위한 추가적인 정보를 얻기 위해 아동의 탐색 전략을 살펴볼 수 있다.

임상 연구에 따르면 ADHD 아동의 경우 선택(무선배열)보다 선택(일렬배열)에서 높은 점수를 얻으므로 선택(일렬배열)이 더 유리하다고 한다. 대조적으로 정신지체 아동의 경우 또래 아동에 비해 선택(일렬배열)의 구조를 활용하지 못하여 선택(무선배열)보다 선택(일렬배열) 점수가 낮다. 우수한 아동은 선택(무선배열)과 선택(일렬배열) 점수가 비슷한데 이는 조건에 상관없이 효율적으로 탐색 전략을 적용할 수 있다는 것을 보여 준다. 그러므로 처리속도와 관련한 구조의 중요성은 일반적인 인지능력과 임상적 조건에 따라 다를 수 있다.

인지능력 간의 상승작용

- T는 작업기억이 저조하여 복잡한 정보를 처리하는 데 시간이 더 걸리고, 또래 아동에 비해 정신적인 에너지가 좀 더 빨리 소모되며, 그 결과 다양한 학습 과제에서 실수를 더 자주 하게 된다.

Prifitera 등(2005)은 WISC-IV에서 작업기억과 처리속도 지표 간의 상호작용과 관계에 대해 기술하였다.

언어이해와 지각추론 소검사들은 WISC-IV 중에서 일반지능과 특히 관련된다. 작업기억과 처리속도는 일반지능과 관련이 낮은 편이나, 새로운 지식습득이나 입력된 지식을 새로운 문제해결에 활용하는 것을 포함한 전반적인 인지기능에서 중요한 역할을 한다. 작업기억과 처리속도는 변화하는 환경에 적응하고 배우는 능력으로서 지능을 정의하는 데 있어서 핵심적이다. David Wechsler는 비록 근원적인 구성요소를 어떻게 이해하느냐에 따라 용어를 계속 바꾸었지만 첫 검사에서부터 이러한 능력(숫자 따라하기, 기호쓰기, 산수)을 포함시켰다(Tulsky, Saklofske, & Ricker, 2003; Tulsky, Saklofske, & Zhu, 2003).

지능에 있어서 작업기억과 처리속도의 중요성은 매우 확증적이다. 예를 들어, Jonides

등(2005)은 작업기억 없이는 생각하고, 문제를 풀고, 언어를 말하고 이해하고, 인지적인 삶과 관련된 다른 활동을 할 수가 없다고 보았다(p. 2). 연령에 따라 중추신경 체계의 임시적인 신경 연결망의 수가 변하고 수초화가 늘어남에 따라 처리속도가 크게 변화하게 된다. 유아의 처리속도가 이후 지능점수를 예측해 주고(Dougherty & Haith, 1997), WISC-IV 처리속도 지표는 간질과 같은 신경질환에 매우 민감하다(Wechsler, 1991). 이전에 언급했듯이 노화에 대한 연구에 따르면 연령에 따른 인지 변화에서 처리속도의 변화는 매우 중요하다(Salthouse, 2000).

Kyllonen와 Christal(1990)은 작업기억과 처리속도 간의 상호작용에 대해 기술하였다. 작업기억을 측정하는 과제와 추론능력을 측정하는 지능에 대한 전통적인 평가 사이에는 높은 상관관계가 보고되었다. 유동적 추론 과제에서의 높은 점수는 기존의 지식수준에 민감하나, 작업기억에서 우수한 수행은 정보를 빨리 처리하는 능력에 좌우된다. 작업기억, 추론, 기존 지식과 처리속도 간의 상관관계 연구(Kyllonen & Christal, 1990)에 따르면 추론능력은 작업기억 용량이라 할 수 있다. 이런 관점에서 Baddeley(2003)는 추론능력 연구에 '삽화적 완충제'라는 흥미로운 개념을 제안했는데, 이는 결정화된 지식이 정신적 조작을 위해서 장기기억 저장소로부터 내려왔다는 것을 의미한다.

지능에 대한 상호적이고 역동적인 시각은 감별진단을 해야 하는 심리학자들에게 매우 큰 함의가 있다. WISC-IV를 분석하는 단계는 단순히 연속적인 접근으로 보일 수 있지만 이미 언급했듯이 하향식과 상향식 접근이 필요하다. 게다가 지표점수뿐만 아니라 각 소검사는 인지적으로 복잡한 특징을 평가한다. 예를 들어, 지식이나 사실을 습득하고 인출하고 추론 과제를 수행하는 데 작업기억과 처리속도의 역할은 매우 중요하다. Fry와 Hale(1996)는 7~19세까지의 아동과 청소년의 처리속도, 작업기억, 유동지능을 평가하였다. 연령에 따라 처리속도가 빨라지면서 작업기억 용량이 증가하게 되고 또한 유동적 추론 평가에서 높은 점수를 보이게 된다. 아동이 정상적으로 발달함에 따라 정보를 빠르게 처리하게 되고 이로 인해 작업기억 공간을 효율적으로 사용하게 되고 여러 추론 과제의 수행이 향상된다. Kail(2000)은 처리속도는 지능의 여러 독립적인 요소 중에 하나가 아니라, 다른 지능의 요인들과 연결된다고 보았다.

여러 연구들은 작업기억 지표가 WIAT 같은 학업성취 검사의 읽기, 쓰기, 수학점수를 예측하는 데 언어이해 지표 다음으로 많이 기여한다고 보고하였다(Konnold, 1999; Hale, Fiorello, Kavanagh, Hoeppner, & Gaither, 2001). 작업기억과 읽기 이해의 높은 상관은 여러 번 발표되었다(Daneman & Merikle, 1996). 비슷한 연구 결과가 철자(Ormrod & Cochran, 1988), 논리습득(Kyllonen & Stephens, 1990), 메모하기(Kiewra & Benton, 1988), 지시 따라하기(Engle, Carullo, & Collins, 1991)를 포함한 여러 학습 과제에서 보고되었다. 일반적으로 작업기억과 다양한 학업성취 결과들 사이에 중간 정도의 상관관계를 제시하였다(Baddeley, 2003).

유동지능에서 작업기억과 처리속도의 관계

작업기억이 유동적 추론과 관련되는 과정은 복잡하고 복합적이다. 자원 공유 모델(resource sharing model : Daneman & Carpenter, 1980)은 저장에 이용될 수 있는 자원의 양과 처리 요구 사이에 교환관계가 있음을 강조하였다. 따라서 과제처리 요구가 충족된 이후 저장에 이용될 수 있는 자원 용량의 기능이 작업기억 용량이라고 보았다. 그러나 다른 연구자들은 작업기억 용량이 한정된 것이 아니라, 작업기억 사용이 작업기억을 통제하는 다양한 과정의 효율성에 의해 제한된다고 주장하였다. 예를 들어, 과제를 처리하는 속도라는 효율성이 목표 자극이 기억에 남아 있는 시간에 영향을 준다(Hitch, Towse, & Hutton, 2001). 이에 작업기억 공간의 크기와 상관없이 처리가 효율적으로 이루어진다면 작업기억 용량은 늘어나게 된다. 과제 수행 중에 자극되는 결정화된 지식이 장기기억에서 쉽게 인출되고 단기기억에서 활성화되어 이전 경험과 전문지식을 기반으로 좀 더 넓은 단위로 묶인다면 처리는 좀 더 효율적으로 이루어질 수 있다. 이에 작업기억만을 재는 과제는 거의 없으며 작업기억만 재는 과제는 작업기억체계를 형성하기 위해 동시에 작동해야 하는 여러 상호작용을 인위적으로 분리하는 것이다. 좋은 작업기억 과제는 실생활에서처럼 이런 여러 작용을 동시에 유발시키는 과제이다.

중앙 실행기능은 작업기억과 유동적 추론 사이의 관계에서 핵심적인 역할을 한다. 실행기능은 방해하는 자극에도 목표 과제에 주의를 유지하도록 통제하는 것이다(Kane,

Bleckley, Conway, & Engle, 2001). 주의력이 좀 더 효율적으로 발휘될수록, 작업기억 용량에 상관없이 작업기억을 좀 더 효율적으로 활용하게 된다. 관련 없는 정보를 억제하는 능력에 따라 작업기억 용량에 상관없이 효율적인 인지 수행을 할 수 있다(Lustig, May, & Hasher, 2001). 실행기능은 초점화된 주의력을 유지하고 경쟁적인 반응을 억제하는 것인 데, 실제 생활에서는 주의를 분산하는 것들이 흔하기에 작업기억 과제의 수행 차이는 작업 기억 용량보다는 주로 실행기능의 차이를 반영하게 된다. 최신 연구에서는 작업기억의 중 앙 실행기능 요인이 통제된 주의력 과정을 통해 작업기억과 유동적 추론 과제 사이에 강력 한 관계를 설명한다(Engle, Tuholski, Laughlin, & Conway, 1999).

실행기능과 함께 단기기억은 작업기억의 정보를 효율적으로 처리하는 역할을 한다. 통 제된 주의력의 근원으로서 중앙 실행기능은 인출을 통제하여 작업기억을 활성화시키고 작 업기억은 시공간 잡기장이나 음운고리와 같은 단기기억 저장 체계에서 유지된다. 기존 지 식에 기반하여 단기기억에서 활성화되는 장기적인 기억흔적과 주어진 과제에 대한 친숙성 은 각 개인마다 다를 수 있다. 작업기억 문제에서 기존의 지식을 더 많이 적용할 수 있다면 정확하게 반응하는 데 있어 유동적인 추론능력이 덜 요구된다. 이에 어떤 참가자에게는 작 업기억 과제인 것이 다른 이에게는 단기기억 과제일 수 있다. 이는 과제의 난이도에 따른 것일 뿐만 아니라 인지능력, 기술, 친숙성, 연습에 따라, 또한 개인의 발달 단계에 따라 좌 우되는 것이다. 단기기억과 작업기억은 이런 방식으로 상호 연결되기에 '숫자 바로 따라하 기'와 같은 단기기억 과제와 '숫자 거꾸로 따라하기'와 같은 작업기억 과제를 동시에 또한 개별적으로 살펴보는 것이 임상적으로 적합하다. 숫자 바로 따라하기와 거꾸로 따라하기 가 각각 단기기억과 작업기억 과제로 여겨지나, 모든 이들에게 그러한 것은 아니다. 쉬운 숫자 거꾸로 따라하기 과제는 실제적인 처리보다는 단기기억에 자극을 수동적으로 입력하 는 것만이 필요하며 어려운 숫자 바로 따라하기 과제는 작업기억 체계를 활성화시키는 암 송이나 덩이짓기와 같은 처리가 요구된다. 단기기억에서 작업기억으로 반응처리의 변경이 일어나는 지점은 능력이나 과제 친숙성에 따라 개인마다 다르다. 서로 밀접하게 관련되어 있으나, 단기기억과 작업기억은 유동적 추론과 다르게 연관된다. 작업기억은 유동적 추론 과 높은 상관을 보이나 단기기억은 그렇지 않다.

지각처리 속도는 작업기억 기능의 효율성에 영향을 미치는 중요한 인지능력이다. Fry 와 Hale(1996)은 아동의 성숙과 연령에 따라 처리속도의 변화가 작업기억의 변화를 낳고 결국 유동적인 지능의 검사 수행에 변화를 초래한다고 보았다. 작업기억과 지각처리 속도 는 중간 정도의 상관을 보이나, 유동적인 추론과 다르게 관련된다. 작업기억은 유동적 추 론과 중간 정도의 상관을 보이나, 지각처리속도는 추론능력과 레이븐스 전진 행렬 검사 (Ravens progressive matrices : Ackerman, Beier, & Boyle, 2002)로 측정했을 때 미약 한 상관관계를 보인다. 처리속도는 작업기억을 촉진하는 간접적인 방법을 통해 유동적 추 론에 영향을 미친다. 작업기억 능력은 주의력을 통제하는 능력과 주로 관련되나, 작업기억 과 유동적 추론은 처리속도에 의해 매개된다.

인지정보 처리의 상호 협조적인 모델에 따르면 정보의 빠른 처리를 방해하는 언어와 읽 기 손상은 작업기억 구조에 부담을 주며, 따라서 이해와 새로운 학습에 대한 아동의 작업 기억 용량을 줄인다. 학습장애와 주의력결핍장애 집단에서는 처리속도와 작업기억 점수가 언어이해나 지각추론에 비해(Schwean & Saklofske, 2005) 또한 표준화 연구집단에 비해 낮다(Wechsler, 2003).

이 분야에 대한 연구는 아직 초기 단계이다. 그러나 임상가는 요인에 기반한 지표점수에 서의 복합적인 상호작용이 신경인지 회로에 있을 수 있다는 점을 명심해야 한다. 측정된 검사점수를 의미 있게 해석하기 위해서는 이러한 상호 협조적인 효과에 대한 임상적인 연 관성을 이해하는 것이 중요하다.

학습장애 평가에서 지능검사 사용과 관련된 제반 문제

학습장애 평가 및 진단과 관련하여 WISC-IV와 같은 지능검사의 역할과 중요성에 대한 논쟁을 이야기하고자 한다. 3장에서 논쟁에 대해 간단하게 언급했으나, 학습장애 평가에 서 지능검사를 사용할 때의 문제점에 대해 좀 더 광범위하게 검토하고자 한다. 학습장애 평가에 대한 심리 측정적인 제안과 관련된 최근의 논의에서 WISC-IV를 살펴보면, WISC-

IV가 가지는 제한점과 강점을 동시에 평가할 수 있게 될 것이다. 최근 반대되는 두 견해에서 제기하는 논쟁점에 대해 살펴보고, 이후 세 장에서는 전개될 대안적인 접근을 단계적으로 제시하려 한다.

최근 5년간 다른 인지검사와 마찬가지로 WISC-IV 검사는 매우 다른 구성요소로 분화되었다. 그러나 학습장애 평가는 대부분의 학습 장면에서 여전히 학업성취와 지능점수를 비교하는 방식으로 이루어지고 있다. 능력–성취 차이 접근은 점점 더 비판을 받고 있다. 왜냐하면 이 모델에만 의존할 때 몇몇 아동에게 치료적 개입이 늦어질 수 있기 때문이다. 능력과 성취의 차이가 학습장애의 순수한 지표로 쓰일 수 없으며, 일정한 기준점만으로는 학습장애를 확증할 수 없다. 일회적으로 이루어지는 능력과 성취의 차이만으로는 학습장애를 신뢰롭고 타당하게 진단할 수 없다(Francis et al., 2005). 능력–성취 모델의 개념적인 문제제기뿐만 아니라 능력검사가 학습장애 평가에 포함되서는 안 된다는 주장도 있다(Siegel, 2003). 지능평가는 항상 비판을 받으나, 학습장애 진단에 대한 최근 논쟁, 특히 능력–성취 모델의 사용에 대한 논쟁은 표면화되고 있다.

능력–성취 차이

학습장애의 특수교육을 받기 적합한지 결정하기 위해 능력–성취 차이 모델을 사용하는 것에 대해 현재 논쟁이 활발하다. 사실, 이러한 논쟁은 학업성취에 어려움이 있는 아동을 확인하는 데 있어서의 문제점을 반영한다. 학교 심리학자들은 능력과 성취 둘 다에서 부진한 수행을 보여 두 점수 간의 차이가 별로 없는 경우를 종종 보게 된다. 그러나 관리자나 행정가들은 공평하고 평등하게 전체 학생에게 적용할 수 있고, 특수교육에 적합한지를 판별할 수 있는 수량화된 방법을 요구한다.

또 다른 논쟁점은 미국의 모든 지역에 걸쳐 능력–성취 차이에 대한 일관된 가치나 규칙이 부재하다는 것이다. 예를 들어, 어떤 주에서는 적합성 결정에 16점 차이를 요구하나, 다른 주에서는 연령에 기반한 차이에 관심을 가진다. 또 다른 주에서는 30점의 차이가 필요하다. 30점 차이는 지나치게 높은 것 같으나, 이는 평균에서 2 표준편차이며 통계적으로 유의미한 차이라고 합의된 것이다.

어떤 지역에서는 지표점수나 부분적인 점수가 아니라 전체지능을 사용하는 것에 대해 문제를 제기한다. 예를 들어, 언어이해에서 101점, 지각추론 지표에서 99점을 받아서 전체지능이 100점인 아동이 있고 언어이해에서 120, 지각추론 지표에서 80점을 받아 전체지능 100점을 받은 아동이 있다고 가정해 보자. 두 아동 모두 전체지능에서 100점을 받았으나, 같은 100점이 아니다. 차이 결정에서 전체지능이 사용된다면 두 번째 아동의 경우 유의미한 차이가 과소평가될 수 있다. 임상가는 전반적인 점수를 넘어서 지표나 소검사 수준에서의 추가적인 처리분석을 해야 한다.

전반적인 점수가 아동의 실제적인 능력이나 기술을 반영하지 못하는 것이기에 지표나 소검사 수준에서 점수를 조심스럽게 살펴볼 필요가 있다. 소검사 수준에서 다음과 같은 예가 있을 수 있다. 예를 들어, 토막짜기에서 옳게 수행하였으나 제한시간을 1초 넘어서 0점을 받은 아동이 있고 또 다른 아동은 제한시간 내내 토막을 입에 물고 있어 0점을 받은 아동이 있을 수 있다. 양적으로는 똑같은 0점이고 총점에 같은 방식으로 기여하나, 질적으로는 완전히 다른 의미가 있으며 개입도 달라지게 된다.

비슷한 예가 어휘에서도 있을 수 있다. '수리(repair)'라는 단어를 아동에게 물어보았을 때, 아동이 '선생님이 부러진 장난감이나 타이어를 수리해요.'라고 말하면 0점을 받을 수 있다. 교사는 아동이 단어를 설명하는 대신 사용하는 경우를 설명할 때 종종 틀렸다고 채점한다. 그러나 문맥상 맞게 사용했다면 아동이 단어의 뜻을 알고 있었다는 것은 명백하다. 이러한 아동은 자신이 아는 것을 언어적으로 말하는 것에 어려움이 있을 수 있으며 지식의 부족이 아니라 지식을 언어로 표현하는 전략을 발달시키는 데 겪는 어려움에 초점을 맞추어야 한다. Chall(1996)에 따르면 3학년 학생은 보통 5,000개에서 10,000개 정도의 단어를 듣고 의미를 이해하나, 300~500개 정도의 단어만을 제대로 정의할 수 있다고 한다. 이러한 사실은 우리가 어휘점수를 어떻게 활용해야 하는지에 대해 중요한 함의를 갖는다.

이러한 혼란을 줄이는 한 가지 해결책은 여러 차원에서 아동의 지식, 기술, 능력을 평가하는 추가적인 절차를 활용하는 것이다. WISC-IV 통합본은 이러한 여러 문제를 다루기 위해 양적으로 측정한 표준화된 절차를 기반으로 한계 검증을 제공한다. WISC-IV 통합본에 대한 좀 더 폭넓은 검토와 절차와 관련한 내용은 5장과 6장에서 다루어질 것이다.

마지막으로, 코네티컷 종단연구(Connecticut Longitudinal Study)는 학습장애 진단이나 치료 적합성에 대한 확증을 위해 능력-성취 차이 접근에 의존할 경우 나타날 수 있는 어려움의 실제적인 예를 보여 준다(Shaywitz, Fletcher, Holahan, Schneider, Marchione, Steubing, Francis, & Shaywitz, 1999). 이 연구에서는 유치원 때부터 12학년까지 아동을 추적하였다. 교사는 글자를 깨치기 이전과 이후에 걸쳐 진전을 보이지 않는 아동을 찾아내고 검사를 실시하였다. 아동은 두 집단으로 나뉘어졌는데, 첫 번째 집단은 IQ와 읽기 성취점수 차이에 따라 읽기장애를 확인하였으므로 능력-성취 차이를 보여 주었다. 두 번째 집단은 읽기 성취에서 낮은 점수를 받았으나 점수 차이가 있지는 않았다. 이 두 집단을 학령기 내내 추적하였다. 이들 집단과 읽기에 손상이 없는 집단 간의 성장곡선의 차이는 3학년 전까지는 확실하였다. 두 집단 모두 유치원에서부터 12학년 때까지 내내 읽기에 손상이 없는 집단을 따라잡지 못하였다.

이 연구는 두 가지 중요한 점을 보여 준다. 우선, 능력-성취 차이를 통해서는 조기 개입을 통해 어린 아동을 판별하여 유의미한 학업적 향상을 보여 주기 힘들다. 능력과 성취 사이에 유의미한 차이를 보이기 위해서는 성취에서 충분히 낮은 점수를 얻을 때까지 시간이 지연될 수 있다. 그때가 되서야 아동은 종합적인 평가에 의뢰된다. 현재는 진단, 적합성 그리고 궁극적으로 서비스 제공을 능력-성취 차이 모델에 의존한다. 이는 안타깝게도 진단 지연의 위험이 있으며 아동의 교육적 발달 경과에 부정적인 영향을 미친다. 다음으로 중요한 점은 능력-성취 모델에 의존하면 학습에 어려움이 있는 많은 아동을 놓칠 수 있다는 것이다. 이 점이 능력-성취 모델 의존에 대한 좀 더 중요한 반론이 된다. 어떤 아동이 순수한 학습장애 때문에 학습능력이 부족하고 동시에 부진한 성취를 보이는지 선별하기가 어렵다.

중재에 대한 반응

최근 학습장애를 확증하는 대안적인 전략에 대한 논의가 활발하다. 가장 많이 인용되는 대안적인 모델이 중재 반응 모델(response to intervention model)이다. 이 모델은 학업 수행이 학년에 비해 부진한 아동에 대해 단계적인 접근으로 구성되어 있다. 첫 번째는 일반

학급에서 초기에 제공되는 중재이다. 중재에 대한 반응 모델의 핵심은 이 교육적 중재가 연구에 기반하고 과학적으로 견고하고 경험적으로 지지된다는 것이다. 지속적인 경과 관찰은 중재의 효과성에 대한 자료를 제공하고 필요하다면 중재나 서비스의 변경이나 추가가 제공될 수도 있다. 목표는 최대한 덜 제한적인 교육 환경을 제공하는 것이다. 이것이 공법 94-142(장애아동 교육에 관한 조례)의 정신이자 의도이고 장애인 교육 향상 조례 2004 (Individual with Disabilities Education Improvement Act, IDEA 2004)이다.

만약 아동이 중재에 반응을 하면 계속 일반 교실에서 수업을 받고, 만약 반응하지 않으면 좀 더 포괄적인 평가와 서비스에 의뢰된다. 이론적으로 중재에 반응하지 못하는 아동은 학습장애로 확인되고 특수교육 서비스에 적합할 것이다.

표면적으로 중재 반응 모델은 능력-성취 차이에 의해 제기되는 중요한 문제를 거론한다. 이 모델에서는 서비스가 필요한지를 확인하기 위해서 능력-성취 차이에 의존하지 않는다. 일반교육에서 어려움을 보이는 아동은 문제점이 확인되는 순간 최대한 빨리 경험에 기반한 중재를 받기 시작한다.

그러므로 중재와 조치가 취해지는 시간이 상당히 짧아진다. 아동 치료팀을 만나서 문제를 의논하고 대안을 고민하고 어떤 조치를 취할지 결정하고 계획을 세우고 결과와 개입에 대해 의논할 때까지 아동은 기다리지 않아도 된다. 전통적인 방법으로는 이 과정이 보통 학기 중에 2~3개월 정도 소요된다. 기술이나 지식습득이 부진한 아동은 적절한 조치나 개입 없이는 또래보다 뒤처지게 된다. 이 모델은 몇 주나 몇 달 걸리는 과정을 며칠이나 몇 주 정도로 줄여 줄 수 있다.

장애인 교육 향상 조례에서는 더 이상 성취와 인지능력 간의 심각한 차이를 요구하지 않으며 중재 반응 모델을 대안적인 접근으로 허용하고 있다. 이 조례는 다음과 같이 기술된다.

(6) 특수한 학습장애

(A) 일반 규정. 607(b)항에도 불구하고 602항에서처럼 아동이 특수한 학습장애를 가지고 있는지 판단할 때, 지역 교육기관에서는 언어표현, 청취이해, 쓰기, 기본적인 읽

기 기술, 독해 이해, 수학 계산과 수학추론에서 능력과 성취 사이에 심각한 차이가 있
는지를 고려할 필요가 없다.

(B) 추가적인 규정. 아동이 특수한 학습장애인지 결정하는 데 지역 교육기관에서는 (2)
와 (3)에서 기술한 것처럼 평가과정의 일부분으로 아동이 과학적이고 연구에 기반한
중재에 반응하는지를 살펴보는 과정을 사용할 수 있다.

중재 반응 모델과 미해결 문제

강조해야 할 점이 두 가지 있다. 첫째, 교사는 아동이 학습 향상에 실패하는 드러나지 않는
실제적인 원인이 무엇인지 알고 밝힐 수 있어야 한다. 둘째, 교사는 그들이 아는 모든 중재
를 사용해야 한다. 따라서 전문적인 훈련이 필수적이다. 그러나 어떤 학생도 뒤처져서는
안 된다는 법령 실현을 위해 교사의 능력을 발달시키고 향상시키는 데 초점을 둘 만큼 충
분한 시간이나 자금이 학교에 없다.

효율적인 해결을 위해서는 학교 심리학자들은 학습에서 특정한 문제를 확인하고 이에
초점을 맞추어야 한다. 인지가설 검증접근(Hale & Fiorello, 2004)의 평가는 이러한 목적
에 적합하다. 이 모델은 학업 어려움을 설명해 줄 수 있는 연구에 기반한 가설에서 출발하
여 가설에 대해 확증해 줄 수 있는 특정한 검사나 소검사를 선택한다. 인지가설 검증접근
을 통해 전체적인 검사가 아니라 검사의 일부분을 사용하게 된다. 검사 내의 모든 소검사
를 실시하는 데 익숙한 학교 심리학자에게 생각의 전환이 필요하다. 관례화되어 있는 모든
소검사의 실시가 의뢰 문제에 가장 잘 대답하는 것인가? WISC-IV 통합본에 있는 보충적
인 과정과 소검사를 적절하게 선별하는 것이 문제에 대한 정보를 제공하고 문제에 초점을
맞춘 연구에 기반한 중재와 연결되지 않을까?

사례에서 평가와 중재를 연결하는 것은 매우 중요하다. 곱셈을 잘 못하는 아동을 생각해
보자. 교사는 곱셈 문제에서 항상 아동이 틀린다는 것을 알아차렸고, 과정중심적인 평가를
통해 아동이 곱셈은 정확하게 하지만, 십의 자릿수에서 곱할 때 자릿수가 바뀔 경우 틀린
다는 것을 알게 되었다. 과정중심적인 접근이 없었다면 교사는 곱하는 과정이 아니라 곱셈
지식에 초점을 맞추었을 것이다. 궁극적으로 이러한 과정은 교사가 아동의 지식이나 이해

의 결핍과 지식을 기능적으로 발휘하는 능력의 부재를 구별하게 도와준다.

두 접근은 학습장애를 평가하는 데 결합될 수 있는가?

여러 접근의 상대적인 강점과 약점에 대해서 Fuchs와 Fuchs(1998)는 능력-성취 차이 개념과 중재 반응 모델을 통합하면서 "이원적인 차이" 접근을 제안하였다. 요구되는 차이란 아동이 또래보다 성취하지 못하고 또래보다 느릴 때를 말한다(Bradley et al., 2002).

이원적인 차이 모델 개념을 명확하게 설명하기 위해 국립연구센터의 중재 반응성에 대한 학습장애 심포지엄에서 이루어진 McMaster와 동료들의 발표를 고려해 봐야 한다(2003). McMaster는 '반응하지 않는 이에 대한 반응성 : 확인과 중재방법에 대한 실험적인 실제 시도' 라는 연구를 발표하였다. 이 연구에서 또래 도움학습 전략에 비반응적인 아동을 발견하기 위해서 이원적인 차이 접근이 사용되었다. 돌치(Dolch)[1] 또는 비언어 유창성 검사에서 수준이 .5 표준편차 이하를 보이는 방식으로 이원적인 차이를 결정하였다. WRMT-R 어휘 인식 단어공략 소검사(work attack subtest)에서 백분위 30%ile 이하로 백분위를 결정하였다. 인접-이동/먼-이동 유창성 척도에서 1분당 정확하게 읽은 단어가 백분위 40%ile 이하가 되었다. 어휘 인식에서 10 이하의 단어/단어공략 검사에서 5 이하 단어를 저조한 성장으로 보았다. 이 연구에 따르면 이중적인 차이 접근을 통해 읽기에서 비반응적인 위험집단과 평균 수행을 보이는 아동을 신뢰롭게 구별하였다(p. 1). McMasater와 동료는 수행에만 기반하거나 성장 비율만 고려하는 접근들보다 이중적 차이 접근이 좀 더 문제를 정확하게 밝힐 수 있다고 결론지었다(p. 21).

이 연구에서 볼 수 있듯이, 첫째로 또래보다 낮은 수행이라는 특정한 기준이 우선 적용되었다. McMaster와 동료 연구에서는 이를 돌치 또는 비어휘 유창성 검사에서의 낮은 수행이라고 조작적으로 정의되었다. 두 번째 필요한 것은 또래보다 느린 학습이다. 이는 성장 측정으로 조작되었는데, 실제적으로 아동은 성취와 중요한 학습 기술의 습득 비율에서

---

1) 역자 주 : 돌치 단어 목록(Dolch word list)이란 Edward William Dolch가 1948년도에 1930, 40년대 아동 도서를 기반으로 만든 기초 단어 200개 목록을 말한다.

어려움을 보였다.

능력－성취 차이를 보이기 이전에 교실에서의 적절한 교육을 확인해야 한다. 초기 조건이 충족되면 아동은 공식적인 의뢰 이전에 일반교육 장면에서 초기 중재를 받는다. 일정한 시간 동안 향상이 되는지 관찰하게 되며, 향상되는지 계속적으로 관찰하는 것이 중요하다. 아동이 중재에 반응하지 못하면 아동은 좀 더 포괄적인 평가에 의뢰된다. 일정기간 동안 (예 : 8주 동안) 진행되는 관찰 후에 공식적인 평가와 서비스가 필요할지를 결정한다.

여기서 핵심은 능력－성취 모델만으로 혹은 중재 반응 모델만으로는 충분하지 않다는 것이다. 통합적인 문제해결 모델이 진행 중(예 : 아이오와 주)이거나 개발 중이다(예 : 플로리다 주 볼루시아 카운티). 이 모델에서는 규준에 의거한 측정, 직접적인 행동관찰, 기능적인 행동분석과 중재 반응 모델을 통합하였다. 특정한 학습의 어려움을 확인하기 위해서 여러 다른 접근을 통합한 평가방법은 매우 가치가 있다. 예를 들어, WISC-IV는 초기 읽기 성공 목록(Early Reading Success Inventory, ERSI : The Psychological Corporation, 2003)과 함께 읽기와 관련된 진단적인 정보를 제공하고 특정한 WISC-IV 소검사의 위험평가를 할 수 있게 해 준다. WISC-IV와 함께 학습에 대한 과정평가(Process Assessment of the Learner; Berninger, 2001)를 사용하면 읽기와 쓰기에 대한 인지평가를 좀 더 심층적으로 할 수 있다.

이중적인 학습장애 기준 : 처리 결함과 낮은 성취

지적인 능력보다 낮은 성취를 보이는 데에는 여러 가지 이유가 있다. 적절하지 못한 교실 교육방법, 언어 다양성, 낮은 동기, 학습에 적절하지 못한 환경, 주의력 장애, 기억력 장애, 실행기능 장애, 가족 스트레스, 정서 문제, 외상후 스트레스 장애로 인한 인지적인 방해 때문일 수 있다. 학습장애로 의뢰된 아동을 적절하게 평가하는 것은 감별진단하면서 장애에 기여하는 관련된 요소를 평가하는 것이다. 아동이 잠재능력을 발휘하여 성취하지 못하는 것은 무언가가 잘못되었다는 명백한 신호이다. 그러나 아동 성취 문제에 대한 분석이 흔히 그렇듯 여기서 끝나서는 안 되고 특수교육에 의뢰하는 것만으로 끝나서도 안 된다. 다음 단계에서는 체계적인 방식으로 아동이 과소 성취하게 되는 다양한 여러 이유에 대해 면밀하게 살펴봐야 한다. 이는 고열로 부모가 아동을 데리고 왔을 때 소아과의사가 진찰하는 것과 비슷하다. 높아진 체온은 특징된 질병을 진단해 주지 않는다. 고열의 이유는 독감부터 백혈병까지 다양하고 그 사이에 온갖 질환이 있을 수 있다. 그러나 고열은 아동의 건강에 무인기 문제가 있다는 분명한 신호이고 의사는 여러 가능성을 제외해 가면서 왜 아동이 고열을 보이는지 알아내야 한다. 마찬가지로 심리학자는 왜 아동이 또래와 비슷한 수준으로 성취할 수 있는 인지능력을 가졌음에도 그러하지 못하는지를 알아내야만 한다. 그러기에 능력에 비해 과소 성취하였다는 것은 고려해야 할 필요가 있지만 학습장애를 진단하는 데 충분한 조건은 아니다.

Dumont과 Willis(2001)는 임상가가 WISC-IV 작업기억 지표와 처리속도 지표를 결합하여 새로운 혼합점수를 검토해 볼 것을 제안하였다. 이를 인지효율 지표(Cognitive Proficiency Index, CPI)라 명명하였데, 이는 여러 인지적인 정보를 처리하는 숙달 정도라 할 수 있는 다양한 기능의 공통된 요소를 평가한다. 인지효율 지표는 핵심적인 네 가지 소검사를 기반으로 작업기억과 처리속도라는 두 가지 기본적인 심리과정을 단일한 점수로 결합한다. 신속한 시각속도와 우수한 정신 통제를 통한 숙달된 처리는 새로운 과제에 대한 인지적인 요구를 줄여 주어서 유동적 추론과 새로운 정보습득을 촉진한다.

이 새로운 지표의 유용성을 조사하기 위해서 우리는 WISC-IV 표준화 연구 프로젝트에서 수집된 각 임상집단에서 인지효율 지표와 일반능력 지표(GAI) 사이의 차이를 검토하였다(GAI는 언어이해 지표와 지각추론 지표의 합산점수로 3장에서 기술하였다). 인지효율 지표의 규준을 만들고 표준화 연구집단에서 CPI-GAI 차이에 대한 기저율 비교를 계산하였다. 표 4.1은 합산점수의 인지효율 지표(CPI) 해당값을 보여 준다. 표 4.2는 표준화 연구집단의 방향에 따른 CPI-GAI 점수 차이의 누적 비율을 보여 준다. 표 4.1의 인지효율 지표 규준은 실제 표준화 자료를 기반으로 했으므로 통계적으로 추정된 자료인 Dumont과 Willlis(2001)의 것보다 더 나은 것이다.

각 임상집단에서 인구통계학적인 변인을 대응시킨 비임상적인 표본을 찾아내고 다양한 절단점수에서의 조건들을 분류하고자 민감도(true positive rate)와 특이도(true negative rate)를 조사하였다. 민감도와 특이도의 최소 수용 가능 비율은 60% 정도로 뽑았다. 12개

표 4.1		합산점수의 인지효율 지표(CPI) 해당값							
		신뢰구간					신뢰구간		
점수합	CPI	90%	95%	백분위	점수합	CPI	90%	95%	백분위
4	40	38-50	37-51	<0.1	31	84	79-91	78-92	14
5	42	40-52	39-53	<0.1	32	86	81-93	80-94	18
6	44	42-54	41-55	<0.1	33	87	82-94	81-96	20
7	46	44-56	43-57	<0.1	34	89	83-95	82-97	22
8	48	46-58	44-59	<0.1	35	91	86-98	84-99	28
9	50	47-60	46-61	<0.1	36	93	87-99	86-100	31
10	52	49-61	48-63	0.1	37	94	88-100	87-102	34
11	54	51-63	50-64	0.1	38	96	90-102	89-104	39
12	56	53-65	52-66	0.2	39	98	92-104	91-105	44
13	58	55-67	54-68	0.3	40	100	94-106	93-107	50
14	60	57-69	56-70	0.4	41	101	95-107	94-108	53
15	62	59-71	57-72	1	42	102	96-108	95-109	56
16	63	60-72	58-73	1	43	104	98-110	97-111	62
17	65	61-74	60-75	1	44	106	99-111	98-112	65
18	67	63-75	62-77	1	45	107	101-113	100-114	69
19	68	64-76	63-77	2	46	109	102-114	101-116	73
20	70	66-78	65-79	2	47	112	105-117	104-118	79
21	71	67-79	66-80	3	48	113	106-118	105-120	81
22	72	68-80	67-81	3	49	116	108-121	107-122	85
23	73	69-81	68-82	4	50	117	110-122	109-123	87
24	75	71-83	70-84	5	51	119	112-124	111-125	90
25	76	72-84	70-85	5	52	121	113-125	112-126	92
26	77	73-85	72-86	7	53	123	115-127	114-128	93
27	79	74-87	73-88	8	54	125	117-129	116-130	95
28	80	75-87	74-89	9	55	127	119-131	118-132	96
29	81	76-88	75-90	10	56	129	121-133	120-134	97
30	83	78-90	77-91	12	57	131	123-135	122-136	98

(계속)

표 4.1	합산점수의 인지효율 지표(CPI) 해당값(계속)								
	신뢰구긴					신뢰구간			
점수합	CPI	90%	95%	백분위	점수합	CPI	90%	95%	백분위
58	133	125-137	124-138	99	68	154	144-156	143-157	>99.9
59	136	127-140	126-141	99	69	156	146-158	145-159	>99.9
60	138	129-141	128-143	99	70	158	148-160	147-161	>99.9
61	140	131-143	130-144	99.6	71	160	150-162	149-163	>99.9
62	142	133-145	132-146	99.7	72	160	150-162	149-163	>99.9
63	144	135-147	134-148	99.8	73	160	150-162	149-163	>99.9
64	146	137-149	136-150	99.9	74	160	150-162	149-163	>99.9
65	148	139-151	137-152	99.9	75	160	150-162	149-163	>99.9
66	150	140-153	139-154	>99.9	76	160	150-162	149-163	>99.9
67	152	142-154	141-156	>99.9					

🔒 아동용 웩슬러 지능검사-4판(WISC-IV) ⓒ 2003 Harcourt assessment, Inc. 인가하에 인용됨.

임상집단 중에 아홉 개군에서 임상과 비임상집단의 일반능력 지표와 인지효율 지표 사이의 차이가 수용할 만한 비율로 나타나는 적절한 절단점수(cut score)를 확인하지 못했다. 아홉 개군 중에서 네 개의 임상집단에서만이 최소한으로 수용될 만한 결과를 보였다. 읽기와 쓰기 학습장애, 폐쇄형 뇌 손상(closed traumatic brain injuries), 개방형 뇌 손상(open traumatic brain injuries) 및 아스퍼거 환자에서 인지효율 지표가 일반능력 지표보다 4~5점 이상 낮을 때 민감도와 특이도가 유의미하게 높았다.

이 자료는 능력－성취 차이만으로는 혹은 일반능력 지표와 인지효율 지표 차이만으로는 학습장애를 진단하기에 충분하지 않다는 것을 보여 준다. WISC-IV와 WIAT-II를 실시한 516명의 비임상 피험자에서 21%만이 능력과 성취 사이에 큰 차이가 있었다. 그러나 이들이 일반능력 지표와 인지효율 지표 사이에 차이가 난 것은 아니다. 이 표본의 약 9%만이 인지효율 지표보다 일반능력 지표가 높은 점수를 보였으나, 능력－성취 차이는 크지 않았다. 정상 아동 중에서 2%만이 인지효율 지표보다 일반능력 지표가 높은 점수를 보이면서 동시에 능력－성취 차이도 컸다.

| 표 4.2 | 방향에 따른 GAI-CPI 점수 차이에 따른 표준화 연구집단에서의 누적 백분율(기저율) |

	GAI − CPI		
차이값	GAI>CPI(−)	GAI<CPI(+)	차이값
40	0.0	0.1	40
39	0.1	0.1	39
38	0.1	0.2	38
37	0.1	0.3	37
36	0.3	0.4	36
35	0.3	0.5	35
34	0.3	0.6	34
33	0.4	0.7	33
32	0.6	0.7	32
31	0.7	0.8	31
30	0.8	0.8	30
29	1.0	1.1	29
28	1.3	1.4	28
27	1.4	1.6	27
26	1.7	2.0	26
25	2.1	2.5	25
24	2.5	2.9	24
23	3.1	3.5	23
22	3.8	4.3	22
21	4.4	5.0	21
20	5.2	6.0	20
19	6.3	7.2	19
18	7.3	8.3	18
17	8.7	9.5	17
16	10.1	11.0	16
15	11.2	12.5	15
14	12.5	14.1	14

(계속)

표 4.2	방향에 따른 GAI-CPI 점수 차이에 따른 표준화 연구집단에서의 누적 백분율(기저율)(계속)		
	GAI-CPI		
차이값	GAI>CPI(-)	GAI<CPI(+)	차이값
13	14.0	16.8	13
12	16.5	18.5	12
11	18.3	20.6	11
10	20.7	22.9	10
9	22.9	25.0	9
8	25.2	27.7	8
7	27.7	30.8	7
6	30.8	33.7	6
5	33.5	37.0	5
4	37.0	40.7	4
3	40.0	43.6	3
2	43.1	46.8	2
1	47.1	50.1	1
평균	9.8	10.2	평균
표준편차	7.4	7.5	표준편차
중앙값	8.0	8.0	중앙값

아동용 웩슬러 지능검사-4판(WISC-IV) ⓒ 2003 Harcourt assessment, Inc. 인가하에 인용됨.

마지막으로 WISC-IV 기술 및 해석지침에서 보고된 읽기장애, 쓰기장애, 읽기장애와 쓰기장애가 동반되는 표본과 산술장애 표본에서의 이중적인 기준을 충족하는 빈도를 검토해 보았다. 다양한 읽기와 쓰기장애 표본에서 두 기준을 다 충족시키는 비율은 45~50% 범위에 있다. 그러나 산술장애 표본에서는 1% 미만이다. 이것은 결합한 기준이 읽기나 쓰기 학습장애를 확인하는 데에는 유용하나, 산술장애에서는 그렇지 않다는 것을 뜻한다.

그러나 WISC-III, WIAT-II, SB-V, WJ-III, K-ABC나 다른 표준화된 지능 및 성취검사를 사용한 능력-성취 차이에 근거하여 많은 아이들이 특수교육 서비스를 받기에 적합하다고 결정되었다. 능력-성취 차이에만 근거하여 확인되었기 때문에, 많은 아이들은 학습장애 이외에 여러 다른 원인에 의해 인지적인 잠재능력보다 과소 성취했을 수 있다. 이러한 표본을 진단하는 데 주로 쓰이는 능력−성취 차이는 결과를 부분적으로 혼란스럽게 하나, 진단 기준에 맞는 순수한 집단을 확인하기가 얼마나 어려운지를 보여 준다. 공립학교에서의 특수교육 서비스에 적합한지 결정하는 행정적인 규정과는 별도로 어떤 검사 결과가 학습장애 진단을 확증해 줄 것인가에 대한 답변이 내려지기 이전까지는 학습장애 연구는 계속 애매모호한 영역으로 남아 있을 것이다.

　이전에 언급한 결과와 이유를 기반으로 능력−성취 차이나, 처리 결함, 중재에 대한 반응 실패가 아니라 능력−성취 차이와 함께 기본적인 인지과정에서의 결함이 있을 때 학습장애의 확실한 증거가 될 수 있다고 제안한다. 학습장애 평가의 이중적인 기준 체계 안에서 중재에 대한 반응은 연구에 기반한 교육적 중재를 받는 학습장애 아동의 경과를 추적하고 좀 더 집중적인 중재를 도와줄 체계적인 평가가 필요한지 결정하는 데 매우 유용하다. 인지처리 결함에 여러 유형이 있으나, 5, 6장에서는 기본적인 심리 · 인지처리 분석에서의 처리접근 사용에 대해 논의해 보고자 한다.

학습장애 평가에서 인지검사

학습장애의 원인, 진단기준, 유병률, 치료에 대해 별로 알려져 있지 않았던 초기에 IDEA가 능력−성취 차이 모델을 요구했다는 사실을 염두에 둘 필요가 있다. 능력−성취 차이 모델은 통계상 정상분포곡선을 그리므로 행정가가 능력−성취 차이 기준을 통해 서비스가 필요한 아동의 수를 통제할 수 있다. 그리하여 여러 정부 기관의 재정적인 유동성을 제한할 수 있게 되었다. 능력−성취 모델을 몇십 년간 사용한 후 임상평가로 서비스의 적합성을 결정하는 행정적인 평가가 혼란스럽다는 것을 발견하게 되었다. 일관적이지는 않다는 것이다. 이러한 혼란은 중재 반응 모델도 마찬가지이다.

　능력−성취 모델이 평가의 임상적인 모델이 아닌 것처럼 중재 반응 모델도 역시 아니다. 타당한 임상평가를 통해서만이 아동의 독특한 특성을 확인하고 아동의 차이를 조사하여 약점을 줄이고 강점을 효율적으로 사용할 수 있게 해 준다. 우리의 접근은 평가에 대한 임상적인 모델로 지능과 성취점수를 사용하여 특정한 인지가설을 평가하는데 이는 차이 점수와 과정중심적인 접근을 통합적으로 사용하는 것으로 차이 점수는 평가에 필요하지만 결정적인 요소는 아니다. 아동이 잠재력보다 낮게 성취하고 인지영역에서 결함을 보일 때 학습장애 진단이 보장될 수 있다. 만약 그렇지 않을 때는 취학준비가 덜 되거나 언어가 다양하거나 배우는 게 느리거나 적절한 교육을 받지 못했던 것 등 여러 다른 이유 때문에 부진한 성취를 보일 수 있다.

다양한 연구의 자료는 능력-성취 차이나 중재 반응 모델 접근의 한계에 대해서는 거의 문제를 제기하지 않았다. 그러나 여전히 WISC-IV와 같은 검사를 전혀 사용하지 않아야 하며, 심리 측정적으로 안전한 다른 검사를 사용해야 한다고 주장하기도 한다. 이러한 방식이 학습장애, 주의력결핍장애나 다른 신경심리적인 어려움을 가지고 있는 아동을 평가하거나 교육적인 처방을 개발하는 것을 더 용이하게 해 주지는 않는다. 3장에서 언급했듯이 학습장애의 정의에는 현재 WISC-IV의 인지요인(예 : 작업기억, 처리속도와 학습장애)을 평가하는 것이 포함된다. Francis 등(2005)에 따르면 "학습장애를 확인하는 데 개인 검사점수에만 의존하고 특정한 행동 기준을 간과하면 무효한 결정을 낳을 수 있다. 성취가 부진한 이유가 여러 가지라는 사실을 인식한다면 유효한 새로운 확인 체계를 개발해야만 하고 역사적인 절차와 편리성만을 가지고 있는 기존 체계를 버려야 한다(p. 98)". 그러나 이것이 WISC-IV 사용을 배제하라는 것은 아니다. 오히려 학습장애의 기술과 WISC-IV로 측정되는 특성들은 여러 가지 방식으로 사전·사후 가설 검증에 도움을 준다. 전체지능이 118이지만 학습에 어려움을 보이는 아동, 언어이해 지표와 지각추론 지표점수 차이가 26점 이상인 아동, 처리속도가 매우 느려서 작업기억 과제에 부담이 되는 아동을 관찰하는 것은 아동이 할 수 있는 것과 할 수 없는 것을 이해하고 기술하는 것뿐만 아니라 원인을 밝히는 데도 중요하다. WISC-IV는 인지적인 관점에서 아동을 좀 더 이해할 수 있게 도와 준다.

요약

이 장에서는 일반적인 임상평가와 심리, 학습기능이 손상된 학습장애나 ADHD와 같은 인지적인 장애 평가에서 WISC-Ⅳ 지표점수의 중요성에 초점을 맞추었다. 특히 작업기억과 처리속도가 어떤 방식으로 상호작용하면서 유동적 추론과 새로운 정보에 대한 학습을 촉진하는지와 관련된 임상적인 해석 문제를 살펴보았다. 이 후 두 장에서는 WISC-Ⅳ 수행과 발현되는 문제를 기반으로 추론된 인지적인 가설을 검증하기 위하여 WISC-Ⅳ 통합본에서 과정처리 소검사를 어떻게 선별하는지에 대해 자세히 기술하려 한다. 5장에서는 어떻게 WISC-Ⅳ 지표점수와 WISC-Ⅳ 통합본 과정처리 소검사를 다른 검사와 통합하여 특정한 인지기능을 확증하거나 반박하는지를 경험적으로 살펴볼 것이다.

| 참고문헌 |

Ackerman, P. L., Geier, M. E., & Boyle, M. O. (2002). Individual differences in working memory within a nomological network of cognitive and perceptual speed abilities. *Journal of Experimental Psychology: General, 131*(4), 567–589.

Adair, J. C., Na, D. L., Schwartz, R. L., & Heilman, K. M. (1998). Analysis of primary and secondary influences on spatial neglect. *Brain and Cognition, 37*(3), 351–367.

Baddeley, A. (2003). Working memory: Looking back and looking forward. *Nature Reviews/ Neuroscience, 4*, 829–839.

Berninger, V. (2001). *Process assessment of the learner: Test battery for reading and writing.* San Antonio, TX: The Psychological Corporation.

Bradley, R., Danielson, L., & Hallahan, D. P. (2002). Specific learning disabilities: Building consensus for identification and classification. In R. Bradley, L. Danielson, & D. P. Hallahan (Eds.), *Identification of learning disabilities: Research to practice* (pp. 791–804). Mahwah, NJ: Lawrence Erlbaum.

Carroll, J. B., (1993). *Human cognitive abilities: A survey of factor-analytic studies.* New York: Cambridge University Press.

Chall, J. S. (1996). *Stages of reading development* (2nd ed.). Orlando, FL: Harcourt Brace.

Daneman, M., & Carpenter, P. A. (1980). Individual differences in working memory and reading. *Journal of Verbal Learning and Verbal Behavior, 19*, 450–466.

Daneman, M., & Merikle, M. (1996). Working memory and language comprehension: A meta-analysis. *Psychonomic Bulletin Review, 3*, 422–433.

Deary, I. J. (2001). *Intelligence: A very short introduction.* Oxford: Oxford University Press.

Deary, I. J., & Stough, C. (1996). Intelligence and inspection time: Achievements, prospects, and problems. *American Psychologist, 51,* 599–608.

Dougherty, T. M., & Haith, M. M. (1997). Infant expectations and reaction times as predictors of childhood speed of processing and IQ *Developmental Psychology 33*(1), 146–155.

Dumont, R., & Willis, J. (2001). Use of the Tellegen & Briggs formula to determine the Dumont–Willis Indexes (DWI-1 & DWI-2) for the WISC-IV. http://alpha.fdu.edu/psychology/

Engle, R. W., Carullo, J. J., & Collins, K. W. (1991). Individual differences in working memory for comprehension and following directions. *Journal of Educational Research, 84,* 253–262.

Engle, R. W., Tuholski, S. W., Laughlin, J. E., & Conway, A. R. A. (1999). Working memory, short term memory, and general fluid intelligence: A latent variable approach. *Journal of Experimental Psychology: General, 128*(3), 309–331.

Flanagan, D. P., & Kaufman, A.S. (2004). *Essentials of WISC-IV assessment.* New York: Wiley.

Francis, D. J., Fletcher, J. M., Stuebing, K. K., Lyon, R. G., Shaywitz, B. A., & Shaywitz, S. E. (2005). Psychometric approaches to the identification of LD: IQ and achievement scores are not enough. *Journal of Learning Disabilities, 38,* 98–108.

Fry, A. F., & Hale, S. (1996). Processing speed, working memory, and fluid intelligence: Evidence for a developmental cascade. *Psychological Science, 7*(4), 237–241.

Fuchs, L., & Fuchs, D. (1998). Treatment validity: A unifying concept for reconceptualizing the identification of learning disabilities. *Learning Disabilities Research & Practice, 13,* 204–219.

Georgas, J., Weiss, L. G., van de Vijver, F. J. R., & Saklofske, D.H. (2003). *Culture and children's intelligence: Cross-cultural analyses of the WISC-III.* San Diego, CA: Academic Press.

Hale, J. B., & Fiorello, C. A. (2004). *School neuropsychology: A practitioner's handbook.* New York: Guilford.

Hale, J. B., Fiorello, C. A., Kavanagh, J. A., Hoeppner, & Gaither (2001). WISC –III predictors of academic achievement for children with learning disabilities: Are global and factor scores comparable? *School Psychology Quarterly Special Issue 16(1),* 31–55.

Harris, J. G., & Llorente, A. M. (2005). Cultural considerations in the use of the WISC-IV. In A. Prifitera, D. H. Saklofske, & L. G. Weiss (Eds.), *WISC-IV clinical use and interpretation: Scientist–practitioner perspectives* (pp. 381–413). San Diego, CA: Elsevier.

Hitch, G. J., Towse, J. N., & Hutton, U. (2001). What limits children's working memory span? Theoretical accounts and applications for scholastic development. *Journal of Experimental Psychology: General, 130,* 184–198.

Horn, J. L. (1998). A basis for research on age differences in cognitive capabilities. In J. J. McArdle & R. W. Woodcock (Eds.), *Human cognitive abilities in theory and practice* (pp. 57–87). Mahwah, NJ:. Erlbaum.

Jonides, J. Lacey, S.C., & Nee, D.E. (2005). Process of working memory in mind and brain. *Current Directions in Psychological Science, 14,* 2–5.

Kail, R. (2000). Speed of information processing: Developmental change and links to intelligence. *Journal of Psychology Special Issue: Developmental perspectives in intelligence 38*(1), 51–61.

Kamphaus, R. W. (1998). Intelligence test interpretation: Acting in the absence of evidence. In A. Prifitera,, D. H. Saklofske, & L. G. Weiss (Eds.), *WISC-III clinical use and interpretation: Scientist-practitioner perspectives* (pp. 39–57). San Diego, CA: Academic Press.

Kamphaus, R. W. (2001). Clinical assessment of child and adolescent intelligence (2nd ed.). Needham Heights, MA: Allyn & Bacon.

Kane, M. J., Bleckley, M. K., Conway, A. R. A., & Engle, R. W. (2001). A controlled attention view of working memory capacity. *Journal of Experimental Psychology: General. 130*, 169–183.

Kaufman, A. S. (1994). *Intelligent testing with the WISC–III.* New York: Wiley.

Kiewra, K. A., & Benton, S.L. (1988). The relationship between information processing ability and note taking. *Contemporary Educational Psychology, 13,* 3–44.

Konold, T. R. (1999). Evaluating discrepancy analysis with the WISC–III and WIAT. *Journal of Psychoeducational Assessment, 17,* 24–35.

Kyllonen, P. C., & Christal, R. E. (1990). Reasoning ability is (little more than) working memory capacity. *Intelligence, 14,* 389–433.

Kyllonen, P. C., & Stephens, D. L. (1990). Cognitive abilities as the determinant of success in acquiring logic skills. *Learning and Individual Differences, 2,* 129–160.

Lezak, M. D. (1995). *Neuropsychological assessment* (3rd ed.). New York: Oxford University Press.

Longman, R. S. (2005). Tables to compare WISC-IV index scores against overall means. In A. Prifitera, D. H. Saklofske, & L. G. Weiss (Eds.), *WISC-III clinical use and interpretation: Scientist–practitioner perspectives* (pp. 66–69). San Diego, CA: Elsevier.

Lustig, C., May, C. P., & Hasher, L. (2001). Working memory span and the role of proactive interference. *Journal of Experimental Psychology: General 130,* 199–207.

Mastropieri, M. A. (2003). *Feasibility and consequences of response to intervention (RtI): Examination of the issues and scientific evidence as a model for the identification of individuals with learning disabilities.* Paper presented at the National Research Center on Learning Disabilities Responsiveness-to-Intervention Symposium, Kansas City, MO.

McCloskey, G., & Maerlender, A. (2005). The WISC-IV Integrated. In A. Prifitera, D. H. Saklofske, & L. G. Weiss (Eds.), *WISC-III clinical use and interpretation: Scientist–practitioner perspectives* (pp. 101–149). San Diego, CA: Elsevier.

McMaster, K. L., Fuchs, D., Fuchs, L. S., & Compton, D. L. (2003). *Responding to nonresponders: An experimental field trial of identification and intervention methods.* Paper presented at the National Research Center on Learning Disabilities Responsiveness-to-Intervention Symposium, Kansas City, MO.

Na, D. L., Adair, J. C., Kang, Y., Chung, C. S., Lee, K. H., & Heilmand, K. M. (1999). Motor perseverative behavior on a line canclellation task. *Neurology, 52*(8), 1569–1576.

Oakland, T., Glutting, J., & Watkins, M. W. (2005). Assessment of test behaviors with the WISC-IV. In A. Prifitera, D. H. Saklofske, & L. G. Weiss (Eds.), *WISC-III clinical use and interpretation: Scientist–practitioner perspectives* (pp. 435–463). San Diego, CA: Elsevier.

Ormrod, J. E., & Cochran, K. F. (1988). Relationship of verbal ability and working memory to spelling achievement and learning to spell. *Reading Research Instruction, 28,* 33–43.

Prifitera, A., Saklofske, D. H., & Weiss, L. G. (2005). *WISC-III clinical use and interpretation: Scientist–practitioner perspectives.* San Diego, CA: Elsevier.

Reschly, R. J. (2003). *What if LD identification changed to reflect research findings?* Paper presented at the National Research Center on Learning Disabilities Responsiveness-to-Intervention Symposium, Kansas City, MO.

Saklofske, D. H., Prifitera, A., Weiss, L. G., Rolfhus, E., & Zhu, J. (2005). Clinical interpretation of the WISC-IV FSIQ and GAI. In A. Prifitera, D. H. Saklofske, & L.G. Weiss (Eds.), *WISC-III clinical use and interpretation: Scientist–practitioner perspectives* (pp. 33–65) San Diego, CA: Elsevier.

Salthouse, T. A. (1996a). Constraints on theories of cognitive aging. *Psychonomic Bulletin and Review, 3,* 287–299

Salthouse, T. A. (1996b), The processing speed theory of adult age differences in cognition. *Psychological Review, 103,* 403–428.

Salthouse, T. A. (2000a). Pressing issues in cognitive aging. In D. C. Park & N. Schwarz (Eds.), *Cognitive aging: A primer* (pp. 43–54). Philadelphia: Psychology Press.

Salthouse, T. A. (2000b). Steps toward the explanation of adult age differences in cognition. In T. J. Perfect & E. A. Maylor (Eds.), *Models of cognitive aging* (pp. 19–49). New York: Oxford University Press.

Sattler, J. M. (2001). *Assessment of children: Cognitive applications* (4th ed). San Diego: Author.

Sattler, J. M., & Dumont, R. (2004). *Assessment of children: WISC-IV and WPPSI-III Supplement.* San Diego: Author.

Schwean, V. L., & Saklofske, D. H. (2005). Assessment of attention deficit hyperactivity disorder with the WISC-IV. In A. Prifitera, D. H. Saklofske, & L. G Weiss (Eds.), *WISC-IV clinical use and interpretation: Scientist–practitioner perspectives* (pp. 235–280). San Diego, CA: Elsevier.

Shaywitz, S. E., Fletcher, J. M., Holahan, J. M., Schneider, A. E., Marchione, K. E., Steubing, K. K., Francis, D. J., & Shaywitz, B. A. (1999). Persistence of dyslexia: The Connecticut Longitudinal Study at Adolescence. *Pediatrics, 104,* 1351–1359.

Siegel, L. S. (2003). IQ-discrepancy definitions and the diagnosis of LD: Introduction to the special issue. *Journal of Learning Disabilities. 31,* 2–3.

The Psychological Corporation (2003). *Manual for the Early Reading Success Indicator.* San Antonio, TX: Author.

Tulsky, D. S., Saklofske, D. H., & Ricker, J. H. (2003). Historical overview of intelligence and memory: Factors influencing the Wechsler scales. In D. S. Tulsky, D. H. Saklofske, G. J. Chelune, R. J. Ivnik, A. Prifitera, R. K. Heaton, R. Bornstein, & M. F. Ledbetter (Eds.), *Clinical interpretation of the WAIS-III and WMS-III* (pp. 7–41). San Diego, CA: Academic Press.

Tulsky, D. S., Saklofske, D. H., & Zhu, J. (2003). Revising a standard: An evaluation of the origin and development of the WAIS-III. In D. S. Tulsky, D. H. Saklofske, G. J. Chelune, R. J. Ivnik, A. Prifitera, R. K. Heaton, R. Bornstein, & M. F. Ledbetter (Eds.), *Clinical interpretation of the WAIS-III and WMS-III* (pp. 43–92). San Diego, CA: Academic Press.

Wechsler, D. (1991). *Wechsler intelligence scale for children–Third Edition.* San Antonio, TX: The Psychological Corporation.

Wechsler, D. (1997). *Manual for the Wechsler adult intelligence scale–Third edition.* San Antonio, TX: The Psychological Corporation.

Wechsler, D. (2003) *Manual for the Wechsler Intelligence Scale for Children–Fourth edition.* San Antonio, TX: The Psychological Corporation.

Wechsler, D., Kaplan, E., Fein, D., Kramer, J., Delis, D., Morris, R., & Maerlender, A. (2004). *Wechsler intelligence scale for children–4th edition: Integrated.* San Antonio, TX: Harcourt Assessment, Inc.

Weiss, L. G., Saklofske, D. H., & Prifitera, A. (2003). Clinical interpretation of the WISC-III factor scores. In C.R. Reynolds & R.W Kamphaus (Eds.), *Handbook of psychological and educational assessment of children: Intelligence and achievement* (2nd ed.). New York: Guilford Press.

Weiss, L. G., Saklofske, D. H., & Prifitera, A. (2005). Interpreting the WISC-IV index scores. In A. Prifitera, D. H. Saklofske, & L. G. Weiss (Eds.), *WISC-III clinical use and interpretation: Scientist–practitioner perspectives* (pp. 71–100). San Diego, CA: Elsevier.

제 5 장
WISC-IV 통합본 해석의 본질[1]

JAMES A. HOLDNACK AND LAWRENCE G. WEISS

개관

모든 심리학적 평가의 목적은 각 아동이나 청소년에 대해 정확한 임상적 판단을 내리는 것이다. 이러한 임상적 판단의 대부분은 특정 치료나 교육적 개입의 적합성 판단, 진단, 그리고 조정적 개입을 위한 권고와 관련되어 있다. 많은 임상가들은 아동을 평가할 때 제한된 시간 때문에 특정한 인지, 심리 검사를 사용하게 된다(Cashel, 2002). 대부분의 임상가들은 아동용 웩슬러 지능검사에 친숙하다(Cashel, 2002; Lally, 2003; Rabin, Barr, & Burton, 2005). 이 검사의 과거 개정판들은 이전 판에 비해 내용이나 실시 면에서 극적인 변화는 없었기 때문에 임상가들이 최신판에 적응하는 데 큰 어려움이 없었다.

아동용 웩슬러 지능검사 제4판(WISC-IV: Wechsler, 2003)은 이전 개정에 비해 가장

---

[1] 역자 주 : 이 장에서 소개되는 처리 소검사들은 미국판 WISC-IV 통합본에 포함되어 있는 것으로, K-WISC-IV에는 포함되어 있지 않으나 한계 검증, 가설 검증 및 점수 해석 시 중요한 정보를 제공하는 내용이므로 K-WISC-IV 결과 해석 시 참고하기를 권한다.

두드러지는 변화를 포함하고 있다. 척도 해석 시 중점을 두는 것이 전체지능 점수 혹은 일반지능(g)으로부터 인지영역 점수(지표점수)로 옮겨 갔다. 요인의 구성을 기술하는 데 있어 WISC-III(Wechsler, 1991)로부터 약간의 변화가 있었다. 그러나 더 극적인 변화는 소검사 수준에서 있었다. 소검사 수준의 변화는 요인점수 해석에 있어서의 대립 가설을 줄이기 위해 마련되었다. 예를 들어 지각적 조직화에서 처리속도의 영향을 제거할 수 있게 하였다. 이러한 변화들은 이 책의 다른 부분에서 더 자세히 논의될 것이다.

WISC-IV 개정판은 아동이 특정 지표에서 왜 저조한 수행을 보였는지에 대한 수많은 대립 가설을 성공적으로 제거해 주었다. 첫 번째 WISC-IV 출판 이후, 임상가들이 아동 수행에 대해 더 잘 이해하고 소통할 수 있도록 돕는 추가적 개선점들이 만들어졌다. WISC-IV 통합본(Wechsler, Kaplan, Fein, Kramer, Delis, Morris, & Maerlender, 2004)은 기본 WISC-IV 소검사들에서 얻은 낮은 점수를 이해하는 데 필요한 추가적인 도구들을 제공한다. 그 절차는 피검자의 수행에 대한 양적 · 질적 분석을 가능케 한다.

이 장은 임상가들에게 추가적 소검사의 기본적인 적용법을 소개하기 위한 것이다. 여기에는 언제 추가적 절차를 사용할지와 결과에 대한 기본적 해석, 그리고 이 척도를 사용함에 있어 "어떻게 시작할지"에 대한 권고가 포함되어 있다. 이 장은 WISC-IV 통합본의 네 개 영역을 바탕으로 하여 언어, 지각, 작업기억, 처리속도 부분으로 나누어져 있다. 통합된 소검사들은 각 영역에서의 수행에 대한 특정 가설을 검증하도록 설계되어 있다.

WISC-IV 통합본의 구조

WISC-IV 통합본은 주요 소검사, 보충 소검사, 그리고 처리 소검사로 이루어져 있다. 주요 소검사는 언어, 이해, 지각추론, 작업기억, 처리속도 지표점수를 도출하기 위해 사용된다. 보충 소검사는 검사자가 주요 소검사 실시를 완전히 실패하였을 때 사용된다. 검사자는 보충 소검사 점수를 지표점수 혹은 전체지능 점수를 산출하는데 사용할 수 있는데, 그러기 위해서는 WISC-IV 통합본 전문가 지침서(Wechsler et al., 2004)에 나와 있는 특정한 지침을 따라야 한다. 추가적으로, 검사자는 특정 영역에서 아동의 수행에 대한 추가적 정보를 얻기 위해 보충 소검사를 실시할 수 있다. 처리 소검사는 웩슬러 지능검사에는 새롭지만 과거에 아동용 웩슬러 지능검사 제3판 : 처리도구(WISC-Ⅲ PI : Process Instrument)로 출판된 바 있다(Kaplan, Fein, Kramer, Delis, & Morris, 1999). 이에 친숙한 사용자들은 WISC-Ⅳ 통합본 또한 유사점이 많다고 느낄 것이다. 처리 소검사는 단독으로만 사용되도록 개발되었다. 주요 소검사와 처리 소검사의 경우, '처리점수'라는 추가적 지수가 있다. 이것은 여기에서 간단히 소개하고 6장에서 자세히 살펴보도록 하겠다.

처리 소검사는 언제 실시하는가

특정 처리 소검사를 실시할 것인지 여부에 대한 결정은 임상가가 특정한 아동에게서 알아내고자 하는 가설에 달려 있다. 이러한 가설들은 과거력상 아동이 "운동협응 능력에서 지체를 보였던 것이 토막짜기에서의 수행을 방해할 것인가?"와 같은 임상적 질문에서 비롯될 수 있다. 이러한 질문은 의뢰 시점에서 하게 될 수도 있으나(예 : 작업치료 과거력이 있을 때), 검사 실시 중 관찰을 통해(예 : 운동 과제에서 둔한 움직임) 추가적 검사 실시 여부를 결정하게 될 수도 있다. 특정 소검사 사용을 결정하는 데 있어 분명하고 빠른 규칙은 없다. 이 장에서 처리 소검사를 언제 사용할지에 대한 개념에 대해 논의할 것이지만, 모든 가능성을 다 제시하지는 못하였다. 임상가는 주요 소검사들이 다면적임을 인식하고 이 소검사들로부터 도출된 결과가 관련 처리 소검사 수행에서 어떻게 나타나는지를 살펴보아야 할 것이다.

언어 영역

WISC-Ⅳ 언어이해 영역은 언어 문제를 해결하는 아동의 능력을 측정하는 소검사들로 구성되어 있다. 이러한 능력은 흔히 훈련, 혹은 개인적 경험을 통해 습득된 지식을 표현하는 기술을 요구한다. 또한 개념적·추상적 추론, 장기 언어기억, 연역적 추론, 사회 관습에 대한 이해력과 같은 기술들이 반영된다. 이러한 기술들을 흔히 '결정지능(crystallized IQ)'이라고 한다. 이 검사들은 아동에게 스스로 언어적 표현을 하고, 기억에서 정보를 인출하도록 요구한다. 이전에 한 번도 들어보지 못한 단어나 전혀 접해 보지 않은 두 단어를 연결시키는 것은 누구에게나 불가능할 것이다. 따라서 비록 불완전하고 부정확하더라도 정보는 아동의 기억 안에 저장되어 있어야 하며, 아동은 그 정보를 "인출"할 수 있어야 한다.

언제 언어처리 점수를 사용할 것인가

낮은 언어이해 지표점수는 우선 낮은 언어성 지능으로 해석할 수 있다. 그러나 어떤 아동은 언어표현의 어려움, 장기기억 저장소로부터 의미정보 인출의 어려움, 혹은 습득된 언어적 지식의 부족과 같은 다른 이유들로 인해 주요 언어 소검사에서 낮은 점수를 받기도 한다. 언어처리 점수는 WISC-IV 통합본의 주요/보충 언어 소검사와 더불어, 이러한 종류의 어려움을 평가하기 위해 고안되었다. 하나의 가설은 수용언어 능력은 온전하지만 표현 언어 기술이 부진한 경우이다. 다른 가설은 기억 인출 기술의 부족이다. 임상가는 평가 시작 전에 아동에게 처리 소검사가 필요한지를 판단하기 위한 정보들을 가지고 있을 수 있다. 만약 아동이 의사소통을 방해하는 조음 문제 과거력이 있다면 적어도 하나 이상의 언어처리 소검사를 사용해야만 한다.

표현언어장애를 가진 아동은 이해와 청각적 작업기억 면에서 어려움을 겪는 경우가 많으므로 처리 소검사에서 향상된 수행을 보이지 않을 수 있다. 많은 경우에 언어지연 과거력이 있는 아동이 이후 표현언어장애나 혼재성 수용−표현언어장애 혹은 앞으로 나아질 언어장애를 보이게 될지는 명확하지 않다. 따라서 언어지연 문제가 있는 아동은 적어도 하나 이상의 언어처리 소검사를 실시하는 것이 좋다.

머리를 다쳤거나 뇌 손상 과거력이 있는 아동은 기억 인출에 어려움이 있을 수 있다. 특히, 다치거나 신경학적 문제가 발생하기 전에 꽤 오랜 기간동안 정상 발달을 경험한 바 있는 나이가 많은 아동과 청소년은 지식 기반을 쌓았음에도 그 정보를 인출해 내는 데 어려움을 경험하게 된다. 어린 나이에 머리를 다친 아동의 경우에는 언어장애가 더 광범위할 것이며(Ewing-Cobb & Barnes, 2002), 처리검사와 주요 소검사 점수 간에 차이가 나지 않을 것이다.

의뢰 시 제공되는 정보는 어떤 소검사를 실시할 것인지를 판단하는 데에는 너무 모호하거나 부적합하다. 말을 별로 안 한다거나, 기억력이 나쁘다거나, "하면 잘 하는데 공부를 안 한다."라거나 하는 교사들의 관찰은 지식을 발휘하는 데 문제가 있을 가능성에 대한 단서를 제공해 준다. 가끔씩은 추가적으로 언어 소검사를 실시할지에 대한 판단이 행동관찰이나 검사점수를 기반으로 이루어진다. 언어표현을 별로 안 하는 경우나 심각한 조음문제, 부정적 결과를 가져오는 수다스러움 등은 주요 언어 소검사 수행을 방해하는 언어 통제의 문제를 시사한다. 만약 아동이 "알긴 아는데 기억이 잘 안 나요."라며 지식에 대한 접근이나 정보기억 전반에 어려움을 호소한다면, 언어처리 소검사를 해보는 것은 중요한 임상적 정보를 이끌어 낼 것이다.

또는 언어 소검사들을 채점한 이후 언어처리 소검사의 추가적 실시를 결정할 수도 있다. 언어이해 지표나 작업기억 지표에서 심각하게 낮은 점수를 받은 아동의 경우에는 언어처리 점수를 통해 언어 산출이나 청각적 작업기억의 문제가 수행에 얼마나 영향을 미치는지에 대한 정보를 얻을 수 있다. 어떤 경우에는 특정한 주요 언어 소검사가 영역 내 나머지 소검사들에 비해 유의미하게 낮게 나타날 것이다. 이때 그 내용 면에서 부족한 점이 있는지, 아니면 지식을 표현하는 데 문제가 있는 것인지를 확인하기 위해 주요 소검사와 연관된 처리 소검사를 실시할 수 있다. 아동이 특정 주요 소검사에서 쉬운 문제는 틀리고 더 어려운 문제는 맞추거나, 혹은 계속해서 1점짜리 응답만 하는 등 비일관적이거나 비전형적인 수행을 보일 경우 처리 소검사의 실시가 필요하다. 이러한 경우에는 그 주요 소검사의 점수가 특별히 낮지는 않더라도 수행의 비일관성이 아동이 알고 있는 지식의 표현이나 접근에 어려움을 초래할 수 있다.

언어처리 소검사

언어 영역의 처리 소검사들은 객관식 공통성 검사, 객관식 어휘 검사, 객관식 그림 어휘 검사, 객관식 이해 검사, 객관식 상식 검사로 이루어져 있으며, 해당 언어 영역 소검사들을 객관식으로 변형시켜 놓은 것이다. 객관식 버전은 아동이 해당 언어이해 소검사에서 낮은 점수를 받았을 때 사용해야 한다. 답안의 보기는 시각적으로 제시되지만, 검사자가 그것을 아동에게 읽어 줄 수도 있다. 따라서 객관식형 언어이해 소검사의 단어를 읽고 답하는 데 어려움이 있는 아동도 청각적 이해와 청각적 작업기억이 적절하게 발달되어 있다면 자신의 추론능력과 개념 형성능력을 표현할 수 있다. 언어 영역의 처리 소검사 문제들은 표준화 데이터 채점 연구를 근거로 하여 0, 1, 2점으로 채점된다. 항목당 두 개의 답변에 대해서만 점수를 얻도록 하기 위해서, 주요 소검사에서는 1점에 해당하는 어떤 객관식 답변들이 처리 소검사에서는 0점에 해당하도록 만들어져 있다. 그것들은 높은 능력을 가진 아동은 거의 택하지 않는, 정답에 근접한 답안들이다. 이와 같은 점수변환은 아동이 추측을 통해 점수를 획득할 가능성을 줄여 준다.

객관식 소검사들은 재능이나 독해력을 평가하고자 개발된 것이 아니다. 만일 주요 소검사를 완전히 실패하였더라도, 검사자는 요인수준 점수를 얻으려는 주요 소검사를 대체하기 위한 목적으로 객관식 소검사를 사용해서는 안 된다. 객관식 소검사는 오직 조음이나 표현언어 혹은 기억 인출 문제가 지적 능력 발휘에 방해가 되는지를 알아보기 위해서만 사용될 수 있다.

객관식 공통성

객관식 공통성 소검사들은 공통성 주요 소검사 점수가 기대보다 낮을 경우 사용한다. 1점짜리 응답이 많거나 응답의 비일관성을 관찰한 경우에도 사용한다. 만약 언어이해 검사 중 공통성 소검사에서 가장 낮은 점수를 받았고 검사자가 보기에 아동이 단어 간의 개념적 관계는 이해를 하고 있으나 그것을 표현하기 어려워하는 것처럼 보일 때 객관식 버전을 실시해야 한다. 이 소검사는 단어들 간에 최상의 개념적 관계를 찾아내는 능력을 측정한다.

객관식 어휘

아동이 어휘 소검사에서 얻은 점수가 아동의 지식적 기반을 충분히 반영하지 못했다고 생각될 때 객관식 어휘 소검사를 실시할 수 있다. 이 소검사는 또한 아동이 언어지연이나 언어치료, 혹은 부모나 교사로부터 관찰된 언어표현 부진 과거력이 있는 경우 실시되어야 한다. 어휘 소검사는 현재 아동의 지식적 기반에 대한 중요한 지표이며, 낮은 점수를 받은 경우에는 그것이 전반적인 지식 부족을 반영해 주는지, 아니면 지식에 접근 혹은 표현 문제를 반영하는지를 분석할 수 있다. 이 소검사는 단어의 정확한 정의를 인지하는 능력에 대한 지표로 해석되며, 의미론적 지식의 범위를 추정할 수 있다.

객관식 그림 어휘

객관식 그림 어휘 소검사는 그림을 통해 아동의 의미론적 지식을 측정한다. 이 소검사는 객관식 어휘 검사에 수반되는 청각적 이해와 청각적 작업기억의 부담을 덜어 주기 위해 개발되었다. 피바디 그림 어휘 검사(Peabody Picture Vocabulary Test : Dunn & Dunn, 1997)에 친숙한 검사자라면 이 소검사의 실시와 채점, 해석을 재빨리 이해할 수 있을 것이다. 그림 어휘 소검사는 여타의 언어이해력이나 독해력을 배제한 아동의 의미론적 지식 기반을 단독으로 평가한다. 이 소검사는 실시와 채점이 쉬워 대부분의 임상적 평가에서 사용하기에 적절하다. 이 소검사는 객관식 어휘 소검사와 함께, 언어지연 혹은 언어장애의 과거력이 있는 아동을 평가할 때 실시되어야 한다. 또한 이 검사 자극은 독해력이나 작업기억, 청취력에 영향을 받지 않으므로, 읽기장애의 가능성이 있는 아동에게도 사용할 수 있다. 이 소검사는 단어 뜻에 해당하는 시각적 표상을 찾아내는 아동의 능력으로 해석되며, 아동이 가진 의미 지식의 정도를 추정하게 한다.

객관식 이해

객관식 이해 소검사는 표준형 이해 소검사에 수반되는 자유회상의 부담 없이, 사회적 관습에 대한 최상의 응답을 알아내는 아동의 능력을 평가한다. 표준형 이해 소검사는 모든 언어성 소검사들 가운데 긴 언어표현을 해야 하는 부담이 가장 크다. 다른 언어 영역 소검사들과는 달리, 이 소검사에서 아동은 때때로 한 문항에 대해 하나보다 많은 응답을 요구받게 된다. 아동이 한 단어 응답을 자주 하거나 대화에 잘 참여하지 않으려고 하는 등 언어표현이 적을 때, 혹은 주요 이해 소검사의 점수가 다른 언어점수에 비해 유의미하게 낮을 때이 소검사를 사용해야 한다. 개인의 사회적 상황이나 조직화된 사회에서의 관습, 일반적인 규칙들의 이유나 그 결과에 대해 알고는 있으나 표현을 하지 못하는 아동의 경우, 객관식 버전이 이러한 개념에 대한 이해수준 정도를 알려 줄 수 있다.

객관식 상식

객관식 상식 소검사는 아동이 다양한 주제의 정보를 얼마나 습득, 저장, 인지할 수 있는지를 평가한다. 이 과제의 수행은 아동의 전반적 지식자원에 대한 좋은 추정치이다. 객관식 버전은 지식은 충분히 가지고 있지만 그 정보에 접근하여 인출하는 능력이 부족한 아동에게 그들의 지식을 표현할 수 있도록 돕는다. 상식 소검사의 표준형이 보충검사이기 때문에 객관식 버전 또한 자주 사용되지 않는다. 이 소검사는 상식 점수가 다른 언어이해 소검사들에 비해 기대보다 낮을 경우 사용될 수 있다.

언어처리 점수의 적용에 대한 권장사항

- 임상가는 객관식 소검사가 실시, 채점, 해석하기 쉬우며, 웩슬러 검사에 친숙한 대부분의 임상가가 손쉽게 사용할 수 있다고 느낄 것이다.
- 실시에 걸리는 시간 때문에 일상적으로 다섯 개 소검사를 모두 사용하는 것은 어려울 것이다.
- 그림 언어 소검사는 일상적으로, 특히 학습장애나 언어지연, 작업기억 문제, 혹은 언어 산출/표현 부족 문제가 있는 아동을 평가할 때 사용될 수 있다.
- 객관식 어휘 소검사는 언어지연이나 표현언어장애 과거력이 있는 아동을 평가할 때 사용되어야 한다.
- 객관식 이해 소검사는 피검자가 언어표현이 적을 때나 이해 소검사 점수가 다른 언어 소검사에 비해 낮을 때 사용되어야 한다.
- 객관식 공통성과 상식 소검사는 해당 주요/보충 언어성 소검사의 점수가 낮을 때 실시되어야 한다.
- 이 검사들을 통해 언어장애나 읽기장애, 표현언어장애, 기억장애, 작업기억 문제를 진단할 수는 없다.
- 이 검사들은 능력을 측정하거나 언어이해 지표 혹은 전체지능 점수를 계산하기 위해 사용되어서는 안 된다.
- 이 검사들을 통해 개방형 질문과 객관식 질문에 대한 적응도를 비교해 볼 수 있다.
- 이 소검사 점수들은 연령환산점수로 제시되며, 수행은 주요/보충 소검사와 같은 방식으로 해석된다.

지각추론 영역

WISC-Ⅳ 지각추론 영역은 시각적으로 제시되는 문제를 해결하는 아동의 능력을 측정하는 소검사들로 이루어져 있다. WISC의 이전 버전들에서는 이러한 기술들이 시지각 능력 평가뿐 아니라 처리속도, 실행기능, 운동 조절능력 평가를 통해 추정되었다. WISC-IV에서는 운동 조절능력이나 처리속도의 영향을 덜 받는, 상대적으로 순수한 시각추론 요인을 창출해 내고자 했다. 최근의 버전에서는 시각처리속도와 운동 조절능력의 영향이 상당히 줄어들었지만, 토막짜기 소검사는 어느 정도의 처리속도와 조직화 능력, 실행기능, 운동 조절능력을 요구한다. 다른 시각추론 과제의 점수는 높은데 토막짜기 소검사에서 낮은 점수를 받았다면 시지각적 기능 이외 요인에서의 어려움을 시사하는 것일 수 있다. 처리 소검사들은 처리속도, 운동 조절능력, 실행기능이 토막짜기 수행에 영향을 미치는지를 직접적으로 검증하기 위해 고안되었다.

언제 지각추론 처리 점수를 사용할 것인가

이 장에서 소개된 지각추론 처리 소검사들은 주요/보충 지각추론 소검사(특히 토막짜기)에서 수행과 관련된 두 개의 가설들을 평가하기 위해 고안되었다. 첫 번째 가설은 아동의 토막짜기 점수가 낮은 것이 수행의 정확도와 속도에 영향을 주는 운동 조절능력 장애 때문이라는 것이다. 두 번째 가설은 낮은 지각추론 점수가 충동성이나 되는대로 해보는 문제해결 방식 때문이라는 것이다. 분명한 운동장애나 실행기능장애를 가진 아동은 지체된 시지각 능력 때문에 시각추론 과제에서 부진한 수행을 보일 수 있다.

　대근육 혹은 소근육 운동발달 지연 문제가 있는 아동은 운동 측면의 부담 때문에 시지각 과제에서 낮은 점수를 받게 된다. 그들에게 시각추론 문제가 없다는 것이 아니라, 빠른 운동 조절능력을 요구하는 과제를 사용할 경우 그들의 낮은 수행이 어디에서 기인하는지가 분명치 않아진다는 것이다. 뇌 손상의 과거력이 있는 아동은 처리속도나 실행기능 면에서 상당한 어려움을 경험할 수 있다. 실행기능은 토막짜기 과제 수행에 중요한 요인이다. 행동 통제나 조절에 다소 어려움을 가진 아동은 자신이 한 수행을 다시 확인하지 않거나, 너무 빨리 수행하거나, 혹은 과제를 완수하기 위한 효율적 전략을 사용하지 않기 때문에 몇몇 문항에서 실패할 수 있다. 주의력결핍 과잉행동장애, 과잉행동 및 충동 우세형이나 복합형 진단을 받은 아동은 실행기능이나 처리속도 부진 때문에 토막짜기에서 다소 어려움을 겪을 수 있다. 운동, 처리속도, 실행기능에서 심각한 장애를 가진 아동은 토막짜기에서 더욱 심한 부진을 보일 수 있다. 신경학적 문제를 가진 아동은 여러 요인들 때문에 토막짜기 소검사에서 수행이 지체될 위험이 있다.

검사 의뢰 시 제공된 정보가 운동, 실행기능, 처리속도 문제 여부를 예측하기에 부적합할 경우, 수행이 느리다거나 글씨나 그림이 엉망이라든가, 혹은 충동적 행동을 보인다는 교사의 보고를 통해 검사 수행 전에 지각추론 처리 소검사들을 실시할지를 결정할 수 있다. 흔히 추가적 지각추론 처리 소검사를 실시할지 여부는 아동이 토막짜기나 다른 소검사를 수행하는 과정에서 보이는 행동관찰을 토대로 판단한다. 토막을 떨어뜨리거나 혹은 토막을 모아서 정렬하는 것을 어려워하는 등 운동 조절에서 보이는 명백한 어려움은 처리 소검사 실시가 필요함을 말해 준다.

하나 이상의 지각추론 소검사 실시 여부에 대한 판단은 세 개의 주요 지각추론 소검사 실시 이후에도 가능하다. 이 소검사들은 채점이 쉬우므로, WISC-IV 주요 소검사 실시 이후 연령환산점수를 계산할 수 있다. 토막짜기 소검사의 점수가 행렬추리나 공통그림찾기 점수에 비해 유의하게 낮다면 검사자는 처리 소검사 하나, 혹은 둘 다를 실시해야 할 것이다.

시지각 처리와 실행기능

실행기능은 많은 인지능력으로 구성된 범주이다. 이 능력은 다른 여러 인지 과제의 수행에 영향을 미치는 고차원적인 기술이다. 실행기능 중 하나는 체계적인 문제해결을 위한 효율적인 정보 조직화 능력이다. 실행기능 영역에 포함되지만 이에 한정되지 않은 능력들로는 조직화, 계획성, 유연성, 자기 감찰, 정보 인출, 생산성, 충동성 조절, 운동 조절 등이 있다. WISC-IV 통합본에서 측정되는 실행기능은 즉각적인 계획력, 자기 감찰, 충동 조절능력이다. 자기 감찰은 과제의 규칙에 따라서 본인의 행동을 평가하고, 틀린 응답을 억제·수정하며, 과제의 목적을 달성하기 위해 과제에 집중하는 능력을 말한다.

지각추론 처리 소검사

지각추론 처리 소검사는 객관식 토막짜기, 토막짜기 처리접근, Elithorn 미로 소검사이다. 이 장에서는 객관식 토막짜기와 Elithorn 미로에 대해 알아볼 것이다. 객관식 토막짜기는 명백한 운동장애를 가진 아동과 다른 주요/보충 지각추론 소검사들보다 토막짜기에서 낮은 점수를 받은 아동에게 실시해야 한다. 어떤 지각추론 소검사에서도 충동적인 반응 양식을 보이는 아동에게는 Elithorn 미로 소검사를 실시해 볼 수 있다. 두 소검사는 모두 시간보너스 점수를 포함하거나 포함하지 않는 두 가지 방식으로 채점된다. 처리속도도 늦고 운동 조절도 잘 되지 않는 아동의 경우, 시간보너스 점수를 포함하지 않는 점수를 사용하는 것이 더 적절하다.

객관식 토막짜기 소검사

객관식 토막짜기 소검사는 운동 계획이나 실행의 영향을 배제하고, 아동의 시각−통합 능력과 정신적 구성능력을 평가하기 위해 고안되었다. 이 소검사는 두 종류의 문항들을 포함한다. 처음 18개 문항은 2차원 표상이 제시된다. 한 문항을 제외하고는 토막짜기 소검사와 겹치는 내용이 없다. 20~25번째 문항은 3차원 자극이 제시되고, 피검자는 과제를 완수하기 위해서 도형의 한 면 이상을 고려해야 한다. 처음 18개 문항은 목표 자극의 토막 모양을 가능한 보기들과 비교해 봄으로써 해결할 수 있다. 이 문항들은 시각적 짝짓기와 판별능력을 잘 반영한다. 이것들은 또한 각도에 대한 이해를 요구한다. 이 문항들의 난이도는 표준형 토막짜기에 비해 상당히 낮다. 3차원 문항들은 난이도를 높이기 위해 추가되었다. 이 문항들도 적절한 시각적 짝짓기와 판별능력을 요구하지만, 그 외에도 각에 대한 지각능력,

머릿속에서 물체를 회전시키는 능력, 부분을 보고 전체 모양을 구성해 내는 능력을 요구한
다. 이 소검사는 주요 토막짜기 소검사의 낮은 점수가 시각적 조직화 능력의 문제가 아니
라, 운동능력 혹은 실행기능의 문제 때문이라는 가설을 검증하기 위해 사용된다. 처리속도
점수가 낮은 아동에게는 시간보너스가 적용되지 않는 점수를 사용해야 한다.

Elithorn 미로 소검사

Elithorn 미로 소검사는 즉각적 공간 계획 능력, 빠른 시지각 처리능력, 공간적 작업기억
력, 그리고 과제의 규칙을 따르고 충동적인 응답을 억제하는 능력을 평가한다. 이 소검사
에서 아동은 자신이 저지른 실수로부터 배울 수 있는 기회를 제공받는다. 문항의 첫 번째
시도에서 실수를 할 경우, 아동은 한 번 더 시도할 수 있다. 첫 번째 실수로부터 얻은 피드
백을 활용하지 못하는 것은 인지적 유연성과 행동 조절에서의 심각한 문제를 시사한다. 처
리속도가 저조한 아동의 경우에는 시간보너스가 적용되지 않는 점수가 중요할 것이다. 이
검사의 낮은 점수는 계획능력 부족과 충동적인 응답 양상을 반영해 준다.

　이 검사는 충동성, 감정 폭발, 과활동성 등 분명한 자기 조절 문제를 가진 아동을 평가할
때 사용해야 한다. 가벼운 수준의 충동성을 가진 아동은 이 검사에서, 특히 두 번째 실시에
서 좋은 수행을 보일 수 있다. 저조한 수행, 특히 과도하게 충동적인 수행은 실행기능 문제
를 분명하게 시사한다.

지각추론 처리 점수 적용에 대한 권장사항

- 임상가들은 객관식 토막짜기 소검사 실시가 Elithorn 미로 소검사보다 다소 쉽다고 느낄 것이
  다. Elithorn 미로 소검사는 임상적 장면에서 실시하기 전에 연습이 필요하다.
- 실시에 걸리는 시간 때문에 모든 소검사를 매번 사용하는 것은 어려울 것이다. 실시가 간단하

며 운동능력을 제외한 순수한 시지각/공간 능력을 볼 수 있다는 점에서 객관식 토막짜기 소검사를 자주 사용할 수 있다.

- 객관식 토막짜기 소검사는 운동발달 지연이나 작업치료 과거력이 있는 아동을 평가할 때 사용되어야 한다.
- 객관식 토막짜기 소검사는 토막짜기 소검사의 점수가 지각추론 영역의 다른 검사들보다 낮게 나타나거나 운동 조절 문제가 있는 경우 사용되어야 한다.
- 만약 아동이 매우 충동적인 행동의 과거력이 있거나, 충동성이 아동의 WISC-IV 수행을 저해했다고 여겨지는 경우, 특히 행렬추리와 공통그림찾기 소검사에서 충동적으로 응답하는 모습이 관찰되었을 때 Elithorn 미로 소검사 사용이 필요하다.
- 객관식 토막짜기 소검사는 운동장애 진단을 위해 만들어진 것은 아니지만, 검사자는 이 검사를 통해 아동 수행에 운동 문제가 미치는 영향을 배제할 수 있다.
- Elithorn 미로 소검사를 통해 주의력결핍 장애를 진단하거나 배제할 수는 없다.
- 이 검사들은 능력을 측정하거나 지각추론 지표, 혹은 전체지능 점수를 계산하기 위해 사용되어서는 안 된다.
- 이 검사들은 추가시간을 주거나 운동 조절을 돕는 것과 같은 검사를 조정해서 실시하는 것에 대한 정보를 제공해 줄 수 있다.
- 이 소검사 점수들은 연령환산점수로 제시되며, 수행은 주요 소검사 및 보충 소검사와 같은 방식으로 해석된다.

작업기억 영역

WISC-IV 통합본의 작업기억 영역은 입력과 정신 조작과 관련된 요인을 측정하는 검사들로 구성되어 있다. 작업기억 영역의 주요/보충 소검사는 숫자, 문자, 수학적 자극에 대한 청각적 작업기억력을 측정한다. 처리 소검사는 시각적 자극에 대한 작업기억을 포함하며, 표준형/보충 소검사에서 관찰된 수행 부진을 더 잘 이해하도록 돕는다. 이 영역의 소검사 수행은 입력과 작업기억이라는 용어로 설명된다. 입력(registration)이란 의식적인 인식 상태에서 정보를 접근 가능하도록 만드는 아동의 능력을 말한다. 정보를 머릿속에서 조작하는 것은 아니고 단순히 반복하는 것이다. WISC-Ⅳ 통합본에서 사용되는 '작업기억'은 정보를 의식적 인식 상태에 입력하고 이후 그 정보를 조작하는 데 요구되는 모든 과정을 말한다. 작업기억은 정보의 변형이 일어나는 것이다. 이에 활용되는 정신적 작업은 재배열, 여러 종류의 자극 저장, 그리고 연산 작업이다.

언제 작업기억 처리 점수를 사용할 것인가

작업기억 처리 소검사는 임상가로 하여금 네 가지 가설을 검증할 수 있도록 한다. 첫 번째 가설은 "이 아동이 입력과 작업기억 전반에 문제가 있는 것인가, 아니면 문제가 특수한 양상에 한정되는 것인가?"에 대한 질문이다. 두 번째는 아동이 특정 종류의 자극과 관련된 작업기억 과제 수행에 어려움을 겪는지를 확인하는 것이다. 세 번째는 아동이 정신 조작에 어려움을 겪는지를 판정하는 것이다. 마지막은 저조한 연상능력이나 두 종류의 자극을 동시에 유지하는 데 있어 어려움을 겪는지를 살펴보는 것이다.

추가적인 처리 소검사들을 사용할지 여부에 대한 판단은 아동의 수행을 관찰하면서 이루어진다. 그러나 아동을 평가하기 이전에 처리 소검사를 실시하도록 결정하는 경우도 존재한다. 아동의 언어 문제 과거력이 중요하다. 다시 말해, 언어 자극을 별로 경험하지 못했거나, 이중언어 구사자이거나, 학습장애나 청각처리 장애, 혹은 언어장애 과거력이 있는 아동의 경우에는 시각적 입력과 작업기억 소검사를 실시해야 한다. 이를 통해 임상가는 작업기억 지표가 전반적 지체를 반영하는지 혹은 청각 과제에만 관련되는 것인지를 확인할 수 있다. 수학에 어려움을 겪는 아동들을 평가할 때, 낮은 작업기억 소검사 점수가 수와 관련된 능력과 연산능력의 부진 때문인지를 판별하기 위해 처리 소검사를 사용하는 것은 현명한 일이다. 읽기장애가 있는 아동은 글자에 대한 지식이 부진하다. 그렇기에 글자와 숫자 회상 능력을 변별하는 추가적인 측정은 아동이 보이는 어려움이 특정 내용에 한정되는 것인지 전반적인 것인지를 확인하는 데 도움이 될 것이다.

추가적인 소검사 실시를 결정하는 데 있어 교사의 관찰이 유용하다. 교사가 아동이 보이는 심각한 언어 문제나 부주의에 대해 이야기할 경우, 검사자는 추가적인 작업기억 과제를 실시하고자 할 것이다. 또한 교사가 기억 문제를 지적하면서 아동이 "잘 잊어버린다."고 설명할 수도 있다. 잘 잊는 것은 장기기억의 부족이라기보다는 작업기억의 문제인 경우가 많다. 따라서 기억 문제의 기본 바탕을 이해하면 아동을 위해 적절한 검사를 어떻게 선택하고 조정할지 알 수 있다.

추가적인 작업기억 소검사를 실시할 것인지에 대한 결정은 평가 중에 이루어질 수도 있다. 청각처리와 언어기능에서의 어려움은 시각처리 척도를 추가로 실시하도록 하는 단서가 될 것이다. 성취검사에서 수학 기술이 부족했다면 부족한 숫자와 연산능력이 다른 검사 결과에도 영향을 줄 것이다. 숫자, 순차연결, 산수 소검사에서 낮은 점수를 받았다면 검사자는 최소한 하나의 시각 작업기억 과제를 실시하면 된다. 주요 소검사 가운데 시각 작업기억 과제가 없다는 점을 고려할 때, 지각추론 지표점수가 유의미하게 낮을 경우 시각 작업기억 소검사를 사용해 볼 수 있다. 이를 통해 시지각적 어려움이 더 전반적으로 나타나고, 따라서 시각 작업기억의 부진이 지각추론 점수의 저하를 가져온 것이라는 가설을 검증할 수 있다.

작업기억 처리 소검사

작업기억 처리 소검사에는 공간 따라하기, 시각적 숫자 외우기, 문자 따라하기, 순차연결 처리 접근, 산수처리 접근 A형과 B형, 수식풀이 산수가 포함된다. 시각 작업기억 척도는 시각적 숫자 외우기와 공간 따라하기이다. 이것들은 아동이 청각 작업기억이 부진하거나 또는 지각추론 점수가 낮을 때 사용할 수 있다. 문자 따라하기는 청각 작업기억의 내용 결손 정도를 확인하기 위해 사용되는 추가적 소검사이다. 순차연결 처리접근은 아동이 숫자 따라하기보다 순차연결에서 유의미하게 낮은 점수를 받았을 경우 사용할 수 있다. 산수 소검사는 작업기억과 연산 기술, 그리고 잠재적인 검사 조정에 대한 가설을 검증하는 데 사용한다.

공간 따라하기

공간 따라하기 소검사에서는 검사자가 짚어 준 순서대로 토막을 손가락으로 가리키도록 지시한다. 소검사의 첫부분에서 아동은 검사자가 짚어 준 순서대로 가리킨다. 두 번째 부분에서는 아동이 검사자가 짚어 준 순서와 반대로 토막을 짚어야 한다. 이것은 숫자 바로 따라하기와 거꾸로 따라하기의 연속선상에서 이해할 수 있다. 공간 바로 따라하기의 구성 요소는 아동이 스스로 순서를 맞추기 전까지 잠시 동안 시각적 순서를 머리에 담고 있어야 하는, 즉각적인 공간적 입력을 의미한다. 거꾸로 따라하기 과제에서는 아동이 자극을 머릿속에서 재배열한 다음 그와 반대되는 순서대로 지적해야 한다. 이것은 정보의 입력과 조작 모두를 요구한다. 추가적 기술이 공간 따라하기 검사 수행에 영향을 미치는데, 이에 대해서는 다음 장에서 알아볼 것이다.

공간 따라하기 소검사는 작업기억의 부진을 측정하는 좋은 척도이다. 이것은 유일하게 언어 자극을 사용하지 않는 소검사이다. 청각/언어적 정보를 입력하고 처리하는 데 어려움을 겪는 아동은 시각적으로 제시되는 숫자 소검사를 포함한 모든 정보처리 소검사에서 낮은 점수를 받게 될 것이다. 이 검사는 낮은 언어능력이나 청각적 작업기억, 혹은 언어 문제 과거력을 가진 아동에게 실시가 권장된다. 또한 지각적 추론만이 부진한 경우에는 시각 작업기억이 이러한 능력들에 미치는 영향에 대해 알아보아야 할 것이다.

이 소검사의 실시법은 매우 명백하지만, 반응을 기록하는 데에는 어느 정도 연습이 필요하다. 대부분의 임상가는 한두 번의 연습을 통해 검사를 효과적으로 실시할 수 있다. 바로 따라하기와 거꾸로 따라하기 점수가 제공되는데, 때로는 시각 작업기억의 문제를 가려내기 위해 바로 따라하기 조건만 실시할 수 있다. 이렇게 하면 실시시간이 짧아 일상적으로 사용하기에 더 쉽다.

시각적 숫자 외우기

시각적 숫자 외우기 소검사에서 피검자는 일련의 숫자들을 보고 그것들이 제시된 순서대로 외워야 한다. 이 소검사에는 바로 외우기 조건만이 있다. 검사자는 이 점수를 숫자 바로 따라하기와 비교하여 시각적 제시가 수행을 향상시키는지를 확인할 수 있다. 이 소검사들은 완벽하게 비교 가능하지는 않은데, 시각적 숫자 외우기에서는 피검자가 모든 항목을 한 번에 모두 접하게 되지만, 표준형 숫자 따라하기 소검사에서는 숫자들이 한 번에 하나씩만 제시되기 때문이다. 임상가들은 이 소검사가 가끔씩 유용하다고 느낄 것이다. 이 소검사는 시각적으로 제시되는 정보가 아동의 입력기능을 도울 수 있는지를 확인하는 데 유용하다.

문자 따라하기

문자 따라하기 소검사는 숫자 바로 따라하기와 같은 방식으로 실시되지만 숫자 대신 문자 를 사용한다. 이 소검사는 문자에 대한 청각적 입력을 직접적으로 평가한다. 이 소검사는 운율이 있는 문자와 운율이 없는 문자로 이루어져 있다. 운율이 있는 항목과 운율이 없는 항목 둘 다에 대한 측정치가 제공된다. 점수를 비교하며 입력에서 음운론적인 구분이 미치 는 영향에 대해 알 수 있다. 문자 따라하기 소검사는 입력 문제가 내용 특정적인지를 확인 하는 데 우선적으로 사용된다. 피검자가 매우 저하된 수학능력을 가졌거나 검사 중 숫자처 리에 어려움을 겪는 증거들이 나타난 경우 이 소검사 사용이 권장된다. 또한 숫자 소검사 에 비해 순차연결 소검사의 점수가 낮은 경우, 문자 입력능력의 부족이 그러한 결과에 영 향을 미쳤는지를 확인하기 위해 문자 따라하기 소검사를 사용할 수 있다.

순차연결 처리접근

순차연결 처리접근 소검사는 주요 순차연결 소검사의 변형이다. 이 소검사 버전은 제시된 문자와 숫자 배열 가운데 단어가 끼워져 있는 형식이다. 끼워져 있는 단어는 문자를 외우 는 데 필요한 작업기억의 부담을 줄여 줄 수 있을 것이다. 문자들은 개별 단위로 회상될 수 도 있으나, 기억 부담을 감소시킬 수 있는 이점을 이용하기 위해서는 아동이 문자들이 한 단어를 이룬다는 것을 인지해야 한다. 검사자는 입력 부담을 줄임으로써 작업기억 기능이 향상될 수 있는지를 알아볼 수 있다.

산수처리 접근과 수식풀이 산수

임상가가 산수 소검사를 실시한 결과 다른 작업기억 검사에서 보다 유의미하게 점수가 낮을 경우, 수학능력의 부진 혹은 작업기억 지체 가운데 어떤 것이 점수를 저하시켰는지 알아보기 위해 산수처리 접근 소검사를 사용할 수 있다. 산수처리 접근 소검사 A형에서는 아동은 표준형에서 틀렸던 모든 항목의 지시문을 읽을 수 있다. 이것은 입력의 부담을 덜어 주지만 여전히 수학 계산 작업은 암산으로 해야 한다. 이를 통해 검사자는 부진한 산수 소검사 수행이 과도한 청각적 처리 부담 때문이었는지를 알아볼 수 있다.

산수처리 접근 소검사 B형에서는 A형에서 틀렸던 문제들을 연필과 종이를 사용하여 풀도록 한다. 이는 입력과 암산의 부담을 모두 덜어 주며 아동의 수학 문제풀이 능력을 직접적으로 평가한다. 이 정보는 능력에 따라 학급 배치를 할 때 유용하게 쓰일 수 있다. 어떤 아동은 쓰면서는 문제를 풀 수 있지만, 문제를 듣거나 보는 것만으로는 풀기 어려워한다. 이런 아이들은 선생님의 질문에 대답하는 데 어려움을 겪을 수 있고, 실제보다 아는 것이 적은 것처럼 보이게 된다.

수식풀이 산수 소검사는 작업기억 검사가 아니다. 이것은 아동이 산수 소검사에서 요구하는 수학 계산을 할 수 있는지를 알아보는 척도이다.[1] 이 검사에서 아동은 산수 소검사 문항을 수식으로 제시한 문제를 풀게 된다. 수학 기호를 이해하지 못하는 아동은 이 문항을 푸는 데 어려움을 겪을 것이다. 임상가들은 아동이 산수 소검사에서 계산하는 데 문제를 가진 것처럼 보일 때 이 척도를 사용할 수 있다.

작업기억 처리 점수 적용에 대한 권장사항

- 임상가는 청각처리 소검사 실시가 표준 실시과정과 비슷하다고 느낄 것이다. 하지만 시각 소검사에 대해서는 연습해 볼 필요가 있다.
- 실시에 걸리는 시간 때문에 일상적으로 작업기억 처리 소검사를 모두 사용하는 것은 어려울 것이다. 기본적인 시각 입력능력을 확인해 보기 위해서는 공간 바로 따라하기를 사용할 수 있다.

---

1) '1+5=' 와 같이 수식으로 제시도니다.

- 시각적 작업기억 소검사, 특히 공간 따라하기는 아동이 청각적 작업기억에서 낮은 점수를 받았을 경우 실시되어야 한다. 이 소검사들은 언어능력이 부진한 아동을 평가할 때 사용될 수 있다.
- 문자 외우기 소검사는 순차연결 소검사에서 낮은 점수가 문자 입력 문제 때문인지를 판단하기 위해 필요하다. 또한 문자 외우기를 통해 청각적 정보의 독특성이 입력능력에 영향을 미치는지를 알 수 있다.
- 순차연결 처리접근 소검사는 아동이 매우 낮은 순차연결 점수를 받았을 경우 사용되어야 한다.
- 산수 소검사 자체가 주요 소검사가 아닌 보충 소검사이기 때문에, 산수처리 접근 소검사와 수식풀이 산수 소검사는 보통 자주 사용하지 않는다. 산수 소검사의 점수가 낮을 때에는 이것이 작업기억의 문제 때문인지 아니면 연산능력의 문제 때문인지를 판단해야 한다.
- 이 검사들은 능력을 측정하거나 작업기억 지표 혹은 전체지능 점수를 계산하기 위해 사용되어서는 안 된다.
- 이 소검사 점수들은 연령환산점수로 제시되며, 수행은 주요 소검사 및 보충 소검사와 같은 방식으로 해석된다.

처리속도 영역

처리속도 과제에서는 여러 인지 기술들을 빠르게 통합하는 것이 필요하다. 주요/보충 소검사(기호쓰기, 동형찾기, 선택) 이외에도 이 영역에 대해 알아보는 추가적 과정이 개발되었다. 처리영역 특정적인 유일한 소검사는 기호 모사이다. 기호 모사 소검사는 아동이 기호쓰기 검사에 나오는 기호들을 얼마나 빠르게 쓸 수 있는지를 알아보기 위해 만들어졌다. 이 소검사는 우연학습(숫자−기호 연합에 대한 학습)과 페이지 전체를 시각적으로 탐색하는 데 필요한 인지적 요인을 제거하였다. 이 소검사 점수는 모사속도의 직접적인 지표이다.

언제 기호 모사 소검사를 사용할 것인가

기호 모사는 두 가지 가설을 검증하는 데 도움이 된다. 첫 번째는 낮은 기호쓰기 점수와 관련되어 있다. 검사자가 보기에 아동의 낮은 기호쓰기 점수가 단순히 느린 모사속도를 반영한다면, 기호 모사 조건을 실시할 수 있다. 이러한 경우 가설은 낮은 차원의 인지 기술이 보다 높은 차원의 능력 발휘를 방해한다는 것이며, 낮은 기호 모사 점수가 이러한 가설을 확증시켜 줄 것이다. 두 번째 가설은 아동이 적절한 모사속도는 갖추고 있으나 우연학습과 시각적 탐색능력이 부족하여 기호쓰기 수행이 저하되었다는 것이다. 이 경우, 기본 모사능력은 적절하지만 보다 고차원의 탐색능력에 문제가 있다는 것을 높은 기호 모사점수를 통해 확인할 수 있다.

이 소검사는 소근육 운동장애의 과거력이 있거나, 작업치료가 필요한 아동에게 실시되어야 한다. 교사나 부모가 아동이 칠판에 있는 내용을 빠르고 정확하게 따라 필기하는 능력에 대해, 또는 적절한 시간 안에 숙제를 끝마치는 것이 신체능력상 가능한지에 대해 피드백을 원할 경우 검사자는 이 소검사를 사용할 수 있다. 이 소검사를 통해 아동이 글을 쓰는 데 필요한 인지적인 기술과는 독립적으로 글씨를 쓰는 검사에서 느려서 시간을 많이 필요한지를 알 수 있다. 이 소검사는 또한 교사의 입장에서 아이를 위해 필기를 도와줄 친구를 둘 것인지, 쓰기와 관련된 더 많은 과제를 내주어야 할 것인지에 관해 의문이 생길 때 유용하다.

기호 모사 소검사는 능력을 측정하기 위해 개발된 것이 아니므로 주요 기호쓰기 소검사를 대체하여 사용할 수 없다. 또한 이 소검사는 운동능력 장애나 쓰기장애 진단을 위한 것이 아니다. 이것은 운동능력의 어려움을 가진 아동에게 어떤 검사를 실시해야 할지를 조정하고 개입하는 데 필요한 정보를 제공해 준다.

요약

이 장은 처리검사 도구로 WISC-III를 사용해 보지 않았거나 친숙하지 않은, 또한 WISC-IV 통합본을 사용하고자 하는 임상가들을 위해 기술되었으며, WISC-IV 통합본의 처리 소검사들에 대한 기본 사용법을 설명하고 있다. 한 아동에게 모든 처리 소검사를 사용하게 되는 일은 거의 없을 것이다. 이 장은 특정 소검사를 언제 사용할지와 사용을 위한 이론적 근거를 제공한다. 처리 소검사 사용의 이론적 근거는 현재 보이고 있는 문제의 과거력, 교사의 의뢰 문제와 관찰내용, 검사 중의 행동관찰 내용, 점수 프로파일에 근거한다. 다만 그림 어휘 소검사와 공간 바로 따라하기와 같은 몇몇 소검사들은 일상적으로 사용하기를 권한다.

| 참고문헌 |

Cashel, M. L. (2002). Child and adolescent psychological assessment: Current clinical practices and the impact of managed care. *Professional Psychology: Research and Practice, 33*, 446–453.

Dunn, L. M., & Dunn, L. M. (1997). *Examiner's manual for the Peabody picture vocabulary test–third edition*. Circle Pines, MN: American Guidance Services.

Ewing-Cobbs & Barnes, M. (2002). Linguistic outcomes following traumatic brain injury in children. *Seminars in Pediatric Neurology*, 9, 209–217.

Kaplan, E., Fein, D., Kramer, J., Delis, D., & Morris, R. (1999). *Wechsler intelligence scale for children*–3rd edition. San Antonio, TX: The Psychological Corporation.

Lally, S. (2003). What tests are acceptable for use in forensic evaluations? A survey of experts. *Professional Psychology: Research and Practice, 34*, 491–498.

Rabin, L. A., Barr, W. B., & Burton, L. A. (2005). Assessment practices of clinical neuropsychologists in the United States and Canada: A survey of INS, NAN, and APA division 40 members. *Archives of Clinical Neuropsychology, 20*, 33–65.

Wechsler, D. (1991). *Wechsler intelligence scale for children*–third edition. San Antonio, TX: The Psychological Corporation.

Wechsler, D. (2003). *Wechsler intelligence scale for children*–fourth edition. San Antonio, TX: Harcourt Assessment, Inc.

Wechsler, D., Kaplan, E., Fein, D., Kramer, J., Delis, D., Morris, R., & Maerlender, A. (2004). *Wechsler Intelligence Scale for Children*–fourth edition. San Antonio, Texas: Harcourt Assessment, Inc.

제 6 장
WISC-IV 통합본 : 핵심을 넘어서[1]

JAMES A. HOLDNACK AND LAWRENCE G. WEISS

개관

이 장에서는 신경심리적인 개념을 WISC-IV 통합본 해석에 적용해 보려고 한다. 임상가가 소검사 프로파일 해석 시 여러 접근들이 도움을 줄 수 있다. 접근들은 소검사 내용과 척도 간의 통계적인 관계에 초점을 맞춘다(Kaufmann, 1994; Sattler, 2001). 이러한 접근의 유용성에 대해서는 여기서 논의하지 않고 합산점수와 소검사의 유동성을 이해하기 위한 대안적인 접근을 제시하고자 한다.

이 장의 개념적인 틀은 가설 검증 접근(Fiorello & Hale, 2003)과 처리접근(Kaplan, 1988; Kaplan, Fein, Kramer, Delis, & Morris, 1999)과 공통점이 있다. 또한 임상집단에서 보이는 수행의 변산성(variability)을 이해하기 위해 검사 개발과 관련된 실제적인 문

---

1) 역자 주 : WISC-IV 통합본은 한국판으로는 나와 있지 않으나, 임상 진단 평가 시 한계 검증 및 점수 해석에 중요한 정보를 제공하므로 참고하여 해석하기를 권한다.

제도 포함하였다. 이 장에서는 WISC-IV 통합본을 임상적인 장면에서 효율적으로 활용하는 데 필요한 정보를 제공하고자 한다.

지능 측정의 복잡성

처리접근의 근본적인 원리는 단일적인 능력이 지능이라고 불리는 구성개념의 변산을 전부다 설명한다는 입장과는 다르게, 지능검사를 수행하는 데에는 복합적인 인지 기술을 통합하는 것이 필요하다는 것이다(Kaplan et al., 1999). 따라서 다양한 인지 기술의 통합과 복합적인 지능개념 사이의 차이점이 기술되어야만 한다. 복합적인 지적 능력에서는 해당 기술이 일반집단에서 정상분포를 보인다는 점을 가정한다. 그래서 이러한 기술을 검사설계의 기본적인 원리를 사용하여 측정할 수 있게 된다. 그러나 이 장에서 관심이 있는 인지 기술 유형들은 일반집단에서 정상분포를 보이지 않을 수 있다. 이러한 분포를 보이는 기술로 시력을 들 수 있다. 대부분은 1.0의 시력을 가지며 매우 적은 사람들만이 1.0 이상을 보인다. 소수의 아이들은 1.0보다 나쁜 시력을 보이고 심각성의 정도는 다양하다. 대부분의 사람들은 1.0 근처에 치우쳐 있고 평균 이하의 시력을 가진 사람은 적다. 마찬가지로 기본적인 인지과정은 비슷한 분포를 보이고 대부분의 사람들은 적절한 능력을 가지지만, 일부분의 사람들만이 다양한 수준으로 평균 이하를 보인다.

이러한 개념화는 소검사들 간의 변산과 관련된 요인을 해석하는 데 직접적으로 영향을 준다. 만약 임상가가 소검사와 합산점수를 각각 다른 인지능력을 재는 것이라고 여긴다면, 점수의 차이는 특정한 능력을 재는 소검사에서 낮은 점수를 의미한다고 단편적으로 이해할 수 있다. 그러나 임상가는 복합적인 인지기술의 통합이 지능검사의 소검사들을 수행하는 데 필요하며 특정한 인지기술에서 부진한 능력이 여러 소검사의 수행에 영향을 미치면서 동시에 소검사마다 미치는 영향이 다르다는 사실을 알아야 한다. 특정한 과제를 완수하는 데 필요한 특정한 기술이 요구되는 정도에 따라 소검사 결과에 변동이 생긴다. 과제 수행에서의 변산은 지적 행동의 변산으로 설명되지 않는다. 대신, 검사 특성과 관련된 요인 및 피검자의 인지적인 기술이 지적 행동을 표현하는 능력에 영향을 미치는 정도에 따라 변산이 나타난다.

지능검사는 무엇을 측정하는가

지능검사 개발에서 중요한 목표는 소검사 단계에서 정상적 분포가 나타나도록 하는 것이다. 지적 결함을 가진 아동에서부터 영재까지 다양한 범위의 능력을 재는 충분한 변산(variance)을 만들기 위해서는 정상분포가 필요하다. 검사자는 복합적인 기술 단계에서 수행을 분화시킬 수 있다. 개발 단계에서 정상분포를 보이는 과제를 선택하는 것이 절대적으로 필요하다. 예를 들어, 여러 검사에서 지적 기능을 측정하기 위해 어휘 문제를 사용한다. 어휘 자체를 통해 정상분포를 만들어 내고 다양한 연령 범위에서 문항의 난이도를 통제할 수도 있다. 정상분포를 보이지 않는 어휘검사도 있을 수 있는데, 이런 경우에는 지능을 측정하지 못할 수 있다. 다시 말해서 학업성취 과정을 측정하기 위해서 개발된 절대기준 평가 방식의 어휘검사는 일반지능을 잴 수 없다.

여러 기술이 효율적으로 지능을 측정하는 데 사용될 수 있다. 예를 들어, 벤튼 얼굴 인식 검사(Benton Face Recognition Test : Benton, Hamsher, Varney, & Spreen, 1983)는 새로운 얼굴을 확인하는 능력을 측정한다. 이 검사는 지능을 측정하지 않으나, 모퉁이에 얼굴을 제시하는 것과 같이 다른 능력(예 : 모서리에 제시된 시각적 정보를 확인하는 능력)을 요구함으로써 문항 난이도를 통제한다. 문항 난이도는 입력 요소를 첨가함으로써 증가하게 된다. 피검자는 문제를 풀기 전에 정보를 입력하고 기억해야 한다. 인지 기술을 첨가하여 해당 소검사에서 요구되는 기술을 완수하는 능력의 한계를 검사해 볼 수 있다. 그러나 검사 결과를 해석할 때 고려해야 하는 오염요인이 생기게 된다. 그러므로 특정한 기술의 한계를 검사해 보는 것에 대한 찬성과 반대의 목소리가 있다. 문항 난이도가 증가할 때 다른 여러 인지능력을 첨가하는 게 필요할 뿐만 아니라, 과제를 성공적으로 완수하기 위해 요구되는 특정한 인지적인 요구와 이러한 능력들이 효율적으로 통합되어야 한다. 몇몇 연구자들(Glutting, McDermott, Konold, Snelbaker, & Watkins, 1998; McDermott, Fantuzzo, & Glutting, 1990; Watkins, 2000)은 일반지능 해석에만 초점을 두어서 이러한 요소들은 측정오류로 간주한다. 하지만 다른 연구자들은 아동의 수행을 방해하는 어려움을 해석하기 위해서 이러한 정보를 활용한다(Hale, Fiorello, Kavanagh, Hoeppenr, & Gaither, 2001).

지능이란, 영리한 사람들은 여러 과제에 걸쳐서 복잡한 문제를 풀 수 있는 능력이 있다는 가정을 기반으로 측정하고자 하는 구성개념이다. 검사점수 자체가 지능은 아니나, 지적인 행동은 검사 수행에서 발현된다. 지적인 행동은 행동이 나타나는 맥락에 의해 제한되어야 한다. 불모의 사막에서 길을 잃는 상황에서 표현할 수 있는 지적 행동과 비교해 볼 때 여러 문제를 해결해야 하고 여러 자원을 활용할 수 있는 상황은 다르다. 지적인 행동은 맥락 안에서 존재하기에 맥락 자체가 어떤 지적인 행동이 발현되는 정도에 영향을 미치게 된다. 다시 말하면, 검사의 특성이 지능의 발현을 끌어내기도 하고 제한하기도 한다. 지능검사들 사이에 나타나는 서로 다른 결과는 검사 자체가 일부 맥락적인 요소를 반영하기 때문이다.

이 장은 WISC-IV 통합본 소검사 수행에 영향을 미치는 인지 기술에 초점을 맞추었다. 자극, 규칙과 검사문항에 대한 대답에 요구되는 사항들은 특정한 소검사를 잘 수행하기 위해 필요한 기술의 종류에 영향을 미친다. 예를 들어, 검사 환경의 한 면을 지정한다고 할 수 있는 언어적인 대답이 요구되는 검사는 언어표현 능력, 기억 저장소에서 정보를 인출해내는 능력, 정확성을 위해서 정신적인 탐색과 반응을 관찰해 내는 능력이 요구된다. 낮은 점수는 언어표현의 제한, 부족한 실행기능 혹은 낮은 지능 때문일 수 있다. 낮은 점수를 이해하기 위해서는 여러 가정이 평가되어야 한다. 이 장은 WISC-IV 통합본에서의 낮은 점수를 해석할 때 임상가가 가정을 세우도록 돕기 위해 구성되었다.

우선 지적 기능 점수에 영향을 줄 수 있는 일반적인 인지 기술을 살펴볼 것이다. 나머지 부분은 WISC-IV 통합본 소검사를 살펴보고 검사가 측정하는 기술에 대해 논의하고, 소검사 수행을 이해하는 데 필요한 대안적 가설에 대해 알아볼 것이다.

검사 수행에 영향을 줄 수 있는 인지적 기술

신경심리학자들이 기술하는 기본적인 인지 기술에 대해 먼저 친숙해져야 한다. 이러한 기술은 행동을 묘사하고 이해하는 수단이 된다. WISC-Ⅳ 통합본 소검사 수행과 관련하여 가설을 표현할 때 쓰이는 인지적인 기술을 살펴볼 것이다. 여기서는 모든 가능한 인지적인 기술이나 신경심리학적 기술의 모든 개념을 포함하고자 한 것은 아니다. 기본적인 인지 기술은 주의력, 실행기능, 청각/언어 기술, 시각적 혹은 시지각적인 처리, 감각과 운동 처리와 같이 인지기능의 특정한 영역으로 나뉜다. 기본적인 신경심리학적 구성개념, 신경해부학, 신경행동적인 조건을 살펴보기 위해 Feinberg와 Farah(1997) 그리고 Kolb와 Wishow (1990)와 같은 신경심리학에 관한 저술들을 참조해 볼 수 있다.

주의력

주의력(attention)은 대부분의 환경에서 효율적인 수행에 기여하는 기본적인 인지 기술이다. 주의력의 결함은 주의력 부재만을 의미하는 것이 아니라, 맥락 안에서 혹은 여러 맥락에 걸쳐서 나타나는 주의 통제의 불균형을 의미한다. 주의력은 하나의 단일한 구성개념이 아니라 복합적인 여러 요인으로 이루어진다고 가정된다(Mirsky, Anthony, Duncan, Ahearn, & Kellam, 1991).

지속적 주의력/경계력

사람들은 흔히 주의력을 장기간 과제에 집중할 수 있는 능력으로 여긴다. 이러한 주의력을 지속적 주의력(sustained attention) 또는 경계력(vigilance)이라고 부른다. 아동이 수업 시간에 돌아다니거나 일정시간 동안 듣거나 보는 데 어려움을 보이면 지속적 주의력에 어려움이 있는 것이다. 주의산만(distractibility)은 지속적 주의력을 침해한다. 아동은 다른 환경적인 정보가 있을 때 주의가 산만해져서 주의력을 지속시키지 못한다.

시각/청각적 탐색

시각/청각적 탐색(visual/auditory scanning)이란 환경을 조심스럽게 살펴봄으로써 두드러지는 정보를 적극적으로 탐색하는 능력을 말한다. 시각적 탐색에서 보이는 특정 시각장의 체계적인 결함은 '무시(neglect)'라고 불리는 증후군으로, 이는 환경에 대해 충분히 의식하지 못하는 것이다. 이 기술과 관련된 가장 흔한 문제는 시각장에서 두드러지는 정보를 찾아내는 수행의 수준이 비일관적으로 나타나는 것이다.

분할 주의력

분할 주의력(divided attention)은 동시에 여러 정보를 입력하고 주의를 기울이는 능력을 말한다. 이러한 기술은 칠판 글씨를 필기하면서 동시에 수업을 듣는 능력에서 필요하다. 몇몇 아동은 지속적 주의력은 적절하나, 분할 주의력이 요구될 때는 실수를 한다. 강의는 들을 수 있고 칠판에 쓴 글씨를 적을 수는 있지만, 이를 동시에 하지는 못한다.

주의력 변경

주의력의 초점을 하나에서 다른 곳으로 적절하게 변경하는 것은 주의력의 실행 통제(executive control)와 관련된 중요한 기술이다. 몇몇 아동은 하나의 과제나 대상에 매우 집중하며, 다른 과제나 대상으로 초점을 변경하는 것이 거의 불가능할 수도 있다. 이러한 아동은 맥락 안에서 다른 모든 정보를 무시할 것이다. 이것은 인지적 유연성과는 다른데, 인지적 유연성은 관념적인 수준이지만, 주의력 변경(shifting attention)은 좀 더 자극수준에서의 변화를 말한다.

입력/짧은 초점 주의력

입력(registration/brief focused attention)은 일시적으로 정보를 기억하고 반복하거나 복사하는 능력을 말한다. 짧은 시간 동안 주의산만해지지 않고 특정한 자극에 주의를 기울이는 능력은 입력에서 중요한 요인이다. 비록 짧은 시간 동안일지라도 심각한 주의력 방해는 주의력을 유지할 수 있는 능력에 영향을 미친다.

초점/실행

초점/실행(focus/execute)은 중요한 정보가 무엇인지 탐색을 실행하고 시작할 수 있는 능력으로 매우 중요한 기술이다. 피검자가 풀어야 하는 문제에서 두드러지는 정보가 무엇인지 찾는 것은 문제해결의 초기 단계에 해당한다.

실행기능

실행기능(executive functioning)이란 복잡한 환경에서 행동을 성공적으로 조절하고 관리하게 하는 상위의 인지과정을 일반적으로 지칭한다(개념적인 개괄은 Barkely, 1996; 실행기능에 대한 개괄은 Delis, Kaplan, & Kramer, 2001 참조). 실행기능의 폭넓은 종류는 복합적인 여러 기술로 구분된다.

인지적 유연성

인지적 유연성(cognitive flexibility)이란 변화하는 환경의 요구에 맞게 행동을 수정하는 능력을 말한다. 수정하라는 피드백이 제시되거나 과제의 규칙이 바뀌거나 환경이 바뀌는 상황에서 문제해결 행동을 변화시키는 능력이 실제로 인지적인 유연성을 발휘하는 데 필요하다. 역기능적으로 반복적으로 행동(보속)하는 것은 인지적 유연성의 결함을 반영한다. 인지적 유연성에 결함이 있는 아동은 지속적으로 수정을 요하는 지시가 주어짐에도 불구하고 수정하지 못하거나 과제에서 벗어난 행동을 한다. 또한 관습적인 것이나 계획에 변경이 생기면 변화에 잘 적응을 하지 못하고 학습 시 반복적으로 같은 실수를 저지른다. 인지적 유연성은 창조적인 사고의 한 요소이다.

계획

계획(planing) 기술은 단기적인 혹은 장기적인 목표를 세우고 이러한 목표를 달성하기 위해 행동적인 전략을 완수해 내는 것이다. 먼저 현재 주어진 문제가 무엇인지에 대해 살펴보는 것이 필요하고, 전략 개발, 전략 수행이 요구되고, 전략이 목표달성에 도움이 안 될 경우 이를 수정하는 것도 필요하다. 부진한 계획 행동은 초기에 곰곰히 생각하기도 전에 문제를 풀려고 하고, 목표를 세우는 것에 실패하고, 목표달성을 방해하는 요인을 고려하지 못하는 행동을 말하며, 충동성, 비효율성, 시행착오적인 문제해결 방식이 부진한 계획력을 나타내 주는 지표이다.

조직화

조직화(organization)란 과제를 완수하는 데 필요한 자료를 모으고, 특정한 과제 목표나 최종기한을 충족시킬 활동을 계획하고, 쉽게 인출하기 위해서 자료를 체계적으로 저장하고, 일을 방해하는 것으로부터 거리를 두고, 생활 공간이 혼란스럽게 되지 않도록 유지하는 것이다. 조직화에 문제가 있는 아동은 종종 숙제하는 데 필요한 책과 같이 과제를 완수하는 데 필요한 자료가 없거나 침실이나 책상이 엉망이다. 또한 과제를 완수하는 데 필요한 자료가 어디 있는지 잘 찾지 못한다. 비조직화로 인해서 준비하는 데 시간을 낭비하여 과제 자체를 수행하는 데 필요한 시간이나 에너지와 같은 자원이 줄어들게 된다.

자기-감찰

자기-감찰(self-monitoring)이란 필요시 상황에 맞게 교정 및 적응하기 위하여 자신의 행동을 '보는' 능력을 말한다. 자기-감찰의 목적은 자신이 세운 목표를 완수하거나 환경이나 상황의 규칙에 따르도록 하는 것이다. 규칙을 정확히 알고 있음에도 규칙을 자주 어기거나 목표달성을 방해하는 활동을 하게 되는 것은 자기-감찰에 실패한 것이다.

억제적 통제

매우 유혹적인 행동에 참여하고자 하는 충동에 저항하는 능력과 자동적인 행동을 멈추는 능력은 억제적인 통제(inhibitory control)의 기능이다. 어떤 행동은 이미 자동화되어 일어나기가 매우 쉽고 의식적인 노력이 없다면 자동적으로 일어난다. 장난감 가게에서 선반에 있는 장난감을 만지고 가지고 싶어 하는 아이처럼 이러한 행동은 환경적 요소에 의해 유발된다. 만지고 싶고 이야기하고 싶으나, 행동을 멈추는 억제능력은 높은 수준의 인지능력이다. 이러한 능력은 ADHD로 진단된 아동에게 결핍되어 있다(Barkely, 2003).

추상적인 추론

추상적인 추론(abstract reasoning)은 즉각적으로 드러나는 물리적인 특성을 넘어서 문제, 대상, 상황에 대해 생각하는 능력을 말한다. 비유적인 언어를 이해하는 능력이 부족하고 즉각적인 물리적 특성을 뛰어넘어 대상, 사물, 사건 사이의 관계를 이해하는 데 어려움이 있을 때 추상적인 추론능력이 부족한 것이다. 추상적인 추론은 창조적인 사고의 중요한 요소이고 지적 기능의 중요한 요소이다.

개시와 지속

개시(initiation)와 지속(maintenance)은 문제해결 행동을 시작하고 일정 시간 동안 그 행동을 지속하는 능력(예 : 계속 노력하고, 산만해지는 것을 피하고, 기억탐색을 유지함)을 말하는데, 이는 실행기능의 중요한 요소이다. 생각하고 전략을 세우는 것과 같은 행동을 시작하기 어려운 아동은 동기가 없어 보이고, 자신의 행동을 관리하기 어렵고, 새로 시작하거나 계속 하도록 옆에서 자주 촉진해 주어야 한다. 행동을 지속하는 데 어려움이 있는 아동은 무언가를 하다가 진이 빠져 더 이상 어떻게 해야 할지 몰라 하는 모습을 보인다.

규칙학습/틀 형성과 유지

기계적인 학습(rote learning)이나 절차학습(반복되는 운동 과제)과 같은 규칙학습은 자동적으로 이루어진다. 다른 규칙학습 조건은 좀 더 인지적인 노력이 요구되고 규칙을 따르는 것에 복합적이고 복잡한 인지과정이 포함된다. 특정한 과제를 수행하는 데 과제의 규칙은 매우 중요하다. 예를 들어, 어휘 과제에서 적절한 문장구조나 어휘 사용 등 정확하게 언어를 사용하는 것이 요구된다면 어휘의 일반적인 뜻을 전달하는 능력만을 요구하는 것과는 수행이 매우 달라지게 될 것이다. 만일 어휘 유창성 과제에서 속어나 제품명을 사용해도 된다면 검사 결과는 달라진다.

규칙은 과제의 인지적인 틀(cognitive set)을 형성한다. 틀은 아동이 검사문항에 반응할 때 사용하는 참조틀이 된다. 어휘검사에서의 틀은 언어의 정확한 사용이지만, 지능검사에서의 틀은 오류 없이 지식을 표현할 수 있는 능력이다. 미묘한 검사 규칙에서의 차이가 결과에는 크게 영향을 미칠 수 있다. 같은 구성개념(construct)을 측정한다고 알려진 검사 결과를 비교할 때 과제의 규칙에 차이가 있는지를 반드시 살펴봐야 한다. 어떤 아동은 여러 규칙을 따라야 문제를 해결할 수 있는 상황에서 과제의 인지적인 틀을 세우기를 힘들어하고 혼란스러워한다. 또 어떤 아동은 검사를 실시하는 과정 중에 검사의 인지적인 틀을 유지하지 못한다. 규칙의 한 가지 점에만 초점을 맞추기 때문에 과제의 모든 규칙을 따르면서 과제를 수행하지는 못한다.

청각처리와 언어 기술

연령에 적절하게 언어를 효율적으로 사용하고 이해하는 능력은 대부분의 인지검사 수행에 상당히 영향을 미친다. 검사 결과에 언어 기술이 얼마나 영향을 미치는지는 과제 지시의 복잡성과 언어 자극과 연관될 뿐만 아니라 정확한 언어 사용과 언어개념의 빠른 처리가 얼마나 요구되는지와도 관련된다. 언어처리와 관련된 수많은 요소들이 있다. 여기에서 관련된 인지기능 평가를 살펴보고자 한다(언어기능에 대한 개괄은 Semel, Wiig, & Secord, 2003 참조).

청각적 해독

청각적 해독(auditory decoding)은 개별 어휘의 청각적인 구조를 확인하는 능력을 말한다. 어휘의 청각적 구조를 해독하는 데 어려움이 있는 아동은 자신에게 무엇을 말했는지를 이해하는 게 어렵다. 예를 들어 'pig'라고 말한 단어를 'big'으로 듣는 것처럼 그들은 단어를 잘못 알아듣고 실제 말한 대로가 아니라 그들이 들은 대로 대답을 한다. 어휘 지식에 손상이 없다면 다른 사람에게 여러 번 반복해서 말해 주기를 요청하는데, 왜냐하면 잘못 들은 단어 때문에 비논리적인 어휘 구성이 생기기 때문이다(예: 'big이 헛간에 있다'). 그렇지 않으면 그들은 잘 모른다고 대답하거나 아무 말이 없을 것이다.

의미 해독

의미 해독(semantic decoding)은 청각적 정보를 적절한 지식구조와 연결시키는 능력을 말한다. 의미 지식이 덜 발달한 아동은 특정 어휘의 의미를 이해하는 데 제한을 보인다. 종종 심각한 이해 문제를 가진 아동은 대답을 하지 않거나 '모르겠다'고 반응한다. 가벼운 의미 결함을 가진 아동은 문맥적인 정보를 얼마나 이해했느냐에 따라서 부정확하거나 부분적으로 정확한 대답을 하게 된다. 의미 해독에 문제가 있을 경우 맥락에 따라 단어의 의미가 바뀌는 복합적인 의미에 대한 지식이 제한된다.

구문 해독

구문 해독(syntactic decoding)이란 단어 배열을 적절한 의미구조로 분해하는 기술과 관련된다. 주어와 동사를 구분하고 언어 배열에서 적절하게 수식 어구를 연결하는 것은 언어 이해를 촉진하는 데 매우 중요한 기술이다. 언어구조가 복잡한 문장이 아동에게 주어지면 구문과정의 결함이 명백히 드러나게 된다.

언어처리에서의 속도와 용량

구어의 청각, 의미, 구문적인 특성을 빠르게 해독하면 전반적인 이해가 촉진된다. 의식수준에서 언어를 처리하고 지속시킬 수 있는 용량(언어에서의 작업기억)은 일련의 긴 언어정보에 정확하게 반응하는 능력에 영향을 준다. 언어처리(language processing)의 속도와 용량은 작업기억과 처리속도의 일반적인 통합뿐만 아니라 해독능력의 자동화와 관련된다.

언어 배열 해독

언어 배열 해독(decoding language sequence)은 구어에서 시간과 사건 순서 관계를 이해하는 능력이다. 여러 단계로 된 지시를 따르는 능력이 이 기술의 좋은 예이다. 이것은 단순히 언어적인 과제가 아니다. 왜냐하면 시간에 대한 정보(언제 해야 하는지), 시간과 순서 관계(언제 하는지는 시간과 다른 사건 순서와 연결됨), 다른 인지 기술(무엇을 할 필요가 있는지)과 같은 정보를 통합해야 하기 때문이다. 예를 들어, 선생님이 '지금 쓰기책을 펴고 53페이지를 보고, 오늘 수업이 끝나기 전까지 홀수 문항을 다 하세요.'라고 지시했다고 가정해 보자. 이 문장에는 여러 개의 순서가 나온다(① 책을 꺼내고, ② 53페이지를 펴고, ③ 홀수 문제를 풀기). 시간에 대한 지시(① 함축적으로 '지금', ② 수업 끝나기 전까지)가 있고, 숫자에 대한 지식('53'이라는 숫자와 '홀수' 페이지)이 들어 있다. 여기서 과제의 순서는 논리적이고 이미 알고 있는 것이지만(예 : 수업을 시작하기 전에 책상에서 책을 꺼내야 하고, 책을 편다), 많은 경우 순서에 대한 정보는 새로운 것이다. 언어 순서와 시간정보를 해독하는 능력에 제한이 있으면, 언어 형식으로 정보가 주어질 때 새로운 기술을 배우는 데 어려움이 생긴다.

조음

조음(articulation)이란 청각적인 지식을 발화를 통제하는 운동에 연결시킬 수 있는 능력을 말한다. 조음 부진이란 청각과정이나 발화를 통제하는 운동에 결함이 있다는 것이다. 조음 부진은 언어과정에 심각한 손상이 없을 때에도 종종 나타날 수 있다. 조음 문제가 심각할 경우에는 아동이 가지고 있는 지식을 제대로 전달하지 못하게 된다.

언어 산출

언어 산출(language production)이란 정확성과는 무관하게 아동이 산출하는 언어정보의 양을 말한다. 언어 산출이 저조한 아동은 한 단어로 된 대답을 하거나 매우 짧고 단순하게 대답한다. 어떤 아동은 지나치게 언어 산출이 많으며 이것이 높은 수준의 지식이나 언어 체계의 통합을 반영하는 것은 아니다.

반복

반복(repetition)이란 들은 대로 정확히 따라할 수 있는 능력이다. 반복능력이 언어이해나 산출능력을 뜻하지 않는다는 것을 알아야 한다. 반복이 언어 해독능력에 의해 촉진되지만, 정보를 반복하는 능력이 항상 정보가 정확하게 해독되었다는 것을 뜻하지는 않는다. 언어 처리 속도나 언어적인 작업기억이 매우 뛰어난 아동은 정보를 이해하지 않고도 정보를 매우 잘 반복할 수 있다.

의미와 구문 산출

구어의 의미(semantic)와 구문 산출(syntactic production)의 정확성을 위해서는 해독하는 기술이 있어야 한다. 의미와 구문에서의 오류는 종종 청각과 지식구조를 연결하는 결함을 반영한다. 어떤 경우에는 언어를 산출하는 과정에서 오류가 발생하기도 한다. 이런 경우에는 해독과정이 아니라, 발화 산출과정 중 특정한 지식구조를 적용하는 능력이 부족한 것이다. 구문 손상 또한 산출과정에서만 나타난다. 효율적인 언어 산출을 위해서는 정보를 의미 있는 단위로 조직하는 능력이 필요하다. 새롭고 복잡한 언어구조를 사용하려면 정신적인 유연성(mental flexibility)이 필요하다. 언어산출과 실행기능 사이의 중요한 상호작용이 있어서 실행기능이 표현언어 능력을 조절한다.

시지각적 처리

시지각적 처리(visual-perceptual progressing)는 시각 체계는 두 가지 시각 경로로 나뉜다고 제안되었다(Cytowic, 1996). 시각의 복측경로(ventral stream)는 시각 요소를 의미 있는 시각구조로 처리한다. 이는 시각처리의 '무엇' 요인이다. 시각의 복측경로는 후두엽과 측두엽을 포함한다. 시각의 배측경로(dorsal stream)는 공간에서 대상의 위치를 해독하는 것이다. 이것은 '어디에' 에 해당하는 시각처리 체계로 후두엽과 두정엽을 통해 처리된다. 좌반구는 시각정보의 '국부적' 인 정보를 해석하고 우반구는 '전반적' 인 조직화나 시각정보의 형태(gestalt)를 해독한다(Kaplan et al., 1999). 어떤 시각 체계에서 처리 결함이 발생하느냐에 따라 여러 다른 종류의 행동 결함이 생긴다. 시각 체계는 복잡하고 시각정보의 작은 단위를 좀 더 높은 단계에서 통합하는 것이 요구된다. 시각처리는 잠재의식 수준에서 대부분 이루어지고 이러한 과정은 색깔, 크기, 음영과 같은 여러 지각 요인의 정확한 지각과 시각적 이미지를 예민하게 지각하는 능력에 영향을 미친다.

시각장 결함

드물지만, 시각장 결함(visual field deficits)이 있으며 시각장에서 특정 영역의 정보를 처리하는 데 어려움이 생겨서 시각 지식습득이 불완전하게 된다. 많은 경우에 결함은 명확하지 않아서 놓친 정보를 보기 위해 머리 위치를 조정하지는 않는다. 이런 경우를 시각적 무시 (visual neglect)라고 한다. 어떤 경우에는 시각정보를 좀 더 잘 보기 위해서 머리나 몸의 위치를 계속 조정하는데, 이러한 문제는 '폭주부족장애(convergence disorder)'[2]를 발생시키는 안구운동 체계 조정 문제와 연결된다. 이럴 경우에는 안과의사나 시력 검사자와 같은 시각 전문가에게 의뢰하는 것이 도움이 된다.

시각 판별

시각 판별(visual discrimination)이란 관련된 시각정보를 인식하는 능력을 말한다. 시각 판별력이 부진하면 두 대상 사이를 비교하거나 시각적으로 변별하는 데 어려움을 겪게 된다. 시지각 능력이 우수하기 위해서는 우선 시각 판별력이 필요하다. 부진한 시각 판별은 시각적 예민성이 부진해서가 아니라 시각처리와 조직화 기능수준이 낮아서 나타날 수 있다.

국부적 처리

시각정보의 국부적인 처리(local processing)에 어려움이 있는 아동은 전체적인 모양을 모방하거나 만들어 낼 수는 있으나, 대상에서 특정한 세부적인 요소에서는 혼돈을 보일 수 있다. 토막짜기와 같은 시각적 과제에서 토막을 이용해서 사각형 모양을 만들 수는 있으나, 토막의 세밀한 모양은 부정확하게 맞출 수 있다. 퍼즐맞추기에서 세밀한 시각정보를 하나씩 맞추기보다는 전체 모양대로 퍼즐을 맞추려고 할 것이다. 그림을 그릴 때도 대상의 전체적인 모양은 괜찮으나, 세밀한 시각적 정보가 별로 없거나 세밀한 정보는 잘 조직화하지 못할 것이다.

---

2) 역자 주 : 폭주부족장애란 convergence insufficiency라고도 하며, 양안수렴의 장애로 양 안시 체계에 문제가 생겨서 가까운 물체를 계속 보는 데 어려움을 보인다.

전반적 처리

전반적 처리(global processing)가 부진하면 정보를 전체로 조직하는 데 문제를 보인다. 대상의 부분에 지나치게 초점을 맞추어서 전체적인 모양이나 대상 간의 관계를 부정확하게 구성할 수 있다. 즉, 토막짜기에서 모양의 세부 정보를 따르는 데 초점을 맞추므로 사각형 모양의 전체적인 형태를 구성하지 못할 수 있다. 전체 틀을 갖추지 못하는 것이 전반적 처리에 어려움이 있다는 신호이다. 행렬추리찾기 같은 과제에서는 수행을 잘할 수 있는데, 왜냐하면 전체적인 모양은 고정되어 있으면서 모양의 세부적인 정보에 초점을 맞추면 되기 때문이다.

공간처리

공간처리(spatial processing)는 2차원 및 3차원적인 시공간 정보를 이해하는 능력을 말한다. 공간처리 능력이 매우 높은 수준에서는 요인을 머릿속에서 3차원적으로 시각화하고 대상 간의 거리를 예측하고 회전하거나 구성하게 된다. 공간처리 능력이 부진하면 형태분석, 그림 그리기 같은 구성, 거리 예측, 대상의 방향에 어려움을 보이고 한 지점에서 다른 지점으로 가는 방향을 배우는 것 같은 노선학습이 어렵다.

기억과 학습

새로운 지식을 습득하고 유지하고 새로운 정보에 접근하는 능력은 인지능력 발달에서 매우 중요한 요인이다. 기억기능의 복잡성에 대한 논의는 이 장에서는 벗어나므로, 기억기능과 임상적 의미에 대해서는 Budson과 Price(2005), Squire와 Butters(1984), Kapur(1994)와 Stringer(1996)를 참조하기 바란다. 이 장에서 알아보고자 하는 *기억*이란 새로운 정보를 저장하고 인출하는 것이고, *학습*이란 새로운 정보나 기술을 습득하는 것을 말한다. 학습이 새로운 학업 기술을 습득하는 것에 제한되지 않기에 학습이란 단어는 학습장애에서 말하는 것보다 좀 더 광범위한 의미로 쓰인다.

서술기억

서술기억(declarative memory)은 의도적이고 외현적인 정보의 기억 및 회상과정을 의미한다. 이 정보는 의미 기억(semantic memory)처럼 일반적인 지식이나 사실 같은 것일 수도 있고, 삽화 기억(episodic memory)처럼 특정한 사건, 시간, 사람, 장소와 관련된 것일 수도 있다. 서술기억의 목적은 이후에 회상해 낼 수 있는 지식을 구축하는 것인 반면에 작업기억은 즉각적으로 사용하기 위해서 정보를 저장하는 데 초점을 맞추는 것이다. 장기기억은 몇 분, 몇 시간, 며칠, 몇 주 혹은 몇 년 이후에 회상하기 위해서 저장하는 정보를 말한다. 기억상실증은 서술기억의 심각한 결함이다.

우연학습

우연학습(incidental learning)은 의식적인 노력 없이 일어나거나, 환경과의 상호작용으로 행동이나 지식에 변화가 생기는 것을 말한다. 예를 들어, 선생님이 매일 출석을 불러서 반 친구 이름을 알게 되는 것이다. 절차학습(procedural learning)은 우연학습의 한 종류로 과제에 노출되어 과제 수행이나 기술이 향상되는 것이다. 절차학습은 잘하려고 노력해서 기술이 향상되는 것이 아니기에 우연적이며 반복적으로 연습해서 수영이나 글쓰기를 잘하게 되는 것처럼 반복적인 행위의 기능으로 이루어진다.

부호화

부호화(encoding)란 정보를 장기기억으로 저장하는 과정이다. 기억 부호화는 정보를 효율적으로 조직화하거나 기존에 저장된 지식과 연결시킴으로써 촉진된다. 부호화 결함은 정보를 장기기억으로 저장하는 데 있어서 문제를 야기한다.

인출

인출(retrieval)이란 장기기억에서 정보를 추출해 내는 과정이다. 이러한 과정은 조직화된 기억 탐색 전략에 의해 촉진된다. 자유회상(free recall)은 외부의 힌트나 단서 없이 정보를 인출해 내는 것이다(예 : '어제 아침에 무엇을 먹었나요?'). 단서회상(cued recall)은 일정한 범위가 제한되어 있고 인출되는 정보와 관련되어 있는 단서에 의해 도움을 받아서 기억에서 회상하는 것이다(예 : '달걀을 먹을 때 그릇을 사용했나요?'). 재인 기억(recognition memory)은 독립적으로 산출해 내는 것이 아니라 맞는 대답을 확인하는 능력이다(예 : '어제 이침으로 달걀을 믹었나요?'). **침입**(intrusion)은 잘못된 정보를 자유회상하는 것이다. **긍정오류**(false positive)는 재인 기억에서 잘못된 정보를 승인하는 것이다. 인출 결함(retrieval deficit)은 자유회상으로 정보에 접근하지는 못하지만 맞는 정보를 재인은 할 수 있는 것을 말한다.

기계적 학습

기계적 학습(rote learning)이란 새로운 정보를 기억하거나 반복 노출을 통해 새로운 기술을 기억하는 능력을 말한다. 이는 내용이나 기술을 이해하지 못한 채, 글자 그대로 정확하게 기억하는 데 초점을 맞추는 것이다.

자동화

Hasher와 Zacks(1979)는 기억 수행에서 자동화(automaticity)와 노력의 영향에 대해 기술하였다. **자동화**란 인출하는 데 의식적인 노력이 요구되지 않는 과잉학습된 상태를 말한다. 이러한 정보처리는 자동적으로 이루어진다. 예를 들어, 읽기에 능숙한 사람은 단어가 주어질 때마다 단어가 자동적으로 읽히게 된다. 노력이 드는 과정(effortful processing)은 의식적인 노력과 통제가 요구되는 정보 인출과정이다. 이러한 과정은 새로운 기술이나 정보의 학습 초기 단계에서 매우 중요하다. 학습과 이후의 자동화의 질은 아동이 얼마나 적극적이고 노력이 드는 과정에 참여하느냐에 따라 달려 있다. 자동화와 절차학습은 특정한 인지나 운동 기술을 능숙하게 수행하는 데 중요한 기술이다.

재료−특정적인 기억

재료−특정적인 기억(material-specific memory)은 양식−특정적인 자극(예 : 시각 대 청각)과 내용−특정적인 자극(예 : 얼굴 대 도형)을 기억하는 능력을 말한다. 양식과 내용에 따라 회상은 개인 내에서 차이가 나며, 같거나 서로 다른 신경회로에 의해 이루어진다.

감각과 운동과정

단순하고 복잡한 감각정보를 해석하는 것은 환경과 행동의 반응 및 통제에 대한 지식을 발달시키는 데 영향을 준다. 감각구조는 사회적 관계(예 : 부드러운 접촉 대 거칠게 잡는 것의 차이를 이해하기), 잠재적 위험(예 : 뜨거움, 차가움, 날카로움, 해로움에 대한 지식), 공간에서 위치 확인(예 : 앉기, 서기, 움직이기), 자신의 운동활동에 대한 내부적인 피드백(예 : 이 물건을 세게 혹은 가볍게 던지고 있는지)에 대한 중요한 정보를 제공해 준다. 감각과정의 손상은 미묘하거나 미묘하지 않은 행동장애를 낳을 수 있다. 청력 문제나 부진한 시각적 예민성과 같이 흔히 고려되는 것 이외에도 감각 손상은 검사 수행에 영향을 미치고 검사 결과를 해석하고 행동과 동기와 관련된 인과추론을 할 때 고려해야만 한다.

운동 기술은 여기에서는 낮은 수준의 협응 기술을 지칭하는 것으로 제한된다. 빠르게, 부드럽게, 혹은 효율적으로 근육 움직임을 통제하는 능력은 쓰기, 그리기와 던지기와 같은 시각운동 활동에 필요하다. 시각적 정보나 정신적인 이미지 정보를 통합하여 운동을 산출해 낼 때 시각운동 통합이 필요하다. 대부분의 운동 통제는 잠재의식적으로 이루어지나, 계획, 측정, 모방, 생산과 같은 실행기능은 운동 산출의 질에서 중요한 역할을 한다. 부진한 운동 통제는 검사 수행에 영향을 미친다(예 : 빠른 운동이 요구되는 과제에서 느리고 덜 정확하게 수행할 수 있다). 부진한 행동 통제는 사회적인 의미를 가지기도 하는데 아동은 서툴고 굼뜬 아이로 보이게 된다.

WISC-IV 통합본 처리분석

WISC-IV 통합본은 아동의 인지기능에 대한 정보를 풍부하게 해 준다. 여기서는 WISC-IV 통합본 소검사의 세밀한 평가와 과정을 보여 주고자 한다. 소검사가 측정하는 기술에 대한 정보를 좀 더 제공하고자 언어이해와 지각추론, 작업기억, 처리속도로 WISC-IV 통합본의 네 가지 인지영역에 따라 구분하였다.

언어이해 영역

언어 영역에서의 부진한 수행은 여러 가지 이유로 나타날 수 있다. 이전에 여러 언어 기술을 살펴보았는데, 이러한 언어 기술에서 하나 이상의 결함이 있을 때 언어성 소검사의 점수가 낮아지게 된다. 언어 지표점수가 낮을 때 언어발달 지연, 언어장애, 지식 인출의 어려움, 읽기장애, 청각 주의력이나 작업기억의 손상, 실행기능의 손상을 중요한 가설로 탐색해 볼 수 있다. 소검사에서 청각적 해독, 의미 해독과 산출, 발음, 언어 계열 해독과 같은 특정 언어 기술이 요구되는 정도는 다양하다. 소검사 내용과 과제에서 요구하는 것에 따라 언어 기술이 수행에 미치는 정도가 달라지게 된다. 소검사의 다양성을 해석할 때 언어 요구가 어느 정도인지를 고려해야만 한다.

어휘, 객관식 어휘와 그림 어휘

표준형 어휘 소검사의 실시는 심리학에서 긴 역사를 가지며 언어지능의 강력한 지표이다. 피검자는 어휘를 정의하는 데 있어 그들의 지식을 전달하기 위하여 많은 혹은 적은 언어를 사용할 수 있다. 채점은 어휘를 정의하는 데 있지, 언어를 정확하게 사용하는 데 있지 않다(예 : 인지 틀은 지식이지 언어적인 정확성이 아니다). 구문 실수나 의미 실수는 무시된다. 피검자는 심지어 다른 여러 단어에도 적용될 수 있는 일반적인 정의를 말해도 된다(예 : 개는 동물이다). 문항이 어려워질수록 좀 더 특정적인 언어 지식이나 사용이 요구된다. 언어의 복합적인 여러 의미를 알 필요는 없다. 문화적인 환경에서 어휘가 사용되는 빈도와 개념의 복잡성(예 : 추상성)이 난이도와 관련된다. 교육과 가정 내에서 어휘를 접하게 되는 것과 같은 환경적인 요인이 어휘 소검사 수행에서 중요하다.

　피검자는 청각적으로 해독을 정확하게 해야 하고, 적절하게 의미를 해독하고 의미 산출을 해야 한다. 언어 지식을 측정하도록 고안되었기에 의미가 어휘 소검사 수행의 핵심 요소이다. 언어 산출이 제한된 경우 지식 소통을 방해한다. 그러므로 어휘검사의 객관식 버전은 언어 산출에 대한 부담을 줄이기 위해 개발되었다. 객관식 버전에서는 언어의 가능한 의미를 여러 개 제시하고 이 중에서 아동이 정답을 고르면 된다. 언어 산출요구는 줄어드나, 의미나 구문 해독과 언어처리 요구의 속도나 능력은 증가한다. 긴 청각적 정보를 해독하는 것이 요구되고 표적단어를 가장 잘 설명하는 것을 찾기 위해 의미구조를 비교해야 한다. 증가된 언어 요구는 빠른 해독과 비교 기술이 필요한데 언어장애가 있는 아동의 경우 이러한 능력의 발달이 부진하다.

그림 어휘 소검사는 어휘검사에서 명확하지 않은 언어 요구를 줄이기 위해서 개발되었다. 이 과제에서 아동은 단어의 핵심의미를 나타내는 네 가지 그림 중에 하나와 표적단어를 연결시켜야 한다. 언어 산출 요구는 상당히 감소하게 된다. 그러나 여기서는 추가적인 인지 기술이 더해진다. 즉, 아동은 그림을 의미표상으로 해석하는 능력을 가지고 있어야 한다. 그림의 두드러진 요소에 주의를 기울이고 행동이나 대상의 시각적 표상을 정확하게 해석해야 한다.

어휘 소검사에서 낮은 점수를 받을 때 검증해 봐야 할 가설은 여러 가지이다. 임상적인 질문은 다음과 같다. 낮은 점수가 청각적 혹은 의미 해독, 의미 산출, 의미 지식에 접근하는 것의 손상 때문인가, 아니면 실행기능, 청각적 작업기억 능력의 제한 때문인가? 소검사의 다양한 형식에서의 수행을 비교함으로써 이러한 질문에 대답을 할 수 있다.

표 6.1에 임상집단과 미국 표준화 연구집단의 소검사 점수들의 상관, 평균 차이, 기저율의 점수 차이가 나와 있다. 표준화 연구집단에서 어휘 소검사는 객관식 어휘 소검사와 매우 높은 상관을 보이고 평균이 0점이라는 것은 점수가 일반적으로 다른 것보다 높지 않다는 것(두 형식의 차이가 나지 않는다는 것)을 말하며, 대부분의 아이들은 2점 차이 안에 위치해 있다. 임상집단은 두 소검사 간에 중간에서 높은 정도의 상관을 보이는데 읽기장애와 주의력결핍장애 집단에서 가장 낮은 상관을 보였다. 대부분의 임상집단에서 두 소검사 형식의 평균적인 수행 차이는 상대적으로 적으나, 주의력결핍장애, 산술장애, 외상적 뇌 손상 집단에서 차이가 크게 나타났다. 외상적 뇌 손상 집단은 객관식 형식에서 도움을 받으나, 주의력결핍장애와 산술장애 집단은 객관식 어휘 소검사에서 더욱 수행이 저하되었다. 충동적으로 대답하면 객관식 어휘의 수행이 저하되지만, 기억에서 정보 인출에 어려움이

표 6.1 WISC-IV 언어 영역 핵심과 보충 소검사 대 처리 소검사의 상관계수, 평균, 차이 비율

	객관식 어휘				그림 어휘			
	r	Mean(SD)	%어휘 > 객관식 어휘	%어휘 < 객관식 어휘	r	Mean(SD)	%어휘 > 그림 어휘	%어휘 < 그림 어휘
표준화 연구집단	0.71	.03(2.3)	12.8	11.2	0.67	−.02(2.4)	13.1	12.6
주의력결핍장애	0.52	.49(2.4)	16.3	16.3	0.68	−.04(2.1)	10.2	12.2
자폐장애	0.71	−.31(2.2)	12.5	18.8	0.56	−1.5(3.5)	6.2	31.2
표현언어장애	0.71	−.13(2.1)	6.5	15.2	0.46	−.65(2.7)	6.5	28.3
수용−표현언어장애	0.65	−.13(2.3)	10.9	17.4	0.50	−.35(2.4)	10.0	19.6
산술장애	0.60	.44(2.0)	9.3	9.3	0.31	−.11(2.8)	13.9	18.6
읽기장애	0.53	.27(2.4)	16.1	11.3	0.66	−.18(1.8)	3.2	8.1
외상적 뇌 손상	0.76	−.58(1.9)	5.3	18.4	0.63	−.21(2.5)	7.9	15.8

	객관식 공통성				객관식 이해			
	r	Mean(SD)	%공통성 > 객관식 공통성	%공통성 < 객관식 공통성	r	Mean(SD)	%이해 > 객관식 이해	%이해 < 객관식 이해
표준화 연구집단	0.60	.30(2.6)	19.0	16.3	0.52	−.01(2.9)	17.7	19.2
주의력결핍장애	0.66	.35(2.6)	20.4	12.2	0.53	−.18(2.9)	18.4	22.4
자폐장애	0.65	−1.4(2.9)	12.5	37.5	0.84	.38(2.2)	25.0	6.2
표현언어장애	0.55	.30(2.6)	23.9	17.4	0.53	−.13(3.0)	19.6	17.4
수용−표현언어장애	0.34	.26(2.8)	19.6	15.2	0.36	−.10(2.8)	23.9	21.7
산술장애	0.23	−.18(2.6)	18.6	25.6	0.20	.58(3.0)	25.6	18.6
읽기장애	0.42	.04(2.8)	16.1	17.7	0.25	.24(2.8)	14.5	9.6
외상적 뇌 손상	0.58	.60(2.9)	26.3	18.5	0.39	.65(3.4)	26.3	15.8

(계속)

| 표 6.1 | WISC-IV 언어 영역 핵심과 보충 소검사 대 처리 소검사의 상관계수, 평균, 차이 비율(계속) |

| | | | 객관식 상식 | |
| | | | 객관식 상식 | |
	r	Mean(SD)	% 상식 < 상식 객관식	% 상식 > 상식 객관식
표준화 연구집단	0.75	.04(2.1)	10.4	11.1
주의력결핍장애	0.61	.26(2.1)	8.2	14.3
자폐장애	0.70	−.56(2.6)	12.5	12.5
표현언어장애	0.83	.02(1.6)	2.2	10.9
수용−표현언어장애	0.70	.10(2.0)	4.4	10.9
산술장애	0.56	.60(1.9)	11.6	7.0
읽기장애	0.52	.24(2.0)	9.6	11.3
외상적 뇌 손상	0.77	−.13(2.0)	7.9	13.2

주 표본 수는 다음과 같다— 표준화 연구집단(712), 주의력결핍장애(49), 자폐장애(16), 표현언어장애(46), 수용−표현언어장애(46), 산술장애(43), 읽기장애(62), 외상적 뇌 손상(36). 모든 비교는 해심이나 보충 소검사에서 처리 소검사를 빼서 계산된 것이다. 아동용 웩슬러 지능검사-4판 통합본(WISC-IV Integrated)
© 2004 Harcourt assessment, Inc. 인가하에 인용됨.

있는 아동에게는 객관식 어휘 과제가 도움이 된다.

그림 어휘 소검사와 어휘 소검사의 상관은 객관식 어휘 소검사와 어휘 소검사 간의 상관보다 일관적으로 작게 나타난다. 표준화 연구집단이나 대부분의 임상집단에서 두 소검사 형식 간의 차이는 거의 나타나지 않았으나, 자폐장애와 표현언어장애 집단에서는 차이가 있었다. 두 집단은 어휘 소검사보다 그림 어휘 과제에서 더 나은 수행을 보였다. 이러한 그림 어휘가 언어 표현에 어려움이 있는 아동이 지식을 표현하는 데 도움을 준다는 것을 의미한다.

공통성과 객관식 공통성

공통성 소검사는 언어 인지능력을 측정하는 데 오랫동안 사용되었다. 각 단어를 의미적으로 해독하고 두 단어의 의미구조를 비교하여 단어의 의미와 관련된 공통성(예 : 개와 쥐는 둘 다 포유동물임)이나 공통적인 관련 요소(예 : 홍수와 가뭄은 다른 의미를 가지지만 물과 관련된 날씨를 지칭함)를 발견해 내는 능력이 요구된다. 과제의 자극 단어는 어린 시절에 학습되기 때문에 어휘 과제와는 다른 종류의 의미 지식이 검증되며 좀 더 추상적인 추론능력이 요구된다. 공통성 과제에서 피검자는 단어와 관련된 여러 의미와 개념을 알고 있어야만 한다. 개념을 좀 더 상위의 범주로 범주화시키는 능력과 관련된다. 이러한 연결은 명확하게 학습되는 것은 아니다.

개념이 몇 개의 단어로 표현될 수 있기에 어휘 과제보다 언어 산출이 요구되는 정도는 덜하다. 그러나 여전히 언어 산출에 대한 상당한 요구가 있기는 하다. 객관식 공통성 소검사는 언어 산출에 대한 요구를 줄이고 의미 해독과 추상적인 추론능력에 초점을 맞추기 위해 고안되었다. 객관식 버전은 객관식 어휘 과제와 비슷하게 해독에 대한 요구가 있게 된다. 교육과 환경이 영향을 미치지만, 어휘 소검사만큼은 아니다. 왜냐하면 대부분의 단어는 피검자가 아는 어휘로 구성되어 있기 때문이다. 공통성 점수가 낮을 때 언어 산출의 어려움, 부진한 의미 지식, 손상된 실행기능(예 : 인지적 유연성), 또는 제한된 청각적 작업기억 등과 같은 가설을 검증해 볼 수 있다. 객관식 공통성 소검사는 언어 산출이 요구되지 않고 작업기억에 대한 요구가 줄어들기 때문에 두 버전을 비교해 봄으로써 공통성 과제를 수행하는 데 이러한 기술의 영향이 얼마나 되는지를 알 수 있다.

표 6.1은 공통성 소검사와 객관식 공통성 소검사의 상관이 표준화 연구집단과 대부분의 임상집단에서 중간 수준임을 보여 준다. 산술장애와 수용−표현언어장애 집단에서는 상관이 낮게 나왔다. 자폐장애와 외상적 뇌 손상 집단을 제외한 대부분의 임상집단과 표준화 연구집단에서 평균 차이는 거의 0점이었다. 자폐장애 집단은 객관식 버전에서 더 좋은 수행을 보였고, 외상적 뇌 손상 집단에서는 반대 결과가 나왔다. 실용언어와 사회적인 능력에서 결함이 있는 집단은 객관식 과제에서 도움을 받았다. 외상적 뇌 손상 집단에게 객관식 버전은 인출에 도움이 되지 않았고 오답이 많았다. 왜냐하면 객관식 과제가 아닐 때는 고려하지 않았던 대답들, 즉 좀 더 융통성 없는 답변을 고르게 되었기 때문이다.

이해와 객관식 이해

이해 소검사는 지식, 사회적인 관습에 대한 이해와 실제적인 사건에서의 문제해결 능력을 측정한다. 언어 과제 중에서 이해 소검사는 언어 산출 기술이 가장 많이 요구된다. 대답을 만족스럽게 하기 위해 필요한 정보의 양 때문에 높은 수준의 언어 산출이 필요하게 된다. 피검자에게 긴 언어 순서를 해독하는 등 청각적이고 의미적인 해독 기술이 상당히 요구된다. 또한 지시문과 대답이 길어서 청각적인 작업기억이 추가적으로 요구된다. 불필요한 대답을 억제하는 능력, 즉 실행기능이 이 검사 수행에 영향을 미친다. 객관식 버전을 통해 임상가는 언어 산출 문제를 확인해 볼 수 있다. 그러나 언어 해독 기술이 부진하거나 언어처리 과정이 느리면 객관식이 도움이 되지 않는다. 이해 소검사에서의 낮은 점수는 특정한 내용(사회적인 규칙이나 관습에 대한 지식)이나 언어적인 요구와 관련된 여러 요소 때문일 수 있다. 언어 산출과 해독, 지식에 대한 접근에 결함이 있거나 청각적 작업기억이 저조하고 충동적이어서 이해점수가 낮을 수 있다. 두 형식을 비교해 봄으로써 임상가는 산출, 접근, 작업기억 문제가 이해 소검사 수행에 영향을 주는지를 알아볼 수 있다.

표준화 연구집단에서 두 형식은 중간 정도 상관을 보여 준다. 많은 임상집단에서 상관은 낮게 나왔는데, 자폐장애 집단에서만은 두 형식 간에 높은 상관관계를 보였다. 일반적으로 임상가는 상관이 낮을 때 두 형식이 서로 다른 것이라고 생각해 볼 수 있을 것이다. 대부분의 집단에서 두 형식 간에 평균 차이가 매우 작았다. 낮은 상관과 더불어 비슷한 평균값을 보였다는 것은 점수 차이가 양쪽 방향으로 똑같이 나타났다는 것이다. 산술장애와 외상적 뇌 손상 집단은 차이값이 가장 컸으며 객관식이 아닐 때 더 수행이 좋았다. 이들은 충동성 때문에, 혹은 정답에서 요구되는 추상적인 추론을 탐색하지 못하여 지나치게 구체적인 대답을 선택하였다.

상식과 객관식 상식

상식 과제에서는 역사, 과학, 달력, 양적인 지식이나 문학과 같은 여러 분야의 지식을 측정한다. 어떤 아동은 특정 분야 내용에서 부진할 수 있다. 이 소검사는 아동의 일반적인 지식 자원을 측정한다. 그러므로 낮은 점수를 보일 때 열악한 교육과 환경의 영향을 고려해야만 한다. 언어 산출에 대한 요구는 다른 언어 소검사들보다 적다. 어떤 아동은 지식에 효율적으로 접근하지 못하여 정보를 알고는 있지만, 자유회상을 통해 찾아내지는 못한다. 이런 아동은 객관식 버전을 통해 지식을 좀 더 효율적으로 표현할 수 있다. 모든 언어성 소검사에서처럼 청각적 언어 해독 기술은 항상 중요하게 고려해야 한다. 상식 소검사에서 낮은 점수를 받으면 특정 내용에서 부진하거나 언어 산출과 해독, 청각적 작업기억과 실행기능(예 : 정보를 기억 저장소에서 탐색하는 능력)이 부진한지를 평가해 봐야 한다.

　상식과 객관식 상식 소검사는 대부분의 집단에서 높은 상관을 보이고 큰 점수 차이는 드물다. 자폐장애와 산술장애 집단은 두 검사 형식에서 가장 차이가 크게 나타난다. 자폐장애 아동은 객관식에서 더 나은 수행을 보이지만 산술장애 아동은 객관식에서 더욱 부진하다.

표준 형식 대 처리접근 형식 간의 차이에 대한 해석

처리 단계별 점수 차이 비교를 평가할 때 여러 가설로 차이를 설명할 수 있다. 객관식이 자유회상 형식보다 높다면, 외부적인 촉진이나 단서가 없을 때 아동이 언어개념에 접근하고 인출하는 데 어려움이 있다는 가설이 지지된다. 말로 표현하는 데 어려움이 있으면 표준적인 언어성 소검사 형식에서 2점을 받지 못하고 1점만을 받게 된다. 이해 과제 객관식 검사에서 더 낮은 수행을 보인다면, 아동은 개념적으로 낮은 단계의 두드러진 방해 자극을 무시하지 못하거나 여러 대안들을 신중하게 고려하지 못하고 충동적으로 답을 선택한 것이다. 점수 차이를 해석할 때 다른 정보로부터 얻은 추가적인 정보도 발견한 사실을 확증하기 위해 포함해야 한다.

점수 차이를 해석할 때 표 6.1의 결과를 고려해야만 한다. 공통성과 이해에서 임상집단이 아닌 일반아동 사이에서도 변산이 크게 나타난다. 이러한 소검사에서는 점수 차이를 분석할 때 점수 차이가 의미 있다고 해석하기 위해서는 좀 더 엄격한 기준이 사용되어야 한다(예 : 환산점수 4, 5점 차이). 임상집단에 따라 소검사 형식 간의 비교는 다른 결과를 보여 준다. 자폐장애 아동은 재인 형식이 도움이 되는데, 표준화된 언어 영역 소검사 형식에서는 일관성이 없는 언어기능과 실용언어(언어 사용의 사회적인 측면)가 수행을 방해할 수 있다.

그림 어휘는 표현언어나 사회/실용 언어 문제를 가진 아동이 지식을 표현할 수 있도록 도와준다. 외상적 뇌 손상 아동과 산술장애 아동은 객관식 검사 형식에서 더욱 부진하다. 이는 아마 실행기능이 부진해서 좀 더 경직된 답변을 고르게 되기 때문인 것으로 보인다. 외상적 뇌 손상 아동은 객관식 어휘 검사에서는 더 나은 수행을 보였는데, 이는 아마도 객관식 어휘 소검사가 다른 소검사의 객관식 버전보다 인출을 향상시키기 때문인 것으로 보인다. 주의력결핍장애에서 보이는 충동성이 어휘검사에서는 경미한 결함으로 나타나기 때문에 어휘검사 수행에는 큰 영향을 주지 않는다. 발화와 관련된 장애(예 : 조음장애와 말더듬 장애)는 언어 결함이라기보다는 구술운동 결함을 반영한다.

객관식 언어 소검사에서 고려해야 할 일반적인 문제

처리 소검사는 자유회상 형식에서 요구되는 인지적 요구를 줄여 주기 위해 고안되었으나, 여러 비언어적인 인지과정이 아동의 객관식 문제에 대한 적응에 영향을 준다. 가능한 답안의 보기를 보여 주면 아동은 가장 좋은 정답을 결정하기 위해 비교 평가를 해야한다. 자유회상 조건에서는 이러한 비교 평가과정이 없다. 객관적인 경우에 이전에는 고려하지 않았던 매우 두드러지는 정답의 보기가 아동에게 주어지게 된다. "왜 차에 안전벨트가 있을까

요?"라는 이해 항목을 보면, 객관식 정답 예 중에서 두드러지는 오답은 "법이니까"이다. 자유회상에서 아동은 안전벨트 사용의 안전적인 측면을 고려하는 상위 단계 대답을 할 수 있으나, 객관식 소검사에서 매우 두드러지는(특히 안전벨트 법에 대해 공익 광고를 하는 주에서) "법이니까"와 같은 개념적으로 낮은 단계의 예시가 주어지면 정답으로 잘못 선택할 수 있다. 이러한 예는 읽기장애 아동의 언어 기억기능 연구에서 발견된다. 읽기장애 집단은 방해 예시가 의미적으로 표적단어와 연관될 때 재인 기억 오류를 통제집단보다 더 많이 보이고 의미적으로 관련이 없을 때에는 두 집단 모두에서 오류 비율이 같았다(Kramer, Knee, & Delis, 2000). 읽기장애 집단은 표적단어와 의미적으로 다른 범주에 속하는 방해 예시보다는 매우 두드러지는 예시 답안(예 : 예시가 같은 의미 범주에 속함)을 좀 더 자주 선택한다.

어떤 방해 예시(예 : 낮은 점수를 받는 대답)는 자극과 밀접한 대답을 이끌어 내기 위해서 음성적으로 표적단어나 핵심 문구와 비슷하게 만들어졌다. 청각적 혹은 시각적 특성을 의미나 추상적인 특성과 분리시키는 데 어려움이 있는 아동은 이러한 방해 자극을 무시하기가 더욱 어렵다. 충동적인 아동 또한 모든 가능한 예시를 고려하는 데 실패하여 음성적으로 비슷한 것을 고르게 된다. 이러한 예는 객관식 어휘 검사에서 표적단어는 "precise (정확한)"인데 방해단어로 표적단어와 철자가 비슷한 "precious(소중한)"가 제시되는 것이다. 피검자가 단어의 의미가 아니라 철자만을 고려하면 이러한 답을 고르게 된다. 어떤 아동들은 자극의 모양에 기반하여 가장 정답처럼 보였기 때문에 방해 예시에 이끌렸을 수도 있다. 이럴 경우에 다른 맥락에서도 이와 유사하게 밀접한 자극에 끌리는 행동을 보일 것이다.

반응에 대한 질적 분석

여러 영역과 장면에서 피검아동의 행동관찰을 할 수 있는데, 사회적인 면과 의사소통에서 의미를 지니는 행동 중 몇 가지를 여기에서 다루고자 한다. 이러한 관찰은 언어기능이 부진한 아동에 대해 추론을 할 때 특히 유용하다. 부진한 언어기능은 사회적 관계를 손상시킬 수 있으며 이는 관찰 가능한 여러 행동에서 드러나게 된다.

'모르겠다'는 반응

어떤 경우에 '모르겠다'는 반응은 적절하며, 효율적인 수행과 더 적은 오류를 가져온다. 대답해야 하는 상황에서 아동이 모르겠다고 말한다면 시작, 인출, 반응 비교(예 : 객관식에서), 협조 또는 기억 탐색에서의 문제를 뜻할 수 있다. 검사 내용에 따라 모르겠다고 말하는 비율이 달라지며 이는 해당 기술에 의해 모르겠다는 반응이 유발된다는 것을 말한다. 기저율표는 임상가가 "잘 모르겠다"는 아동의 대답이 해당 영역에서 지나치게 나타났는지를 판단할 수 있게 도와준다. 모르겠다는 반응을 한 이유에 대해 추론을 내릴 때 검사자는 임상적인 판단을 내릴 필요가 있다. 이때 다른 검사 결과와 다른 여러 가지 정보를 고려해야 한다.

무응답

아동이 무응답하는 경우는 여러 가지 문제를 의미할 수 있다. 이는 아동이 검사과정에 참여할 수 있는 정도를 판단할 수 있는 중요한 도구이다. 무응답은 '모르겠다'는 대답과는 매우 다른 의미를 지닌다. 다른 사람이 물어보거나 과제 수행을 요구할 때 대답을 하는 것은 사회적으로 당연하다. 대답하도록 계속 요구해도 응답하지 않는 것은 심리사회적인 기능에 문제가 심하다는 것을 보여 준다. 특히 검사자는 아동이 자기 이름을 대답하는지, 눈맞춤을 시작하고 유지할 수 있는지를 살펴봐야만 한다. 반항적이어서 무응답을 보이기도 하지만, 반항이라기보다는 사회 기술이 결핍되어 있거나 모른다고 말할 자신감이 부족할 수 있고 어떤 대답이라도 하려는 노력을 전혀 기울이지 않았을 수 있다. 불안수준이 높고, 사회성이 부족하고, 언어발달이 부진한 아동에게서 이런 행동은 더 많이 나타날 수 있다. 대부분의 소검사에서 무응답은 일반적으로 매우 드물고, 한 과제에서 연속해서 무응답하는 것은 비전형적이며 측정하는 해당 내용에 문제가 있을 수 있다. 만약 아동이 여러 검사 영역에 걸쳐서 아무 대답을 하지 않는 경우에는 검사과정 참여에 좀 더 일반적인 문제가 있을 수 있다. 왜 아동이 질문에 대답을 하지 않는지에 대해 추론할 때 인지, 사회, 언어 발달을 고려할 필요가 있다.

자발적인 수정

대부분의 경우에 자발적인 수정을 병리적으로 해석해서는 안 된다. 자발적인 수정능력은 자기 행동의 정확성과 관계를 스스로 감찰할 수 있는 능력이 온전하다는 것을 뜻한다. 그러나 너무 자주 나타나면 이는 아동의 정보 탐색과 표현에 오류가 많다는 것을 나타낸다. 충동적인 아동은 불쑥 답을 말하고 자기 한 말을 듣고 이에 대해 생각하여 스스로 수정하게 된다. 자발적인 수정은 일반적으로는 드물고 객관식 문제에서 더 자주 나타난다. 객관식 검사 시에는 아동에게 여러 가능한 답안들과 명확하게 답과는 거리가 있는 방해 예시들이 제시된다. 이러한 문제가 전반적인지 아니면 특정 맥락에 한정되는지를 판단하기 전에 검사자는 자발적인 수정의 높은 비율이 다른 장면에서도 나타나는지를 확인해야 한다.

반복 요청

아동이 지시문을 반복 요청한다는 것은 아동 스스로가 제시되는 정보나 과정을 이해하지 못하였다는 점을 인식한다는 것이다. 가끔 보이는 반복 요청은 검사에 참여해서 잘하고 싶다는 욕구를 보여 준다. 자주 나타나는 반복 요청은 초점 주의력을 조절하는 문제나 청각적 과정과 해독의 문제, 부진한 언어능력 때문일 수 있다. 불안한 아동은 잘못 알아들었을까 봐 두려움 때문에 혹은 자신이 알아들은 게 맞다는 확신을 가지기 위해 반복 요청을 하게 된다. 반복 요청은 자주 나타나지는 않지만, 객관식 문제에서는 좀 더 자주 관찰된다. 여러 번 반복 요청하는 것은 드물며, 이는 주의력과 언어과정의 어려움을 뜻한다. 이러한 문제는 다른 자료나 검사점수로 확증되어야 한다.

촉진

아동이 무응답을 보일 때 반응촉진을 자주 해야 할 필요가 있다. 행동을 시작하는 능력이 부진할 경우 시작하라는 외부의 단서가 주어지지 않으면 잘 대답하지 못한다. 매우 주의산만한 아동은 과제에 집중하기 위해 촉진이 필요하다. 행동촉진 비율이 높으면 아동이 과제에 충분히 참여하지 못하고 있으며 내부와 외부 사건에 의해 산만해진다는 것을 뜻한다. 인지과정이 느린 아동은 문제해결하는 데 더 많은 시간이 필요할 수 있다. 반항적인 아동 또한 평가과정에 순응하게 하려면 촉진이 필요하다. 촉진이 필요하다는 것은 지적 제한, 느린 처리속도, 실행기능 결함으로 해석할 수 있다.

전반적인 행동관찰/해석

심리 측정적인 자료가 임상과 학습에서 중요한 면을 보여 주지만, 행동관찰 자료는 인지적인 장점과 단점의 잠재적인 정보원으로서 통찰을 제공해 준다. 여기서 제시한 자료를 고려해 볼 때 언어처리 기술은 언어적인 인지적 과제를 수행하는 데 중요하다. 의사소통 기술을 자세히 관찰하면 언어적인 인지적 과제에서의 부진한 점수에 대해 중요한 통찰을 얻을 수 있다.

대답하는 데 촉진이 자주 필요한 아동(탐색과 문제해결 행동 시작)이나 몇 개 단어로 대답하면서 "더 생각나지 않아요."라고 말하는 아동의 경우(탐색과 문제해결 행동 유지) 언어장애나 언어기능의 실행 통제에 손상이 있을 가능성이 있다. 의미처리에서 손상이 있는 것이 아니라 언어기능의 실행 통제나 언어적인 정보를 즉각적으로 처리하는 데 문제가 제한된 것이라면 촉진, 단서, 정보를 객관식 형식으로 제시해 주는 것이 아동에게 도움이 된다. 사회적으로 언어 산출이 적은 아동은 느리고, 무지하거나, 소심하고 조용하다고 여겨진다.

언어 문제가 심각하지만 언어 산출이 정상적인 비율이고 오히려 지나치게 높은 산출을 보일 수도 있다. 어떤 경우에는 명명 기술이 손상된 아동이 대상이나 개념의 일반적인 특성을 기술하는 언어 산출은 많으나, 정확성이 부족하거나 정확한 단어나 표현을 하지 못할 수 있다. 이런 아동은 의미적인 어려움을 기저에 가지고 있으나, 언어 행동을 시작하거나 유지하는 데에는 어려움이 없을 수 있다. 명명 오류와 신조어를 사용하는 것은 기저의 언어기능 문제를 반영하는 것일 수 있고 핵심을 짧게 말하지 못하고 길게 애매모호하게 말하는 것과 함께 관찰되기도 한다. 어떤 아동은 단어 사용에서 오류를 자주 보일 수 있는데 부정확한 단어 사용에 자주 노출되는 환경적인 요인 때문일 수도 있고, 의미 지식이나 정확한 정보 회상의 자기-감찰에서 문제가 있거나 충동성 때문일 수도 있다. 말은 많으나, 의미이해 능력에 심각한 결함이 있거나 산출한 언어를 감찰하는 능력이 부족한 아동의 경우 사회적으로 다른 사람들에게 '이상하고 특이하거나 충동적이고, 수다스럽고, 열심히 하지만 영리하지는 않다.' 는 평가를 받는다.

　청각 작업기억력이 부진하거나 언어처리 속도가 느리면 언어를 즉각적으로 처리하는 데 어려움을 가질 수 있으며 아동은 시시나 정보를 반복해 달라고 요청하게 된다. 만약 상대적으로 손상되지 않은 의미 지식을 가지고 있다면, 몇 번 반복해 주면 적절하게 대답할 수 있다. 어떤 경우에는 반복해 달라고 매번 요청하면 다른 사람들이 귀찮아한다는 것을 알게 되어서 더 이상 물어보지 않고 제한된 정보를 기반으로 과제를 수행하려고 시도하게 된다. 이런 경우에 대답은 정확하지 않고 불완전하다. 청각 주의력은 전반적으로 온전하나, 언어정보를 빠르고 정확하게 처리하는 데 어려움이 있으면 사회적으로 아동은 '부주의하게' 보이며, 전반적인 청각 주의력에 문제가 있으면 아동은 '부주의하면서 잘 잊어버린다.' 는 평가를 받는다. 전반적인 주의력 문제가 있으면 대화 중에 세부적인 요소에 부주의하고 또한 무엇을 하고 있는지 그 과정을 따라가는 데 문제가 있게 된다. 무엇을 이야기하고 있는지 잊어버리거나, 하려고 했던 일을 잘 잊어버린다. 청각적 해독능력이 매우 우수하고 청각 작업기억 기술이 우수하나, 언어 해독 문제를 가지고 있는 아동은 들은 바를 들은 그대로 반복할 수는 있으나, 무슨 뜻인지는 이해하지 못한다. 이러한 아동은 무엇을 해야 할지 시작하지 못하는 개시의 문제를 보이거나 지시를 반복해 줄 것을 요청하지만 정확하게 수행하는 데 실패할 수 있다. 그러한 상황은 이런 아동과 함께 작업하는 사람에게 매우 분통 터지는 일이 될 수 있다. 왜냐하면 아동이 지시를 이해하지만, 지시를 따르지 않는 것처럼 보일 수 있기 때문이다. 이런 아동은 언어적 지시에 따라 행동하지 않거나 되는대로 해버린다. 사회적으로 '수동－공격적이고', '반항적이고', '협조적이지 않고', '도전적' 이라고 잘못 인식될 수 있다.

　WISC-Ⅳ 통합본을 사용하는 임상가는 특정한 언어 행동의 기저율이 행동을 평가하는 데 유용하다는 것을 발견하게 된다. 지침은 '모른다', '반복 요청', '무응답' 을 말하는 비율을 제시한다. 아동의 행동에 대한 임상가의 관찰은 자료를 풍부하게 해 주고 교사, 부모, 혹은 아동과 관련된 관계자들이 아동을 좀 더 잘 이해하고 중재를 향상시키는 데 기여하게 된다.

문항 내용에 대한 질적 평가는 언어 영역에서 매우 유용하다. 이러한 분석을 통해 치료가 필요한 학업영역과 아동이 접하지 못한 사회적인 상황이 무엇인지 알 수가 있다. 예를 들어, 상식과 객관식 상식 문항은 내용 범주에 따라 나눌 수 있다. 양적인 대답이 요구되고 (4, 5, 6, 11, 13, 31번 문항) 달력과 관련된 정보에 대한 회상(7, 9, 11, 12, 17, 18문항), 과학(10, 14, 15, 19, 20, 23, 24, 26, 29, 30, 32, 33문항), 역사/문학 인물(16, 27, 28문항), 지리학이나 방향(22, 25, 31번 문항)과 관련된 지식을 평가할 수 있다. 내용영역에 따라 수행이 달라질 수 있기 때문에 문항 수준에서의 수행을 질적으로 분석해 볼 수 있다.

많은 객관식 이해 문항은 특정한 종류의 방해 자극으로 구성되어 있다. 예를 들어, 오답은 맞으나 좀 더 경직된 답안, 음성학적으로 비슷한 단어, 완전히 틀린 오답을 포함한다. 수행을 좀 더 이해하기 위해서 선택한 오답이 어떤 유형인지 분석해 볼 수 있다.

지각추론 영역

지각추론 영역에서 부진한 수행은 여러 가지 이유에서 나타날 수 있다. 이전에 여러 시지각 기술을 살펴보았고 이러한 영역에서의 결함은 지각추론 소검사의 비효율적이고 낮은 점수를 유발한다. 시각-공간 발달, 시각 감별, 시각적인 탐색/주의력, 시각 작업기억력, 전체적인 혹은 지엽적인 처리, 실행기능, 처리속도, 운동 기술을 살펴봄으로써 낮은 지각추론 지표에 대한 가설을 살펴볼 수 있다. 소검사 내용과 과제 요구에 따라 시지각 기술이 어느 정도 요구되는지가 달라진다. 소검사 간의 편차를 해석할 때 과제를 수행하는 데 영향을 주는 시지각 요구가 어느 정도인지를 고려해야만 한다.

WISC-IV 통합본의 지각추론 소검사에서 시지각적 요구

WISC-IV 통합본의 시지각 소검사는 지적인 능력뿐만 아니라 보다 다른 능력도 필요로 한다(예 : 유동적 추론, 개념적 사고, 시각-공간 통합과 구성). 이전 장에서 이러한 여러 능력들에 대해 살펴보았다. 낮은 지각추론 점수를 보일 경우에 살펴봐야 하는 가설은 여러 가지가 있다. 임상가는 아동의 시각 감별, 시각 주의력과 작업기억력, 전체 대 국부적인 시지각적 처리, 처리속도, 운동 기술과 실행기능을 고려해야 한다. 소검사 단계에서 특정한 시지각적 기술에 대한 요구는 다양하다. 소검사 내용과 과제 요구에 따라 시지각적 기술이 과제 수행에 필요한 정도가 달라진다.

　WISC-IV 통합본의 시지각 소검사는 토막짜기, 시간보너스가 없는 토막짜기, 객관식 토막짜기, 시간보너스가 없는 객관식 토막짜기, 토막짜기 처리접근 A와 B, 공통그림찾기, 행렬추리, Elithorn 미로, 시간보너스가 없는 Elithorn 미로가 있다. 여기서는 이러한 소검사에서 시각처리 기술이 요구되는 정도를 살펴볼 것이다. WISC-III 지각추론 지표에서 WISC-IV 지각추론 지표로의 변화는 운동능력과 처리속도의 영향을 줄이고자 고안되었다. 지표의 핵심 소검사가 모양맞추기와 빠진곳찾기에서 행렬추리와 공통그림찾기로 바뀌면서 일면 이러한 노력은 완수되었다. 지표점수 수준에서 운동 통제와 처리속도를 강조하는 정도는 줄어들었으나, 토막짜기 소검사에서 운동능력은 수행에 여전히 영향을 미친다.

토막짜기, 객관식 토막짜기, 토막짜기 처리접근

토막짜기 소검사는 인지검사의 한 부분으로 오랜 역사를 가지고 있다. 이 과제는 3차원적인 토막을 사용해서 2차원적인 모양을 구성해야 한다. 모양의 난이도는 점점 증가한다. 난이도는 토막의 개수, 빨갛고 하얀색이 반씩 섞여 있는 토막의 비율과 방향, 격자 선이 있는지 없는지와 관련된다. 모든 문항은 시간제한이 있고 표준 형식에서는 빠르고 정확한 수행에 대해 시간보너스 점수를 준다. 이 과제에서는 시각적 판별 기술, 시각 주의력, 빠른 시각처리, 운동 통제, 실행기능이 요구된다. 시간보너스가 없는 토막짜기에는 빠른 수행을 강조하지 않고 구성의 정확성만을 평가한다. 그러나 여전히 시간제한은 있으며 매우 느리게 처리하면 점수를 잃게 된다. 운동 실행기능과 운동 통제에 대한 문제가 있으면 빠르고 효율적으로 토막을 놓지 못해서 점수를 잃게 된다.

　객관식 토막짜기 소검사는 이 과제의 표준 형식에서 필요한 운동 요구를 제거하기 위해서 고안되었다. 피검자는 머릿속에서 토막그림을 완수해서 네 개 중에 맞는 답을 골라야 한다. 여기서의 과제는 2차원과 3차원으로 구성되어 있다. 이 과제는 시각적 판별, 시각적 탐색, 시각 주의력이 요구된다. 시간에 따른 보너스 점수와 시간을 고려하지 않은 점수를 산출할 수 있다.

토막짜기 처리접근 소검사를 통해 시지각 과정을 분할하여 부진한 토막짜기 수행의 원인을 알게 해 준다. 이 소검사는 전체적인 모양의 형태 통합과 같은 전체적인 특성이나 토막의 색깔과 방향과 같은 세부적인 특성을 구별하는 데 어려움과 관련된 시지각적 과정 결함을 식별하게 해 준다. 전체적인 처리는 손상되지 않았으나, 세부적 처리가 부진한 경우에 모양의 외부 틀은 정확하게 재생해 내나(2×2, 3×3), 방향이나 색깔에서 토막을 부정확하게 놓을 수 있다. 반대로 세부적인 처리는 손상되지 않았으나, 전체적인 처리에 결함이 있으면, 토막으로 전체적인 모양이나 구조를 다르게 만들 수 있다. 이러한 아동은 전체 윤곽틀이 중간에 혹은 마지막에 깨질 수 있고(모양이 2×2나 3×3이 아님) 토막을 추가적으로 더 쓸 수도 있다. 이것은 부분을 전체로 통합하는 데 어려움이 있다는 것을 보여 준다(Kramer, Kaplan, Share, & Huckeba, 1999). 그러나 도안에 격자가 있으면 도움을 받게 된다. 격자가 도안에 있으면 개별 토막의 위치가 눈에 띄게 되기 때문이다.

토막 세부뿐만 아니라 전체 틀을 처리하는 데에도 어려움이 있으면 격자 사용을 통해 약간 도움을 받을 수 있다. 이것은 시지각적 처리에서 좀 더 포괄적인 결함을 나타낸다. 어떤 아동은 전체적인 형태는 인식할 수 있으나, 머릿속에서 이루어지는 회전에는 어려움이 있고 토막 방향을 맞추는 데에는 어려움이 있다. 관찰하건대 이러한 아동은 토막 하나나 전체 도안을 자주 회전하게 된다. 전체 점수는 빨간색 반, 흰색 반씩 섞여 있는 토막의 개수에 영향을 받는다. 왜냐하면 전부 하얗거나 빨간 토막은 부정확하게 회전할 수 없기 때문이다. 검사자는 또한 시간한계를 연장하고 토막을 놓는 방향에 어려움이 있어 부분 점수를 받은 경우를 살펴볼 수 있다.

아동의 수행을 좀 더 이해하기 위해서 세 가지 유형의 관찰 자료가 실시 중에 기록된다. 외곽 틀이 수행 중간에 깨지는 것, 마지막 외곽 틀이 깨지는 것과 추가 토막이 사용되는 것이다. 외곽 틀이 수행 중간에 깨지는 것은 2×2나 3×3 같이 예상되는 모양이 아닌 형태가 실시 중간에 나타나는 것이다. 마지막 외곽 틀이 깨지는 것은 마지막으로 완성한 것이 2×2나 3×3 같은 모양이 아닌 것이다.

추가 토막이 사용되는 것은 네 개나 아홉 개 이상의 토막을 사용하는 것이다. 끝나기 전까지 외곽 틀이 자주 깨지나, 마지막에 완성할 때는 그렇지 않은 경우에는 시각 자극의 전체적인 처리에 다소 문제를 가진 것이다. 마지막에 가서 외곽 틀이 깨지는 것은 좀 더 심각한 문제가 있다는 것이다. 아동은 자신이 만든 모양의 전체적인 형태가 목표 도안과 맞지 않다는 것을 인식하지 못할 수 있다. 지엽적인 세부 형태는 맞으나 세부적인 정보를 전체적인 형태로 통합하지 못할 수 있다. 토막 하나의 모양이나 방향과 같은 지엽적인 세부적 정보뿐만 아니라 전체적인 외곽 틀에도 오류를 보일 경우 심각한 시지각적 문제를 가진 것이다. 세부적인 혹은 전체적인 처리와 관련된 시지각적 처리의 문제는 시각정보에 대한 좌반구(세부) 대 우반구(전체) 처리의 통합 문제를 나타낸다. 수행 중간에 외곽 틀이 깨지는 것은 흔하며 비임상 집단에서도 자주 나타난다. 외곽 틀이 깨지는 것은 세부 정보 대 전체 처리에서의 지각적 편향과 관련되고 낮은 토막점수와 연관된다.

문항당 시간을 연장함으로써 추가적인 점수 절차를 도입할 수도 있다. 맞게 놓인 토막 하나하나마다 부분점수를 줄 수도 있다. 부주의하거나 충동적인 어린 아동의 경우 토막 한 개의 방향이나 색깔 위치를 잘못 놓아서 표준적인 채점에서 0점을 받을 수도 있다. 여러 문항에서 반복된다면 전체 점수가 급격하게 낮아지게 된다. 부분점수를 통해 수행 결함의 심각도를 알 수 있고 결함이 부주의한 수행 때문인지 아니면 좀 더 심각한 시지각 처리 문제 때문인지에 대해 좀 더 잘 판단할 수 있다. 부분점수는 개입이나 경과 확인과 같은 기능 향상 정도를 평가하는 데 유용하다. 손상이 있는 아동에게 전체 모양을 완수하는 것은 여전히 어려우나, 치료적 개입을 통해 지엽적인 처리는 향상되어 개별 토막은 맞게 놓을 수도 있다. 다른 말로 하면, 전체적인 능력은 향상되었으나, 시지각적 처리에서 어려움은 계속 있거나, 효과적인 치료를 통해 능력이 향상되었음에도 불구하고 부주의(예 : 초점 주의력이 부재하거나 부진한 경우)하여 전체 모양을 완수하는 데에는 제한이 있을 수 있다. 시간제한을 넘더라도 계속 수행하게끔 하여 부분점수를 획득할 수도 있다. 어떤 아동은 시간 연장 시 더 높은 점수를 받을 수도 있다.

토막짜기 소검사의 모든 형식에서 시각적 판별, 시각적 탐색, 시각 주의력이 요구된다. 처리속도에 대한 요구는 시간에 따른 보너스 점수가 있는지 없는지에 따라 혹은 시간제한

이 연장되는 처리접근 형식인지에 따라 달라진다. 운동 기술 결함의 영향은 객관식 절차를 도입하면 통제될 수 있다. 실행기능(예 : 행동 개시, 산출, 자기-감찰, 계획)은 모든 토막짜기 소검사 수행에 영향을 준다. 표준적인 절차의 토막짜기 소검사에서 낮은 점수를 받으면, 낮은 인지기능 이외에 시각적 판별, 시각적 탐색, 시각 주의력, 시각처리 속도, 운동 통제, 실행기능에서의 결함을 가설로 고려해야 한다.

표 6.2의 상관표에서 토막짜기, 시간보너스가 없는 토막짜기, 객관식 토막짜기 소검사 간의 관계를 보여 준다. 토막짜기와 시간보너스가 없는 토막짜기 소검사 간의 상관관계는 임상집단과 표준집단 모두에서 매우 높다. 점수 간의 큰 차이는 매우 드물고 임상집단에서는 소검사 형식 간에서 큰 차이가 나타나지 않는다. 객관식과 표준 형식 토막짜기 소검사 간에는 중간 정도의 상관이 여러 집단에서 일관되게 보인다. 임상집단 중에서 산술장애 집단은 객관식에서도 좀 더 나은 수행을 보인다. 이 집단은 표준 형식 토막짜기 문제를 해결하는 데 어려움이 있다.

행렬추리

행렬추리 소검사는 시각적인 도안에서 논리적인 관련성을 파악하는 능력을 측정한다. 이 소검사는 WISC-IV에 새롭게 등장하였지만, 심리학과 인지능력 평가에서 긴 역사를 가진다. 이 검사는 객관식 형식도 있으며 운동 통제와 처리속도의 영향을 최소화할 수 있다. 시각 판별, 세부 사항에 주의를 기울이는 능력과 시각적인 정보를 탐색하는 기술이 이 소검사 수행에서 중요하다. 충동적으로 맞을 것 같은 답에 반응하는 것이 아니라 가능한 모든 대안을 고려하는 실행기능이 매우 중요하다.

어떤 아동은 겉으로 혹은 머릿속으로 시각 요소들 사이의 관련성을 파악하고 말로 표현한다. 언어를 사용하는 것은 수행을 촉진시키나, 과제 수행하는 데 꼭 필요한 요인은 아니다. 어떤 아동은 수행을 촉진하기 위해 언어 전략을 사용하기 때문에 언어에 어려움이 있는 아동은 정상 집단에 비해 점수가 낮게 된다. 이 소검사에서 낮은 점수를 해석할 때에는 시각 판별, 주의력과 탐색, 충동성과 같은 가설을 고려해야만 한다.

표 6.2 WISC-IV 지각추론 소검사의 상관계수, 평균, 차이 비율

	토막짜기 대 시간보너스 없는 토막짜기				토막짜기 대 객관식 토막짜기			
	r	Mean(SD) 차이	토막짜기 > 시간보너스 없는 토막짜기	토막짜기 < 시간보너스 없는 토막짜기	r	Mean(SD) 차이	토막짜기 > 객관식 토막짜기	토막짜기 < 객관식 토막짜기
표준화 연구집단	0.95	−.10(0.9)	0.6	1.3	0.63	−.04(2.6)	16.5	16.2
주의력결핍장애	0.96	.02(0.7)	0	0	0.52	−.19(3.0)	18.8	24.5
자폐장애	0.98	.13(0.8)	0	0	0.63	−.20(3.7)	26.7	33.3
표현언어장애	0.97	−.10(0.8)	0	0	0.51	−.20(3.1)	13.8	27.6
수용–표현언어장애	0.98	−.11(0.7)	0	0	0.62	0(2.7)	11.1	16.7
산술장애	0.98	−.11(0.7)	0	0	0.66	−1.02(2.4)	4.6	32.6
읽기장애	0.95	0.0(0.8)	0	1.6	0.50	.43(2.4)	21	12.9
외상적 뇌 손상	0.94	−.04(0.9)	0	0	0.65	−.03(2.4)	13.9	8.3

	객관식 토막짜기 대 Elithorn 미로				선택 대 Elithorn 미로			
	r	Mean(SD) 차이	객관식 토막짜기 > Elithorn 미로	객관식 토막짜기 < Elithorn 미로	r	Mean(SD) 차이	선택 > Elithorn 미로	선택 < Elithorn 미로
표준화 연구집단	0.41	0.06(3.3)	23.6	23.1	0.14	−.05(4.0)	26.9	27.6
주의력결핍장애	0.13	−.28(4.1)	18.8	34	−0.05	−.74(4.5)	18.9	30.2
자폐장애	0.26	2.3(4.7)	66.7	13.3	0.28	.73(3.9)	33.3	26.7
표현언어장애	0.18	−.45(4.2)	20.7	31	0.24	−.28(3.7)	20.7	24.1
수용–표현언어장애	0.39	.75(3.6)	36.1	16.7	0.22	.97(4.1)	30.6	16.7
산술장애	0.41	−.12(3.6)	32.6	27.9	−0.04	.44(4.7)	34.9	16.3
읽기장애	0.14	−.32(3.2)	21	25.8	0.24	.82(3.5)	29	16.1
외상적 뇌 손상	0.48	−.42(3.3)	22.2	25	0.44	−.91(3.8)	13.9	36.1

(계속)

표 6.2 WISC-IV 지각추론 소검사의 상관계수, 평균, 차이 비율(계속)

	행렬추리 대 Elithorn 미로				Elithorn 미로 대 시간보너스 없는 Elithorn 미로			
	r	Mean(SD) 차이	행렬추리 > Elithorn 미로	행렬추리 < Elithorn 미로	r	Mean(SD) 차이	Elithorn 미로 > 시간보너스 없는 Elithorn 미로 점수	Elithorn 미로 < 시간보너스 없는 Elithorn 미로 점수
표준화 연구집단	0.37	−.10(3.4)	21.5	25.6	0.90	−.05(1.3)	2.9	3.2
주의력결핍장애	0.16	−.58(3.7)	24.5	34	0.90	.13(1.3)	7.6	0
자폐장애	0.48	.93(3.0)	26.7	13.3	0.92	−.13(1.0)	6.7	0
표현언어장애	0.47	−1.14(3.5)	13.8	34.5	0.92	.10(1.3)	3.4	0
수용−표현언어장애	0.36	−.11(3.6)	25	25	0.94	.03(1.2)	2.8	0
산술장애	0.24	−.77(3.6)	20.9	25.6	0.97	.14(0.9)	0	0
읽기장애	0.41	−.35(2.8)	16.1	27.4	0.91	−.11(1.1)	1.6	1.6
외상적 뇌손상	0.53	.19(2.9)	25	22	0.86	−.08(1.7)	5.6	0

주 표본은 주는 다음과 같다─표준화 표준화 연구집단(624), 주의력결핍장애(53), 자폐장애(15), 표현언어장애(29), 수용−표현언어장애(36), 산술장애(43), 읽기장애(62), 외상적 뇌손상(36). 모든 비교는 해심이나 보충 소검사에서 처리 소검사를 빼서 계산된 것이다. 아동용 웩슬러 지능검사-4판 통합본(WISC-IV Integrated) ⓒ 2004 Harcourt assessment, Inc. 인가하에 인용됨.

공통그림찾기

공통그림찾기 소검사는 웩슬러 미취학 지능검사 제3판(WPPSI : Wechsler, 2002)에서 새롭게 등장하였다. 아동은 연관된 일련의 모양들에서 핵심 시각 특성을 파악해야 한다. 모양 사이의 연관은 시각적인 과정을 통해 확인되고 언어적인 반응은 필요하지 않다. 그러나 모양을 연결하는 개념은 의미적이다. 이 소검사는 시각적 탐색, 시각적인 세부 요소에 대한 주의력, 시각적 판별과 적절한 의미적인 지식이 요구된다. 운동 기술, 시각과정 속도와 억제 통제 및 자기−감찰과 같은 실행기능이 이 과제 수행에 영향을 준다. 이 과제에서 낮은 점수를 해석할 때에는 수행에 관계된 필요한 기술들을 고려해야만 한다.

빠진곳찾기

빠진곳찾기 과제는 웩슬러 지능평가에서 오래된 역사를 가지고 있다. 이 소검사에서 아동은 그림에서 빠져 있는 중요한 시각 요소가 무엇인지 찾아야 한다. 피검자는 언어적으로 반응하나, 손가락으로 가리키는 것도 허용된다. 이 소검사에서 시각적 세부 요소에 대한 주의력과 시각적 탐색능력이 상당히 요구된다. 언어적인 반응이 포함되기도 하기 때문에 언어 산출이나 명명하는 기술도 어느 정도 중요하다. WISC-IV에서는 보충 검사이다.

실행기능

실행기능은 여러 다른 능력으로 구성되는 인지과정의 한 종류이다. 실행기능은 여러 인지과제 수행에 영향을 주는 고차원적인 과정을 반영한다. 예를 들어, 정보를 효율적으로 조직하고 조직적으로 문제를 해결하는 능력은 언어, 시지각, 기억 및 다른 과제를 수행하는데 영향을 준다. 실행기능에는 조직화, 계획, 유연성, 자기−감찰, 정보 인출, 산출, 충동성 억제, 과제를 완수하는 데 필요한 일련의 운동을 실행하는 능력(예 : 생각을 언어화하거나 모양을 그리는 것)을 포함한다.

    WISC-IV 통합본에서 측정하는 실행기능은 주로 즉각적인 계획능력, 자기−감찰, 충동을 억제하는 능력에 주로 초점을 맞추고 있다. 자기−감찰이란 특정한 문제를 해결하는 것과 관련된 자기 인식(self-awareness)을 반영한다. 자기−감찰은 과제 규칙을 준수하고 틀린 반응을 하지 않고, 과제 수행 시 목표에 도달하려고 과제에 초점을 맞추기 위해서 자신의 수행을 스스로 평가하는 능력을 포함한다. WISC-IV 통합본의 대부분의 소검사와 같은 복잡한 과제를 수행하기 위해서는 실행기능이 요구된다. 이 능력은 외현적으로 측정되지는 않지만, 우수하거나 부진한 수행의 기저에 실행기능이 존재한다.

Elithorn 미로

Elithorn 미로는 상대적으로 단순한 시지각적 과제로 공간적인 계획능력이 좀 더 요구된다. 이 과제는 WISC-IV 통합본의 처리 소검사이다. 이 소검사는 시지각 과정에 영향을 주는 실행기능을 측정한다. 시각적 탐색, 변별, 주의력, 공간 작업기억력, 시각처리 속도와 시지각적 추론능력이 요구된다. 특히 Elithorn 미로는 아동의 즉각적인 공간 계획력, 억제하고 통제하는 능력, 인지적 유연성과 과제 규칙을 따르는 능력을 측정한다. 임상가는 실행기능의 어려움, 특히 충동성과 부진한 자기-감찰 능력 때문에 지각추론 영역에서 낮은 점수를 받은 것으로 추정될 때 이 검사를 실시해 볼 수 있다.

Elithorn 미로 과제는 아동에게 실수를 통해 이득을 얻을 수 있도록 해 준다. 첫 번째 시도에서 실수를 하면 다시 시도해 볼 수 있다. 같은 줄에서 실수를 두 번 반복하는 아동은 과제의 규칙을 이해하지 못하였거나 계획과 인지적 유연성에서 심각한 결함을 가지고 있을 수 있다. 정답을 찾기 위해 절차를 배우는, 특히 두 번째 시도에서와 같은 절차학습이 이 과제를 수행하는 데 중요하다.

이 소검사에는 아동의 수행에 영향을 주는 인지과정을 이해하도록 해 주는 여러 수행지표가 있다. 점수는 정확도와 수행속도에 기반한다. 높은 점수는 아동이 과제 규칙을 어기지 않으면서 빠르고 정확하게 점들을 조합해 낼 수 있는 것과 이러한 기술이 얼마나 자동적으로 실행되는지의 정도를 보여 준다. 낮은 점수는 부진한 계획능력과 충동적인 반응 때문일 수 있다. 처리속도나 쓰기 운동속도가 느려서 낮은 점수를 받을 수 있다. 게다가 강박적인 아동은 완벽한 대답을 하기 위해서 모든 조합을 시도하느라 시간제한에 걸려서 수행이 부진할 수 있다. 또한 매우 낮은 점수는 아동이 자신의 실수를 활용하지 못한다는 것을 뜻한다.

Elithorn 미로는 실행기능과 관련된 몇 가지 기술만을 측정하기 때문에 이 과제의 적절한 수행을 전반적인 실행기능이 온전하다는 것으로 해석해서는 안 된다. 마찬가지로 이 과제의 낮은 수행을 실행능력의 전반적이 손상으로 해석해서는 안 된다. Elithorn 미로는 실행기능 결함을 간단하게 테스트해 보는 방법으로 간주하는 것이 좋다.

시간보너스가 없는 Elithorn 미로에서는 빠르게 수행할 경우에 추가적인 시간보너스 점수를 주지 않는다. 수행 시 시간에 대한 강조가 줄어들었기 때문에 아동의 신체적인 제한, 문제해결 전략이나 성격 특성이 시간제한이 있는 과제 수행에 영향을 주었다고 여겨질 때 특히 유용하다. 그러나 이 점수는 매우 느린 수행속도는 통제하지 못한다. 왜냐하면 여전히 시간제한은 있으며 아동이 최대한 빨리 수행하도록 검사 지시가 주어지기 때문이다. 높은 점수는 즉각적인 계획능력 및 억제 기술이 우수하다는 것을 보여 준다. 낮은 점수는 부진한 계획능력과 충동성을 의미할 수 있다. 매우 낮은 점수는 아동이 자신의 실수를 통해 좀 더 잘 수행하도록 하는 데 활용하지 못한다는 것을 의미한다.

객관식 토막짜기 대 Elithorn 미로검사

이 두 과제를 비교해 봄으로써 임상가는 Elithorn 미로에 영향을 줄 수 있는 기본적인 시각적인 판별능력의 결함을 배제할 수 있게 된다. 객관식 토막짜기 소검사와 비교해서 낮은 Elithorn 미로 점수는 시지각적 과정 때문에 Elithorn 미로의 수행이 낮아진 것이 아니라 부진한 공간 계획능력 때문이라는 것을 보여 준다.

Elithorn 미로는 표준화 연구집단에서 객관식 토막짜기 소검사와 중간 정도의 상관을 보인다. 이것은 이 두 점수가 서로 다른 경우가 드물지 않다는 것이다. 여러 임상집단에서 낮은 상관이 나타나고 두 점수 간의 큰 차이가 자주 나타난다. 자폐장애 집단은 객관식 토막짜기 소검사에서 높은 점수를 보이기 때문에 두 점수 간에 큰 점수 차이를 보이게 되는데, 이는 자폐장애 아동들이 실행기능 문제를 가지고 있다는 것을 의미한다. 수용-표현언어장애 집단도 비슷한 패턴을 보이나, 그 정도는 덜하다. 다른 집단은 두 점수 간의 차이가 그리 크지 않다.

선택검사 대 Elithorn 미로검사

선택 소검사 수행과 Elithorn 미로 검사를 비교해 봄으로써 운동 통제, 시각적 탐색과 처리속도가 Elithorn 미로에 영향을 주었는지를 알아볼 수 있다. Elithorn 점수보다 높은 선택 소검사 점수는 아동이 Elithorn 미로를 수행하는 데 필요한 시각 탐색, 운동 통제, 처리속도 능력이 충분하지만, 공간적인 계획, 추론 또는 시지각 기술에 문제가 있다는 것을 의미한다. 두 과제 모두에서 점수가 낮다면 이는 계획능력뿐만 아니라 시각적 탐색, 연결, 처리 기술에서 전반적인 어려움이 있음을 반영한다.

선택 소검사와 Elithorn 미로(표 6.2) 소검사 간의 상관은 모든 집단에서 매우 낮다. 표준화 연구집단에서 상관관계는 상당히 낮은데, 이는 두 과제에서 측정되는 기술 간에 중복되는 면이 매우 적다는 것을 뜻한다. 탐색속도는 Elithorn 미로에서 그리 중요하지 않기에 시각적 탐색능력이 극심하게 낮을 경우에만 Elithorn 미로 수행에 영향을 준다. 임상집단에서 선택 소검사 점수는 Elithorn 미로 소검사보다 높은데 이는 시각적 탐색보다는 계획능력에 어려움이 있다는 것을 의미한다. 주의력결핍장애와 외상적 뇌 손상 집단에서는 반대되는 패턴이 나타난다.

행렬추리 검사 대 Elithorn 미로검사

Elithorn 미로검사와 행렬추리 검사를 비교함으로써 시각적 세부 요소에 대한 주의력이 요구되는 시각 문제를 푸는 능력, 서로 다른 시각 모양(변별과 추론) 사이의 관계를 이해하는 능력, 공간적인 계획능력이 요구되지 않는 상황에서 정답을 찾기 위해 논리적인 순서를 따르는 능력을 알아볼 수 있다.

표준화 연구집단과 여러 임상집단에서 두 과제는 중간 정도의 상관을 보인다. 보통 임상집단은 Elithorn 미로보다 행렬추리에서 좀 더 많은 어려움을 보인다. 그러나 자폐장애 집단은 일관되게 Elithorn 미로 소검사에서 다른 과제에서보다 더 어려움을 보인다.

Elithorn 미로검사 대 시간보너스가 없는 Elithorn 미로검사

Elithorn 미로와 비교해 봤을 때 시간보너스가 없는 Elithorn 미로는 아동이 우수한 계획

능력을 가졌으나 이러한 능력을 발휘하는 데 좀 더 시간이 필요하다는 것을 보여 준다. 임상가는 느린 처리속도는 평가할 때 반응하기 전까지의 시간과 운동 계획능력을 또한 고려해야만 한다. 충동적인 아동은 반응시간은 빠르나 수행이 일관되지 않고, 그와 반대로 미리 계획을 많이 하는 아동은 처리속도가 느리나 매우 정확하게 수행한다. 높은 수준의 운동 계획과 정확한 수행에 기인된 느린 수행속도는 결함으로 여겨져서는 안 되며, 높은 수준의 실행기능 기술을 반영한 것일 수 있다. 부진한 수행이나 부진한 운동 계획능력을 보이면서 속도가 느린 것은 계획능력과 처리속도에서 결함이 있는 것일 수 있다.

표 6.2는 두 소검사 점수 간의 상관을 보여 준다. 이 점수는 모든 집단에서 매우 높은 상관을 보여 준다. 시간보너스 점수 존재 유무에 따른 큰 점수 차이는 매우 드물며, 이는 어떤 임상집단에서도 관찰되지 않았다.

지각추론 점수 차이 해석

특정한 차이를 평가하고 기술하기로 결정할 때 비교에 대한 특정한 가설을 가지고 있는 것이 중요하다. 예를 들어, 만약 아동이 운동 문제를 분명히 가지고 있을 때 이러한 운동 문제가 하나 이상의 지각추론 과제의 점수를 감소시켰을 것이라는 가설을 세울 수 있다. 혹은 충동성을 보이거나 과제 규칙을 따르는 데 어려움이 있을 때 Elithorn 미로를 실시하기로 결정할 수 있다. 미리 특정한 가설을 세우는 것은 여러 통계적인 비교를 수행할 때 나타날 수 있는 1종 오류를 줄일 수 있다. 대신에 여러 비교를 수행할 때 높은 임계치를 기반으로 차이를 해석할 수도 있다. 언어 영역과 다르게 지각 영역에서 절차는 단지 객관식 형식에 국한되지 않는다. 토막짜기 처리접근은 임상가가 아동의 시각과정을 좀 더 작은 과정으로 나눌 수 있게 해 주고 시지각적 문제의 원인을 알 수 있게 해 준다(예 : 전체 대 지엽적인 처리, 구조 대 비구조화). 이러한 소검사는 재규준화되지 않아서 표준 형식과 처리접근 형식 간을 직접적으로 비교하기는 힘들다.

점수 차이를 해석할 때 표 6.2 결과를 고려해야만 한다. Elithorn 미로와 다른 소검사를 비교해 보면 일반집단에서도 자주 매우 큰 차이가 나타남을 알 수 있다. 그러나 다른 시지각 과정보다 Elithorn 미로 점수가 매우 낮은 경우에는 자폐장애 집단에서처럼 실행기능에 중요한 문제가 있다는 것을 보여 준다. 이 영역에서 산술장애, 수용-표현언어장애, 자폐장애 집단은 소검사들 간의 차이가 매우 크다. 사회적 능력, 실행기능이나 수학에서 결함이 있는 아동을 평가할 때 추가적인 처리 절차 소검사 실시를 고려해 보는 것이 매우 중요하다.

반응에 대한 질적 분석

지각추론 소검사는 복잡하고 새로운 문제에 아동이 어떻게 접근하는지를 관찰할 수 있는 풍부한 기회를 제공해 준다. 이러한 관찰은 개입 시 중요한 점을 시사해 주거나 아동의 인지적인 약점에 대해 좀 더 잘 이해할 수 있게 해 준다. 중요한 관찰 사항에 대해서는 이미 토막짜기 소검사 부분에서 제시하였다. 추가적인 고려사항을 여기에서 제시하고자 한다.

문제해결 전략의 질적인 평가는 지각 영역의 소검사에서 특히 유용하다. 토막짜기 소검사는 아동의 문제해결 전략을 관찰할 수 있는 훌륭한 기회를 제공해 준다. 과제는 새로우면서도 어렵고 과제를 수행하는 데 여러 인지능력이 요구된다. 어떤 아동은 시행착오적인 전략으로 모양을 만들려고 노력한다. 토막을 돌려서 정답과 똑같은 모양으로 맞추려고 색깔과 방향을 바꾼다. 어떤 아동은 모양이 네 개나 아홉 개 토막으로 되어 있다는 것을 알고 조직적으로 순서에 따라 토막을 두고 형태를 맞추어 나간다. 또 다른 아동은 반만 색깔이 칠해진 토막으로 대각선을 어떻게 만드는지 절차적인 기술을 빨리 습득하여 도안의 패턴을 재빨리 알아차린다. 특히, 어려운 문항을 수행하는 모습을 면밀하게 관찰하면 아동의 전반적인 문제해결 양상에 대한 중요한 정보를 얻을 수 있다.

면밀한 관찰을 통해서 아동이 형태를 구성해 내는 방식이 비조직화되어 있는지 알 수 있으며, 추상적인 시각 자극을 정확하게 지각하는 데 어려움이 있는지도 알 수 있다. 예를 들어, 검사자는 아동이 형태를 조립하는 데 일관된 전략을 사용하지 않는다는 것을 알 수 있다(아동이 시행착오적인 방식으로 접근할 수 있다). 임상가는 문항 내용과 관련된 수행의 차이를 평가하고자 할 수도 있다. 예를 들어, 아동은 복잡한 시각 패턴보다는 평범한 기하학적인 모양에서 좀 더 잘 수행할 수 있으며 내부에 격자무늬가 없는 문항에서 좀 더 어려위할 수도 있다(Joy, Fein, Kaplan, & Freedman, 2001; Troyer, Cullum, Smernoff, & Kozora, 1994; Wilde, Boake, & Scherer, 2000). Elithorn 미로 소검사는 대표적인 오류 유형에 따른 기저율을 제공해 준다. 여기서 오류의 유형에 대해 논의해 보고자 한다.

반응 전 소요시간(계획시간)

이 점수는 문항이 제시되고 나서부터 아동이 반응을 시작할 때까지 걸리는 시간을 말한다. 가능한 여러 대안과 가능한 방법을 머릿속으로 구성해 보고 선택한 반응을 실행하기 위한 계획을 구성하는 데 걸리는 시간에 대략적으로 상응한다고 볼 수 있다. 몇 초가 걸리지 않는 매우 짧은 소요시간은 빠르게 계획하고 충동적으로 반응하는 양상을 의미한다.

시간과 정확도 점수를 보면 충동적인 반응 양상인지(빠르지만 부정확한) 또는 신중하나 계획능력은 부족한 양상(소요시간은 길지만 부정확한)인지 알 수 있다. 정확하게 반응하는 아이들보다 오류를 범하는 아동이 반응 전 소요시간의 평균값이 더 길다는 것을 고려하는 것은 매우 중요하다. 아마도 좀 더 시간이 걸리는 아동은 과제를 이해하거나 과제 자체에서 어려움을 겪을 수 있다. 그렇기에 반응 전 소요시간이 긴 것은 계획을 시작하는 것에 어려움이 있다는 증거일 수 있으며, 반면에 너무 짧을 경우에는 계획된 행동을 하는 데 어려움이 있다는 것을 말한다.

운동 계획

아동이 시작하기 전에 손가락이나 연필로 미리 미로를 따라가 본다면 운동 계획(motor planning)을 하는 것으로 볼 수 있다. 이 점수를 공간 따라하기(Spatial Span) 점수와의 관계에서 살펴보아야 한다. 만약 아동이 낮은 공간 따라하기 점수를 보이면 부진한 시각운동 작업기억을 만회하기 위해서 명시적인 운동 계획을 할 필요가 있을 것이다. 아동의 시각운동 작업기억이 적절한 수준이면서 명시적인 운동 계획을 보였다면 정답을 찾고 문항을 완수하기 위해 운동 계획을 전략으로 사용한 것이다. 또한 실제로 과제를 시작하기 이전에 시행착오적인 방법으로 운동 계획을 할 수도 있다.

운동 부정확 오류

운동 부정확 오류(motor imprecision errors)는 쓰기 운동 통제가 부진하여 미로 소검사에서 길을 침범하는 규칙 위반을 말한다. 쓰기 운동 통제 부진은 기호쓰기(Coding), 기호모사(Coding Copy), 수식풀이 산수(Written Arithmetic)와 같은 다른 과제에서도 드러날 수 있다. 만약 아동이 일관되게 쓰기 문제를 보인다면 이 오류는 부진한 운동 통제력을 반영하는 것이다. 다른 과제에서는 쓰기 운동 통제에 문제가 없으나, Elithorn 미로에서만 많은 오류를 보인다면, 이 오류는 계획 문제를 반영한다고 볼 수 있다.

교차 오류와 역행 오류 점수

교차 오류(across error)는 아동이 한 경로에서 가로질러 다른 옆에 있는 경로로 갈 때 발생한다. 같은 경로에서 거꾸로 반대 방향으로 가면 그것은 역행 오류(backward error)이다. 이러한 오류는 아동이 현재 경로를 따라가서는 목표를 다 맞힐 수 없다고 여길 때 생긴다. 이러한 오류는 규칙 위반이다. 여러 가지 이유에서 규칙 위반이 생긴다. 아동이 규칙을 잊어버릴 수도 있고, 자신의 반응을 관찰하면서 규칙을 따르는 데 어려움이 있을 수도 있다. 규칙을 기억할 수는 있으나 부주의해서 자신이 규칙을 어겼다는 것은 눈치채지 못할 수도 있다. 자주 규칙을 위반한다면 이는 충동적인 반응 양식을 보여 주는 것이다. 아동이 맞는 경로를 미리 계획하지 못하면 오류를 많이 범하게 된다. 마지막으로, 아동이 규칙을 어기지는 않지만 문항을 마치지 못할 수 있는데 이럴 때 결국에는 과제를 마치려고 일부러 규칙을 어기기도 한다.

일반적인 관찰과 해석

지각추론 기술의 손상은 언어 손상처럼 쉽게 관찰되지는 않는다. 결함은 보통 그림이나 색칠하기와 같은 예술적인 과제에서 드러나게 된다. 비율, 관점, 물체 간의 관계에 대한 감각과 3차원으로 보는 능력, 세부 정보를 전체적인 그림으로 통합하는 능력이 부정확할 수 있다. 이러한 아동 중에 일부는 비율과 간격 두기에서 오류를 보여 그림 그리기나 글씨 쓰기에 문제를 보일 수 있다. 몇몇 아동은 대상과 배경을 구별하는 데 어려움을 겪을 수 있고 그림에서 두드러지는 특징이 무엇인지 인식하는 데 어려움을 겪는다. 쓰기를 요하는 과제에서 **빽빽하게** 쓰고 어떻게 띄어쓰기를 할지 잘 계획하지 못한다. 어떤 경우에는 지각추론 **결함**의 **특**성과 심가성이 아동이 머릿속에 공간에 대한 지도를 정확하게 만들어 내는 능력에 영향을 미칠 수 있다. 아동이 쉽게 길을 잃고 방향을 따라가지 못할 수도 있다. 이러한 영역에서의 결함이 전반적인 심리사회적인 기능을 어떻게 방해하는지에 대해서는 확실하지 않다.

작업기억 영역

작업기억 영역에서 낮은 점수는 여러 가지 이유에서 생길 수 있다. 수행에 영향을 미치는 주요한 요소는 청각 및 시각적 변별, 주의력, 정신적인 배열(mental sequencing), 기본적인 문자와 숫자처리의 자동화, 실행기능의 통제이다. WISC 이전 판에서는 청각적인 작업기억력 소검사만 있었다. WISC-IV 통합본은 여러 시각적인 작업기억 과제가 개발되어 작업기억에서 양식-특정적인 약점이 있는지 분석할 수 있게 해 준다. 청각 과제는 다른 인지 기술의 영향을 줄이는 방향으로 개정되었다.

  언어와 시지각적 처리와 같은 다른 인지 영역과 작업기억 기술 사이에는 상호적인 연관이 있다. 그러므로 이러한 영역에서의 심각한 손상은 특정한 작업기억 과제의 수행을 제한하거나 저하시킬 수 있다. 예를 들어, 시공간 능력에서의 심각한 손상은 공간 따라하기 과제의 수행에 영향을 미친다. 또 다른 경우에는 작업기억이 언어나 시지각 과정을 손상시켰는지 혹은 반대인지를 확실하게 알기 어렵다.

  작업기억 영역에 대한 처리분석은 입력과 작업기억의 세부적인 측면에 대한 평가를 포함한다. 즉시 기억(immediate memory), 단기기억과 작업기억에 대한 세부적인 인지 요소와 그에 대한 용어는 아직까지 이론적인 논쟁의 주제들이다(Engle, Tuholski, Laughlin, & Conway, 1999). WISC-IV 통합본에서의 작업기억 과제는 Baddeley와 Hitch(1994)에 의해 제안된 중앙 실행기능 체계 모델로 잘 설명된다. 이 모델에 따르면 중앙 실행기능 체계가 주의 자원을 통제하여 특정한 청각(음운고리)과 시각(시공간 잡기장)적 정보가 의식수준에서 유지되고 정보에 대한 정신적인 조작이 가능해지게 된다. WISC-IV 통합본의 용어는 지각적인 해독, 확인, 일시적인 저장 작용을 포함하는 여러 초기 과정의 통합과 같은 낮은 수준의 작업과 정보를 유지하면서 동시에 조작하는 것을 구별하도록 고안되었다.

주로 입력과 그 정보를 의식수준에서 유지하는 것과 같은 작업기억의 측면은 단순히 정보를 입력하는 것을 넘어서 조작을 가하는 작업기억의 또 다른 측면과는 구분이 된다. 여러 연구들이 정보 입력 과제와 작업기억 과제에서 아동에게 서로 다른 인지적 요구가 주어진다는 사실을 보고하였으며, 이러한 구분을 제시해 주었다(de Jonge & de Jong, 1996; Denckla & Rudel, 1976; Mirsky et al., 1991; Reynolds, 1997). '입력'은 반응을 실행하기 위해서 잠시 정보를 의식수준에서 유지하게 하는 인지과정으로, 자극을 재처리하기 위한 많은 용량을 요구하지는 않는다. 정답을 산출하기 위해서는 자극의 특성(예 : 내용 혹은 배열)을 판단하고 유지해야만 한다. 입력은 감각 변별, 저장, 즉각적인 초점 주의력, 의식적인 기억에서의 정보 유지(예 : 암송), 반응 실행을 포함하는 여러 과정이 요구된다. 정보 단위가 길수록 우수한 아동이 흔히 사용하는 덩이짓기와 같은 전략적인 인지과정이 추가적으로 유발된다.

정신적인 조작은 아동이 반응을 하기 전에 정보를 처리하는 것을 요구한다. 이 과정은 항목의 순서를 바꾸거나 수학 문제를 풀거나, 또는 두 가지 종류의 정보를 동시에 처리하는 것이다.

WISC-IV 통합본 작업기억 소검사에서의 주의력, 문자-숫자 지식과 실행기능 요구

작업기억 기술은 다른 인지능력 맥락에서만 측정될 수 있다. 정의상 '작업기억'이란 어떤 결과(예 : 재배열, 계산)를 산출하기 위해서 정보(예 : 미리 배우거나 새로 배운 정보)에 대해 의식적인 조작을 하는 것이다. 피검자는 정보를 조작하기 이전에 이 정보에 주의를 기울여야 하고 정확하게 처리해야 한다(예 : 청각적 변별 또는 시공간 해독). 어떤 경우에는 최소한의 의식적인 노력과 해독으로 정보가 반복되는 것(예 : 두 문자 반복하기)과 같은 낮은 단계의 처리가 필요할 수도 있다. 대부분의 경우에 정신적인 조작을 수행하기 위해서 아동은 어떤 지식이나 기반을 필요로 한다. 순차연결 소검사(Letter-Number Sequencing)를 수행하기 위해서는 아동이 숫자를 알고, 낮은 수부터 높은 수까지 정확한 배열을 알고 있어야 한다. 그러므로 어린 아동은 자동화된 숫자 기술이 부진하여 이러한 과제에 어려움을 겪을 수 있다.

주의력 손상은 정보를 정확하게 습득하는 데 실패를 초래하기 때문에 비일관적인 수행을 이끌게 된다. 지속적 주의력에 대한 요구는 최소 한도이지만, 문항을 수행하는 동안 아동은 주의력을 통제하고 집중해야 한다. 우수한 실행기능은 작은 단위가 기억될 수 있도록 정보를 묶어서 수행을 촉진시킨다. 작업기억과 실행기능 사이에는 상호적인 인과관계가 있다(예 : 실행기능 기술은 어느 정도의 작업기억을 요구하며 역으로도 마찬가지이다). 여기서 살펴볼 소검사는 숫자 따라하기, 순차연결, 산수, 공간 따라하기, 그리고 시각적인 숫자 외우기(Visual Digit Span)이다.

숫자 따라하기

숫자 따라하기는 심리학에서 오랜 역사를 가지고 있다. 이 검사에서 피검자는 숫자를 바로 또는 거꾸로 따라해야 한다. 반복하는 것은 입력이라고 볼 수 있으며, 배열을 거꾸로 하는 것은 정신적인 조작이라 할 수 있다. 이 소검사에서는 적절한 청각적 변별과 해독 및 주의력에 대한 기본적인 조절이 요구된다. 숫자에 대한 지식은 숫자 따라하기 점수에 도움이 될 수 있지만, 필수조건은 아니다. 언어나 시지각에 대한 요구가 이 과제에 영향을 주지는 않는다.

순차연결과 순차연결 처리접근(어휘 끼워 넣기)

순차연결 과제는 웩슬러 지능검사에서 상대적으로 새로운 것이다. 이 검사는 수학적인 계산 기술을 배제하고 정신적인 조작능력을 평가하고자 개발되었다. 이 검사에서는 아동이 연속적으로 제시된 숫자와 문자의 연결을 정신적으로 분해한 후, 적절한 순서로 재배치하고 문자와 숫자를 거꾸로 말하는 능력을 측정한다. 청각적인 변별과 해독, 주의력, 문자와 숫자에 대한 지식과 정신적으로 연결하는 기술이 이 과제를 수행하는 데 필요하다. 어려운 문항에서는 인지 자원을 실행기능을 사용하여 조작하는 것이 요구된다.

산수 소검사, 산수 처리접근과 수식풀이 산수 소검사

산수 소검사는 WISC-IV 통합본에서 작업기억을 측정하는 보충적인 과제이다. 이 소검사는 작업기억 이외에 여러 인지 기술이 요구된다. 아동은 청각 변별, 해독 기술, 언어과정에 대한 능력과 속도(문항이 언어로 제시된다), 수학 지식과 계산능력을 가지고 있어야만 한다. 산수 소검사는 임상가가 이 과제에서 부진한 수행의 여러 원인을 식별할 수 있게 도와준다. 산수 처리접근 소검사는 검사자가 읽어 주는 문제를 아동이 읽을 수 있게 하여 작업기억에 대한 요구를 줄여 준다. 아동이 계속 문제를 틀리면 문제를 적고 종이 위에서 풀 수 있게 해서 작업기억에 대한 요구를 좀 더 줄여 줄 수 있다. 수식풀이 산수 소검사는 모든 산수 문항이 숫자로 제시된다. 문제를 해독하는 데 필요한 언어와 작업기억에 대한 요구를 줄여 주어 수학 지식과 계산 기술에만 초점을 맞출 수 있다. 아동은 문제에 맞게 대답하기 위해서 수학 기호를 어떻게 적용해야 하는지를 알고 있어야 한다. 표준형 산수 소검사에는 언어 해독이 필요하므로, 작업기억이 아니라 언어적인 어려움 때문에 언어 해독 영역에서 결함이 있으면 낮은 점수를 받을 수 있다.

공간 따라하기

공간 따라하기는 일련의 시각적인 위치를 기억하고 같은 혹은 반대 순서로 위치를 가리키는 능력을 측정하도록 고안되었다. 이 소검사에서는 시각적인 변별 및 탐색, 주의력과 운동 실행과 같은 시공간 처리가 요구된다. 이 과제는 임상가가 청각적인 작업기억의 결함이 작업기억 전반적인 결함을 보여 주는 것인지, 아니면 청각적인 양식에만 국한되는 것인지를 판단할 수 있게 도와준다. 임상가가 작업기억이 지각추론 능력에 미치는 영향에 대한 가설을 검증할 수도 있게 해 준다.

시각적인 숫자 외우기

시각적인 숫자 외우기는 표준형 숫자 따라하기 과제와 비슷하다. 숫자를 듣는 대신에 피검자는 종이 위에 제시된 것을 본다. 청각적인 숫자 따라하기 소검사와는 다르게 피검자는 순서에 따라 하나씩이 아니라 한 번에 모든 숫자에 노출된다. 이를 통해 숫자를 묶어서 좀 더 잘 기억해 낼 수 있다. 이 과제는 시각적 탐색, 변별, 주의력과 숫자 지식이 요구된다.

입력

아동은 듣거나 본 정보를 그대로 반복하기 위해서 작업기억의 입력 단계에서 그것을 일시적으로 보유할 필요가 있다. 입력 과제 수행을 향상시키기 위해서 덩이짓기, 시각화, 암송과 같은 전략을 사용하기도 하지만, 작업기억이 좀 더 요구되는 과제에서는 더 효율적인 수행에 필요한 고차원적인 수준의 인지과정이 필요하다. 입력에 초점을 맞춘 과제에 대한 처리분석에는 다음의 다섯 가지 처리점수가 포함된다.

숫자 바로 따라하기 점수에는 청각 양식으로 제시된 숫자를 기억하는 아동의 능력이 반영된다. 아동은 단기기억에서 긴 숫자 배열을 저장하고 순서대로 반복해야 한다. 이 과제에서의 부진한 수행은 청각정보에 대한 기억 용량의 한계를 보여 주는 것이다. 암송을 통해서 주의를 유지하는 데 어려움이 있거나 청각적 변별의 어려움 또는 청각 문제에 기인될 수 있다(Maerlender, Isquith, & Wallis, 2004).

시각적인 숫자 외우기 점수는 시각적 양식으로 제시된 숫자를 기억하는 아동의 능력을 반영한다. 그러나 아동이 언어를 통해 자극을 입력하면 청각적인 과정 또한 작동된다고 할 수 있다. 시각적인 숫자 외우기와 숫자 따라하기는 제시 양식이 시각 대 청각으로 다르고 자극이 제시되는 방법 또한 다르다. 시각적인 숫자 외우기에서는 숫자 전체가 동시에 아동에게 보여지나, 숫자 따라하기에서는 한 번에 한 숫자만 아동에게 제시된다. 숫자가 하나씩 제시되는 것보다 전체 숫자 배열이 한 번에 제시되면 덩이짓기와 같은 전략이 좀 더 촉진된다. 시각적인 숫자 외우기에서 낮은 점수는 숫자 인식, 단기기억에서 시각적인 이미지의 재생, 청각적인 암송(입력된 후 시각적 자극이 청각적으로 암송될 수도 있음)의 어려움, 또는 배열의 어려움과 관련될 수 있다.

공간 바로 따라하기 점수는 아동의 시공간적인 입력능력을 평가하는 것으로 여겨진다. 이 과제를 효과적으로 수행하기 위해서 아동은 공간적인 위치 배열을 시각적으로 따라가고 저장하고 정신적으로 암송하고 실행해야 한다. 부진한 수행은 시공간적인 정보를 입력하는데 있어서의 어려움, 부진한 배열하기, 주의력, 시각적 탐색능력의 결함, 운동 반응을 정확하게 실행하는 데 있어서의 문제와 관련된다.

입력 비교

특정한 입력 소검사 간에 수행 비교를 통해서 임상가는 특정한 인지적 약점에 대한 질문에 대답할 수 있게 된다. 이러한 질문은 양식(예 : 시각 대 청각) 및 내용(예 : 숫자 대 문자)과 관련된다. 입력 비교와 관련된 자료는 표 6.3에 제시되어 있다.

숫자 바로 따라하기 대 공간 바로 따라하기

이 두 소검사를 비교함으로써 임상가는 양식과 내용의 효과에 대한 질문에 대답을 할 수 있다. 특히 작업기억 지표가 다른 지표보다 유의미하게 낮을 때, 숫자 따라하기 점수가 낮거나 지각추론 지표가 다른 지표보다 유의미하게 낮을 때 임상가는 이러한 비교를 살펴보게 된다. 입력 결함의 정도를 알아볼 때(예 : 두 양식 모두에서 나타날 때) 이러한 비교가 유용하다.

자폐장애 집단을 제외하고 대부분에서 이 두 소검사 간의 상관관계가 낮다. 3점 이하의 차이는 일반적이며 5~6점 정도의 큰 차이는 통계적으로 좀 더 의미가 있다. 임상집단 중에서 표현언어장애 집단에서는 공간 바로 따라하기 소검사에 비해 숫자 바로 따라하기 점수가 낮은 반면, 수용-표현언어장애에서는 그렇지 않다. 수용-표현언어장애에서는 정보를 입력하는 데 좀 더 전반적인 어려움을 보인다. 외상적 뇌 손상, 주의력결핍장애와 산술장애 집단은 반대로 공간 바로 따라하기에서 낮은 점수를 보인다. 이를 통해 공간 바로 따라하기는 시각적 주의력 통제의 어려움에 민감하다는 것을 알 수 있다.

숫자 바로 따라하기 대 시각적인 숫자 외우기

숫자 바로 따라하기와 시각적인 숫자 외우기 소검사를 비교해 봄으로써 임상가는 내용은 동일하지만 '제시 양식'에서의 차이가 아동의 수행에 영향을 미치는지 여부를 알아볼 수

표 6.3 WISC-IV 입력 척도에서 상관계수, 평균, 차이, 비율

	숫자 바로 따라하기 대 공간 바로 따라하기				숫자 바로 따라하기 대 시각적인 숫자 외우기			
	r	Mean(SD) 차이	숫자 바로 따라하기 > 공간 바로 따라하기	숫자 바로 따라하기 < 공간 바로 따라하기	r	Mean(SD) 차이	숫자 바로 따라하기 > 시각적인 숫자 외우기	숫자 바로 따라하기 < 시각적인 숫자 외우기
표준화 연구집단	0.21	0.05(3.8)	25.5	25.8	0.46	.14(3.2)	22.8	18.9
주의력결핍장애	0.21	1.04(3.0)	28.3	7.6	−0.10	1.00(4.0)	43.4	22.6
자폐장애	0.59	0.31(2.6)	18.8	12.5	0.61	1.56(3.3)	43.8	18.8
표현언어장애	0.08	−1.90(3.8)	13.6	52.3	0.15	−.06(3.9)	18.2	20.4
수용-표현언어장애	−0.15	.09(4.8)	34.8	40.0	0.44	1.30(3.7)	34.8	10.9
산술장애	0.15	.77(3.6)	32.6	14.0	0.49	1.58(2.9)	37.2	4.6
읽기장애	0.31	−.42(3.3)	14.6	11.3	0.27	1.00(3.4)	33.9	16.1
외상적 뇌 손상	0.22	1.62(3.7)	35.9	12.8	0.51	.67(3.1)	30.8	12.8

	공간 바로 따라하기 대 시각적인 숫자 외우기			
	r	Mean(SD) 차이	공간 바로 따라하기 > 시각적인 숫자 외우기	공간 바로 따라하기 < 시각적인 숫자 외우기
표준화 연구집단	0.23	0.93(3.6)	26.2	23.9
주의력결핍장애	0.20	−.04(3.3)	15.1	16.9
자폐장애	0.58	1.25(3.4)	37.5	18.8
표현언어장애	0.19	1.84(4.0)	54.5	15.9
수용-표현언어장애	0.06	1.22(4.6)	41.3	10.9
산술장애	0.11	.81(3.4)	27.9	20.9
읽기장애	0.31	1.42(3.0)	33.9	9.7
외상적 뇌 손상	0.18	−.95(3.7)	23.1	30.8

주. 표본 수는 다음과 같다—표준화 표준화 연구집단(725), 주의력결핍장애(53), 자폐장애(16), 표현언어장애(44), 수용-표현언어장애(46), 산술언어장애(46), 읽기장애(62), 외상적 뇌 손상(39). 모든 비교는 핵심이나 보충 소검사에서 처리 소검사를 빼서 계산된 것이다. 아동용 웩슬러 지능검사-4판 통합본(WISC-IV Integrated) © 2004 Harcourt assessment, Inc. 인가하에 인용됨.

있다. 둘 중 하나에서 높은 점수를 보이는 것은 시각적으로 혹은 청각적으로 제시될 때 아동이 좀 더 잘 수행한다는 것을 시사한다. 두 과제의 자극 제시 양식이 명백히 다르기 때문에, 모든 아동에게 반응처리 과정은 자극 제시 양식에 따라 다르게 된다. 어떤 아동은 음운 고리를 사용하여 시각적으로 제시된 숫자를 청각적으로 암송할 수도 있고, 혹은 청각적으로 제시된 숫자에 대한 기억을 유지하기 위해서 시각화시키기도 한다. 아동이 쓴 전략을 알기 위해서는 과제를 수행할 때 아동의 행동을 주의 깊고 면밀하게 살펴봐야 한다. 임상가는 자극이 제시되는 방법이 다르다는 것도 고려해야만 한다. 숫자 따라하기에서는 한 번에 한 숫자가 제시되나, 시각적인 숫자 외우기에서는 한 번에 모든 숫자가 제시된다. 이러한 차이로 인해 아동은 정보를 좀 더 작은 단위로 묶을 수 있어서 좀 더 쉽게 기억할 수 있다.

표준화 연구집단에서 이 두 소검사는 중간 정도의 상관을 보인다. 2점이나 3점 차이는 일반집단에서 흔하다. 임상집단 중에는 주의력결핍장애, 읽기장애와 표현언어장애 집단에서 낮은 상관을 보인 것을 제외하고는 표준화 연구집단의 상관과 비슷하다. 표현언어장애 집단에서 시각적인 숫자 외우기 점수가 숫자 바로 따라하기 점수보다 낮은 점이 일관되게 발견된다. 이 점수들에서 큰 점수 차이가 나타나면 학습이나 발달에서 어려움이 많을 수 있다.

공간 바로 따라하기 대 시각적인 숫자 외우기

이 차이 점수에 대한 분석을 통해 숫자와 공간에 시각적으로 제시되는 두 가지 종류의 정보를 입력하는 능력을 비교할 수 있다. 이 비교에서 제시 양식은 같으나, 공간 대 숫자로 그 내용은 다르다. 시각적으로 제시되는 정보를 입력하는 문제가 공간 혹은 숫자 정보에 국한되는가 아니면 좀 더 광범위한 것인가라는 임상적인 질문이 이러한 비교로 해결될 수 있다. 시각적인 숫자 외우기에서 아동이 청각적인 암송 전략을 사용하거나 시각적인 흔적을 유지하려고 노력하는지 알 수 있다. 공간 따라하기는 언어화하기 매우 힘들고 이 과제를 수행하기 위해서 효과적인 전략을 사용하는 경우는 드물다.

표준화 연구집단에서 시각적인 숫자 외우기와 공간 바로 따라하기 사이의 상관은 매우 낮았고 대부분의 임상집단에서도 그러했다. 그러나 자폐장애 집단에서는 중간 정도의 상관을 보였다. 두 검사 모두 시각적으로 제시되나, 높은 상관을 보이지 않고 이 두 척도 사이의 차이는 상대적으로 자주 나타난다. 청각적인 숫자 따라하기는 시각적인 숫자 외우기와 높은 상관을 보이고 이는 입력과정에서 양식보다는 내용이 좀 더 중요함을 시사한다. 거의 모든 임상집단에서 공간 바로 따라하기 점수가 더 높게 나타났고, 학습장애, 언어장애나 자폐장애 집단에서 상대적으로 차이가 크게 나타났다. 두부 손상 아동에게서는 반대의 프로파일이 관찰된다. 발달장애를 감별하는 데 이 차이에 대한 추가적인 연구가 유용하다. 이러한 비교는 잠재적인 발달장애에 대한 일반적인 증거라 할 수 있다.

정신 조작

가장 복잡한 작업기억 과제에서는 아동에게 정보를 입력하면서 동시에 정보를 정신적으로 변형시키는 것이 요구된다. 이러한 정신적인 작용에서는 배열을 뒤집고, 통합되어 있는 정보를 분해하거나, 정신적으로 수학적인 계산을 수행하는 일이 필요하다. 이러한 작업을 수행하기 위해서는 정보를 입력해야 하기 때문에, 이러한 소검사에서는 입력에서의 결함이 정신 조작 척도의 점수에 영향을 미친다는 점이 가정된다. 동시적인 저장과 작업기억을 통한 정보의 조작에 초점을 맞춘 여덟 개의 처리점수가 있다.

청각적인 변별능력이 부진하거나 실행기능 결함에 의해 청각적인 작업기억 과제의 점수가 낮을 수 있다. 청각적인 문제가 언어로 매개된 여러 과제에 영향을 줄 수 있다. 초점 주의력을 통제하는 데 문제가 있으면 작업기억 과제 점수에 영향을 준다. 짧은 시간 동안에도 듣거나 집중할 수 없을 정도로 심하게 부주의하면 점수에 영향을 주지만, 지속적인 주의력에 다소 어려움이 있다면 점수가 많이 낮아지지는 않는다.

시각적인 작업기억 과제에서는 시각적인 탐색(모든 정보를 정확하게 지각하면서 시각장을 탐색하는 능력), 시각장 손상, 시각적인 초점 주의력(특정한 과제에 초점을 맞추면서 짧은 기간 동안 집중하는 능력)과 시각적 변별이 수행에 영향을 미친다.

숫자 거꾸로 따라하기는 청각적인 입력과 작업기억을 모두 측정한다. 이 과제에서 아동은 제시되는 대로 숫자를 입력하고, 정신 조작을 수행하고(예 : 거꾸로 숫자를 재정리해야 함), 그리고 나서 새로운 배열을 실행해야 한다. 여러 가지 이유에서 아동은 이 과제에서 수행이 부진할 수 있고, 숫자 바로 따라하기 수행에 영향을 미치는 여러 요소(예 : 입력, 배열, 주의력, 청각적 변별, 덩이짓기, 시각화)가 또한 숫자 거꾸로 따라하기 수행에 영향을 미친다.

공간 거꾸로 따라하기는 공간 지점의 순서를 따라가고, 입력하고, 정신적으로 암송하고, 재정리하고, 실행하는 능력을 측정한다. 공간 바로 따라하기와 마찬가지로 이 과제에서 부진한 수행은 입력, 시공간 정보를 입력하는 데 어려움, 부진한 배열하기, 부주의, 시각적인 탐색의 결함이나 운동 반응의 정확한 실행 결함과 연관될 수 있다.

정신 조작 비교

특정한 입력 소검사 간에 수행 비교를 통해 임상가는 작업기억 요인에 대한 질문에 대답할 수 있다. 이러한 질문은 양식(예 : 시각 대 청각), 내용(예 : 숫자 대 문자), 과정(예 : 수학능력)과 입력 부담 대 조작 요구와 관련되어 있다. 입력 비교에 대한 자료는 표 6.4에 제시되어 있다. 산수 소검사는 표준화 연구에서 실시되었으나, WISC-IV에서 더 이상 주요 검사는 아니다.

숫자 거꾸로 따라하기 대 공간 거꾸로 따라하기

정신 조작에서 양식 특정적인 결함을 평가하기 위해서 이 비교가 고안되었다. 내용(공간 대 숫자)과 양식(시각 대 청각)에서 과제는 다르다. 그러나 조작은 두 과제에서 일관된다 (예 : 둘 다 배열의 순서를 정신적으로 바꾸는 능력이 요구된다).

바로 따라하기 조건과 마찬가지로, 표준화 연구집단과 대부분의 임상집단에서 두 과제의 상관은 낮았다. 임상집단에서 큰 효과는 거의 관찰되지 않았다. 표현언어장애 집단은 공간 거꾸로 따라하기보다 숫자 거꾸로 따라하기에서 낮은 점수를 보였으나, 수용-표현 집단은 반대 패턴이 나타난다. 다른 임상집단에서는 두 과제에서 비슷한 수행 양상을 보였다.

숫자 거꾸로 따라하기 대 순차연결

이 비교를 통해 순서를 재배열하는 과제에 미치는 이중적인 과제(예 : 두 개의 자극을 관리하는 것)의 영향을 평가할 수 있다. 두 과제에서 재배열하는 요구는 서로 다르다. 순차 과제에서는 이전의 학습과 관련된 자극의 순서를 이해하는 것이 필요하나, 숫자 거꾸로 따라하기는 단지 순서를 거꾸로 반복하면 된다. 배열의 순서를 거꾸로 하는 것은 난이도에 제한이 있다(예 : 피검자는 정보를 반복할 때 마지막 들은 숫자를 제일 먼저 말하면 된다는 것을 알 수 있다). 순차연결에서 처음 반복한 자극은 배열의 어디에나 올 수 있으므로 좀 더 어렵다. 거꾸로 말하기에서는 배열을 정확히 기억하는 것이 중요하나, 순차연결에서는 아동은 기억해야 하는 숫자를 알고 있으며 동시에 정확한 배열로 재창조해야 한다. 숫자 거꾸로 따라 외우기에서는 들은 대로 부호화하고 반복해야 하는 부담의 정도가 더 크다. 이러한 여러 가지 이유로 인해 두 과제에서의 아동의 점수는 달라지게 된다.

표준화 연구집단에서 순차연결은 숫자 거꾸로 따라하기와 중간 정도 상관을 가지고 임상집단에서는 낮은 수준에서 중간 정도까지의 상관을 보였다. 자폐장애, 언어장애, 외상적 뇌 손상 집단에서 순차연결은 숫자 거꾸로 따라하기보다 더 어렵고 큰 차이가 있었다. 이러한 비교는 인지적인 어려움이 다양한 임상집단과 관련된다는 것을 함축한다.

산수 소검사, 산수 처리접근과 수식풀이 산수 소검사

이 비교를 통해 수행에 영향을 미치는 '작업기억 결함 대 계산 결함'의 정도를 평가할 수 있다. 산수 소검사 대 수식풀이 산수 소검사 간의 비교로 작업기억 부담 속에서 계산 문제를 푸는 아동의 능력과 작업기억의 부담이 제외된 상태에서의 계산능력을 측정할 수 있다. 아동은 계산식이 주어져 단어를 계산식으로 바꿀 필요가 없다. 산수 소검사에서보다 수식풀이 산수 소검사에서 유의미하게 점수가 높다면, 아동은 수리적인 조작을 수행할 능력은 있으나 문제를 푸는 데 어떻게 머릿속에 유지하고 조작해야 하는지 이해하거나, 정신적으로 계산을 수행하는 데 어려움이 있음을 반영한다. 어떤 아동의 경우에는 표준형 산수 과제의 수행이 수식풀이 산수 과제보다 나을 수도 있다. 이 경우에 아동은 수리 절차에 대한 적절한 지식은 있으나, 이것이 수학적 상징과 계산 수식으로 어떻게 표현되는지에 대한 지식이 부족하거나 문제를 잘못 쓰거나, 숫자를 잘못 쓸 수 있다. 혹은 미세운동 통제 문제 때문에 어려움이 있을 수도 있다. 이 점수 비교를 통해 산술장애의 가능성이 고려될 수 있겠으며 이 점수 비교는 표준화된 학업성취 점수와 함께 해석되어야 한다. 만약 차이가 유의미하다면 차이와 관련된 여러 가설이 좀 더 검토되어야 한다.

　이 두 점수는 중간 이상 정도의 높은 상관을 보이며, 큰 점수 차이는 보통 관찰되지 않는다. 대부분의 임상집단에서 수식풀이 산수보다 표준형 산수 소검사 시행의 점수가 더 높다. 자폐장애와 수용성 언어장애 집단에서 큰 점수 차이가 관찰된다. 이 아이들은 종이 위에 적혀 있는 문제를 보는 것이 별로 도움이 되지 않는다. 대조적으로 뇌 손상 집단은 효과는 적기는 하나, 양상은 그와는 반대이다. 그들은 적혀 있는 문제를 보는 것이 도움이 된다. 이러한 양상은 수학적 암산능력은 손상되지 않았으나, 작업기억 요구로 인하여 표준형 산수 과제를 수행하는 데 어려움이 있다는 것을 보여 준다.

입력 대 정신 조작

정신 조작 과제에서는 정보를 입력하고 머릿속에서 이를 유지하는 것이 요구된다. 입력 과제와 정신 조작 과제의 수행을 비교해 봄으로써 아동이 정보를 단순히 저장하고 머릿속에서 유지하는 데 어려움이 있는지, 아니면 정보를 정신적으로 조작하는 데 어려움이 있는지를 알아볼 수 있다. 어떤 아동의 경우에 입력 과제와 비교해 볼 때 정신 조작 과제에서 좀 더 잘 준비되어 있을 수 있다. 과제가 더 도전적이라고 예상해서 정신 조작 과제에 좀 더 집중하고 더 많은 에너지를 과제에 기울이게 된다. 대신, 입력 과제는 항상 우선 실시되므로 아동은 정보를 입력하는 방법에 대한 절차적인 지식을 습득하게 된다. 이러한 지식은 조작 과제 수행을 도와준다. 바로 따라하기와 거꾸로 따라하기 간의 비교 자료는 표 6.4에 제시되어 있다.

숫자 바로 따라하기 대 거꾸로 따라하기

이 비교를 통해 숫자를 입력하는 아동의 능력 대 재배열을 수행하는 능력에 대한 임상적인 질문에 대답할 수 있다. 만약 바로 따라하기 소검사 점수가 거꾸로 따라하기보다 유의미하게 우수하다면, 정신 조작에서의 결함으로 해석할 수 있다. 어떤 아동은 숫자를 단순하게 반복하는 숫자 바로 따라하기보다 더 어려운 거꾸로 따라하기가 더 흥미로워서 거꾸로 따

표 6.4 WISC-IV 정신적 조작 척도에서 상관계수, 평균, 차이 비율

	숫자 거꾸로 따라하기 대 공간 거꾸로 따라하기				순차연결 대 처리점군			
	r	Mean(SD) 차이	숫자 거꾸로 따라하기 > 공간 거꾸로 따라하기	숫자 거꾸로 따라하기 < 공간 거꾸로 따라하기	r	Mean(SD) 차이	순차연결 > 처리점군	순차연결 < 처리점군
표준화 연구집단	0.23	0.12(3.7)	27.2	24.0	0.53	.16(2.8)	16.1	18.4
주의력결핍장애	0.50	0.37(2.7)	13.0	30.4	0.33	−.95(3.0)	13.0	30.4
자폐장애	0.71	.09(3.6)	18.2	18.2	0.64	−1.73(2.8)	9.1	45.4
표현언어장애	−0.25	−.83(3.6)	12.5	29.2	0.27	−.04(3.0)	12.5	16.7
수용-표현언어장애	0.32	.62(3.4)	34.3	17.1	0.43	−.97(3.3)	14.3	22.9
산술장애	0.19	.19(2.9)	21.4	16.7	0.36	.19(2.7)	19.3	11.9
읽기장애	0.22	−.55(3.5)	19.6	26.8	0.11	−.36(3.6)	23.2	19.6
외상적 뇌 손상	0.28	.14(3.8)	25.7	31.4	0.47	−.60(3.8)	17.1	25.7

	숫자 거꾸로 따라하기 대 순차연결				산수 대 수식물이 산수			
	r	Mean(SD) 차이	숫자 거꾸로 따라하기 > 순차연결	숫자 거꾸로 따라하기 < 순차연결	r	Mean(SD) 차이	산수 > 수식물이 산수	산수 < 수식물이 산수
표준화 연구집단	0.45	0.25(3.0)	21.3	18.8	0.65	−.02(2.4)	13.6	13.2
주의력결핍장애	0.31	.65(3.8)	23.9	21.7	0.51	−.13(2.6)	15.2	21.7
자폐장애	0.16	2.2(4.6)	27.3	9.1	0.48	.82(3.8)	27.3	9.1
표현언어장애	−0.22	1.08(3.6)	29.2	20.8	0.48	.21(2.5)	16.7	8.3
수용-표현언어장애	0.42	1.60(3.4)	31.4	11.4	0.70	.57(1.8)	14.3	2.9
산술장애	0.30	−.28(2.90)	11.9	16.7	0.56	.19(1.70)	4.8	4.8
읽기장애	0.50	.79(3.0)	30.4	12.5	0.64	.41(1.9)	14.3	7.1
외상적 뇌 손상	0.45	1.46(3.7)	31.4	5.7	0.61	−.51(2.7)	14.3	20.0

(계속)

표 6.4 WISC-IV 정신적 조작 척도에서 상관계수, 평균, 차이 비율(계속)

	숫자 바로 따라하기 대 숫자 거꾸로 따라하기				공간 바로 따라하기 대 공간 거꾸로 따라하기			
	r	Mean(SD) 차이	숫자 바로 따라하기 > 숫자 거꾸로 따라하기	숫자 바로 따라하기 < 숫자 거꾸로 따라하기	r	Mean(SD) 차이	공간 바로 따라하기 > 공간 거꾸로 따라하기	공간 바로 따라하기 < 공간 거꾸로 따라하기
표준화 연구집단	0.37	0.01(3.4)	21.3	23.6	0.43	0.05(3.2)	22.0	22.0
주의력결핍장애	0.14	0.48(3.4)	30.4	23.9	0.53	−.37(2.4)	10.9	19.6
자폐장애	0.51	.54(3.1)	27.3	18.2	0.74	.27(3.6)	27.3	27.3
표현언어장애	0.09	−.45(3.1)	20.8	29.2	0.38	.33(2.9)	20.8	20.8
수용-표현언어장애	0.21	.57(3.9)	34.3	22.9	0.60	.63(2.8)	20.0	18.6
산술장애	0.14	1.33(3.6)	38.1	21.4	0.34	.74(2.8)	16.7	11.9
읽기장애	0.55	−.07(3.3)	21.4	23.2	0.43	−.12(2.8)	16.1	17.9
외상적 뇌 손상	0.43	.68(3.2)	20.0	20.0	0.52	−1.08(3.1)	11.4	37.1

주: 표본 수는 다음과 같다— 표준화 연구집단(441), 주의력결핍장애(46), 자폐장애(11), 표현언어장애(23), 수용-표현언어장애(35), 산술장애(42), 읽기장애(56), 외상적 뇌 손상(36). 모든 비교도 해심이나 보충 소검사에서 처리 소검사를 빼서 계산된 것이다. 아동용 웩슬러 지능검사-4판 통합본(WISC-IV Integrated) © 2004 Harcourt assessment, Inc. 인가하에 인용됨.

라하기 조건에서 좀 더 높은 점수를 받을 수 있다. Maerlender 등(2004)에 따르면 중앙 청각처리장애로 의뢰된 아동은 숫자 바로 따라하기 점수가 낮으나 거꾸로 따라하기는 낮지 않은데 이들은 양분청취에 결함을 보여 선택 주의력과 분할 주의력에서 어려움이 있다.

숫자 바로 따라하기와 거꾸로 따라하기는 낮은 상관에서 중간 정도의 상관을 보인다. 이 두 점수는 상당히 다른 정신과정을 측정한다. 표현언어장애 집단을 제외하고 대부분의 임상집단에서 숫자 바로 따라하기 점수는 거꾸로 따라하기보다 높다. 대부분의 집단에서 차이는 작으나, 산술장애 집단의 경우에는 그 차이가 크다.

공간 바로 따라하기 대 공간 거꾸로 따라하기

공간 바로 따라하기와 거꾸로 따라하기 간의 차이를 통해 공간 지점을 정신적으로 재배열하는 데 어려움이 있으나, 공간적인 정보를 입력하는 데에는 어려움이 없다는 가설에 대해 평가해 볼 수 있다. 숫자 바로 따라하기와 숫자 거꾸로 따라하기 간의 차이와는 다르게 공간 거꾸로 따라하기는 공간 바로 따라하기보다 작업기억 요구가 항상 더 큰 것은 아니다. 두 과제 모두에서 시각운동 연결이 모사되기 전까지 적극적인 기억에서 시각 흔적이 유지되기 위해서는 입력과 작업기억이 요구된다. 공간 거꾸로 따라하기보다 공간 바로 따라하기 점수가 높다면 마지막점보다 시작점에서부터 시각 흔적을 모사하도록 요구받았을 때 아동이 더 잘 수행한다는 것을 뜻한다. 반대로 공간 바로 따라하기보다 공간 거꾸로 따라하기 점수가 높다면 시작점보다 끝나는 지점에서부터 시각 흔적을 모사하도록 요구받았을 때 아동이 더 잘 수행한다는 것을 뜻한다. 바로 따라하기 조건에서 아동은 반응하는 시간에서부터 가장 떨어진 시간에 제시된 정보에서부터 시작해야만 한다. 반면에 거꾸로 따라하기 조건에서는 가장 최근에 관찰된 정보에서부터 시작한다.

표준화 연구집단에서 공간 바로 따라하기와 거꾸로 따라하기 간에 중간 정도의 상관을 보이고 임상집단에서는 중간에서 높은 정도의 상관이 나타났다. 이를 통해 숫자 바로 따라하기와 숫자 거꾸로 따라하기처럼 서로 차이를 보이지는 않는다는 것을 알 수 있다. 주의력결핍 장애와 뇌 손상 집단은 바로 따라하기 조건과 비교해 볼 때 거꾸로 따라하기에서 높은 점수를 보인다. 다른 임상집단의 경우에는 바로 따라하기 조건에서 더 우수하다. 이를 살펴볼 때, 주의력과 실행 통제와 관련된 어려움은 '거꾸로' 보다 '바로 따라하기' 수행에 영향을 주는 것으로 보인다.

최대 기억폭 측정

최대 기억폭은 정확하게 기억된 정보의 최대 개수(예 : 숫자 따라하기에서 숫자 개수)로 정의된다. 어떤 아동은 정보를 입력하는 능력과 정보를 정신적으로 조작하는 능력이 서로 불일치한다. 이는 여러 가지 이유에서 나타날 수 있다. 이전 지식에서 도움을 받아(예 : 최대한 많은 정보 기억해야 한다는 것을 알게 됨) 두 번째에서는 좀 더 잘 할 수 있다. 과제에 집중하는 능력이 일관되지 않아 간단한 실수를 저지를 수 있다. 항목이 반복되는 것에 어려움을 겪을 수 있어서, 기억해야 하는 이전 항목이 이후 항목을 정확하게 기억하는 것을 방해할 수도 있다. 또는 순서를 기억하는 데 어려움이 있어서 순서에서 실수를 저지를 수 있다. 바로 따라하기나 거꾸로 따라하기에서 기억폭은 긴 편이나 아동이 숫자 배열에서 한 개 정도 종종 빼먹는다면, 이 환산점수는 또래에 비해 상대적으로 기억폭이 짧다고 잘못 해석될 수 있다. 그러나 진정한 문제점은 아동이 기억할 수 있는 기억폭의 일관성에 있을 수 있다. 기억폭은 내용에 따라 달라질 수 있고 아동이 기억에서 비일관성을 보이는 특정 영역이 무엇인지 알아내는 것이 임상가가 아동의 작업기억 프로파일을 이해하는 데 도움이 된다. 각 조건에서의 최대 기억폭을 비교해 볼 수 있다. 문항별로 변화가 심한 경우에는 조건 간의 차이를 비교해 보는 것은 도움이 된다. 어떤 아동은 어떤 조건에서는 매우 긴 기억폭을 보이나, 수행별로 변화가 커서 점수 간의 차이가 클 수 있다. 과제의 특성뿐만 아니라 수행의 비일관성도 고려해서 차이에 대한 해석이 이루어져야 한다.

반응에 대한 질적 분석

검사자는 작업기억 영역에서의 아동 수행을 양적으로 평가한다. 이러한 평가는 아동이 어떻게 정보를 지각하고 조직하는지에 대해 임상적으로 풍부한 정보를 제공해 준다. 이러한 종류의 분석은 특정 장애 진단으로 꼭 연결되는 것은 아니다. 그러나 아동의 강·약점에 대한 통찰을 제공해 주어 이후 치료에 대한 제안을 할 때 유용하다.

핵심 소검사와 보충 소검사의 양적인 평가 과정에서 제안되었던 것처럼, 질적인 분석은 아동의 반응 패턴에 대한 평가를 포함한다. 아동이 피곤하거나 소검사 수행에서 주의 산만해지거나 주의력 문제가 있을 때 소검사 점수가 불균형적인 패턴을 보일 수 있다. 앞서 언급했듯이 반응 패턴에서의 변산성이 보통 이상이어서 검사 결과를 해석하는 데 영향을 주는 상황에서는 추가적인 처리점수, 예를 들어 최대 기억폭과 점수의 차이 비교를 할 수 있다.

작업기억 영역의 질적인 평가에는 내용분석도 포함된다. 예를 들어, 어떤 아동은 숫자보다 문자가 포함된 과제에서 더 어려움을 보인다. 임상가는 특히 정보를 차례대로 배열하는 능력과 전반적인 주의력에 어려움이 있는지 주의 깊게 살펴봐야 한다. 부진한 배열능력은 수에 대한 지식이 부족하거나 정보를 특정한 순서대로 기억하는 데 어려움이 있는 점을 반영한 것일 수 있다.

오답을 확인해 보는 것은 특히 이 영역에서 도움이 될 수 있다. 배열 또는 반복이 요구되는 과제에서 오답은 오경보(commission), 누락(ommission) 오류이거나 배열 오류일 수 있다. 오경보 오류는 원래 배열에 새로운 반응이 삽입될 때 나타난다. 예를 들어, 바로 따라하기 과제가 1, 2, 3, 4인데 아동이 1, 2, 3, 4, 5라고 말하는 것이다. 누락 오류는 원 배열에서 반응이 소거된 경우로 예를 들어 1, 2, 3, 4라는 바로 따라하기 과제 문항에서 1, 2, 4라고 말하는 것이다. 배열 오류는 배열의 순서를 거꾸로 하거나 순서를 바꾸는 것으로 예를 들어 1, 2, 3, 4라는 바로 따라하기 문항을 1, 3, 2, 4라고 반응한 것이다. 각 유형의 오류는 아동의 기억 문제에 대한 통찰을 얻게 해 준다. Helland와 Asbjornsen(2004)은 숫자 바로 따라하기와 거꾸로 따라하기와 같은 연속적인 회상에서의 어려움은 부진한 수학 능력과 관련되고 기억폭이 짧은 것은 언어 손상과 연관된다고 보고하였다.

작업기억 문제는 여러 가지 이유에서 비롯된다. 정보를 입력하고 인출하는 데 어려움이 의심될 때, 예를 들어 우연학습은 부진하지만 작업기억은 적절할 때, 장기기억 기능에 대한 좀 더 집중적인 평가가 요구된다. 초기 입력점수는 매우 우수하나, 정신적인 조작과제에서 수행이 부진하다는 것은 실행기능이나 주의력에 어려움을 시사한다. 또는 자폐장애에서처럼 음향기억(echoic memory)이 매우 우수하다는 것을 보여주는 것일 수도 있다. 점수 프로파일과 오류 특성에 대한 임상가의 관찰은 인지적 문제를 감별하는 데 결정적이다.

이 영역에 속하는 소검사들은 지시를 이해하는 게 필요하다. 아동은 지시에 주의를 기울이고 과제를 완수하면서 지시를 머릿속에 유지해야 한다. 순차연결과 숫자 따라하기 과제는 지시를 기억에 유지하는 아동의 능력에 대한 통찰을 제공해 준다. 이 과제에서 지시를 따르는 데 실패하는지에 대해 주목해야 하고 아동의 전반적인 수행과 관련해서 해석해야 한다.

전반적인 관찰/해석

사람들은 작업기억 영역에서 어려움이 있는 아동에 대해 '잘 잊어버린다'고 자주 말한다. 어떤 아동은 자주 잊어버리지만, 어떤 측면에서는 좋은, 적어도 적절한 기억력을 가지고 있는 점이 발견되기도 한다. 기억 과정을 일시적이고, 즉각적이고, 일시적인 저장(장기간 정보를 기억하려고 노력하지 않고) 대 장기기억 또는 삽화 기억에서 저장과 인출과정(예 : 자기나 삶의 사건에 대한 정보)으로 나눔으로써 임상가는 기억 문제의 본질에 대해 이해할 수 있다. 이러한 지식을 아동의 교사와 부모에게 전달하여 문제의 본질을 이해하도록 도와줄 수 있다. 작업기억에 결함이 있는 아동은 과제를 수행하면서 자기가 무엇을 하고 있는지 잊어버릴 수 있고, 검사나 종이 위에 쓰면서 자신이 아는 지식을 적용하는 데 어려울 수 있다. 작업기억 기술을 통해 수행이 끝날 때까지 충분히 오랫동안 정보를 머릿속에 유지할 수 있다.

발달장애에서 작업기억의 어려움은 전반적으로 나타나지만 그 강도는 약하다. 학습장애나 주의력결핍장애 아동이 작업기억 과제에서 결함수준으로 수행할 확률은 적으나, 평균 범위에서 가장 낮은 수준에 점수가 분포하는 경향은 분명히 있다. 작업기억에서의 문제는 기저의 인지적인 문제가 학업 수행에 미치는 영향을 증폭시킨다. 예를 들어, 주의력결핍장애 아동의 경우 공간과 시각 작업기억의 문제는 학습장애 진단(예 : 수학이나 쓰기)을 내릴 정도까지는 아니더라도 학업 기술에서의 문제를 초래할 수 있다.

작업기억 과제에서의 아동의 수행을 관찰해 보면 기저에 있는 처리 문제의 본질이 무엇인지에 대해 좀 더 잘 인식할 수 있게 된다. 예를 들어, 적은 수를 기억하는 아동(예 : 다섯이나 여섯 자릿수 기억하기)은 기억용량에 결함이 있을 수 있다. 반면, 정확하게 기억하기는 하나 순서가 잘못된 경우에는 배열처리를 유지하는 데 문제가 있거나 의식에서 배열을 적극적으로 유시하는 데 문제가 있을 수 있다. 기억하는 자릿수는 이러한 문제를 감별하게 해 준다. 배열은 틀렸으나 용량에는 문제가 없는 아동은 기억폭은 길겠으나, 틀린 순서대로 말해서 점수를 잃을 것이다.

청각 변별 문제가 있는 아동은 반복해서 지시를 요청한다. 음성구조가 비슷한 문자나 숫자로 바꿀 수도 있다. 시각 변별에 어려움이 있는 아동은 시각적인 숫자 외우기와 공간 따라하기 소검사에 반응하지 않거나 '모른다'고 응할 수 있다. 시각 변별 문제가 있는 아동은 시각적 과제에서 눈을 찡그리면서 가늘게 뜨고 볼 수 있다. 검사지를 가까이나 멀리 움직이고 머리를 기울이거나 자극이나 검사지를 옮기려고 할 것이다. 변별 문제가 있는 아동은 청각 또는 시각 소검사에 좀 더 전반적인 어려움을 보일 수 있다.

실행 통제 문제는 여러 행동으로 나타날 수 있다. 어떤 아동은 모든 자극이 제시되기 전에 대답한다. 서두르면서 반복해서 실수를 저지르고 자신의 능력 범위에 있는 문항에서 점수를 잃기도 한다. 다른 과제에서 충동적이거나 지속적으로 과제를 따라가지 못할 수도 있다.

처리속도 영역

처리속도 영역에서 부진한 수행은 여러 가지 이유에서 나타난다. 처리속도 지표가 낮을 때 탐색해 봐야 하는 주요한 가설은 부진한 시각 변별, 주의력, 탐색, 또는 시각운동 기술의 결함이다. 소검사 수준에서 특정한 시지각 기술에 대한 요구, 예를 들어 시각 변별, 시각적인 탐색, 그리기와 같은 시각운동 기술, 작업기억, 절차학습과 우연학습은 과제에 따라 달라진다. 소검사의 내용과 과제 요구에 따라 시각 변별과 운동 기술이 수행에 미치는 정도가 달라진다. 소검사 간의 변산성을 해석할 때, 낮은 수준의 시각 변별과 운동 기술이 수행에 영향을 미쳤는지에 대해 고려해야만 한다.

처리속도 과제에서 높은 수준의 수행을 보이려면 여러 가지 인지 기술을 빠르게 통합하는 것이 요구된다. 예를 들어, 기호쓰기 과제는 시각적인 상징정보를 확인하고 변별하는 것뿐만 아니라 쓰기 운동 기술과 시각적인 탐색이 요구된다. 기호쓰기보다는 쓰기 운동 기술이 덜 요구되나, 동형찾기나 선택 소검사 또한 이러한 기술이 요구된다. Joy, Fein과 Kaplan(2003)에 따르면 성인의 경우 기호쓰기의 수행에서 가장 많은 변산은 처리속도, 쓰기 운동 기술과 시각탐색 속도가 차지하고 기억과정은 기호쓰기 수행에서 작은 변산만을 차지한다.

처리속도 과제에서 손상된 수행은 인지적인 원인과 심리적인 요인과 같은 여러 가지 요인 때문일 수 있다. 예를 들어, 불안, 우울, 낮은 동기, 부진한 지속적 주의력, 주의산만, 손상된 지각능력, 부진한 운동능력, 노력을 유지하거나 시작하는 데 있어서의 어려움, 인지적인 틀을 유지하는 데 있어서의 어려움, 쓰기 운동 통제의 부족이 있을 수 있다. 각 소검사는 연합학습, 대상-범주 결정과 시각적 비교 결정 내리기와 같은 어느 정도 높은 수준의 능력뿐만 아니라 시각 변별과 같은 낮은 수준의 인지기능이 요구되기도 한다. 특정한 과정 평가를 기호쓰기 과제에 연합하면 우수하거나 저조한 우연/절차학습 기술이 점수에 영향을 주는지 알 수 있다.

우연학습은 정보를 기억하라는 명시된 지시 없이 또는 정보를 입력하려는 직접적인 노력 없이 정보를 습득하는 것을 말한다(Lezak, 1995). 여러 상황에서 이러한 종류의 수동적인 학습은 여러 과제의 수행을 촉진시키는 적응적인 과정으로 여겨진다. 처리분석은 임상가가 이러한 기술이 처리속도 과제 수행에 얼마나 영향을 미쳤는지를 평가할 수 있도록 도와준다. 실행기능 또한 촉진적인 역할을 하며, 실행기능에 결함이 있을 때에는 인지 과제 수행을 방해하는 역할을 한다. WISC-IV 통합본에서는 실행기능이 시각운동 과제에 미치는 촉진적인 혹은 방해하는 정도를 Elithorn 미로 과제를 통해 측정할 수 있다. 이 과제를 통해 계획능력, 규칙을 따르는 능력, 인지적인 틀을 유지하는 능력이 시각운동 과제에 미치는 영향을 평가할 수 있다.

WISC-Ⅳ 통합본 처리속도 과제의 인지적인 요구

WISC-Ⅳ 통합본 처리속도 소검사에서는 시각 자극을 재빨리 확인하는 것과 운동 반응이 필요하다. 요구되는 다른 기술은 과제에 따라 달라진다. WISC-Ⅳ 통합본 처리속도 과제에는 '기호쓰기', '기호 모사', '동형찾기'와 '선택(일렬/무선배열)' 소검사가 포함된다.

기호쓰기와 기호 모사

기호쓰기 과제는 웩슬러 검사에서 역사가 오래되었다. 기호쓰기 과제에서 피검자는 특정한 숫자와 연결된 기호를 재빠르게 써야 한다. 아동은 기호와 숫자 연결 표를 계속 볼 수 있기 때문에 이를 외울 필요는 없다. 하지만 이를 학습하는 것은 수행을 촉진시킨다. 빠르면서도 정확하게 수행해야 추가점수를 받게 되므로 피검자는 속도와 정확성 요구 사이에 균형을 잡아야만 한다(통제적인 실행기능이 여기서 발휘된다). 시각 자극을 정확한 요소로 해독해야 하므로 부진한 시각 변별 기술을 가진 아동은 속도가 느려진다. 이 소검사에서는 민첩하게 시각 자극을 탐색하는 능력이 요구된다. 숫자와 기호 사이의 관계를 모두 암기하지 않는 한, 아동은 계속해서 기호와 숫자 연결 표를 봐야 한다. 의식적인 노력 없이 관계를 학습하면 이를 우연학습이라고 한다. 어떤 아동은 소검사를 수행하는 동안 기호를 모사하는 데 더 능숙해지게 된다. 이는 절차학습이라고 한다. 예를 들어, 운동 과제에 계속 노출되면 운동 체계 안에서 무의식적인 미세조정과정으로 인해 수행이 향상된다. 소검사 수행 중에 변동이 생기는 것은 지속적으로 노력을 기울이는 능력이 부진하거나 절차학습 기술에 한계가 있는 것(시간 분할 수행 자료를 참조할 것)과 관련될 수 있다. 기호쓰기 과제 시간에 따른 수행을 해석할 때에는 조심해야 한다. 어떤 조합은 마지막에 가서야 나타나기 때문에 어떤 조합에 대한 우연학습은 과제 초기 단계에서 이루어지지가 않는다. 숫자－기호 연합에 대한 우연학습 또는 전략학습이 이루어진 정도는 지침에 있는 자료를 사용해서 평가해 볼 수 있다.

기호 모사 조건은 시각처리 속도를 평가할 때 경합하는 변인의 영향을 줄이기 위해 개발되었다. 아동은 단지 기호를 최대한 빨리 모사하기만 하면 된다. 숫자와 문자 사이에 정해진 조합은 없다. 수행은 우연학습이나 작업기억 기술에 의해 향상되는 것은 아니다. 통제적 실행 기술이 발휘되어야 하는데, 왜냐하면 아동은 속도와 정확성 요구 사이에 균형을 잡아야 하기 때문이다. 이 과제에서도 시각 변별과 시각운동 통합은 여전히 요구된다. 이 소검사는 처리속도 지표에서 기호쓰기 소검사를 대신할 수는 없다. 왜냐하면 너무 단순하여 지능 측정에 적합하지 않기 때문이다.

동형찾기

동형찾기 소검사에서 피검자는 시각 기호를 맞추어 본 후, 기호가 맞는지 다른지에 대한 결정을 내려야 한다. 이러한 결정은 '예' 또는 '아니오' 대답과 같은 언어적으로 표현되는 방식으로 바뀌게 된다. 시지각 변별은 중요하나, 운동 기술은 기호쓰기에서처럼 중요하지는 않다. 마지막 대답은 언어적인 요소를 포함하나, 언어적인 요구는 매우 적으며 전체 수행을 방해하지는 않는다. 속도와 정확성이 요구되는 모든 과제는 실행 통제가 요구된다. 피검자는 빨리 수행하고 싶다는 욕구와 정확하게 수행하기 위해서 속도를 늦출 필요 사이에 균형을 유지해야 한다. 시각적 탐색은 덜 중요하나, 지속적인 주의력과 노력은 여전히 중요하다.

선택(무선배열)과 선택(일렬배열)

선택 소검사는 시각적인 무시와 시각적인 탐색능력을 알아보기 위해 고안된 신경심리 절차를 변형한 것이다. 표준형 선택 소검사는 단순히 시각적인 자극을 찾는 것이다. 아동은 시각방해 자극 사이에서 하나나 두 개의 목표 자극을 찾아야 한다. 선택 소검사는 시각적인 선택 주의력, 초점 맞추기, 시각적 무시, 반응억제, 운동 반복을 측정하는 신경심리 검사에서 광범위하게 사용된다(Lezak, 1995; Na, Adair, Kang, Chung, Lee, & Heilman, 1999). 이 과제의 이전 버전에서 아동은 단지 시지각 자극을 찾기만 하면 되었으나, 선택 소검사에서 아동은 시각 자극이 목표 범주(예 : 동물)에 속하는지를 결정해야 한다.

WISC-IV 통합본에서 아동은 언어 범주의 시각적인 표현을 찾아야 한다. 아동은 모든 동물을 찾아야만 한다. 시각 자극을 정확히 해석하고 언어적인 지식을 가지는 것이 필요하다. 언어적 요구는 엄격하지는 않으나, 언어가 손상된 아동의 경우 속도가 저하될 수 있다. 지능을 조금이라도 측정하기 위해서는 추가적인 인지적인 부담이 필요하다. 단지 탐색만 하는 과제라면 지능과 높은 상관을 보이지 않을 것이나.

과제는 두 조건으로 구성되어 있다. 자극이 무선배열된 것과 구조화되어 배열된 것이다. 목표 자극은 같은 위치에 제시되나, 방해 자극은 다른 위치에 제시된다. 무선과 일렬배열 선택 과제 모두에서 어떤 아동은 자연스럽게 조직화된 탐색 전략을 보이게 된다. 조직화된 전략은 좀 더 효율적으로 목표 대상을 확인할 수 있게 해 준다. 무선 조건보다 일렬배열 조건에서 조직화된 탐색 전략이 나타나기 쉽다. 많은 아동은 목표 자극을 찾기 위해 원래 있는 구조적인 줄을 따라가지만, 어떤 아동은 과제의 구조가 있음에도 불구하고 비체계적인 탐색을 한다.

일렬 조건은 조직화된 탐색 전략을 촉진한다(예 : 줄을 따라 위아래나 좌우로). 두 조건에서의 수행 차이를 평가하면 실행기능 요인을 측정할 수 있다. 또한 아동이 탐색 전략을 사용하고 조직화하는 빈도에 대한 정보가 제공된다. 드물게 아동은 미세한 '무시 증후군'을 보여 왼쪽이나 오른쪽 장에 있는 자극에 주의를 기울이지 않는다. 대부분의 경우에 아동은 느린 처리속도, 시각적 탐색 기술의 부진, 또는 실행기능의 어려움으로 인해 부진한 수행을 보인다.

높은 점수를 보이는 아동은 빠른 시각적 탐색능력, 효과적인 반응억제, 조직화된 시각 탐색 패턴을 보인다. 낮은 점수는 느린 시각적 탐색, 느린 시각 운동능력, 부진한 반응억제, 비조직화된 탐색 패턴, 시각 변별의 어려움과 관련된다. 이 경우 아동의 시각—어휘 연합(예 : 대상을 정확하게 범주화하는 능력)이 느리거나 부정확하다.

처리속도 비교

처리속도 비교를 통해 임상가는 우연학습, 시각적 탐색, 절차학습과 수행에서 과제구조에 대한 가설을 평가해 볼 수 있다. 표 6.5에 비교 자료가 제시되어 있다.

표 6.5 WISC-IV 정신 속도 척도에서 상관계수, 평균, 차이 비율

	기호쓰기 대 기호 모사				선택(무선배열) 대 선택(일렬배열)			
	r	Mean(SD) 차이	기호쓰기 > 기호 모사	기호쓰기 < 기호 모사	r	Mean(SD) 차이	무선배열 > 일렬배열	무선배열 < 일렬배열
표준화 연구집단	0.63	−.18(2.6)	12.7	15.6	0.62	.29(2.6)	16.4	12.2
주의력결핍장애	0.56	−.17(2.4)	7.7	15.4	0.68	−.89(2.5)	7.7	21.2
자폐장애	0.73	0.0(2.4)	14.3	7.1	0.90	−.57(1.6)	0	7.1
표현언어장애	0.56	53(2.4)	16.7	6.7	0.68	.20(1.9)	10	10
수용-표현언어장애	0.77	−.22(2.0)	5.6	8.3	0.70	.36(2.4)	16.7	11.1
산술장애	0.60	−.07(2.7)	11.6	18.6	0.68	.19(2.4)	16.3	11.6
읽기장애	0.53	.36(2.5)	18	13.1	0.57	.90(2.6)	23.2	9.8
외상적 뇌 손상	0.68	0.0(2.6)	8.3	11.1	0.78	.05(2.6)	13.9	16.7

주. 표본 수는 다음과 같다―표준화 연구집단(608), 주의력결핍장애(52), 자폐장애(14), 표현언어장애(30), 수용-표현언어장애(36), 산술장애(43), 읽기장애(61), 외상적 뇌 손상(36). 모든 비교는 해심이나 보충 소검사에서 처리 소검사를 빼서 계산된 것이다. 아동용 웩슬러 지능검사-4판 통합본(WISC-IV Integrated) © 2004 Harcourt assessment, Inc. 인가하에 인용됨.

기호쓰기 대 기호 모사

기호쓰기와 기호 모사 소검사 간의 점수 차이는 숫자-기호 연합이 기호쓰기 B 수행에 미치는 영향을 보여 준다. 만약 기호 모사 점수가 기호쓰기보다 높다면, 아동은 시각 기호 연합을 입력하는 데 어려움이 있거나 시각운동 실행이 부진하다고 할 수 있다. 만약 반대로 나타나면 짝지어진 연합이 없는 조건이 수행을 향상시켜 주지 않으며 오히려 연합학습이 수행을 촉진한다는 것이다. 그 이유는 아동이 기호쓰기에서 더 큰 동기를 보였기 때문일 수도 있다.

기호쓰기와 기호 모사는 표준화 연구집단에서 중간 정도의 상관을 보이고 임상집단에서 중간에서 높은 상관을 보였다. 두 조건에서 매우 큰 차이는 드물었다. 임상집단에서 대부분의 집단은 작은 차이만을 보이고 두 과제 조건 사이에서 특정한 패턴은 관찰되지 않았다.

선택(무선배열) 대 선택(일렬배열)

선택(무선배열)과 선택(일렬배열) 비교는 시각 자극 배열에 따라 선택 수행이 얼마나 달라지는지에 대한 정보를 제공해 준다. 무선배열 점수보다 일렬배열 점수가 높을 때에는 구조화된 제시 형태가 아동에게 도움을 주었다고 볼 수 있다. 반대되는 상황은 더 해석하기가 힘들다. 일렬배열 조건보다 무선배열 조건에서에서 좀 더 효율적인 구조를 적용할 수 있다는 것을 의미할 수 있다.

무선과 일렬배열 조건은 표준화 연구집단에서 중간 정도 상관을 보이고 임상집단에서는 중간에서 높은 수준의 상관을 보였다. 두 과제 조건 사이에서 큰 점수 차이는 드물었다. 일반적으로 임상집단에서 무선배열 조건의 수행이 일렬배열 조건보다 더 우수했다. 읽기장애 집단에서는 무선배열 조건이 더 우수하면서 큰 차이가 났다. ADHD와 자폐장애 집단에서는 반대이다. 무선배열 과제에서는 조직화된 행동에서의 문제를 유발할 수 있으며, 반면 일렬배열 조건은 조직화와 계획능력에 결함이 있는 아동의 수행을 도울 뿐이다. 흥미롭게도 일렬배열 과제는 언어적인 의미영역에서의 어려움을 두드러지게 나타나게 하는 것 같다. 통제집단은 이 과제를 쉽고 빠르게 수행하나, 읽기와 언어장애 집단은 의미적인 결정을 내리는 것으로 인해 수행이 다소 느려지게 된다.

반응에 대한 질적 분석

질적으로는 운동협응 문제가 있는지 평가해 보아야 한다. 특정한 과제(예 : 서툰 연필 잡기, 기호 표현의 질이 낮음, 쓰기가 약하거나 떨리는 것)와 관련되거나 전반적인 문제(예 : 작업치료 경험, 물건을 자주 떨어뜨리거나 운동발달의 지연)가 있을 수 있다. 기호를 그리는 데 있어서의 오류는 임상과 비임상집단에서 드물게 나타난다(Kaplan et al., 1999). 오류의 유형(예 : 회전, 부분을 생각하는 것)은 내재적인 어려움에 대한 단서를 제공해 준다. 시지각 문제를 가지고 있는 아동은 회전 오류(rotation errors)를 보이고 충동적인 아동은 빨리 해서 높은 점수를 받으려고 하며 손으로 쓰는 게 미숙하여 오류를 범하게 된다. 운동 문제를 가진 아동은 그리는 능력이 부진하여 부분을 생략하거나 잘못 그리는 등 부정확하게 기호를 그려 구성 오류(errors of construction)를 보이게 된다. 또 다른 오류로는 항목을 빼먹는 것이 있다. 빼먹은 항목이 페이지에서 특정 부분에 나타나는 등 조직적으로 나타나면 시각 주의력에 문제가 있을 수 있다. 오류가 무작위적으로 나타난다면 아동은 과제의 규칙에 대한 인지적 틀을 상실하여 과제 규칙을 유지하는 것을 자기 스스로 감찰하는 데 실패한 것이다. 또는 항목을 빼먹는 것은 전반적인 부주의 또는 부주의한 수행 때문일 수 있다. 만약 아동이 숫자와 기호를 잘못 연합시키는 오류를 자주 보인다면, 검사자는 기억 문제 때문에 잘못 연합하는 건지, 아니면 기호를 학습하는 데 실패해서인지를 알기 위해 우연회상 조건(incident recall condition)을 실시해 봐야 한다. 아동이 규칙을 자주 어기고 항목이나 줄을 빼먹으면 검사자는 Elithorn 미로를 실시하여 실행기능을 점검해 볼 수 있다.

선택(무선배열)과 선택(일렬배열)의 전략

선택 과제를 수행하는 데 있어서 아동의 접근은 다음의 네 개 중에 하나일 수 있다. 아동은 목표를 찾기 위해 계속 조직화되고 체계적인 방법으로 페이지를 살펴본다. 조직화된 방법으로 시작하지만 과제 수행 중에 비조직화될 수 있다. 비조직적으로 시작하나, 과제 수행 중간 지점쯤에서 조직적이고 체계적인 탐색 전략을 사용하기 시작할 수 있다. 또는 아동은 과제 내내 전략 없이 되는대로 탐색할 수 있다. 각각의 경우에 임상가는 아동의 탐색 전략을 네 가지로 분류하기 위해 A, B, C, D로 매길 수 있다. 탐색 전략 A는 과제 내내 조직적인 탐색 패턴을 유지하는 것이다. 탐색 전략 B는 조직화된 방식으로 출발했으나, 점점 비조직화되는 것이다. 반대로 비조직적인 탐색 전략을 보였으나, 이후 조직화된 패턴을 취하는 경우에는 탐색 전략 C라고 할 수 있다. 검사 내내 비조직적인 탐색 전략을 보이면 탐색전략 D이다.

탐색전략 A는 연령에 따라 증가하고 비조직적인 탐색 전략 D는 연령에 따라 감소하나, 표준화 연구집단의 많은 아동들은 과제의 일부분에서만 전략을 사용하였다. 비임상표본의 상당히 많은 수의 아동들이 과제 전체에서 조직화되고 체계적인 방식으로 접근하지 않았다. 표준화 연구집단에서 전략을 사용하지 않음에도 불구하고, 아동이 과제에 접근하는 방식을 관찰하는 것은 여전히 매우 중요하다. 왜냐하면 전반적인 아동의 문제해결 접근의 특성에 대한 단서를 제공해 주기 때문이다. 계획능력과 조직화 능력에서의 부진한 점이 일관되게 나타난다면 아동이 문제해결에서 비조직적으로 접근한다는 점을 확증할 수 있다.

우연과 절차학습

기호쓰기 회상(Coding Recall)은 기호쓰기 소검사(B형만)를 수행하는 동안 일어나는 우연학습을 측정하기 위해 고안되었다. 어떤 아동은 기호쓰기 B에서 연합을 학습하려고 체계적으로 노력하지만, 어떤 아동은 반복적인 노출을 통해서 인지적인 노력 없이도 이를 학습하게 된다. 표준형 기호쓰기 소검사를 실시한 이후에 아동에게 기호를 기억하려 했는지 물어보는 것은 유용하다. 기호쓰기 회상 소검사에서는 상대적으로 우수한 수행을 보이나, 기호쓰기 B에서는 상대적으로 부진한 수행을 보일 경우 이 질문에 대해 '그렇다'고 대답을 하였다면 연합을 학습하려고 노력하여 기호쓰기 B 수행에서 시간을 빼앗겼다는 것을 시사한다. 어떤 아동은 연합을 학습하려고 분명히 노력하였음에도 불구하고 기호쓰기 회상에서 부진한 수행을 보이는데 이는 학습과 서술기억을 동시에 시도하는 데 결함이 있을 가능성을 시사한다.

　다른 처리 소검사와는 다르게, 기호쓰기 회상 소검사 수행으로부터 환산점수가 도출되는 것은 아니다. 기호쓰기 회상 소검사의 처리점수는 기저율로 제시되고 표준화 연구집단에서의 상대적인 빈도를 기준으로 해석한다. 예를 들어, 기저율 2~5%는 같은 나이의 표준화 연구집단에서 단지 2~5%의 아동들만이 피검아동과 같거나 더 낮은 점수를 받았다는 것을 뜻한다. 이 소검사에서 아동은 기호를 그리고 숫자를 써야 하므로 미세 운동에 어려움이 있는 아동은 이 소검사에서 좀 더 낮은 점수를 받는다.

　처리점수는 세 가지 기호쓰기 회상으로부터 계산된다. '단서가 주어지는 기호 회상'(cued symbol recall), '자유 기호 회상'(free symbol recall), '단서가 주어지는 숫자 회상'(cued digit recall)이다. '단서가 주어지는 기호 회상' 점수는 기호쓰기 B에서 짝지어진 연합으로부터 기호를 회상하는 것이 요구되는 과제이다. 이 과제를 잘 수행하는 아동은 지시 없이도 어떤 기호가 어떤 숫자와 연결되는지 잘 학습한다. 과제를 수행하면서 아동은 내용(기호)과 연합(기호와 숫자 짝)을 동시에 학습해야 한다.

　'자유 기호 회상' 점수는 연합되는 숫자와 상관없이 기호쓰기 B에서 기호를 회상하는 능력을 나타낸다. 이 과제는 기호만을 회상하면 되기 때문에 임상가는 단서가 주어지는 기호 회상에서의 부진한 수행이 연합학습이 약해서인지 확인해 볼 수 있다. 아동은 기호를 알지만, 적절한 숫자와 일관되게 연결하는 데에는 어려움을 겪을 수 있다.

　'단서가 주어지는 숫자 회상' 점수는 기호쓰기 B에서 짝지어진 연합에 있는 숫자를 기억하는 능력을 나타낸다. '단서가 주어지는 기호 회상'과 마찬가지로 이 과제는 기호와 숫자의 연합을 입력할 수 있는지를 평가한다. 과제 요구가 비슷하지만, 아동들은 단서가 주어지는 기호 회상과 단서가 주어지는 숫자 회상에서 서로 다르게 수행하기도 있다. 이럴 경우는 아동이 연합된 정보의 시각적인 표현에 지속적으로 접근하는 것을 유지하는 데 어려움이 있다는 점을 시사한다. 대부분의 경우에 단서가 주어지는 숫자 회상 소검사의 수행이 단서가 주어지는 기호 회상보다 우수하다. 숫자는 쉽게 자동화되고 아동은 숫자를 기억하기 위해서 특별히 입력과정을 거치지 않아도 된다. 그러나 기호는 새롭고, 입력하고 기억하는 데 노력을 기울일 필요가 있기 때문이다.

기호쓰기와 기호 모사 간격 점수

'기호쓰기' 와 '기호 모사 간격 점수' 는 시각정보의 신속한 처리를 시작하고 유지하는 아동의 능력에 대한 정보를 제공해 준다. 이 점수는 시간에 따른 수행의 효율성과 과제에 주의를 지속하는 데 어려움을 보여 주는 과잉 변산성에 대한 정보를 제공해 준다. 표준화 연구 집단에서 수행 비율은 시간 간격에 따라 저하되며 이는 근소한 피로 효과 때문이다. 어떤 아동은 학습 전략을 적극적으로 사용하여 시간에 따라 효율성의 증가가 관찰되기도 한다. 과제를 시작하는 데 어려움이 있는 아동은 첫 간격에서는 상대적으로 느린 수행을 보이나 다음 간격에서는 향상을 보인다. 노력을 유지하는 데 어려움이 있는 아동은 간격에 따라 수행이 크게 저하된다.

일반적인 관찰/해석

처리속도의 어려움은 교실과 일반적으로 인지 과제에서 쉽게 관찰된다. 관찰한 자료는 느린 처리속도에 내재된 문제를 이해할 때 매우 중요하다. 어떤 아동은 실수를 하지 않으나 기호를 완벽하게 그리기 위해서 수행속도가 느려진다. 이런 아동은 불안 문제를 가지고 있으며 많은 경우에 꼼꼼한 성격을 가지고 있다. 빠르게 수행하는 것과 정확하게 수행하는 것 중에서 어떤 것이 높게 평가받는지의 정도는 문화적인 차이가 있을 수 있다.

느린 처리속도 점수가 단독으로 진단적인 의미를 가지지는 않으나, 중요한 임상 특징이다. 낮은 점수를 보이는 아동은 시간 내에 과제를 완수하는 데 자주 어려움을 보인다. 과제에 집중하지 못하거나 과제 내용에 따라 고군분투하고 있는 것처럼 보인다. 이것이 사실일 수도 있으나, 이 아동들은 일반적으로 제시간에 과제를 완수하려고 애쓰고 있는 것이다. 부모는 아동이 숙제를 마치는 데 추가적인 시간이 필요하다고 말하며 자주 좌절감을 표현한다.

기호쓰기에서 서툴게 그려진 기호는 시간 제약하에서 부진한 운동 통제의 징후로 해석될 수 있다. 어떤 경우에 아동은 그림 과제에서 정상적인 시각운동 기술을 보이나, 시간 제약하에서는 서둘러서 실수를 하게 된다. 좀 더 일반적인 운동 통제력이 부진한 아동의 경우 추가적인 시간 부담은 모사의 질을 떨어뜨린다. 이러한 아동은 중재나 훈련의 도움을 받을 수 있는지 확인하기 위해서 작업치료 평가에 의뢰되어야만 한다.

요약

이 장에서는 핵심적인 지적인 능력은 아니지만 여러 가지 인지적인 기술이 지능검사의 수행에 영향을 미친다는 점을 살펴보았다. 지능은 직접적으로 관찰될 수 있는 것이 아니며 여러 가지 다른 종류의 과제에서 문제를 해결하는 개인의 능력을 통해 추론되는 것이다. 각각의 지적인 기술 및 인지기능이 독립적으로 요구되는 과제를 고안해 내는 것은 불가능하다. 게다가 과제를 고안할 때 비록 표면적으로는 같은 능력을 요구하는 과제처럼 보이나, 내재하는 하나 이상의 서로 다른 기술이 요구되기도 한다. 언어와 같은 특정한 인지 기술은 단일한 구조를 가지고 있다고 보는 가정은 결국 잘못된 전제이다. 언어나 시지각 처리와 같은 기술은 여러 가지 좀 더 작은 능력을 요구하고 이러한 능력들이 통합되어 기능하게 된다. 인지기능 척도는 이러한 점에서 어떻게 전체 인지 체계가 하나의 단위로 기능하는지를 보여 주는 좋은 평가라 할 수 있다.

이 장은 지적 척도를 적절하게 수행을 하기 위해서 요구되는 여러 가지 하위 요인 과정에 대해 논의하였다. 이 목록은 모든 것을 다 포함한 것은 아니며 모든 임상가가 여기에 쓴 특정 용어에 동의하지는 않을 것이다. 이 장의 핵심은 특정 기술 영역에서 부진한 수행은 특정 영역의 수행 자체에 영향을 미칠 뿐 아니라 내용이나 과제의 구조가 변화하면 하나 이상의 영역에 영향을 주게 된다는 것이다.

임상적인 전체 그림을 보지 않고 하나의 점수만을 해석하는 것은 가능하지 않다는 점을 강조하고 싶다. 검사 수행을 면밀하게 관찰하면 같은 점수를 완전히 다르게 해석할 수 있다. 심리학자로서 치료진, 교사와 부모가 아동 문제의 본질을 이해할 수 있도록 도와주는 것이 우리의 주된 임무이다. 동시에 아동 행동과 부진한 검사 수행의 원인에 대해 설명할 때 근본적 귀인 오류에 빠지지 않는 것이 중요하다. 그러기 위해서는 검사점수를 특정한 가설을 기각하거나 수용하기 위해 제공된 자료로 바라보는 자세가 요구된다. 검사점수를

계속 탐색하고 각각의 검사점수에 대해 미리 결정된 해석에 의존하지 않는 것이 이러한 목
표에 도달하기 위해서 필요하다.

점수의 프로파일로 특징한 임상 조건을 진단할 수 없다. 그러나 점수는 교실에서의 행동
관찰이나, 교사관찰이나 부모 보고와 같은 추가적인 탐색을 위한 자료를 제공한다. 인지
과제 수행에서의 상대적인 강점과 약점은 치료 계획, 훈련 전략 개발, 중재를 위한 도움이
제공될 때 활용될 수 있다. 검사점수가 이렇게 활용되기 위해서는 특정한 소검사를 수행하
는 데 필요한 여러 종류의 기술에 대한 지식과 면밀한 관찰을 통해 알 수 있는 내재하는 인
지능력의 영향을 이해하는 것이 요구된다.

| 참고문헌 |

Baddeley, A. D., & Hitch, G. J. (1994). Developments in the concept of working memory. *Neuropsychology, 8,* 485–493.

Barkley, R. A. (1996). Linkages between attention and executive functions. In G.R. Lyon & N. A. Krasnegor (Eds.), *Attention, memory and executive functioning* (pp. 307–325). Baltimore, MD: Paul H. Brookes Publishing Co.

Barkley, R. A. (2003). Issues in the diagnosis of attention deficit/hyperactivity disorder in children. *Brain Development, 25,* 77–83.

Benton, A. L., Hamsher, K., Varney, N. R., & Spreen, O. (1983). *Contribution to neuropsychological assessment.* New York: Oxford University Press.

Budson, A. E., & Proice, B. H. (2005). Memory Dysfunction. *New England Journal of Medicine, 352,* 692–699.

Cytowicz, R. E. (1996). *The neurological side of neuropsychology.* Cambridge, MA: MIT Press.

de Jonge, P., & de Jong, P. F. (1996). Working memory, intelligence and reading ability in children. *Personality and Individual Differences, 21,* 1007–1020.

Denckla, M. B., & Rudel, R. G. (1976). Rapid "automatized" naming (R.A.N.): Dyslexia differentiated from other learning disabilities. *Neuropsychologia, 14,* 471–479.

Engle, R. W., Tuholski, S. W., Laughlin, J. E., & Conway, A. R. A. (1999). Working memory, short-term memory, and general fluid intelligence: A latent-variable approach. *Journal of Experimental Psychology: General, 128,* 309–331.

Feinberg, T. E. & Farah, M. J. (1997). *Behavioral Neurology and Neuropsychology.* New York, NY: McGraw-Hill.

Fiorello, C. A., & Hale, J. B. (2003). *Cognitive hypothesis testing for intervention efficacy.* Presented at the Annual Convention of the National Association of School Psychologists.

Glutting, J. J., McDermott, P. A., Konold, T. R., Snelbaker, A. J., & Watkins, M. W. (1998). More ups and downs of subtest analysis: Criterion validity of the DAS with an unselected cohort. *School Psychology Review, 27*, 599–612.

Hale, J. B., Fiorello, C. A., Kavanagh, J. A., Hoeppner, J. B., & Gaither, R. A. (2001). WISC-III predictors of academic achievement for children with learning disabilities: Are global and factor scores comparable? *School Psychology Quarterly, 16*, 31–55.

Hasher, L., & Zacks, R. T. (1979). Automatic and effortful processes in memory. *Journal of Experimental Psychology: General, 108,* 356–388.

Helland, T., & Asbjornsen, A. (2004). Digit span in dyslexia: Variations according to language comprehension and mathematics skills. *Journal of Clinical and Experimental Neuropsychology, 26,* 31–42.

Joy, S., Fein, D., & Kaplan, E. (2003). Decoding digit symbol: Speed, memory, and visual scanning. *Assessment, 10*, 1–10.

Joy, S., Fein, D., Kaplan, E., & Freedman, M. (2001). Quantifying qualitative features of Block Design performance among healthy older adults. *Archives of Clinical Neuropsychology, 16*, 157–170.

Kaplan, E. (1988). A process approach to neuropsychological assessment. In T. J. Boll & B. K. Bryant (Eds.), *Clinical neuropsychology and brain function: Research measurement and practice* (pp. 129–167). Washington, DC: American Psychological Association.

Kaplan, E., Fein, D., Kramer, J., Delis, D., & Morris, R. (1999). *Wechsler intelligence scales for children-third edition as a process instrument.* San Antonio, TX: The Psychological Corporation.

Kapur, N. (1994). *Memory disorders in clinical practice.* Hove, UK: Lawrence Erlbaum Associates Ltd.

Kaufmann A. S. (1994). *Intelligent testing with the WISC-III.* New York: Wiley.

Kolb, B. & Wishow, I.Q. (1990). *Fundamentals of Human Neuropsychology.* New York, NY: W. H. Freeman and Co.

Lezak, M.D. (1995). *Neuropsychological assessment* (3rd ed.). New York: Oxford Press.

Maerlender, A., Isquith, P., & Wallis, D. (2004). Psychometric and behavioral measures of central auditory function: The relationship of dichotic listening and digit span tasks. *Child Neuropsychology, 10*, 318–327.

McDermott, P. A., Fantuzzo, J. W., & Glutting, J. J. (1990). Just say no to subtest analysis: A critique of Wechsler theory and practice. *Journal of Psychoeducational Assessment, 8,* 290–302.

Mirsky, A. F., Anthony, B. J., Duncan, C. C., Ahearn, M. B., & Kellam, S. G. (1991). Analysis of the elements of attention: A neuropsychological approach. *Neuropsychology Review, 2,* 109–145.

Na, D. L., Adair, J. C., Kang, Y., Chung, C. S., Lee, K. H., & Heilman, K. M. (1999). Motor perseverative behavior on a line cancellation task. *Neurology, 52,* 1569–1576.

Pennington, B. F., Benneto, L. McAleer, O., & Roberts, R. J., Jr. (1996). Executive functions and working memory: Theoretical and measurement issues. In G. R. Lyon & N. A. Krasnegor (Eds.), *Attention, memory and executive functioning* (pp. 327–348). Baltimore, MD: Paul H. Brookes Publishing Co.

Reynolds, C. R. (1997). Forward and backward memory span should not be combined for clinical analysis. *Archives of Clinical Neuropsychology, 12*, 29–40.

Sattler, J. M. (2001). *Assessment of children: Cognitive applications* (4th ed.). San Diego, CA: Author.

Semel, E., Wiig, E. H., & Secord, W. (2003). *Clinical Evaluation of Language Fundamentals-4th Edition*. San Antonio, TX: Harcourt Assessment, Inc.

Squire, L. R., & Butters, N. (1984). *Neuropsychology of memory*. New York: Guilford Press.

Stringer, A. Y. (1996). *A guide to neuropsychological diagnosis*. Philadephia: F. A. Davis Company.

Troyer, A. K., Cullum, C. M., Smernoff, E. N., & Kozora, E. (1994). Age effects on block design: Qualitative performance features and extended-time effects. *Neuropsychology, 8*, 95–99.

Watkins, M. W., & Glutting, J. J. (2000). Incremental validity of WISC-III profile elevation, scatter, and shape information for predicting reading and math achievement. *Psychological Assessment, 12*, 402–408.

Wechsler, D. (2002). *The Wechsler preschool and primary scale of intelligence*. San Antonio, TX: The Psychological Corporation.

Wechsler, D. (2004). *The Wechsler intelligence scale for children*. San Antonio, TX: Harcourt Assessment, Inc.

제 7 장
WISC-IV와 WISC-IV 통합본의 해석

JAMES A. HOLDNACK, LAWRENCE G. WEISS, AND
PETER ENTWISTLE

개관

이전 장에서는 다른 인지적 측정도구와는 별개로 WISC-IV 통합본의 해석과 적용에 초점을 맞추었으며, WISC-IV 통합본 수행에 영향을 줄 수 있는 인지적인 기술들에 대해 논의하였다. 이번 장에서는 WISC-IV와 WISC-IV 통합본에 영향을 줄 수 있는 관련 검사들까지 포함하여 논의하고자 한다. 동시 타당도 데이터를 기반으로 WISC-IV 통합본과 다른 검사들 간의 관계를 통해 WISC-IV의 타당도를 검증할 것이며, 임상적 데이터를 통해 WISC-IV 통합본 점수가 보여 주는 아동의 인지적 약점에 대해 언급할 것이다. 이 장의 목적은 WISC-IV 통합본 점수가 낮게 나타나는 잠재적인 원인에 대한 가설을 세우고, 각각의 인지 기술을 적절히 측정할 수 있는 방법을 제시하는 것이다. 이 장은 인지 영역인 언어, 실행기능, 기억, 학습, 학업성취로 구성되었다.

WISC 외의 다른 검사도구에 대한 사용은 다음과 같은 구체적인 임상적 질문에 응답하기 위한 것이다. 임상적 질문으로는 주의력, 충동성 등과 관련된 환자 정보, 두부 외상 여부와 지연된 언어, 읽기장애의 가족력 등과 관련된 심리사회적 개인력, 그리고 낮은 지표 점수, 느린 학습, 과격한 행동 등과 관련된 교사나 부모 관찰을 기반으로 이루어진다. 검사 시간이 제한적이기 때문에, 특정 검사도구 혹은 검사집 내 소검사를 선택하여 실시함으로 써 임상적 질문들에 가장 효율적으로 답할 수 있어야 한다.

소검사 결과에 대한 해석은 내적 타당도와 외적 타당도 모두에 입각하여 신중하게 생각 되고 고려되어야 한다. 지표점수와 소검사 점수들 간의 차이는 임상적으로 의미 있는 결과 로 해석될 수도 있지만, 신뢰도, 피로 효과, 위험요인 등에 의해 그러한 차이가 발생할 수 도 있다. 또한 어떤 경우에는 지표점수들 간에 명확한 패턴이 발생할 수도 있지만, 그렇지 않은 경우도 발생할 수 있다. 따라서 임상적으로 관계없는 요인들이 소검사의 가변성에 미 치는 영향을 고려하여, 임상가는 소검사들 간의 차이를 해석하고 판단할 필요가 있다.

검사 비교 시 일반적인 문제

평균으로의 회귀

소검사들 간의 점수 패턴이 일치하지 않는 경우는 충분히 예상될 수 있다. 예를 들어, 어 느 한 측면의 능력만 측정이 되거나 정상분포가 아닌 도구로 측정된 점수를 지능검사와 비교할 때, 평균으로의 회귀 때문에 자주 점수들 간의 차이가 발생한다. 지능검사와 다양 한 인지능력 검사 간의 관계는 흔히 예측 가능하다. 지능검사는 일반적으로 3 표준편차 이상과 이하에 속하는 넓은 범위의 인지능력을 측정한다. 그러나 대부분의 특정한 인지 요소를 측정하는 검사들은 평균으로부터 1 혹은 2 표준편차에 속하는 제한적인 범위의 점수에 속하고, 평균 이상의 점수보다 이하의 점수가 더 많이 나타나 부적으로 왜곡되어 있다.

따라서 다른 검사도구와 지능검사를 비교하고자 하는 경우, 지능점수와 다른 검사점수 간에는 상이한 패턴이 나타날 수 있음을 고려해야 한다. 즉, 일반적으로 지능점수가 100 이하라면, 다른 검사점수는 지능점수와 같거나 그 이상인 경우가 흔하다. 혹은 지능점수가

100 이상이라면, 다른 검사점수는 지능점수와 분포가 같거나 그 이하가 된다. IQ 점수가 높으면 높을수록, 특정 능력을 재는 다른 검사 결과는 낮은 점수를 보일 것이며 지능검사와 다른 검사점수 간의 점수 차이는 더욱 커질 것이다. 이러한 결과는 지능검사와 다른 인지 기술 검사 간의 통계적 특성에 기인한 것이다. 이러한 점수 차이를 가지고, 높은 능력치를 가진 아동들에게 특정한 인지적 약점이 있다거나 임상적 진단이 필요한 상태라고 과해석해서는 안 될 것이다. 이와 마찬가지로 아이들이 평균보다 낮은 인지능력을 보이고 있을 때, 다른 검사에서 점수는 일반적으로 지능점수보다 같거나 더 높게 나타날 것이다. 지능이 100 미만일 경우, 지능점수가 다른 검사 결과보다 약간이라도 높은 것은 큰 의미가 있을 수 있다. 많은 경우에 아동의 지능점수가 낮은 이유는 언어, 기억과 같은 주요 인지 영역의 결함에 의한 것이므로, 임상가는 아동의 검사 결과 해석 시 이러한 점을 고려하여 지능점수와 다른 인지능력 검사 결과 간의 점수 차이를 해석해야 할 것이다.

낮은 상관

두 측정 도구의 상관이 매우 높을 때, 아동은 두 검사에서 유사한 수준으로 수행한 것이다. 이처럼 검사 간의 불일치 기저율은 수행 간의 차이를 확인하기 위한 것으로, 상관계수는 임상가에게 두 검사점수의 유사 정도에 대한 정보를 줄 수 있다. 두 검사 변인 간의 상관이 매우 낮을 때, 작거나 중간 수준의 불일치를 보이는 것은 일반적이다. 표준화된 연구 결과를 통해서 불일치 기저율이 보고되지 않았다면 검사 데이터 간의 상관은 검사 간의 특성을 알려 주는 데 유용하게 사용될 수 있다. 하지만 점수 차이를 해석하는 데 신중하게 접근해야 한다.

규준 표본의 차이

규준을 함께 사용하거나, 통계적으로 같은 표본을 공유하는 검사는 거의 없다. 두 검사가 같은 규준을 사용할 때, 표준점수의 평균은 같은 값으로 정해진다. 하지만 두 검사의 평균 차이가 0이라고 추정해서는 안 된다. 다시 말해, 두 점수의 상대적 분포를 알지 못할 때 점수 차이를 해석하려면 신중하게 접근해야만 한다. 특히 만약 규준 데이터가 수년간 따로따로 모아졌다면 더 그러할 것이다. 규준 표본이 동일한 경우일지라도 임상가는 두 변인에서 같은 정도의 플린 효과(Flynn effect)[1]가 나타날 것이라고 추정해서는 안 되며, 프로파일 검사에 이전에 사용되던 규준을 적용하면 오해석될 수 있다는 점을 염두에 두어야 한다.

인지적 참조

인지능력을 측정하는 검사 점수들 간의 지시를 비교하는 것은 인지과정의 약점을 이해하는 데 유용하다. 예를 들어, 아동이 특정 언어 평가에서 낮은 점수를 받았을 때, 인지능력 수준에 상관없이 언어처리 과정에 어려움이 있다는 뜻으로 해석될 수 있으며, 이러한 능력의 결핍이 지능검사에서도 낮은 점수를 받게 되는 이유가 될 것이다. 따라서 능력에 손상을 보이는 아동은 지능 및 인지 과제로 측정된 점수들이 모두 낮을 것이므로 관련 점수들을 비교하여도 그리 점수 차가 크지는 않을 것이다. 그러므로 임상가는 소검사들 간의 불일치를 살펴볼 필요가 있으며, 손상된 특정 기술이 다양한 검사의 수행에 영향을 미치는지 이해할 필요가 있다. 뿐만 아니라 전반적인 능력 면에서 아동의 수행을 이해함으로써, 진단과 중재방법을 결정하는 데 도움을 얻을 수 있다.

특정 인지 기술

언어 기술

언어기능과 언어성 지능을 구별하는 것은 중요하다. '언어기능'을 측정하는 검사들은 '동사 사용, 문법발달, 명명하기'와 같은 외적 기준과 관련된 구체적인 언어 기술을 평가하며, 이는 보통 일반집단에 분포되어 있는 기술들이다. 언어기능을 측정하는 질문에는 구체적인 언어 기술이 얼마나 정밀하고 정확한지를 점수화한다. '언어성 지능' 검사는 복잡하고

---

1) 역자 주 : 플린 효과란 1980년대 초 제임스 플린에 의해 세대별로 지능지수가 점점 증가한다고 밝혀진 현상을 말한다.

추상적인 문제를 해결하기 위해 지적 행동으로 표현되는 언어 사용에 초점을 맞춘다. 검사 문항이 적절한 개념을 통해 표현하는 아동의 언어능력을 반영하지 못한다면, 언어성 지능의 점수가 언어 사용에 있이 오류가 있는 것을 측정하지 못할 것이다. 언어성 검사는 보통 다양한 측면을 나누어서 평가하도록 설계되었으며, 기본적인 언어능력을 포함한 다차원적인 인지 기술의 통합까지도 요구할 것이다.

언어검사는 언어장애를 진단하는 목적이 아니라면 전체 검사집을 실시하도록 요구하지는 않는다. 검사자는 작은 수의 측정도구로 언어 문제를 탐색할 수 있으며, 아이들이 진단과 치료를 위해 언어 평가를 받도록 제안할 수 있다.

추가적인 언어 평가 사용시기

심리사회적 개인력과 사전 관찰

유전적 전이가 예상되는 언어장애는 언어 결함의 가족력을 가지는 경우에 언어장애로 발전할 위험이 대개 더 높다(SLI Consortium, SLIC, 2004, Choudhury & Benasich, 2003). 아버지가 언어장애를 가지거나 학습에 어려움을 보이는 아동은 어머니가 언어 문제를 지니는 아동보다 언어 결함의 위험성이 더 높다(Tallal, Townsend, Curtiss, & Wulfeck, 1991). 남아는 여아보다 언어장애를 보이기 더 쉽다(Choudhury, 1991). 지연된 언어발달은 언어 결함이나 언어장애의 위험지표이다(Conti-Ramsden, Botting, Simkin, & Knox, 2001). 따라서 언어장애 혹은 지연된 언어발달의 가족력을 보고한다면 언어 기술에 대한 평가가 이루어질 필요가 있다.

몇몇 의학적 문제들은 언어발달의 어려움을 시사하는 잠재적인 신호이다. 측두엽 간질(temporal lobe epilepsy, TLE), 특히 좌반구 측두엽 간질이나(Thivard, Hombrouck, Te'zenas du Montcel, Delmarire, Cohen, Samson, Dupont, Chiras, Baulac, & Lehe'ricyc, 2005), 중심 관자엽의 뇌파 스파이크를 동반한 양성 소아 간질(benign chilhood

---

2) SLI는 Specific Large Impairment의 약어로 SLI Consortium은 영국에서 언어장애는 유전적으로 연구하는 연구 협력단을 말한다.

epilepsy with centrotemporal spikes, BECTS : Monjauzea, Tullera, Hommetb, Barthezc, & Khomsia, 2005; Vinayan, Biji, & Thomas, 2005) 아동은 언어처리장애의 위험이 높다. 외상적 뇌 손상, 중증도 혹은 심각한 부분적 두부 손상으로 고통 받는 아동들도 언어 문제를 보일 수 있다(Catroppa & Anderson, 2004). 다양한 의학적 상태는 아동의 언어발달에 영향을 미칠 수 있다. 병력에 대한 철저한 조사는 언어 결함과 관련된 가설을 세우고 추가적인 검사를 선정할 수 있도록 돕는다.

많은 의뢰 사유들에서 언어적 결함을 분명하게 정의하지는 않는다. 언어발달 문제가 기저에 있는 경우에 임상가는 다양한 임상적 문제가 생길 수 있다고 예상하며, 의뢰 사유에서 기술된 문제의 잠재적인 원인에 대해 적절한 가설을 세울 수 있다. 예를 들어, 언어장애를 가지고 있다고 진단된 아동과 읽기장애를 가졌다고 하는 아동 간에는 상당히 중복되는 측면이 있다(McArthur, Hogben, Edwards, Heath, & Menger, 2000). 언어장애로 진단된 미취학 아동은 유급, 특수지도, 장애아 교실 수업을 받는 등 학습에 어려움을 겪는다(Aram, Ekelman, & Nation, 1984). 자폐장애나 정신지체 아동(Rapin & Dunn, 2003), 정신과에 입원한 아동(Cohen, Menna, Vallance, Barwick, Im, & Horodezky, 1998), 품행장애의 초기 증상을 보이는 아동(Speltz, Deklyen, Calderon, Greenberg, & Fisher, 1999)을 평가할 때, 언어 결함과 그것이 다른 정신병리 증상에 미치는 영향을 살펴보아야 한다.

언어지연이 나타나는 경우, 임상가는 수용 및 표현언어의 결함을 평가해야 한다. 만약 아동의 병력과 의뢰 사유에 언어 문제가 있다면, 검사자는 구체적인 언어검사를 실시하여 언어처리의 어려움을 탐색할 수 있다. 또한 임상가는 추가적인 언어검사가 필요한지 결정하기 위해 WISC-IV 통합본 소검사의 결과를 살펴볼 수 있다.

다음 단락에서는 심한 언어 결함을 보이는 임상집단의 WISC-IV 통합본 데이터를 검토하고자 한다. 언어처리와 관련된 척도와 WISC-IV 통합본 간 상관관계가 있는 결과들을 살펴보면, WISC-IV 점수가 언어 결함을 평가하는 중요한 지표임을 알 수 있다.

통합본의 동시 타당도 데이터

WISC-IV 통합본의 표준화를 위해 많은 임상집단에 검사가 실시되었으며, 수렴－확산 타당도(convergent-divergent validity)를 검증하기 위해 추가적인 검사도 실시되었다. 다음과 같은 임상집단을 대상으로 검사가 실시되어 데이터가 제시되었다 — 주의력결핍장애, 자폐장애, 표현언어장애, 수용－표현언어장애, 산술장애, 읽기장애, 외상적 뇌 손상. 언어장애 표본은 WISC-IV 통합본 소검사에서 언어 해석과 표현능력 결함에 대한 중요한 정보를 제공한다. 자폐장애 아동이 보이는 언어 결함은 언어장애 아동과 유사하며(Rapin & Dunn, 2003), WISC-IV 통합본 점수에 영향을 미친다. 읽기장애 집단은 두 언어장애 집단과 비교하여 가벼운 언어 및 청각적 작업기억력에서 결함을 보이며, 용량－반응 비교(dose-response comparison)[3)]의 역할을 한다. 주의력결핍장애와 외상적 뇌 손상 집단은 실행기능과 처리속도 결함이 언어적 소검사에 미치는 영향에 관한 정보를 제공한다(표 7.1).

　WISC-IV 통합본에서는 진단의 효과도 뚜렷하게 나타난다. 예를 들어, 수용－표현언어, 자폐장애와 같이 중등도의 심한 언어장애로 진단된 아동은 WISC-IV 통합본 소검사에서 낮은 점수를 얻는다. 또한 표현언어장애, 읽기장애, 외상적 뇌 손상과 같이 더 가벼운 수준의 손상이 나타나는 장애군에서는 중증도 혹은 심한 장애를 보이는 집단보다 언어성 소검사들에서 더 높은 점수를 받으며, 언어적 결함이 아주 가벼운 수준이거나 거의 없는 집단보다는 낮은 점수를 받는 것으로 나타났다. 즉, 언어적 이해 소검사의 낮은 평균 점수는 언어발달 장애를 시사한다.

　종합해 보면, 손상되지 않은 언어 기술이 언어이해 소검사를 잘 수행하는 데 필수적이라는 가설을 뒷받침한다. 이는 심각한 언어 문제에 제한되는 것이 아니라, 음운처리나 표현언어 손상에 국한된 처리과정상의 어려움도 포함한다. 객관적 버전은 어떤 경우에 표준형 소검사 실시에서보다 더 높은 점수를 보여 주기도 하는데, 이러한 객관식 절차는 언어를 잘 표현하지 못하는 아동의 지적 능력을 평가하는 데 유용하다. 그러나 WISC-IV 통합본

---

3) 역자 주 : 용량－반응 비교란 약의 효능을 연구할 때 주로 쓰이는 말로, 본문에서는 경미한 언어적 결함과 더 심각한 결함을 비교함으로써 언어기능의 효과를 비교 연구하고자 하였다.

표 7.1 WISC-IV 통합본 언어성 소검사에서 임상집단의 수행 평균 점수

언어성 소검사	주의력결핍장애		자폐장애		표현언어장애		수용-표현 언어장애		신술장애		읽기장애		외상적 뇌 손상	
	평균	(표준편차)	평균	(표준편차)	평균	(표준편차)	평균	(표준편차)	평균	(표준편차)	평균	(표준편차)	평균	(표준편차)
어휘	9.5	(2.4)	6.7	(3.1)	7.1	(2.3)	6.1	(2.3)	8.4	(1.9)	8.2	(2.0)	8.5	(2.7)
재인식 어휘	9.0	(2.5)	7.0	(2.6)	7.3	(2.9)	6.3	(3.0)	7.9	(2.5)	7.9	(2.8)	9.1	(2.8)
그림 어휘	9.5	(2.7)	8.2	(4.1)	7.8	(2.8)	6.5	(2.6)	8.5	(2.7)	8.4	(2.2)	8.7	(3.0)
공통성	9.3	(3.0)	6.4	(3.2)	7.6	(2.3)	6.3	(1.9)	8.2	(2.1)	8.6	(2.3)	9.0	(3.1)
재인식 공통성	8.9	(3.1)	7.8	(3.7)	7.3	(3.0)	6.0	(2.8)	8.4	(2.2)	8.7	(2.8)	8.4	(3.2)
이해	8.9	(2.4)	5.2	(4.0)	7.2	(3.0)	6.1	(2.7)	8.1	(2.1)	9.0	(1.8)	8.7	(3.0)
재인식 이해	9.0	(3.2)	4.9	(4.1)	7.3	(3.0)	6.2	(3.0)	7.6	(2.6)	8.7	(2.6)	8.1	(3.1)
상식	9.2	(2.4)	6.2	(3.3)	7.4	(2.4)	6.4	(2.2)	7.6	(1.8)	7.9	(2.0)	8.7	(3.0)
재인식 상식	9.0	(2.4)	6.8	(3.5)	7.3	(2.9)	6.3	(2.7)	7.0	(2.2)	7.6	(2.0)	8.8	(3.0)

주. 데이터는 목록별 결측치 제거 방식을 기본으로 하였다—주의력결핍장애(n=49), 자폐장애(n=16), 표현언어장애(n=46), 수용-표현언어장애(n=46), 신술장애(n=43), 읽기장애(n=62), 외상적 뇌손상(n=38). 아동용 웩슬러 지능검사-4판 통합본(WISC-IV Integrated) © 2004 Harcourt assessment, Inc. 인가하에 인용됨.

표 7.2 복수의 원점수로 WISC-IV 통합본 언어성 소검사를 개선한 임상집단의 수행 백분위

언어성 소검사	표준화 연구집단	가벼운 지적장애	주의력결핍 장애	자폐장애	표현 언어장애	수용-표현 언어장애	산출장애	읽기장애	외상적 뇌 손상
4점 이하의 환산점수 보이는 3개 이상 언어성 소검사	1.8	50	0.0	31.3	2.2	8.7	0.0	0.0	5.3
7점 이하 환산점수 보이는 3개 이상 언어성 소검사	11.7	100	22.4	62.5	56.5	56.5	23.3	25.8	29.0
9점 이하 환산점수 보이는 3개 이상 언어성 소검사	31.3	100	42.9	75.0	80.5	73.9	76.7	69.4	50.0
10점 이상 환산점수 보이는 3개 이상 언어성 소검사	52.5	0	40.8	12.5	15.2	2.2	16.3	14.5	31.6
12점 이상 환산점수 보이는 3개 이상 언어성 소검사	21.9	0	8.2	0.0	2.2	0.0	0.0	3.2	2.6
4점 이하 환산점수 보이는 3개 이상 재판식 소검사	3.1	60	2.0	12.5	8.7	21.8	2.3	1.6	2.6
7점 이하 환산점수 보이는 3개 이상 재판식 소검사	14.6	100	28.6	62.5	54.4	73.9	31.9	30.0	34.2
9점 이하 환산점수 보이는 3개 이상 재판식 소검사	38.9	100	59.2	93.8	80.5	95.6	62.8	77.4	66.8
10점 이상 환산점수 보이는 3개 이상 재판식 소검사	62.1	0	40.8	6.2	19.5	4.4	18.6	9.7	34.2
12점 이상 환산점수 보이는 3개 이상 재판식 소검사	27.5	0	16.3	6.2	4.4	2.2	0.0	3.2	13.2

주: 데이터는 목록별 결측치 제거 방식을 기본으로 하였다―주의력결핍장애(n=49), 자폐장애(n=16), 표현언어장애(n=46), 수용-표현언어장애(n=46), 산출장애(n=43), 읽기장애(n=62), 외상적 뇌 손상(n=38). 아동용 웩슬러 지능검사-4판 통합본(WISC-IV Integrated) ⓒ 2004 Harcourt assessment, Inc. 인가하에 인용됨.

소검사들은 특정 임상 상태를 진단하는 것이 아니라 진단을 내리는 데 필요한 정보를 추가로 제공한다는 점에 유의해야 한다.

언어 영역에서 피검자가 받은 낮은 점수의 개수는 추가적인 언어검사가 필요한가에 대한 지표를 제공한다. 표 7.2는 표준화 연구집단과 다양한 임상집단이 언어 영역에서 낮은 점수를 여러 개 보인 아동에 대한 백분율을 제시하고 있다. 세 개 이상의 언어성 소검사에서 4점 이하의 환산점수를 보이는 아동의 백분율은 표준화 표본에서는 흔치 않으며, 대부분의 지적장애와 같은 임상집단에서 나타나고, 임상가는 여러 가지 검사점수를 참고하여 아동에게 더 이상 다른 언어검사를 실시하지 않아도 된다고 결정할 수 있다. 또한 12점 이상의 환산점수가 3개 이상의 척도에서 나타날 확률은 매우 드물며, 이러한 경우에도 임상가는 추가적인 언어검사를 실시하지 않아도 될 것이다.

언어 문제가 있는 대부분의 아동은 9점 이하의 언어 영역 점수를 가지고 있으며, 대부분이 5~7점 사이의 검사점수를 보인다. 그러나 5~7점 범위의 객관식 언어성 소점수에 대해서는 더 조사가 이루어져야 한다. 예를 들어, 아동이 9점 이하의 객관식 언어성 점수만 가지고 있다면, 특정 언어 기술이 측정에 반영되었는지 결정하기에는 제한적일 수 있다. 아동에게 읽기장애가 의심된다면 음운과정과 관련된 측정이 더 필요하고, 언어로 발화하기 어려울 것으로 관찰된다면 언어 산출에 대한 측정이 필요할 것이다. 어떤 언어 영역을 측정할 것인가에 대한 선택을 통해 임상적 질문에 대한 대답을 할 수 있을 것이다.

간단한 언어 및 기술 측정 목록

언어기능을 측정하기 위해 출간된 검사들이 다수 존재한다. 모든 언어검사들이 같은 목적으로 개발된 것은 아니며, 이러한 내용은 상당히 다양할 것이다. 특정한 언어 측정도구를 사용하여 해석할 때, 과제의 내용과 특성이 사용 목적에 따라 다양하기 때문에 모집단을 결정하는 것은 필수적이다. 이번 장은 간단하게 기초언어 임상평가(CELF-IV), 발달신경심리 평가(NEPSY), 웩슬러 개인성취 검사 제2판(Wechsler Individual Achievement Test-2nd Edition), 단어지식 검사(Test of Word Knowledge, TOWK), 델리스-카플란 실행기능 시스템(D-KEFS), 학습과정 측정(Process Assessment of the Learner, PAL-RW), 초기 읽기 성공 지표(Early Reading Success Indicator, ERSI), 적응적 행동 평가 척도 제2판 (Adaptive Behavioral Assessment Scale-2nd Edition, ABAS-II), 보스턴 이름대기 검사(Boston Naming Test, BNT)와 같이 구체적으로 언어기능을 측정하는 척도를 소척도를 통해 살펴보고자 한다.

언어점수의 프로파일은 언어적 손상 심각도, 언어 문제의 특성, 고려되는 진단에 대한 결정을 도울 수 있으며, 언어 영역 내 측정과정에 대한 자세한 부분은 이전 장을 참고할 수 있다.

1. 음운론적 처리
   - WAIT-II/PAL-RW/ERSI : 가짜단어 해독(pseudoword decoding), 단어 읽기
2. 음소와 음운적인 처리
   - NEPSY : 음운적 처리
   - PAL-RW : 음소, 음절
   - CELF-IV : 음운적 인식
3. 빨리 자동적으로 명명하기
   - NEPSY : 빨리 명명하기
   - CELF-IV : 빨리 자동적으로 명명하기
   - PAL-RW : 빨리 자동적으로 명명하기
   - ERSI : 빨리 명명하기, 문자 명명하기
4. 어휘/단어 지식
   - WIAT-II : 수용 · 표현 어휘
   - WISC-IV 통합본 : 어휘, 객관식 어휘, 그림 어휘
   - TOWK : 표현 · 수용 어휘
   - CELF-IV : 단어 정의
5. 반의어 명명하기/참조어 명명하기
   - 보스턴 이름 검사

- CEFL-IV 표현 어휘

6. 다중요구에 따르는 능력
    - NEPSY : 지시이해
    - WIAT-II : 문장이해
    - CELF-IV : 개념과 지시

7. 연상적 의미 지식
    - TOWK : 다양한 문맥, 동의어, 의미적 반의어
    - CELF-IV : 의미적 품사
    - WISC-IV 통합본 : 공통성, 객관식 공통성

8. 더 복잡한 의미적 · 구문론적 문장의 해석
    - CELF-IV : 문단 이해, 의미관계
    - WIAT-II : 듣고 이해하기

9. 구문론적 이해
    - CEFL-IV : 단어구조, 문장구조
    - TOWK : 접속사, 전환어

10. 언어 산출
    - CELF-IV 구조화된 문장(통제된 산출은 의미적 · 구문적 구조의 조절을 요한다)
    - CELF-IV : 문장 조합(구문론적으로 중요한 지식이 통제된 산출)
    - CELF-IV : 단어 조합(의미적 지식에 접근하는 산출)
    - WAIT-II : 구어 표현(조직화되고, 결합된 언어 산출)
    - WAIT-II : 단어 유창성(일반적인 단어 지식에 대한 구어 및 문어 버전)
    - PAL : 스토리 다시 말하기(의미적 · 구문적 기술을 통합한 산출)
    - NEPSY : 단어 유창성(올바른 철자 힌트를 사용하여 단어 지식에 접근)
    - NEPSY : 의미 유창성(의미적 힌트를 사용하여 단어 지식에 접근)
    - D-KEFS : 단어 유창성(올바른 철자 힌트를 사용하여 단어 지식에 접근)
    - D-KEFS : 의미 유창성(의미적 힌트를 사용하여 단어 지식에 접근)

11. 언어 산출과 이해의 유연성 및 추상성
    - TOWK : 구상의 사용(명확한 이해)
    - TOWK : 다양한 의미(단어의 다양한 의미에 접근)
    - CELF-IV : 문장 조합(구문과 의미의 유연한 사용 요구)
    - D-KEFS : 의미 전환(카테고리의 정신적 전환)
    - D-KEFS : 스무고개, 단어 문맥, 분류검사
    - WISC-IV 통합본 : 이해, 객관식 이해, 단어 의미추론
12. 언어 반복
    - NEPSY : 문장 반복
    - CELF-IV : 문장 회상
    - WIAT-II : 문장 반복(구어 표현 부분)
13. 커뮤니케이션과 화용론의 사회적 효과
    - CELF-IV : 화용론 프로파일
    - ABAS-II : 커뮤니케이션

언어점수 대 언어이해 지표/소검사의 이해

WISC-IV 통합본 언어이해 소검사들이 언어의 역기능적 효과에 대해서는 민감한 반면, 언어 기술자체는 구제적으로 보여주지는 않는다. WISC-IV 통합본 언어성 소검사들은 우선 개념적이고 추상적인 추론 기술을 측정하도록 고안되어 왔다. WISC-IV 언어성 소검사와 언어 측정검사 수행 간에 차이가 관찰될 때, 이러한 차이가 결과에 영향을 미칠 것이라는 점을 염두에 두는 것은 매우 중요하다. 모든 가능한 점수 조합에 대한 해석은 이 장의 후반부에서 다루게 될 것이며, 이번 단락에서는 주요 쟁점에 대해서만 다루고자 한다.

언어이해 지표점수는 낮게 나타나지만 특정 영역에서는 평균 혹은 그 이상의 언어점수를 보이는 아동은, 개념적 혹은 추상적 추론 과제를 해결하기 위해 언어를 사용하는 것을 어려워한다. 이러한 아동은 이해나 언어 사용에 있어서 경직된 모습을 나타내지만, 그 사실 자체만 가지고는 언어장애가 있다고 말할 수 없다. 반면 낮은 언어이해 지표점수를

보이고, 심지어 낮은 언어점수를 보이는 아동은 언어장애일 가능성이 높으며, 이때 추상적인 언어표현 능력과 부족한 이해력, 기본적인 언어 산출 능력의 손상이 존재할 수 있다.

언어 산출에 대한 문제

언어 산출은 상대방과 대화할 때 언어 사용, 지식의 표현, 산출의 정확성, 적은 산출의 양 등 여러 상황에서 언어를 생산하고 표현하는 능력을 지칭한다. 산출의 어려움은 학교 교사가 관찰하거나 종종 심리교육 평가에서 나타날 수 있다. 임상가들의 임무는 언어 산출 문제의 원인을 밝히는 것이다. 대부분의 단순한 언어 산출 과제는 가능한 많은 동물 이름 말하기(NEPSY, D-KEFS 카테고리/의미 유창성)와 같이 일반적인 명사를 인출할 것을 요구한다. 이러한 과제에서 보이는 손상은 정보에 접근하는 문제를 시사한다. 또한 의미 유창성 과제는 언어성 지능이나 언어점수가 낮고 언어성 소검사들에서 보통에서 보통상의 수행을 보이는 아동의 노력 수준을 추정할 수 있다. 이러한 프로파일은 적절한 수준 이상의 노력을 기울이지만 언어성 지능이나 언어적 처리가 제한되어 있는 아동에게서 관찰될 수 있다.

의미 유창성과 단어 유창성의 비교는 아동이 단순히 유목 전략을 사용하기보다는 새로운 철자를 통해 단어를 검색하는 데 어려움이 있을 때 임상가에게 유용한 정보를 제공한다. 언어 산출과 관련한 어려움은 없지만 단어 유창성이 낮은 경우에는 새로운 문제해결 상황에서 정보에 접근하는 데 문제가 있음을 암시한다. 이는 WISC-IV 통합본 표준화 언어 과제, 특히 아이들에게 서로 다른 두 단어의 일반적인 의미를 찾도록 요하는 공통성 소검사에 영향을 미친다. 또한 의미 유창성과 단어 유창성 소검사 간의 불일치는 언어 산출 노력 측면에서 의미 있다. 즉, 단어 유창성보다 의미 유창성을 더 잘하는 아동은 노력은 더 기울이지만 실제 수행은 저조할 것이다. 정반대 프로파일은 흔치 않으며, 만약 의미 유창성보다 단어 유창성을 더 잘 한다면, 의미 지식 혹은 노력을 요하지 않는 과제에 어려움이 있다는 것이다.

구어를 모방하는 검사들은 언어 산출 통제능력을 평가하기 위한 방법이다. 몇몇 아동은 언어를 잘 구사하고 하나의 단어를 산출하는 과제는 잘하지만, 기저의 언어능력은 저하되어 있어 양적으로는 언어를 잘 표현하지만 오히려 질적으로는 빈약한 경우가 있다. 따라서 언어성 소검사에서 이러한 아동은 단조로운 반응을 보이고, 빈약한 반응으로 인해 부정확하고 일관성 없는 결과를 나타낼 수 있다. 이러한 경우에, CELF-IV 문장완성 소검사와 WIAT-II 구어표현 소검사는 WISC-IV 통합 소척도의 개념추론 소검사를 실시하시 않고도 산출의 정확성을 측정할 수 있다. 결국, 언어성 소검사에서 낮은 점수를 보이는 아동을 위해 임상가는 낮은 점수가 효과적으로 언어를 사용하고 접근하는 것과 관련된 더 기본적인 문제인지, 아니면 언어성 지능발달이 저하되었기 때문인지를 산출하기 위해 척도들을 사용할 수 있다.

반복

어떤 아동은 정보를 정확하게 반복할 수 있지만 효과적으로 언어를 이해하고 사용하는 능력은 제한적인데, WISC-IV의 낮은 언어이해 지표(VCI) 점수와 더불어 작업기억 지표(WMI)에서 보통 혹은 그 이상의 점수를 보이는 프로파일의 경우 이러한 결과가 예상된다. 언어장애 아동은 종종 청각적 작업기억의 손상을 동반하므로(Montgomery, 2003), 작업기억 지표 점수가 저하되지 않았다면 추가적인 검사를 통해 발생 가능한 가설들을 검증할 수 있다.

   즉, 아동의 언어이해 능력과 문장을 반복할 수 있는 능력이 양호하다면, 낮은 언어이해 지표 점수는 언어 사용의 개념적 추론능력의 문제나 표현언어장애 가능성을 시사한다. 또한 반복 및 이해 능력이 언어이해 지표와 더불어 저하된다면 언어장애 가능성이 높아지고, 이러한 아동은 유일하게 언어정보를 그대로 따라 하는 것만 가능할 것이다.

   반복 및 작업기억 지표는 보통 혹은 그 이상이지만 언어이해 지표는 낮아서 언어이해 기술이 부족하다면, 작업기억과 언어 사용 간의 차이가 존재할 것이다. 이러한 프로파일은 비언어 학습장애[4]와 관련이 있다(Rourke, Del Dotto, Rourke, & Casey, 1990). 맥락 혹

---

3) 역자 주 : 비언어 학습장애의 경우, 청각적인 반복과제와 같은 기억능력은 우수하나, 언어의 맥락을 이해하는 능력은 저조하다.

은 적절한 맥락에 관계없이 극도로 반복만 하는 현상은 **반향언어**(echolalia)라고 하며, 이는 아동이 어떠한 맥락에서 들었던 단어나 구를 단순히 반복적으로 말하는 것이다. 반향언어는 자폐장애와 관련되어 있다(Rapin et al., 2003).

어떤 경우에 이러한 프로파일은 결핍된 환경에 있는 아동들에게서 나타난다. 아동이 언어장애는 아니지만, 적절한 초기 학습 경험이 부족했기 때문에 언어적 기술발달이 저조하게 된다. 따라서 언어 학습에 필요한 인지적 잠재력은 존재하지만, 또래들 사이에서도 제한된 이해나 표현을 보인다.

사회 및 실용언어 문제

자폐 스펙트럼 장애 아동은 특정한 언어 결함을 보이는 아동과 비슷하게 언어 결함을 보인다(Rapin et al., 2003). 그렇다고 의미 실용 장애(semantic pragmatic disorder)처럼 실용언어 결함을 보이는 모든 아동이 자폐장애는 아니다. 임상가는 사회적으로 부적절한 언어 사용[예 : 질문에 바로 대답하지 않음, 크게 이야기함, 벗어난 주제에 대해 이야기하기, 주제 반복하기, 경직된 언어이해, 유머 이해의 어려움; Martin & McDonald(2003)에서 인용함]이 WISC-IV 통합본의 언어성 소검사 수행을 방해할 수 있음을 염두에 둘 필요가 있다. 표준형 언어성 과제의 객관식 버전을 사용하는 것은 언어성 검사 수행에서 실용능력 손상이 미치는 영향을 감소시켜 준다.

낮은 언어기능이 사회적 기능에 미치는 영향(예 : ABAS-II 커뮤니케이션, CELF-IV 실용 프로파일)에 대해 평가하는 것은 진단에 유용한 정보를 제공한다. 또한 사회적 언어의 사용에 대한 실용 기술은 아동의 적절한 또래관계와 심리사회적 발달에 영향을 미칠 수 있다. 아동과 어른 간의 상호 관계는 자주 언어 문제에 의해 영향을 받으며, 관계의 질이나 특성은 많은 요소에 영향을 받는다. 특히, 아동과 어른의 관계는 체벌보다는 어른의 기질과 긍정적으로 아동에게 반응하는 어른의 능력에 달려 있다. 그러나 실용언어 문제를 보이는 아동의 대부분은 인지적으로 성숙하지 못하여, 언어 결함으로 인해 또래 관계에서 어려움을 보인다. 언어 결함이 있는 아동은 고립, 따돌림(Knox & Conti-Ramsden, 2003), 품행 관련 문제(Gilmour, Hill, Place, & Skuse, 2004)의 위험이 있다.

가벼운 언어 결함

가벼운 수준의 언어 사용의 어려움은 학업 문제 혹은 오랜 기간 잠재적으로 심리사회적 어려움을 보이는 아동에게 나타날 수 있다. 읽기 및 산술장애 집단뿐만 아니라 주의력결핍장애 집단과 같은 임상집단에서는 다양한 언어성 소검사에서 보통하 수준을 보이는 아동이 규준집단 아동보다 세 배나 더 많으며, 더 심한 언어 문제를 겪을 위험성이 5~6배나 높다. 따라서 읽기, 수학, 행동 문제와 같은 학업 문제를 호소하는 아동은 언어적 어려움이 있을 경우 도움을 받도록 해야 한다.

주요 학습 문제를 보이는 아동은 음운론적으로 빠르게 명명하기를 수행하는 데 결함이 있는 것으로 평가되며, 이러한 기술은 난독증과 연관되어 있다(Catts, Fey, Zhang, & Tomblin, 2001; Wolf & Bowers, 1999). 정상적인 언어이해 및 청각적 작업기억을 보이지만 읽기 기술이 떨어지는 아동은 음운을 듣고 알아차리거나 해석하는 것을 상당히 어려워한다. 언어이해가 낮지만 정상수준의 음운처리를 보이는 아동은 읽기 능력은 언어이해 점수보다 더 좋을 수 있지만, 읽기 이해 점수는 읽기 능력보다 떨어지거나, 언어이해 지표와 비슷한 수준으로 낮게 나타날 수 있다. 초등학교 4학년 이후, 늦게 발병한 읽기 문제는 해석이나 음소처리의 결손보다는 부족한 언어추론 능력과 더 관련이 깊다. 처리속도 지표(PSI), 지각추론 지표(PRI)보다 언어이해 및 작업기억에서 더 낮은 점수를 보이는 아동은 읽기 능력과 읽기 이해 점수가 전체지능 점수보다 더 낮게 나타난다.

주의력결핍장애 아동은 일반적으로 언어 사용에서 전반적인 결함을 보이지 않는다. 그러나 통제적인 실행기능 및 언어의 사용에 있어 더 오류가 많고 수행에 일관성이 없기 때문에, 임상가와 부모는 아이들이 언어 및 쓰기에서 잠재력을 발휘하지 못하고 있다고 믿을 것이다. 주의력결핍장애에서 나타나는 언어 문제는 고도의 언어 기술의 통제와 관련되어 있다.

요약

언어성 지능점수와 특정 언어 평가점수에 대해 보고할 때, 몇 가지 명심해야 할 것이 있다. 언어적인 지적 능력은 흔히 표현 및 수용 언어능력을 요한다. 광범위한 언어기능의 결함은 전반적으로 언어이해 소검사의 수행을 저하시킬 것이다. 특히 객관식 공통성, 그림 어휘와 같은 처리과정 소검사에서 표현언어와 언어적 작업기억에 대한 기술이 요구되기도 하므로, 표현언어에 어려움을 보이는 아동은 여전히 이러한 소검사에서 낮은 수행을 보인다. 언어성 소검사들 간의 차이는 언어 문제 기저의 심각성(예 : 소검사들 간의 심한 차이는 비교적 가벼운 장애에서 나타나고, 언어장애가 아주 심한 아동에게는 모든 소검사에서 일관적으로 낮은 점수가 나타남)과 관련이 있다. 언어성 소검사 프로파일은 언어 결함의 특징에 대한 몇 가지 정보를 제공할 수 있고, 이러한 정보에 대한 이해는 특정 언어기능을 측정하는 데 바탕이 될 것이다.

언어 기술은 주의력, 실행기능, 작업기억, 서술 기억의 영향을 받는다. WISC-IV 통합본 언어성 소검사의 결과 해석 시, 작업기억과 실행기능의 역할은 언어이해 및 다른 언어성 소검사 프로파일에 대한 이해를 통하여 조심스럽게 해석되어야 한다. 매우 저하된 작업기억력은 언어와 지능 과제 수행을 동시에 감소시킬 것이다. 실행기능은 표현언어 기술 측정 시 중요한 역할을 할 것이다.

다양한 검사를 사용할 때, 임상가는 언어성 소검사의 서로 다른 인지 기술에 영향을 미치는 지표들에 대한 가설을 세울 필요가 있다. 아동은 언어적 약점에 관한 치료적 개입을 통해 학습 및 다른 심리사회적 환경에서 더 나은 생활을 할 수 있을 것이다.

언어이해 지표 소검사 가설에 대한 주요 쟁점

1. 어휘 점수가 이해와 공통성 점수보다 유의미하게 낮을 때
   - 어휘는 단어 지식과 관련이 깊으며, 의미발달의 부진을 반영한다. 반의어 명명하기와 그림 어휘의 측정을 실시하는 것은 어휘력 결함의 정도에 관하여 구체적인 정보를 제공한다.
   - 객관식 어휘 소검사의 실시를 통해 어휘 지식에 접근하는 데 있어서의 문제가 미치는 영향을 배제할 수 있다.
   - 집중적으로 어휘발달에 초점을 둔 중재는 다양한 측면에서 학습발달에 도움을 준다.

2. 공통성 점수가 이해와 어휘 점수보다 유의미하게 낮을 때

- 공통성 소검사는 이해 소검사와 마찬가지로 언어 기술과 상당히 관련이 있으며, 공통성 소검사에서만 유일하게 낮은 점수가 나타나지는 않을 것이다. 이 경우에는 단어 지식 간의 관련성뿐만 아니라, 어휘의 다의적 의미, 다양한 문맥적 의미, 반의어, 유의어 등 언어 사용과 관련된 인지적 유연성도 고려해야 한다.
- 언어 지식과 융통적인 언어 사용의 발달에 초점을 맞춘 중재는 이러한 프로파일을 보이는 아동에게 유용할 것이다.

3. 이해 점수가 어휘와 공통성 점수보다 유의미하게 낮을 때

- 이해 점수는 언어적 작업기억, 언어 산출, 이해력과 같은 많은 언어 기술과 관련이 깊다. 특히 이해 소검사는 언어 사용 시 사회적/실용적 측면에 결함을 보이는 아동이 어려워한다. 언어를 바탕으로 한 작업기억, 언어 화용론, 복잡한 언어 산출을 추가적으로 측정하면 이해 소검사 점수가 낮은 이유를 더 잘 이해할 수 있다.
- 객관식 이해 문항을 사용하여 이해력 관련 지식을 측정하는 문제를 고려해야 한다.
- 군집화, 덩이짓기, 기억술과 같이 언어 화용론과 작업기억에 초점을 맞춘 중재가 도움이 될 것이다.

사전 검사가 언어에 미치는 효과에 대한 주요 쟁점

- 토막짜기 점수가 행렬추리와 빠진곳찾기 점수보다 유의미하게 낮게 나타날 때
  이러한 프로파일은 특정 언어 문제와 관련이 있지는 않다. 토막짜기 소검사는 다른 언어 평가검사와 상관관계가 높지 않으므로, 언어와 관련된 장애를 가진 아동이 높은 점수를 얻는 소검사 중 하나이다.
- 행렬추리 점수가 토막짜기와 공통그림찾기 점수보다 유의미하게 낮게 나타날 때
  주요 언어 문제를 보이는 아동은 공통그림찾기와 함께 행렬추리에서도 낮은 점수를 보일 것으로 예상된다. 자폐장애 아동은 행렬추리 점수가 낮은 경향이 있지만, 반드시 언어 결함 때문에 그러한 것은 아니며 다른 인지적 측면과 관련이 있을 수 있다. 행렬추리는 공통그림찾기보다 언어적 작업기억과 더 관련이 높다. 따라서 행

렬추리에 영향을 미치는 언어적 작업기억의 저하는 문장 반복 패러다임을 사용하여 평가해 볼 수 있을 것이다.

- 공통그림찾기 점수가 토막짜기와 행렬추리 점수보다 유의미하게 낮게 나타날 때 시지각적 손상에 기인된 언어발달 문제는 이러한 프로파일을 산출하게 된다. 이 소검사는 언어의 구문론적 구조와 강한 상관관계가 있다. 이러한 프로파일을 보이는 아동은 언어이해 지표 소검사들에서 낮은 점수를 보일 것이고, 추후 일반적인 언어 기술을 측정할 때도 비슷할 것이다.

실행기능

실행기능은 인지 및 행동의 모니터링과 자기 조절, 환경의 요구를 바탕으로 한 행동의 개시 및 수정, 미래의 행동 방향을 계획하는 것 등 광범위하고 고차원적인 인지 기술을 의미한다. 즉, 실행기능은 반응의 조직화, 규칙의 올바른 수행, 문제해결 및 정보 검색, 추상적 개념의 추론, 독창적이고 유연성 있는 문제해결 등을 통해 각기 다른 인지능력을 수행할 수 있게 한다. 실행기능은 그리기, 언어 검색, 언어 산출, 기억과 같이 다른 능력들이 포함된 맥락 속에서 측정된다.

실행기능은 비록 똑같은 수준은 아닐지라도 여러 다른 인지기능에 영향을 미칠 것이다. 실행기능이 좋은 아동은 구조화된 방식으로 문제에 접근한다. 이러한 아동은 문제를 해결하기 전에 반응에 대해 계획하며, 실수가 있더라도 경험을 통해 능동적으로 배우고, 그들의 행동을 수정할 수 있다. 반면, 실행기능이 좋지 않은 아동은 되는대로 과제를 수행하고, 충동적으로 반응하여 대개 실수를 반복하게 된다. 이러한 아동은 계획하고 조직하기보다는 시행착오를 통해 문제에 접근하기 때문에, 반복된 실수로 인해 시간 가산점을 얻지 못하곤 한다. 실행기능이 손상된 아동은 어떻게 문제를 해결해야 할지 모르기 때문에, 행동을 시작하거나 지속하는 데 어려움을 보인다.

이전 장에서 이미 실행기능의 구체적인 목록에 대해 다룬 적이 있으므로, 이 장에서는 실행기능을 측정하는 검사들에 대해 알아보고자 한다. 또한 실행기능과 지능검사 점수 간의 관계를 밝히고자 하며, 잠재적으로 실행기능의 결함을 보이는 임상집단에 대해서도 검토할 것이다.

언제 실행기능을 측정하는가

심리사회적 개인력 및 사전 관찰

주의력결핍장애(ADD)의 증상은 실행기능의 결함을 기저에 깔고 나타난다(Barkley, 1997, 2003). 실행기능 문제로는 탈억제, 조직화 능력의 감소, 지속적으로 과제를 해결하기 위한 노력을 유지하는 데의 어려움, 자기 조절과정 특성의 어려움과 같은 증상들이 포함된다(Barkley, 2003). ADD는 유전되는 경우가 많으므로, 주의력결핍장애의 가족력은 주요 위험지표이다(Faraone & Biederman, 1998). 또한 주의력결핍장애가 실행기능의 장애일 것이라는 가정에도 불구하고 이와 상반된 검사 결과가 존재한다. 자폐장애(Hill, 2004), 비언어 학습장애(Rourke et al., 1990), 뚜렛 증후군(Channon, Pratt, & Robertson, 2003)과 같은 다른 발달장애에서도 실행기능의 어려움이 입증되고 있다(Sergeant, Geurts, & Oosterlaan, 2002). 실행기능을 측정하기 전 많은 아동들은 특별한 진단을 받지 않는 경우도 있으며, 부모나 교사가 아동 행동 문제에 대해 걱정하기 때문에 평가 여부가 고려된다. 왜냐하면 수업시간에 교실에서 돌아다니거나 큰 소리로 떠드는 등의 행동 때문에 적응적인 학습 환경을 조성하는 데 방해가 되기 때문이다. 행동 문제에는 상호 관계 문제(예 : 화, 어른과의 논쟁, 지시나 규칙에 따르는 문제), 활동수준을 규제하는 문제(예 : 과활동, 충동성, 수면 문제), 감정 조절 문제(예 : 쉽게 화를 내고 짜증을 부리는 것) 등이 포함되며, 이는 행동 통제보다 더 광범위한 문제이다. 따라서 행동 통제 문제, 가족 내 주의력결핍 진단, 주의력결핍이나 자폐 스펙트럼 장애로 진단받은 아동의 부모는 실행기능 검사를 통해 아동의 문제를 진단할 필요가 있다.

실행기능의 손상은 다양한 의학적 조건과도 관련이 있다. 외상적 뇌 손상에 의한 병력은 대개 인지기능 손상의 원인이 된다. 실행기능의 손상을 초래하는(Brookshire, Levin, Song, & Zhang, 2004) 외상적 뇌 손상은 종종 측두엽과 전두엽 손상과 관련이 있다

(Wilde, Hunter, Newsome, Scheibel, Bigler, Johnson, Fearing, Cleavinger, Li, Swank, Pedroza, Roberson, Bachevalier, & Levin, 2005). 또한 태아기 알코올 증후군으로 진단되거나 혹은 진단되지 않아도 태아기 동안의 알코올 노출은 아동의 실행기능 발달에 영향을 미치며(Mattson, Goodman, Caine, Delis, & Riley, 1999), 간질도 실행기능의 손상을 가져온다(Fastenau, Shen, Dunn, Perkins, Hermann, & Austin, 2004). 페닐케톤뇨증과 같은 신진대사 질환이 실행기능의 손상에 관여하는지에 대해서는 관련이 있다는 연구(Antshel & Waisbren, 2003)와 관련이 없다는 연구(Channon, German, Cassina, & Lee, 2004) 사이의 논란이 있으므로, 추후 조사가 필요한 것으로 보인다. 따라서 검사를 시작하기 전에 아동의 의료 정보를 수집하는 것은 잠재적인 실행기능 손상에 대한 중요한 정보를 제공할 것이다(Powell & Voeller, 2004).

검사 시작 전에 실행기능이 손상되었다고 단정 지을 수는 없지만, 행동을 통제하지 못하고, 충동적으로 감정을 표출하고, 언어발달의 지연이 없는데도 규칙이나 지시를 따르는 데 문제가 있으며, 학업과정이나 다른 인지기능에서 결함을 보인다면 실행기능이 손상되었는지 여부를 알아볼 필요가 있다. 또한 검사 중에도 충동적이고, 비구조화되고, 주의집중이 일관적이지 못하며, 잦은 실수를 보인다면 이러한 아동은 인지적 통제에 어려움이 있을 가능성이 높다. 따라서 일상적인 영역에서 실행기능의 문제가 있는지 조사할 필요가 있다.

WISC-IV 통합본의 동시 타당도 데이터

실행기능의 손상이 잠재되어 있을 것으로 보이는 임상집단의 데이터가 WISC-IV 통합본 표준화 연구를 위해 수집되었다. 그중에서 주의력결핍장애, 자폐장애, 외상적 뇌 손상 집단의 WISC-IV 통합본 데이터를 통해서 언어, 지각, 작업기억, 처리속도의 네 영역에서 소검사 수행이 실행기능의 결함에 의해 영향을 받는지를 검토하였다.

임상집단의 언어성 소검사 데이터는 먼저 표 7.2에 제시하였다. 언어성 소검사들 중에서 이해 혹은 객관식 이해는 실행기능 손상과 관련된 세 임상집단이 지속적으로 낮은 점수를 보이는 영역 중 하나이다. 또한 객관식 공통성에서 공통성보다 더 낮은 점수를 보이는 것이 보통이며, 자폐장애 집단만 공통성이 객관식 공통성보다 더 낮게 나타났다. 객관식 문제는 충동적이거나 구체적인 반응을 얻기 위해 고안되었기 때문에, 정보 회상의 정확성 및 정보 재구성 능력을 알아보는 데 민감한 지표가 될 수 있다. 또한 이해 소검사는 자폐장애 집단에서 매우 낮은 수준으로 나타난다. 한 임상집단 내에서 언어성 소검사별 점수 차이는 크지 않기 때문에, 낮은 점수를 실행기능의 문제만으로 지나치게 과해석하지 않도록 하는 것이 중요하다.

지각추론 지표에 속하는 소검사들에 대한 임상집단 데이터는 표 7.3에 제시되어 있다. 지각적 과제들 중에 Elithorn 미로검사는 특별히 실행기능의 평가를 위해 고안된 것이다. 이 검사는 즉각적인 공간 계획 능력, 규칙 위반에 대한 자기관찰 능력, 약간의 참을성을 요한다. 임상 데이터를 통해 외상적 뇌 손상(TBI) 집단에서 토막짜기 점수가 낮았으며, 자폐장애 집단은 Elithorn 미로검사에서 가장 점수를 낮게 보이고 있음이 밝혀졌다. 또한 Elithorn 미로검사에서 TBI 집단은 토막짜기 소검사와 비슷한 수행수준을 보였다. 이러한 연구 결과를 통해 토막짜기 소검사는 경도 수준의 실행기능을 측정한다는 사실이 밝혀졌다. 이는 중등도로 실행기능 손상을 보이는 아동과 비슷한 정도로 손상되지는 않았음을 의미한다. 즉, Elithorn 미로검사는 중간에서 심한 정도로 실행기능에 매우 민감한 편이지만, 가볍게 손상되었을 경우에는 민감하게 손상 여부를 알기 어렵다. 따라서 Elithorn 미로검사 점수가 낮다는 것은 실행기능의 어려움을 시사하며, 이 영역과 관련된 평가가 더 필요함을 의미한다.

작업기억 소검사 데이터는 표 7.4에 제시되어 있다. 그 결과 순차연결은 작업기억 장애와 관련이 있는 것으로 나타났다. 더불어 공간 바로 따라하기 소검사에서 주의력결핍장애와 외상적 뇌 손상 집단은 낮은 점수를 보였다. 자폐장애 집단은 작업기억과 인지적 유연성을 모두 요구하는 순차연결에서 가장 낮은 점수를 보였으며, 전반적으로 낮은 수준의 평평한 프로파일을 보였다. 문자 사용 기술에서도 자폐장애 집단은 작업기억력 손상을 보인다. 공간 바로 따라하기와 토막짜기는 비슷하게 운동 실행 요소에 영향을 받는다. 두 소검사에서 낮은 점수가 보고되면, 임상가들은 실행기능의 손상이 존재할 거라는 가설을 세울 수 있고, 추가적으로 아동의 인지적 유연성을 검사하고자 할 것이다.

보통 주의력결핍장애와 외상적 뇌 손상 집단은 처리속도가 느리다. 처리속도 영역에서

표 7.3 WISC-IV 통합본 지각추론 소검사에서 임상집단의 수행 평균 점수

언어성 소검사	주의력결핍장애		자폐장애		표현언어장애		수용-표현 언어장애		신술장애		읽기장애		외상적 뇌 손상	
	평균	(표준편차)	평균	(표준편차)	평균	(표준편차)	평균	(표준편차)	평균	(표준편차)	평균	(표준편차)	평균	(표준편차)
토막짜기	9.5	(2.8)	8.1	(3.9)	9.0	(3.0)	8.2	(3.0)	7.4	(2.8)	9.0	(3.0)	8.0	(2.3)
시간보너스 없는 토막짜기	9.5	(2.7)	7.9	(3.9)	9.1	(3.1)	8.3	(3.4)	7.5	(3.1)	9.1	(3.1)	8.1	(2.6)
재관식 토막짜기	9.6	(3.3)	8.3	(4.6)	9.2	(3.1)	8.2	(3.2)	8.4	(3.0)	9.2	(3.1)	8.0	(3.1)
시간보너스 없는 재관식 토막짜기	10.0	(3.0)	8.5	(4.2)	9.4	(3.1)	8.5	(3.7)	8.8	(3.3)	9.4	(3.1)	9.0	(2.8)
행렬추리	9.4	(2.7)	6.9	(3.2)	8.6	(3.4)	7.3	(2.9)	7.8	(2.1)	8.6	(3.4)	8.6	(2.7)
공통그림찾기	9.8	(3.2)	8.0	(3.9)	8.1	(2.9)	7.5	(3.4)	8.2	(2.6)	8.1	(2.9)	9.3	(3.4)
빼진곳찾기	9.7	(3.0)	6.3	(3.5)	9.0	(2.7)	8.2	(3.8)	8.1	(2.7)	9.0	(2.7)	8.7	(3.1)
Elithom 미로검사	10.0	(3.0)	6.0	(2.6)	9.7	(3.4)	7.4	(3.4)	8.6	(3.5)	9.7	(3.1)	8.4	(3.3)
시간보너스 있는 Elithom 미로검사	9.8	(2.8)	6.1	(2.5)	9.6	(3.1)	7.4	(3.1)	8.4	(3.3)	9.6	(3.1)	8.5	(3.1)

주: 데이터는 목록별 결측치 제거 방식을 기본으로 하였다 ― 주의력결핍장애에(n=52), 자폐장애에(n=15), 표현언어장애에(n=29), 수용-표현언어장애에(n=36), 신술장애에(n=43), 읽기장애에(n=29), 외상적 뇌 손상에(n=36). 아동용 웩슬러 지능검사-4판 통합본(WISC-IV Integrated) © 2004 Harcourt assessment, Inc. 인가하에 인용됨.

표 7.4	WISC-IV 통합본 작업기억 소검사에서 임상집단의 수행 평균 점수					
		주의력결핍장애		자폐장애		외상적 뇌 손상
입력 쇼검사	평균	(표준편차)	평균	(표준편차)	평균	(표준편차)
숫자 바로 따라하기	9.0	(2.6)	7.7	(2.6)	10.2	(3.1)
공간 바로 따라하기	7.8	(2.1)	7.4	(2.9)	8.3	(2.7)
시각 단기기억	7.9	(2.8)	7.1	(3.5)	9.5	(3.1)
작업기억 소검사						
숫자 거꾸로 따라하기	8.8	(2.6)	7.2	(3.5)	9.6	(2.8)
순차연결	7.8	(3.6)	5.0	(3.6)	8.1	(4.0)
단어가 포함된 순차연결	8.9	(2.7)	6.7	(2.3)	8.7	(3.3)
공간 거꾸로 따라하기	8.4	(2.7)	7.1	(5.2)	9.4	(3.4)
산수	8.2	(2.6)	7.4	(4.0)	8.8	(2.8)
산수처리접근—A	8.6	(2.4)	6.9	(3.3)	9.4	(3.1)
산수처리접근—B	8.3	(2.8)	6.2	(3.1)	8.9	(2.9)
수식풀이 산수	8.6	(2.6)	6.5	(3.4)	9.3	(3.2)

☎ 주의력결핍장애(n=43), 자폐장애(n=11), 외상적 뇌 손상(n=35). 아동용 웩슬러 지능검사-4판 통합본(WISC-IV Integrated) © 2004 Harcourt assessment, Inc. 인가하에 인용됨.

의 낮은 점수는 실행기능 손상과 직접적인 관련이 있는 것은 아니다. 선택(무선배열) 소검사는 효과적인 반응 전략에 대한 명확한 구조를 제공하지 않는다는 점에서 예외적이다. 표 7.5에 제시된 결과는 임상집단에서 나타나는 일반적인 처리속도 결함을 보여 준다. 선택 과제들은 표준형 처리속도 소검사들보다 훨씬 쉬운 과제이며, 선택의 두 종류 중 무선배열 조건에서는 임상집단이 더 낮은 수행을 보인다.

실행기능 손상은 WISC-IV 통합본 소검사 수행 시에 여러 가지 면에서 영향을 미칠 것이다. 실행기능에 잠재적인 손상을 보이는 아동을 검사할 때 이해, 공통성, 토막짜기, 순차연결과 같은 주요 소검사들은 다른 소검사들보다 더 많은 영향을 받는다. 이는 소검사들의 점수 저하가 실행기능 문제에서 비롯된 것은 아니지만, 추가적인 평가가 필요함을 알려 준다.

추가적으로 아동의 실행기능 손상에 영향을 미치는 소검사를 확인하고자 할 때, 실행기

표 7.5	WISC-IV 통합본 처리속도 소검사에서 임상집단의 수행 평균 점수					
	주의력결핍장애		자폐장애		외상적 뇌 손상	
소검사	평균	(표준편차)	평균	(표준편차)	평균	(표준편차)
기호쓰기	7.5	(2.3)	4.0	(3.5)	6.9	(3.0)
기호 모사	7.6	(2.7)	4.0	(3.0)	6.9	(3.5)
동형찾기	8.7	(3.0)	4.7	(3.6)	6.8	(3.1)
선택(무선배열)	8.8	(3.2)	6.8	(3.6)	7.9	(3.4)
선택(일렬배열)	9.7	(3.1)	7.4	(3.5)	7.8	(4.3)

주의력결핍장애(n=52), 자폐장애(n=14), 외상적 뇌 손상(n=36). 아동용 웩슬러 지능검사-4판 통합본(WISC-IV Integrated) © 2004 Harcourt assessment, Inc. 인가하에 인용됨.

능을 측정한 WISC-IV 통합본 소검사들의 수행을 비교해 보는 것이 도움이 된다. 어떠한 소검사들이 실행기능과 얼마나 관련이 있는지 알아보는 것은 WISC-IV 통합본 소검사 수행에 영향을 미치는 문제들을 구체적으로 설명할 수 있을 것이다. WISC-IV 통합본과 관련된 표준화된 검사 중 하나인 델리스−카플란 실행기능 시스템(Delis-Kaplan Executive Functioning System, D-KEFS)은 외상적 뇌 손상으로 고통을 겪고 있는 아동들에게 사용되고 있다.

델리스−카플란 실행기능 시스템

델리스−카플란 실행기능 시스템(D-KEFS)은 다양한 측면에서 실행기능을 측정하는 도구이다. 본 연구에 포함된 D-KEFS 검사로는 선로 검사(Trail-Making Test), 언어 유창성(Verbal Fluency), 도안 유창성(Design Fluency), 색−단어 간섭 검사(Color-Word Interference Test), 분류 검사(Sorting Test), 탑 검사(Tower Test)가 있다. 이러한 검사들은 행동 산출, 인지적 유연성, 억제적 통제, 인지 틀의 유지, 자기 감찰, 계획, 추상적 추론과 같은 실행기능 요소들을 측정한다. 검사들은 주로 언어 혹은 시각적 자극이나 언어와 시각적 자극의 조합을 사용하여 실행기능을 측정한다. 언어 반응을 위주로 한 D-KEFS 소검사로는 언어 유창성, 색−단어 간섭 검사, 분류 검사가 있다. 시지각적 처리를 바탕으로 한 소검사로는 선로 검사, 도안 유창성, 탑 검사가 있다.

선로 검사는 총 다섯 번의 시행으로 이루어진다. 첫 번째 시행에서 아동은 페이지를 탐색하고 모든 숫자 3에 동그라미를 치도록 지시받는다. 이는 아동이 모든 시각 영역을 검색할 수 있는지와 같은 단순한 시각적 탐색능력을 측정하는 것이다. 두 번째 시행은 아동에게 1~16까지 순서대로 선을 이어가도록 한다. 이는 아동이 숫자를 정확하게 순서대로 이을 수 있는지 평가하는 것이다. 세 번째 시행은 아동에게 알파벳 A부터 P까지 순서대로 이어가도록 한다. 이때 검사자는 아동이 평가를 끝마칠 때까지 충분히 문자 순서를 자동적으로 떠올릴 것이라고 기대한다. 네 번째 시행은 자극 수준에서 인지적 유연성을 측정하는 것이다. 아동은 순서를 잘 이어나가기 위해 문자와 숫자를 번갈아 왔다갔다 해야 한다. 이 과제는 정신적 추적과 자극 종류 간의 전환능력을 요구한다. 다섯 번째 시행은 네 번째 시행과 길이와 복잡성은 유사하지만, 인지적 부담이 없는 선로를 따라가는 것이다. 이 장에서는 2, 3, 4 시행의 데이터만 사용되었다.

언어 유창성 검사는 세 시행으로 구성된다. 첫 번째 시행에서 피검자는 동물과 같은 특정 범주의 단어를 가능한 많이 말해야 한다. 마지막 시행까지 검사자는 과일, 가구 등 범주를 바꾸어 가면서 단어를 말하도록 한다. 오류점수에는 피검자가 잘못 말한 단어(예 : 'A'로 시작하는 단어인데 'ear'라고 하는 경우)의 수나 피검자가 단어를 한 번 이상 이야기하는 반복 단어(예 : '개, 고양이, 개'라고 반복하는 것)의 수가 포함된다. 이 과제는 단어(음운적 탐색) 혹은 범주 단서(의미적 탐색)와 인지적 유연성(범주 전환)에 대한 언어 산출능력을 평가한다. 오류점수는 규칙을 위반하거나 반복했을 경우 자신의 행동을 모니터링하는 피검자의 능력을 반영한다.

도안 유창성 소검사는 언어 유창성 소검사와 시각적으로 유사성이 있다. 도안 유창성에서 아동은 1분 내에 특정한 규칙에 따라 가능한 많은, 서로 다른 도형을 그려야만 한다. 본 검사의 기본 규칙은 점을 잇는 서로 다른 네 직선을 사용하는 것이며, 흰 점 혹은 까만 점들을 이어나가는 것이다. 두 번째 시행에서는 아동에게 흰 점과 까만 점을 번갈아가며 이어가도록 조건이 바뀐다. 본 소검사는 시각 영역에서 아동의 행동 산출능력을 평가하려는 것이다. 즉, 검사는 자극 수준과 인지적 통제에 따라 인지적 유연성을 측정한다.

색-단어 간섭 검사는 억제적 통제, 인지적 유연성, 빠른 시각-언어 처리에서의 인지적 통제력을 측정한다. 처음 두 시행은 색의 이름을 말하는 것과 단어 읽는 속도를 측정한다. 세 번째 시행에서는 억제능력을 측정하고, 네 번째 시행에서는 억제와 전환능력을 측정한다. 오류점수는 세, 네 번째 시행에서 잘못 언급된 항목의 총수이며, 이 검사는 인지적 통제와 억제적 통제의 좋은 지표를 제공한다.

분류 검사는 언어적·시지각적 처리 요소를 포함한다. 이 검사는 산출, 개념추론, 추상적 사고, 감찰 능력, 스스로 문제를 해결하는 능력을 측정한다. 이 검사에는 30개 이상의 표준화된 변수들이 포함되며, 그중 선정된 변수가 소검사로 사용된다. 산출, 정확성, 기술적 오류가 점수로 산출된다. 본 검사에는 총 두 가지의 조건이 있는데, 먼저 자기-분류(자유 분류 조건)는 피검자가 카드를 분류하고 분류한 이유를 기술하는 것이며, 분류-인식 조건은 왜 검사자가 카드를 이러한 방식으로 분류하도록 하였는지 그 이유를 알아차리는 것이다. 오류점수는 피검자가 과제 규칙을 따르지 못하거나 기술된 언어가 실제 행동과 부합되지 않을 때 채점한다.

탑 검사는 즉각적인 공간 계획과 자기 감찰을 측정한다. 아동은 제시된 자극 그림과 아동이 구성한 탑이 매치될 때까지 하나의 기둥에서 다른 기둥으로 원을 옮겨야만 한다. 이 과제는 문제해결 능력과 과제 규칙에 따르는 능력도 측정한다.

실행기능과 언어이해

언어이해 소검사 중 몇 가지는 실행기능의 결함에 더 큰 영향을 받는다고 앞서 말한 바 있다. 이번 단락에서는 실행기능의 평가도구와 언어성 소검사들 간의 관계를 분석하고자 한다. D-KEFS와 WISC-Ⅳ 통합본 언어성 소검사들의 상관관계가 표 7.6에 제시되어 있다.

언어이해 지표는 단어 및 범주 유창성의 산출과 유의미한 관련성을 보인다. 언어 산출의 통제 및 정확성(오류점수)도 언어이해 지표와 유의미한 관련이 있다. 언어 산출뿐만 아니라 인지적 통제는 어휘, 공통성, 단어추리와 관련이 있었다. 단어 빠르게 읽기는 공통성 객관식 검사와 관련이 있으나, 그 밖의 낮은 수준의 인지 기술은 언어능력과는 관련이 없었다. 억제과제나 억제-전환과제를 빠르게 완수하는 능력 역시 언어능력과는 관련이 없었

표 7.6 개방성 및 폐쇄형 두부 손상 아동의 D-KEFS와 WISC-IV 통합본 언어이해 소검사들 간의 상관관계

WISC-IV 통합본 언어성 소검사 및 지표	선별 검사			언어 유창성				
	숫자연결	문자연결	순차 연결	단어 유창성	범주 유창성	범주 전환	집합 손실 오류 %	반복 반응 %
어휘	0.03	0.26	0.01	0.53	0.61	0.38	0.54	0.24
재관식 어휘	0.06	0.33	−0.01	0.50	0.50	0.41	0.65	0.33
그림 어휘	0.15	0.24	−0.06	0.68	0.66	0.36	0.60	0.33
공통성	0.01	0.28	0.00	0.65	0.61	0.38	0.45	0.06
재관식 공통성	0.07	0.28	0.04	0.51	0.37	0.38	0.53	0.36
이해	0.18	0.31	0.17	0.72	0.68	0.31	0.38	0.26
재관식 이해	−0.06	0.08	−0.14	0.46	0.61	0.37	0.31	0.27
상식	−0.05	0.16	−0.04	0.37	0.63	0.35	0.37	0.23
재관식 상식	−0.09	0.16	−0.08	0.35	0.65	0.38	0.30	0.15
단어추리	0.22	0.37	0.05	0.69	0.72	0.47	0.45	0.10
언어이해 지표	0.06	0.31	0.05	0.68	0.69	0.39	0.50	0.18

(계속)

표 7.6 개방성 및 폐쇄형 두부 손상 아동이 D-KEFS와 WISC-IV 통합본 언어이해 소검사들 간의 상관관계(계속)

WISC-IV 통합본 언어성 소검사 및 지표	도안 유창성					색-단어 간섭					
	총점	도안 전환	집합 손실 오류	반복 반응	정확성	색 이름	단어 이름	억제	억제 전환	억제 오류	억제 전환 오류
어휘	0.15	0.20	0.36	−0.04	0.36	0.07	0.24	0.06	0.24	0.40	0.39
재관식 어휘	0.08	0.26	0.34	−0.06	0.36	−0.19	0.20	−0.14	0.14	0.11	0.25
그림 어휘	0.25	0.36	0.20	−0.13	0.28	−0.01	0.34	−0.04	0.34	0.39	0.45
공통성	0.14	0.22	0.18	−0.03	0.21	0.03	0.36	0.09	0.32	0.41	0.55
재관식 공통성	0.27	0.20	0.01	0.02	0.23	0.03	0.50	0.10	0.16	0.21	0.47
이해	0.33	0.34	0.17	−0.13	0.27	0.11	0.16	0.18	0.28	0.47	0.35
재관식 이해	0.12	0.16	0.02	−0.01	0.07	0.22	0.25	0.33	0.12	0.31	0.43
상식	−0.09	0.03	0.02	0.09	0.13	0.13	0.05	0.22	0.16	0.34	0.28
재관식 상식	0.06	0.18	0.27	−0.10	0.14	0.28	0.14	0.28	0.14	0.24	0.31
단어추리	0.20	0.27	0.08	−0.23	0.05	0.00	0.16	0.09	0.19	0.28	0.34
언어이해 지표	0.21	0.27	0.27	−0.06	0.32	0.07	0.29	0.10	0.31	0.46	0.49

(계속)

표 7.6 개방형 및 폐쇄형 두부 순상 아동의 D-KEFS와 WISC-IV 통합본 언어이해 소검사들 간의 상관관계(계속)

WISC-IV 통합본 언어성 소검사 및 지표	탐 검사			분류 검사					
	총점	움직임 정확성	규칙 위반	자유분류	자유분류 기술	재인 기술	분류 정확성	자유 기술 오류	재인 오류
어휘	0.26	-0.07	0.25	0.50	0.51	0.42	-0.10	-0.22	0.29
재관식 어휘	0.29	0.01	0.06	0.37	0.39	0.42	-0.02	-0.05	0.34
그림 어휘	0.27	-0.08	0.26	0.55	0.58	0.57	0.09	-0.13	**0.42**
공통성	0.19	-0.17	0.11	0.59	0.62	0.66	0.21	0.14	**0.48**
재관식 공통성	-0.01	-0.09	-0.03	0.28	0.35	0.59	0.28	0.14	0.35
이해	0.21	-0.20	0.32	0.44	**0.51**	0.47	-0.17	-0.22	0.32
재관식 이해	0.17	-0.15	-0.02	0.54	0.58	0.63	0.17	0.02	0.39
상식	0.21	-0.11	0.15	0.41	0.39	0.32	-0.22	-0.21	0.27
재관식 상식	0.17	-0.07	0.12	0.67	0.67	0.48	0.11	-0.14	0.29
단어추리	0.28	-0.15	0.09	0.48	0.53	0.58	0.02	-0.14	0.37
언어이해 지표	0.22	-0.16	0.25	0.56	0.59	0.57	0.00	-0.37	**0.41**

주 n=24~26, 목록별 결손치 제거 방식으로 메이터를 삭제한 개방형 혹은 폐쇄형 두부 순상 집단을 기반으로 하였음. 굵은 글씨는 상호작용이 통계적으로 유의미함을 나타냄. 아동용 웩슬러 지능검사-4판 통합본(WISC-IV Integrated) © 2004 Harcourt assessment, Inc. 인가하에 인용됨.

다. 하지만 인지적 통제(예 : 스트룹 간섭시행 오류점수)는 전반적 언어 기술(예 : 언어이해 지표)과 관련이 있었는데, 공통성, 이해, 그림어휘가 인지적 통제와 관련이 있었다. 이러한 결과는 충동적인 반응(스스로 오류를 고치던지 고치지 않던지)이 공통성과 같은 특정 언어 능력의 점수 저하를 초래할 수 있음을 보여준다.

거의 모든 언어성 소검사들은 자유회상 조건과 재인 조건 모두에서 분류 과제 총점과 유의미하게 관련이 있었다. 하지만 분류의 정확성과 자유분류 기술의 오류는 언어성 지능과 관련이 없었다. 정확하지 않은 반응을 인식하는 것은 공통성, 그림 어휘 소검사와 유의미하게 관련이 있으며, 이는 서로 다른 두 조건의 관련성을 찾을 때 자기 감찰과 통제된 언어 표현 능력의 사용을 평가한다.

언어 과제에서 실행 조절과 행동에 대한 자기 감찰 능력은 WISC-IV 언어성 소검사의 수행과 관련이 있다. 또한 언어능력은 다른 영역과도 서로 영향을 주고받는다. 단어 지식과 언어 인지 기술이 더 좋은 아동은 언어 산출이 더 좋을 가능성이 높으며, 실행기능은 아동의 언어성 지능에 영향을 미친다. 특히 언어 산출은 언어성 지능과 가장 관련성이 높은데, 활발한 정신활동을 통해 적절한 언어를 탐색하고 단어로 단순하게 언어를 표현하는 것은 언어성 지능의 수행력을 반영한다. 특히 언어 전환이라는 요구가 있을 때, 억제와 충동적인 경향은 언어성 지적 기능과 관계가 있다. 공통성, 이해, 객관식 공통성, 객관식 이해, 그림 어휘는 충동적인 반응에 가장 예민한 소검사들이다. 규칙을 따르는 적절한 언어 산출에 대한 자기 감찰 능력은 모든 어휘, 공통성 소검사뿐 아니라, 단어추리의 수행과도 관련이 있다. 논리적인 오류에 대한 모니터링은 공통성과 그림 어휘의 수행과 관련이 있다. 게다가, 공통성과 그림 어휘 수행은 다른 WISC-IV 통합본 언어성 소검사보다 통제적 실행 기능과 관련이 있다.

실행기능과 지각적 추론 영역

두부 손상 집단을 대상으로 실시한 몇몇 D-KEFS 검사들은 WISC-IV 통합본 지각적 추론 소검사들과 관련이 있다. 이 검사들은 행동 산출, 인지적 유연성, 억제적 통제, 인지 틀의 유지, 자기 감찰, 추상적 추론과 같은 실행기능의 요소들을 측정한다. 검사들 간의 상관관계는 표 7.7에 제시되어 있다.

탑 검사는 놀랍게도 WISC-IV 통합본 소검사와 관련이 있었다. 움직임의 정확성은 지각추론 지표와 공통그림찾기, 시간보너스 없는 토막짜기와 부적인 관련이 있었다. 탑의 움직임 정확성에서 높은 점수를 얻을 경우는 더 좋은 수행을 위한 필수적인 요소는 아니시만, 과제 지속력이 떨어질 수 있음을 보여 주었다. 움직임의 정확성이 최우수 수준일 경우는 시간 초과 후 지속적인 노력이 부족할 수 있음을 보여 주었다.

언어 영역 소검사와 관련된 검사들은 유의미하게 WISC-IV 통합본 시지각적 소검사들과 관련된다. 언어 유창성 측정에서 빠진곳찾기는 언어 산출과 가장 관련이 높았다. 행렬추리, 공통그림찾기, Elithorn 미로검사는 인지 틀을 유지하고, 충동성을 통제하고, 오류 및 반복 반응의 자기 감찰 등과 관련된 언어 인출의 실행 통제와 관련이 있었다. Elithorn 미로검사는 억제와 억제/전환 오류를 측정하는 다른 도구들과 강한 상관을 보였다. 자동적 반응의 통제 및 인지적 틀의 빠른 전환을 요하는 Elithorn 미로검사는 실행기능에 대한 인지적 통제력을 평가할 때 중요하다. 복합적인 충동성 통제의 약점이 토막짜기, 행렬추리, 공통그림찾기 과제 수행에 영향을 미치거나, 이 소검사들은 억제 및 전환이 이루어질 때의 인지적 통제와 관련이 깊다.

분류 검사는 언어와 시지각적 과정 모두에 속하는 요소들을 지닌다. 이 검사는 산출, 개념추론, 추상적 생각, 자신의 문제를 해결하기 위해 모니터링하고 기술하는 능력, 인지적 유연성, 인지적 통제를 측정한다. 공통그림찾기와 Elithorn 미로검사는 분류 과제와 높은 상관을 보인다. 즉, 이 두 검사는 개념 간의 관계를 형성하고 설명하는 능력과 옳지 않은 반응을 억제하는 능력과 관련된다.

이러한 결과, 시지각적 과제에서의 순수한 실행기능은 WISC-IV 통합본 지각 소검사들의 수행과는 크게 관련이 없는 것으로 나타났다. 소검사들은 어휘, 개념, 대상 간의 관계, 행동의 통제에 대한 능력을 평가한다. 충동적이고, 부정확하고, 부주의한 아동은 낮은 점수를 받을 가능성은 있지만, 이러한 아동이 WISC-IV 통합본 소검사에서 반드시 손상된 수준의 점수를 받지는 않는다. 도전적인 과제에 맞닥뜨렸을 때 쉽게 포기하는 아동도 지각추론 과제에서 낮은 점수를 받을 가능성이 높다.

표 7.7 개방형 및 폐쇄형 두부 손상 아동의 D-KEFS와 WISC-IV 통합본 지각적 추론 소검사들 간의 상관관계

WISC-IV 통합본 지각적 소검사 및 지표	선별 검사			언어 유창성				
	숫자연결	문자연결	순차연결	단어 유창성	범주 유창성	범주 전환	집합 손실 오류 %	반복 반응 %
토막짜기	0.42	0.25	0.30	0.47	0.39	0.35	0.33	0.28
시간보너스 없는 토막짜기	0.34	0.21	0.22	0.51	0.40	0.38	0.36	0.24
재판식 토막짜기	0.18	0.07	0.23	0.44	0.35	0.27	0.16	0.17
시간보너스 없는 재판식 토막짜기	0.12	−0.05	0.20	0.17	0.09	0.15	0.04	0.21
행렬추리	0.14	0.27	0.13	0.49	0.39	0.29	0.45	0.34
공통그림찾기	0.25	0.35	0.03	0.47	0.21	0.27	0.45	0.14
빠진곳찾기	0.13	0.14	0.24	0.66	0.66	0.38	0.23	0.18
Elithorn 미로검사	0.39	0.13	0.11	0.37	0.48	0.36	0.40	0.49
시간보너스 없는 Elithorn 미로검사	0.32	0.09	0.08	0.25	0.33	0.24	0.34	0.44
지각추론 지표	0.32	0.38	0.17	0.59	0.39	0.37	0.53	0.31

(계속)

표 7.7 개방형 및 폐쇄형 두부 손상 아동의 D-KEFS와 WISC-IV 통합본 지각적 추론 소검사들 간의 상관관계(계속)

WISC-IV 통합본 언어성 소검사 및 지표	도안 유창성					색-단어 간섭					
	총점	도안 전환	집합 손실 오류	반복 반응	정확성	색 이름	단어 이름	억제	억제 전환	억제 오류	억제 전환 오류
토막짜기	0.29	0.28	0.00	0.17	0.26	0.35	0.26	0.43	0.38	0.51	0.43
시간보너스 없는 토막짜기	0.20	0.23	0.09	0.29	0.34	0.27	0.27	0.33	0.38	0.42	0.48
재관식 토막짜기	0.22	0.14	−0.22	0.30	0.21	0.11	0.19	0.41	0.34	0.34	0.42
시간보너스 없는 재관식 토막짜기	−0.04	−0.20	−0.27	0.21	0.01	0.25	0.09	0.25	0.34	−0.32	0.34
행렬추리	0.28	0.17	−0.09	−0.05	0.09	0.22	0.32	0.24	0.13	0.17	0.41
공통그림찾기	0.37	0.33	0.14	0.04	0.17	0.19	0.45	0.02	0.32	0.33	0.53
빠진곳찾기	0.12	0.23	−0.13	0.21	0.13	0.28	0.19	0.40	0.32	0.43	0.32
Elithorn 미로검사	0.35	0.18	−0.12	0.05	0.16	0.44	0.57	0.30	0.64	0.47	0.77
시간보너스 없는 Elithorn 미로검사	0.36	0.09	−0.20	−0.07	0.04	0.49	0.50	0.43	0.57	0.51	0.77
지각추론 지표	**0.40**	0.33	0.04	0.06	0.21	0.30	0.46	0.25	0.34	0.40	0.58

(계속)

표 7.7 개방형 및 폐쇄형 두부 손상 아동의 D-KEFS와 WISC-IV 통합본 지각적 추론 소검사들 간의 상관관계(계속)

WISC-IV 통합본 언어성 소검사 및 지표	탑 검사						분류 검사		
	총점	움직임 정확성	규칙 위반	자유분류	자유분류 기술	재인 기술	분류 정확성	자유 기술 오류	재인 오류
토막짜기	0.05	−0.38	0.28	**0.40**	**0.42**	0.34	0.27	0.01	0.21
시간보너스 없는 토막짜기	0.03	−0.46	0.17	**0.39**	0.41	0.42	0.32	0.08	0.26
객관식 토막짜기	−0.02	−0.27	0.03	0.05	0.14	0.34	0.10	0.17	0.15
시간보너스 없는 객관식 토막짜기	−0.12	−0.24	−0.23	−0.07	−0.02	0.21	−0.06	0.04	−0.04
행렬추리	−0.01	−0.26	0.05	0.30	0.35	**0.56**	0.28	−0.02	0.29
공통그림찾기	−0.20	−0.44	0.04	**0.46**	**0.53**	**0.60**	**0.61**	0.37	**0.56**
빠진곳찾기	0.36	−0.38	0.30	0.36	0.39	0.39	0.00	0.03	0.16
Elithorn 미로검사	0.14	−0.38	0.27	0.38	0.43	0.64	0.36	0.28	0.62
시간보너스 없는 Elithorn 미로검사	0.06	−0.25	0.25	0.35	0.42	0.58	0.41	0.34	0.61
지각추론 지표	−0.10	−0.46	0.13	**0.49**	**0.55**	**0.66**	0.53	0.20	0.49

주 n=24~26, 목록별 결측치 제거 방식으로 네이티를 삭제한 개방형 혹은 폐쇄형 두부 손상 집단을 기반으로 하였음. 굵은 글씨는 상관이 통계적으로 유의미함을 나타냄. 아동용 지능검사-4판 통합본(WISC-IV Integrated) © 2004 Harcourt assessment, Inc. 인가하에 인용됨.

실행기능과 작업기억

D-KEFS와 WISC-IV 통합본 작업기억 소검사 간의 상관관계는 표 7.8에 제시되어 있다. 선로 검사는 모든 WISC-IV 통합본 작업기억 소검사들과 낮은 상관관계를 보인다. 도안 유창성 총점은 다른 소검사들보다도 숫자 바로 따라하기와 더 관련될 가능성이 있다. 이런 경우에, 공간 작업기억력이 더 좋을수록 창의적인 도안을 형성하는 데 도움을 줄 것이다. 인지적 통제와 자기 감찰을 측정하는 도안 유창성의 정확성 점수는 수학 과정에 대한 접근과 수식풀이 산수와 유의미한 상관을 보인다. 즉, 통제적 실행기능이 좋을수록 산수 과제 수행에 도움을 주는 것으로 보이며, 이에 작업기억은 크게 영향을 미치지 않는 것으로 보인다. 탑 과제 총점은 산수처리접근 점수와 상관관계를 보이기에, 계획능력 및 시공간적인 해결능력은 산수 수행에 영향을 미친다는 것을 알 수 있다. 인지적 통제(규칙 위반)는 순차연결 및 공간 따라하기와 연관이 있다.

　언어적 D-KEFS 소검사들은 청각적 작업기억 소검사의 수행과 관련 있다. 청각적 작업기억의 수행이 더 좋은 아동은 그렇지 않은 아동보다 더 많은 어휘를 산출하기 쉽다. 그러나 인지적 통제(집합－손실 오류)는 순차연결에 필요한 청각적 작업기억 소검사들과 관련된다. 통제된 언어 산출이 어려운 아동은 언어 회상에 어려움을 보인다. 청각기능을 통한 자기 감찰은 아동이 자신의 언어 행동을 정확하게 파악하는 것이다. 충동성 억제 측정(색－단어 오류)은 공간 바로 따라하기와 순차연결과 관련된다. 이러한 WISC-IV 통합본 작업기억력 평가는 임상적 장애가 있는 아동이나 충동 통제와 관련된 문제를 가진 아동에게 더욱 민감하다. 또한 정확한 산수 기술을 요구하는 소검사들은 행동적 통제 기제를 필요로 한다.

　분류 검사는 대부분의 작업기억 과제와 관련이 깊다. 이 과제는 아동의 생각을 분석하고 분류하여 서로 다른 계열들을 파악하기 위해 작업기억력이 요구된다. 이 과제에서의 인지적 통제의 측정은 산수 처리 접근 소검사, 공간 바로 따라하기, 숫자 거꾸로 따라하기와 관련된다.

　실행기능과 작업기억은 상호 관련성이 많다. 과제의 규칙을 지키고 충동성을 억제하기

표 7.8 개방형 및 폐쇄형 두부 손상 아동이 D-KEFS와 WISC-IV 통합본 작업기억 소검사들 간의 상관관계

	선로 검사				언어 유창성				
	숫자연결	문자연결	순차연결	단어 유창성	범주 유창성	범주 전환	집합 손실 오류 %	반복 반응 %
입력								
숫자 바로 따라하기	0.34	0.43	0.22	0.28	0.26	0.39	0.59	0.35
공간 바로 따라하기	0.31	0.19	0.26	0.41	0.60	0.29	0.36	0.26
시각적인 숫자 외우기	0.16	0.17	0.04	0.06	0.01	0.25	0.23	0.30
작업기억								
숫자 거꾸로 따라하기	0.09	0.34	0.07	0.55	0.52	0.31	0.58	0.28
순차연결	−0.14	0.02	0.01	0.40	0.49	0.37	0.38	0.19
단어가 끼어들어 있는 순차연결	0.03	0.29	0.13	0.50	0.56	0.37	0.44	0.10
공간 거꾸로 따라하기	0.17	0.01	0.07	0.26	0.30	−0.11	0.26	0.25
산수	−0.02	0.13	0.07	0.39	0.53	0.41	0.42	0.30
산수처리접근-A	0.13	0.20	0.22	0.52	0.57	0.37	0.56	0.53
산수처리접근-B	0.04	0.22	0.21	0.47	0.57	0.32	0.61	0.52
수식풀이 산수	0.11	0.15	0.10	0.36	0.52	0.43	0.43	0.37

(계속)

표 7.8 개방형 및 폐쇄형 두 부 순서 아동이 D-KEFS와 WISC-IV 통합본 작업기억 소검사들 간의 상관관계(계속)

	도안 유창성					색-단어 간섭					
	총점	도안 전환	집합 손실 오류	반복 반응	정확성	색 이름	단어 이름	억제	억제 전환	억제 오류	억제 전환 오류
억제											
숫자 바로 따라하기	0.14	0.33	0.11	−0.09	0.19	−0.06	0.08	−0.06	−0.03	−0.04	0.10
공간 바로 따라하기	0.63	0.69	0.26	−0.19	0.34	0.33	0.33	0.36	0.57	0.48	0.51
시각 공간 따라하기	0.15	0.19	−0.23	−0.07	−0.19	0.33	0.28	0.28	0.03	−0.06	0.11
작업기억력											
숫자 거꾸로 따라하기	0.22	0.37	0.18	−0.06	0.28	−0.10	0.12	0.28	0.09	0.38	0.27
순차연결	0.11	0.13	0.14	0.19	0.32	0.38	0.40	0.36	0.39	0.58	0.52
단어가 끼어들이 있는 순차연결	0.02	0.21	0.27	0.20	0.33	0.22	0.18	0.37	0.20	0.31	0.37
공간 거꾸로 따라하기	0.44	0.50	0.23	−0.24	0.26	0.02	−0.09	−0.06	0.20	0.29	0.23
산수	0.08	0.23	0.22	0.20	0.36	0.31	0.25	0.49	0.29	0.38	0.45
산수처리접근-A	0.26	0.33	0.26	0.06	0.46	0.26	0.22	0.40	0.31	0.49	0.47
산수처리접근-B	0.25	0.36	0.33	0.08	0.51	0.26	0.27	0.36	0.28	0.50	0.51
수식풀이 산수	0.34	0.29	0.40	−0.03	0.41	0.39	0.27	0.44	0.28	0.43	0.40

(계속)

표 7.8 개방형 및 폐쇄형 두부 손상 아동이 D-KEFS와 WISC-IV 통합본 작업기억 소검사들 간의 상관관계(계속)

	탐 검사						분류 검사		
	총점	움직임 정확성	규칙 위반	자유분류	자유분류 기술	제인 기술	분류 정확성	자유 기술 오류	제인 오류
언어									
숫자 바로 따라하기	0.13	−0.11	−0.07	0.15	0.19	0.25	0.27	0.21	0.23
공간 바로 따라하기	0.27	−0.18	0.56	0.26	0.37	0.40	0.22	0.42	0.47
시각 공간 따라하기	−0.16	0.03	−0.23	0.22	0.28	0.26	0.38	0.19	0.01
작업기억력									
숫자 거꾸로 따라하기	0.34	−0.04	0.14	0.42	0.47	0.50	0.13	−0.03	0.40
순차연결	0.37	−0.06	0.41	0.44	0.45	0.49	0.24	0.36	0.33
단어가 끼어들어 있는 순차연결	0.22	−0.30	0.12	0.47	0.46	0.42	0.17	0.00	0.19
공간 거꾸로 따라하기	0.16	−0.17	0.46	−0.03	0.04	0.01	−0.19	−0.18	0.06
산수	0.34	−0.17	0.16	0.58	0.59	0.59	0.39	0.27	0.38
산수처리접근 A	0.43	−0.23	0.28	0.55	0.59	0.67	0.24	0.14	0.51
산수처리접근 B	0.43	−0.27	0.37	0.53	0.55	0.65	0.23	0.12	0.53
수식풀이 산수	0.27	−0.09	0.38	0.49	0.53	0.41	0.22	0.05	0.29

주. n=24~26, 목록별 접속치 제거 방법으로 데이터를 삭제한 개방형 혹은 폐쇄형 두부 손상 집단을 기반으로 하였음. 굵은 글씨는 상관이 통계적으로 유의미함을 나타냄. 아동용 웩슬러 지능검사-4판 통합본(WISC-IV Integrated) © 2004 Harcourt assessment, Inc. 인가하에 인용됨.

위해, 자기 감찰하는 것과 같은 인지적 통제 요소들은 작업기억 과제 수행에 영향을 미친다. 따라서 작업기억 소검사들에서 낮은 점수를 받을 때, 임상가는 WISC-IV 통합본 해석 시 낮은 인지적 통제력이 미치는 영향을 감안하여 피검자의 실행기능을 고려해보아야 한다.

실행기능과 처리속도 영역

D-KEFS와 처리속도 소검사들 간의 상관관계는 표 7.9에 제시되어 있다. 일반적으로 처리속도는 실행기능과 관계가 없다. 그러나 동형찾기는 예외적이다. 동형찾기 소검사는 인지적 유연성, 시각적 산출, 인지적 통제의 다양한 영역과 관련된다. 처리속도 손상에 의한 낮은 점수는 실행기능 문제 때문일 가능성이 있다.

실행기능 지표

WISC-IV 통합본 중 Elithorn 미로 소검사는 실행기능만을 측정하는 유일한 도구이지만, 각 영역의 요소를 통해 실행기능 지표를 만드는 것도 가능하다. 각 영역으로부터 평가도구를 선택하여 지표를 만들면, 척도 하나에서 낮은 점수를 받은 경우에 아동의 전체적인 능력이 심각한 손상 수준이라고 판단하는 위험을 줄일 수 있다. 소검사들은 통제적 기능과 상관관계가 있으며, 실행기능의 손상과 관련된 장애에도 민감할 것이다. 실행기능 지표에 포함되는 소검사를 고르는 또 다른 기준은 다른 지표들에 포함되지 않는 것을 선택하는 것이다.

　이러한 기준을 통해 소검사들을 통한 실행기능 지표가 탄생되었다. 여기에는 객관식 이해, Elithorn 미로검사, 공간 바로 따라하기, 선택(무선배열)이 포함되었다. 임상가들은 이 지표가 아동의 실행기능을 입증하는 첫 증거를 제시하게 될 것이라고 보고하고 있다. 즉, Elithorn 미로검사가 6~7세 아동에게만 적용되는 데 반해, 실행지표는 8~16세까지 보다 넓은 범위의 아동에게 적용될 수 있어 실행기능에 대한 추가적 평가도구로 측정하는 것이 구조적으로도 특별한 의미를 가진다.

　표준화 연구집단과 주의력결핍장애 및 두부 손상이 있는 집단에서 변인들 간의 상관관

표 7.9 개방형 및 폐쇄형 두부 손상 아동의 D-KEFS와 WISC-IV 통합본 처리속도 소검사들 간의 상관관계

	선로 검사			언어 유창성				
	숫자연결	문자연결	순차연결	단어 유창성	범주 유창성	범주 전환	전환 손실 오류	반복 반응 %
기호쓰기	0.66	0.43	0.25	0.35	0.38	0.33	**0.44**	0.22
기호 모사	0.51	0.19	0.16	0.04	0.13	0.14	0.09	0.13
동형찾기	0.58	0.32	0.42	0.35	**0.55**	**0.41**	0.24	0.32
선택(무선배열)	0.59	0.49	0.32	0.25	0.26	**0.39**	0.01	0.00
선택(일렬배열)	0.55	0.39	0.25	0.03	0.12	0.30	0.11	0.16

	도안 유창성					색-단어 간섭					
	총점	도안 전환	집합 손실 오류	반복 반응	정확성	색 이름	단어 이름	억제	억제 전환	억제 오류 %	억제 전환 오류 %
기호쓰기	0.47	0.39	0.01	-0.29	0.08	0.07	0.20	-0.15	0.19	0.19	0.27
기호 모사	0.55	0.28	0.07	**-0.60**	-0.11	0.25	0.17	-0.22	0.11	-0.02	0.12
동형찾기	0.52	0.50	0.00	-0.29	0.05	0.34	0.31	0.15	0.30	0.27	0.31
선택(무선배열)	0.34	0.11	-0.15	-0.29	-0.18	0.22	0.30	-0.05	0.22	-0.01	0.22
선택(일렬배열)	0.37	0.29	0.02	-0.26	-0.02	0.27	0.37	0.08	0.33	0.07	0.26

	탑 검사			분류 검사					
	총점	움직임 정확성	규칙 위반	자유분류	분류 정확성	자유분류 기술	제인 기술	자유 기술 오류	제인 오류
기호쓰기	-0.09	-0.37	0.37	0.07	0.09	0.15	0.19	-0.16	0.28
기호 모사	-0.17	-0.02	0.26	0.00	0.02	0.12	0.09	-0.19	0.05
동형찾기	0.21	-0.36	**0.45**	0.13	0.19	0.16	0.05	0.07	0.27
선택(무선배열)	-0.38	-0.26	-0.05	0.11	0.15	0.09	0.11	0.02	0.16
선택(일렬배열)	-0.31	-0.12	0.23	0.12	0.16	-0.07	0.30	0.20	0.20

주 n=24~26. 목록별 결측치 제거 방법으로 메이터를 삭제한 개방형 혹은 폐쇄형 두부 손상 집단을 기반으로 하였음. 굵은 글씨는 상관이 통계적으로 유의미함을 나타냄. 아동용 웩슬러 지능검사-4판 통합본(WISC-IV Integrated) © 2004 Harcourt assessment, Inc. 인가하에 인용함.

계는 비교적 작은 편이다. 이는 각 소검사가 서로 다른 영역을 측정하고 있고, 실행기능 척도 간에 내적 일치도도 낮기 때문이다. 따라서 지표를 임상집단에서 어떻게 적용시켜 사용하는가가 중요하며, 지표의 구성은 지표분석에 의한 것이라기보다는 경험적으로 중요한 지표들을 반영한 것이다.

WISC-IV 통합본 표준화 연구의 일부로서, 실행기능 지표를 사용하는 소검사들에 의해 아스퍼거 증후군으로 진단받은 아동들이 선별될 수 있었다. 이 집단은 실행기능에서 손상을 보이며, 교차 타당도 연구에서도 이 사실이 입증되었다. 이 장 후반부에 제시된 부록에서 아스퍼거 장애 집단을 비롯한 모든 임상집단의 실행기능 지표를 포함한 WISC-IV 통합본 지표의 평균 및 표준편차를 제공하고 있다.

임상집단들은 모두 처리속도 지표에서 가장 낮은 수준의 점수 변산성을 보여 주었다. 즉, 실행기능 지표점수는 모든 집단에서 언어이해와 지각적 추리점수보다 더 낮았다. 또한 실행기능지표 점수는 자폐장애와 아스퍼거 장애 집단의 처리속도와 작업기억 점수와 유사했으나, 처리속도보다는 변산이 작은 편이었다.

다양한 수준의 언어 결함을 보이는 집단에서 실행기능 지표는 언어이해와 처리속도 지표보다 더 높았다. 이는 본 지표가 실행기능을 더 자세하게 측정하는 것에 대한 유용성을 처음으로 제시했다는 점에서 의의가 있다. 타당도, 측정의 표준오차, 규준표, 차이의 기저율은 부록에서 제시될 것이다.

실행기능과 관련된 기술 목록

실행기능을 측정하려는 여러 검사도구가 있음에도 불구하고, 대규모의 규준을 사용하여 개발한 도구는 거의 없는 실정이다. 실행기능의 평가는 내용부터 방법까지 다양하며, 종종 평가도구 간의 상관관계가 낮은 경우도 있어, 유사한 구조의 평가도구가 다른 결과를 보일 수 있음을 인식하는 것은 매우 중요하다. 실행기능의 경우 과제의 규칙이 매우 중요한데, 규칙이 많을수록 과제 수행 시 필요한 자기 감찰 및 인지적 통제의 양도 증가하게 된다. 이번 단락에서는 간략하게 D-KEFS와 NEPSY의 소척도 및 다른 실행기능 평가도구들을 분류해 보고자 한다.

1. 언어적 산출

　ⅰ. D-KEFS 언어 유창성

　ⅱ. NEPSY 언어 유창성

　ⅲ. FAS 언어 유창성

2. 시각적 산출

　ⅰ. D-KEFS 도안 유창성

　ⅱ. NEPSY 도안 유창성

　ⅲ. 러프(Ruff) 도안 유창성

3. 인지적 유연성

　ⅰ. D-KEFS : 선로 검사

　ⅱ. D-KEFS : 도안 유창성 전환

　ⅲ. D-KEFS : 언어 유창성 분류 전환

　ⅳ. D-KEFS : 색－단어 간섭 전환

　ⅴ. D-KEFS : 분류 검사

　ⅵ. 위스콘신 카드 분류 검사

　ⅶ. CELF-IV 문장 유사성

4. 억제적 통제

　ⅰ. NEPSY : 손 모방하여 두드리기

　ⅱ. NEPSY : 모형

　ⅲ. D-KEFS : 색－단어 간섭

　ⅳ. 스트룹 검사

　ⅴ. Go No-Go 검사

5. 계획

　ⅰ. D-KEFS 탑 검사

　ⅱ. NEPSY 탑 검사

　ⅲ. WISC-IV 통합본 Elithorn 미로검사

6. 조직화

    ⅰ. 레이 복합 도형 검사(Berstein and Waber Scoring)

    ⅱ. 캘리포니아 언어 학습 검사-아동판

7. 개념 산출

    ⅰ. D-KEFS 분류 검사

8. 추상적/개념적 추론

    ⅰ. D-KEFS 카드 분류

    ⅱ. D-KEFS 스무고개

    ⅲ. D-KEFS 속담

    ⅳ. 아동용 분류 검사

9. 자기 감찰 및 인지적 통제

    ⅰ. D-KEFS : 선로 검사

    ⅱ. D-KEFS : 언어 유창성

    ⅲ. D-KEFS : 도안 유창성

    ⅳ. D-KEFS : 색-단어 간섭

    ⅴ. D-KEFS : 분류 검사

    ⅵ. D-KEFS : 탑 검사

    ⅶ. 캘리포니아 언어 학습 검사-아동판

    ⅷ. 위스콘신 카드 분류 검사

실행기능에 대한 연구 결과

많은 WISC-IV 소검사들은 실행기능 결함에 영향을 받는다. 추가된 네 가지 실행기능 소검사는 인지영역의 결함이 실행기능 지표에 많은 영향을 미친다는 정보를 제공해 준다. 그러나 이것만으로는 임상가가 실행기능의 잠재적인 결함에 대한 가설을 세우고, 소검사 프로파일에 따라 문제 특성을 규정하거나 결함의 근원을 정의하는 것은 어려울 수 있다. 따라서 추후 임상가는 이 영역에 대해 더 구체적으로 측정하고자 할 수 있다.

임상가는 종종 관찰 데이터에 기반하여 문제의 특성에 대해 추론을 할 수 있다. 충동적이고, 무계획적으로 과제를 수행하고, 자주 과제의 규칙을 상기시켜 줘야 할 필요가 있는 아동이 있다면, 인지적 통제력를 평가하는 검사를 실시해 보아야 한다. 유사하게 아동이 언어 발화가 적고 이에 대해 노력을 기울이지 않는다면, 언어표현을 시작하고 유지하는 것에 대한 결함을 평가해야 한다. 아동의 인지적 통제와 산출능력을 측정할 때, 인지적 유연성은 아동이 학습에 어려움을 겪을 때 경험을 통해 학습하고 있는지를 측정하며, 억제는 행동 통제 측면을 평가하는 중요한 요소이다.

실행기능에 결함이 있는지를 확인하기 위해서 IQ검사와 같은 인지검사 점수를 기반으로 추론해서는 안 된다. 실행기능의 결함이 심각할 때, 다양한 영역의 인지기능에 영향을 주어서 IQ 점수가 저조하게 된다. 이에 실행기능과 여타 인지능력간의 차이가 줄어든다. 또한 이 둘 간의 차이빈도에 대한 자료도 거의 없어서 비교하기가 쉽지 않다.

실행기능 점수를 보고하는 목적은 검사 수행 이외에도 많은 경우 오류점수의 보고를 통해 임상적으로 가장 의미 있는 정보를 제공하는 데 있다.

실행기능은 기술 영역에 의해 보고되어야만 한다. 예를 들어, 하나의 점수는 복잡한 인지 영역의 다양성을 모두 반영하지는 못한다. 대신 간단히 나열된 영역들은 검사 결과 보고서를 위한 유용한 틀이 된다. 실행기능 영역에서 수행 손상에 대한 기술은 사회적인 환경에서 다양한 아동의 반응을 이해하는 데 필수적이다. 종종 실행기능 영역의 손상은 아동의 성격 측면에서 설명되기도 한다. 예를 들어, 인지적 유연성이 적을 때 '항상 같은 방식으로 행동한다' 든지 혹은 시작을 잘 못할 때 '게으르다' 라고 흔히 평가된다. 이러한 결과는 부모나 교사가 아동을 바라보는 시각에 많은 영향을 미친다. 이러한 아동의 문제가 인지 영역에서 발생했다면, 특정 인지적 결함 때문이라고 받아들여지겠지만, 아동이 문제를 고의적으로 일으켰다고 생각된다면, 아동은 처벌받게 될 것이다.

기억기능

기억기능은 즉각적이고 지연된 일화 기억과 서술 기억 능력을 말한다. 이는 WISC-IV 통합본의 작업기억 영역을 구성하는 입력과 정신 조작 기술과는 차별화된다. 작업기억력은 어느 정도 서술 기억에 영향을 주는데, 장기기억으로 변하는 동안 각 개인은 즉시 정보를 유지시키고 기억할 수 있도록 조작해야만 한다. 특히, 즉시 회상 조건은 작업기억력에 영향을 받는데, 몇몇 정보들은 피검자가 반응할 때까지 작업기억에 저장된다. 작업기억의 영향을 받긴 하지만 기억의 구성요소들은 서로 다른 신경인지 시스템과 연결된다. 이러한 사실을 토대로, 이번 단락에서는 기억기능의 차이와 WISC-IV가 어떠한 관련이 있는지 논의할 것이다.

또한 어떤 기억 측정도구를 사용할 것인가 결정하는 것은 검사를 시작하기에 앞서 매우 어려운 사안이다. 임상가가 사용할 수 있는 많은 기억 검사집과 개별적인 기억 측정도구가 존재한다. 하나의 기억 측정도구나 기억 검사집의 일부를 사용하기로 결정하는 것은 특정 기억 문제의 종류를 효과적으로 탐색하기 위해 의미가 있다. WISC-IV 통합본은 기억기능에 대한 구체적인 가설을 검증하기에 유용한 도구이며, 아동용 기억 척도와 같은 다른 기억 검사도 함께 사용할 수 있다. 따라서 검사도구를 선정하는 문제도 이번 단락에서 논의될 것이다.

언제 추가적인 기억 평가도구를 사용할 것인가

추가적인 기억 평가도구 사용에 대한 결정은 심리사회적 개인력이나 부모나 교사의 행동 보고에 기초하여 결정하기는 어렵다. 순수한 기억상실장애(amnestic disorder)는 아동에게 매우 드물며, 부모나 교사에 의해 기억력이 나쁘다고 보고되는 것은 종종 작업기억이나 미래 계획 기억(prospective memory)의 어려움을 반영한다. 건망증(forgetfulness)은 즉각적인 정신 조작에 의한 것이지만, 건망증을 보이는 많은 아동은 비교적 정확하게 정보를 잘 기억하는 편이다. 미래 계획 기억은 미래에 해야 할 일과 관련된 기억에 어려움이 있는 것이다. 이것은 기억능력의 하나이지만, 기억 검사집으로 측정되지는 않는다. 기억 문제가 존재하는 경우 대개는 언어나 실행기능과 같은 손상된 인지기능의 형태로 나타나는 것이 대부분이지만, 다른 인지적 어려움이나 손상에 묻혀져서 인식되지 못할 수도 있다.

기억 문제는 많은 발달장애를 초래할 수 있다. 특정한 언어 손상이나 읽기장애를 보이는 발달장애 아동은 구체적인 기억을 요하는 검사에서 낮은 점수를 보인다(Kramer, Knee, & Delis, 2000; Shear, Tallal, & Delis, 1992). 발달장애 집단의 언어기억 손상은 언어처리와 언어적 작업기억 소검사의 수행을 감소시킨다. 이처럼 다른 처리과정에서 결함이 있으면 기억 문제가 간과될 수 있다. 기억 결함은 기본적인 학습 기술 관련 지식을 발달시키는 데 어려움을 초래한다.

많은 의학적 상태는 결과적으로 기억기능의 저하를 가져온다. 중증에서 심각한 수준의 외상적 뇌 손상(TBI)의 병력은 기억 결함과 관련이 있으며(Hooper, Alexander, Moore, Sasser, Laurent, King, Bartel, & Callahan, 2004), 기억기능은 외상적 뇌 손상과 관련 있다(Ewing-Cobbs, Barnes, Fletcher, Levin et al., 2004). 기억기능은 측두엽 간질 진단을 받은 아동의 학습능력 발달에 영향을 미치며(Fastenau, Shen, Dunn, Perkins et al., 2004), 간질을 치료하기 위해 외과적 피질 절제술을 받은 아동도 기억기능의 저하를 경험할 수 있다(Lah, 2004). 태아기 알코올 등과 같은 물질에 노출된 것도 기억기능을 손상시킨다(Willford, Richardson, Leech, & Day, 2004). 기억기능은 수많은 의학적, 태아기 및 환경적 영향에 의해 손상되기 쉽다.

아동의 심리사회적 개인력을 정확하게 모를 때, 교사는 새로운 기술을 배워도 금방 배운 내용을 잊어버리는 아동을 구체적으로 돕기 위해 자세히 관찰해야 한다. 건망증은 여러 인지적 문제 때문에 기인할 수 있기에 정보 회상과정에 대해 더 직접적으로 질문하는 것이 중요하다. 그러나 교사 보고만으로는 기억 문제를 정의하는 데 불충분할 수 있기 때문에, 임상가는 관찰과 검사 결과를 모두 포함해서 생각할 필요가 있다.

WISC-IV 통합본은 임상가가 기억 문제에 대한 가설을 가능한 해결할 수 있도록 구성되었다. 특히, 객관식 소검사들은 아동이 오래된 기억으로부터 정보를 인출하는 데 어려움을 보이는 것과 관련해서 도움이 된다. 전통적인 기억 평가도구와 WISC-IV 통합본에서 정보를 인출하는 것 간에는 차이가 있다. 그중 가장 중요한 부분이 바로 '기억기능에 이르는 방식'의 차이다. WISC-IV 통합본에서는 아동이 이미 경험해 본 정보를 제시하거나, 답을 찾는 데 추론능력을 활용할 수 있게 해 준다. 반면, 기억검사들은 아동이 새로운 정보를 받아들이고 효과적으로 저장하는지에 대한 정보를 제공하지만, 이전 경험이나 정보 회상에 대한 추론과는 관련이 없다. WISC-IV 통합본에서 재인 측정은 내부분의 기억 재인 패러다임에서 사용하는 '네', '아니오' 반응 방식을 사용하지 않는다.

WISC-IV 통합본 객관식 소검사는 아동이 특정 문제를 올바르게 추론하고 인식하는지, 자유회상에서는 할 수 없는 단어의 의미를 재인할 수 있는지에 대해 정보를 제공한다. 아동이 이전에 정보에 노출되었는지, 아니면 단순히 회상을 할 수 없는지 구분하는 것은 WISC-IV 통합본 객관식 버전에서 알 수 없다. 특정 기억검사는 아동이 새로운 정보에 똑같이 노출되도록 한다. 회상과 재인의 수준은 이전 학습에 의한 것이 아니다.

WISC-VI 통합본의 동시 타당도 데이터

순수하게 기억장애만 있는 아동은 거의 없기 때문에 기억 결함이 WISC-IV 통합본 수행에 미치는 영향만을 측정할 수 있는 임상집단은 없다. 외상적 뇌 손상 집단은 다른 인지적 손상과 병행하여 기억에 어려움을 보고한다. 이 집단과 관련된 데이터를 살펴보면, 표준화된 어휘 검사보다 객관식 어휘 소검사에서 수행이 약간 더 나은 편인데, 그 외의 다른 객관식 검사들은 자유연상 버전과 비슷하거나 더 어려운 것으로 나타나고 있다. 객관식 소검사들이 더 어려운 이유는 충동적이고 경직된 반응을 이끌어 내기 때문이다. 따라서 동시에 여러 영역에서 나타나는 실행기능 결함은 기억 문제를 보이는 아동이 재인 과제에서 얼마나 혜택을 얻을 수 있는가에 영향을 미칠 것이다.

아동 기억 척도

아동 기억 척도(CMS : Cohen, 1997)는 언어적, 시각적 기억을 측정하는 기억 검사집이다. 본 검사는 즉각 시행, 학습 시행, 지연 시행, 지연 재인 시행으로 이루어진다. 아동이 언어 혹은 지각 영역에 손상을 보이고 있거나, 망각률이 더 높거나 학습이 지연되거나, 부호화 혹은 재인에 손상이 있는지에 따라서 임상가가 검사 구성을 결정할 수 있다. 아동 기억 척도의 소검사는 이야기 기억(stories), 단어 짝 기억(word pairs), 단어 목록 기억(word list), 점 위치 학습(dot learning), 얼굴 기억(face), 가족사진 기억(family pictures)으로 이루어진다. 각 소검사는 서로 다른 측면의 기억기능을 측정한다.

이야기 기억 검사는 아동이 두 개의 이야기를 잘 듣고 기억하도록 한다. 아동은 이야기를 들은 후 즉시 회상하고, 20~30분 지연 후 다시 회상한다. 지연 재인 조건에서 아동에게 이야기 내용에 대해 '네', '아니오'로 대답하도록 객관식 문제를 제시한다. 이 소검사는 조직화된 정보에 대한 언어기억을 측정한다. 단어 짝 기억 검사는 아동에게 짝이 되는 두 단어를 들려주는 것이다. 어떤 짝은 의미적으로 관련이 되고, 어떤 것은 그렇지 않다. 이 소검사는 언어 연합 기억을 측정하며, 네 번의 학습 시행과 즉각적인 회상, 지연 자유 회상, 지연 재인 시행으로 이루어진다. 단어 목록 기억 검사는 추가적인 항목으로 언어 지표에 포함되지는 않는다. 이 소검사에서 아동은 단어 목록을 듣고 이것을 따라 해야 한다. 단어들은 학습이 끝난 다음에는 제시되지 않기 때문에 선별적인 기억 패러다임을 측정한다. 또한 이 검사는 암기된 언어 기억을 측정하며, 네 번의 학습 시행, 자유회상 시행, 지연된 자유연상 시행, 지연된 재인 시행으로 이루어진다. 언어 영역은 언어 즉시 회상, 언어 지연 회상, 지연된 재인의 세 지표로 이루어진다.

점 위치 학습 검사는 아동이 격자의 점의 위치를 기억하는 것으로, 시각적 위치 기억 과제이다. 검사는 세 번의 학습 시행, 즉시 회상과 지연 회상 시행으로 구성된다. 얼굴 기억 검사는 아동에게 짧은 지각적 노출 후에 새로운 얼굴을 학습하도록 하는 것으로, 얼굴이 이전에 학습했던 것인지 아닌지를 맞춰야 한다. 얼굴 기억 검사는 즉시 및 지연 조건에서 재인 패러다임이 사용된다. 가족사진 기억 검사는 이야기 기억 검사를 시각적으로 변환하는 것이다. 아동은 다양한 활동을 하고 있는 네 개의 다른 장면에서 가족 구성원들을 보게 된다. 아동은 어떤 사람이 어떤 장소에서 무엇을 하고 있었는지를 기억한다. 검사는 즉시 회상과 지연 회상 시행으로 이루어지며, 이는 지표점수에 포함되지는 않는 추가적인 검사이다. 시각적 영역은 시각적 즉각 회상과 시각적 지연 회상의 두 개의 지표로 이루어진다.

언어기억 소검사와 언어이해 소검사를 비교하는 데이터는 표 7.10에 제시되어 있다. 모든 언어이해 지표 소검사는 어휘 소검사와 가장 상관이 높고, 많은 측정도구들과 상관을

표 7.10 아동 기억 척도의 언어 지표과 WISC-IV 통합본 언어성 소검사 점수의 상관관계

WISC-IV 통합본 언어성 소검사 및 지표	아동 기억 척도 지표 및 소검사						
	일반적 기억	언어 즉시 회상	언어 지연 회상	지연 재인	이야기 즉시 회상	이야기 지연 회상	이야기 지연 재인
어휘	0.50	0.59	0.66	0.53	0.58	0.55	0.53
재관식 어휘	0.20	0.35	0.40	0.30	0.30	0.19	0.40
그림 어휘	0.25	0.39	0.44	0.49	0.49	0.50	0.56
공통성	0.29	0.23	0.25	0.38	0.38	0.34	0.34
재관식 공통성	0.28	0.34	0.31	0.48	0.48	0.46	0.40
이해	0.27	0.25	0.25	0.33	0.33	0.34	0.35
재관식 이해	0.28	0.37	0.41	0.44	0.44	0.50	0.55
단어추리	0.24	0.42	0.53	0.27	0.52	0.49	0.42
언어이해 지표	0.42	0.42	0.46	0.36	0.51	0.49	0.50

(계속)

표 7.10 아동 기억 척도의 언어 지표과 WISC-IV 통합본 언어성 소검사 점수의 상관관계 (계속)

WISC-IV 통합본 언어성 소검사 및 지표	아동 기억 지표 및 소검사					
	단어 짝 학습	단어 짝 지연	단어 짝 지연 재인	단어 목록 학습	단어 목록 지연 회상	단어 목록 지연 재인
어휘	0.28	0.56	0.30	0.40	0.43	0.29
객관식 어휘	0.19	0.49	0.11	0.30	0.38	0.20
그림 어휘	0.06	0.24	0.09	0.46	0.43	0.37
공통성	−0.16	0.06	−0.09	0.27	0.31	0.02
객관식 공통성	−0.07	0.05	0.06	0.34	0.34	0.15
이해	0.02	0.07	0.03	0.24	0.28	0.15
객관식 이해	0.07	0.18	0.16	0.33	0.35	0.09
단어추리	0.02	0.39	0.05	0.32	0.57	0.32
언어이해 지표	0.06	0.27	0.09	0.37	0.40	0.16

주 $n = 24$. 목록별 결측치 제거 방식으로 데이터를 삭제한 집단들의 검사된 발표된 점수를 사용하였음. 아동용 웩슬러 지능검사-4판 통합본(WISC-IV Integrated) © 2004 Harcourt assessment, Inc. 인가하에 인용됨.

보인다. 그림 어휘는 기억기능과 중간 정도의 상관관계를 나타내며, 단어추리는 개념적으로 통합된 언어정보에 대한 기억과 관련이 된다. 객관식 어휘를 제외한 객관식 소검사가 재인 기억 및 이야기 기억과 상관을 보인다. 이러한 발견은 객관식 소검사들이 재인과 관련된 측면을 뒷받침해 주기는 하지만, 한 번의 노출 후에 낳은 언어정보를 즉시 회상하기 어려워하는 아동은 객관식 소검사 수행에서도 문제를 보일 것을 나타내 준다. 즉, 객관식 소검사가 재인과 자유회상에 모두 관련이 있다는 것은 기억 손상이 나타나는 임상집단에서는 모든 소검사의 수행이 좋은 경우가 극히 드물다는 것을 의미하기도 한다. 객관식 소검사에서는 전체 기억의 양이 증가하는 동안 인출 요구가 동시에 줄어든다. 이는 기억 문제를 경험하는 아동이 어휘 소검사에서 뜻밖의 낮은 점수를 보일 것이라는 것을 시사한다. 또한 단어 지식의 발달은 언어기억 시스템과 관련이 많다.

지각추론 소검사로 측정된 시각 기억은 표 7.11에 제시되었다. 아동 기억 척도로 측정된 시지각 기술과 시각 기억 간에 상관관계가 없었다. 이는 적은 표본 수와 아동 기억 척도의 시각 기억 과제의 특성, 기억과 시각 추론 간의 일반적으로 낮은 상관관계에서 기인된 것일 수 있다.

지능과 기억 수행 간의 비교

아동 기억 척도와 WISC-IV의 표준화 검사 시행 비교에 사용된 집단 데이터는 처음 WISC-IV를 표준화할 때 사용했었던 데이터의 일부이다. WISC-IV 기술 보고서 #5(Drozdick, Holdnack, Rolfhus, & Weiss, 2005)는 WISC-IV와 아동 기억 척도의 지표들 간 차이에 관한 데이터를 제공한다. 이 보고서에 따르면, 지능지수와 시각기억 간의 상관관계는 낮다.

아동이 언어성 소검사에서 매우 낮은 점수를 받았다면, 심리학자는 이와 관련하여 기억 기능을 더 자세히 탐색하고자 할 것이다. 기억 문제는 소검사 점수에 영향을 많이 줄 수 있으며, 정보를 부호화하고 인출하는 데도 영향력을 발휘할 수 있다. 그러나 많은 경우, 기억 문제는 정보의 효과적인 조직화 능력과 요구된 정보의 인출능력과 더 관련이 깊다. 따라서 임상가는 기억에 대한 가설을 검증하기 위해 객관식 측정도구를 사용하는 WISC-IV 통합

표 7.11	WISC-IV 통합본 작업기억 및 처리속도 소검사에서 학습장애 집단 간 평균 점수 비교				
		산술장애		읽기장애	
입력 소검사	평균	(표준편차)	평균	(표준편차)	
숫자 바로 따라하기	9.3	(3.1)	8.4	(3.0)	
공간 바로 따라하기	8.5	(2.6)	8.8	(2.5)	
시각 공간 따라하기	7.7	(2.7)	7.2	(2.5)	
작업기억 소검사					
숫자 거꾸로 따라하기	8.0	(2.4)	8.4	(2.7)	
순차연결	8.3	(2.6)	7.6	(3.1)	
단어가 포함된 순차연결	8.1	(2.2)	7.9	(2.1)	
공간 거꾸로 따라하기	7.8	(2.2)	8.9	(2.7)	
산수	6.6	(1.8)	7.8	(2.3)	
산수처리접근-A	6.3	(2.2)	8.0	(2.1)	
산수처리접근-B	5.4	(2.4)	7.4	(2.4)	
수식풀이 산수	6.4	(1.8)	7.4	(2.0)	
처리속도 소검사					
기호쓰기	7.6	(2.8)	8.1	(2.3)	
기호 모사	7.6	(3.2)	7.7	(2.7)	
동형찾기	8.2	(3.2)	8.9	(2.7)	
선택(무선배열)	9.1	(2.9)	10.3	(2.8)	
선택(일렬배열)	8.8	(3.1)	9.4	(2.9)	

🔒 산술장애(n=42, 43), 언어장애(n=55, 61). 아동용 웩슬러 지능검사-4판 통합본(WISC-IV Integrated) ⓒ 2004 Harcourt assessment, Inc. 인가하에 인용됨.

본을 사용할 수 있다.

WISC-IV 재인 지표

WISC-IV 통합본으로부터 객관식과 표준화된 언어성 소검사 수행을 비교하기 위해 두 가지 재인 지표가 개발되었다. 언어이해 지표는 어휘, 공통성, 이해 소검사로 구성된다. 첫 번째 재인 지표는 객관식 어휘, 객관식 공통성, 객관식 이해로 구성된다. 두 지표에 같은 수의 소검사를 포함한 것은 둘을 비교하기 더 쉽고, 세 가지 소검사 점수를 지표로 통합함으로써 소검사 각각보다 점수 차이의 안정성이 높아져 결과를 더 신뢰할 수 있다. 두 번째 재인 지표는 객관식 어휘 소검사 대신에 그림 어휘를 포함하는데, 많은 임상가들은 실제 임상 장면에서 그림 어휘를 객관식 어휘보다 더 쉽게 선택할 것이다.

이번 장의 끝 부분에 수록된 부록은 신뢰도, 측정도구의 표준오차, 측정된 점수들의 표준변환점수, 신뢰구간과 언어이해 지표 대 재인 지표 1, 2 간의 방향 기저율(directional base rates)을 제시한다. 기존의 임상집단과 추가된 아스퍼거 장애 집단의 수행 데이터는 재인 지표 부록에 모두 제시했다. 아스퍼거 장애 집단을 제외한 다른 임상집단에서 언어이해 지표(VCI)와 재인이해 지표(RCI) 간에는 큰 차이가 없었으며, 재인 시행에서 낮은 수행을 보였다. 이러한 차이는 임상가에게 아동이 지식을 인출하거나 보기들 가운데 정답을 효과적으로 찾아내는 데 어려움이 있는지에 대한 정보를 제공한다.

기억도구 및 기술 측정에 대한 목록

임상가가 기억기능을 평가하는 데 선택할 수 있는 도구들은 많다. 많은 기억검사 간에 내용 및 측정 규칙에서의 다양성이 있기는 하지만, 중첩되는 부분도 있다. 예를 들어, 학습 과제로는 캘리포니아 언어 학습 검사-아동용(California Verbal Learning Test-Children's Version, CVLT), 아동용 청각 언어 학습 검사(Childern's Auditory Verbal Learning Test, CAVLT), NEPSY-목록 학습 소검사(List Learning Subtests, NEPSY), 아동용 기억 척도-목록 학습 소검사(CMS-List learning subtest, CMS), 광범위한 기억학습 측정(Wide Range Assessment of Memory and Learning, WRAML)-목록 학습 소검사가 있다. 소검사들은 전체 회상 대 선택적 회상, 의미 범주를 통한 내용 조직화, 간섭 시행, 지연 자유연상, 단서 시행, 재인 시행과 같은 구체적인 규칙들을 포함하고 있다. 여기서 보고하는 것보다 사용할 수 있는 많은 기억 검사집이 있으며, 간단한 목록을 범주별로 제시하였다.

1. 조직된 언어정보 기억

    ⅰ. CMS : 이야기

    ⅱ. NEPSY : 이야기

    ⅲ. WRAML : 이야기 기억

2. 반복 노출 효과에 의한 언어적 관계 학습과 기억

    ⅰ. CMS : 단어 짝

3. 반복된 노출에 의한 암기와 기억

    ⅰ. CMS : 목록 학습

    ⅱ. CVLT-C

    ⅲ. NEPSY : 목록 학습

    ⅳ. WRAML : 목록 학습

4. 언어 부호화 대 인출

    ⅰ. CMS

    ⅱ. CVLT-C

    ⅲ. WRAML

5. 부호화 전략 및 조직화

    ⅰ. CVLT-C

6. 순행 및 역행 개입 효과

    ⅰ. CVLT-C

    ⅱ. NEPSY

7. 언어 회상, 자기 감찰 조절 및 회상의 정확성, 재인(침투/보속증/거짓양성)

    ⅰ. CVLT-C

    ⅱ. CMS

    ⅲ. NEPSY

    ⅳ. WRAML

8. 기억 출처 오류

ⅰ. CVLT-C

9. 시공간적 기억과 학습

ⅰ. CMS : 점 위치 학습

ⅱ. WRAML : 도안 및 그림 기억

10. 얼굴 기억

ⅰ. CMS

ⅱ. NEPSY

11. 언어 및 시각 기억 간 관계

ⅰ. CMS : 가족 그림

ⅱ. WRAML : 소리 기호

ⅲ. NEPSY : 이름 기억

목록에 포함되지는 않았지만, 기억기능에는 다른 영역들도 있다. 새롭게 주목받는 영역으로는 미래 계획 기억이 있다. 미래 계획 기억은 숙제를 제출해야 한다거나, 쓰레기 버리는 날을 기억하는 것 등 미래에 해야 할 일에 대해 기억하는 능력이다. 리버미드 아동용 행동 기억 검사(Rivermead Behavioral Memory Test for Children : Wilson, Ivani-Chalian, & Aldrich, 1991)는 미래 계획 기억과 같이 일상 기억에 초점을 두고 기억 기술을 평가한다.

기억 기술의 보고

어른의 경우 심한 기억 손상은 동시에 지적 손상을 가져올 수 있다고 알려져 왔다. 어린 아동의 경우 일반적인 지식발달 측면에서 기억기능 간의 관련성은 어른에서 관찰되는 것에 비해 정도가 덜한 편이다. 즉, 지식을 확립함에 따라 지능과 기억능력 간의 분리현상이 일어날 가능성이 증가한다. 그럼에도 아동기에 순수한 기억상실이 일어나는 몇 가지 조건이 있는데, 거의 익사할 뻔한다든지, 일산화탄소 질식 등과 같은 저산소, 산소결핍 사고가 기억기능을 손상시켰는지를 먼저 평가해야 한다(Caine & Watson, 2000).

기억검사 데이터는 WISC-IV 통합본 언어이해 지표와 재인 지표 혹은 어휘와 그림 어휘 간 수행 차이 등 특정 소검사 간의 차이를 통해 구체적인 가설에 대답할 수 있다. 많은 경우 기억 손상은 인지적 손상과 같은 영역에서 관찰된다. 언어이해 지표에서 낮은 점수를 보이는 아동은 언어성 기억검사에서도 비슷한 수준으로 낮은 점수를 보인다. 늘 그러한 것은 아니지만, 언어이해 지표에 영향을 미치는 장애가 있는 경우, 기억과 작업기억 능력 점수 또한 낮게 보고되는 결과가 자주 관찰된다. 그렇다고 해서 기억 수행의 특정 측면을 따로 보고할 필요가 없다는 것은 아닌데, 그것은 기억의 모든 요소가 같은 수준으로 영향을 받는 것은 아니기 때문이다.

기억 점수를 보고할 때, 기억 손상의 특징을 기술하는 것이 중요하다. 종종 넓은 범주를 포함하는 점수만으로는 기억의 역기능적 핵심 측면을 놓칠 수도 있다. 또한 기억 기술은 언어 대 시각 기억과 같이 특정 기억 기술이 분리되기 때문에, 하나의 점수만 보고되면 오해석할 여지가 있다. 검사마다 나타나는 기억기능의 불일치는 종종 부모나 교사에게 매우 도움이 될 수 있다. 기억 문제를 최소화하려는 개입 전략들은 기억기능들이 불일치하는 측면이나 낮은 기억기능을 기반으로 고안되었다. 기억기능의 불일치는 종종 일상생활에서 주목을 끌거나 문제를 일으킨다.

지능검사 데이터에 기억검사 데이터를 통합하는 것도 중요하지만, 기억이 실행기능에 미치는 효과를 결정하는 것 또한 중요하다. 정보를 부호화하고 인출하면서 조직화하는 아동의 능력을 평가하는 검사들은 개입 효과를 확인하고, 자기 감찰과 회상의 정확성을 이용하여 아동의 기억 문제를 이해하는 데 유용하다. 종종 기억 문제는 낮은 실행기능의 원인이 되므로, 학습 및 기억의 전략적 측면에 개입하는 방법이 모색될 수 있다. 기억과 실행기능에서 아주 심한 문제를 가지면 작화, 즉 이야기를 거짓으로 꾸며내는 행동을 보일 수 있다. 아동은 질문에 대답할 때 몇 가지 정보들을 가지고 그럴듯한 반응을 만들어 낸다. 이는 다른 사람에게 거짓말하거나 반대하려는 행동으로 비춰질 수 있으나, 사실은 인지적 측면에서의 문제를 반영하는 것이다.

실행기능과 관련된 기억검사 데이터는 지능검사 데이터와 분리해서 보고해야 한다. 범주의 사용은 기억검사 데이터 해석을 구조화하는 데 도움을 줄 것이다. 이렇게 구조화된 데이터는 아동의 어려움을 이해하는 데 도움을 주고, 행동이해뿐 아니라 적절한 개입에도 유용하다.

학습 성취

읽기, 산수, 쓰기와 같은 학습 기술은 과제를 잘 수행하기 위해 다차원적이고 통합된 인지 기술이 필수적이라는 점에서 지능 평가와 비슷하다. 심리교육적 평가를 목적으로 하는 성취 검사는 정상분포로 이루어져 있다. 지능과 성취검사 데이터는 상관이 매우 높다. 많은 경우에, 높은 지능을 보이는 아동들은 거의 대부분 학습 성취 검사에서도 좋은 성적을 보인다. 지능과 성취 능력은 모두 교육을 통해 향상될 수 있지만, 학습 기술은 훈련과 연습을 통해서 배울 수 있는 반면, 지능은 암묵적인 학습 효과에 의해 발달된다.

많은 아동들은 특정한 학습 영역에서 능력을 발달시키려고 노력한다. 어떤 아동은 낮은 지능과 낮은 학습 기술을 가진 반면, 어떤 아동은 평균 혹은 그 이상의 지적 능력을 보인다. 학습 문제의 원인은 여전히 이해하기 어려우며 아직도 논란의 여지가 있으며, 이 장에서 다루지는 않을 것이다.

일반적으로, 산수이나 쓰기장애보다는 읽기장애에 대한 이해가 더 중요하다. 그래서 우리는 초기 읽기성취 지표에서 지적 능력과 읽기 문제에 대한 특정 인지 지표를 통합하여 평가하고자 한다(PsychCorp, 2004). 이에 대한 평가방법은 이 장의 뒷부분에서 제시될 것이다.

심리사회적 역사와 초기 관찰

종합적 심리교육적 평가도구로 학습 기술을 측정하기도 하지만, 종종 임상가는 평가 전에 아동의 학습발달에 관한 정보를 모은다. 이때 교사는 아동의 학습 문제에 대한 좋은 정보를 제공한다. 검사를 실시하기 전에 학습 문제는 학업 성취 평가 척도(Academic Competence Evaluation Scale, ACES : DiPerna & Elliott, 2000)와 같은 표준화된 학습 기술 척도를 사용하여 확인할 수 있다.

읽기에 어려움을 보이는 아동과 가족의 사회적, 개인적 특징에 초점을 맞춘 연구는, 아동이 읽기장애와 관련된 위험에 노출되었는지 여부에 대한 중요한 정보를 제공한다. 유전 연구는 읽기 과정 요소에 대한 복잡한 유전적 위치를 제공하고, 염색체 1, 6, 18번의 다양한 조합에 의해 유전될지도 모른다는 가능성을 제시한다. 즉, 자동화된 빠른 명명하기(Grigorenko, Wood, Meyer, & Pauls, 2000; Grigorenko, Wood, Meyer, Pauls, Hart, & Pauls, 2001), 혹은 한 단어 부호화(Fisher, Francks, Marlow, MacPhie et al., 2002)에 유전적 요소가 영향을 미치고 있을지도 모른다. 난독증 가족력은 읽기를 어려워하는 아동에게 위험지표를 제공한다. 특히, 가장 큰 위험요소는 양 부모 모두 읽기에 어려움이 있는 경우이며, 그다음으로는 아버지는 아니지만 어머니가 읽기장애를 가지고 있는 경우이다(Wolff & Melngalis, 1994). 읽기에 어려움을 보이는 가족을 가진 아동은 음운 기술에 어려움을 겪을 가능성이 있다(Pennington & Lefly, 2001).

또 다른 개인적이고 심리사회적인 환경 지표로는 아동이 학습장애인 경우를 들 수 있다. 남아는 여아보다 학습장애 비율이 더 높다(Couthino, Oswald, & Best, 2002; Wolff & Melngailis, 1994). 언어지연이나 언어장애로 진단받은 아동은 난독증을 보일 가능성이 크다(Aram et al., 1984; Catts et al., 2001; McArthur, Hogben, Edwards, Heath, & Menger, 2000; Scarborough, 1990). 아시아계 미국인을 제외한 소수민족 아동들은 사회경제적 수준이 더 높은 백인 아동보다 학습장애를 보일 확률이 더 높다(Couthino et al., 2002). 폭력에 노출되는 것도 난독증의 위험 지표이다(Delaney-Black, Covington, Ondersma, Nordstrom-Klee et al., 2002). 초기 가정환경과 사회경제적 상태는 초기뿐 아니라 이후까지도 아동의 읽기 기술이 발달하는 데 영향을 준다(Molfese, Modglin, & Molfese, 2003). 임상가는 읽기장애의 가족력과 관련하여 읽기 및 이와 관련된 기술들을 살펴볼 필요가 있다. 환경 및 발달상의 개인력은 추가적으로 평가도구를 사용할지 여부를 결정하는 데 중요하다.

많은 경우에, 읽기 및 다른 학습에서 어려움을 보인다고 하더라도 검사 초기 정보만 가지고 진단을 결정하기에는 불충분하다. 선행 연구에서는 읽기 문제가 있는 아동이 통제집단보다 언어성 지능(Hatcher & Hulme, 1999), 작업기억(de Jong, 1998), 처리속도 (Willcutt, Pennington, Olson, Chhabildas, & Hulslander, 2003) 평가 시 더 낮은 점수를 보인다고 보고하였다. 언어성 소검사들에서의 낮은 점수는 아마도 미묘한 언어상의 어려움 때문일 것이다(Nation, Adams, Bowyer-Crane, Claudine, & Snowling, 2000). 따라서 지표 및 소검사들에서 낮은 점수가 보고되었을 때, 임상가는 읽기 및 읽기와 관련된 평가 결과를 주의해서 해석해야 할 것이다.

임상집단

앞서 WISC-IV 통합본을 실시한 데이터는 읽기장애나 산술장애가 있는 아동을 대상으로 한 것이다. 읽기 혹은 산수 문제가 있는 아동은 언어이해 소검사에서 매우 유사한 결과를 보고하였으나, 지각추론 영역에서 산술장애 집단은 읽기장애 집단에 비해 토막짜기에서 더 낮은 점수를 보였다.

이 두 집단에서 작업기억과 처리속도에 대한 결과는 표 7.12에 제시되어 있다. 작업기억 영역에서 읽기장애 집단은 입력과 조작 과제에서 유사한 수준으로 낮은 점수를 보였다. 산술장애 집단은 정신 조작 점수가 낮고, 산수 점수가 매우 저하된 것으로 나타나지만, 청각 입력 기술에서는 상대적으로 높은 점수를 보였다. 비록 청각 입력이 읽기장애 집단에 비해 산술장애 집단에 더 잘 유지되고 있다고 하더라도, 작업기억에서는 두 집단이 비슷한 수준의 결함을 보였다. 일반적으로 처리속도 영역에서 산술장애 집단은 더 속도가 느리며, 선택(무선배열) 소검사에서도 더 낮은 점수를 보였다.

부록에 있는 지표 수준을 살펴보면 읽기와 산수 능력에서 임상집단들은 유사한 수행을 보인다. 산술장애 집단은 지각추론과 실행기능 지표에서 낮은 점수를 보인다. 학습 문제에서 검사점수의 특정한 패턴이 진단적으로 두드러지지는 않지만, WISC-IV 인지적 영역에서의 낮은 점수는 학습 문제가 존재함을 시사하므로, 학습 및 다른 인지 기술도 측정해 볼 필요성을 제기한다.

능력 – 성취 차이

능력 – 성취 차이는 아동이 특정 교육 서비스나 학습장애의 진단을 받을 만한지를 결정하기 위해 표준화되었다(APA, 1994). 그동안 학습장애가 있는 아동을 평가할 때 '지적 기능 평가가 의미가 있는가'에 대한 의문이 제기되어 왔다(Siegel, 1989, 2003).

비판적인 시각은 지적 기능이 학습 성취와 상관관계가 없으며, 학습에 관해서 "기대"할 수 없다거나(Siegel, 2003) 혹은 학습 성취 간 차이는 "신뢰"롭지 않다(Pasternak, 2002)고 주장하기에 이르렀다. 또한 인지적 · 행동적 · 학습적 성취에 대한 평가를 할 때, 좋은 능력을 가졌지만 낮은 성취를 보이는 아동은 낮은 능력을 가지고 낮은 성취를 보이는 아동과 다르지 않다는 주장도 제기되었다(Stuebing, 2002). 이와 같이 지적 기능과 학습에 대한 연구는 다양하며, 연구에 사용된 집단에 대한 정의도 꽤 다양하다.

지능과 성취 간의 차이에 대한 논의처럼 하나의 기준에만 의존한 융통적이지 않은 진단 기준은 어떤 임상 현장에서는 유용하지 않은 진단 기준이다. 그러나 지능과 성취 능력 간의 차이는 '과소성취'의 개념을 사용할 수 있게 하였으며, 이 개념은 학습장애를 정의하는 데 필수적이다. 학습장애 진단은 아동이 "학습 불능인 것"을 의미하는 것은 아니다. 학습 불능은 법률 용어로, '현재 학습 및 직업적 상태에서의 장애가 개인의 능력을 간섭한다고 여겨지는 상태를 정의하기 위해 쓰이는 말이다. 장애를 가지고 있을 수는 있지만, 불능은 아닐 수 있다. 학습장애 서비스를 받으려면 장애가 있음이 확인되어야 한다. 이는 교육 장면에서뿐만 아니라, 성인의 장애 판정에도 적용이 될 수 있다. 또한 실제 환경에서의 기능 수준에 더 큰 관심이 있기 때문에 장애진단 여부 결정에는 절대적 기준보다 상대적 기준이 적용되고 있다(Peterson & Shinn, 2002).

WISC-IV(지능)와 WIAT-II(성취) 두 검사의 표본을 연계하여 사용함으로써 능력의 영향 및 능력 – 성취 차이, 학습장애를 결정하기 위한 조건들을 측정하기 위해 역학 조사가 이루어졌다(Holdnack, Weiss, & Hale, 2004). 이 표본들에 포함된 아동 중에는 특정 교육 서비스를 받도록 추천된 집단도 있었다. 교육 서비스를 받지 않은 아동을 포함하여 조사한 것은 진단을 받지 않은 집단 혹은 특정 교육을 받은 집단과 얼마나 차이가 나는지 이해하는 데 도움을 주었다. 마찬가지로, 여러 지역에서 교육 서비스를 받는 아동의 수행에 대한 평가는 아동의 능력과 성취 간에 차이가 나는지 혹은 그렇지 않은지에 대해 일반적인 그림을 그릴 수 있도록 도와주었다.

지역사회 표본에 6~16세 아동 880명의 사례가 포함되었다[내·외적 기준(inclusion/exclusion criteria)은 Wechsler(2004)의 연구를 자세히 참고]. 그중, 읽기, 읽기와 쓰기, 혹은 읽기, 쓰기, 산술장애로 진단된 128명의 아동들은 WISC-IV 타당도 연구에 일부 포함되었던 사례이다. 전체 아동에게 WISC-IV와 WIAT-II를 실시하여 훈련된 전문가가 진단을 내렸으며, 아동의 학교 출결 상태도 연구대상 자격 요건에 포함하였다. 표본에는 읽기장애만 가진 아동 39.8%, 읽기와 쓰기 장애 아동이 32.8%, 읽기, 쓰기, 산술장애를 모두 가진 아동은 27.4%가 포함되었다.

표 7.13에서는 WISC-IV 지표의 평균과 표준편차를 제시하고 있으며 학습 기능수준의 차이를 측정하기 위해 읽기와 철자를 비교하였다. 표 7.14는 WIAT-II 읽기와 철자 소검사의 평균과 표준편차를 제시하였다. 변인들을 통제한 후 집단(능력, 차이, 진단) 변인의 효과에 대한 가설을 검증하기 위해 중다변량분석(MANOVA)이 사용되었다. 다변량 F 통계값은 Wilk의 람다를 사용하였다. 전체지능 점수가 포함되지 않은 WISC-IV 지표들의 유의미한 주 효과는 진단[$F_{(4,926)} = 3.0$, $p<.01$], 차이[$F_{(4,926)} = 2.7$, $p<.05$], 능력[$F_{(8,1852)} = 66.8$, $p<.0001$]에서 모두 보고되었다. 상호작용은 진단과 능력 사이에서만 발견되었다[$F_{(8,1852)} = 2.3$, $p<.0.5$]모든 지표들에서 진단 변인의 주 효과가 관찰되었다는 것은 그리 놀랄 일은 아니다. 덧붙여서 언어이해 지표(VCI)는 진단과 능력 변인 간의 상호작용에 영향을 받으며, 처리속도 지표(PSI)에서는 능력과 차이 변인 간의 상호작용이 보고되었다. 차이변인에 대한 주 효과는 지각추론 지표(PRI) 수행과 관계가 있으며, 진단 변인의 주 효과는 작업기억 지표(WMI) 점수와 관련이 있었다.

'읽고 구성하기'를 포함하지 않은 WIAT-II에서 유의미한 주 효과는 진단[$F_{(4,954)} = 8.0$, $p<.0001$], 차이[$F_{(4,954)} = 44.1$, $p<.0001$], 능력[$F_{(8,1908)} = 28.8$, $p<.0001$]에서 보고되었다. 또한 차이 변인에 의한 진단[$F_{(4,954)} = 5.0$, $p<.001$]에서, 진단 변인에 의한 차이[$F_{(8,1908)} = 2.1$, $p<.05$]에서 유의미한 상호작용이 보고되었다. 능력, 진단, 차

표 7.12 능력, 진단, 차이 변인별 지능지수 및 지표 평균 점수 비교

	n	전체지능		언어이해 지표		지각추론 지표		작업기억 지표		처리속도 지표	
		평균	(표준편차)	평균	(표준편차)	평균	(표준편차)	평균	(표준편차)	평균	(표준편차)
높은 지능, 차이 없음, 진단 무	388	110.2	(7.8)	107.6	(10.3)	107.8	(10.2)	107.4	(11.3)	107.1	(11.9)
높은 지능, 차이 있음, 진단 무	54	113.1	(9.7)	110.0	(10.5)	110.4	(10.0)	108.1	(12.7)	110.2	(11.7)
높은 지능, 차이 없음, 진단 유	8	104.2	(3.6)	103.1	(8.3)	107.0	(7.6)	102.8	(8.2)	96.8	(11.4)
높은 지능, 차이 있음, 진단 유	15	107.7	(6.8)	105.1	(9.4)	110.3	(7.4)	99.9	(13.6)	105.4	(12.1)
중간 지능, 차이 없음, 진단 무	236	92.7	(4.4)	93.8	(8.2)	93.7	(8.2)	94.3	(9.4)	96.3	(10.6)
중간 지능, 차이 있음, 진단 무	19	91.8	(4.5)	87.4	(8.7)	101.5	(11.4)	91.3	(11.6)	95.7	(10.5)
중간 지능, 차이 없음, 진단 유	35	90.4	(4.2)	94.6	(7.4)	93.4	(8.5)	89.8	(10.7)	91.6	(11.9)
중간 지능, 차이 있음, 진단 유	18	91.6	(4.4)	92.9	(8.9)	96.7	(6.8)	92.7	(7.4)	92.3	(12.0)
낮은 지능, 차이 없음, 진단 무	142	77.0	(6.1)	84.2	(11.7)	85.5	(12.4)	85.4	(12.6)	86.3	(14.3)
낮은 지능, 차이 있음, 진단 무	5	78.8	(6.2)	83.0	(6.8)	80.6	(8.4)	83.8	(15.0)	86.4	(12.3)
낮은 지능, 차이 없음, 진단 유	41	78.2	(5.0)	84.9	(7.3)	87.1	(11.7)	90.4	(11.0)	84.0	(11.2)
낮은 지능, 차이 있음, 진단 유	11	79.6	(3.7)	81.0	(9.1)	87.9	(8.8)	81.6	(7.2)	85.9	(85.9)

주: 본 데이터는 International Neuropsychological Society Annual Meeting 2004에서 조사된 것이다. 아동용 웩슬러 지능검사-4판 통합본(WISC-IV Integrated) © 2004 Harcourt assessment, Inc. 인가하에 인용됨.

표 7.13 능력, 진단, 차이 변별별 지능지수 및 지표 평균 점수 비교

	n	단어 읽기 평균	(표준편차)	가짜단어 해독 평균	(표준편차)	읽기 이해 평균	(표준편차)	읽고 구성하기 평균	(표준편차)	철자 평균	(표준편차)
높은 지능, 차이 없음, 진단 무	388	109.3	(10.7)	108.9	(10.6)	109.7	(10.0)	110.4	(12.2)	108.0	(12.0)
높은 지능, 차이 있음, 진단 무	54	92.1	(12.3)	93.4	(11.6)	99.9	(11.8)	92.8	(12.3)	95.1	(11.5)
높은 지능, 차이 없음, 진단 유	8	91.8	(11.2)	94.8	(11.2)	109.6	(8.0)	96.8	(7.8)	87.6	(10.7)
높은 지능, 차이 있음, 진단 유	15	85.6	(8.9)	87.7	(8.7)	90.1	(12.8)	85.3	(8.6)	90.4	(14.6)
중간 지능, 차이 없음, 진단 무	236	96.8	(10.6)	98.3	(11.9)	96.8	(12.2)	95.4	(10.5)	96.6	(10.6)
중간 지능, 차이 있음, 진단 무	19	74.7	(5.3)	74.8	(6.3)	77.5	(11.0)	73.2	(5.0)	78.3	(7.2)
중간 지능, 차이 없음, 진단 유	35	84.4	(8.5)	86.7	(11.9)	90.5	(13.2)	84.7	(8.2)	84.0	(8.5)
중간 지능, 차이 있음, 진단 유	18	70.8	(6.4)	75.4	(7.6)	72.2	(10.4)	69.7	(8.1)	73.6	(12.9)
낮은 지능, 차이 없음, 진단 무	142	88.0	(13.6)	90.6	(13.9)	85.7	(15.5)	86.0	(14.0)	88.1	(14.0)
낮은 지능, 차이 있음, 진단 무	5	61.4	(6.4)	71.6	(9.0)	61.8	(6.8)	58.8	(3.8)	66.8	(11.5)
낮은 지능, 차이 없음, 진단 유	41	79.4	(11.9)	81.7	(11.9)	78.8	(11.6)	77.2	(10.2)	81.0	(10.8)
낮은 지능, 차이 있음, 진단 유	11	61.5	(5.0)	72.4	(4.0)	58.6	(11.8)	57.9	(7.1)	68.9	(7.1)

주 본 데이터는 International Neuropsychological Society Annual Meeting 2004에서 조사된 것이다. 아동용 웩슬러 지능검사-4판 통합본(WISC-IV Integrated) © 2004 Harcourt assessment, Inc. 인가하에 인용됨.

이 변인 간의 상호작용은 철자에서 유의미하였다. 차이와 진단 변인 간의 상호작용 효과는 단어 읽기, 가짜단어 해독, 철자에서 관찰되었다. 차이와 능력의 상호작용 효과는 단어 읽기와 철자에서 나타났다. 모든 학습 측정 결과는 능력, 진단, 차이 변인의 주 효과가 나타남을 보여 주었다.

진단받지 않은 집단은 진단받은 집단과 비슷한 수행을 보이기도 하여 모순되는 결과처럼 보이기도 하였다. 하지만 예상했던 대로 진단받지 않은 집단이 읽기와 철자 소검사에서 더 좋은 수행을 보이기도 하였다.

학습장애 연구에서 나타난 지적 능력에 의한 차이는 '진단 그 자체와 관련이 있기보다는 지적 결손과 관련이 있다.'는 점에서 함의를 가진다. 그러나 인지 기술의 작은 차이는 진단과 차이 변인 모두와 관련이 있었다. 능력이 중간 이상으로 좋지만 작업기억이 좋지 않은 집단에서 읽기장애의 진단은 부족한 언어 기술과 관련이 있었다.

학업성취 평가에서 진단, 차이, 능력, 능력과 차이 변인 간의 상호작용은 집단마다 달랐다. 진단은 낮은 능력이나 차이 변인을 고려하지 않더라도 학습기능과 관련이 있었다. 중간 혹은 낮은 능력을 보이는 능력−성취 차이 집단은 학습기능이 더 낮았던 반면, 높은 능력을 보이는 차이 집단은 중간 수준의 능력을 보이는 차이 없는 집단과 비슷한 정도의 수행을 보였다.

읽기 영역에서 집단 간 차이에 대한 징후는 많은 연구에서 중복되는 결과가 보고되고 있으며, 또한 중복되는 변인을 통제하지 않았기 때문에 연구마다 비일관적인 연구 결과가 보고되기도 하였다. 본 연구 결과는 능력, 차이, 진단 변인이 읽기에 독립적으로 영향을 미치고 있음을 밝혔다는 점에서 함의가 있으며, 추후 연구에서는 각 지표의 효과를 통제하여 살펴볼 수 있을 것이다.

진단 변인은 낮은 작업기억 및 처리속도 점수와 관련이 있으며, 읽기와 철자 측정에서 모두 낮은 점수를 보였다. 차이 변인은 지각적 추론과 처리속도에서 높은 점수와 관련이 있었다. 일반적인 능력은 모든 점수에 영향을 받는데, 특히 읽고 이해하는 능력에서 가장 영향을 많이 받는다.

본 결과는 차이 기준의 사용이 학습장애 아동을 구분하는 데 도움을 줄 수 있음을 시사해 주었다. 진단 여부에 관계없이 모든 차이 집단에서 지능지수가 성취 점수보다 더 높았다. 그러나 하나의 절단점를 사용하는 것은 진단적 오류를 범할 가능성을 보여 준다.

더불어 차이 범위는 학습장애를 잠정적으로 시사해 줄 수 있다. 지능이 성취 점수보다 10~20점 더 높을 때 학습장애의 위험성이 높다. 동시에 학습능력에도 제약이 있다면, 지능과 성취 점수 간의 큰 점수 차이는 학습 문제와 관련이 있을 것이다. 또한 이러한 차이가 발견되었다면, '과소성취' 수준에 대한 기준도 충족되어야 한다(Kavale, Holdnack, & Mostert, 2003). 추가적인 절차는 학습장애가 있을 때 확인하여 이용할 수 있다.

아동의 읽기 문제 평가

과소성취에는 문제가 없다면, 추가적인 검사로 학습장애가 있는지를 살펴보아야 한다 — NEPSY, 학습자의 처리속도 측정 : 읽기와 쓰기(Process Assessment of the Learner-Reading and Writing, PAL-RW : Berninger, 2001), 초기 읽기장애 측정도구 개정판 (Early Reading Diagnostic Assessment-Revised, ERDA-R), 웩슬러 유아지능검사 제 3판(Wechsler Preschool and Primary Scale of Intelligence-3rd Edition, WPPSI-III : Wechsler, 2002), 능력 차이 척도(Differential Ability Scales, DAS : Elliot, 1992), 웩슬러 개인성취도 검사 제2판(Wechsler Individual Achievement Test-2nd Edition : The Psychological Corporation, 2000).

1. 위험지표의 평가
   a. 읽기장애의 가족력 – 고위험군
      ⅰ. 부모 모두 읽기장애인 경우 – 생물학적 고위험군
      ⅱ. 아버지만 읽기장애가 있는 경우 – 두 번째로 높은 고위험군
      ⅲ. 어머니만 읽기장애가 있는 경우 – 중등도 고위험군
   b. 아동의 언어장애 개인력
      ⅰ. 어렸을 때 언어 관련 치료를 받은 적이 있는지 여부
      ⅱ. 아동이 표현 및 수용언어 기술의 지연을 보였는지 여부

    c. 언어장애 가족력 – 간접적 위험지표

    d. 신경학적 손상(예 : 태아기의 약물 노출, 중등도 이상의 외상적 뇌 손상, 간질 등)에 대한 개인력

    e. 빈곤 가정에서의 정서/신체적 방임(예 : 아동의 읽기능력 발달 초기에 언어 및 읽기에 적절히 노출되지 않은 경우)

2. 교사 및 부모에 의한 학습능력 보고

    a. 읽기 혹은 읽기와 쓰기, 전반적인 학습에서의 약점에 대한 평가

3. 읽기 발달에 어려움을 보였던 "위험군" 아동의 평가(3~6세)

    a. 음소 인식

      ⅰ. NEPSY : 음소의 처리, 불가능한 단어의 반복

      ⅱ. 학습자의 처리 측정 : 읽기와 쓰기(PAL-RW) – 음절, 음소, 운율

      ⅲ. ERDA-R : 운율, 음절

    b. 철자

      ⅰ. PAL-RW : 문자 명명하기, 철자 명명하기, 자동화된 빠른 문자 명명하기

      ⅱ. WIAT-Ⅱ : 단어/문자 읽기

      ⅲ. ERDA-R : 철자 쓰기, 문자 명명하기

    c. 음소처리

      ⅰ. WIAT-Ⅱ/PAL-RW : 가짜단어 해석, 단어 읽기

      ⅱ. ERDA-R : 음소와 가짜단어 해석

    d. 단어/의미 지식/처리

      ⅰ. WIAT-Ⅱ : 수용 및 표현언어

      ⅱ. WPPSI-Ⅲ : 언어이해 지표

      ⅲ. WPPSI-Ⅲ : 복합 언어

      ⅳ. WISC-Ⅳ : 언어이해 지표

      ⅴ. 단어 지식 검사(Test of Word Knowledge, TOWK, 5세 이상) : 표현 및 수용언어(의미 지식), 단어 정의하기, 반대어 및 동의어(의미 특정 및 관계)

　　vi. 차이 능력 척도(Differential Ability Scales, DAS) : 단어 명명하기

　　vii. 기초 언어의 임상적 평가 제4판(Clinical Evaluation of Language Fundamentals-4th Edition) : 품사, 단어 정의하기

　　viii. NEPSY : 신체 명명하기

e.　수용언어 기술−이해 및 의미

　　ⅰ. NEPSY : 지시 이해

　　ⅱ. WIAT-Ⅱ : 문장 이해

　　ⅲ. CELF-Ⅲ(6세 이상) : 문장구조(구문 지식), 개념 및 지시, 문단 듣기

　　ⅳ. CELF(미취학 아동) : 수용언어 측정

f.　표현언어 기술−이해/구문의 사용, 작업기억과 언어/생산성

　　ⅰ. NEPSY : 의미 유창성, 문장 반복

　　ⅱ. CELF-Ⅳ : 단어구조, 문장 완성, 문장 회상, 단어 연상

　　ⅲ. WIAT : 문장 반복, 단어 유창성

　　ⅳ. WPPSI-Ⅲ : 언어성 지능/언어이해

　　ⅴ. WISC-Ⅲ : 언어성 지능/언어이해

g.　빠른 자동적 명명하기−시각적 의미 연상의 자동성

　　ⅰ. NEPSY : 빠른 명명하기

　　ⅱ. CELF-Ⅳ : 빠른 명명하기

　　ⅲ. PAL-RW : 빠른 명명하기

　　ⅳ. ERDA-R : 빠른 자동적 문자 명명하기

h.　작업기억

　　ⅰ. WISC-Ⅳ : 작업기억 지표

　　ⅱ. DAS : 숫자 회상, 물체 회상

　　ⅲ. CMS(5세 이상) : 숫자, 연결, 그림 장소

　　ⅳ. WISC-Ⅳ 통합본 : 문자 외우기, 공간 따라하기

　　ⅴ. NEPSY : 청각 반응 검사

    ⅰ. 시지각 처리과정 및 시각적 처리속도

        ⅰ. WISC-IV/WPPSI : 지각조직

        ⅱ. WISC-IV/WPPSI : 처리속도

4. 읽기장애가 의심되는 취학 아동 평가

  a. 음운처리

    ⅰ. WAIT-II/PAL-RW : 가짜단어 해석, 단어 읽기, 단어이해 처리검사

    ⅱ. ERDA-R : 음운 및 가짜단어 해석

  b. 음소 인식

    ⅰ. NEPSY : 음운처리

    ⅱ. PAL-RW : 음소, 음절

    ⅲ. ERDA-R : 각운, 음절

  c. 빠른 명명하기

    ⅰ. NEPSY : 빠른 명명하기

    ⅱ. CELF-IV : 빠른 명명하기

    ⅲ. PAL-RW : 빠른 명명하기

  d. 읽고 이해하기

    ⅰ. WAIT-II : 단어이해 처리검사

  e. 단어/의미 지식/처리과정

    ⅰ. WIAT-II : 수용 및 표현언어, 단어이해

    ⅱ. WISC-IV : 언어이해 지표

    ⅲ. WISC-IV : 객관식 단어

    ⅳ. 단어 지식 검사(TOWK) : 표현 및 수용언어(의미 지식), 단어 정의하기, 반대어 및 동의어(의미 특정 및 관계)

    ⅴ. 차이 능력 척도(DAS) : 단어 정의하기

    ⅵ. 기초 언어의 임상적 평가-4판 : 품사

  f. 수용언어 기술-이해 및 구문

ⅰ. NEPSY : 지시 이해

ⅱ. WIAT-Ⅱ : 문장 이해

ⅲ. CELF-Ⅳ : 개념 및 지시, 의미적 관계, 문단 듣기

ⅳ. 단어 지식 검사(TOWK) : 비유의 사용, 접속사와 전환어

g. 표현언어 기술－이해/문법 사용/작업기억과 언어/생산성

ⅰ. NEPSY : 의미적 · 음운적 유창성, 문장 반복

ⅱ. CELF-Ⅳ : 문장 완성, 문장 회상, 문장 연결, 단어 연상

ⅲ. WIAT : 문장 반복, 단어 유창성

ⅳ. D-KEFS(언어 유창성) : 스무고개(언어적 개념화)

ⅴ. TOWK : 다중 문맥

h. 빠른 명명하기

ⅰ. NEPSY : 빠른 명명하기

ⅱ. D-KEFS : 색 명명하기, 단어 명명하기

ⅲ. CELF-Ⅳ : 빠른 명명하기

ⅳ. PAL-RW : 빠른 명명하기

ⅴ. ERDA-R : 자동화된 빠른 문자 명명하기

ⅰ. 작업기억

ⅰ. DAS : 숫자 회상, 물체 회상

ⅱ. CMS : 숫자, 연결, 그림 장소

ⅲ. WISC-Ⅳ : 작업기억 지표

ⅳ. WISC-Ⅳ 통합본 : 문자 따라하기, 공간 따라하기

ⅴ. NEPSY : 청각 반응 검사

j. 시지각 처리과정 및 시각적 처리속도

ⅰ. WISC-Ⅳ : 지각추론

ⅱ. WISC-Ⅳ : 처리속도 지표

ⅲ. NEPSY : 화살표 잇기

　　　k. 읽기 유창성

　　　　ⅰ. WIAT-Ⅱ 읽기 이해 유창성

5. 행동장애도 함께 나타나는 취학 아동을 위한 추가 평가

　　a. 실행기능

　　　　ⅰ. NEPSY : 탑 검사, 도안 유창성

　　　　ⅱ. D-KEFS : 도안 유창성, 색-단어 간섭 검사, 선로 검사, 탑 검사

　　　　ⅲ. 캘리포니아 언어 학습 검사-아동판(의미 군집화 과정 측정, 손상의 검열 침투/반복되는 실수)

6. 읽기 문제 프로파일

　　a. 취약한 환경 특성과 위험 지표가 있는 경우

　　　　ⅰ. 읽기장애의 가족력

　　　　ⅱ. 언어발달 지연, 언어장애 과거력, 언어 문제의 치료력

　　　　ⅲ. 빈곤한 발달 환경

　　　　ⅳ. 과소성취(지능과 성취 간의 차이)

　　b. 음운처리상 주요 어려움

　　　　ⅰ. 환산점수 7점 혹은 그보다 낮은 절단점을 사용하는 것은 좋은 민감도와 특이도를 제공한다.

　　　　ⅱ. 다중 기준을 사용하는 것은 음운능력의 약점에 대해 확실한 결론에 이를 수 있다(단어 읽기, 음운처리 과정은 10점 이하이거나 적어도 점수가 7점 혹은 그 이하여야 함). 더 나이가 많은 아동은 세 가지 소검사에서 13점보다 낮고, 적어도 두세 검사에서는 10점보다 낮고, 한 검사에서는 7점보다 낮아야 한다. 7점 혹은 그보다 낮은 점수를 받을수록 음운처리 영역에서의 어려움이 더 확실해진다.

　　　　ⅲ. 음운 검사의 프로파일이 단어 읽기나 가짜단어 해석과 관련된 음운처리 과정에서 4점 혹은 그 이하로 유의하게 낮은 점수로 나타난다면, 특히 양호한 단어 인식 기술과 부진한 음운처리에서 차이가 난다면, 이 두 검사 간의 수

행을 평가해야 한다. 만약 이런 경우가 아니라면, WISC-IV 청각 작업기억 지표과 숫자 따라하기 소검사에서 아동의 수행이 평가되어야 한다. 또한 단어 읽기 및 가짜단어 해석 간의 미세한 차이는 주로 청각 작업기억의 손상이며, 음운처리의 손상은 아닐 수 있다.

　　iv. 단어 해석과 가짜단어 해석이 음운처리보다 (4점 미만의) 더 낮은 점수라면, 아동이 철자를 알고 있는지를 확인해야 한다. 이는 문자 명명하기 대 빠른 명명하기의 낮은 수행이 평가 시 사용되는 단어 읽기 수준을 결정해야 함을 의미한다. 만약 문자 지식의 손상이 없다면, 청각적 작업기억과 달리 시각적 작업기억의 손상 가능성을 시사한다.

　　v. 모든 음운처리 평가도구의 점수가 4점 미만이면, 더 심한 결함을 가졌을 것이라는 인상하에 더 심도 있는 평가를 해 보아야 한다.

c. 자동화된 빠른 명명하기 평가는 명명하는 속도와 문자 명명하기로 정의된다. 두 소검사 모두 9점 이하이어야 하고, 적어도 하나는 7점 미만이어야 하는 다중 절단점이 적용된다. 빨리 명명하기 소검사들은 음운처리 과정 평가도구보다 덜 민감하며, 읽기의 어려움을 가지고 있는지를 결정하기 위해서는 더 제한적인 기준이 적용되어야 한다. 두 점수가 모두 4점 혹은 그 이상으로 다양한 범위로 나타난다면, 좋거나 혹은 부족한 문자 지식과 단어 읽기가 얼마나 차이가 나는가에 대해 수행의 차이를 평가해야 한다. 두 점수가 모두 4점 이하로 낮을 때에는 WISC-IV 처리속도 지표를 통해 처리속도상의 일반적인 결함이 나타나는지 확인해야 한다. 또한 시각적 탐색능력이 손상되었는지는 WISC-IV 선택 소검사를 통해 평가할 수 있다.

d. "중복 손상"에 대한 평가도 이루어져야 한다(Wolf & Bowers, 1999). 네다섯 가지 소검사 모두의 합이 10점을 넘지 못하거나, 음운처리 과정 하나 혹은 빠른 명명하기 하나에서 7점 미만으로 나타날 때 중복 손상을 고려할 수 있다. 중복 손상이 나타나는 기준에 속한다는 것은 읽기장애의 위험이 높다는 것이다.

e. 주요 작업기억 손상의 평가

  i. 작업기억 지표가 90점 이하이거나 숫자 따라하기가 8점 이하일 때

  ii. 작업기억 지표와 숫자 따라하기 소검사에서 통제집단과 읽기장애 아동집단이 차이가 나지만, 초기 읽기 성공 목록 지표에서는 차이를 보이지 않았다. 작업기억력 결함의 부재는 진단적인 것은 아니지만, 작업기억 문제가 있다는 것은 이해 능력 및 보상 기능에 영향을 미친다.

  iii. 다른 결함 없이 작업기억만 부진할 경우, 음운처리와 언어이해 지표의 수행이 저하되기는 하지만 손상까지는 되지 않을 수 있다.

  iv. 작업기억은 보통 이상이지만 해석능력이 부족한 아동은 처음에 단어를 부정확하게 읽은 이후에 다시 정확하게 발음함으로써, 이전의 실수를 보상받을 것이다. 이러한 경우에 읽기 어려움은 청각 작업기억 채널을 통해 외부로부터 받아들인 올바른 정보를 활용함으로써 가려질 수도 있다.

f. 언어이해력의 손상 평가

  i. 80점 이하의 낮은 언어능력은 읽기장애보다 더 심각한 발달적 어려움을 나타내며, CELF-IV 혹은 NEPSY의 언어지표와 같은 언어 기술 평가가 이를 뒷받침해 준다.

  ii. 난독증이 있는 아동은 일반적으로 보통하에서 보통 수준의 언어능력을 보인다. 아동의 언어이해력 지표가 더 낮게 나타날수록 읽기장애가 더 흔히 나타나며, 특히 읽고 이해하는 능력에서 더 두드러진다.

  iii. 읽기장애로 진단된 백분위 85%ile의 아동들 중에서 언어이해 점수는 통제집단 44%에 해당되는 집단의 단어 읽기점수보다 더 높게 나타난다.

g. 지적 능력의 "중복 손상"에 대한 평가

  i. 숫자 따라하기, 어휘 소검사 모두에서 7점 이하로 점수가 보고된다면, 발달적으로 정상적인 범위의 읽기 점수를 보일 가능성은 1%이다.

  ii. 숫자 따라하기와 어휘에서 4점 이하의 점수를 받는다면, 언어 및 발달상의 어려움을 반드시 평가해야 할 것이다.

h. 아동 개인력 및 인지 프로파일에 대한 이해

　i . 아동이 1a(가족력)와 2b 기준을 충족한다면, 일반적으로 읽기장애의 고위
　　험군에 속한다. 전체지능을 평가할 필요가 있다. 전체지능이 100 혹은 그
　　이상이라면, 일반적으로 읽기장애로 진단될 가능성이 높아진다.

　ii . 아동이 1a(가족력) 기준은 충족하지만 다른 기준들을 충족하지 않으면, 위
　　험군이기는 하지만 읽기장애와 관련된 주된 결함은 나타나지 않는다. 이러
　　한 아동이 읽기장애를 보이는지 알아보기 위해 오랜 기간 동안 관찰할 필요
　　가 있다.

　iii. 아동이 1b(지연된 언어)와 2b, 3, 4를 충족하지만, 6a나 1e는 충족하지 않
　　는다면, 읽기장애의 위험지표는 크지만 더 광범위한 언어 결함의 위험은 적
　　을 것이다.

　iv. 아동이 1b(지연된 언어)와 6a, 1e 기준을 충족한다면, 읽기장애를 포함한
　　광범위한 언어 문제의 위험이 높을 것이다.

　v . 아동이 1b(지연된 언어)와 6a 기준은 충족하지만 1b는 충족하지 않는다면,
　　광범위한 언어 문제의 위험성은 높아 보이지만 단어 해석 능력이 손상되지
　　는 않았을 것이다.

　vi. 아동이 1c는 충족하지만 1a, 1b를 충족하지는 않는다면,

　　• 아동은 2b(생의 초기의 적절한 언어활동에 노출되지 않음)로 인해 읽기
　　　문제가 발생했을 것이다.

　　• 아동이 지각추론, 작업기억력이 보통 수준 이상으로 적절한 인지능력을
　　　보유하고 있지만, 생의 초기에 언어활동에 대한 노출이 적었기 때문에 언
　　　어이해 지표에서 낮게 나타날 수 있다.

　　• 아동은 심각한 환경 문제로 인해 광범위하게 낮은 기능수준(전체 지능점
　　　수 80 이하)을 보일 것이다.

i. 전체지능 점수 평가

　i . 전체지능 점수가 75 미만이면, 아동은 인지능력의 제한으로 인해 일반적인

읽기 중재 프로그램의 효과를 볼 수 없을 것이다(Ehri, Nunes, Stahl, & Willows, 2001).

ii. 전체지능 점수가 76~84라면, 중재 프로그램에서 개입 수준을 아동에게 맞추기 위해 끊임없이 모니터링해야 할 것이다.

iii. 전체지능 점수가 85 이상이면,

- 아동은 빠른 호전 경과를 보일 것이고, 부족한 읽기 기술은 언어적 자극의 노출이 부족했기 때문이다.
- 적절한 능력은 있지만, 경과가 빠르지 못한 아동은 더 다루기 힘든 형태의 읽기 문제를 보일 것이다(Torgesen, 2000).

iv. 전체지능 점수가 성취보다 훨씬 높다면 읽기장애일 가능성이 높아진다.

지금까지 살펴본 모델은 다른 일반적인 발달장애로부터 읽기장애를 구별하는 가능한 하나의 방법이다. 이 모델의 핵심은 민감도와 특이도를 높이기 위해 더 엄격한 절단점을 통한 다중 기준을 사용해야 한다는 점이다. 이후 연구에서는 이러한 모델이 더 효과적이고, 사용된 측정도구들이 더 유용하게 사용될 수 있도록 진행되어야 할 것이다.

실제 사례

J/14세 여아

J는 최근 학습 및 행동 문제를 보이고 있는 14세 여자 아이다. J의 어머니는 J가 새로운 학교에서 적응하지 못하여 심리교육적 검사를 받기 위해 내원하였다. J가 더 교육열이 높은 학교에서 공부할 수 있도록 최근에가족들이 부유한 지역으로 이사하였다. 이사하기 전 J는 성적이 중위권이었지만, 더 경쟁적인 새 학교로 전학하고 나서부터는 성적이 떨어지기 시작하였다. J가 세 살 때 부모가 이혼하였으며, 친척 중에 주의력결핍장애가 있었다. 특별한 의학적·발달적 문제는 보고되지 않았다. 어머니는 J가 잘 잊어버리고, 쉽게 공상에 빠지는 등 부주의하고 쉽게 불안해한다고 하였으며, J가 이사 때문에 우울해했었다는

점도 걱정하고 있었다.

브라운 자기-보고형 평가(Brown self-report)와 J의 어머니가 작성한 부모평가 데이터에 따르면, J는 주의를 기울이는 데 어려움이 있었다. 정신장애를 평가하기 위해 교사가 평정하는 Devereaux 척도에서도 품행 및 주의력 문제가 보고되있다. J가 보고한 벡-칭 소년 우울 척도(Beck Youth Scales)에서는 가벼운 수준의 우울과 낮은 자존감이 보고되었다. 면담 시 J는 우울한 기분을 부정했지만, 자주 짜증이 나고 쉽게 화가 난다고 하였다. J는 새로운 학교에 전학 온 이후부터 스스로를 "바보 같다"고 느꼈고, 공부가 너무 어렵다고 불평하였다. 숙제를 계속 반복해서 읽어야 했고, 가끔씩은 숙제를 끝마치지 못할 때도 있었다고 하였다. 전에는 치어리더로 활동하기도 했었는데, 그때도 반복되는 춤 동작에 지속적으로 주의를 기울이기가 어려웠었다고 말했다. 약물이나 알코올 사용은 부인하였다.

검사 수행 시 J는 매우 협조적이고 공손하였으며, 잘하고 있는지에 굉장히 불안해하였다. 열심히 노력하는 모습을 보였으나 매우 산만하고, 전날 충분히 숙면했음에도 불구하고 자주 하품을 하였다. 손으로 직접 쓰는 과제에서는 적절히 주의를 기울이는 모습을 보였지만, 문제에 집중하도록 하기 위해서 검사자가 계속 격려해 줄 필요가 있었다. 언어 사용은 나이에 적절하고 정상적인 수준이었다.

지능검사에서 J의 전반적인 지적 능력은 보통하 수준으로, 처리속도가 약점으로 나타

표 7.14	WISC-Ⅳ 지표			
척도	**합계**	**백분위 점수**	**95% 신뢰도 구간**	**진단적 분류**
언어이해(VCI)	93	32	87~100	보통
지각추론(PRI)	88	21	81~97	보통하
작업기억(WMI)	97	42	90~105	보통
처리속도(PSI)	80	9	73~91	보통하
전체지능 점수(FSIQ)	87	19	82~92	보통하
실행기능(EF)	76	5	71~91	경계선

☎ 아동용 웩슬러 지능검사-4판 통합본(WISC-Ⅳ Integrated) ⓒ 2004 Harcourt assessment, Inc. 인가하에 인용됨.

났다. 지각적 추론 영역에서 J는 공통그림찾기에서 강점을 보였다. 토막짜기 소검사에서는 처리속도가 느려서 객관식 토막짜기 소검사를 실시하였다. 시간제한이 있는 두 검사 모두 운동 속도는 느린 편이었으나, 시간보너스 없는 객관식 토막짜기에서는 유의미한 수준으로 수행이 향상되었다. 또한 공간 계획, 충동 억제, 우연학습이 약점으로 나타났다(표 7.15, 7.16).

D-KEFS와 CMS 검사는 부분적으로 실시되었다. D-KEFS 결과, 노력을 많이 들이고

표 7.15	WISC-IV 통합본 소검사 평가치			
소검사	점수		소검사	점수
공통성(SI)	8		빠진곳찾기(PCm)	
어휘(VC)	8		숫자 따라하기(DS)	11
이해(CO)	10		순차연결(LN)	8
상식(IN)	8		산수(AR)	10
단어추리(WR)	9		기호쓰기(CD)	4
토막짜기(BD)	7		동형찾기(SS)	9
공통그림찾기(PCn)	11		선택 무선배열(CAR)	8
행렬추리(MR)	6		선택 일렬배열(CAS)	10
처리 점수	**환산점수**	**백분위 점수**		
객관식 이해	8	25		
시간보너스 없는 토막짜기(BDN)	7	16		
객관식 토막짜기(BDMC)	9	37		
시간보너스 없는 객관식 토막짜기(BDMCN)	11	63		
Elithorn 미로검사(EM)	5	5		
시간보너스 없는 Elithorn 미로검사(EMN)	4	2		
공간 바로 따라하기	7	16		
공간 거꾸로 따라하기	9	37		
처리 점수	**원점수**	**기저율**		
CDR 그림 단서 회상	1	< 2%		
CDR 숫자 단서 회상	2	2~5%		

🔁 아동용 웩슬러 지능검사-4판 통합본(WISC-IV Integrated) ⓒ 2004 Harcourt assessment, Inc. 인가하에 인용됨.

생산성은 좋았지만 자기 감찰 능력이 부진하였고, 시각 및 언어 과제에서 자주 규칙을 어기는 행동을 보였다. 인지적 유연성과 개념적 추론 기술은 보통 수준이었다. CMS에서 J는 보통 수준의 언어 및 시각 기억력을 보였다.

평가 결과는 J가 주의력결핍과잉행동장애, 부주의형임을 시시해 주었다. 경미한 수준의 우울 증상은 인지처리의 어려움에 영향을 미치지는 않았으며, 기분 및 품행 문제와 관련된 경미한 정도의 적응 문제를 보여 주었다. J의 행동, 기분, 학업 기능은 중추신경흥분제(주의력장애 치료 약물), 단기 상담 및 개별교육을 통해 향상될 수 있었다.

M/13세 남아

M은 13세 남자 아이로, 숙제를 마치기 어렵다는 문제로 내원하였다. 학교 성적은 그가 주로 숙제를 다 해가지 못하는 것 때문에 보통하 수준이었다. 교사는 M이 친절하고 조용한 편이지만, 숙제를 잘 하지 못한다고 평가하였다. 또한 M은 노력은 많이 하지만, 쓰는 게 너무 느리고 힘들어한다고 보고하였다. 어머니는 M이 공부하기 어려워하고, 숙제를 다 하기 위해 밤에도 몇 시간 동안이나 시간을 허비한다고 하였으며, 불평하거나 회피하기보다는 매일 주어진 일을 끝마치기 위해 노력하다가 끝내 좌절하게 된다고 말하였다. 발달력상 언어발달 지연이 있었고, 언어치료를 받았으며, 1학년 때 읽기장애 진단을 받았다. M은 1~5학년 때까지 특수교육을 받는 학생이었지만, 이후 일반 교실로 되돌아올 만큼 향상되었다. M은 6학년과 중 1 때에는 수업을 따라갈 수 있었지만, 중 2가 되자 점점 성적이 떨어지기 시작하였다.

학교에서 실시한 검사에서 특별한 문제는 보고되지 않았지만, M의 부모는 더 검사받기를 원했다. M은 동기수준이 높고, 뭐든 잘하고 싶어 하는 학생이었으며, 검사 결과를 보고 걱정스러워하였지만 의기소침해지지는 않았다. M의 언어능력는 언어 산출 수준이 다소 낮기는 하였으나, 나이에 적절한 수준이었다. 이러한 특징은 언어성 소검사에서 나타났는데, 자주 한두 단어로 반응하고, 완성된 문장으로 표현하지 못했다. 추가적인 정보를 질문받을 때는 자주 "모르겠어요."라고 대답하였다. M은 어색하고 이상하게 연필을 잡았고, 고심하면서 필기하였으며, 느리게 또박또박 썼다.

WISC-IV 지표점수 결과, 언어이해에서 특히 약점이 나타났지만, 재인 지표는 보통 수준이었다. 이러한 결과는 표현언어, 기억 인출, 혹은 언어 억제력의 결함이 있을 가능성을 시사한다. WIAT-II로 실시한 학습 평가는 읽기 해석은 보통 수준, 산수는 보통하에서 보통 수준으로 나타났지만, 읽고 이해하기는 경계선 수준, 쓰기 능력은 손상 수준으로 나타났다(표 7.17~7.20).

D-KEFS, CELF-IV, CMS 척도의 일부 소검사를 추가로 실시하였는데, D-KEFS에서 시각 산출 능력은 보통 수준이었으나, 새로운 힌트를 주어도 언어 산출 능력은 손상된 것으로 나타났으며, 의미 있는 힌트를 주었을 때도 보통 수준의 언어적 산출을 보였다. 억제 능력 평가에서도 보통 수준이었다. CELF-IV에서 수용언어는 보통 수준으로 나타났으나, 표현언어에서 경미한 어려움을 보였다. 기억 측정에서는 시각 기억은 적절하였으나 언어 정보를 인출하는 능력에는 결함이 있었다.

M은 경제 수준이 낮은 집안 출신이었지만, 언어이해 지표 점수가 학습 경험이 부족하기 때문에 낮아진 것은 아니었다. 어머니는 M이 어렸을 때 책을 종종 읽어 주었고, 항상 교육의 중요성을 강조하며 스트레스를 주기도 했다고 보고했다.

평가 결과, 표현언어 및 쓰기장애가 시사되었다. 특수교육은 쓰기에 집중해서 다시 시작하였고, 숙제를 조절하고, 방과 후 개별학습이 제공되었다. 그 결과 M의 점수는 보통하에서 보통 수준으로 꾸준히 향상되어 갔다.

표 7.16 WISC-IV 지표

지표	합계	백분위 점수	신뢰도 구간	진단적 분류
언어이해(VCI)	77	6	72~85	경계선
지각추론(PRI)	110	75	102~117	보통상
작업기억(WMI)	102	55	94~109	보통
처리속도(PSI)	103	58	94~112	보통
전체지능 점수(FSIQ)	96	39	91~101	보통
재인 지표-1	103	58	94~111	보통

🔲 아동용 웩슬러 지능검사-4판 통합본(WISC-IV Integrated) ⓒ 2004 Harcourt assessment, Inc. 인가하에 인용됨.

표 7.17	WISC-IV 통합적 소검사 평가치			
소검사	점수	소검사	점수
---	---	---	---
공통성(SI)	5	빠진곳찾기(PCm)	미실시
어휘(VC)	6	숫자 따라하기(DS)	11
이해(CO)	7	순차연결(LN)	10
상식(IN)	미실시	산수(AR)	10
단어추리(WR)	7	기호쓰기(CD)	9
토막짜기(BD)	10	동형찾기(SS)	12
공통그림찾기(PCn)	13	선택(CA)	11
행렬추리(MR)	12		

🎯 아동용 웩슬러 지능검사-4판 통합본(WISC-IV Integrated) ⓒ 2004 Harcourt assessment, Inc. 인가하에 인용됨.

표 7.18	언어처리 소검사		
처리점수	환산점수	백분위 점수
---	---	---
객관식 공통성(SIMC)	9	37
객관식 어휘(VCMC)	13	84
그림 어휘(PVMC)	12	75
객관식 이해(COMC)	10	50

🎯 아동용 웩슬러 지능검사-4판 통합본(WISC-IV Integrated) ⓒ 2004 Harcourt assessment, Inc. 인가하에 인용됨.

표 7.19	처리속도 영역 처리점수 요약(원점수 총점을 평가치로 변환)		
처리점수	환산점수	백분위 점수
---	---	---
선택 무선배열(CAR)	10	50
선택 일렬배열(CAS)	12	75
기호 모사(CDC)	1	0.1

🎯 아동용 웩슬러 지능검사-4판 통합본(WISC-IV Integrated) ⓒ 2004 Harcourt assessment, Inc. 인가하에 인용됨.

| 참고문헌 |

American Psychiatric Association (1994). *Diagnostic and statistical manual of mental disorders.* Wasington, DC: American Psychiatric Association.

Antshel, K. M., & Waisbren, S. E. (2003). Timing is everything: Executive functions in children exposed to elevated levels of phenylalanine. *Neuropsychology, 17*, 458–468.

Aram, D. M., Ekelman, B. L., & Nation, J. E. (1984). Preschoolers with language disorders: 10 years later. *Journal of Speech and Hearing Research, 27*, 232–244.

Barkley, R. A. (1997). Behavioral inhibition, sustained attention, and executive Functioning: Constructing a unifying theory of ADHD. *Psychological Bulletin, 121*, 65–94.

Barkley, R. A. (2003). Issues in the diagnosis of attention deficit/hyperactivity disorder in children. *Brain and Development, 25*, 77–83.

Berninger, V. W. (2001a). *Process assessment of the learner–Test battery for reading and writing.* San Antonio, TX: The Psychological Corporation.

Berninger, V. W. (2001b). Understanding the lexia in dyslexia: A multidisciplinary team approach to learning disabilities. *Annals of Dyslexia, 51*, 23–48.

Berninger, V. M., Hart, T., Abbott, R., & Karovsky, P. (1992). Defining reading and writing disabilities with and without IQ: A flexible developmental perspective. *Learning Disability Quarterly, 15*, 103–118.

Brookshire, B., Levin, H. S., Song, J., & Zhang, L. (2004). Components of executive function in typically developing and head-injured children. *Developmental Neuropsychology, 25*, 61–83.

Caine, D., & Watson, J. D. (2000). Neuropsychological and neuropathological sequelae of cerebral anoxia: A critical review. *Journal of the International Neuropsychological Society, 6*, 86–99.

Catts, H. W., Fey, M. E., Zhang, X., & Tomblin, J. B. (2001). Estimating the risk of future reading difficulties in kindergarten children: A research-based model and its clinical implementation. *Language, Speech, and Hearing Services in Schools, 32*, 38–50.

Channon, S., German, E., Cassina, C., & Lee P. (2004). Executive functioning, memory, and learning in phenylketonuria. *Neuropsychology, 18*, 613–620.

Channon, S., Pratt, P., & Robertson, M. M. (2003). Executive function, memory, and learning in tourette's syndrome. *Neuropsychology, 17*, 247–254.

Choudhury, N., & Benasich, A. A. (2003). A family aggregation study: The influence of family history and other risk factors on language development. *Journal of Speech, Language, and Hearing Research, 46*, 261–272.

Catroppa, C., & Anderson, V. (2004). Recovery and predictors of language skills two years following pediatric traumatic brain injury. *Brain and Language, 88*, 68–78.

Cohen, M. (1997). *Children's memory scale.* San Antonio, TX: The Psychological Corporation.

Cohen, N. J., Menna, R., Vallance, D. D., Barwick, M. A., Im, N., & Horodezky, N.B. (1998). Language, social cognitive processing, and behavioral characteristics of psychiatrically disturbed children with previously identified and unsuspected language impairments. *Journal of Child Psychology and Psychiatry, 39*, 853–864.

Conti-Ramsden, G., Botting, N., Simkin, Z., & Knox, E. (2001). Follow-up of children attending infant language units: Outcomes at 11 years of age. *International Journal of Language and Communication Disorders, 36*, 207–219.

Couthino, M. J., Oswald, D. P., & Best, A. M. (2002). The influence of sociodemographics and gender on the disproportionate identification of minority students as having learning disabilities. *Remedial and Special Education, 23*, 49–59.

de Jong, P. F. (1998). Working memory deficits of reading disabled children. *Journal of Experimental Child Psychology, 70,* 75–96.

Delaney-Black, V., Covington, C., Ondersma, S. J., Nordstrom-Klee, B., et al. (2002). Violence exposure, trauma, and IQ and/or reading deficits among urban children. *Archives of Pediatric and Adolescent Medicine, 156,* 280–285.

Delis, D. C, Kaplan, E., & Kramer, J. (2001). *Delis-Kaplan executive function system.* San Antonio, TX: The Psychological Corporation.

DiPerna, J. C., & Elliott, S. N. (2000). *Academic competence evaluation scale.* San Antonio, TX: Harcourt Assessment, Inc.

Drozdick, L. W., Holdnack, J. A., Rolfhus, E., & Weiss, L. (2005). WISC-IV and children's memory scale. HTTP://harcourtassessment.com/hai/images/pdf/wisciv/WISCIVTechReports5.pdf

Ehri, L. C. Nunes, S. R., Stahl, S. R., & Willows, D. M. (2001). Systematic phonics instruction helps students learn to read: Evidence from the national reading panel's meta-analysis. *Review of Educational Research, 71*, 393–447.

Elliot, C. (1992). *Differential ability scales.* San Antonio, TX: The Psychological Corporation.

Ewing-Cobbs, L., Barnes, M., Fletcher, J. M., Levin H. S., et al. (2004). Modeling of longitudinal academic achievement scores after pediatric traumatic brain injury. *Developmental Neuropsychology, 25*, 107–133.

Ewing-Cobbs L., Fletcher, J. M., Levin, H. S., Francis, D. J., et al. (1997). Longitudinal neuropsychological outcome in infants and preschoolers with traumatic brain injury. *Journal of the International Neuropsychological Society, 3*, 581–591.

Ewing-Cobbs, L., Kramer, L., Prasad, M., Canales, D.N., Louis, P. T., et al. (1998). Neuroimaging, physical, and developmental findings after inflicted and noninflicted traumatic brain injury in young children. *Pediatrics, 102,* 300–307

Faraone, S. V., & Biederman, J. (1998). Neurobiology of attention-deficit hyperactivity disorder. *Biological Psychiatry, 44*, 951–958.

Fastenau, P. S., Shen, J., Dunn,D. W., Perkins, S. M., Hermann, B. P., & Austin, J. K. Neuropsychological predictors of academic underachievement in pediatric epilepsy: moderating roles of demographic, seizure, and psychosocial variables. *Epilepsia, 45*, 1261–1272.

Fisher, S. E., Francks, C., Marlow, A. J., MacPhie, I. L., et al. (2002). Independent genome-wide scans identify a chromosome 18 quantitative-trait locus influencing dyslexia. *Nature Genetics, 30*, 86–91.

Gilmour, J., Hill, B., Place, M., & Skuse, D. H. (2004). Social communication deficits in conduct disorder: A clinical and community survey. *Journal of Child Psychology and Psychiatr, 45,* 967–978.

Grigorenko, E. L., Wood, F. B., Meyer, M. S., & Pauls, J.E. (2000). Chromosome 6p influences on different dyslexia-related cognitive processes: Further confirmations. *American Journal of Human Genetics, 66,* 715–723

Grigorenko, E. L., Wood, F. B., Meyer, M. S., Pauls, J. E., Hart, L. A., & Pauls, D. L. (2001). Linkage studies suggest a possible locus for developmental dyslexia on chromosome 1p. *American Journal of Medical Genetics, 105*, 120–129.

Hatcher, P. J., & Hulme, C. (1999). Phonemes, rhymes, and intelligence as predictors of children's responsiveness to remedial reading instruction: Evidence from a longitudinal intervention study. *Journal of Experimental Child Psychology, 72,* 130–153.

Hill, E. L. (2004). Evaluating the theory of executive dysfunction in autism. *Developmental Review, 24,*189–233.

Holdnack, J. A., Weiss, L., & Hale, J. B. (2004). *Children with Reading Disorder: The Effects of IQ and IQ-achievement discrepancy.* Baltimore, MD:32nd Annual Meeting of the International Neuropsychological Society.

Hooper, S. R., Alexander, J., Moore, D., Sasser, H. C., Laurent, S., King, J., Bartel, S., & Callahan, B. (2004). Caregiver reports of common symptoms in children following a traumatic brain injury. *NeuroRehabilitation, 19,* 175–89.

Kavale, K. A., Holdnack, J. A., & Mostert, M. P. (2003). *The feasibility of a responsiveness to intervention approach for the identification of specific learning disability: A psychometric alternative.* Paper presented at the National Research Center on Learning Disabilities "Responsiveness to Intervention" Symposium, Kansas City, MO.

Knox, E., & Conti-Ramsden, G. (2003). Bullying risks of 11-year-old children with specific language impairment (SLI): Does school placement matter? *International Journal of Language and Communication Disorder, 38,* 1–12.

Korkman, M., Kjirk, U., & Kemp, S. (1997). *NEPSY: A developmental neuropsychological assessment-manual.* San Antonio, TX, The Psychological Corporation.

Kramer, J. H., Knee, K., & Delis, D. C. (2000). Verbal memory impairments in dyslexia. *Archives of Clinical Neuropsychology, 15,* 83–93.

Lah, S. (2004). Neuropsychological outcome following focal cortical removal for intractable epilepsy in children. *Epilepsy Behavior, 5,* 804–817.

Martin, I., & McDonald, S. (2003). Weak coherence, no theory of mind, or executive dysfunction? Solving the puzzle of pragmatic language disorders. *Brain and Language, 85,* 451–466.

McArthur, G. M., Hogben, J. H., Edwards, V. T., Heath, S. M., & Mengler, E. D. (2000). On the specifics of specific reading disability and specific language impairment. *Journal of Child Psychology and Psychiatry, 41,* 869–874.

Molfese, V. J., Modglin, A., & Molfese, D. L. (2003). The role of early environment in the development of reading skills: A longitudinal study of preschool and school-age measures. *Journal of Learning Disabilities, 36,* 59–67.

Monjauzea, C., Tullera, L., Hommetb, C., Barthezc, M., & Khomsia, A. (2005). Language in benign childhood epilepsy with centro-temporal spikes abbreviated form: Rolandic epilepsy and language. *Brain and Language, 92,* 300–308.

Montgomery, J. W. (2003). Working memory and comprehension in children with specific language impairment: What we know so far. *Journal of Communication Disorders, 36,* 221–231.

Nation, K., Adams, J. W., Bowyer-Crane, C. A., & Snowling, M. J. (1999). Working memory deficits in poor comprehenders reflect underlying language impairments. *Journal of Experimental Child Psychology, 73,* 139–158.

Pasternak, R. H. (2002). *The demise of IQ testing for children with learning disabilities.* Presented at the Annual Convention of the National Association of School Psychologists, Chicago, IL.

Pennington, B. F., & Lefly, D. L. (2001). Early reading development in children at family risk for dyslexia. *Child Development, 72,* 816–833.

Peterson, K. M. H., & Shinn, M. R. (2002). Severe discrepancy models: Which best explains school identification practices for learning disabilities. *School Psychology Review, 31*, 459–476.

Powell, K. B., & Voeller, K. K. (2004). Prefrontal executive function syndromes in children. *Journal of Child Neurology, 19*, 785–797.

PsychCorp (2004). *Early reading success indicator*. San Antonio, TX: Harcourt Assessment, Inc.

Rapin, I., & Dunn, M. (2003). Update on the language disorders of individuals on the autistic spectrum. *Brain & Development, 25*, 166–172.

Rourke, B. P., Del Dotto, J. E., Rourke, S. B., & Casey, J.E. (1990). Nonverbal learning disabilities: The syndrome and a case study. *Journal of School Psychology, 28*, 361–385.

Scarborough, H. S. (1990). Very early language deficits in dyslexic children. *Child Development, 61*, 1728–1748.

Semel, E, Wiig, E. H. & Secord, W. A. (2003). *Clinical Evaluation of Language Fundamentals-4th Edition*. San Antonio, TX: Harcourt Assessment, Inc.

Sergeant, J. A., Geurts, H., & Oosterlaan. J. (2002). How specific is a deficit of executive functioning for attention-deficit/hyperactivity disorder? *Behavioural Brain Research, 13*, 3–28.

Siegel, L. S. (1989). IQ is irrelevant to the definition of learning disabilities. *Journal of Learning Disabilities, 22*(8), 469–478.

Siegel L. S. (2003). IQ-discrepancy definitions and the diagnosis of LD: Introduction to the special issue. *Journal of Learning Disabilities, 36*, 2–3.

Shear, P. K., Tallal, P., & Delis, D. C. (1992). Verbal learning and memory in language impaired children. *Neuropsychologia, 30*, 451–458.

Speech Language Impairment Consortium (SLIC) (2004). Highly significant linkage to the SLI1 locus in an expanded sample of individuals affected by specific language impairment. *American Journal of Human Genetics, 74*, 1225–1238

Speltz, M. L., DeKlyen, M., Calderon, R., Greenberg, M. T., & Fisher, P.A. (1999). Neuro-psychological characteristics and test behaviors of boys with early onset conduct problems. *Journal of Abnormal Psychology, 108*, 315–325.

Stuebing, K. K., Fletcher, J. M., LeDoux, J. M., Lyon, G. R., et al. (2002). Validity of IQ-discrepancy classification of reading disabilities: A meta-analysis. *American Educational Research Journal, 39*, 469–518.

Tallal, P., Townsend, J., Curtiss, S., & Wulfeck, B. (1991). Phenotypic profiles of language-impaired children based on genetic/family history. *Brain and Language, 41*, 81–95.

Thivard, L., Hombrouck, J., Te'zenas du Montcel, S., Delmaire, C., Cohen, L., Samson, S., Dupont, S., Chiras, J., Baulac, M., & Lehe'ricyc, S. (2005). Productive and perceptive language reorganization in temporal lobe epilepsy. *NeuroImage, 24*, 841–851.

Torgesen, J. K. (2000) Individual differences in response to early interventions in reading: The lingering problem of treatment resisters. *Learning Disabilities Research and Practice, 15*, 55–64.

Vinayan, K. P., Biji, V., & Thomas, S. V. (2005). Educational problems with underlying neuropsychological impairment are common in children with benign epilepsy of childhood with centrotemporal spikes (BECTS). *Seizure, 14*, 207–212

Wechsler, D. (2002). *The Wechsler primary and pre-school scale of intelligence– Third Edition*. San Antonio, TX: Harcourt Assessment, Inc.

Wechsler, D. (2002). *Wechsler individual achievement test-II: Examiner's manual*. San Antonio,

TX: Harcourt Assessment, Inc.

Wechsler, D. (2004). T*he Wechsler intelligence scale for children*–4th Edition Integrated. San Antonio, TX: Harcourt Assessment, Inc.

Wilde E.A., Hunter J. V., Newsome M.R., Scheibel R. S., Bigler, E. D., Johnson, J. L., Fearing, M. A., Cleavinger, H. B., Li, X., Swank, P. R., Pedroza, C., Roberson, G. S., Bachevalier, J., & Levin, H. S. (2005). Frontal and temporal morphometric findings on MRI in children after moderate to severe traumatic brain injury. *Journal of Neurotrauma, 22,* 333–344.

Willcutt, E. G., Pennington, B. F., Olson, R. K., Chhabildas, N., & Hulslander, J. (2003). Neuropsychological analyses of comorbidity between reading disability and attention deficit hyperactivity disorder: In search of the common deficit. *Developmental Neuropsychology, 27,* 35–78.

Willford, J. A., Richardson, G. A., Leech, S. L., & Day, N. L. (2004). Verbal and visuospatial learning and memory function in children with moderate prenatal alcohol exposure. *Alcohol Clinical and Experimental Research, 28,* 497–507.

Wolf, M., & Bowers, P. G. (1999). The double-deficit hypothesis for the developmental dyslexias. *Journal of Educational Psychology, 91,* 415–438.

Wolff, P. H., & Melngailis, I. (1994). Family patterns of developmental dyslexia: Clinical findings. *American Journal of Medical Genetics, 54,* 122–131.

부록 1 실행기능과 제인 지표를 포함하는 WISC-IV 통합본 전 지표에서 임상진단별 수행 평균 점수

언어성 소검사	주의력결핍장애		아스퍼거 증후군		자폐장애		표현 언어장애		수용-표현 언어장애		수학장애		읽기장애		외상적 뇌손상	
	평균	(표준편차)	평균	(표준편차)	평균	(표준편차)	평균	(표준편차)	평균	(표준편차)	평균	(표준편차)	평균	(표준편차)	평균	(표준편차)
언어이해 지표	95.0	(12.3)	108.4	(18.5)	78.8	(16.9)	81.1	(10.6)	78.6	(11.8)	90.6	(8.3)	92.1	(9.2)	93.4	(15.0)
지각추론 지표	97.1	(13.8)	102.1	(19.3)	88.3	(18.1)	91.4	(14.9)	85.8	(16.2)	86.9	(11.2)	94.3	(12.8)	92.8	(13.8)
작업기억 지표	90.8	(13.1)	97.3	(13.6)	74.2	(14.8)	83.5	(10.9)	83.2	(13.8)	90.6	(11.1)	86.5	(13.7)	94.6	(15.7)
처리속도 지표	90.6	(12.6)	89.4	(15.6)	71.4	(19.3)	87.0	(10.9)	79.7	(13.7)	88.4	(15.2)	91.4	(11.6)	83.5	(15.6)
실행기능 지표	91.0	(13.4)	90.9	(15.5)	75.1	(14.4)	90.3	(14.4)	82.0	(12.8)	87.4	(12.7)	93.2	(12.1)	87.3	(14.7)
제인 지표-1	93.4	(14.2)	102.3	(14.8)	82.6	(13.6)	83.3	(11.3)	80.2	(9.9)	87.7	(8.2)	90.6	(11.5)	92.4	(14.1)
제인 지표-2	94.5	(14.9)	102.8	(14.4)	84.3	(14.3)	83.3	(11.3)	79.5	(9.0)	88.2	(9.3)	91.1	(11.7)	92.0	(14.8)

주: 주의력결핍장애(n=49), 아스퍼거 증후군(n=20), 자폐장애(n=14), 자폐장애(n=25), 표현언어장애(n=14), 수용-표현언어장애(n=25), 수용·표현언어장애(n=36), 산술장애(n=41), 읽기장애(n=58), 외상적 뇌손상(n=34). 아동용 웩슬러 지능검사-4판 통합본(WISC-IV Integrated) © 2004 Harcourt assessment, Inc. 인가하에 인용됨.

부록 2 실행기능 지표와 환산점수 합의 표준점수

환산점수 합	실행 지표	백분위 순위	90% 신뢰구간	95% 신뢰구간	환산점수 합	실행 지표	백분위 순위	90% 신뢰구간	95% 신뢰구간
4	48	<0.1	48-65	46-66	40	100	50	92-108	90-110
5	50	<0.1	50-66	48-68	41	102	55	93-110	92-112
6	52	0.1	51-68	50-70	42	104	61	95-112	93-113
7	54	0.1	53-70	51-71	43	107	68	98-114	96-116
8	56	0.2	55-71	53-73	44	108	70	98-115	97-117
9	57	0.2	56-72	54-74	45	110	75	100-117	99-118
10	58	0.3	56-73	55-75	46	112	79	102-118	100-120
11	59	0.3	57-74	56-75	47	115	84	104-121	103-122
12	59	0.3	57-74	56-75	48	118	88	107-123	105-125
13	60	0.4	58-75	57-76	49	120	91	109-125	107-127
14	61	0.5	59-76	57-77	50	122	93	110-127	109-128
15	63	1	61-77	59-79	51	125	95	113-129	111-131
16	64	1	61-78	60-80	52	127	96	114-131	113-133
17	65	1	62-79	61-80	53	129	97	116-133	114-134
18	66	1	63-80	62-81	54	132	98	119-135	117-137
19	67	1	64-81	62-82	55	134	99	120-137	119-138
20	68	2	65-81	63-83	56	136	99	122-139	120-140
21	68	2	65-81	63-83	57	138	99	124-140	122-142
22	69	2	66-82	64-84	58	140	99.6	125-142	124-143
23	70	2	67-83	65-85	59	143	99.8	128-144	126-146
24	71	3	67-84	66-86	60	148	99.9	132-149	132-150

(계속)

부록 2 실행기능 지표와 환산점수 합의 표준점수(계속)

환산점수 합	실행 지표	백분위 순위	90% 신뢰구간	95% 신뢰구간	환산점수 합	실행 지표	백분위 순위	90% 신뢰구간	95%신뢰구간
25	72	3	68-85	67-86	61	148	99.9	132-149	130-150
26	73	4	69-86	67-87	62	149	99.9	133-149	131-151
27	74	4	70-86	68-88	63	150	>99.9	134-150	132-152
28	76	5	72-88	70-90	64	152	>99.9	135-152	134-154
29	77	6	72-89	71-91	65	154	>99.9	137-154	135-155
30	79	8	74-91	72-92	66	154	>99.9	137-154	135-155
31	80	9	75-91	73-93	67	154	>99.9	137-154	135-155
32	82	12	77-93	75-95	68	154	>99.9	137-154	135-155
33	84	14	78-95	77-96	69	154	>99.9	137-154	135-155
34	85	16	79-96	78-97	70	154	>99.9	137-154	135-155
35	88	21	82-98	80-100	71	154	>99.9	137-154	135-155
36	90	25	83-100	82-101	72	154	>99.9	137-154	135-155
37	92	30	85-102	83-103	73	154	>99.9	137-154	135-155
38	95	37	88-104	86-106	74	154	>99.9	137-154	135-155
39	97	42	89-106	88-107	75	154	>99.9	137-154	135-155
					76	154	>99.9	137-154	135-155

부록 3

	8	9	10	11	12	13	14	15	16	전체
신뢰도	0.84	0.81	0.82	0.80	0.86	0.86	0.84	0.83	0.78	0.84
SEM	6	6.54	6.36	6.71	5.61	5.61	6	6.18	7.04	6

주: 아동용 웩슬러 지능검사-4판 통합본(WISC-IV Integrated) ⓒ 2004 Harcourt assessment, Inc. 인가하에 인용됨.

부록 4 실행기능 지표 대 표준화된 WISC-IV 통합본 지표 점수 간의 차이 기저율

차이 정도	VCI > EFI	VCI < EFI	PRI > EFI	PRI < EFI	WMI > EFI	WMI < EFI	PSI > EFI	PSI < EFI
≥40	0.84	0.34	0.34	0.34	0.51	1.18	0.17	0.34
39	0.84	0.34	0.84	0.34	0.67	1.18	0.17	0.34
38	0.84	0.51	1.01	0.34	0.67	1.52	0.17	0.34
37	0.84	0.67	1.01	0.34	0.67	1.68	0.17	0.34
36	1.01	0.67	1.01	0.51	0.84	1.85	0.34	0.34
35	1.18	0.84	1.01	0.51	1.18	2.69	0.34	0.34
34	1.35	1.52	1.18	0.84	1.52	3.2	0.34	1.01
33	1.52	1.68	1.35	1.01	1.85	3.87	0.84	1.01
32	1.52	2.53	1.35	1.18	2.02	4.38	0.84	1.68
31	2.02	3.03	1.52	2.02	2.36	4.71	0.84	1.68
30	2.36	3.37	1.68	2.86	2.53	4.71	1.35	2.02
29	3.37	4.04	2.53	3.03	2.69	4.88	2.02	2.53
28	3.54	4.38	2.52	4.21	3.87	5.56	2.19	2.69
27	3.70	5.22	3.03	4.38	3.87	5.56	2.69	3.20
26	4.38	5.89	3.87	4.88	4.55	6.06	3.03	3.70
25	4.38	7.07	4.38	5.22	4.55	6.73	3.03	3.70
24	4.88	7.07	5.05	5.72	4.71	7.41	3.54	4.71

(계속)

부록 4 실행기능 지표 내 표준화된 WISC-IV 통합본 지표 점수 간의 차이 기저율(계속)

차이 정도	VCI > EFI	VCI < EFI	PRI > EFI	PRI < EFI	WMI > EFI	WMI < EFI	PSI > EFI	PSI < EFI
23	5.22	8.75	5.56	5.89	5.22	8.25	4.71	5.05
22	7.24	9.43	7.07	7.07	6.90	9.25	5.05	6.40
21	8.08	10.10	7.74	7.58	7.91	11.28	6.57	7.24
20	9.26	11.28	8.92	8.75	9.43	11.62	7.07	8.08
19	10.10	11.95	9.76	9.93	10.44	12.46	7.91	9.26
18	10.61	12.63	11.28	10.44	12.63	15.49	9.60	10.27
17	12.46	14.48	12.12	12.29	13.47	16.50	10.77	12.96
16	14.14	16.16	12.63	13.97	14.81	18.18	11.178	14.31
15	16.50	17.51	15.15	15.15	17.34	18.86	13.30	15.49
14	19.19	19.19	16.16	17.51	18.86	21.38	13.80	17.85
13	20.37	22.05	17.34	19.87	19.87	24.41	14.65	19.36
12	22.22	24.58	19.36	20.54	21.89	25.42	16.67	23.40
11	24.07	25.93	21.21	21.55	23.23	27.44	19.70	24.58
10	26.94	27.61	23.74	23.23	25.25	28.45	21.55	27.44
9	28.45	29.46	26.43	24.41	27.95	29.63	23.40	29.29
8	31.31	31.31	28.96	27.61	28.96	33.16	25.93	30.47
7	33.50	33.16	33	29.80	32.15	35.02	27.78	33.50

(계속)

부록 4 실행기능 지표 대 표준화된 WISC-IV 통합본 지표 점수 간의 차이 기저율(계속)

차이 정도	VCI > EFI	VCI < EFI	PRI > EFI	PRI < EFI	WMI > EFI	WMI < EFI	PSI > EFI	PSI < EFI
6	36.20	35.35	35.02	33	34.18	37.04	31.48	36.36
5	38.22	36.70	37.21	34.85	36.87	42.26	34.34	38.72
4	42.42	39.90	40.57	38.38	38.89	43.60	36.36	43.27
3	44.78	41.58	42.26	41.75	40.57	45.79	40.24	46.13
2	46.80	44.95	45.62	45.45	43.10	48.84	43.43	47.64
1	49.33	47.47	47.98	46.63	44.61	50.84	45.79	50.84
평균	12.20	13.10	11.70	11.90	12.90	13.50	10.80	11.60
표준편차	9.10	9.40	8.70	9	9	10.20	8.10	8.60
중앙값	10	12	9	9	11	11.50	9	10

주 VCI : 언어이해 지표, EFI: 실행기능 지표, PRI: 지각추론 지표, WMI: 작업기억 지표, PSI: 처리속도 지표. 아동용 웨슬러 지능검사-4판 통합본(WISC-IV Integrated) ⓒ 2004 Harcourt assessment, Inc. 인가하에 인용됨.

부록 5 개인 지표 -1과 환산점수 합의 표준점수

환산점수 합	개인 지표	백분위	90% 신뢰구간	95% 신뢰구간	환산점수 합	개인 지표	백분위	90% 신뢰구간	95% 신뢰구간
3	59	0.3	56-70	55-71	31	101	53	94-108	93-109
4	63	1	60-74	58-75	32	103	58	96-110	94-111
5	64	1	61-75	59-76	33	106	66	98-112	97-114
6	66	1	62-76	61-78	34	108	70	100-114	99-116
7	66	1	62-76	61-78	35	110	75	102-116	101-117
8	67	1	63-77	62-79	36	112	79	104-118	102-119
9	69	2	65-79	64-80	37	115	84	106-121	105-122
10	69	2	65-79	64-80	38	117	87	108-122	107-124
11	70	2	66-80	65-81	39	119	90	110-124	109-125
12	71	3	67-81	66-82	40	121	92	112-126	111-127
13	72	3	68-82	66-83	41	124	95	115-129	113-130
14	73	4	69-83	67-84	42	127	96	117-131	116-133
15	74	4	70-84	68-85	43	129	97	119-133	118-134
16	75	5	70-85	69-86	44	133	99	123-137	121-138
17	77	6	72-86	71-88	45	137	99	126-140	125-142
18	79	8	74-88	73-89	46	140	99.6	129-143	128-144
19	80	9	75-89	74-90	47	141	99.7	130-144	129-145
20	81	10	76-90	75-91	48	147	99.9	135-149	134-151
21	82	12	77-91	75-92	49	147	99.9	135-150	134-151

(계속)

부록 5 제인 지표 – 1과 환산점수 합의 표준점수(계속)

환산점수 합	제인 지표	백분위	90% 신뢰구간	95% 신뢰구간	환산점수 합	제인 지표	백분위	90% 신뢰구간	95% 신뢰구간
22	83	13	78-92	76-93	50	148	99.9	136-150	135-152
23	85	16	79-94	78-95	51	148	99.9	136-150	135-152
24	87	19	81-95	80-97	52	148	99.9	136-150	135-152
25	88	21	82-96	81-98	53	148	99.9	136-150	135-152
26	90	25	84-98	83-99	54	148	99.9	136-150	135-152
27	92	30	86-100	84-101	55	148	99.9	136-150	135-152
28	94	34	88-102	86-103	56	148	99.9	136-150	135-152
29	96	39	89-103	88-105	57	148	99.9	136-150	135-152
30	99	47	92-106	91-107					

주: 아동용 웩슬러 지능검사-4판 통합본(WISC-IV Integrated) © 2004 Harcourt assessment, Inc. 인가하에 인용됨.

부록 6 제인 지표-2와 환산점수 합의 표준점수

환산점수 합	제인 지표	백분위	90% 신뢰구간	95% 신뢰구간	환산점수 합	제인 지표	백분위	90% 신뢰구간	95% 신뢰구간
3	59	0.3	56-70	55-71	31	101	53	94-108	93-109
4	62	1	59-73	57-74	32	103	58	96-110	94-111
5	64	1	61-75	59-76	33	105	63	97-112	96-113
6	65	1	61-76	60-77	34	108	70	100-114	99-116
7	65	1	61-76	60-77	35	110	75	102-116	101-117
8	66	1	62-76	61-78	36	112	79	104-118	102-119
9	67	1	63-77	62-79	37	115	84	106-121	105-122
10	69	2	65-79	64-80	38	117	87	108-122	107-124
11	69	2	65-79	64-80	39	120	91	111-125	110-126
12	70	2	66-80	65-81	40	123	94	114-128	112-129
13	72	3	68-82	66-83	41	126	96	116-130	115-132
14	73	4	69-83	67-84	42	128	97	118-132	117-134
15	74	4	70-84	68-85	43	131	98	121-135	120-136
16	75	5	70-85	69-86	44	134	99	124-138	122-139
17	76	5	71-85	70-87	45	139	99.5	128-142	127-143
18	77	6	72-86	71-88	46	141	99.7	130-144	129-145
19	78	7	73-87	72-89	47	143	99.8	132-146	130-147
20	79	8	74-88	73-89	48	147	99.9	135-149	134-151
21	81	10	76-90	75-91	49	147	99.9	135-149	134-151

(계속)

부록 6 제인 지표 – 2위 환산점수 합의 표준점수(계속)

환산점수 합	제인 지표	백분위	90% 신뢰구간	95% 신뢰구간	환산점수 합	제인 지표	백분위	90% 신뢰구간	95% 신뢰구간
22	83	13	78-92	76-93	50	147	99.9	135-149	134-151
23	84	14	79-93	77-94	51	148	99.9	136-150	135-152
24	86	18	80-94	79-96	52	148	99.9	136-150	135-152
25	88	21	82-96	81-98	53	148	99.9	136-150	135-152
26	90	25	84-98	83-99	54	148	99.9	136-150	135-152
27	92	30	86-100	84-101	55	148	99.9	136-150	135-152
28	94	34	88-102	86-103	56	148	99.9	136-150	135-152
29	97	42	90-104	89-106	57	148	99.9	136-150	135-152
30	99	47	92-106	91-107					

부록 7 제인 지표-1, 2의 연령별 신뢰도 및 표준오차

	6	7	8	9	10	11	12	13	14	15	16	전체
제인 지표-1												
신뢰도	0.92	0.89	0.91	0.89	0.89	0.87	0.89	0.92	0.91	0.92	0.84	0.90
표준오차	4.24	4.97	4.50	4.97	4.97	5.41	4.97	4.24	4.50	4.24	6	4.74
제인 지표-2												
신뢰도	0.85	0.88	0.89	0.88	0.88	0.88	0.90	0.93	0.90	0.92	0.85	0.90
표준오차	5.81	5.20	4.97	5.20	5.20	5.20	4.74	3.97	4.74	4.24	5.81	4.74

주 아동용 웩슬러 지능검사-4판 통합본(WISC-IV Integrated) © 2004 Harcourt assessment, Inc. 인가하에 인용됨.

부록 8	언어이해 대 재인 지표의 차이 기저율			
차이 정도	VCI > RCI-1	VCI < RCI-1	VCI > RC-I2	VCI < RCI-2
≥40	0	0	0	0
39	0	0	0	0
38	0	0	0	0
37	0	0	0	0
36	0	0	0	0
35	0	0	0	0
34	0	0.14	0	0
33	0	0.14	0	0
32	0	0.14	0	0
31	0	0.14	0	0.14
30	0.14	0.14	0	0.28
29	0.14	0.14	0.28	0.42
28	0.28	0.28	0.42	0.42
27	0.56	0.70	0.70	0.46
26	0.70	0.98	0.84	0.84
25	0.84	1.12	1.40	0.98
24	0.84	1.12	1.68	1.40
23	1.26	1.68	1.96	1.82
22	1.40	2.24	1.96	1.96
21	1.54	3.08	2.24	2.66
20	2.38	3.78	2.38	3.36
19	2.94	4.76	2.52	3.92
18	4.06	5.88	3.08	5.04
17	4.76	7.56	3.92	6.16
16	5.88	8.40	4.90	7.98
15	7.70	9.80	5.74	8.82
14	8.96	11.20	7.98	10.60

(계속)

부록 8	언어이해 대 재인 지표의 차이 기저율 (계속)			
차이 정도	VCI > RCI-1	VCI < RCI-1	VCI > RC-I2	VCI < RCI-2
13	10.08	13.87	8.96	13.17
12	12.18	15.13	11.76	15.56
11	13.31	17.79	14.01	16.67
10	16.25	20.03	16.53	20.31
9	18.21	22.69	19.48	23.39
8	21.43	26.47	21.17	26.05
7	24.09	28.43	24.93	28.43
6	27.03	32.35	27.59	31.23
5	31.93	34.87	32.07	34.31
4	35.57	38.24	34.41	38.24
3	39.92	42.16	39.78	42.72
2	43.56	45.10	42.02	45.38
1	46.92	49.02	45.80	51.54
평균	8.20	9.20	8.30	8.60
표준편차	5.90	6.40	5.90	6.30
중앙값	7	8	7	8

✈ VC : 언어이해 지표, RCI: 재인이해 지표. 아동용 웩슬러 지능검사-4판 통합본(WISC-IV Integrated) ⓒ 2004 Harcourt assessment, Inc. 인가하에 인용됨.

제 8 장
보고서 작성 : 아동 중심 접근

VICKI L. SCHWEAN, THOMAS OAKLAND, LAWRENCE G. WEISS,
DONALD H. SAKLOFSKE, JAMES A. HOLDNACK, AND AURELIO PRIFITERA

개관

이 장에서는 아동 중심의 심리 보고서 작성에 대해 살펴보고자 한다. 임상가는 자신의 보고서가 아동을 중심으로 하여 충분히 효과적으로 정보를 전달하고 있다고 믿지만, 자세히 살펴보면 많은 보고서가 틀에 박힌 형식대로 쓰여지고 있다. 보고서에서 검사 데이터나 심리 측정적 분석에 대해서는 과도하게 강조하고 있다. 하지만 심리, 정서, 인지 발달을 도모하기 위하여 아동의 중요한 특성이나 개인력에 대해 묘사하는 면은 부족하다.

많은 경우 심리 보고서는 치료과정의 일부분이다. 평가는 치료적 결정을 내리는 데 중요하다. 좀 더 효율적인 중재를 위해서 아동을 좀 더 잘 이해하는 데 평가와 보고서가 필요하다. 최근 임상가들은 평가 보고서에서 아동 중심적인 접근을 취하고 있다. 이에 '검사-분류-배치'에서 '평가-이해-개입' 모델로 이동하고 있다. 이 장에서 보게 될 예시처럼 모델에서는 특정한 가설을 평가하기 위해 다차원적인 평가를 포함한다. 보고서를 통해 아동의 인지적인 장점과 약점이 교실, 집, 치료 장면에서 어떻게 발현되는지를 이해할 수 있다.

검사점수보다 아동에게 초점을 맞추고, 아동을 먼저 평가하고 중재하는 전반적인 과정을 고려한다면 심리 보고서는 최고의 치료를 제공하는 데 통합적인 요소가 될 것이다. 심리 평가 결과에 대해 섬세한 피드백을 제공해 주는 것은 그 자체로 치료 효과를 가진다 (Finn & Fischer, 1997). 아동의 부모와 교사는 검사 결과뿐만 아니라 심리학자가 결과를 제시하는 태도로부터 도움을 받고, 힘을 얻고, 안심하게 된다. 아동에 대한 평가 결과는 보고서로 작성될 수도 있고 구두로 전달될 수도 있다. 이 장에서는 보고서 작성 시 고려해야 할 요인들에 초점을 맞출 것이나, 구두 피드백에도 같은 방식을 적용할 수 있다.

보고서의 여섯 가지 목적

보고서에는 보통 의뢰 사유에 대답하고, 교육하고, 정보를 통합하고, 법적 자료를 제공하며, 다른 사람과 의사소통하고, 아동에 대해 기술을 하는 여섯 가지 목적이 있다.

의뢰 사유에 대답하기

임상가는 대개 특정한 의뢰 사유와 관련된 정보를 요청받게 된다. 예를 들어, 교사는 아동의 발달이 또래와 다른지, 혹은 왜 아동이 특정한 과목에 어려움을 보이는지에 대한 정보를 요청한다. 심리학자나 재활전문가는 사고 이후에 아동이 정서, 사회행동, 인지 기술에서 변화를 보이는지 알고 싶어 한다. 소아정신과 의사는 아동이 ADHD 진단 기준을 충족하는지 알고 싶어 한다. 보호관찰 공무원이나 사회복지사는 법원 판결을 앞두고 아동이 보호관찰 프로그램을 통해 나아질 수 있는지에 대해 알고 싶어 한다. 판사는 아동 양육권과 관련해서 누가 양육하는 것이 좋을지에 대해 알 필요가 있다. 의뢰 사유에 따라 평가해야 할 사안이 달라진다. 임상가는 특정한 의뢰 사유에 맞추어 평가를 실시하고 보고서를 작성해야 한다.

교육하기

심리 보고서는 아동의 행동, 정서, 사회적 관계, 학습태도에 대해 부모나 교사들을 교육하는 역할을 한다. 신중하게 쓰여진 아동 중심적 보고서는 부모와 교사에게 중요한 영향을 미친다. 아동의 문제를 새로운 관점에서 재구조화할 수 있는데, 아동과 아동에게 영향을 미치는 중요한 관계, 즉 부모와 교사 간의 치료적인 관계를 이해시키고 증진시킬 수 있다. 제언은 보고서에서 가장 중요한 부분으로, 부모나 교사가 아동에 대해 새롭게 이해할 수 있게 해 준다. 또한 부모나 교사는 집이나 교실에서 새로운 제언에 따라 행동하려고 노력하게 된다. 장기적인 관점에서 평가의 두 가지 측면, 즉 교육적 기능과 제언은 가장 중요하다. 왜냐하면 아동을 이해하고 주변 어른들이 적절하게 개입하도록 촉진하기 때문이다.

보고서는 또한 평가에 영향을 줄 수 있는 상황에 대한 정보를 제공해 준다. 아동의 검사 행동, 검사 시행 시 필요했던 변경 조건, 다른 비일반적인 평가 상황에 대한 정보를 통해 부모나 교사는 평가가 수행된 맥락에 대해 알 수 있게 된다. 임상가는 표준적인 방식으로 검사를 시행해야 하지만, 아동에 따라 종종 검사 실시방법이 달라질 필요가 있다. 임상가는 검사 수행 시 주목해야 할 만한 주변 맥락을 보고해야 한다. 1장에서 이미 WISC-IV 검사점수에 영향을 줄 수 있는 요인뿐만 아니라, 검사 결과를 해석하는 데 고려해야 할 사항에 대해 기술한 바 있다.

정보 통합하기

임상가는 기존 데이터, 면담, 관찰, 검사와 같이 다양한 정보원을 통해 정보를 입수하게 된다. 단순히 여러 가지 정보를 열거하는 보고서는 잘못된 것이다. 보고서 작성 시 의뢰 사유에 맞추어서 정보를 조직화하고 통합해야 한다. 부모를 통해 발달력에 대한 풍부한 데이터를 얻고 이러한 정보를 성적 및 현재 학교에서 관찰되는 아동의 모습과 통합시켜야 한다. 많은 아동의 WISC-IV 전체지능이 100점으로 나타났지만, 소검사 분포는 개인적 요인(예 : 성격, 기질)과 외부환경(예 : 문화, 양육태도, 읽기 프로그램)에 따라 아동마다 서로 다르다.

법적 자료 제공하기

법원리 및 윤리원칙에 따르면 행위는 문서화해야 한다. 문서화되지 않은 행위는 수행되지 않은 것으로 본다. 임상가는 때로 법적·윤리적으로 적절하게 자신의 행위를 문서화해야 할 필요가 있다. 보고서는 누가 누구와 어떤 일을 했는지(왜, 언제, 어디서 이루어졌으며 어떻게 수행되었는지)에 대한 문서가 될 수 있다.

명확하게 소통하기

심리학자는 대개 다른 사람의 요구로, 즉 정보를 주기 위해서 평가를 실시한다. 평가가 성공적으로 이루어지기 위해서는 정보가 효과적으로 소통되어야 한다. 이를 통해 아동을 좀 더 이해할 수 있고 의뢰 사유에 대한 정보를 제공할 수 있다. 보통 다른 사람이 작성한 보고서를 읽을 때 명확하지 않은 표현을 접하게 된다. 낯선 표현이나 축약어를 쓰거나 애매모호하게 표현하거나 가설 및 추측과 데이터에 기반한 결론이 애매모호하게 섞여 있기도 하다.

게다가 검사를 통해서 임상가가 의뢰 시 알지 못했던 정보에 대해 추가적으로 밝힐 수도 있다. 예를 들어, 행동 문제로 의뢰된 아동이 성적 학대를 받았을 수도 있다. 이때 보고서에 의뢰 사유와 함께 추가적으로 밝혀진 정보를 문서화해야 한다.

아동에 대해 기술하기

아동의 성장과 발달, 현재 상태, 발달을 방해하는 요인, 발달을 위한 개입방법을 좀 더 잘 이해하기 위해 검사가 의뢰된다. 그러므로 검사기록, 면담, 관찰과 같은 모든 정보를 취합하여 아동의 특성이 기술되어야 한다.

최근에는 검사점수와 같은 양적 측면에 초점을 맞추는 게 아니라 평가받는 사람과 문제에 초점을 맞추는 방식으로 바뀌었다(Kamphaus & Frick, 2002). Kamphaus와 Frick은 아동이 평가의 목적이며, 검사에서 얻은 숫자는 아동을 이해하는 데 도움이 될 때만 강조되어야 한다고 주장하였다. 마찬가지로 Lichtenberger, Mather, Kaufman과 Kaufman (2004)은 '보고서의 목적은 평가받는 사람과 문제에 맞추어져야 한다. 특정 과제에 대한 그 사람의 반응을 이해하기 위해서 검사 데이터가 제시되어야 한다.' 라고 언급했다.

좋은 보고서에서 발견되는 추가적인 특성

임상가는 우선 의뢰 사유와 관련된 점을 스스로 이해하기 위해서 정보를 수집한다. 그러나 궁극적인 평가 목적의 달성 여부는 그 정보를 최종적으로 사용하는 사람에게 정보를 전달하는 능력에 달려 있다. 지필 보고서는 구두 보고를 능가하는 정확성이 요구된다. 구두 보고에서는 임상가가 이해하기 쉬운 단어를 선택할 수 있고 내용을 이해하기 쉽게 전달할 수 있다. 또는 그림을 그리는 등 이해를 돕기 위해 여러 방법을 고안할 수 있다. 그러나 지필 보고서에서는 그럴 수가 없다. 그러므로 보고서를 쓸 때에는 최대한 명확하게 의사소통될 수 있도록 세심한 노력이 필요하다.

명확하고 효과적으로 내용을 전달하는 보고서에서는 흔히 다음과 같은 특성이 발견된다(Sattler, 2002). 문단은 확실한 선언적 문장으로 시작한다. 그리고 다음 문장에서는 선언적 문장을 설명하고 지지한다. 정확한 단어를 선택한다. 예를 들어, "인지"라는 단어는 학업성취와 지능을 동시에 지칭할 때만 쓴다. "환경"이라는 단어는 부정확한 단어이다. 필요 없는 단어나 문장은 삭제하고 문단이나 문장이 너무 길어 이해력이 저하되는 일이 없도록 한다. 주어와 서술어의 시제는 일치되어야 한다. 같은 내용이나 문장이 반복되어서는 안 된다. 평가 목적과 상관없는 정보는 포함시키지 않는다. 특히 검사의 **모든 점수**를 기술하는 것은 **필요하지 않다.** 모든 점수는 표에 제시되어야 하지만, 아동을 이해하는 데 도움이 되는 사실만이 보고서 본문에 기술되어야 한다. '매우, 심하게'와 같은 부사는 쓰지 않도록 해야 한다. 흔히 사용되지 않거나 전문가들만이 이해할 수 있는 단어는 피해야 하고, 축약어는 쓰지 말아야 한다. 진단을 내릴 때는 정신장애의 진단 및 통계 편람 제4판(DSM-IV), 국제 질병분류 제10판(International Classification of Diseases and Related Health Problems, Tenth Edition, ICD-10 : World Health Organization, 1992)과 같은 정보원을 인용해야 한다. 또한 법안에 기반하여 결론을 내릴 때에는 해당 법이나 정책을 밝혀야 한다.

보고서에 영향을 미칠 수 있는 다른 요인

중요하거나 덜 중요한 결과

평가나 검사가 아동의 삶에 미치는 영향은 다를 수 있다. 덜 중요한 평가는 쪽지시험처럼 일상적으로 수행되는 검사에 의해 중요한 결정이 내려지지는 않는다. 중요한 검사를 통해서는 아동의 삶을 바꿀 수 있는 중요한 결정이 내려질 수 있다. 예를 들어, 진단, 진급, 특수반 배치, 가정이나 학교를 바꾸는 것, 입원 여부를 결정할 수 있다. 덜 중요한 평가는 검사와 관련된 지식이 덜 필요하고 보고서가 거의 필요하지 않다. 그러나 중요한 평가는 평가 수행과정 및 방법이 복잡하며, 항상 보고서가 요구된다.

보고서의 현재나 미래의 법적 가치

전문적인 활동은 보통 법적인 기준에 지배받는다. 임상가는 법적·윤리적 규정을 알고 이를 따르는 것이 필요하다. 보고서를 쓸 때 비밀보장과 면책에 대해 잘 알고 있어야 한다. 보고서는 이후에 상당한 법적 가치를 지닐 수도 있다. 이에 보고서는 이후에 어떻게 쓰일지에 대해 유념하면서 써야 한다. 판사나 변호사가 중재나 판결 시 참조할 수 있다. 이처럼 중요한 평가에서는 보고서의 세밀한 부분에 좀 더 신경을 써야 한다.

보고서의 길이

보고서의 길이는 경우에 따라 상당히 다를 수 있다. 어떤 보고서는 한 장이지만 어떤 보고서는 20장 이상이 될 수 있다. 길이는 평가가 얼마나 복잡하고 중요한지에 달려 있고, 보고되어야 하는 정보의 양 및 제도적 정책, 전문가의 선호 등에 따라 달라질 수 있다.

영재 프로그램에 들어가는 데 필요한 검사의 경우에는 기존 데이터 및 교사 관찰을 포함하여 보통 한 가지 검사도구만 사용하므로 대개 길이가 짧다. 그러나 만성적이고 심각한 정서 문제의 치료를 위한 아동평가 보고서는 대체로 길다. 병원이나 학교에 따라서 구조화된 보고서를 요구하기 때문에 이 경우에 임상가는 정해진 양식에 검사 정보를 채워 넣고 진단과 개입에 대해 체크만 하면 되기도 한다. 의사에게 보고하기 위한 보고서는 의사가 긴 보고서를 읽을 시간이 없기 때문에 대개 짧다. 대조적으로 아동 중심적인 보고서는 보통 부모에게 설명하거나 제공되는 보고서이므로 교육적인 특성을 가지며 자세하게 설명을 할 필요가 있다. 그러므로 보고서의 길이는 의뢰 사유와 복잡성, 보고서의 법적 가치, 읽는 이에 따라 결정된다.

보고서 구성

모든 조건과 평가에 적합한 정해진 형성의 있는 것은 아니다(Kamphaus & Frick, 2002). 보고서의 구성은 읽는 이, 의뢰 사유, 검사 종류, 검사점수에 따라 달려 있다. 보고서를 구성할 때 다음 두 가지 질문을 염두에 두면 된다. 첫째, 누가 검사 결과에 응할 것인가, 즉 누가 검사의 제언을 이행할 것인가? 둘째, 어떤 보고서 양식이 궁극적으로 피검자에게 도움을 줄 것인가(Gregory, 2000)?

보고서 작성에는 영역별, 능력별, 검사별로 여러 형식이 있다. 이러한 형식이 다양한 방식으로 조합될 수도 있다. 보고서는 대개 13개 부분으로 이루어져 있다.

Ⅰ. **인구통계학적 정보** : 이 부분은 보통 아동의 이름, 출생일, 나이, 성별, 인종, 그리고 부모, 학교의 이름과 주소에 대한 정보로 이루어져 있다. 검사일과 보고서 작성일 또한 포함된다. 보고서의 제목은 보통 첫 문단 중앙에 위치한다. 제목은 보고서의 중요한 점을 반영한 것이어야 한다. 비밀 보장과 관련된 사생활 보호 내용 또한 들어간다 (Lichtenberger et al., 2004).

Ⅱ. **검토된 문서** : 이 부분에서는 아동의 학교 또는 병원으로부터 온 문서를 이름, 날짜 순서대로 제시한다.

Ⅲ. **검사방법** : 실시한 검사, 면담, 관찰한 날짜가 기록된다.

Ⅳ. **의뢰 사유** : 의뢰 사유가 무엇인지와 누가 의뢰했는지를 간단하게 기술한다. 이 부분은 검사가 실시된 이유와 검사 목적, 검사도구가 선정된 이유를 보여 주기 때문에 매

우 중요하다(Kamphaus & Frick, 2002; Lichtenberger et al., 2004). 보고서의 다른 부분은 의뢰 사유를 염두에 두고 작성되어야만 한다.

Ⅴ. 배경정보 : 이 부분은 아동을 이해하는 데 필요한 배경정보를 제공한다. 포함되는 배경정보는 의뢰 사유, 검사의 중요도, 임상가의 경험과 선호에 따라 달라지게 된다. 이 부분은 아동의 의학적 · 사회적 · 교육적 정보와 언어 및 운동능력을 간단하게 요약한다. 의뢰 사유와 관련된 중요한 정보만이 기록된다. Kamphaus와 Frick(2004)에 따르면, 의뢰 사유와 관련이 없고 매우 개인적인 정보는 가족의 사생활을 침범할 수 있기에 임상가는 보고서에 그 정보를 써넣을지를 신중하게 결정해야만 한다. 검사점수를 해석하는 데 영향을 주는 관련 정보를 모두 포함시킨 후 민감한 배경정보를 넣거나 빼도록 한다[배경정보에 대한 추가적인 자세한 논의는 Liehtenberger 등(2004)을 참조].

Ⅵ. 관찰 : 이 부분은 구조화되고 비구조화된 조건에서 가정이나 학교와 같이 자연스러운 환경 속에서 아동을 관찰한 점을 요약한다. 이를 수행할 수 없는 임상가는 교사, 부모의 보고에 의존해야 한다. 또한 반응을 하게 되는 과정, 아동이 보이는 걱정과 눈에 띄는 행동을 포함한다. 임상가는 이 관찰을 분리된 부분으로 구성할지 아니면 다른 부분에 통합시킬지를 결정할 수 있다.

Ⅶ. 검사태도 : 이 부분은 아동의 외모, 태도와 검사행동을 기술한 것으로 평가의 맥락에 대한 정보를 제공한다. 아동의 검사 행동은 검사 데이터의 신뢰도와 타당도에 강하게 영향을 미친다. 평가받기 싫어하고 비협조적이고 부주의한 아동의 데이터는 검사에 주의를 기울이고 열심히 참여한 아동의 결과에 비해 덜 타당할 수 있다. 검사행동은 비공식적인 방법 또는 규준에 의거한 표준화된 방법을 통해 평가될 수 있다(Oakland, Glutting, & Watkins, 2005). 이러한 행동을 범주화시킬 수 있는 방법에 대한 자세한 논의는 Liehtenberger 등(2004)에 나와 있다.

Ⅷ. 검사 결과 기술 : 이 부분에서는 아동의 성취, 지능, 언어, 사회, 정서 특성, 기질과 성격을 기술하며 운동 및 감각 운동 기술을 포함하기도 한다. 읽는 이가 이해하기 어려운 용어를 설명할 수도 있고 특성을 좀 더 정확하게 설명할 수 있는 단어를 쓸 수 있

다. 예를 들어, '동작성 IQ' 대신에 '시각적 개념화'라고 쓸 수 있다. 이해를 돕기 위해서 백분위 점수로 기술할 수도 있다. 검사 결과를 기술할 때 피검자의 가장 발달된 특성 혹은 긍정적인 측면을 먼저 기술하고 이후에 덜 발달되거나 좀 더 부정적인 개인 특성을 기술한다. 개인을 통합적으로 이해할 수 있도록 기술해야 한다.

IX. 요약 : 이 부분은 의뢰 사유를 중심으로 중요한 정보를 이해하기 쉽게 통합한다. 어떤 사람들은 이 부분만을 읽을 수도 있다. 그러므로 이 부분을 기술할 때는 세심하게 주의해야만 한다. 이 부분은 진단적 인상(diagnostic impression)과 관련되며 의뢰 사유에 대한 제언을 포함한다. 진단적 인상은 보고서에서 가장 중요한 부분이다. 아동이 왜 그러한 행동을 보이고 또한 왜 과제를 수행하는 데 어려워하는지를 설명해 준다. 진단적 인상을 쓸 때 임상가가 원하는 것은 아래와 같다. ① 진단을 지지해 주는 데이터를 기술하고, ② 결론을 지지해 줄 만큼 충분한 데이터를 제공하고, ③ 적절한 진단 코드를 사용하고, ④ 피검자의 환경을 고려하고, ⑤ 임상가가 진단을 내릴 만큼 충분히 자격이 있다고 여겨지는 것이다.

X. 진단 : 이 부분은 진단과 진단을 지지해 주는 증거를 포함한다. 임상가는 진단을 내릴 수도 있고 내리지 않을 수도 있다. 진단은 「정신장애 진단 및 통계편람 제4판(American Psychiatric Association, 2000)」, 「국제 질병분류 제10판(World Health Organization, 1992)에 의거할 수 있다. 진단을 지지하는 내용은 이전 부분에 나오고 여기서는 이를 요약하면 된다.

XI. 개입에 대한 제언 : 이 부분은 보고서에서 가장 중요한 부분이다. 검사를 의뢰한 사람은 흔히 보고서에서 의뢰 사유에 대한 제언을 제시하는 것을 환영한다. 제언은 아동의 욕구, 제도, 환경에 맞추어서 이루어져야 한다. 제언은 명확하고 분명해야 한다. 제언의 중심은 평가받는 특정 피검자라는 것을 명심해야 한다. 따라서 제언은 개인화되어야 하고 의뢰된 문제에 따라 이루어져야 한다(Lichtenberger et al., 2004).

XII. 서명 : 보고서에 대해 책임을 지는 사람이 사인을 해야 한다. 검사자가 아직 수련중에 있는 사람이라면 검사자와 수련감독자 둘 다 사인을 하는 것이 관례이다.

XIII. 데이터표 : 모든 표준화된 점수와 백분위 점수는 검사 마지막에 표로 제시된다. 임상가는 필요할 경우 곡선도표를 사용해서 데이터를 시각적으로 제시할 수도 있다.

컴퓨터가 제공하는 보고서

컴퓨터에 의해 자동화된 보고서는 적절하게 통합될 경우 유용하고 실용적이다. 이것은 여러 점수 차이 비교를 빠르고 정확하게 처리한다. 그러나 결과물이 압도적으로 많을 수 있어서 검사자가 의뢰 사유를 기반으로 해석하는 데 필요한 정보를 찾아야 할 필요가 있다. 컴퓨터에 의해 생성된 모든 점수를 단지 나열하지 않도록 하며, 검사자는 검사 사유와 관련하여 중요한 가설을 세우고 해석에 초점을 맞추어야 한다.

많은 개업의들이 자동화된 기술 보고서를 사용한다. 검사자가 프로그램에 의뢰 사유를 입력하면 소프트웨어가 몇 가지 가설을 세우고 이 가설이 맞는지를 평가한다. 그리고 특정한 임상적 인상을 평가하기 위해서 검사점수 패턴에 따라 가설을 검증한다. 해석 과정이 진행되면서 새로운 발견에 따라 가설이 새로 제시되기도 한다. 이러한 자동화된 보고서는 보고서 작성의 시작단계로 볼 수 있다. 그러나 검사자 자신만이 평가의 초점인 아동에 대한 개인적인 느낌을 보고서에 담아낼 수 있다. 가장 좋은 방법은 자동화된 보고서를 하나의 가안으로 여겨 검토해 보고 필요시 수정하는 것이다. 컴퓨터가 검사자 자신보다 더 많이 알고 있다고 여겨서는 안 된다. 전문가적인 판단에 따라서 얼마든지 자동화된 보고서의 내용을 편집하거나 변경해도 된다.

아동 중심적인 보고서

아동을 평가할 때에는 보고서를 쓰는 것과 점수 해석을 하는 탐색적인 과정, 두 가지를 머릿속에서 분명하게 구분해야만 한다. 통계적으로 유의미하고 임상적으로 드문지에 따라 여러 점수를 비교한다. 탐색적인 여러 전략은 지필 보고서에서는 명확한 결론으로 제시되어야 한다. 보고서는 통계나 임상 전문용어를 사용하지 않고 간결하면서도 유용한 정보를 포함하도록 기술해야 한다. 데이터를 탐색하는 분석적 과정을 단순하게 반복해서 기술하면 안 된다. 다른 과학 분야의 예를 통해 이 점을 더욱 쉽게 이해할 수 있을 것이다. 고대 뼈의 특성과 기원을 알아보기 위해서 고고학자는 뼈의 모양, 특성, 기능을 통계적으로 분석하고 방사선 탄소 연대 측정법을 사용하여 복잡한 분석과정을 수행한다. 그러나 이러한 분석과정을 기술한 보고서는 고고학자가 아닌 사람들은 이해하기가 어렵다.

만일 교사와 부모가 통계 과정과 수치로 기술된 심리 보고서를 읽는다면 비슷한 기분이 들 것이다. 이에 따라 고고학자는 결론을 간결하고 명확하게 다음과 같이 기술한다. "12,000~15,000년 전의 프레리 도그의 뒷다리 화석일 확률이 95% 정도이다." 심리 보고서의 독자도 이렇듯 간결하면서도 직접적으로 해석하는 보고서를 읽기 원한다. 점수와 점수 차이를 기술한 보고서는 통계적으로는 정확하나 비전문가인 독자들에게는 큰 의미가 전달되기 힘들다. 이는 부모와 교사, 다른 전문가에게서 소중한 정보를 빼앗고 전문적인 자원을 낭비하는 것이며 아동에게 도움이 되지 않는다.

단지 통계적인 사실을 결론 없이 나열하는 다음과 같은 보고서를 보면 이 점이 쉽게 이해될 것이다.

> J는 VCI에서 80점, PRI에서 100점을 받았다. VCI와 PRI의 20점 점수 차이는 $p < .05$ 수준에서 통계적으로 유의미하다. 이 정도의 점수 차이는 규범 표본의 12.3%에서 보여진다.

점수 위주의 보고서는 검사자가 데이터를 분석하는 과정을 정확하게 기술한 것이지만, 점수에 대한 전문가의 해석을 독자에게 제공해 주지는 않는다. 점수 분석과 해석은 매우 다르며, 해석이 없는 점수 분석은 무의미하다. 해석이 주어질 경우에만 데이터는 정보가 될 수 있다. 아동 중심적인 보고서를 쓴다면 앞의 보고서 문장은 다음과 같이 다시 쓸 수 있다.

> J의 비언어적인 추론능력은 언어추론 능력에 비해 더잘 발달되어 있다. 주변 사람들은

이 능력 차이를 잘 알고 있다. 수학 수업과 미술 작업에는 흥미를 가지지만, 작문 수업을 어려워한다. 이러한 예에서 J의 강점과 약점이 드러난다. 이러한 경향은 고등학교 이후 전공을 정하거나 직업을 찾는 데 계속 영향을 줄 것이다.

이 책의 핵심은 행위가 일어나는 환경과 행위가 발현되는 데 있어서의 개인 차이를 고려하면서 WISC-Ⅳ 점수를 해석하는 것이다. 이에 임상가는 단지 점수와 점수 차이를 나열하는 것이 아니라, 아동 삶의 맥락에 따라 해석한 데이터의 의미를 의뢰한 사람에게 설명해 주는 것이다.

다음은 점수에 기반한 보고서를 아동 중심적인 방법으로 쓴 다른 예이다. 우선 점수 중심적인 예이다.

J는 WMI에서 83점을 받았는데, 이는 또래와 비교해서 백분위 13%ile로 보통하 수준이다. WMI와 VCI의 20점의 점수 차이는 통계적으로 유의미하다. 이 차이는 규범 표본의 8.4%에서만 나타난다.

다음은 아동 중심적인 해석이다.

작업기억은 단기기억에 정보를 저장하면서 동시에 정보를 처리하는 능력이다. 이 능력은 고위 수준의 추론에서 중요하다. J는 WISC-Ⅳ 평가에서 여러 작업기억 과제를 수행하였다. 예를 들어, 문자와 숫자가 섞여 있는 것을 듣고 알파벳 순서대로 문자를 먼저 말하고 숫자를 순서대로 말하는 과제를 하였다. 이 과제를 수행하는 능력은 중요하며, 주의력을 분할하고 지속적으로 집중할 수 있는 능력을 나타내 준다. 이 능력은 학교에서 새로운 것을 학습할 때 매우 중요하다. 이 과제를 수행할 때 J는 웃으며 다른 곳을 바라보고 주의집중하지 못했다. 수행 중간에 "이건 바보 같아. 왜 내가 이걸 해야 돼요?"라고 소리치기도 했다. J는 이 과제 수행을 어려워하여 주의산만한 모습을 보였다. J의 작업기억은 언어이해능력에 비해 낮아서 또래와 비교해 볼 때 하위 13% 정도이다. 작업기억 능력의 어려움으로 인해 수업시간에 두 가지 과제를 동시에 하는 데 어려움을 보이며, 선생님 말씀을 들으면서 칠판의 글씨를 따라 적는 것을 어려워한다.

보고서 예

아동 중심적인 보고서는 여러 가지 형식을 띨 수 있다. 아동을 평가한 검사도구에 대해 별로 설명을 안 할 수도 있고, 검사 결과를 얻게 된 평가 방법에 대해 설명을 해 줄 수도 있다. 형식이 어떠하든지, 목적은 도구나 점수를 자세히 나열하는 것이 아니라 **아동 자체**를 설명하는 것이다. 이제 보고서의 예를 두 가지 보여 줄 것이다. 보고서에서 환자 정보와 관련된 정보는 수정하였다. 첫 번째 예는 부모를 위해 쓰여진 보고서로, 의뢰 사유는 아동의 사회, 행동, 정서를 좀 더 잘 이해하기 위한 것이다. 이러한 보고서에서 가장 중요한 것은 아동을 이해하는 협력자가 될 수 있게 부모를 교육시키고 힘을 실어 주는 것이다. 이를 위해 보고서에서는 과제 수행방법과 아동의 반응을 자세히 기술하였다. 심리학자는 평가 과제를 간단하게 묘사하여 부모가 아동이 어떻게 반응했는지를 이해할 수 있도록 도와주며, 반응에 대해 스스로 해석을 할 수 있게 한다. 심리학자가 여러 정보 자원을 통해 해석을 제공하지만, 부모가 스스로 해석할 수 있는 여지는 남겨 주는 것이다. 보고서에서 쓰는 용어는 부모의 교육수준을 반영해야 한다. 이 예에서는 부모가 전문 직종에 종사하고 대학 교육을 받았다.

두 번째 보고서는 전문기관으로부터 의뢰된 것이다. 의뢰 사유는 감별진단과 치료 때문이다. 읽는 이는 심리검사와 발달장애에 대해 높은 수준의 지식을 가지고 있는 전문가이기 때문에 보고서는 간결하다.

〈보고서 예시 A : 부모를 위한 보고서〉

Rutherford 박사, 심리학자
로버스톤 아동 · 청소년 평가센터
인지심리평가

이름 :	R	부모 :	M & S
연령 :	7세 3개월	주소 :	○○ 시 ○○○번지
학년 :	초등학교 2학년	도시 :	○○
학교 :	○○ 초등학교	전화번호 :	○○○-○○○○
평가날짜 :	20○○년 10월 22, 24, 27~30일		
교실참관 :	20○○년 10월 30일		
평가자 :	S. Rutherford 박사, 임상심리전문가		
	J. Montgomery 석사, 임상심리전문가 수련생		

의뢰 사유

주목 : 의뢰 사유를 읽을 때 의뢰 문제의 심각성과 구체성을 인지하고 여러 상황에서 그 문제가 어떻게 발현되는지 살펴보자. 이 심리학자는 의뢰 문제를 흔히 쓰는 것과 같이 간단하게 "R은 교실 내에서 사회 및 학습의 어려움으로 인해 심리교육 평가가 의뢰되었다."라고 기술하지 않았다. 부모와 교사가 걱정하는 문제에 대해 이해하고 읽는 이와 효율적으로 소통하기 위해 상당한 시간을 기울였다. 여기에서는 특정한 가설을 세운 이유를 설명하였다.

R은 부모에 의해 심리 평가가 의뢰되었다. 초기 면담에서 부모는 R의 사회, 정서, 행동 발달에 대해 걱정을 표현했다. R은 또래들과 어울리는 데 어려움을 보였다. 부모에 따르면 R은 어휘력이 풍부하고 다른 사람의 말을 이해하는 것은 훌륭하나, 비언어적인 신호를 이해하는 데에는 어려움이 있어서 엉뚱하게 반응하곤 하였다. 주의를 전환하는 데 어려움이 있고 한 가지에만 계속 관심을 보여 한 과제에서 다른 과제로 주의를 전환하는 데 어려움이 있었다. 오리와 같은 특정한 대상을 좋아하고 같은 노래나 말을 반복하였다. 손바닥을

반복해서 치고 발을 희한하게 움직이는 등 비전형적인 행동을 반복했다. 또래들 사이에서 R은 이상한 아이였고 자주 따돌림을 당했다. 부모는 평가를 통해 좀 더 R을 잘 이해하고 돕기 위한 전략이 무엇인지 알기 원하였다.

배경정보

배경정보 제공원은 부모, 담임교사, 병력 기록과 R 자신 등으로 다양하였다.

> **주목** : 보고서의 배경정보를 읽을 때 의뢰 사유와 관련된 아동의 배경정보를 어떻게 강조하고 있는 아동의 발달력을 얼마나 깊게 이해하고 있는지를 주의 깊게 살펴보자. 평가자가 아동 고유한 모습을 얼마나 이해했는지를 읽는 이가 알게 되면 평가자를 신뢰할 수 있게 된다. 배경정보 부분을 읽고 나면 부모는 심리학자가 자신의 아동을 잘 모른다고 하면서 진단을 거부하는 일은 없을 것이다. 이 부분은 관련된 배경정보를 설명하여 읽는 사람이 심리학자의 진단과 제언을 받아들일 수 있게 준비시킨다.

가족 정보

가족에 대한 정보는 R의 부모와 구조화된 면담을 통해 얻을 수 있었다. R은 7세 남아로 3남매 중 막내이다. 가족은 R이 생후 18개월일 때부터 현 주소에서 살고 있다. R의 부모는 15년 전에 결혼하였고 관계는 괜찮다고 하지만 R의 행동으로 인해 다소 갈등이 있다고 한다. 13세, 11세인 R의 누나들은 사교적이고 공부도 잘한다. R은 가족과의 관계가 좋다고 하였으나, 부모에 따르면 R이 사회적으로 민감하지 못하여 남매들 사이에 갈등이 있다고 한다. 예를 들어, 누나들이 친구들과 놀고 있으면 R이 상황에 맞지 않는 말을 해서 대화를 방해하고, 또는 들어오라고 하지도 않았는데 누나 방에 들어간다고 한다. 부모는 R의 잘못된 행동을 고쳐주려고 했지만 행동이 잘 바뀌지 않는다고 했다.

가족의 교육력

부모는 둘 다 대학을 졸업하고 전문 직종에 종사하고 있으며 학습, 건강, 심리 문제를 가진 적은 없다. R 어머니의 조카가 불안장애를 진단받은 것을 제외하고는 친척 중에 심리장애나 학습에 문제를 보인 사람은 없었다. R의 행동이 부모를 닮은 점이 있는지 물어보자, 어머니는 자신은 외향적이나 매우 내향적이고 사회적인 활동을 별로 좋아하지 않는다고 했다. 남편도 이 평가에 동의했다.

임신기 초기 발달력

부모와의 구조화된 면담에서 부부는 R의 발달력에 대해 다음과 같은 정보를 제공해 주었다. R의 임신은 계획 없이 이루어졌다. 둘째 분만 시 하혈을 많이 해서 셋째를 임신하는 것에 대해 걱정을 많이 하였다. 임신기간 내내 의사진료를 정기적으로 받았다. 임신기간 중에 약물 복용은 전혀 하지 않았고 흡연이나 음주는 없었다. R의 어머니는 38세 때 41주 만에 3kg으로 R을 출생했다. 출생 시 신체적인 문제는 없었다. 누나들에 비해서 R은 까다로운 아기였다. 부모에게 반응을 하기는 하지만, 달래기 어렵고 자주 짜증을 내고 작은 신체적·환경적 변화에 매우 민감하여 큰 소리로 울곤 하였다. 다행히 먹는 것과 자는 것은 일정하였다. 먹거나 잘 때만 부모가 쉴 수 있었다. R은 언어를 포함하여 전반적인 발달이 정상적이었으나, 걷는 것은 다소 느렸다.

까다로운 기질은 계속 행동에 영향을 주었다. 사회성이 부족하고 대화를 나눌 줄 몰라서 또래나 어른들과 어울리는 게 힘들었다. 다른 사람의 기분이나 관심을 인식하는 게 어려웠다. 자기 관심사를 얘기하려고 대화 주제를 자주 바꾸고 다른 사람의 어려움에 대해 물어보거나 대화하지 않았다. 다른 사람의 얼굴 표정이나 신체언어에 둔감했다. 대인관계에서 문제해결 기술이 부족하였고 직설적으로 말하였다. 부모의 걱정은 R이 환경의 변화에 적응하지 못한다는 점이었다. 환경 변화가 있으면 분노를 격하게 표출했다. 바닥에서 소리지르며 우는 등 하루에도 여러 번 짧게 분노발작을 보였다. 부모는 이를 줄이기 위해서 R이 변화에 적응할 수 있게 미리 준비시키고 안심시켜 줘야만 했다. 또한 R은 또래들과 다른 놀이 패턴을 보였다. 예를 들어, 항상 같은 방식으로 놀았다. 여러 오리 인형이 있었는데, 오리를 '새'로 인식하고 가지고 노는 것이 아니라 오리 인형들을 일렬로 세워놓기만 하였다.

교육력

R의 담임교사로부터 학교 상황에서 R이 어떻게 행동하는지에 대한 정보를 얻었다. R은 과목당 수행 편차가 또래에 비해 심하였다. 쓰기, 미술, 노래 부르기는 잘하였다. 그러나 사회 정서적인 기능과 관련된 상황에서 어려움이 있었다. 유연성이 부족하고, 좌절에 대한 인내력이 낮고, 부주의하였다. 변화나 새로운 경험에 직면하게 되면 정서적으로 폭발하였다. 폭발이 가라앉고 나면 스트레스를 주는 상황에서 행동을 조절하는 데 상당한 노력이 필요했다. 펜을 찾을 수 없다거나 교사가 싫어하는 과제를 내주는 것처럼 다른 사람에게는 큰 문제가 되지 않는 상황에서 폭발적으로 화를 내었다. 최근에는 스트레스 상황에서 폭발하지 않고 대신에 주먹을 쥔 채로 세게 흔들었다. 시행착오를 거치면서 교사는 지시가 단순하면서도 구조화되어 있을 때 R이 잘 수행한다는 것을 알게 되었다. 담임교사는 추가적으로 R이 정서적으로 미성숙하고 사회 기술이 부족한 점을 지적하였다. 예를 들어, R은 다른 아이들과 어울리는 게 힘들었다. 다른 아이들은 R을 이상하다고 여기고 비전형적인 R의 행동을 놀렸다. 그는 자주 혼자 놀았다. 혼잣말을 하고 영화나 TV에서 본 대사를 혼자 따라 하고 혼자 노래를 불렀다. 운동협응에도 어려움을 보였고 시각정보를 빠르게 처리하는 데 어려움을 보였다. 그림 그리거나 따라 그리는 게 느렸다. 퍼즐을 할 수 있으나 시간이 오래 걸렸다. 운동을 할 때 또래보다 둔하였다.

병력

소아과 병력 기록에서는 특별한 점이 없었다. 청각과 시각은 정상이었다. 상해나 신체질환을 앓은 적은 없었으며 입원한 적도 없었다. 세균감염을 치료하기 위해 항생제를 처방받은 적은 있었다. 부모는 R이 음식에서 매우 까다롭다고 하였다. 특정 음식과 냄새에 매우 민감하고 그가 좋아하지 않는 음식은 먹지 않았다. 수면 패턴은 정상적이었으나, 너무 피곤할 때 야경증을 보인 적이 있었다고 한다.

선행 검사

R의 행동, 정서, 사회 발달에 대해 오랫동안 걱정을 했지만, 심리검사를 받은 적은 없었다.

검사도구

반구조화된 면담을 통해 의뢰 사유와 관련 정보를 얻었으며, R의 문제(비언어 학습장애, 자폐장애 등)를 설명해 줄 수 있는 진단을 알아보기 위해서 여러 평가방법을 사용하였다. 평가방법은 다음과 같다.

반구조화된 면담

부모	20○○년 10월 22일
아동(어머니도 함께 있었음)	20○○년 10월 22일
담임교사	20○○년 10월 24일

관찰

교실관찰	20○○년 10월 30일

평가

웩슬러 아동지능 검사 제4판(WISC-IV)	20○○년 10월 27일
아동 기억 척도(Children's Memory Scale, CMS)	20○○년 10월 28일
발달 신경 평가(A Developmental Neuropsychological Assessment, NEPSY) 중 일부 소검사	20○○년 10월 29일
코너스 주의력 검사(Conner's Continuous Performance Test, CCPT-II)	20○○년 10월 29일
나그리에리 비언어 유추검사(Naglieri Nonverbal Analogies Test, NNAT)	20○○년 10월 30일

우드콕 존슨 인지능력 검사(Woodcock Johnson Tests of   20○○년 10월 31일
　　Cognitive Ability, WJ-III) 중 일부 소검사
실용언어 검사(Test of Pragmatic Language, TPL)   20○○년 10월 31일

평정 척도

부모용 아동행동 척도(Behavior Assessment for Children-Parent Rating Scales,
　　BASC-PR) : 어머니가 수행함
교사용 아동행동 척도(Behavior Assessment for Children-Teacher Rating Scales,
　　BASC-TR) : 담임교사가 수행함
아스퍼거 증후군 평정 척도(Asperger Snydrome Diagnostic Scale, ASDS) : 어머니가 수행함
적응행동 평정 척도(Adaptive Behavior Assessment System-II, ABAS-II) : 담임교사
　　가 수행함

> 주목 : 평가 관찰 부분에서는 의뢰 사유와 관련된 행동관찰을 어떻게 선별해서 기술하
> 고 있는지에 주의를 기울여라. 여러 환경에서의 행동관찰을 보고하면서 심리학자는 그
> 가 아동을 잘 알고 있다는 것을 다시 보여 줄 수 있고 읽는 사람은 좀 더 보고서를 신뢰
> 할 수 있게 된다.

관찰

면담관찰

R은 어머니와 함께 왔는데 처음에는 조용하였다. 그러나 좀 더 편안해지자, 대화 중에 끼
어들고 질문에 엉뚱하게 대답을 하였다. R은 면담실에서 오리를 그렸는데 같은 크기와 방
향으로 계속해서 그렸다. 그림 그리는 내내 계속 헛기침을 반복적으로 하였다. 어머니가 R
이 재즈에 관심이 많다고 하자 R은 갑자기 Sesame Street 노래를 흥얼거렸다. 노래 가사
를 부르지는 않았으나, 노래의 세밀한 악기 소리를 따라 흉내 내며 불렀다. 초반을 타악기
처럼 소리 내고, 이후 베이스 기타 같이 소리 내고 다음에는 호른 소리를 흉내 냈다. 노래

를 처음부터 끝까지 이런 식으로 불렀다. 노래하는 내내 얼굴 표정이나 움직임은 없었다. 또한 R은 TV 게임쇼에 관심이 많았다. 원뿔모양을 그리고 그 안에 글씨를 써놓고 무엇인지를 우리에게 물었다. 우리가 대답을 못하자 그 쇼의 게임판에 나오는 모양이라고 설명해 주었다. 그 프로그램을 좋아하냐고 묻자, R은 계속 그 쇼에 대해 이야기를 하였다. 다른 이야기로 화제를 전환시키기가 매우 힘들었다.

평가관찰

R은 다음에 이루어진 검사 중에도 게임쇼에 대해 계속 집착하였다. WISC-IV 수행 시 게임쇼가 아니라고 여러 번 알려 주어야만 했다. 검사 시 답을 모를 경우에는 게임쇼 프로그램에서 자주 나오는 말을 흉내 내면서 "이제 그만 집에 가야겠네요.", "관객들에게 물어봐야 할 것 같습니다."라고 말을 하였다. 평가 내내 대답할 때 수행시간을 재고 있음에도 불구하고 게임쇼에서처럼 '삐' 라고 소리를 내었다. 특히 운동 반응으로 정답을 맞혀야 하는 경우에 더욱 두드러졌다. 그리고 무언가 말을 하려고 할 때 질문을 하곤 하였다. 추운 날에 검사실에 들어오면서 "춥다는 게 뭐죠?"라고 물어보았다. 대답을 하려고 하자, "당신이 어떻게 느끼는지 달라졌습니다. 춥네요."라고 엉뚱하게 말을 했다. 이러한 말도 게임쇼에서 자주 나오는 말들이었다. 과제별로 관찰된 행동은 평가 결과 부분에서 기술할 예정이다.

교실관찰

수업시간에 교사가 내린 지시에 따라 아이들이 과제를 수행하는 동안 관찰이 이루어졌다. R의 책상과 개인사물함은 쉽게 알아볼 수 있었다. 책상에는 오리장식이 달린 이름판이 있었고, 개인사물함은 텔레비전 방송국 로고로 꾸며져 있었다. 관찰 시 아동들은 과제를 수행하고 있었지만, 10분 동안 R은 열 번 중에 다섯 번 정도는 과제에서 벗어난 행동을 하였다.

과제에서 벗어난 행동은 많은 경우 다른 아이들에게 피해를 주지는 않았다. 자신에게 흥미로운 물건을 발견하여 딴짓을 하거나 엉뚱한 데를 쳐다보는 정도였다. 세 번 정도 교사의 질문에 엉뚱한 대답을 하였다. 쓰기 수업 시간에 선생님이 주제를 던져주자, 자신이 꾼 꿈에 대해 이야기를 하였다. 특정한 문장을 반복해서 말하고 과제를 마치고 나면 '삐'소리를 냈다. 과제 수행 중간에 연필 대신 색연필을 사용하기도 하였다. 교사는 연필로 계속하라고 주의를 주었다. 교사의 말을 듣는 척하다가 교사가 다른 데를 보자 재빨리 색연필로 수행하였다.

R이 어떻게 친구들의 관심을 끌어서 놀이에 참여하거나 장난감을 같이 가지고 놀게 되는지 살펴보았다. 15분간 R이 친구들과 어떻게 노는지 관찰하기로 했다. 세 번 정도 한 아이가 R에게 다가와서 장난감을 바꿔서 놀자고 말했으나 R은 그냥 그 말을 무시하였다. 친구가 가지고 있는 장난감을 가지고 놀고 싶어지자 R은 친구에게 다가가서 "줘"라고 한마디를 했다. 요구를 할 때는 친절하게 부탁하고 왜 필요한지 설명을 해야 한다는 사회적인 기대에 대해 잘 알지 못하는 듯하였다.

평가 결과

주목 : 아동의 배경지식과 행동에 대한 지식을 보여 주는 것에서 특정한 인지기능에 대한 설명으로 어떻게 전환을 하는지 살펴보자. 특히 주의력과 실행기능을 비전문적인 언어로 설명해 주고 있으며 수업시간에 보이는 행동과 검사 결과가 어떻게 관련되는지를 설명해 주고 있다. 평가의 구성요인을 설명하기 위하여 과제를 자세히 설명해 주고 있다. 검사점수가 아니라 또래와 비교해서 백분위로 아동의 수행을 설명하고 있다. 점수를 말하는 것이 검사 결과를 설명하는 것은 아님을 명심해야 한다. 해석과 설명이 필요하다. 구체적인 아동의 반응을 기술하고, 통계적인 전문용어 없이 아동의 강점과 약점을 충분히 설명하고 있다.

검사 결과에서는 R의 점수가 백분위로 제시된다. 백분위란 R의 점수를 같은 과제를 수행한 또래 아동의 점수와 비교한 것이다. 백분위는 R의 점수 이하로 점수를 받은 아이들의 비율을 알려 준다. 예를 들어, 어떤 검사에서 백분위가 72%ile라고 한다면 R의 점수가 그 검사를 받은 아동의 72% 이상이라는 말이다. 백분위는 그 검사에 참여한 사람들의 비율이

지 맞은 문항의 비율이 아니다. 소검사의 백분위뿐 아니라 R의 강점과 약점에 대해서도 논의할 것이다. 여러 검사 간에 R의 수행을 비교해 본다. 백분위 84%ile 이상일 경우에 강점으로 본다. 백분위 25~75%ile는 보통 수준이고 백분위 1~11%ile은 약점이다.

주의력/실행기능

주의력은 학습, 기억, 복잡한 인지 기술에서 매우 중요하다. 배우고 기억하고 복잡하게 사고하려면 우선 새로운 정보에 주의를 기울어야 한다. 주의력은 여러 요소로 이루어져 있다. 지속적 주의력은 지속적이거나 반복적인 과제에 계속 주의를 기울이는 것이다. 선택 주의력은 중요한 정보에 주의를 기울이고 중요하지 않은 다른 정보를 무시하는 것이다. 분할 주의력은 여러 과제에 동시적으로 반응하는 능력이다. 전환 주의력은 하나에서 다른 과제로 유연성 있게 주의를 전환시키는 능력이다. 계획하고, 유연성 있게 탐색 전략을 조직화하고, 계속 검토하면서 정정하고, 과제를 수행하며 불필요한 반응을 억제하고, 정보를 조작하는 능력은 주의력을 조절하고 통제하는 데 매우 중요하다. 이러한 여러 능력을 실행기능이라고 한다. 교사는 R의 주의력이 매우 미숙하다고 보고하였다. 주의력과 실행기능을 평가하기 위해서 WISC-Ⅳ, NEPSY, CMS, WJ-Ⅲ, CPT-Ⅱ와 같은 여러 가지 검사를 실시하였다.

A. 분할 주의력

R이 학교에서 아이들과 함께 다음과 같은 활동을 한다고 상상해 보자. 세상에서 가장 인구가 많은 다섯 나라가 무엇이며 그 나라를 면적크기 순서대로 나열한다고 해 보자. 아이들이 여러 나라 이름과 인구수를 이야기하면서 여러 언어적인 상호작용이 일어날 것이다. 이 과제를 수행하기 위해서 R은 여러 아이들이 하는 말에 주의를 기울일 필요가 있다. 단기 기억력을 통해 아이들이 한 말을 기억하면서 동시에 나라를 인구수 순서대로 배열하는, 즉 정보를 정신적으로 조작하는 데 주의를 기울어야 한다. 이 과제는 분할 주의력과 단기/작업기억력이 모두 요구되는 과제이다. R의 이러한 능력을 또래들과 비교해 보기 위해서 WJ-Ⅲ 검사를 실시하였다. 이 과제에서는 서로 다른 범주로 정보를 즉각적으로 재배열해

야 한다. 우선 "개, 1, 쇼, 8, 2, 사과"와 같이 여러 단어와 숫자를 듣는다. 정보를 재배열해서 먼저 숫자가 아닌 단어들을 절차순서대로 말하고 나서, 숫자를 순서대로 말한다. R의 점수는 하위 26%였다. 즉, 이 과제에서 R의 백분위는 보통하 수준이었다.

B. 청각적 선택 주의력

교실 환경은 언어적인 상호작용이 많고 주의분산시키는 자극들이 많다. 교실 수업시간에 교사가 수업을 할 때 복도 밖에서는 또 다른 수업이 진행된다. 불필요한 외부 청각정보를 무시하면서 교사가 하는 말에 선택적으로 주의를 기울여야 한다. R이 중요한 정보에 주의를 기울이고 주의분산 정보를 무시할 수 있는지 알아보기 위해서 WJ-III 검사를 사용하였다. 음성녹음기를 통해 자극을 들려주게 된다. R은 네 가지 그림을 보면서 단어를 듣고 해당하는 그림을 선택하면 된다. 검사 내내 청각적인 분산 자극은 점점 늘어난다. R의 점수는 이 과제에서는 백분위 8%ile에 해당된다. 과제가 진행됨에 따라 점점 소리를 분별하기 어려워지고 배경 소리가 심해지면서 R은 점점 산만해지고 손을 위아래로 흔들었다.

C. 지속적 주의력

주의를 기울여야 하는 많은 일상 과제는 R에게 지루하고 반복적으로 느껴질 것이다. 여러 장의 산수 계산 문제처럼 재미없는 학업과제를 해야만 할 때도 있다. 과제에 계속 집중하려면 모든 숫자에 주의를 기울여 더하고 빼야 한다. 그리고 다른 것에 주의가 산만해지는 것을 억제하면서도 지나치게 하나의 정보에만 집착해서는 안 된다. 예를 들어, 덧셈 기호에만 주의를 기울여서 뺄셈을 빼먹으면 안 된다. 처음부터 끝까지 모든 정보에 주의를 기울여야 하고 시간에 맞추어서 수행을 해야 한다. 코너스 주의력 검사결과에 따르면 R은 모든 영역에서 보통 수준의 수행을 보였다. 게다가 정상발달 아동 및 임상적으로 주의집중력에 문제가 있는 아동과 비교해 봤을 때 수행 패턴은 정상발달 아동과 유사하였다.

언어정보의 변화에 주의를 기울이기 위해서는 지루하지만 주의를 유지해야 유연하게 반응할 수 있다. 예를 들어, 한 친구가 R에게 복잡한 게임 규칙을 설명하는 상황을 상상해 볼 수 있다. 여러 명의 친구가 와서 갑자기 상황은 더욱 복잡해졌다. 처음 단순하던 상황에서 주의를 옮겨서 좀 더 복잡한 상황에 주의를 기울여야 한다. 또한 여러 명이 와서 게임의 규칙이 바뀌었다는 걸 알아야 한다. NEPSY 검사에서는 이런 능력을 측정한다. 첫 부분에서는 빨간색에 반응하도록 한다. 두 번째 부분에서는 대조되는 자극에 반응하도록 주의를 변경해야 한다. 예를 들어, '빨강'이라는 단어를 들으면, 상자 안의 노란 네모를 누르면 된다. R은 이 과제에서 백분위 하위 5%ile에 해당하는 점수를 받았다. R은 단순한 청각 과제에 선택적으로 주의를 기울이는 것은 잘 하지만, 주의를 변경하고 상황에 따라 반응을 조절하는 데에는 어려움을 보였다. 여러 자극이 가까이 제시되면, 여러 색깔의 네모를 잡고 상자에 넣어버려 실패하였다. 복잡하고 다차원적인 정보가 제시되면 R은 불안해졌다.

D. 청각적 작업기억력

새로운 언어정보를 유지하면서 정보를 조작한다면 청각적 작업기억력을 활용하는 것이다. 이러한 청각적 작업기억력은 지시를 이해하고 언어 문제를 해결하고, 대화 중에 다음에 이야기할 내용을 생각해 두거나 수학 문제를 풀 때 필요하다. 청각적 작업기억력을 측정하기 위해서 불러주는 숫자(예 : 1−5−2−3−9)를 듣고 거꾸로 따라 외우는(9−3−2−5−1) WISC-IV 소검사를 실시하였다. R은 청각적 작업기억력 과제에서 백분위 50%ile에 해당되었다. 언어로 제시되는 수학 문제를 듣고 작업기억력에 정보를 저장하고 정보를 수학적으로 조작하는 WISC-IV 소검사 과제(예 : 9개의 사과를 가지고 있는데 3개를 주면 몇 개가 남나요?)에서도 백분위 50%ile에 해당하는 수행을 보였다. 일련의 숫자를 들으면서 정보를 조작해야 하는 WJ-III 검사 과제에서도 백분위 50%ile였다.

E. 실행기능

R이 효율적으로 배우기 위해서는 자기 조절적인 활동을 해야 한다. 목표 세우기(무엇을 이루고 싶은지 생각하기), 계획하기(과제를 배우기 위해서 필요한 시간과 자원을 어떻게 활용할지 결정하기), 주의를 통제하기(지금 하고 있는 일에 주의집중하기), 학습과 동기부여 전략을 적용하기(과제에 집중하기 위해 여러 전략을 사용하기)가 포함된다. 이 영역에서의 R의 능력을 알아보기 위해서 NEPSY 과제를 사용하였다. 세 가지 다른 색의 공을 목표 위치로 규칙에 따라 옮기면 되는데, 움직일 수 있는 횟수와 과제 수행시간은 제한되어 있다. R은 이 과제에서 백분위 하위 5%였다. 행동관찰상 새로운 문제해결법을 적용하는 데 어

려움이 있었으며, 여러 번 규칙을 어겼다. 이는 자신의 수행을 관찰하고 통제하는 데 어려움이 있다는 것을 시사한다. 과제 수행 중 규칙(예 : 한 번에 하나의 공을 옮길 수 있다)을 여러 번 이야기해 주어야만 했다. 과제가 복잡해질수록, 규칙을 어기는 행동은 늘어났다.

F. 주의력에서 개인적인 강점과 약점

주목 : 이 부분에서 주의력의 여러 영역 평가 결과를 통합하고 있다. 그림과 함께 그래프를 사용하여 쉽게 설명하였다. 결과를 설명하면서 아동의 상대적인 강점과 약점을 설명하고 있다. 교실에서 이러한 특징이 구체적으로 어떻게 발현되는지 보여 주고 있다.

R은 일시적으로 정보를 저장하고 제한된 언어정보를 처리하는 능력이 보통 수준이다. R은 반복하기나 분류하기와 같은 작업기억 능력을 향상시키는 암송 전략을 사용한다. 청각적 작업기억력을 통해 언어정보를 선택하고 비교하고 조직적으로 처리하여 학습과제를 수행할 수 있다. 예를 들어, 읽은 것을 이해하거나 수학 문제를 풀 때 이런 능력이 필요하다. 시각 과제에 주의를 유지하는 능력 또한 보통 수준이다. 시각 주의력을 유지하기 위해서는 시각정보에 반응하는 속도를 유지하고, 충동적으로 반응하지 않고, 시각정보가 변화함에 따라 반응을 변경하는 능력이 필요하다. 이에 R은 또래들과 비슷한 수준으로 단어를 배우고, 긴 문장을 읽고, 그림이나 그래프의 정보에 주의를 기울일 수 있을 것이다. 동시에 여러 과제에 주의를 기울이는 분할 주의력은 보통하 수준이었다. 수업을 들으면서 필기하는 데 이러한 능력이 필요하다.

연속적이고 반복적인 언어활동에 주의를 유지하는 능력은 다소 덜 발달되어 있다. 수업 시간에 지시를 들으며 수업에 주의집중하는 데 어려움이 있었고, 재미없는 내용일 경우에는 더욱 그러하였다. 특히 중요한 언어정보와 덜 중요한 정보를 분리하는 능력, 즉 선택적 청각 주의력은 발달이 부진하였다. 언어정보를 많이 처리하여 정보에 압도되는 모습이 관찰되었다. 많은 일상 활동에서 선별하여 듣는 능력이 요구된다. 예를 들어, 옆에서 다른 사람이 다른 이야기를 하고 있는데 대화에 주의를 기울이고, TV나 라디오가 틀어진 상태에서 설명을 듣고, 다양한 이야기가 나오는 상태에서 대화의 목적에 초점을 맞추는 일이 필요하다. 마지막으로 학습을 조절하는 능력, 특히 목표를 향해 진행되는 과정을 감독하고, 필요에 따라 전략이나 목표를 바꾸는 능력의 발달은 부진하였다. 이러한 약점 때문에 R은 목표를 달성하기 어려우며, 이러한 약점이 학습과 학업성취를 방해한다.

언어

주목 : 이 부분에서는 왜 언어 과제를 실시했는지를 의뢰 사유와 연결하면서 설명한다. 검사 결과로부터 아동에 대해 무엇을 알 수 있는지 명확하게 기술하고 있다. 이것은 평가-이해-개입 모델의 핵심이다. 이해하기 위해 평가하는 것이다. 여기서 아동에 대해서 무엇을 알아야 하는지 그리고 어떻게 그것을 알 수 있는지에 대해 설명하고 있다. 연역적인 가설을 세우고 가설에 입각하여 통계적으로 유의미한 여러 결과를 검토한다.

결과를 설명한 이후 평가의 교육적인 측면으로 넘어가서 평가 결과와 학업 수행이 어떻게 연결될 수 있는지 기술하고 있다. 다음에 오는 시각 공간, 처리속도, 기억 평가 부분도 이러한 방식으로 구성되어 있다.

부모는 R이 사회적으로 적절하게 언어를 이해하고 말하는 데 어려움이 있다고 보고하였다. R이 의사소통 목적(사고하고 학습하는 것을 포함)에서 효율적으로 언어를 사용하기 위해서는 형식, 내용, 기능이 필요하다. 형식, 즉 음성정보를 처리하고 언어의 구문구조를 이해해야 한다. 내용이란 단어와 문장의 의미를 이해하는 것이다. 기능은 사회적인 맥락에 맞추어서 언어를 사용하는 것이다. 이러한 언어의 하위 요소를 잘 습득해야 생각을 복잡하고도 정확하게 구성할 수 있다. 또한 읽고 쓰는 기술을 향상시키고, 추상적인 사고와 개념을 학습하고, 행동과 정서를 조절할 수 있다. WISC-IV, WJ-III, NEPSY와 실용언어 검사를 사용하여 R의 언어 추론능력을 포함하여 언어의 형식, 내용, 기능에 대한 기술을 평가하였다.

A. 언어형식(음소처리 : 구문 복잡성)

쓰여진 단어를 음소로 분해하는 능력인 음소처리는 읽는 것을 배울 때 매우 중요하다. 'cat'이라는 단어를 읽기 위해서는 각각의 음소(c - a - t)를 인식해야 한다. R의 음소처리

능력을 평가하기 위해서 WJ-III 과제를 사용하였다. 이 과제에서 R은 여러 음절이나 음소를 듣고 이를 하나의 단어로 만들어야 한다. 이 과제에서 R은 백분위 50%ile 수준의 수행을 보였다. NEPSY 음소처리 검사에서는 R은 음절로부터 단어를 찾고 이를 하나로 만들어야 한다. 첫 번째 단계에서는 단어 음절을 듣고 그림을 찾아내야 한다. 두 번째 단계에서는 글자와 단어를 가지고 음소 분절을 해야 한다. 음절이나 음소를 빼내고 새로운 단어를 만들거나 하나의 음소를 다른 음소로 바꿔야 한다. 이 과제에서는 하위 25%에 해당하는 점수를 받았다. R은 첫 번째 소리를 없애고 새로운 단어를 만드는 것은 잘하였다. 그러나 중간이나 마지막 소리를 없애는 것은 실패하였다. 구문이 복잡한 언어 지시를 처리하고 반응하는 능력을 평가하기 위해 NEPSY의 다른 과제를 실시하였다. 단순한 과제는 서로 다른 크기, 색깔, 얼굴 표정을 한 토끼를 가리키는 것이다. 더 복잡한 문항에서는 언어 지시를 듣고 색깔, 위치, 다른 물체와의 관계에 따라 목표 자극을 가리키는 것이다. R은 이러한 능력이 부진하여, 이 과제에서는 하위 5%에 해당하였다. R은 '파란색 그다음에 노란색 토끼를 가리켜라'와 같이 간단한 지시는 잘 수행하였다. 그러나 'A가 아니라 B를 가리켜라'와 같이 부정문이 들어간 지시문이나, 순서나 공간개념이 필요한 지시에는 정확하게 반응하지 못하였다.

B. 언어 내용

다른 사람과 효율적으로 소통하기 위해서는 표현언어 지식이 매우 중요하다. 이 능력을 측정하기 위해서 불러주는 단어의 뜻을 설명하는 WISC-IV 소검사를 시행하였다. 이 소검사에서 하위 25% 수행을 보였다. 어휘 지식을 평가하는 WJ-III 과제는 대상을 보고 단어를 말해야 하는데 여기에서도 비슷한 수행을 보였다. 단어 지식을 사용하여 추론하는 능력은 하위 30%로 나타났다. 이 과제는 유사한 세 단어를 듣고 네 번째 단어를 맞추는 것이다. 우리는 크기, 색깔, 모양과 관련된 단어를 듣고 비슷한 단어를 빠르게 산출하는 능력을 평가하였는데, R은 이 과제에서 우수한 수행을 보였다. 즉, NEPSY 과제에서는 상위 9% 수준이었다.

C. 언어기능(실용론)

면담과 관찰을 통해 R이 의사소통과 사회적인 상호작용에 어려움을 겪고 있다는 것을 알수 있었다. 이에 우리는 실용언어 검사를 실시하기로 하였다. 실용언어란 목표에 도달하기위하여 사용하는 언어를 말한다. 무엇을 왜, 어떤 목적을 가지고 말하는지가 포함된다. 실용언어를 잘 구사하기 위해서는 물리적인 환경, 관중, 주제, 목적, 시각적 · 신체적 단서, 추상개념을 고려해야 한다. R은 실용언어 검사에서 하위 4%에 해당하는 점수를 받았다. 그림으로 상황이 제시될 때 매우 경직되고 형식적인 언어를 사용하였다. '예의 바른' 단어를 자주 사용하였는데, 상황에 맞지 않을 때도 많았다. 핀을 떨어뜨려 다른 아이가 주워 주어야 하는 상황의 소년 그림을 보여 주었다. R은 "너가 핀 가질 수 있나요?(Please may you get some pins)"라고 잘못 대답하였다. 병원 장면에서는 R은 "너가 나를 도와줄 수있나요, 나는 아파요.(Please may you help me, I'm sick)"라고 말했다. 의미나 의도는 명확하나, 문장의 구조는 어색하고 자연스럽지 못했다. R은 사회적인 상황과 관련된 질문 시추론하는 데 어려움을 보였다.

문제해결 능력과 함께 행동에 대한 관습적 지식, 사회적 판단과 성숙, 상식 수준을 알아보기 위해서 WISC-Ⅳ 소검사를 사용하였다. 이 과제에서는 일반적인 원리와 사회적 상황을 이해한 상태에서 질문에 대답을 해야 한다. R은 이 과제의 질문에 대해 대답을 잘 하지못하였다. 질문과 어느 정도 관련은 있었지만 핵심적인 답변을 하지는 못했다. 또는 질문을 그의 제한된 관심과 관련시켰다. 게임쇼에 대한 R의 제한된 관심이 여러 번 나타났다. '손가락을 베었을 때 어떻게 해야 하는지' 묻자 '몰라요, 관중에게 물어볼게요.' 라고 대답하였다. 한계 검증 시 R은 정답과 비슷하게 대답하기는 하였다. 그러나 주의를 전환시키는데 시간이 많이 걸렸다.

> **주목** : 위에서 아동의 실제 답변을 기술하였다. 왜냐하면 아동의 반응이 그의 증상을
> 잘 보여 주기 때문이다. 이러한 방법은 매우 강력하다. 그러나 특정 문항이 부모나 교
> 사에게 노출이 되어서는 안 된다. 법적으로 그리고 윤리적으로 검사 문항은 보호되어
> 야 한다. 지능검사 문항을 다른 사람들이 알게 되면 아동의 반응을 의심할 수 있다. 그

리고 검사의 타당도가 손상된다. 이에 실제 답변을 제시하는 방법을 쓸 때에는 문항을 바꿔 써야 한다. 이럴 경우 다음과 같이 쓸 수 있다.

> 예를 들어, R의 TV에 대한 제한된 관심은 그의 대답에서 잘 드러난다. ("무릎이 까졌을 때 어떻게 해야 하나? 대답 '몰라요', 청중들에게 물어볼게요")

D. 언어추론

R은 일상에서 문제를 해결하거나 추론하기 위해서 언어 기술을 쓰게 된다. 예를 들어, 순서를 정하는 문제로 누나들과 말다툼을 하게 될 때, 문제를 해결하는 언어추론 능력이 누가 말다툼에서 이길지를 결정할 수 있다. 이 능력을 평가하기 위해서 R은 WISC-IV 과제를 수행하였다. 공통되는 대상이나 개념을 가진 두 단어가 제시된다(예 : '호수', '산'). 이것이 얼마나 공통적인지 묘사하면 된다. R은 하위 25% 정도의 수행을 보였다. 우리는 R이 단어를 사용하여 어떻게 추론하는지를 알고자 하였다. 이 WISC-IV 과제에서 R은 여러 개의 단서를 가지고 공통된 개념을 찾아내야 한다. 여기서도 하위 25%의 수행을 보였다.

E. 언어 측면에서의 개인적인 강점과 약점

> **주목** : 여기서 임상가는 개인적인 강점이라는 단어를 쓰고 '개인 내적인(intraindividual)' 과 같이 전문서적이나 보고서에 주로 나오는 단어를 쓰고 있지 않다. 전문용어를 피하여 교사와 부모들이 더 읽기 편하게 하고 있다.

R은 친숙한 단어를 다른 방식으로 빠르게 산출하는 능력이 뛰어나다. 이 능력에서는 소리−기호 관계, 즉 구술된 단어와 지필된 단어 사이의 관계를 인출해 내는 능력이 필요하다. 이 능력은 읽는 것을 배울 때 중요하다. R은 여러 언어능력 평가에서 보통 수준을 보였다. 예를 들어, 청각−음운 지각 및 분석 기술이 보통 수준이었다. 이 기술은 이해, 읽기, 쓰기에 기반이 된다. 그러나 중간이나 마지막 소리를 바꾸어서 새로운 단어를 만들어 내는 데에는 어려움이 있었다. 언어개념 간의 관계를 인식하는 귀납적인 언어추론은 보통하 수준이었다. 이 능력은 고차원적인 학습과 문제해결에 필요하다. 단어를 이해하고 표현하는

기술은 보통하 수준이었다. 이 기술은 언어추론 발달의 중요한 기초이다.

구문론적으로 복잡한 언어 지시를 처리하고 이해하는 능력에서는 부진한 발달을 보였다. 청각 주의력이 부족한 점이 이러한 어려움을 설명해 줄 수 있을 것이다. 검사 시 R은 자주 지시문을 반복해 달라고 요청하였고 검사실 주변을 살펴보는 등 산만해 보였다. R이 공간적 개념(예 : 아래, 위, 옆)과 관련된 문제에서 자주 틀렸던 바, 공간과 관련된 문제가 이러한 어려움에 영향을 미쳤을 수도 있을 것이다. R의 시공간적 처리 기술에 대한 평가를 통해 언어에 미치는 영향이 어떠한지 알 수 있을 것이다.

부모와 교사 보고뿐만 아니라 우리가 교실관찰을 하였을 때에도 일관되게 R은 적절하게 의사소통하는 데 어려움을 보였다. 예를 들어, 특정한 목적에 맞게 언어를 변화시키지 못하여 목적에 맞지 않는 형식적이고 경직된 언어를 자주 사용하였다. 게다가 듣는 사람의 기대나 욕구에 맞추어서 언어를 사용하지 못하였다. 예를 들어, 학교관찰 시 친구가 가지고 있는 물건을 자신이 왜 필요로 하는지 설명하지 못하였다. 검사나 대화에서 규칙을 따르지 못하였다. R은 상황에 맞지 않게 자신의 관심 주제를 계속 이야기하고 특정 문장을 사용하여 상대방이 말하는 것을 방해하였다. 게다가 사회적인 문제해결 능력은 발달적으로 매우 미성숙하고 비전형적이었다. 예를 들어, 사회적인 상황에 맞게 얼마나 적절하게 표현하는지를 평가해 보면, 대답할 때 깊이가 부족하였고, 사회적으로 적절하지 못하였으며, 질문과 상관없게 대답하였다. 언어적 의사소통이 사회적 · 학업적인 학습에서 기초적인 매개체가 된다는 것을 고려해 볼 때, R이 보이는 실용적인 사회 문제해결 능력에서의 결함은 심리, 사회, 학업에서 성취를 방해할 것이다.

시공간 처리와 감각운동 기술

교사는 R이 그림을 그릴 때 느리고 서투르다고 보고하였다. 평가상에서도 시공간적인 언어를 이해하는 데 어려움을 보였기 때문에 R의 시공간적인 감각운동 기술을 평가하였다. 시공간적인 처리는 상호 관련된 여러 하위 요소를 포함한다. 예를 들어, 비언어적인 문제해결 능력, 부분을 의미 있는 전체로 통합하는 능력(시각화), 대상을 마음으로 그리는 능력, 대상을 비교하는 능력, 선과 각도의 방향을 판단하는 능력, 좌우를 비교하는 능력, 공간 안에서 여러 대상 간의 관계를 이해하는 능력(위치와 방향성), 조각을 사용해서 모형을 재생하는 능력, 다양한 관점을 채택해서 머릿속에서 대상을 회전시키는 능력, 실제 공간에 대한 상징적인 표현을 이해하는 능력(지도 읽기) 등이 있다. WISC-IV, NEPSY, WJ-III 과제를 사용해서 이러한 여러 가지 시공간적인 처리 기술을 평가하였다.

A. 비언어적인 추론

R이 시각적으로 주어지는 새로운 문제를 해결할 때 비언어적인 추론이 필요하다. 예를 들어, 비언어적 추론 기술은 R이 자동차 모형을 만들 때 필요하다. 비언어적인 추론능력을 평가하기 위해서 추상적인 시각 자극을 분석하고 통합해야 하는 WISC-IV 검사를 시행하였다. R은 제시된 도형 그림을 보고, 토막을 사용하여 정해진 시간 내에 그와 같은 모양을 만들어야 한다. 여기서 R은 하위 25% 정도의 수행을 보였다. 이 과제에서는 운동능력과 시각 자극을 처리하는 속도가 중요하다. 이에 이 두 능력이 덜 요구되는 다른 검사를 여러 개 실시하였는데, 그 중 하나는 시각 자극에서 공통점을 발견하거나 범주로 묶는 능력을 측정한다. 그림이 두 개나 세 개 줄로 나열되어 있는 것을 보고 한 줄에서 하나의 그림을 선택해서 그 그림들이 하나의 공통점을 형성할 수 있어야 한다. 예를 들어,

네 개 그림의 공통점은 동물이다. 이 과제에서 R은 하위 37% 정도의 수행을 보였다. 행렬 추리 또는 문제해결 능력을 평가하는 두 가지 과제를 수행하였다. 하나는 WISC-IV 소검사 중에서 다른 하나는 비언어적 문제해결 검사, 즉 행렬 유추(Matrix Analogies Test) 검사 중에서 선별되었다. 완성되지 않은 행렬을 보고 빠진 부분을 여러 대안 중에서 고르는

것이다. 예를 들어,

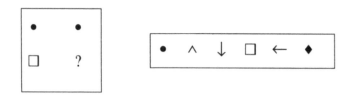

사각형이 정답이다. R은 두 검사 모두에서 50%정도의 수행을 보였다.

주목 : 효율적으로 핵심을 전달하기 위해서 실제 검사 문항이 아니라 가상의 유사한 문항을 예를 들어 기술하고 있다.

B. 중요하고 덜 중요한 세부 정보에 대한 시각적 인식

덜 중요한 시각 세부 정보에서 중요한 것을 변별하는 능력은 여러 일상 과제를 수행하는 데 중요하다. 예를 들어, 글과 그림이 같이 나오면 이해하기가 더 쉽다. R이 핵심적인 시각 단서에 주의를 기울인다면, 글을 이해하기 훨씬 쉬울 것이다. 그러나 중요하지 않은 단서에 주의를 기울인다면, 글을 이해하기가 어려워질 것이다. 이러한 능력을 평가하기 위해서 WISC-IV 소검사를 사용하였다. R은 제한시간 동안 빠져 있는 중요한 부분이 무엇인지 가리키거나 대답을 해야 한다. 이 과제에서 하위 37%의 수행을 보였다.

주목 : WISC-IV 검사 전체를 실시하면서, 다른 검사도구에서 특정 소검사를 선별하여 실시하였다. 이를 통해 특정 임상적 질문에 대한 추가 정보를 얻을 수 있었다. 검사자는 왜 그 과제를 실시했는지, 그리고 검사 결과를 통해 무엇을 알 수 있는지를 항상 설명하였다. 그는 변별진단과 개입 전략을 제공하는 데 중요한 아동의 기능을 '이해하기 위해서 평가'를 실시하였다.

C. 시각 계획

사회적인 상황에서 R이 성공하기 위해서는 예상하고, 판단하고, 이후 예상되는 것 및 결과를 이해하는 능력이 중요하다. 예를 들어, 항상 야단을 맞아도 계속 누나 방에 마구 들어가는 것으로 볼 때 R은 사회적 상황에서 인과관계를 이해하는 능력을 갖추고 있는 것일까?

이러한 계획능력을 측정하기 위해 WISC-Ⅲ 과제를 실시하였다. 여러 가지 그림을 논리적인 순서대로 맞추어서 하나의 이야기를 만들어 내도록 하였다. R은 하위 5%의 수행을 보였다.

D. 감각운동 기술

감각운동 기술을 평가하기 위해 우선 R의 손가락 기민성을 평가하였다. 이 능력은 작은 물체를 조작하고, 작은 공간에 옮기고, 특정한 위치에 둘 때 필요하다. 퍼즐을 맞출 때, 모형을 조립할 때, 물을 작은 통에 담을 때 이 능력이 필요하다. R은 손가락을 연속적으로 두드리는 검사를 수행하였는데, 엄지손가락을 검사판에 대고, 처음에는 집게손가락에서 시작하여 나중에는 새끼손가락으로 최대한 빨리 두드리는 것이다. 우세손이든 아니든 수행은 반복수행과 연쇄수행 모두에서 연령에서 기대되는 수준이었다. R의 글씨 쓰는 속도가 느린 이유가 감각정보를 인식하는 능력이 부진해서인지를 알아보기 위해서 검사자가 R의 손가락 두 개 중에서 하나를 살짝 만졌다. 그리고 나서 어느 손가락을 만졌는지 물어봤다. 이 검사에서 R의 점수는 연령에서 기대되는 수준이었다. 우리는 다음 단계로 넘어가서 R이 쓰기와 같은 운동 활동을 어떻게 잘 통합하는지를 탐색해 보았다. R에게 2차원으로 된 기하학 도형을 종이에 따라 그려 보라고 했다. 이 NEPSY 과제에는 시간제한이 없었다. R은 상위 1%에 해당하였다. R은 도형을 모사할 때 계획적이고 정확하였다. 자신이 그린 도형과 그림판의 도형 사이에 차이가 있는지 살펴보고 정확하다고 생각될 때까지 주의를 기울였다. 그래서 과제를 수행하는 데 시간이 많이 걸렸다. 비슷한 과제인 최대한 빠르게 줄을 따라 선을 그려야 하는 과제에서는 하위 25%에 해당하는 점수를 받았다. 이 검사에서의 낮은 점수는 운동협응 능력의 문제라기보다는 정확하게 선을 그리려는 강박적 경향 때문인 것으로 보인다.

E. 시공간과 감각운동 기술에서 개인적인 강점과 약점 요약

과제를 완수할 충분한 시간이 주어질 때 R이 시각 도형을 모사하는 능력은 우수하였다. 이 과제에서는 시각운동 능력, 눈과 손의 협응, 미세 운동협응, 지각 변별과 같은 여러 능력이 필요하다. R은 도형을 최대한 정확하게 그리려고 해서 도형을 모사할 때 매우 느렸다. 실수한 게 있으면 매우 좌절하고 정확하게 보일 때까지 여러 번 그렸다. R이 불안을 최소한 덜 느끼면서 과제를 수행하기 위해서는 학습 시 시각운동 능력이 필요한 과제를 할 때 충분한 시간을 주거나 과제의 요구를 줄여 주는 점이 중요하다. R의 유추 추론, 계열 추론, 공간 시각화는 보통 수준이나, 모사 기술만큼 발달하지는 않았다. 여기서 공간 시각화란 두 개 이상의 요소가 합쳐질 경우 형태가 어떻게 보일지 상상하는 것이나. R은 또한 세부적인 시각정보에 주의를 기울이는 과제에서는 보통 수준으로 수행하였다. 일상생활에서 R이 지도나 그림에서 세부 정보를 찾아낼 때나, 집에 가는 길에 무엇이 있는지 또는 자신이 쓴 것을 다시 검토할 때 이러한 능력이 잘 드러난다.

대조적으로 자신의 행동에 대해 다른 사람이 어떻게 반응할지 예상하는 능력의 발달은 부진하였다. 비언어적인 추론과 세부사항에 주의를 기울이는 능력은 보통 수준이나, 사회적 문제해결 능력 및 계획능력은 부진하였다.

처리속도

처리속도란 여러 인지 과제를 수행할 때 얼마나 빠르게 수행하는지를 말한다. 정보처리 속도가 빨라질수록 단기적인 작업기억력이 효율적으로 작용하는 것이다. 또한 높은 수준의 사고력을 향상시켜 줄 수도 있다. 예를 들어, 자동화란 적극적인 주의력이 더 이상 필요하지 않을 정도까지 과제를 연습하는 것인데, 처리속도를 향상시켜 주는 하나의 방법이다. 처리속도를 평가하는 WISC-IV와 WJ-III의 여러 검사를 시행하였다.

A. 시각처리 속도

시각 기호를 처리하는 데 걸리는 시간은 읽고 이해하는 능력이 성공적으로 발휘되는 데 있어서 매우 중요하다. 문자와 같은 시각 기호를 처리하는 속도가 빠르면 내용을 이해하는 데 작업기억력을 더 쓸 수 있게 된다. 얼마나 빠르게 정보를 처리하는지 평가하기 위해서 R은 짝을 맞추면서 단순한 기하학 모양을 모사하는 WISC-IV 과제를 수행하였다. 정해진 시간 내에 서로 다른 모양의 도형 안에, 그에 해당하는 기호를 그려 넣는 과제였다. 예를 들어,

이 과제에서 R은 하위 1% 정도의 수행을 보였다. 비슷하게 제한시간이 있는 WJ-III 과제에서는 하위 4% 정도의 수행을 보였다. 이전 관찰과 일관되게 R은 실수를 별로 하지는 않았으나, 선이 완벽하게 직선이 될 때까지 반복하여 그렸다. 이 과제를 수행하는 데 걸린 시간이 이 점수를 결정하였다. 즉, 그림을 정확하게 그리려고 반복하는 경향 때문에 낮은 점수를 받게 되었다. 시각운동 기술의 통합이 요구되는 과제에서 시간이 중요하지 않을 때 R은 예외적일 만큼 매우 뛰어났다. 손으로 쓰거나 그리는 기술은 덜 요구되나, 시각운동 처리속도를 평가하는 WISC-IV의 다른 과제에서는 하위 25%에 해당하는 점수를 받았다.

B. 청각처리 속도
WJ-III 과제를 사용하여 장기기억에서 언어정보를 얼마나 빨리 인출하는지를 평가하였다. 1분 이내에 특정 범주에 해당하는 예를 최대한 많이 말하는 능력(예 : 먹거나 마실 것, 사람 이름에서 성, 동물)은 부진하였다.

C. 처리능력에서의 개인적 강점과 약점
문자와 같은 시각 상징을 빠르게 처리하고 그리거나 써서 인식한 정보에 반응해야 할 때 R은 매우 느리게 수행하였다. 느린 수행은 시각처리 속도가 느리기 때문이 아니라, 그리거나 쓸 때 지나치게 조심스럽게 접근하였기 때문이었다. 범주에 해당하는 언어정보를 인출하는 능력(예 : 음식이나 동물과 같이 서로 다른 범주와 관련된 것들의 이름)은 발달이 부진하였다. 다른 검사 결과와 마찬가지로 사회적으로 의미 있는 활동은 사회성과 무관한 활동에 비해 R에게 인지적으로 부담을 주었다.

기억

기억이란 정보를 유지하고 인출하는 능력을 말한다. WJ-III 검사와 NEPSY 검사 중 일부 과제와 함께 아동 기억 척도를 통해 R의 기억속도뿐만 아니라 언어적 시각 기억력을 평가하였다. 의미 있는 그리고 의미 없는 언어 및 비언어 정보에 대한 즉시적(단기기억)이고 지연적인 기억(장기기억)이 평가되었다. 이러한 평가를 통해 정보를 취득하고 유지하는 R의 능력에 대한 정보를 얻을 수 있다. 또한 단서가 주어질 경우 즉각적으로 정보를 기억하는 능력과 정보를 인출하는 능력을 서로 비교하였다.

A. 즉시 기억

R에게 숫자를 가르치기 위해 교사는 한 가지 색깔로 된 토막과 같은 구체적인 물체를 사용하였다. 이를 학습하기 위해서 R은 시각정보를 기억하고 재인하는 능력을 가지고 있어야만 한다. 우리는 이러한 능력을 평가하기 위해 R에게 공간적인 위치를 기억하게 하였다. 그는 백분위 50%ile의 수행을 보였다. 연속적인 얼굴을 기억하고 재인하는 검사에서는 하위 37%였다.

기억한 두 가지 이야기를 다시 말해 보라고 했을 때 R은 부진한 수행을 보였다. 여기서는 하위 5% 정도의 수행을 보였다. R이 의미 있는 정보를 잘 기억하지 못하는 이유가 정보를 잘 이해하지 못해서인지, 아니면 자유회상으로 정보를 조직화하고 인출하는 데 어려움이 있어서인지가 확실하지 않았다. 이를 확인해 보기 위해서 NEPSY 검사에서 두 가지 기억 과제를 실시하였다. 하나는 이야기를 듣고 다시 이야기를 회상하게 하는 과제였다. 여기서 R은 하위 5% 수행을 보였다. 회상을 돕기 위해 단서를 주었을 경우에는 여전히 부진하기는 하나, 약간 더 나은 수행을 보였다. 여기서는 하위 16%를 보였다.

대조적으로 이미 학습된 쌍으로 된 단어 중에서 두 번째 단어를 기억해야 하는 과제에서는 하위 37%로 보통 수준의 수행을 보였다. 단어 쌍들은 사과와 등불처럼 서로 의미상으로는 연관이 없었다는 점에 주목해야 한다. 보통은 서로 연결된 단어보다 서로 의미 없는 정보를 기억하는 게 더욱 어렵다. 그러나 R은 반대 패턴을 보였다.

B. 지연 기억

궁극적으로 학습을 위해서는 새로운 정보가 장기기억에 저장되어야 한다. 장기기억이란 R이 이름, 주소나 전화번호, 세상에 대한 지식과 학교에서 배운 것과 같은 정보들을 저장하는 것을 말한다. 그 전에 노출되었던 시각정보에 대한 기억력을 우선 측정하였다. 그 전에 보여 주었던 점의 정렬을 다시 기억해 보라고 하는 과제에서 R은 하위 37% 수준의 수행을 보였다. 그 전에 보았던 얼굴을 재인하는 과제에서도 하위 37%를 보였다.

의미 있는 정보를 즉시적으로 기억하는 능력이 부진했기 때문에, 얼마 정도 시간이 지난 후 다시 이야기를 말해 보도록 하거나 질문에 대해 대답해 보라고 한 과제에서 수행이 좋지 않을 것이라고 예상하였다. R은 여기서 하위 1%에 해당하는 낮은 점수를 받았다. 회상을 촉진하기 위해 단서가 제공될 경우에는 수행이 다소 향상되었으나, 하위 16%로 여전히 점수가 부진하였다. 의미가 없는 단어쌍에 대한 재인능력은 하위 37%로 좀 더 나은 수행을 보였다.

C. 기억 기술에서 개인적인 강점과 약점

즉시적이거나 얼마 동안 시간지연이 있은 후에 시각정보를 기억하고 재인하는 R의 능력은 보통 수준이었다. 이러한 능력은 R이 시각정보를 처리해야 할 때 중요하며, 위치를 기억하거나, 그래프를 이해하거나 얼굴특징에 따라 사람을 기억할 때 필요하다. 서로 연관되어 있지 않는 언어정보(예 : 책상과 꽃)를 인식하는 기술은 학습과 재인 간의 시간간격에 상관없이 또래의 아이들과 비교해 볼 때 보통 수준이었다. 그러나 이야기를 읽은 후 단지 몇 분 이후에도 이야기의 세부 정보를 기억하는 데 어려움을 보였다. 단서가 주어질 경우 다소 회상능력이 향상되었으나 여전히 부족한 수준이다. 이전 사회적인 경험과 연관된 정보를 회상하는 것보다 의미적으로 연관되지 않는 언어정보를 기억하는 것이 보통 더 어렵다. 그러나 R은 사회적인 경험과 연관된 정보를 회상하는 것이 어려웠고 이런 점이 사회적인 지각 및 문제해결능력의 부진과 관련된 것으로 보인다.

심리적응 기능

R의 사회, 정서발달은 담임 교사가 적응행동 척도로 평가하였다. 적응행동은 일상생활에 필요한 기술로 구성되어 있다. 의사소통 기술, 지역사회 자원 활용, 학습 기술, 가정 내 기술, 건강과 안전, 여가시간 사용, 자기 관리, 자기 지시, 사회적인 관계를 포함한다. 이러한 기술은 환경에 적응하는 과정에서 습득된다. R의 학습 기술, 지역사회 자원 활용, 학교 내 생활은 정상 범위이다. 그러나 사회적 관계, 의사소통, 운동 기술의 발달은 부족하였다. 사

회적 능력이 하위 12%이고 의사소통 기술은 하위 7%였다.

R의 어머니와 교사는 정서와 사회행동을 평가하는 척도를 작성하였다. 교사와 어머니가 평정한 척도 채점 결과와 면담은 일관성이 있었다. 둘 다 비전형성, 사회적 철회와 우울 척도에서 임상수준(T점수 70점 이상)으로 평가하였다. R의 행동이 미숙하고 이상하다고 하면서, R이 특정한 주제에 집착하며 일상에서 같은 물건이나 규칙을 고수하고 변화에 적응하지 못한다고 보고하였다. 울거나 "죽고 싶어"라고 말하며 불행하고 슬픈 감정을 표현한다고 하였다. 또한 R은 사회적인 접촉을 피하고 사회활동에 참여하기를 거부하며 새로운 친구를 사귀지 못하고 아이들을 거부하였다.

아스퍼거 증후군은 사회적·언어적 손상을 보이는 발달장애이다. 아스퍼거 증후군을 가진 아동은 제한된 관심 영역에 대한 집착이나 손뼉치기 같은 행동, 소리에 대한 민감성, 유연성 부족과 같은 자폐적인 특성을 자주 보인다. 보속행동과 함께 R이 보이는 실용언어, 사회적 행동 및 정서적 문제는 아스퍼거 증후군의 특성이다. 이에 R의 어머니에게 아스퍼거 증후군 척도를 평가하게 하였다. 이 척도 결과는 R이 아스퍼거 증후군을 가졌는지를 판별하는 데 도움을 주었다. R의 높은 아스퍼거 증후군 지수는 그런 가능성이 높다는 것을 시사한다. 그러나 이 척도 하나만으로 진단을 내려서는 안 된다.

결과 요약

R의 부모는 실용언어 능력, 사회적으로 부적절한 행동, 인지행동적인 비유연성, 비전형적이고 반복적인 행동을 보이는 일곱 살 된 아들 R의 평가를 의뢰하였다. 부모 및 교사의 면담, 임상 장면과 교실, 놀이 상황에 대한 행동관찰을 통해 정보를 수집했다. 그리고 인지와 언어 기술에 대해 평가했으며 부모와 교사에게 사회적 적응과 정서에 대한 평정 척도를 작성하게 하였다.

부모는 집에서 R이 사회적으로 둔감하고, 까다로운 기질을 가지고 변화에 민감하다고 보고하였다. 학교에서 교사는 R이 유연성이 부족하고 좌절 감내력이 낮고, 사회적으로 미성숙하며, 주의집중하는 기술의 발달이 부진하다고 하였다. 행동관찰상 여러 상황에서 이러한 모습을 보였다. 검사자가 관찰한 바에 따르면 R은 반복적인 행동을 보이고 사회 기술이나 주의집중력이 발달이 미숙하였고 또래에 비해 대화능력이 부족하였다.

WISC‒Ⅳ로 평가한 결과, 인지능력은 보통하 수준으로, 같은 연령 아동의 하위 10%였다. 그러나 이 하나의 점수가 모든 것을 말해 주는 것은 아니다. 어떤 영역에서는 또래들과 비슷한 수준으로 수행하였으나, 어떤 영역에서는 그렇지 못하였다. 복잡한 언어 과제로 추론해야 하는 상황에서 R은 또래보다 매우 어려워하였다. 비언어적인 복잡한 자극을 가지고 추론하는 능력은 또래들과 거의 비슷하였다. 언어정보를 잠시 기억하는 능력과 정보를 재배열하여 산출하는 능력은 대부분의 아이들과 비슷하였다. R이 인지적 약점을 보완하기 위해서 이러한 강점을 활용하는 효과적인 교육방법이 필요하다.

> 주목 : 여기서 WISC-Ⅳ로부터 얻은 주요 결과를 기술하고 있는데 점수나 지수 이름에 대해서는 언급하고 있지 않았다. VCI와 PRI 간의 점수 차가 15점이었는데 전체지능 점수가 유효하지 않다고 말을 하는 게 아니라 단지 "모든 것을 말해 주는 것은 아니다."라고 기술하였고 이후 R이 가진 장점과 약점에 대한 자세한 정보를 제시하였다. 검사에서 수행 자체보다는 R이 잘하고 못하는 것에 초점을 맞추었다.

강점과 약점에 대한 좀 더 세밀한 평가를 위해 R의 주의력, 언어, 시공간, 감각운동, 처리속도, 기억력의 평가 결과에 초점을 맞추었다. 강점과 약점을 살펴보면, 주의집중에 필요한 한정된 언어정보를 유지하고, 처리하고, 조작하는 능력은 보통 수준이다. 청각적 작업기억력이라고 불리는 이 능력은 R이 수학 문제를 푸는 것처럼 언어정보를 조작하면서 동시에 잠시 정보를 머릿속에 유지할 수 있게 해 준다. 반복적인 시각정보에 주의를 유지하는 능력은 또래들과 비슷한 수준이었다. 이 과제는 관련 없는 반응을 억제하고 과제를 수행하면서 속도를 유지하고 과제가 바뀌면 반응을 바꿀 수 있어야 성공할 수 있다. 그러나 R은 시각정보가 아니라 언어정보에 주의를 기울이는 것은 잘 하지 못하였다. 따라서 복잡한 지시에 주의를 기울이거나 여러 명이 발표할 때 주의를 기울이는 것은 R에게 힘들었다. 게다가 목표에 따라 주의를 조절하거나 계획해야 하는 과제를 어려워하였다. 언어정보 중에서 가장 중요한 정보에 선택적으로 집중하는 것(예 : TV가 아니라 엄마가 하는 말에 주의를 기울이는 것)을 힘들어했다.

비슷한 단어를 빠르게 말하는 능력은 뛰어났다. 음소에 대한 지식이나 언어로 추론하는 능력, 어휘를 표현하고 이해하는 능력은 또래들과 비슷했다. 반면에 R은 복잡한 언어표현을 이해하는 능력의 발달은 저조했다. 맥락에 적절하게 언어를 사용하지 못하였다. 이로 인해 언어를 통해 사회적인 문제를 해결하는 능력이 저조하였다.

또래와 비교해 봤을 때 R이 시각정보를 가지고 추론하는 능력은 보통 수준이었다. 공통점을 가진 그림을 찾아내고, 퍼즐이나 행렬에서 빠진 부분을 찾아내고, 그림을 보고 나서 본 대로 모형을 만들어 내는 것은 할 수 있었다. 반면에 사회적으로 의미 있는 시각정보에서 인과관계를 추론해 내는 것은 잘 하지 못했다. 이러한 능력이 부족하여 만화책을 보고 이해하지 못하였고 비언어적인 정서표현을 해석하는 것을 어려워하였다. 감각운동 기술에서 R은 시간제한이 없을 경우에는 또래들과 비슷하게 수행하였다. 그림을 그리거나 글씨를 쓸 때 매우 조심했는데 R의 이러한 모습은 시각 운동협응 능력의 문제보다는 심리적인 특성과 관련되어 있다.

그림을 그리거나 글씨를 쓸 때 시각정보를 처리하는 속도가 매우 느렸다. 시각운동 과제가 어렵지 않을 때는 속도가 보통하 수준이었다. 예를 들어, 읽어야 할 때 다른 아이들보다 시간이 많이 걸렸다. 검사자가 R에게 읽으면서 특정한 구절에 표시하라고 요구한다면 R은 또래보다 시간이 많이 걸렸다. 게다가 장기기억 정보로부터 의미 있는 언어정보를 빠르게 인출해 내는 능력이 부족했다. 특정 개념으로부터 언어적인 관련성을 빠르게 말해 보라고 시켰을 때 이 어려움이 더욱 두드러졌다.

R은 시공간적 정보나 얼굴을 즉시 혹은 일정 시간 이후에 회상하거나 재인하는 능력은 보통 수준이었다. 이러한 능력은 한 장소에서 다른 장소로 가거나, 만났던 사람의 얼굴을 기억하는 데 중요하다. 기계적인 정보와 같이 관련이 없는 언어정보를 회상하는 능력 또한 보통 수준이었다. 그러나 정보가 좀 더 의미가 있게 되면 단서를 줘도 잘 기억하지 못하였다. 이런 능력의 부족은 어떤 행동을 하는 데 과거의 경험을 활용하는 것을 어렵게 하였다. 예를 들어, 이전에 야단을 맞고 고쳤는데도 언어적인 질책이나 지시를 다시 기억하기 어려웠다.

이 닦기와 같은 일상생활 기술, 기본적인 안전 규칙을 준수하는 것, 동전을 구분하는 것과 같은 적응 기술은 또래들과 비슷하였다. 그러나 듣는 사람에 따라 언어를 조정하는 것과 같은 의사소통 기술, 운동 기술, 또한 공감을 표현하는 것과 같은 사회적인 기술은 발달이 저조하였다. 부모와 교사에 따르면 R은 미숙하고 반항적이고 이상한 행동과 같은 비전형성, 사회적인 활동에 참여하기 꺼리는 사회적 철수, 슬픔, 우울과 불행감을 보였다. 아스퍼거 증후군에서 보이는 증상을 보였다.

> 주목 : 진단 부분에서 감별진단이 필요한 진단을 하나씩 평가하고 그 진단이 배제되는 이유를 기술하고 있다. 진단 기준은 자주 겹치기 때문에 이러한 방법은 다른 전문가가 여러 진단 기준의 가능성을 평가할 수 있게 해 주고, 최종 진단이 옳은 것이라는 확신을 줄 수 있다.

진단

R의 가장 큰 문제점은 실용언어와 실제적인 사회 문제해결 능력이 부족한 점, 유연성이 부족하고 집착, 반복적이고 고정된 행동을 보이는 사회, 정서, 행동 결함에 있다.

이러한 증상은 아스퍼거 증후군, 고기능 자폐장애, 비언어 학습장애와 같은 증상으로 설명이 가능하기 때문에 감별진단하기 위한 포괄적인 평가가 필요하다. 우리는 우선 R의 프로파일이 고기능 자폐로 설명이 가능한지 살펴봤다. 고기능 자폐장애에서는 R과 비슷한 사회, 정서, 행동 프로파일을 보인다. 그러나 고기능 자폐는 표현언어 발달이 부진하여 정상발달 아동에 비해 언어 및 의사소통이 질적으로 다르다. 모의 보고에 따르면 R의 언어발달이 느리지 않았다고 한다. 게다가 현재도 언어에서 이상이 발견되지 않았다.

고기능 자폐장애에서는 또한 언어감각, 어휘표현, 언어 기억력, 언어추론에서 결함을 보이고, 시공간적인 기술은 상대적으로 우수하다. 여러 가지 점에서 R은 이런 경향을 보이지만, 청각적 작업기억력, 음소처리, 표현언어 지식, 언어추론, 단어 쌍에 대한 즉각·지연 기억력과 같은 다양한 청각 과제에서 보통 수준을 보였다. 반면 청각적인 선택, 지속 주의력, 청각적인 처리속도, 복잡한 의미 언어에 대한 기억력은 부진하였다. 따라서 R은 고기능 자폐장애의 전형적인 모습을 보이지 않아서, 다른 장애를 고려해 보기로 하였다.

비언어 학습장애는 신경심리 결함, 학업 결함, 사회 정서, 적응에서 어려움과 관련된 증상으로 정의된다. 신경심리 결함은 촉각과 시지각, 운동협응 능력, 촉각과 시각 주의력, 비언어적인 기억력, 추론, 실행기능, 말할 때 억양이나 감정에 따른 어조 등 언어의 특정 측면에서의 어려움을 포함한다. 비언어 학습장애의 두드러진 특징 중 하나는 사회적인 능력이 손상되어 있어서 사회적인 판단력, 문제해결능력, 친밀감과 적응능력이 저조하다는 것이다. R의 프로파일은 비언어장애와 여러 가지로 비슷하다. 어휘 이해와 표현능력, 기계적인 기억력, 세밀한 부분에 대한 주의력은 우수하지만 실행기능, 비언어적인 상호작용, 실용능력, 촉감각 변별, 운동협응 능력에서는 문제를 보였다. 한편 비언어 학습장애 아동은 사회적인 능력은 부족하지만, 사회적인 관계를 적극적으로 가지려고 노력한다. 그러나 R은 관계를 가지려고 하거나 유지하려는 동기가 부족하였다. 더욱 중요한 것은 R은 비언어 학습장애의 특징인 비언어 학습, 시감각, 시각처리, 시각 주의력, 작업기억력, 시공간 기억력에서 어려움을 보이지 않는다는 것이다.

R의 프로파일은 아스퍼거 증후군과 유사하다. 사회적인 정보를 이해하지 못하고 사회적으로 적절하지 못한 행동을 보이는 등 상호적인 사회작용에 결함이 있고, 일정한 순서에 집착하고 특정 행동을 반복하는 것과 같은 반복적인 고정된 행동과 관심을 보이며, 변화를 거부하고, 창조적으로 놀이를 하지 못하며, 다른 환경에 적응하지 못하는 등 유연성 있는 사고 및 상상력이 부족하다. 표면적으로는 똑똑하게 말하나, 음조나 억양이 어색하고, 함축된 의미를 제대로 해석하지 못하는 것과 같은 언어 문제를 보이고, 몸짓을 잘 사용하지 않고, 눈맞춤이 자연스럽지 않은 비언어적인 의사소통 문제가 있으며, 운동능력이 서투르다(Gillbert, 1989; DSM-IV, 1997-299.80 – 아스퍼거 증후군).

R은 또한 아스퍼거 증후군이 보이는 이차적인 특성, 예를 들어 촉감이나 후각에 지나치게 민감한 것과 같은 특성도 보인다. 그러나 R의 신경심리적인 프로파일이 아스퍼거 증후군의 특성에 대한 연구 결과와 일치하지 않는 면도 있다. 대근육 운동에서는 결함을 보이지만, 소근육 운동 기술은 정상이다. 그리고 시각운동 통합이나 시공간 감각에서 결함을 보이지 않는다. 시각 기억력과 비언어 개념형성 능력도 보통 수준이다. 이에 감별진단을

위해서 여러 전문 분야에서의 평가가 필요하다.

제언

주목 : 평가-이해-개입 모델에서는 개입 부분이 있다. 제언 부분을 작성하는 데 시간과 노력을 가장 많이 기울이고, 사람들은 이 부분을 제일 여러 번 읽는다. 이 부분은 의뢰 문제와 연결된 주요한 문제와 검사 결과 밝혀진 문제를 중심으로 구성되어 있다. 여기 쓰여진 제언은 컴퓨터 작업에서 복사해서 붙여 넣는 것처럼 정해진 틀이 있는 뻔한 제언이 아니다. 보고서 작성자는 공을 들여 R에게 맞추어서 제언을 제시하였다. 그리고 '인지적인 심상 암송 전략 사용' 처럼 전문적인 용어만을 제시하는 것이 아니라 제언을 실제로 어떻게 실행할 수 있는지 쉬운 말로 설명해 주고 있다. 여러 상황에서 아동의 행동과 발달력에 대한 심도 깊은 이해를 보여 주고 특정 진단을 명명하는 차원이 아니라 평가를 통해 아동을 이해하여 아동에게 특화된 제언을 제시함으로써 읽는 이들에게 신뢰를 주어서 제언이 실제로 아동에게 실행될 가능성을 높여 주었다. 부모와 교사들이 R을 좀 더 잘 이해할 수 있으며 R이 평가를 통해 나아질 수 있다는 것을 제언에서 보여 준다.

1. R이 여러 가지 특성을 보이므로, 아스퍼거 증후군에 대해 정통한 여러 분야의 전문가 집단에 의해 철저한 평가를 통해 감별진단이 이루질 수 있을 것이다. 우리는 R을 자폐장애와 관련된 종합평가, 부모 지지, 치료 프로그램을 운영하는 여러 전문가가 있는 아동센터에 의뢰할 것이다.
2. 다음 방법들은 가정과 학교에서 R을 도와주기 위해 사용될 수 있다. 아동센터의 전문가와 협력하여 검사자는 부모, 교사와 함께 R에게 개별적인 개입 전략을 찾아보고 실제 시행할 수 있도록 도와줄 것이다.

A. 사회, 정서발달

아스퍼거 증후군, 고기능 자폐장애, 비언어 학습장애 아동에게는 사회적으로 상호작용하고 정서를 표현하는 적절한 방법에 대한 직접적인 훈련이 도움이 된다. 다음 전략은 R의

사회, 정서적인 발달에 도움이 될 것이다.

- R에게는 사회, 정서발달 영역에서 직접적이고 반복적인 지시가 도움이 된다. Carol Gray의 '사회적인 상황 그림'과 '대화 그림'은 좋은 도구로서, 언어적인 사회적 상황과 다른 사람의 감정을 어떻게 해석하는지를 직접적으로 가르치는 데 도움이 된다. R이 여러 사회적 상황에서 문제해결 기술을 어떻게 적용할 수 있는지 배울 수 있다. 다양한 사회적인 상황에서 적절한 행동이 무엇인지 모델링을 통해 배울 수 있다.

- 우연학습 또한 도움이 된다. 구조화된 상황이 아니라 실제 일어난 사회적인 상황을 R에게 가르치는 것이다. 사회적인 단서와 규범을 실제 사회적인 상황에 확장시켜 적용해 보는 것이 목표이다. 우연학습은 R에게 매우 구체적으로 이루어질 수 있다. 게임을 하면서 누구 차례인지 알려 줄 수 있게 카드를 보여 주는 것과 같이 시각적인 도움을 주거나, R의 차례라는 것을 알려 주기 위해 어깨를 살짝 치는 것과 같은 신체적인 촉진방법을 쓸 수 있다. 좀 더 개념적으로 이루어질 수도 있는데, R이 제한된 관심사에 대해 일방적으로 계속 이야기해서 친구들이 지루해할 때, R에게 "다른 아이들이 하품하고 지루해서 꼼지락거리는 것을 보렴. 친구들이 어떻게 느낄까? 친구들이 더 듣고 싶어 하는지 물어볼까?"라고 이야기할 수 있다.

- 인지적인 심상 암송 전략은 R에게 도움이 될 것이다. 이 전략은 긍정적인 강화 원칙을 기반으로 만화 같은 그림을 사용한다. 인지적인 심상 암송은 문제 상황에 선행 사건, 목표가 되는 바람직한 행동과 긍정적인 강화라는 세 가지 요소로 이루어진 그림을 포함한다. 카드 뒷면에는 어떤 일이 일어났는지에 대한 설명이 쓰여져 있다. 일련의 카드에서 각 카드에 어떤 일이 일어났는지 R이 말할 수 있을 때까지 반복해서 카드를 보게 한다. 문제가 벌어질 수 있는 상황 직전에 문제 상황 카드를 다시 보게 한다. 일반화된 사회 기술을 보여 주는 사회기술 그림책과는 다르게 인지적인 심상 암송은 특정한 문제 상황에 사용된다. 스트레스를 줄 수 있는 상황 직전이나 폭발반응을 보인 이후에 관련된 그림을 살펴보는 것은 도움이 된다.

B. 불안과 변화

아스퍼거 증후군을 가진 아동은 예상 가능하고 구조화된 상황에서는 문제가 없으나 변화된 상황에서 어려움을 보인다. 그러므로 하루 일과를 구조화하는 방법은 분노폭발이나 스트레스를 줄여 줄 수 있다. 그러나 변화는 피할 수 없기에, R에게 새롭고 예측하기 어려운 상황을 어떻게 다룰 수 있는지에 대해 알려 주는 것은 중요하다.

- 하루 일과표를 사용해라. 하루 일과를 그림으로 제시할 수 있다. 책상 앞이나 공책 표지에 붙여 놓을 수 있다. 각 일과를 마칠 때마다 R은 X표시를 하면 된다. 이를 통해 하루를 조직화하고 일정한 일과 속에서 안정감을 느낄 수 있다. 하루 중 예측하지 못할 변화가 일어나는 경우에도 이 일과표를 사용할 수 있다. 변화를 일과표에 기록하고 표시함으로써 다음에는 예측할 수 있게 된다.
- 예측하기 어려운 상황을 다루는 방법을 배우고 연습할 수 있다. 모델링, 역할 연기를 할 수 있고 '사회적인 상황 그림'을 사용하여 예기치 않은 상황에서 스트레스를 다루는 방법을 배울 수 있다. 변화가 일어날 때 배운 전략을 사용하도록 도와줄 수 있다.

C. 실용언어

'사회적인 상황 그림'과 '대화 그림'을 사용하는 것뿐만 아니라, 사회적인 상황에서 어떻게 말을 해야 하는지에 대해 직접적으로 가르쳐 주거나 시범을 보여 주는 것이 효과적이다. 다음 방법은 사회적으로 민감한 언어 기술을 발달시키는 데 도움이 된다.

- 실제로 일어나는 사회적인 상황을 이용하여 여러 가지 언어적 기능을 활용하도록 한다. 예를 들어, 하루를 시작할 때에는 인사하는 것을 연습시키고, 점심시간에는 친구에게 무엇을 먹고 싶어 하는지 물어보게 하고, 미술숙제를 하는 데 필요한 도구가 무엇인지 물어보도록 연습시킨다.
- 여러 상황에서 각각 다른 사람과 역할연기 대화 연습을 해 볼 수 있다. 미리 구성한 일정한 상황이나 R의 실제 생활에서 R이 다른 사람에게 같은 내용을 설명해 보도록 할수 있다. 예를 들어, 어린 아동과 어른에게 게임규칙을 설명하라고 지시한다. 듣는 사

람이 달라도 같은 방식으로 설명한다면, 듣는 사람에 따라 어떻게 다르게 말을 할 수 있는지 시범을 보여 준다.

D. 주의력

R은 청각적인 선택적 주의력과 지속적 주의력에서 가장 큰 어려움을 보인다. 다음과 같은 방법을 사용할 수 있다.

- R에게 눈을 맞추고 지시를 간결하게 하고, 이해했는지 확인하고, 모르면 질문하도록 하고, 필요하면 지시를 반복한다. 바꿔서 다시 말하는 구조화된 교수법과 스스로에게 말하는 자기 지시 방법을 통해 이해를 도울 수 있다.
- 책상 위에 그림 카드와 같은 시각적인 단서나 "이건 중요해"나 "여기에 집중해"와 같은 언어적 단서를 긍정강화와 연결시켜 주며, R이 집중하도록 도와준다.

E. 기억

R은 의미가 있거나 사회적인 상황과 연관되는 기억 과제에서 어려움을 보였다. 사회적인 지식이 부족하여 사회적인 정보를 조직화하고 알아차리는 것을 어렵게 만들고, 결국 즉각적인 회상을 어렵게 만든다. R에게 단서를 주면 회상이 촉진된다는 것을 확인하였으므로, 개입방법에서는 의미 있는 정보를 조직하고 기억할 수 있도록 어떻게 도와줄 수 있는지 보여 주었고, 재인과 회상을 촉진하기 위해서 다른 사람이나 R 자신이 어떻게 단서를 사용할 수 있는지도 제시하였다.

마지막으로 R, 부모, 그리고 교사와 함께할 수 있는 기회가 주어진 것에 감사드린다. 앞으로 R 가족이 아동센터의 전문가와 함께 협력할 수 있기를 바란다.

S. Rutherford 박사, 임상심리전문가

J. Montgomery 석사, 임상심리전문가 수련생

부록 A

검사점수

이 부분은 검사점수를 제시하여 부모나 다른 전문가가 아동을 이해하고, 결과를 해석하고, 제언의 기반을 확인할 수 있도록 하였다. 이 보고서를 누가 읽는지에 따라서 세부 정보는 달라질 수 있다. 심리검사나 평가에 익숙하지 않은 독자를 위해 검사와 진단이 어떻게 내려지는지에 대해 간략한 설명을 넣는 것이 좋다.

WISC-Ⅳ 수행 결과

소검사와 지표점수	환산점수	백분위 점수
언어이해	79	8(경계선에서 보통하)
공통성	8	25
어휘	10	50
이해	1	<1
단어추리	8	25
지각추론	94	34(보통)
토막짜기	8	25
공통그림찾기	9	37
행렬추리	10	50
빠진곳찾기	9	37
작업기억	99	47(보통)
숫자 따라하기	10	50
순차연결	—	n/a
산수	10	50
처리속도	70	2(경계선에서 매우 낮음)
기호쓰기	1	<1
동형찾기	8	25
전체지능	81	10(보통하)

〈의뢰기관에 제공하기 위한 보고서〉

Rutherford 박사, 심리학자
로버스톤 아동 · 청소년 평가센터
인지심리평가

이름 :	R	부모 :	M & S
연령 :	7세 3개월	주소 :	○○ 시 ○○○번지
학년 :	초등학교 2학년	도시 :	○○
학교 :	○○ 초등학교	전화번호 :	○○○-○○○○
평가날짜 :	20○○년 10월 22, 24, 27~30일		
교실참관 :	20○○년 10월 30일		
평가자 :	S. Rutherford 박사, 임상심리전문가		
	J. Montgomery 석사, 임상심리전문가 수련생		

의뢰 사유

R의 부모는 일곱 살 된 R을 추가 평가를 위해 아동센터에 의뢰하였다. 앞서 실시된 평가 결과에 의하면 아스퍼거 증후군이 시사되나, 여러 분야의 전문가에 의한 감별진단이 요구된다.

배경정보

부모의 보고에 따르면 R은 부모와 두 누나와 함께 안정된 환경에서 양육받고 있다. 부모 모두 대학교육을 마쳤고 직업을 가지고 있다. 심리, 학습, 신체적 질병과 관련된 가족력은 없었다. 임신기간이나 출생 시 문제는 없었으며 신생아 시기에 건강하였다. R은 초기 유아기에 까다로운 기질이었다. 달래기 어렵고 자주 짜증을 내었고, 작은 변화에도 강하게 반응하였다. 대근육 운동 발달이 다소 느리기는 하였으나, 다른 발달은 정상적이었고 특별한 병력은 없었다. 입맛이 까다로워서 음식의 질감, 맛, 냄새에 특히 민감했다. 이전에 심리평가를 받은 적은 없었다.

R의 부모와 교사는 다음 영역에서 유의미한 결함을 보고하였다. 첫째, 사회적인 상호작용에서 사회적인 정보를 알아차리고 또래들과 어울리는 데 어려움이 있었고, 대인관계에서 정서를 부적절하게 표현하였다. 둘째, 인지와 행동에서 유연성이 부족하고 적응하는 데 어려움이 있어서, 오리 인형을 일렬로 세워 놓고 TV 게임쇼에서 나오는 문장을 반복해서 말하는 등 관심사가 제한적이고 일정한 행동을 반복하였다. 셋째, 실용언어에서 어려움을 보여서 사회적인 상황에서 언어를 이해하는 데 결함이 있었고 사회적인 맥락에 맞게 언어를 적용하는 능력이 저조하였다. 또한 비언어적인 의사소통에서 눈맞춤이 자연스럽지 않았다. 넷째로 사회적인 문제해결 능력과 상상력이 부족하여 창조적으로 놀이를 하지 못하거나 새로운 문제해결을 하지 못하였다. 게다가 손뼉을 치는 것처럼 상동적 행동을 반복하였으며 부주의하였다. 부모에 따르면 이러한 행동 문제는 취학 전과 저학년 시기에 두드러졌다.

평가 결과

A. 평가방법

부모와 교사에게 반구조화된 면접을 실시하였고, 교실과 임상 장면에서 R을 관찰하였다. R의 주의력, 언어, 시공간적, 감각운동, 처리속도, 기억력, 심리적응적인 기술을 직접적으로 평가하였고, 행동과 적응 기능에 대해 부모와 교사가 보고한 평가 척도를 참고하였다.

B. 평가 결과 요약

WISC-Ⅳ로 R의 인지능력을 평가하여 여러 요인에서 개인 간/개인 내 강점과 약점을 살펴보았다. 청각적 작업기억력과 같은 영역에서는 보통 수준을 보였으나, 사회적 이해 소검사에서는 경계선에서 보통하 수준을 보였다.

짧은 시간 동안 제한된 언어정보를 유지하고 처리하고 정신적으로 조작하는 능력은 보통 수준에 해당되었다. 시각 주의력을 유지하고, 충동적인 행동을 억제하고, 일정한 반응을 유지하고, 과제요구가 바뀌었을 때 반응을 바꿀 수 있었다. 여러 과제에 동시에 주의집중하는 능력은 보통 수준이었다. 반복적이고 지속적인 언어정보에 주의를 유지하는 능력과 여러 언어정보에서 관련 없는 것과 핵심적인 것을 구별하는 능력은 부족하였다. 주의집중력을 스스로 조절하는 능력 또한 상대적으로 부족하였다.

언어 영역에서 중간이나 마지막 음소를 소리 내지 않아야 하는 과제에서 어려움을 보였으나, 그 외 음소처리 능력은 보통 수준이었다. 언어구조가 복잡해지는 구문구조 처리는 상대적으로 부족하였다. 어휘 표현과 언어적인 추론능력은 보통하에서 보통 수준을 보였으나, 친숙한 단어를 빠르게 산출하는 능력은 뛰어났다. 그러나 실용언어 능력과 관습적인 행동을 이해하는 능력은 부족하였다.

비언어적인 정보를 추론하고 시각정보에서 중요한 정보를 변별해 내는 능력은 보통하에서 보통 수준을 보였다. 그러나 사회적인 시각정보에서 인과관계를 파악하고 판단하거나 이해하는 능력은 부족하였다. 감각운동 영역에서 R은 2차원적인 도형을 모사하는 능력은 매우 뛰어났으나, 지나치게 꼼꼼하게 그리는 면이 있었다. 따라서 그림을 그리거나 글씨를 쓸 때 매우 느렸고, 이로 인해 시간제약이 있는 과제에서 수행이 저하되었다. 시각정보 없이 감각정보를 손으로 지각하는 능력 및 손가락의 기민한 운동능력은 보통 수준이었다.

시각적 상징을 처리하는 속도는 매우 느렸는데, 시각운동 요구가 줄어들 경우에는 처리속도가 보통하 수준으로 향상되었다. 그러나 장기기억에서 범주와 관련된 언어정보를 빠르게 인출하는 능력의 발달은 저조하였다.

R은 시각정보와 관련 없는 단어 쌍을 즉시 또는 지연 조건에서 기억하고 재인하는 능력은 또래들과 비슷하였다. 그러나 구문이 복잡한 언어정보를 기억해 내는 능력은 상대적으로 부진하였다. 단서가 주어지더라도 여전히 회상능력은 부진하였다.

일상생활 기술, 안전행동, 자기관리 능력에서는 보통 수준을 보였다. 그러나 의사소통, 운동, 사회적인 행동과 관련해서는 적응 기술이 부족하였다. 부모와 교사는 비전형성, 사회적인 철수, 우울과 관련된 증상이 임상수준에 해당된다고 보고하였다. R의 어머니는 아스퍼거 증후군의 특성을 보고하였다.

진단적 해석

R의 전반적인 프로파일 해석 시 고기능 자폐장애, 비언어 학습장애, 아스퍼거 증후군과 같

은 진단을 고려하였다. 청각적 작업기억력, 음소처리, 표현언어 지식, 언어추론, 단어 쌍을 즉시, 지연 기억하는 능력과 같은 여러 영역에서 상대적으로 우수한 수행을 보였다. 어려서 언어발달 지체를 보이지 않았고 비정상적인 언어 패턴을 보이지 않았기에, 고기능 자폐장애 진단에는 해당되지 않았다. 비언어 학습장애도 고려하였는데, 유사한 점은 있었으나, 비언어 학습장애의 중요한 특징인 시감각, 시각처리, 시공간적인 추론의 결함을 보이지는 않았다. 마지막으로, 아스퍼거 증후군을 고려하였다. 많은 사례가 그러하듯이 R 또한 전형적인 아스퍼거 증후군에 완벽하게 해당되지는 않았다. R은 사회적인 상호작용, 제한되고 반복적인 행동과 흥미, 상상력과 유연한 사고과정의 결함, 언어와 비언어 의사소통의 결함, 서투른 운동능력 등 아스퍼거 증후군의 특성을 보였다. 냄새에 지나치게 민감한 것과 같은 이차적인 아스퍼거 증후군 특성도 보였다. 그러나 R은 시각 운동 감각에서 결함을 보이는 것과 같은 아스퍼거 증후군 아동의 신경심리 프로파일과는 불일치하는 면을 보였다. 그러므로 감별진단을 위해 추가적으로 여러 분야의 전문가 평가가 필요해 보인다.

제언

R과 가족에 대한 지속적인 지지와 개입이 필요하므로 R의 평가를 마친 후, 우리는 센터 전문가와 R 가족의 추가적인 면담을 요청할 예정이다.

S. Rutherford 박사, 임상심리전문가

J. Montgomery 석사, 임상심리전문가 수련생

| 참고문헌 |

American Psychiatric Association (1994). *Diagnostic and statistical manual of mental disorders, fourth edition.* Washington, DC: American Psychiatric Association.

American Psychiatric Association (1995). *Diagnostic and statistical manual of mental disorders, fourth edition: International Version with ICD-10 Codes.* Washington, DC: American Psychiatric Association.

American Psychiatric Association (2000). *Diagnostic and statistical manual of mental disorders, fourth edition, text revision.* Washington, DC: American Psychiatric Association.

Finn, S., & Fischer, C. (1997). Therapeutic psychological assessment: illustration and analysis of philosophical assumptions. Presented at annual meeting of the American Psychological Association, August 8, 1997.

역자 소개

신민섭
서울대학교 대학원 심리학과 졸업
서울대병원 신경정신과 임상심리전문가 수련과정 3년 수료
연세대학교 대학원 심리학과 졸업(임상심리학 박사)
미국 시카고 일리노이 대학 발달장애센터 단기 연수
하버드 의대 어린이병원 정신과 방문교수
암스테르담 프리혜대학 아동임상신경심리학과 방문교수
현재 서울대학교 의과대학 정신과학교실
       서울의대 어린이병원 소아청소년정신과 교수
       임상심리전문가 및 정신보건 임상심리사 1급

도레미
연세대학교 대학원 심리학과 졸업
서울대병원 소아청소년정신과 임상심리전문가 수련과정 3년 수료
서울대병원 소아청소년정신과 임상심리전문가

최지윤
연세대학교 대학원 심리학과 졸업
서울대병원 소아청소년정신과 임상심리전문가 수련과정

안현선
연세대학교 대학원 심리학과 졸업
서울대병원 정신건강의학과 임상심리전문가 수련과정